신증 고려속요집성

국립중앙도서관 출판예정도서목록(CIP)

(신증) 고려속요집성

편저자: 김명준. -- 서울 : 다운샘,
2017 p. ; cm

ISBN 978-89-5817-400-4 93810 : ₩48000

고려 가요〔高麗歌謠〕
고전 시가〔古典詩歌〕

811.24-KDC6
895.711-DDC23
CIP2017035168

신증 고려속요집성

김명준

도서출판
다운샘

• 저자소개

김명준(金明俊)

고려대학교 국어국문학과 졸업(1992)
같은 학교 대학원 석사학위(1995), 박사학위(2003)
고려대학교 시간강사(2009. 9. ~ 2004. 2.; 2008. 3. ~ 2008. 8.)
상지대학교 시간강사(2002. 3. ~ 2004. 2.)
충북대학교 시간강사(2004. 8. ~ 2006. 2.; 2007. 7. ~ 2008. 2.)
경기대학교 시간강사(2006. 9. ~ 2008. 8.)
고려대학교 초빙전임강사(2004. 2. ~ 2008. 2.)
단국대학교 아시아아메리카문제연구소 특별객원연구원(2007. 7. ~2009. 6.)
파키스탄 국립외국어대학교 한국어학과 조교수 겸 학과장(2008. 7. ~2009. 6.)
일본 류구대학(琉球大學) 객원연구원(客員研究員)(2016. 4. ~2017. 3.)
한림대학교 인문대학 국어국문학과 교수(2009. 9. ~현재)

주요 저서

- 『고려속요집성』(2002)
- 『조선중기 시가와 자연』(공저 2002)
- 『악장가사 연구』(2004, 문화관광부 우수학술도서)
- 『악장가사 주해』(2004)
- 『교주 조선가요집성』(2007)
- 『개정판 고려속요집성』(2008)
- 『한국고전시가의 모색』(2008)
- 『중세 동서 문화의 만남』(공저 2008)
- 『중세 동서 시가의 만남』(공저 2009)
- 『악장가사』(2011)
- 『시용향악보』(2011, 문화관광부 우수학술도서)
- 『악학궤범』(2013)
- 『고려속요의 전승과 확산』(2013)
- 『고전시가여행』(공저 2016)

머리말

2002년에 고려속요집성을, 2008년에는 개정판을 출간했다. 개정판을 낼 때 그랬듯이 이번 책도 개정판의 오류를 잡고 추가된 내용을 보완하는 수준에서 마무리할 생각이었다.

하지만 진행 과정에서 적지 않은 변화를 주어야겠다는 생각이 들었다. 책의 본래 취지를 살리기 위해서는 고려속요 외국어번역을 새로 담고, 원전을 작품별로 재편집해야 한다고 판단했기 때문이다. 물론 오류 교정, 연구 내용 및 연구목록 추가 등도 병행하면서.

이렇게 정리하고 나서 '신증'을 붙였으나 자못 부끄럽다. 별반 새롭지도 않을 수도, 증보된 것도 많아 보이지 않은 탓이리라. 이에 이 책이 갖는 성격으로 인해 발생한 한계 때문이라 굳이 변명해 본다. 그리고 혹여 새로 바뀐 이 책이 누군가에게 도움을 주지 않을까 하는 바람으로 부끄러움을 가려보고자 한다.

이 책이 나오기까지 많은 분들에게 도움을 받았다. 한국문학번역원 고영일 본부장님, 한림대학교 국어국문학과 김민주, 김유미, 이지원 대학원생들 그리고 무엇보다 이 책을 있게 한 고려속요 연구자 모두에게 감사의 인사를 드린다. 끝으로 다운샘 편집팀과 김영환 사장님께도 다시금 고마움을 전한다.

2017년 12월 1일

김 명 준

일러두기

1. 국문 작품 원문은 봉좌문고본 악학궤범, 봉좌문고본 악장가사, 시용향악보에 실린 것으로 하였다.

2. <한림별곡>을 비롯한 갈래 상 고려속요로 보기 어려운 작품들이 있으나, 고려속요를 이해하는데 도움이 된다고 여겨 함께 실었다.

3. 어석과 현대역은 연구자 이름만 괄호 안에 넣어두었으며, 자세한 서지사항은 연구목록을 참고하기 바란다. 또 어석 상 쟁점이 없거나 미미한 경우 박병채의 고친판(1994)을 따랐다.

4. 관련기록은 가급적 시대순으로 배열했으며, 번역은 기존 번역서의 것을 따랐으나 경우에 따라 손질하였다. 그리고 기존 번역이 없거나 번역이 있으되 지극히 오역인 경우에 새로 번역을 하였다.

5. '고려사 악지 속악가사, 악장가사 가사 상, 시용향악보, 가집'에 있는 자료는 작품 전체를 순서에 따라 실었으나, '악학궤범, 악학편고, 금합자보, 대악후보'의 경우 고려속요와 관련된 작품만 실었다.

6. 외국어번역은 수집 가능한 범위 내에서 영어, 스페인어, 프랑스어, 베트남어, 러시아어 번역을 실었으며, 같은 언어일 경우 번역자, 제명, 연도를 두었다.

7. 연구목록은 작품 · 분야별, 연도별로 구분하여 실었다. 그리고 같은 연도 내 연구목록은 연구자의 이름순으로 정리하였다.

8. 작품 원전은 악학궤범 2종(봉좌문고본, 태백산본), 시용향악보(은하출판사 영인본), 금합자보(은하출판사 영인본), 악장가사(김지용 소개본: 봉좌문고본), 악학편고(권영철 소개본), 대악후보(전통음악연구회 영인본), 가집(김동욱 · 임기중 소개본) 순으로 실었다.

목 차

Ⅰ. 국문 작품

Ⅱ. 악부체역가 작품

III. 가사 부전 작품

Ⅳ. 고려사악지(高麗史樂志) · 악서(樂書)

Ⅴ. 외국어 번역

Ⅵ. 고려속요 연구 목록

Ⅶ. 작품 원전

Ⅰ. 국문 작품

1. 정읍(井邑)

1) 작품

전강(前腔)[1] ᄃᆞᆯ하 노피곰 도ᄃᆞ샤
어긔야 머리곰 비취오시라
어긔야 어강됴리
소엽(小葉) 아으 다롱디리
후강(後腔) 全 져재 녀러신고요
어긔야 즌ᄃᆡᄅᆞᆯ 드ᄃᆡ욜셰라
어(이)긔야 어강됴리
과편(過編)[2] 어느이(이)다 노코시라
금선조(金善調) 어긔야 내 가논 ᄃᆡ 졈그ᄅᆞᆯ셰라
어긔야 어강됴리
소엽(小葉) 아으 다롱디리.

〈봉좌문고본(蓬左文庫本) 『악학궤범(樂學軌範)』, 권(卷) 5 시용향악정재도의(時用鄕樂呈才圖儀). 무고(舞鼓)〉

※( )안은 광해군 11년 판본[3] 『악학궤범(樂學軌範)』의 표기.

2) 어석

· ᄃᆞᆯ하: 달이시어(양주동, 김완진), 달아(김형규, 남광우, 박병채)

※ '-하'를 존칭호격으로 보면 전자, 대등호격으로 보면 후자

· 노피곰: 높이높이 ※ '-곰'은 강세의 의미를 지닌 접미사

---

1) 한국 전통 음악의 한 형식. 전강, 후강 및 대엽이 각각 한 군(群)을 이루되, 동일곡의 반복일 경우와 전강, 중강, 후강, 부엽이 단(段)을 이루는 예도 있음.

2) 과편(過片)−중국 음악의 한 형식−으로 보기도 함. 중국 규정(葵禎)의 『사원소증(詞源疏證)』에 의하면 과편은 환두(換頭)일 가능성도 있다.

3) 태백산본.

- 도ᄃᆞ샤: 돋으시어
- 어긔야: 감탄사. 어기여차
- 머리곰: 멀리멀리
- 비취오시라: 비취고 잇어지라(양주동), 비추고 있으라(박병채, 김형규), 비추어〔照〕 주십시오(최철·박재민)
- 어강됴리: 악률(樂律)을 맞추기 위한 무의미어(양주동, 김형규), 북소리의 의성어 장단(박병채), 어! 큰 달이(이탁) ※『투호아가보(投壺雅歌譜)』〈아롱곡(阿弄曲)〉에 차자표기인 '漁磯魚堪釣哩'으로 기록되었음
- 아으: 감탄사, 아
- 다롱디리: 악률(樂律)을 맞추기 위한 무의미어
- 全져재: 전주(全州) 시장에(양주동, 김형규), 온 저자에(최정여), '후강전(後腔全)+져재': '져재'만 '시장에'(지헌영, 박병채)
- 녀러신고요: 가 있는가요, 가 계신고
- 즌ᄃᆡᄅᆞᆯ: 진 곳(泥處)을
- 드ᄃᆡ욜셰라: 디딜까 두렵구나 ※ '-ㄹ셰라'는 의구형 종결어미
- 어느이다: 어느 곳이나 다(양주동), 어느 것이나 다(김형규, 박병채), '-다'를 '處'로 봄(김태준), 어느+이(사람)+모두(장지영)
- 노코시라: 놓고 계시었으면 좋겠다(양주동), 놓으시라(김형규), 놓고 있으라(박병채), 주체를 님이 아닌 시정잡배로 보아 '놓아 주십시오'(김완진), ※ '어느이다 노코시라': 아무데라도 (짐을) 놓으십시오.(최철·박재민)
- 내: 내가, 나의, 배우자
- 가논 ᄃᆡ: 가는 곳에
- 졈그ᄅᆞᆯ셰라: 어두워질까 두렵구나

3) 현대역 및 해시

(1) 김태준(1939)

ᄃᆞᆯ아 높이 도다셔서
어긔야 멀리 비춰주소셔
어긔야 어강됴리,
아으다롱디리,

져재에 가셧다가
어긔야 진데를 드딀세라
어긔야 어강됴리
[아으 다롱디리]
어느곧에서 노시다가
어긔야 오시는데 저므를세라
어긔야 어강됴리
아으 다롱디리

(2) 지헌영(1947)

달아, 달아 높이 높이 돋아서
어긔야, 멀리 멀리 비치옵소서.
어긔야 어강됴리 아으 다롱디리
저 멀리, 저자에 가셨는지요.
어긔야 예뿐데 발듸릴가 두려하옵네. 어긔야 아강됴리 ……
어느곳 어데에 놀고 계신가요
어긔야 내사랑, 내임이 賤한데 빠질가 두려하옵네
어긔야 어강됴리 아으 다롱디리.

(3) 렴정권(1956)

달아 높이 솟아
멀리 비춰시라
어기야 어강됴리
아, 다롱디리
전주시에 가셨는가
즌피리를 드듸시면 어쩔거나
어기야 어강됴리
어느 누구라도 다 떼여 놓고 오시라
내 가는데 점글면 어쩔거나
어기야 아강됴리

아. 다롱디리

(4) 홍기문(1959)

달아 높이 좀 돋아서
(어긔야) 멀리 좀 비치여 다오
(어긔야 어강됴리)
(아으 다롱디리)
온 장터 다니시지 않느냐
(어긔야) 진창을 드디실세라
(어긔야 어강됴리)
어디고 쉴 곳을 찾으시라
(어긔야) 그 가는 앞길이 깜깜할세라
(어긔야 어강됴리)
(아으 다롱디리)

(5) 전규태(1968)

달님이시여!
높직이 돋으시어,
멀찍이 비추십시오.
(내 님은 온) 저자[市場]에 다니시던가요.
아아! 진 데를 디딜까 두렵습니다.
무엇이든(어느 것이든) 다 놓아버리십시오.
아아! 내 님 가시는 데에 날이 저물까(행여 불길한 일이 있을까) 두렵습니다.

(6) 임기중(1993)

달님이시여 높이높이 돋으시어
아! 멀리멀리 비치시라!
어긔야 어강됴리
아으 다롱디리
시장에 가 계신가요

아! 진 곳을 디딜까 두려워라!
어긔야 어강됴리
어느 것이나 다 놓아버리십시오!
아! 내 님 가는 그 길 저물까 두려워라!
어긔야 어강됴리
아으 다롱디리

(7) 박병채(1994)

달아, 높이 높이 돋아
어기야 멀리 멀리 비추고 있으라.
어기야 어강됴리
아으 다롱디리
저자에 가 있는가요?
어기야 진 곳을 디딜까 두렵습니다.
어기야 어강됴리
어느 것이나 다 놓고 있으라.
어기야 내 가는 곳 저물까 두렵습니다.
어기야 어강됴리
아으 다롱디리

(8) 최철(1996)

달님이시여
높이(높이) 떠서 멀리(멀리) 비추어 주십시오.
온 저자를 다니고 있으신가요?
진 곳을 디디실라(두렵습니다).
어느 것이나 모두 (짐을) 놓고 있으십시오
내 가는 길 저물어 어두울라(두렵습니다).

(9) 김완진(1998)

어쩌자고 시장에 가셨는가요. (그 험한 곳에)

제발 우리 그이 다 놓아 주시구려.
마음의 즛이(상상 속에서 행동하는 나) 진 곳을 디딜까 두렵습니다.
내 마음의 즛이 가는 곳, 날이 저물까 두렵습니다.

(10) 최철 · 박재민(2003)

달이시여 높이높이 돋으시어
어긔야
멀리멀리 비추어 주소서
어긔야 어강됴리 아으 다롱디리

온 시장을 다니시나요
어긔야
진 곳을 디딜까 두렵습니다
어긔야 어강됴리

어느이다 놓으소서
어긔야
내 가는데 저물까 두렵습니다
어긔야 어강됴리 아으 다롱디리

(11) 김명준(2013)

달님이여 높이높이 돋으시어
어기야 멀리멀리 비추어 주소서
어기야 어강도리
아으 다롱디리
[임은] 모든 시장을 다니시는가요
어기야 진 곳을 디딜까 두렵습니다
어기야 어강도리
어느 것이나 다 놓고 쉬소서
어기야 [앞으로] 내 가는 곳 저물까 두렵습니다
어기야 어강도리

아으 다롱디리

4) 관련기록

(1) 舞隊〔皂衫〕率樂官及妓〔樂官朱衣妓丹粧〕立于南 樂官重行而坐 樂官二人奉鼓及臺置於殿中 諸妓歌井邑詞鄕樂奏其曲 妓二人先出分左右 立於鼓之南向北拜訖 跪歛手起舞 俟樂一成兩妓執鼓槌起舞 分左右俠鼓一進一退訖 繞鼓或面或背周旋而舞 以槌擊鼓從樂節次與杖鼓相應 樂終而止 樂徹兩妓如前俛伏興退. 〈『高麗史』 卷71 樂志 2〉

무대(舞隊, 검은 장삼)가 악관과 기(妓)를 〔악관은 붉은 옷을 입었고 기(妓)는 붉은 화장을 하였다.〕 거느리고 남쪽에 선다. 악관들은 두 줄로 앉는다. 악관 두 사람이 북과 대를 받들어다가 전(殿) 복판에 놓는다. 여러 기들은 정읍(井邑)의 가사(歌詞)를 부르는데, 향악(鄕樂)으로 그 곡을 연주한다. 기 두 사람이 먼저 나가 좌우로 갈라 북의 남쪽에 서서 북쪽을 향해 큰절을 하고, 끝나면 꿇어앉아 염수하고 일어나 춤춘다. 음악의 한 단락이 끝나는 것[4]을 기다려 두 기가 북채를 잡고 춤추기 시작하여 북을 가운데 두고 좌우로 갈라져 한 번 앞으로 나갔다 한 번 뒤로 물러났다 하고, 그것이 끝나면 북의 주위를 돌고, 혹은 마주보고 혹은 등지고 하여 빙글빙글 돌며 춤춘다. 채로 북을 쳐 음악의 절차를 따라 장고와 맞춰나가는데, 음악이 끝나면 멎는다. 음악이 다 끝나면 두 기가 앞서와 같이 부복했다가 일어나서 물러간다. 〈『고려사』 권71 악지2〉

(2) 井邑全州屬縣 縣人爲行商久不至 其妻登山石以望之 恐其夫夜行犯害 托泥水之汚以歌之 世傳有登岾望夫石云. 〈『高麗史』 卷71 樂志2〉

정읍은 전주(全州)의 속현이다. 정읍 사람이 행상을 나가서 오래 되어도 돌아오지 않자 그 처가 산 위의 돌에 올라가 남편을 기다리면서, 남편이 밤길을 가다 해를 입을까 두려워함을 진흙물의 더러움에 부쳐

---

4) 악일성(樂一成)에서 성(成)은 당상악과 당하악이 연주될 때 '당상-당하-당상하 합주'의 과정으로 진행되는데 이것이 한 번 이루어지는 것을 말함. 『예기(禮記)』

서 이 노래를 불렀다. 세상에 전하기는 고개에 올라가면 망부석이 있다고 한다. 〈『고려사』 권71 악지2〉

(3) 國王宴使臣樂 王與使臣坐定 進茶 唐樂奏賀聖朝令 進初盞及進俎 歌鹿鳴 用中腔調 獻花 歌皇皇者華 用轉花枝調 進二盞及進初度湯 歌四牡 用金殿樂調 進三盞 五羊仙呈才 進二度湯 歌魚麗 用夏雲峰調 進四盞 蓮花臺呈才 進三度湯 水龍吟 進五盞 抛毬樂呈才 進四度湯 金盞子 進六盞 牙伯呈才 進五度湯 憶吹簫 進七盞 舞鼓呈才 進六度湯 歌臣工 用水龍吟調 進八盞 歌鹿鳴 進七度湯及九盞 歌皇皇者華 進八度湯及十盞 歌南有嘉魚 用洛陽春調 進九度湯及十一盞 歌南山有臺 用風入松調 或洛陽春調. 〈『太宗實錄』卷3 2年 6月 5日(丁巳)〉

국왕 연사신악(國王宴使臣樂) 왕과 사신이 좌정(坐定)하면 다(茶)를 올린다. 당악(唐樂)이 하성조령(賀聖朝令)을 연주한다. 첫 잔을 올리고 조(俎)를 올릴 때 이르러 녹명(鹿鳴)을 노래하되 중강조(中腔調)를 쓴다. 헌화(獻花)하면 황황자화(皇皇者華)를 노래하되 전화지조(轉花枝調)를 쓴다. 둘째 잔을 올리고, 첫번째 탕(湯)을 올릴 때 이르러서는 사모(四牡)를 노래하되 금전악조(金殿樂調)를 사용한다. 세째 잔을 올리면 오양선정재(五羊仙呈才)를 하고, 두 번째 탕(湯)을 올리면 어리(魚麗)를 노래하되 하운봉조(夏雲峯調)를 사용한다. 네째 잔(盞)을 올리면 연화대정재(蓮花臺呈才)를 하고, 세 번째 탕(湯)을 올리면 수룡음(水龍吟)을 노래하며, 다섯째 잔을 올리면 포구락정재(抛毬樂呈才)를 하고, 네 번째 탕(湯)을 올리면 금잔자(金盞子)를 읊고, 여섯째 잔을 올리면 아박정재(牙拍呈才)를 하고, 다섯 번째 탕을 올리면 억취소(憶吹簫)를 부르며, 일곱째 잔을 올리면 무고정재(舞鼓呈才)를 하고, 여섯 번째 탕을 올리면 신공(臣工)을 노래하되 수룡음조(水龍吟調)를 사용한다. 여덟째 잔을 올리면 녹명(鹿鳴)을 노래하고, 일곱 번째 탕을 올리고 아홉째 잔에 이르면, 황황자화(皇皇者華)를 노래하며, 여덟 번째 탕을 올리고 열째 잔에 이르면, 남유가어(南有嘉魚)를 노래하되 낙양춘조(洛陽春調)를 사용하며, 아홉번째 탕을 올리고 열 한 번째 잔에 이르면 남산유대(南山有臺)를 노래하되 풍입송조(風入松調)나 낙양춘조(洛陽春調)를 사용한다.

〈『태종실록』권3 2년 6월 5일(정사)〉

(4) 無㝵 動動 井邑 眞勺 履霜曲 鳳凰吟 滿殿春等曲 爲時用俗樂 有譜一卷. 〈『世宗實錄』卷116 29年 6月 4日〉

무애(無㝵)·동동(動動)·정읍(井邑)·진작(眞勺)·이상곡(履霜曲)·봉황음(鳳凰吟)·만전춘(滿殿春) 등의 곡조로써 평시에 쓰는 속악(俗樂)을 삼았는데, 악보 1권이 있다.
〈『세종실록』 권116 29년 6월 4일〉

(5) 處容呈才三聲 動動呈才一聲 無㝵呈才二聲 舞鼓呈才三聲 …… 凡七十五聲 常令肄習. 〈『世宗實錄』卷126 31年 10月 3日〉

"처용 정재(處容呈才) 3성, 동동 정재(動動呈才) 1성, 무애 정재 2성, 무고 정재(舞鼓呈才) 3성 …… 무릇 75성은 예습(肄習)하게 하옵소서." 하였다. 〈『세종실록』 권126 31년 10월 3일〉

(6) 樂工試唐樂三眞勺譜 …… 鄕樂 …… 眞勺四機 履霜曲 洛陽春 五冠山 紫霞洞 動動 …… 翰林別曲 …… 北殿 滿殿春 醉豊亨 井邑二機 鄭瓜亭三機. 〈『經國大典』卷3 禮典 樂工取才條〉

악공이 시취(試取)할 때, 당악(唐樂)은 삼진작보(三眞勺譜) …… 향악(鄕樂)은 …… 진작사기(眞勺四機)·이상곡(履霜曲)·낙양춘(洛陽春)·오관산(五冠山)·자하동(紫霞洞)·동동(動動) …… 한림별곡(翰林別曲) …… 북전(北殿)·만전춘(滿殿春)·취풍형(醉豊亨)·정읍이기(井邑二機)·정과정삼기(鄭瓜亭三機)로 했다.
〈『경국대전』 권3 예전 악공취재조〉

(7) 樂師 帥樂工十六人 奉鼓臺具 由東楹入 置於展中而出 樂師抱鼓槌十六個 由東楹入 置鼓南而出 請妓唱井邑詞 …… 樂奏井邑慢機 妓八人 以廣斂分左右而進 立於鼓南 北向齊行跪 俛伏起立足蹈 跪改尖斂而立舞訖竝斂手跪 執槌斂手而起足蹈舞進 左右相連 左旋繞鼓而舞 隨杖鼓雙

聲 鼓聲而擊之 奏井邑中機 樂聲漸促 則越杖鼓雙聲隨鼓聲而擊之 奏井邑急機 樂師因節次遲速 越一腔擊拍 妓八人斂手而退 齊行跪 置槌於本處 斂手而立 足蹈跪 俛伏興 足蹈而退 樂止 樂工十六撤鼓而出 樂師入撤退而出. 〈『樂學軌範』 卷5〉

악사가 악공 16인을 거느리고 북과 대를 받들고서 동쪽 난간으로 들어와서 전 중에 놓고 나간다. 악사가 북채 16개를 안고 동영으로부터 들어와 그것들을 북 남쪽에 놓고 나간다. 여러 기생들에게 정읍의 가사를 …… 부르고, 음악이 정읍 만기를 연주하면, 여기 8인이 광렴[5]으로 좌우로 나뉘어 나아가 북의 남쪽에 선다. 북쪽을 향하여 가지런히 1열로 꿇어앉아 부복하고 일어서서 족도하다가, 꿇어앉아 첨렴[6]으로 고쳐 서서 춤춘다. 끝나고서 모두 염수[7]하고 꿇어앉아 채를 집어 염수하고 일어서서 족도하고 춤추며 나아가 좌우가 서로 이어져서 좌선으로 북을 둘러 춤추면서, 장고의 쌍성과 장고의 북편 소리에 따라 (무고를) 친다. 정읍 중기를 연주하고 음악 소리가 점점 빨라지면, 장고의 쌍성을 걸러 북편 소리에만 따라 무고를 친다. 정읍 급기를 연주할 때에 악사가 절차의 지속에 따라 1강을 걸러 박을 친다. 여기 8인이 염수하고 물러가 가지런히 1열로 꿇어앉아 본래 있던 자리에 채를 놓고서 염수하고 일어서서 족도하다가, 꿇어앉아 부복했다가 일어나 족도하면서 물러간다. 음악이 멈추면 악공 16인이 북을 거두어 나간다. 악사가 들어와 채를 거두어 나간다. 〈『악학궤범』 권5〉

(8) 月阿高高的上來些 遠遠的照着時阿 漁磯魚堪釣哩 阿弄多弄日日尼.
〈『投壺雅歌譜』〉

달아 노피곰 도드샤 멀니 비치곰시라 어긔 어감도리 아롱다롱일일니.
〈『투호아가보』〉

(9) 樂工試唐樂三眞勺譜 …… 鄕樂 …… 眞勺四機 履霜曲 洛陽春 五冠山

---

5) 소매 끝을 말지 않고 소매 모양을 그대로 유지함.
6) 소매 끝을 말아 뾰족하게 하여 잡음.
7) 손을 모음.

紫霞洞 動動 …… 翰林別曲 …… 北殿 滿殿春 醉豊亨 井邑二機 鄭瓜亭三機. 〈『經國大典』 卷3 禮典 樂工取才條〉

악공의 당악은 삼진작보 …… 향악은 …… 진작사기・이상곡・낙양춘・오관산・자하동・동동 …… 북전・만전춘・취풍형・정읍이기・정과정삼기로 한다. 〈『경국대전』 권3 예전 악공취재조〉

(10) 大提學 南袞曰 前者 命臣改製樂章中 語涉淫詞釋敎者 臣與掌樂院提調及解音律樂師 反覆商確 如牙拍呈才動動詞 語涉男女間淫詞 代以新都歌 盖以音節同也 新都歌乃我朝移都漢陽時鄭道傳所製也 此曲非用文詞多用方言 今未易曉 土風亦當存之 且卽奏古則徐緩 今則急從不可改也 舞鼓呈才井邑詞 代用五冠山 亦以音律相叶也.
〈『中宗實錄』 卷32 13年 4月 1日〉

대제학 남곤이 아뢰기를, "전일 신에게 악장(樂章) 속의 음사(淫詞)나 석교(釋敎)에 관계있는 말을 고치라고 명하시기에 신은 장악원제조와 음율에 해박한 악사들과 진지한 의논을 거쳐 아박정재 동동의 가사(牙拍呈才動動詞)같은 남녀 음사에 가까운 말은 신도가(新都歌)로 대신하였으니, 이는 대개 음절(音節)이 그와 같기 때문입니다. 신도가는 아조(我朝)가 한양으로 천도(遷都)할 때 정도전(鄭道傳)이 지은 것인데, 이 곡(曲)은 문사(文詞)를 쓰지 않고 방언(方言)을 많이 써서 지금 쉽게 이해할 수 없으나 토풍(土風)을 보존해야 할 것이요, 또 절주(節奏)로 말하면 옛날에는 느린 것을 숭상하였으나 지금은 촉박함을 숭상하니 고칠 수가 없습니다. 무고정재 정읍의 가사(舞鼓呈才井邑詞)는 오관산(五冠山)으로 대용하였으니, 이것 역시 음률(音律)이 서로 맞기 때문입니다." 가 하였다. 〈『중종실록』 권32 13년 4월 1일〉

(11) 閱樂詩 …… 舁來腰鼓置中筵 輪得紅槌彩袖翩 催拍急簫謳井邑 八盤初轉響塡然. 〈『惺所覆瓿藁』 卷2 閱樂 8首〉

음악에 쓰이는 시를 살펴보면 …… 요고(腰鼓)를 떼매다가 연회장에 설치하니 돌고 도는 붉은 북채 춤추는 소매 너울너울 자진 박자 급한 퉁소 정읍을 부르는데 팔반(八盤)이 막 돌아가자 북소리 둥둥하네.
〈『성소부부고』 권2 열락 8수〉

(12) 上出於景賢堂 錫耆老諸臣宴 ……. 第二爵樂奏井邑慢機 牙拍舞童入作 進湯樂奏清平曲. 〈『肅宗實錄』 卷63 45年 4月 18日〉

임금이 경현당(景賢堂)에 나아가 여러 기로신(耆老臣)들에게 잔치를 내려 주었다. …… 제2작 때에는 음악을 정읍만기(井邑慢機)를 연주하고 아박무(牙拍舞)를 무동(舞童)이 들어와서 추었으며, 탕(湯)을 바치자 음악은 청평곡(淸平曲)을 연주하였다.
〈『숙종실록』 권63 45년 4월 18일〉

(13) 井邑全州屬縣 …… 託泥水之汙以歌之 世傳爲登岾望夫石云 秋泉咽 山河兩地同明月 同明月 凄風苦雨幾年離別 等閒黃葉知時節 泥塗漠漠行人絶 行人絶 魂飛滄海貝宮珠闕. 〈『星湖先生全集』 卷7 海東樂府〉

정읍은 전주의 속현이다 …… 진흙탕 물의 더러움에 의탁하여 노래를 지으니, 세상에 전하기를, 산에 오르면 망부석의 발자취가 아직도 있다고 한다.
가을 샘 목메어 우는데, 산하 어디나 같은 달, 그 달 아래 처량한 바람 쓰린 비 이별한 지 얼마인가, 떨어져 소원하여 누른 잎 사이로 시절을 알겠는데, 막막한 진흙길 인적조차 끊겼네, 인적조차 끊긴 길에 혼은 푸른 바다 조개, 진주의 궁궐을 떠도네.
〈『성호선생전집』 권7 해동악부〉

(14) 井邑指 入舞鼓呈才用界面調. 〈『大樂後譜』〉

정읍 가락은[8] 무고정재에 속하고 계면조를 쓴다. 〈『대악후보』〉

---

8) 『대악후보(大樂後譜)』에 의하면 <정읍>은 세 가락(三指) 계면조임.

(15) 御奉壽堂 進饌于惠慶宮 ……處容舞進 樂作鄕唐交奏 井邑樂與民樂 尖袖舞進 奏洛陽春曲 呈才訖 樂止.〈正祖實錄 卷42 19年 閏2月 13日〉

봉수당(奉壽堂)에 나아가 혜경궁을 위해 연회를 베풀었다 …… 처용무(處容舞)를 추자 악대가 정읍악(井邑樂)과 여민락을 향악(鄕樂)과 당악(唐樂)으로 번갈아 연주하였다. 첨수무(尖袖舞)를 추자 악대가 낙양춘곡(洛陽春曲)을 연주하였다. 정재가 끝나자 연주도 그쳤다. 〈『정조실록』 권42 19년 윤2월 13일〉

(16) 縣人行商久不至 其妻登山石以望之.
〈『新增文獻備考』 卷246 附 歌曲類〉

현의 사람이 장사하러 떠나서 오랫동안 돌아오지 않으니, 그 아내가 산 돌 위에 올라서 기다렸다. 〈『신증문헌비고』 권246 부 가곡류〉

(17) 望夫石 在縣北十里 縣人行商久不至 其妻登山石以望之 恐其夫夜行犯害 託泥水之汚以作歌 名其曲曰井邑 世傳登岾望夫石足跡猶在.
〈『新增東國輿地勝覽』 卷34 井邑 古蹟〉

망부석 현의 북쪽 10리에 있다. 현의 사람이 장사하러 떠나서 오랫동안 돌아오지 않으니, 그 아내가 산 돌 위에 올라서 기다렸는데, 혹 그 남편이 밤에 다니다가 해침을 당하지 않았는가 걱정되어, 진흙탕물의 더러움에 의탁하여 노래를 지으니, 그 곡을 정읍이라 한다. 세상에 전하기를, 산에 오르면 망부석의 발자취가 아직도 있다고 한다.
〈『신증동국여지승람』 권34 정읍 고적〉

(18) 東方土樂 檀箕無考 三國時俗樂 有東京 木州 余那山 長城 利見臺 禪雲山 無等山 井邑 智異山 來遠城 延陽 溟州等號 皆有事跡歌詞.
〈『五州衍文長箋散稿』 第17輯 俗樂辨證說〉

우리나라 토악으로는 단군 기자의 시대에는 상고할 길이 없고 삼국시대의 속악으로 동경(東京)·목주(木州)·여나산(余那山)·장성(長城)·이견대(利見臺)·선운산(禪雲山)·무등산(無等山)·정읍(井邑)·지리산(智異山)·내원성(來遠城)·연양(延陽)·명주(溟州) 등이 있는데 모두 사적이 있는 가사이다.

〈『오주연문장전산고』 제17집 속악변증설〉

2. 동동(動動)

1) 작품

德으란 곰비예 받좁고
福으란 림비예 받좁고
德이여 福이라호놀
나슨(ᄋᆞ)라 오소이(이)다
아으 動動다리

正月ㅅ 나릿 므른
아으 어져 녹져 ᄒᆞ논ᄃᆡ
누릿 가온ᄃᆡ 나곤
몸하 ᄒᆞ올로 녈셔
아으 動動다리

二月ㅅ 보로매
아으 노피 현
燈ㅅ블 다호라
萬人 비취실 즈싀(이)샷다
아으 動動다리

三月 나며 開ᄒᆞᆫ
아으 滿春 돌욋고지여
ᄂᆞᄆᆡ 브롤 즈슬(을)
디녀 나샷다

아으 動動다리

四月 아니 니저(지)
아으 오실셔 곳고리새여
므슴다 錄事니ᄆᆞᆫ
녯나ᄅᆞᆯ 닛고신뎌
아으 動動다리

五月 五日애
아으 수릿날 아ᄎᆞᆷ 藥은
즈믄ᄒᆡᆯ 長存ᄒᆞ샬
藥이라 받ᄌᆞᆸ노이(이)다
아으 動動다리

六月ㅅ 보로매
아으 별해 ᄇᆞ룐 빗 다호라
도라보실 니믈
젹곰 좃니노이(이)다
아으 動動다리

七月ㅅ 보로매
아으 百種 排ᄒᆞ야 두고
니믈 ᄒᆞᆫᄃᆡ 녀가져
願을 비ᄉᆞᆸ(ᄋᆞᆸ)노이(이)다
아으 動動다리

八月ㅅ 보로ᄆᆞᆫ
아으 嘉俳니(나)리마ᄅᆞᆫ
니믈 뫼셔 녀곤
오ᄂᆞᆯ낤 嘉俳샷다
아으 動動다리

九月 九日애
아으 藥이라 먹논
黃花고지 안해 드니

새셔 가만ᄒᆞ애라
아으 動動다리

十月애
아으 져미연 ᄇᆞᄅᆞᆺ 다호라
것거 ᄇᆞ리신 後에
디니실 ᄒᆞᆫ부니 업스샷다
아으 動動다리

十一月ㅅ 봉당(당) 자리예
아으 汗衫 두퍼 누워
슬ᄒᆞᆯᄉᆞ라온뎌
고우닐 스싀옴 녈셔
아으 動動다리

十二月ㅅ 분디남ᄀᆞ로 갓곤
아으 나술(올)盤잇 져다호라
니믜 알픠 드러 얼이노니
소니 가재다 므ᄅᆞ숩(ᅀᆞᆸ)노이(이)다
아으 動動다리

〈봉좌문고본(蓬左文庫本)『악학궤범(樂學軌範)』, 권(卷) 5 시용향악정재도의(時用鄕樂呈才圖儀). 아박(牙拍)〉

※(　)안은 광해군 11년 판본『악학궤범(樂學軌範)』의 표기.

2) 어석

◇ 1연

- 곰비・림비: 監・神主(김태준), 뒷잔・앞잔(양주동), 자주자주(김형규), 신령・조상(지헌영), 신령님・임금(박병채), 안아 받들고(김완진)
- 받즙고: 바치옵고, 배〔船〕 뒤 칸에·배 앞 칸에(이등룡)
- 德이여 福이라호늘: 덕이며 복이라고 하는 것을
- 나ᄉᆞ라 오소이다: 드리러 오십시오(양주동, 지헌영, 김형규, 박병채), 오소이다: 왔습니다(김완진)

· 동동(動動): 의성어, 북소리 ※ 動動者 今唱優口作鼓聲 而爲舞節者也 動動猶鼕鼕也. 〈『星湖僿說』 卷 4〉 동동은 지금 배우들이 입으로 장고소리를 모방한 것이니 춤을 알맞게 추기 위한 것이다. 그 소리는 둥둥으로 들린다. 〈『성호사설』 권4〉

◇ 2연

· 正月ㅅ 나릿 므른: 정월의 냇물은
· 어져 녹져 ᄒᆞ논ᄃᆡ: 얼고자 녹고자 하는데
· 누릿 가온ᄃᆡ 나곤: 세상 가운데 나서는
· 몸하 ᄒᆞ올로 녈셔: 몸이여 홀로 지내가는구나

◇ 3연

· 二月ㅅ 보로매: 이월의 보름에
· 노피 현: 높이 켠
· 燈ㅅ블 다호라: 등불 답구나
· 萬人 비취실 즈ᅀᅵ샷다: 만인을 비추실 모습이로다

◇ 4연

· 三月 나며 開ᄒᆞᆫ: 3월을 경과하면서 핀
· 滿春ᄃᆞᆯ욋고지여: 만춘ᄃᆞᆯ욋+고지여: 3월달의 꽃이여(김태준), 만춘ᄃᆞᆯ+욋고지여: 3월달 오얏꽃이여(양주동, 김형규), 만춘+ᄃᆞᆯ욋고지여: 늦봄 진달래꽃이여(남광우, 박병채)
· ᄂᆞᄆᆡ 브롤 즈ᅀᅳᆯ: 남들이 부러워할 모습을
· 디녀 나샷다: 지녀 나시도다

◇ 5연

· 아니 니저: 아니 잊어
· 오실셔 곳고리새여: 오시는구나 꾀꼬리 새여
· 므슴다: 무엇하다가, 무엇 때문에(양주동, 박병채), 어찌(김완진)
· 錄事니ᄆᆞᆫ: 녹사님은 ※ 녹사: 고려의 관명으로 목종(穆宗) 때에 칠품관 문하녹사(門下綠事)
· 녯나ᄅᆞᆯ 닛고신뎌: 옛날은 잊고 계시는구나(김태준, 양주동, 박병채),

옛 나를 잊고 계신가(김형규)

◇ 6연

· 수릿날 아춤 藥은: 단오(端午)날 아침 약은 ※ 端午 …… 午時 採益母草 豨薟 曬爲藥用. 〈『東國歲時記』〉 단오날 정오에 익모초와 진득찰을 뜯어다가 볕에 말려 약용으로 만든다. 〈『동국세시기』〉
· 즈믄힐 長存ᄒᆞ샬: 천년을 오래사실
· 藥이라 받줍노이다: 약이라서 바치옵니다

◇ 7연

· 六月ㅅ 보로매: 유월 보름에
· 별해 ᄇᆞ룐 빗 다호라: 별이 버린 빛(流星의 남은 빛, 김태준), 벼랑(厓)에 버린 빗(梳) 다워라(양주동, 박병채, 김형규) ※ 六月 …… 十五日 東俗稱流頭日 …… 浴髮於東流水 祓除不祥. 〈『東國歲時記』〉 유월 …… 십오일은 우리나라 풍속으로 유두일을 말한다. …… 동으로 흐르는 물가에 가서 머리를 감고 상서롭지 못한 것들을 떨어 버린다. 〈『동국세시기』〉
· 도라보실 니믈: 돌아보실 님을
· 젹곰 좃니노이다: 제작금 쫓(從)습니다(김태준), 조금이라도 따릅니다(현재형: 양주동, 박병채), 조금이라도 따랐습니다(과거형: 김형규), 조금이라도 따르겠습니다(미래형: 전규태) ※ '-노-'는 '현재시제선어말어미'

◇ 8연

· 百種: 백중절. ※ 7월 15일 망인(亡人)을 위하여 백 가지 음식과 과실을 차려놓고 빌었다고 함.
· 排ᄒᆞ야 두고: 벌려 놓고
· 니믈 ᄒᆞᆫᄃᆡ 녀가져 願을 비숩노이다: 님과 함께 가고져 소원을 비옵나이다. 죽어서라도 임과 함께 가고 싶은 마음(양주동, 박병채, 김형규, 전규태), 제물을 차려놓고 님과 함께 하기를 바람(김태준, 임기중), 죽은 님을 위한 마음(최미정)

◇ 9연

· 嘉俳니(나)리마론: 가윗날이지만은 ※ '가배'=갑+이>가비>가뷔>가위(秋夕)
· 니믈 뫼셔 녀곤: 님을 뫼시고 가니(김태준), 님을 모시고 다녀야지만(박병채)
· 오놀낤 嘉俳샷다: 오늘이 가윗날이로구나

◇ 10연

· 藥이라 먹논: 약이라 먹는
· 黃花고지 안해 드니: 국화꽃이 제철에 피니(김태준), 누런 국화꽃이 안에 드니(양주동, 박병채) ※ 九月九日 採黃菊花 爲糯米餻 與三月鵑花糯同. 〈『東國歲時記』〉 구월 구일(중양절)에 노란 국화를 따다가 찹쌀떡을 만든다. 방법은 3월 삼짇날 진달래떡을 만드는 방법과 같다. 〈『동국세시기』〉
· 새셔가만ᄒᆞ애라: 새셔가+만ᄒᆞ애라: 歲序가 늦어구나(晩)(김태준, 양주동, 김형규), 새셔+가만ᄒᆞ애라: 처음보다(新) 아득하구나(박병채), 새셔+가만ᄒᆞ애라: 초가집(茅屋)이 조용하구나(남광우), 만ㅎ、애라: 반(反)하였구나(이등룡)

◇ 11연

· 져미연: 저며 놓은(양주동, 박병채), 슴한(지헌영), 제비연〔鷰鳶〕(강헌규)
· ᄇᆞ롯: 보로쇠(김태준, 양주동), 모과(홍기문), 고로쇠 나무(박병채), 꽃 봉오리 혹은 열매(지헌영), 활토시 또는 새골무(김완진), 바라(강헌규), 목발〔脇杖〕(이등룡)
· 것거 ᄇᆞ리신 後에: 꺾어 버리신 후에
· 디니실 ᄒᆞᆫ부니 업스샷다: 지니실 한 분이 없으시도다

◇ 12연

· 봉당: 방과 방 사이의 흙바닥
· 자리예: 침소(寢所)에
· 汗衫 두퍼 누워: 한삼 덮어 누워

· 슬홀ᄉᆞ라온뎌: 슬픈 일이로다(양주동), 슬퍼할 일보다 더한 것이여(김형규, 임기중), 슬픔을 말하고져(지헌영), 슬픔을 불살라 왔건만(서재극, 박병채, 김완진), 슬피도 살아가는구나(김태준)
· 고우닐: 고은 님
· 스싀옴 녈셔: 생각솟겨보녀서 지내간다(김태준, 김형규), 스스로 살아감이여(양주동), 제각금 살아갈 것인가(서재극), 갈라서 한 사람씩 살아가는구나(박병채), 스스러워하며(이등룡)

◇ 13연

· 분디남ᄀᆞ로 갓곤: 분지나무로 혹은 산초(山椒)나무로 깍은
· 나술盤잇 져다호라: 진상할 소반에 있는 젓가락 같구나
· 니믜 알픠 드러 얼이노니: 님의 앞에 들어 가지런히 놓으니
· 소니 가재다 므ᄅᆞᄋᆞᆸ노이다: 손님이 가져다 뭅니다(양주동, 김형규, 박병채), 소니가지(石弩) 무너지다(崩)(서재극), 가재다: (床)을 갖게 하였다가(이등룡)

3) 현대역 및 해시

(1) 김태준(1939)

德을랑은 뒷배에받잡고
福을랑은 앞배에받잡고
德이여 福이여
나의게로 오소서
아아 動動다리

正月 나루ㅅ물은
아아 얼자 녹자하는데
이널븐 세상에 나서
내신세야 외로히 가는구나
아아 動動다리

二月 보름날

아아 노피켠 燈불같고나
萬人을 비칠 姿態를 지녓도다
아아 動動다리

三月 나면서 핀
滿春달의 꽂이여
남이 부러워할 모양을
타고 낫구나
아아 動動다리

四月을 잊지않고
아아 날아온 꾀꼬리새여(四月을 잊지안코 꾀꼬리새는 날러왔는데)
無心타 錄事님은
옛날의 나를 니지셧는가
아아 動動다리

五月五日에
아아 수릿날 아츰藥은
千年을 長壽할 藥이라
밧잡습니다
아아 動動다리

六月 보름에
아아 흐르는 별빛갓고나
못니즐 님을
제각금 (별이나 사람이나) 좇는도다
아아 動動다리

七月 보름에
아아 百種排를 다해두고
님을 한데 따라가고져
願을 비옵니다
아아 動動다리

八月 보름에
아아 秋夕嘉俳날이것만
님을 뫼시고 가니
오늘이 참말 秋夕같다
아아 動動다리

九月九日에
아아 藥으로 먹는 黃花고지(野菊?)
제철 안에 피니
歲序가 늦고나
아아 動動다리

十月에
아아 졈여논 보룻갓도다
꺽거 버러신후
차지해야할님은 업서젓고나
아아 動動다리

十一月은 봉당자리에
아아 汗衫을 덮고누어
佳人을 생각하며
슯이도 사라가는구나
아아 動動다리

十二月 분듸나무로 깍근
아아 進上하는盤上에 져갇애라
님의 앞에 드러 올니노니
손이 갓다가 다므릅소서
아아 動動다리

(2) 지헌영(1947)

德을랑은 神靈님께 바치옵고

福은 祖上님께 바치옵나니
德과 福(이라 하는것)을 進上하야 오소서
아으, 두리둥둥 다리리 ……

正月달 냇물은
어허! 얼고녹아지고 하는데
塵世에 이몸은 나왔나니 ……
이몸아! (나는) 어찌하야 호올로 살어가고 있는가
아으, 두리둥둥 다롱디리

二月보름에 어혀 우리임은
높이켠 燃燈불과같이 고웁기도 하옵네
萬人을 비치고남을 偉大하신 모습이여!
어허! 둥둥 내사랑 두리둥둥

三月달 지나며 滿開한
아! 盛春의 燦爛한 꽃이여!
그대는 남이부러워할 모습을
지니고 나아오셨도다!
아으 둥둥 내사랑아, 두리둥둥

四月달 들자 새들도 꾀꼬리도
제철을 잊지않고 짝을 찾어오는데
四月八日 찾어든 나를
어지하야 錄事님은 (前에親턴나를) 잊고 있는가요
아으, 두리둥둥 다롱디리 ……

五月五日은 端午날에 淨日이완대
이날, 우리임께 드리옵는 아츰藥은
千年이라 長壽하실 藥이옵기에
바치옵네 드리옵네 ……
어허! 둥둥 내사랑이야 두리둥둥 ……

六月 보름은 流頭날에

흐르는 물에 沐浴하고 머리감어 ……
나는 물가에 던진 빗과 비슷하여이 ……
사랑하시고 안어주실 우리임이
그리워 이몸은 좇아 가옵내다
어허 둥둥 내사랑아 두리둥둥 ……

七月 보름은 百種날이옵기에
百種飮食을 차려놓고
이승에 離別없어 저승에도 離別없이!
한곳으로 가고지라 離別뉘없과지라
내所願을 비옵내다
아으, 두리둥둥 다롱디리 ……

八月보름은 반가운 가위날이리라마는
사랑하는 임을 뫼시고 가여야만
어허! 이날은 無限히 질거운 날이리로다 ……
둥둥 내사랑이야 어허둥둥 두리둥둥

九月九日날 重陽節에
藥이라 菊花를 술잔에띄워 먹는 향그러운 (男性의) 季節이여!
가을의 꽃을 뜯어 藥酒로 마시오니 ……
아! 새로운 기운이 그윽하리로구나 …… 우리임은 ……
어허둥둥, 내사랑이야 두리둥둥

十月달 서리나린 쓸쓸한 季節이여!
우리임은 저무린 봉올다이 씨열대다이 예쁘고나 ……
한번꺾어 없이한다면 그뒤에는
우리임은 그것을 지니지 못하리로세 ……
어허 둥둥 내사랑 두리둥둥 다롱디리 ……

冬至달 기나긴밤에
찬방안에 獨守空房 눈물짓고 슬피누워
쓸쓸함을 사뢰옵네 외로이 지내옵네

아! 그리워라 임을 생각하고 지내옵네
어허 둥둥 두리둥둥 다롱디리 ……

十二月, 섣달은
분듸나무로 깎은 進上盤에 놓은 저범과같이 둘이맛붙었고나 ……
사랑하는 임의앞에 들어 얼리노니 ……
손으로 가져다가 입에물듯 우리들은 하옵내다
어허 둥둥 내사랑이야 내사랑이야 두리둥둥 ……

(3) 렴정권(1956)

덕은 금잔에 받들고 복은 은잔에 받들어 덕과 복을 청하거던 드리겠나이다 아, 두리 둥둥

정월(正月)의 강물은 얼랴 녹으랴 하는데 세상에 났거던 이내 몸은 어이하여 외로이 살아가느냐 아, 두리 둥둥

二월 보름에 밝은 달은 높이 켜 단 등불 같고나 천하 만민 비추어 주실 거룩한 광명이다 아, 두리 둥둥

三월 들어 활짝 핀 아, 저믄 봄 외얏꽃이여 사람들이 불버할(부러워할) 자색타고 났구나 아, 두리 둥둥

四월을 아니 닞고 아, 오셨도다 꾀꼴새여 어찌하야 록사님은 옛친구 나를 닞으신가 아, 두리 둥둥

五월이라 단오 날에 아침에 드리는 약은 천년을 장수하실 약이라 드립니다 아, 두리 둥둥

六월이라 류두 날 아, 강 까에 버린 빗 같아라 건사하시는 주인을 제각금 좇아 가는구나 아, 두리 둥둥

七월이라 백중 날 아, 온갖 과실 벌여 놓고 임과 함께 있어지라 소원 성취 비옵니다 아, 두리 둥둥

八월이라 보름 날은 아, 가위명절 이였마는 임과 함께 있어야만 오늘이 가위 답지 아, 두리 둥둥

九월 九일 이라 아, 약으로 먹는 국화주 먹게 되니 금년 세월도 어느듯 다 갔구나 아, 두리 둥둥

十월에 아, 쓸아 놓은 보롯(茱萸) 같구나 꺾어 버린 뒤에 가지실 한 사람이 없구나 아, 두리 둥둥

동짓달 설한풍 몬지 낀 삿자리에 아, 입은채 웃옷 덮고 누웠으니 눈물 날 일이로구나 고은임을 떨어져 삶이여 아, 두리 둥둥

十二월이라 드리는 식반의 분디(山椒) 남그로 깎은 져(箸) 갈구나 임의 앞에 들어가 쌍으로 놓이니 손(手)이 가져다 입에 무는구나 아, 두리 둥둥

(4) 홍기문(1959)

덕(德)을랑 높이 괴여 드리고
복(福)을랑 줄로 벌려 드리고
덕이여 복이라 하기에
노래를 시작합니다
(아으 동동다리)

정월(正月)이라 앞내 물은
(아으) 얼다가 녹다가 하는데
이 세상에 태여 나서
이 내몸 외로와라
(아으 동동다리)

이월이라 보름날
(아으) 노피 켜 놓은 등불 같애라
일만 사람 비치실 기상이고나
(아으 동동다리)

삼월을 잡아 들어 곱게 핀

(아으) 늦은 봄의 배꽃이여
남들이 부러워 할 외모를
가지고 태여났고나
(아으 동동다리)

사월이라 아니 잊고
(아으) 돌아 왔에라 꾀꼴새여
무슨 일일가? 록사(錄事)님은
옛 나를 잊으셨네
(아으 동동다리)

오월이라 오일에
(아으) 단오날 아침 먹는 약술은
천년을 장수(長壽)하실 약술이라고 드립니다
(아으 동동다리)

류월이라 보름날
(아으) 벼랑에 내버린 빗과 같애라
돌보아 주실 임을
따라 다니기 어렵습니다.
(아으 동동다리)

칠월이라 보름날
(아으) 백 가지 곡식과 과실 벌여 놓고
임과 함께 지나고자
축원을 올립니다
(아으 동동다리)

팔월이라 보름은
(아으) 추석 명절이라 이르지만
임을 뫼셔 지내니
오늘이 과연 명절이고나
(아으 동동다리)

구월 구일에
(아으) 약술을 담아 먹는 국화
고조 안에 들어 가니
철도 이미 늦었에라
(아으 동동다리)

시월이라
(아으) 저미어 논 (바랏) 같애라
꺾어서 던진 후로
주워 줄 이 한 분도 없고나
(아으 동동다리)

십일월이라 봉당 자리에
(아으) 속적삼난 덮고 누워
내 마음 서글프다
고은 그 분이 스스러워라
(아으 동동다리)

십이월이라 산초 나무로 깎아 만든
(아으) 상우의 저까락 같애라
임의 앞에 찾아 놓았더니
손님이 들어다가 입에 뭅니다.
(아으 동동다리)

(5) 전규태(1968)

德을랑 뒷배[後盃]로 받자옵고,
福을랑 앞배[前盃]로 받고자 하오니
德이여, 福이여 나아 오십시요,

正月의 냇물은,
아아! 얼려 녹으려 하는데,
세상에 태어났는데,

이 몸은 홀로 지내는구나!

(내 님은) 二月 보름에,
아아! 높이 켠 燈불 같고나!
萬人을 비치실 얼굴이로구나!

三月 지나면서 핀,
아아! 늦봄 달 오얏꽃이여!
남의 부러워할 모습을
지녀 나셨구려!

四月을 안 잊어
아아! 오셨군요 꾀꼬리새여!
무슨 까닭으로 (어찌타) 錄事님은
옛(날 나를 사랑하던) 나를 잊고 계신지요.

五月 五日에
아아! 端午날 아침 藥은,
千年을 오래 사실
藥이라고 바치나이다.

六月 보름(流頭日)에
아아! (내 신세는, 머리를 빗고) 水匡에 버린 빗과 같고나
돌아 보실 님을
조금이라도 (잠시) 따르겠읍니다.

七月 보름(百種日)에
아아! 百種을 버려 두고
님을(과) 함께 가고자 (後世에라도 다시 만나기를)
願을 비옵나이다.

八月 보름은
아아! 한가윗날(秋夕)이지만
님을 모셔야만

오늘날 가윗날이로소이다.

九月 九日(重九日)에
아아! 藥이라도 먹는
黃花꽃이 안에 드니
歲序가 느리군요.

十月에
아아! 저미는 보로쇠 같구려!
꺾어 버린 다음엔
지니실 한 분이 없도다.

十一月 봉당(房과 房 사이의 土間) 자리에,
아아! 汗衫 덮고 누워
서러웁도다!
고운 이(님)를 (여의고) 스스로 (나 혼자서) 자고 (살아 가고) 있고녀!

十二月 분디[山椒] 나무로 깎은,
아아! 進上할 소반 위에 있는 젓가락다와라! (같구나!)
님의 앞에 들어 가즈런히 들어 얼렸더니 손[客]이 가져다가 (입에) 무는 군요!

(6) 임기중(1993)

덕일랑은 뒷잔에 바치옵고
복일랑은 앞잔에 바치옵고
덕이나 복이라 하는 것을
드리러 오십시오.
아으 동동다리

정월의 냇물은
아! 얼었다 녹았다 정다운데
누리 가운데 나서는

이 몸은 홀로 지내누나.
아으 동동다리

이월 보름에
아! 그대는 높이 켠
등불 같구나!
만인 비치실 모습이로다.
아으 동동다리

삼월 나면서 활짝 핀
아! 늦봄의 진달래꽃이여
남이 부러워할 자태를
지니고 나셨도다
아으 동동다리

사월 아니 잊고
아! 오셨네 꾀꼬리여!
무슨 일로 녹사님은
옛날을 잊고 계신가.
아으 동동다리

오월 오일에
아! 단오날 아침 약은
천 년을 길이 사실
약이라고 바치옵니다.
아으 동동다리

유월 보름에
아! 벼랑가에 버린 빗 같아라!
돌보실 님을
잠시라도 좇아가겠습니다
아으 동동다리

칠월 보름에

아! 갖가지 제물 차려놓고,
님과 함께 지내고자
원을 비옵니다.
아으 동동다리

팔월 보름은
아! 한가윗날이건마는,
님을 모시고 지내야만
오늘이 한가위다운 한가위여라.
아으 동동다리

구월 구일에
아! 약이라 먹는 국화꽃,
그 꽃이 집 안에 드니
초가집 마을이 조용하여라!
아으 동동다리

시월에
아! 잘게 썬 보로쇠 같아라.
꺾어 버린 뒤에
지니실 분이 하나도 없구나!
아으 동동다리

십일월 봉당 자리에
아! 홑적삼 덮고 누웠네.
슬픈 일이로구나!
고운 임 여의고 홀로서 살아감이여!
아으 동동다리

십이월 분지나무로 깎은
아! 차려 올릴 상의 젓가락 같구나!
님 앞에 들어 가지런히 놓으니
손님이 가져다 입에 무옵니다.

아으 동동다리

(7) 박병채(1994)

덕일랑 신령님께 바치옵고
복일랑 임에게 바칩니다.
덕이며 복이며 하는 것을
바치러 오십시오.

정월의 냇물은
아아 얼고 녹고 하는데,
세상 가운데 이 몸은
홀로 살아가네.

이월 보름에
아아 높이 켠
등불 같구나.
만 사람 비추실 모습이시네.

삼월 지나며 핀
아아 봄 산 가득 진달래꽃.
남들이 부러워할 모습을
지녀 나셨네.

사월 아니 잊어
아아 오시는구나 꾀꼬리새여.
어이타 녹사님은
옛날을 잊고 계신지요.

오월 오일에
아아 단오날 아침약은
천년을 길이 사실
약이라 바치옵니다.

유월 보름에
아아 벼랑에 버린 빗과 같구나.
돌아보실 임을
잠깐 좇아갑니다.

칠월 보름에
아아 백중제물 차려놓고
임과 함께 가고 싶네
원을 비옵니다.

팔월 보름은
아아 가윗날이지만
임을 모시고 다니거든
오늘이 가위로구나.

구월 구일에
아아 약이라고 먹는
누런 국화꽃 안에 드니
갈수록 아득하구나.

시월에
아아 저며놓은 고로쇠 같구나.
꺾어버리신 후에
지니실 한 분이 없네.

십일월 봉당자리에
아아 한삼 덮어 누워
슬픔을 사르고 있네
고운 임 떨어져 살아가네.

십이월 분디나무로 깎은
아아 소반의 저와 같네
임의 앞에 가지런히 놓으니
손이 가져다 무옵니다.

(8) 최철(1996)

덕일랑은 신령님께 비치옵고 복일랑은 님에게 바치옵니다.
덕이며 복이며 하는 것을 바치러 오시옵소서.

正月의 냇물은 아아 얼었던 곳도 녹으려고 하는데
세상 가운데 나서는, 몸이여 홀로 살아가네

二月 보름날에 아아 높이 켠 등불같구나
모든 사람 비취실 모습이로다.

三月 지나며 핀 아아 봄산 가득 진달래꽃
남들이 부러워할 모습을 지녀 나셨네

四月 아니 잊어 아아 오셨구나 꾀꼬리새여
무엇 때문에 錄事님은 옛날(옛 나를)을 잊고 계십니까

五月 五日에 아아 수릿날 아침 藥은
千年을 길이 사실 藥이라 바치옵니다.

六月 보름에 아아 벼랑에 버린 빗같구나
돌아보실 님을 조금 좇아갑니다.

七月 보름에 아아 百中祭物 차려놓고
님과 한 곳에 가고자 願을 비옵니다.

八月 보름은 아아 가윗날이지만
님을 모셔 가야만 오늘날이 가위로구나

九月 九日에 아아 藥이라 먹는
黃(菊)花 꽃이 안에 드니 처음(藥을 먹기 前)보다 아득하구나

十月에 아아 저며놓은 바랏(보리수, 고로쇠, 붉은 수유)같구나
꺾어 버리신 後에 지니실 한 분 이 없네

十一月 봉당 자리에 아아 한삼 덮어 누워
슬프구나, 고운 이를 떨어져 살아가네

十二月 분디<山椒>나무로 깎은 아아 進上할 小盤의 젓가락같구나
님의 앞에 들어 가지런히 놓으니 손이 가져다 묾니다

(9) 최철 · 박재민(2003)

덕은 곰비에서 받고 복은 림비에서 받아
덕과 복이란 것을 드리러 왔습니다

정월 냇물은 얼고 녹고 하는데
세상 가운데 났건만 내 몸아, 홀로 살아가는구나

이월 보름에 높이 켠 등불 같구나
만인을 비춰실 모습이시도다

삼월 나며 핀 봄가득한 진달래꽃이여
(너는) 남이 부러워할 모습을 지녀 났도다

사월을 잊지 않고 오셨구나 꾀꼬리새여
무슨 까닭으로 녹사님은 옛 나를 잊으려 하시는가

오월 오일 이침 약은
천년을 길이 사실 약이라 드리옵니다

유월 보름에 냇둑에 버린 빗같구나
돌아보실 님을 조금씩 좇습니다.

칠월 보름에 백종 상을 차려두고
님과 함께 살아가고자는 소원을 비옵니다

팔월 보름은 추석이지만
님을 모셔 가고서야 오늘날 추석입니다

구월 구일에 약이라 먹는 黃菊
술통안에 드니 (향기가) 새서 은은하구나

시월에 얇게 썬 보리수같구나
꺾어 버리신 후에 지니실 한 분이 없으시구나

십일월 봉당 자리에 한삼을 덮고 누워 슬픔을 태우는구나
고운 이와 외따로 살아가는구나

십이월 산초나무로 깎은 드릴 상의 젓가락같구나
님의 앞에 들어 나란히 두니 손(客)이 가져다 물어버리옵니다

(10) 김명준(2013)

덕이란 것은 뒷잔에 바치옵고
복이란 것은 앞 잔에 바치옵고
덕이며 복이라 하는 것을
바치러 옵니다
아으 동동다리

정월의 냇물은
아 얼다 녹다 하는데
세상 가운데 있어서는
이내 몸은 홀로 지내는구나
아으 동동다리

이월 보름에
아 [님은] 높은 데 빛나는
등불 같구나
모든 사람 비추실 모습이시도다
아으 동동다리

삼월이 나타나면서 개화한
아 늦봄의 진달래꽃이여
남들이 부러워할 모습을
지녀 태어나셨도다
아으 동동다리

사월 아니 잊어
아 오셨구나 꾀꼬리 새여

무슨 일인지 녹사님은
예전의 나를 잊으셨는가
아으 동동다리

오월 오일에
아 단오날 아침의 약은
천년 동안 영원히 살아갈
약이라 바치옵니다
아으 동동다리

유월의 보름에
아 벼랑에 버려진 빗 같구나
[나를] 돌아보실 임을
조금이라도 따라가겠나이다
아으 동동다리

칠월의 보름에
아 많은 제물 벌여 놓고
임과 함께 가고자 하는
소원을 비옵니다
아으 동동다리

팔월의 보름은
아 한가윗날이지마는
임을 모시고 지내야
오늘날의 [한가위가] 한가위도다
아으 동동다리

구월 구일에
아 약이라 먹는
국화꽃이 [각자의 집] 안에 드니
[내가 있는] 초가가 조용하구나
아으 동동다리

시월에
아 저며 놓은 보로쇠 같구나
꺾어 버리신 뒤에
지니실 한 분도 없으시도다
아으 동동다리

십일월의 방 사이 흙바닥에
아 적삼만을 덮고 누워
슬프게도 살아가는구나
고운 임과 따로 스스로 살아가도다
아으 동동다리

십이월의 분지나무로 깎은
아 올릴 상에 젓가락 같구나
임의 앞에 들어다 가지런히 놓으니
손님이 가져다 뭅니다
아으 동동다리

4) 관련기록

(1) 高麗俗樂考諸樂譜載之 其動動及西京以下二十四篇皆用俚語 …… 舞隊〔皂衫〕率樂官及妓〔樂官朱衣妓丹粧〕立于南 樂官重行而坐 樂官二人奉鼓及臺置於殿中 諸妓歌井邑詞 鄕樂奏其曲. 妓二人先出分左右立於鼓之南向北拜訖跪斂手起舞 俟樂一成兩妓執鼓槌起舞分左右俠鼓一進一退 訖繞鼓或面或背周旋而舞 以槌擊鼓從樂節次與杖鼓相應 樂終而止 樂徹兩妓如前俛伏興退 舞鼓侍中李混謫宦寧海乃得海上浮査制爲舞鼓 其聲宏壯其舞變轉翩翩然雙蝶繞花矯矯然二龍爭珠 最樂部之奇者也 舞隊樂官及妓衣冠行次如前儀 妓二人先出向北分左右立斂手足蹈而拜俛伏興跪奉牙拍唱動動詞起句〔或無執拍〕 諸妓從而和之鄕樂奏其曲 兩妓跪揷牙拍於帶間俟樂終一腔起而立 樂終二腔蹈斂手舞蹈 樂終三腔抽拍一進一退一面一背 從樂節次或左或右或膝或臂相拍舞蹈 俟樂徹兩妓如前斂手足而拜俛伏興退 動動之戲其歌詞多有頌禱之詞 盖效仙語而爲之 然詞俚不載.

〈『高麗史』卷71 樂志 2〉

고려의 속악은 여러 악보를 참고해서 실었다. 그 중에서 동동(動動) 및 서경(西京) 이하의 二四편은 다 이어(俚語)를 쓰고 있다. …… 무대(舞隊, 검은 장삼차림)가 악관과 기(妓)〔악관은 주의차림. 여기는 단장〕를 거느리고 남쪽에 선다. 악관들은 두 줄로 앉는다. 악관 두 사람이 북과 대(臺)를 받들어다가 전(殿) 복판에 놓는다. 여러 기들은 정읍의 가사를 부르는데, 향악(鄕樂)에서 그 곡을 연주한다. 기 두 사람이 먼저 나가 좌우로 갈라 북의 남쪽에 서서 북쪽을 향해 큰절을 하고, 끝나면 꿇어앉아 손은 여몄다가 일어나 춤춘다. 음악의 한 단락이 끝나는 것을 기다려 두 기가 북채를 잡고 춤추기 시작하여 북을 가운데 끼고 좌우로 갈라져 한 번 앞으로 나갔다 한 번 뒤로 물러났다 하고, 그것이 끝나면 북의 주위를 돌고, 혹은 마주보고 혹은 등지고 하여 빙글빙글 돌며 춤춘다. 채로 북을 쳐 음악의 절차를 따라 장고와 맞춰나가는데, 음악이 끝나면 멈춘다. 음악이 다 끝나면 두 기가 앞서와 같이 부복했다가 일어나서 물러간다. 무고(舞鼓)의 유래는 이러하다. 시중(侍中) 이혼(李混)이 영해에 유배되어 갔을 때 바닷가에서 부사(浮査)를 얻어 그것으로 무고(舞鼓)를 만든다. 그 소리는 굉장하고 그 춤은 변화가 무쌍하여 펄렁펄렁 한 쌍의 나비가 꽃을 감도는 것 같고, 용감스럽게 두 마리의 용이 구슬을 다투는 것 같은데, 악부(樂部)에서는 가장 기묘(奇妙)한 것이다. 무대(舞隊)·악관 및 기, 그리고 의관(衣冠)과 행차(行次)는 앞의 의례와 같다. 기 둘이 먼저 나가 북쪽을 향해 좌우로 나눠어 손을 여미어 족도(足蹈)하고는 큰 절을 하고 부복했다가 일어나 아박(牙拍)을 받들어들고 동동의 가사의 첫 귀를 창한다.(혹 아박을 잡지 않기도 한다). 여러 기들은 그것에 따라 화창(和唱)하고, 향악은 그 곡을 연주한다. 두 기는 꿇어앉아서 아박을 띠 사이에 꽂고 음악 한 가락이 끝나기를 기다려 일어나 서고, 음악 두 가락이 끝나면 손을 여미어 무도(舞蹈)하고, 음악 세 가락이 끝나면 아박을 뽑아서 한 번 앞으로 나갔다 한 번 뒤로 물러났다 한 번 마주보고 한 번 등지고 하여 음악의 절차에 따라서 왼쪽으로 혹은 오른쪽으로, 혹은 무릎에 혹은 팔에 아박을 치며 무도한다. 음악이 끝나기를 기다려 두 기(妓)는 앞서와 같이 손을 여미어 족도(足蹈)하고는 큰절을 하고 부복했다가 일어나서 물러난다. 동동(動動)이라는 놀이는, 그 가사에 송도하는 말이 많이 들어 있는데, 대체로 신선(神仙)의

말을 본따서 지은 것이다. 그러나 가사가 이속(俚俗)해서 기재하지 않는다. 〈『고려사』 권71 악지2〉

(2) 國王宴使臣樂 王與使臣坐定 進茶 唐樂奏賀聖朝令 進初盞及進俎 歌鹿鳴 用中腔調 獻花 歌皇皇者華 用轉花枝調 進二盞及進初度湯 歌四牡 用金殿樂調 進三盞 五羊仙呈才 進二度湯 歌魚麗 用夏雲峰調 進四盞 蓮花臺呈才 進三度湯 水龍吟 進五盞 抛毬樂呈才 進四度湯 金盞子 進六盞 牙伯呈才 進五度湯 憶吹簫 進七盞 舞鼓呈才 進六度湯 歌臣工 用水龍吟調 進八盞 歌鹿鳴 進七度湯及九盞 歌皇皇者華 進八度湯及十盞 歌南有嘉魚 用洛陽春調 進九度湯及十一盞 歌南山有臺 用風入松調 或洛陽春調. 〈『太宗實錄』卷3 2年 6月 5日(丁巳)〉

국왕 연사신악(國王宴使臣樂) 왕과 사신이 좌정(坐定)하면 다(茶)를 올린다. 당악(唐樂)이 하성조령(賀聖朝令)을 연주한다. 첫 잔을 올리고 조(俎)를 올릴 때 이르러 녹명(鹿鳴)을 노래하되 중강조(中腔調)를 쓴다. 헌화(獻花)하면 황황자화(皇皇者華)를 노래하되 전화지조(轉花枝調)를 쓴다. 둘째 잔을 올리고, 첫번째 탕(湯)을 올릴 때 이르러서는 사모(四牡)를 노래하되 금전악조(金殿樂調)를 사용한다. 세째 잔을 올리면 오양선정재(五羊仙呈才)를 하고, 두 번째 탕(湯)을 올리면 어리(魚麗)를 노래하되 하운봉조(夏雲峯調)를 사용한다. 네째 잔(盞)을 올리면 연화대정재(蓮花臺呈才)를 하고, 세 번째 탕(湯)을 올리면 수룡음(水龍吟)을 노래하며, 다섯째 잔을 올리면 포구락정재(抛毬樂呈才)를 하고, 네 번째 탕(湯)을 올리면 금잔자(金盞子)를 읊고, 여섯째 잔을 올리면 아박정재(牙拍呈才)를 하고, 다섯 번째 탕을 올리면 억취소(憶吹簫)를 부르며, 일곱째 잔을 올리면 무고정재(舞鼓呈才)를 하고, 여섯 번째 탕을 올리면 신공(臣工)을 노래하되 수룡음조(水龍吟調)를 사용한다. 여덟째 잔을 올리면 녹명(鹿鳴)을 노래하고, 일곱 번째 탕을 올리고 아홉째 잔에 이르면, 황황자화(皇皇者華)를 노래하며, 여덟 번째 탕을 올리고 열째 잔에 이르면, 남유가어(南有嘉魚)를 노래하되 낙양춘조(洛陽春調)를 사용하며, 아홉 번째 탕을 올리고 열 한 번째 잔에 이르면 남산유대(南山有臺)를 노래하되 풍입송조(風入松調)나 낙양춘조(洛陽春調)를 사용한다.

〈『태종실록』권3 2년 6월 5일(정사)〉

(3) 無㝵 動動 井邑 眞勺 履霜曲 鳳凰吟 滿殿春等曲 爲時用俗樂 有譜一卷. 〈『世宗實錄』 卷116 29年 6月 4日〉

무애(無㝵)·동동(動動)·정읍(井邑)·진작(眞勺)·이상곡(履霜曲)·봉황음(鳳凰吟)·만전춘(滿殿春) 등의 곡조로써 평시에 쓰는 속악(俗樂)을 삼았는데, 악보 1권이 있다.

〈『세종실록』 권116 29년 6월 4일〉

(4) 處容呈才三聲 動動呈才一聲 無㝵呈才二聲 舞鼓呈才三聲 …… 凡七十五聲 常令隸習. 〈『世宗實錄』 卷126 31年 10月 3日〉

"처용 정재(處容呈才) 3성, 동동 정재(動動呈才) 1성, 무애 정재 2성, 무고 정재(舞鼓呈才) 3성 …… 무릇 75성은 예습(隸習)하게 하옵소서." 하였다. 〈『세종실록』 권126 31년 10월 3일〉

(5) 此舞自高句麗時已有之 名曰動動舞. 〈『成宗實錄』 卷132 12年 8月〉

이 춤은 고구려때부터 이미 있었던 것인데 동동춤이라고 부른다.

〈『성종실록』 권132 12년 8월〉

(6) 樂師由東楹入 置牙拍於殿中左右 舞妓二人 分左右而進跪 取牙拍擧而還置 起立斂手 足蹈跪俛伏 樂奏動動慢機 兩妓小擧頭 唱起句訖跪取牙拍 掛揷於帶間 斂手起立足蹈 諸妓唱詞 兩妓舞 樂奏動動中機 諸妓仍唱詞 擊拍 兩妓跪執牙拍 斂手起立 從擊拍之聲 北向舞對舞 又北向舞背舞 還北向而舞 隨每月詞變舞 進退而舞 樂師因節次遲速 越一腔擊拍 兩妓斂手 跪置牙拍於本處 斂手起立足蹈 跪俛伏興 足蹈而退 樂止 樂師由東楹入 取牙拍而出. 〈『樂學軌範』 卷5 鄕樂呈才〉

악사가 동쪽 난간을 거쳐들어와 전중의 좌우에 아박을 놓으면 무기 2인이 좌우로 갈라 나아가 꿇어앉아서 아박을 집어들었다가 도로 놓고 일어서서 염수하고 족도하다가 꿇어 엎드린다. 음악이 동동 만기를 연주하면 두 여기가 머리를 조금 들고 기구를 부르고, 끝나면 꿇어앉아 아박을 집어서 허리띠 사이에 꽂고 염수하고 일어서서 족도한다. 제기는 가사를 부르고, 두 여기가 춤을 춘다. 음악이 동동 중기를 연주하면, 제기는 여전히 가사를 부른다. 박을 치면 두 여기가 꿇어앉아 아박을 손에 쥐고 염수하여 일어서서 박을 치는 소리에 따라 북쪽을 향하여 대무를 춤추고 또 북쪽을 향하여 대무를 춤추고 도로 북쪽을 향하여 춤춘다. 매월의 가사에 따라 춤을 변하여 나아갔다 물러났다 하면서 춤춘다. 악사는 절차의 지속에 따라 1강을 걸러 박을 치면 두 여기가 염수하고 꿇어앉아 본디있던 자리에 아박을 놓고, 염수하고 일어서서 족도하고, 꿇어앉아 부복하고, 일어나서 족도하다가 물러간다. 음악이 끝나면 악사가 동쪽 난간을 거쳐 들어와 아박을 가지고 나간다. 〈『악학궤범』 권5 향악정재〉

(7) 樂工試唐樂三眞勺譜 …… 鄕樂 …… 眞勺四機 履霜曲 洛陽春 五冠山 紫霞洞 動動 …… 翰林別曲 …… 北殿 滿殿春 醉豊亭 井邑二機 鄭瓜亭三機. 〈『經國大典』 卷3 禮典 樂工取才條〉

악공이 시취(試取)할 때, 당악(唐樂)은 삼진작보(三眞勺譜) …… 향악(鄕樂)은 …… 진작사기(眞勺四機)·이상곡(履霜曲)·낙양춘(洛陽春)·오관산(五冠山)·자하동(紫霞洞)·동동(動動) …… 한림별곡(翰林別曲) …… 북전(北殿)·만전춘(滿殿春)·취풍형(醉豊亭)·정읍이기(井邑二機)·정과정삼기(鄭瓜亭三機)로 했다.

〈『경국대전』 권3 예전 악공취재조〉

(8) 先是設香山池塘 周揷彩花高丈餘 左右亦有畫燈籠 而流蘇掩暎於其間 池前東西 置大蓮萼 有小妓入其中 樂奏步虛子 雙鶴隨曲節 翺翔而舞 就啄蓮萼 雙小妓排萼而出 或相向或相背 跳躍而舞 是謂動動也.

〈『大東野乘』 卷1 慵齋叢話〉

먼저 향산과 지당을 마련하고 주위에 한 길이 넘는 높이의 채화를 꽂는다. 또 좌우에 그림을 그린 등롱이 있는데, 그 사이에서 다섯 색으로 만든 술이 어른거리며, 연못 앞 동쪽과 서쪽에 큰 연꽃 받침을 놓는데 소기가 그 속에 들어있다 보허자[9]를 주악하면 쌍학이 곡조에 따라 빙글빙글 춤추면서 연꽃 받침을 쪼면 두 소기가 그 꽃받침을 헤치고 나와 서로 마주 보기도 하고 서로 등지기도 하며 뛰면서 춤을 추는데, 이를 동동이라고 한다. 〈『대동야승』 권1 용재총화〉

(9) 大提學 南袞曰 前者 命臣改製樂章中 語涉淫詞釋敎者 臣與掌樂院提調及解音律樂師 反覆商確 如牙拍呈才動動詞 語涉男女間淫詞 代以新都歌 盖以音節同也 新都歌乃我朝移都漢陽時鄭道傳所製也 此曲非用文詞多用方言 今未易曉 土風亦當存之 且卽奏古則徐緩 今則急從 不可改也 舞鼓呈才井邑詞 代用五冠山 亦以音律相叶也

〈『中宗實錄』卷32 13年 4月 1日〉

대제학 남곤이 아뢰기를, 전일 신에게 악장(樂章) 속의 음사(淫詞)나 석교(釋敎)에 관계있는 말을 고치라고 명하시기에 신은 장악원제조와 음률에 해박한 악사들과 진지한 의논을 거쳐 아박정재 동동의 가사 같은 남녀 음사에 가까운 말은 신도가(新都歌)로 대신하였으니, 이는 대개 음절(音節)이 그와 같기 때문입니다. 신도가는 아조(我朝)가 한양으로 천도(遷都)할 때 정도전(鄭道傳)이 지은 것인데, 이 곡(曲)은 문사(文詞)를 쓰지 않고 방언(方言)을 많이 써서 지금 쉽게 이해할 수 없으나 토풍(土風)을 보존해야 할 것이요, 또 절주(節奏)로 말하면 옛날에는 느린 것을 숭상하였으나 지금은 촉박함을 숭상하니 고칠 수가 없습니다. 무고정재 정읍의 가사는 오관산(五冠山)으로 대용하였으니, 이것 역시 음률(音律)이 서로 맞기 때문입니다.

〈『중종실록』 권32 13년 4월 1일〉

(10) 動動者 今唱優口作鼓聲 而爲舞節者也 動動猶鼕鼕也 …… 東毒詩 …… 打鼓鼕鼕風瑟瑟 …… 動動之曲 必此類矣. 〈『星湖僿說』卷4〉

---

9) 궁중 연악의 하나. 관악보허자(管樂步虛子)라고 하기도 하고, 장춘불로지곡(長春不老之曲)이라는 딴 이름을 지어 쓰기도 한다. 당피리를 중심으로 편성되는 이 보허자는 예전 왕세자 거동 때 출궁악으로 쓰였고, 특히 궁중 무용 반주 음악으로 많이 사용되었음.

동동은 지금 배우들이 입으로 북소리를 내며 춤을 알맞게 하는 것이니, 동동은 동동(鼕鼕)과 같은 것이다. …… 속독시에 …… 북소리 둥둥 울리고 바람은 쓸쓸한데 ……라고 하였으니 동동의 곡조는 반드시 이런 종류일 것이다. 〈『성호사설』 권4〉

(11) 動動 餘音 井邑餘音 同界面調 動動指 入舞童牙拍呈才 女妓呈才同. 〈『大樂後譜』 卷7〉

동동, 여음은 정읍의 여음과 같이 계면조와 같다. 동동 가락은 무동아박정재에 속하고 여기정재와 같다. 〈『대악후보』 권7〉

(12) 動動曲 小妓排蕚而出 或相向或相背 跳躍而舞 丹闕春深降彩鳳 萬樹桃花烘玉洞 太平聖主於四方 四方風動山不動. 〈『海東竹枝』 中篇 俗樂遊戲〉

동동이 연주되면 소기가 그 꽃받침을 헤치고 나와 서로 마주 보기도 하고 서로 등지기도 하며 뛰면서 춤을 춘다. 봄깊은 대궐에 화려한 봉황 내려오네. 가지마다 붉은 복숭아 꽃 옥동을 태우네. 태평시절 사방의 성스런 우리 임금, 사방으로 바람을 움직여도 산은 움직이지 않네. 〈『해동죽지』 중편 속악유희〉

(13) 近來柳克新作動動曲 以調侮時政 動動者鼓聲也 克新志士也 其亦有所述歟. 〈『於于野談』 卷3 音樂〉

근래 유극신이 동동곡을 지어 정치를 조소하였다. 동동은 북소리이다. 극신은 지사로 또한 마음 품은 바를 풀었을 터. 〈『어우야담』 권3 음악〉

(14) 我東樂府有與民樂 洛陽春 步虛子 豐安曲 靖東方 淸平樂 水龍吟 金殿樂 履霜曲 五冠山 紫霞洞 動動 鳳凰吟 翰林別曲 致和平 滿殿春 醉豊亭 鄭瓜亭等曲 按正東方者 鄭道傳頌我太祖倡義回軍之詞 紫霞洞者高麗侍中蔡洪哲 構中和堂于洞 邀國老製此曲 令婢唱之者也 動動者

亦頌禱之詞 翰林別曲者 高麗時翰林諸儒所撰 鳳凰吟者 世宗朝尹淮所撰 致和平者 鄭麟趾所撰也. 〈『芝峰類說』卷18 技藝部 音樂〉

우리나라 악부에는 여민락(與民樂), 낙양춘(洛陽春), 보허자(步虛子), 풍안곡(豐安曲), 정동방(靖東方), 청평악(淸平樂), 수룡음(水龍吟), 금전악(金殿樂), 이상곡(履霜曲), 오관산(五冠山), 자하동(紫霞洞), 동동(動動), 봉황음(鳳凰吟), 한림별곡(翰林別曲), 치화평(致和平), 만전춘(滿殿春), 취풍형(醉豐亨), 정과정(鄭瓜亭) 등의 곡이 있다. 정동방은 정도전이 우리 태조(이성계)가 의로움을 솔선하여 위화도에서 회군한 것을 노래했고, 자하동은 고려 시중 채홍철이 마을에 중화당을 짓고 나라 노인을 초대하여 이 노래를 짓고 여비로 하여금 노래부르게 했다. 동동은 송도의 노래며, 한림별곡은 고려 때 한림제유가 지은 것이다. 봉황음은 세종조에 윤회가 지은 것이며, 치화평은 정인지가 지은 것이다.

〈『지봉유설』 권18 기예부 음악〉

(15) 動動 合浦萬戶柳濯 有威惠 倭寇順天長生浦 濯赴援 倭望風潰 軍士悅之 作此以美之 李睟光云 頌禱之詞.

〈『新增補文獻備考』 卷106 樂考17〉

동동 합포만호(合浦萬戶) 유탁(柳濯)은 위엄과 은혜로움이 있었다. 왜구가 순천의 장생포를 침략하였으므로 탁이 구원하러 갔더니 왜군들이 바라보고 즉시 퇴각하였다. 군사들이 기뻐하여 이 곡을 지어서 찬미하였다. 이수광(李睟光)이 송도한 말이라고 하였다.

〈『신증보문헌비고』 권106 악고〉

(16) 柳節制來合浦軍 望風南寇散如雲 憧憧人士爭相頌 喜動成歌動輒動 倭寇順天長生浦 合浦萬戶柳濯赴援 倭望風潰 軍士悅之 作此以美之.

〈『林下筆記』 卷38 海東樂府〉

유탁이 합포 군사 거느리고 달려오니, 남쪽 왜구 위풍 보고 구름처럼 흩어졌네. 애태우던 군사들 앞다투어 칭송하며, 기뻐서 훌훌 뛰고 동동가를 지었다네. 왜적이 순천 장생포를 침략하자, 합포만호 유탁이 달려가서 구원하매 왜적이 멀리서 그 위풍을 바라보고 무너지니, 군사들이 기뻐하며 이 곡을 지어서 그의 은덕을 찬미하였다.

〈『임하필기』 권38 해동악부〉

3. 처용가(處容歌)

1) 작품

전강(前腔) 新羅盛代 昭盛代
天下太平 羅侯德
處容아바
以是人生애 相不語ᄒᆞ시란ᄃᆡ
以是人生애 相不語ᄒᆞ시란ᄃᆡ
부엽(附葉) 三災八難이 一時消滅ᄒᆞ샷다
중엽(中葉) 어와 아븨 즈ᅀᅵ(이)여 處容아븨 즈ᅀᅵ(이)여
부엽(附葉) 滿頭揷花 계오샤 기울어신 머리예
소엽(小葉) 아으 壽命長願ᄒᆞ샤 넙거신 니마해
후강(後腔) 山象이슷 깅(깅)어신 눈섭에
愛人相見ᄒᆞ샤 오술(올)어신 누네
부엽(附葉) 風入盈庭ᄒᆞ샤 우글어신 귀예
중엽(中葉) 紅桃花ᄀᆞ티 븕거신 모야해
부엽(附葉) 五香 마ᄐᆞ샤 웅긔어신 고해
소엽(小葉) 아으 千金 머그샤 어위어신 이베
대엽(大葉) 白玉琉璃ᄀᆞ티 히여신 닛바래
人讚福盛ᄒᆞ샤 미나거신 톡애
七寶 계우샤 숙거신 엇게예
吉慶 계우샤 늘의어신 ᄉᆞ맷길헤
부엽(附葉) 설믜 모도와 有德ᄒᆞ신 가ᄉᆞ매
중엽(中葉) 福智俱足ᄒᆞ샤 브르거신 비예
紅鞓 계우샤 굽거신 허(히)리예

부엽(附葉) 同樂大平ᄒᆞ샤 길어(이)신 허튀에
소엽(小葉) 아으 界面 도ᄅᆞ샤 넙거신 바래
전강(前腔) 누고 지ᅀᅥ(어) 셰니오 누고 지ᅀᅥ(어) 셰니오
바늘도 실도 어ᄡᅵ 바늘도 실도 어ᄡᅵ
부엽(附葉) 處容아비롤 누고 지ᅀᅥ(어) 셰니오
중엽(中葉) 마아만 마아만ᄒᆞ니여
부엽(附葉) 十二諸國이 모다 지ᅀᅥ(어) 셰온
소엽(小葉) 아으 處容아비롤 마아만ᄒᆞ니여
후엽(後腔) 머자 외야자 綠李야
ᄲᆞᆯ리나 내 신고ᄒᆞᆯ ᄆᆡ야라
부엽(附葉) 아니옷 ᄆᆡ시면 나리어다 머즌말
중엽(中葉) 東京 ᄇᆞᆯᄀᆞᆫ ᄃᆞ래 새도록 노니다가
부엽(附葉) 드러 내자리롤 보니 가ᄅᆞ리 네히로섀라
소엽(小葉) 아으 둘흔 내해어니와 둘흔 뉘해어니오
대엽(大葉) 이런 저긔 處容아비옷 보시면
熱病神(大神)이ᅀᅡ(아) 膾ㅅ가시로다
千金을 주리여 處容아바
七寶를 주리여 處容아바
부엽(附葉) 千金 七寶 말오
熱病神를 날자바 주쇼셔
중엽(中葉) 山이여 ᄆᆡ히여 千里外예
부엽(附葉) 處容아비롤 어여려거져
소엽(小葉) 아으 熱病大神의 發願이샷다

〈봉좌문고본(蓬左文庫本) 『악학궤범(樂學軌範)』, 권(卷) 5 시용향악정재도의(時用鄕樂呈才圖儀). 학연화대처용무합설(鶴蓮花臺處容舞合設)〉
※ ( )안은 광해군 11년 판본 『악학궤범(樂學軌範)』의 표기.

2) 어석

· 新羅盛代 昭盛代: 신라의 성스러운 시대에
· 天下太平 羅侯德: 천하가 크게 평안한 것은 라후의 덕이구나

※ 라후 Rahu 九曜星 가운데 제8성인 蝕神
· 處容아바: 처용 아비야
· 以是人生애 相不語ᄒᆞ시란ᄃᆡ: 사람이 이로부터 別이말이 없게되니(김태준), 서로 말을 바꾸어 交際하지 아니하되 서로 現世的 相從은 아니하되(지헌영), 이로써 인생에 늘 말씀 안 하실 것 같으면(박병채), '-란ᄃᆡ' '-때문에'(김형규) ※ 김완진은 '處容아바以是 +人生애 相不語ᄒᆞ시란ᄃᆡ'로 끊고, '以是'를 차자표기인 주격으로 인정(-이시)하여 '處容아바이시 인생ᄃᆞ려 아니 ᄀᆞᄅᆞ시란ᄃᆡ'로 읽었다.
· 三災八難이 一時消滅ᄒᆞ샷다: 삼재와 팔난이 한꺼번에 소멸하시로다 ※ 三災에는 대삼재인 風, 水, 火, 소삼재 기근, 질병, 刀兵을 말하고, 팔난은 飢, 渴, 寒, 署, 水, 火, 刀, 兵을 말한다.
· 어와 아븨 즈ᅀᅵ여 處容아븨 즈ᅀᅵ여: 아 아비의 모양이여 처용아비의 모양이여
· 滿頭揷花 계오샤 기울어신 머리예: 머리에 가득 꽂은 꽃이 겨워 기울어지신 머리와
· 아으 壽命長願ᄒᆞ샤 넙거신 니마해: 아 수명이 길고 오래시어 넓으신 이마와
· 山象이슷 깅어신 눈섭에: 산의 모습과 비슷한 무성하신 눈썹과(박병채), 山象은 '罔象'(물과 하늘이 합하여 물건이 표류하는 것)의 誤記(김완진)
· 愛人相見ᄒᆞ샤 오ᄉᆞᆯ어신 누네: 사랑하는 사람을 보시어 온전하신 눈과
· 風入盈庭ᄒᆞ샤 우글어신 귀예: 바람이 불어 뜰에 가득차 우글어지신 귀와(박병채), 德風이 가득하신 듯 우글어지신 귀와(지헌영)
· 紅桃花ᄀᆞᄐᆡ 븕거신 모야해: 붉은 복숭아꽃같이 붉으신 얼굴과
· 五香 마ᄐᆞ샤 웅긔어신 고해: 오향나무 맡으시어 우묵한 코와
· 아으 千金 머그샤 어위어신 이베: 아 천금 머금으시어 넓으신 입과
· 白玉琉璃ᄀᆞᄐᆡ 히여신 닛바래: 백옥유리같이 희신 이빨과
· 人讚福盛ᄒᆞ샤 미나거신 ᄐᆞᆨ애: 남들이 칭찬하고 복이 성하여 밀어나오신 턱과
· 七寶 계우샤 숙거신 엇게예: 칠보에 겨워 숙이신 어깨와
· 吉慶 계우샤 늘의어신 ᄉᆞ맷길헤: 길흉자락(비단)에 겨워 늘어진 소맷길에(최철)

- 셜믜 모도와 有德ᄒᆞ신 가ᄉᆞ매: 지견(知見) 모아 유덕하신 가슴과
- 福智俱足ᄒᆞ샤 브르거신 ᄇᆡ예: 복과 지혜가 다 족하시어 부르신 배와
- 紅鞓 계우샤 굽거신 허리예: 붉은 가죽띠에 못이겨 굽으신 허리와
- 同樂大平ᄒᆞ샤 길어신 허튀에: 함께 즐기고 크게 편안하시어 기신 다리와
- 아으 界面 도ᄅᆞ샤 넙거신 바래: 아 계면조 도시어 넓으신 발과
- 누고 지ᅀᅥ 셰니오: 누가 지어 세웠는가
- 바늘도 실도 어ᄡᅵ: 바늘도 실도 없이
- 處容아비ᄅᆞᆯ 누고 지ᅀᅥ 셰니오: 처용 아비를 누가 지어 세웠는가
- 마아만 마아만ᄒᆞ니여: 거룩한 거룩한 분이여(김태준), 어마하고 위대한 이여(지헌영), 많고 많은 사람들이여(박병채), 맑고도 맑은 사람 또는 처음 지어낸 슬기로운 이여(최철), '마아'를 명사인 '麻胡'(곰보에 수염 투성이 혹은 귀신) (김완진)
- 十二諸國이 모다 지ᅀᅥ 셰온: 열두 나라들이 모아 세운
- 아으 處容아비ᄅᆞᆯ 마아만ᄒᆞ니여: 아 처용아비를 많고 많은 사람들이여
- 머자 외야자 綠李야: 버지야(양주동, 김형규, 박병채) 오얏아 녹리야, 머자는 '능금'(棕)(김완진), 멎다(악하다) 외다(그르다) 노장(강헌규)
- ᄲᆞᆯ리 나 내 신고ᄒᆞᆯ ᄆᆡ야라: 빨리 나와 내 신코를 매어라
- 아니옷 ᄆᆡ시면 나리어다 머즌말: 아니 곧 매어 있으면 나올 것이다 궂은 말
- 東京 ᄇᆞᆯᄀᆞᆫ ᄃᆞ래 새도록 노니다가: 동경 밝은 달과 새도록 놀다가
- 드러 내자리ᄅᆞᆯ 보니 가ᄅᆞ리 네히로섀라: 들어와 내 자리를 보니 다리가 넷이로구나
- 아으 둘흔 내해어니와 둘흔 뉘해어니오: 아 둘은 내 것이거니와 둘은 뉘 것인가
- 이런 저긔 處容아비옷 보시면: 이런 때에 처용아비 보시면
- 熱病神이ᅀᅡ 膾ㅅ가시로다: 열병신이야 회거리로다
- 千金을 주리여 處容아바 七寶를 주리여 處容아바: 천금을 주겠느냐 칠보를 주겠느냐 처용아비여(김형규, 박병채) 천금을 줄까요 처용아비, 칠보를 줄까요 처용아비(전규태, 최철)
- 千金 七寶 말오 熱病神를 날자바 주쇼셔: 천금 칠보 마오 열병신을 잡아 주소서
- 山이여 ᄆᆡ히여 千里外예: 산이나 들이나 천리밖에
- 處容아비ᄅᆞᆯ 어여려거져: 처용아비를 피하여 갈지어다(박병채), 처용 아

비를 피하고 싶어라(최철)
· 아으 熱病大神의 發願이샷다: 아 열병대신의 발원이시로다

3) 현대역 및 해시

(1) 김태준(1939)

新羅聖代 昭聖代 天下大平 羅侯德
處容아비 以是人生애 相不語 하시란대
以是人生애 相不語하시란대
三災八難이 一時消滅하셧다
어화 아버지여 處容아버지여
滿頭揷花를 꼬지사 기우러진머리에
아으 壽命長壽하사 넓으신니마에

山象인듯 길다란눈섭에
愛人相見하사 둥그런눈에
風入盈庭하사 우그러진귀에
紅桃花가치 붉은모양에
五香을마트사 웅기어케버러진코에
아으 千金을먹으사 넓은입에
白玉琉璃가치 하얀이마에
人讚福盛하사 내밀은턱에
七寶게우사 숙으러진억개에
吉慶계우사 늘어진소매에
智慧가모혀 有德하신가슴에
福智俱足하사 부르신배에
紅鞓계우사 굽으러진허리에
同樂大平하사 길다란종아리에
아으界面돌으사 넓은발에

(上記와같은 處容의 모양을)
누가 지엿(或은그렷)단말이요 누가지엇단말이요

바늘도 실도없이 바늘도 실도없이
處容애비를 누가지엇단말이요
거룩한 거룩한 분이여
十二諸國이 모두 지으신
아으 處容아비를 거룩한이여
벋이야 외얏이야 綠李야
빨리나와 내 신코를 매라
곳 매지 아니하면 最後宣言을내리리라
東京밝은달아레 밤새도록놀다가
드러와 내잠자리를 보니 대리가랭이가 넷이로리
아으 둘은 내해거니와 둘은 뉘핸고
이런 제긔 處容애비가 곳 보면
熱病神아 膾ㅅ가시로다
(하고 處容房에서 處容의 妻를 姦通하는 熱病神을 잡아먹으려 들니라는뜻)
千金을 주리다 處容아비
七寶를 주리다 處容아비
(熱病神이 處容더러 千金 七寶를 줄게 살녀달나는 말이다……熱病神의 科白)

山이여 뫼여 千里밖에
處容아비를 避해가자
아으熱病大神의 發願이시다.
(千金 七寶를 주어도 제妻를 姦通하든 熱病神을 容恕할것갓지않으니 山넘고 뫼넘어 千里밖으로 處容을 避해다라나겠다 이게 熱病大神의 發願이다 하는뜻인데 結局 이노래도 熱病을 고치는 古巫歌로 노래가 이러케 進行되면 熱病이 自然이 다라나게끔 '뜨라마틔칼'하게 潤色되여있는 것이다. 그러기에 끝에다 熱病神 스스로 遠去千里라고하였다!)

(2) 지헌영(1947)

新羅盛代 昭盛代 天下는 太平한제 龍王님의 아드님으로
羅候님의 德을 타시고난 處容아버지여!

偉大하신 神靈하옵신 임과 衆生들은 서로 사괴고 말하지는 아니하되
이로써 人生사이에 相關되고 現世的(言語的)交涉은 아니되였으되
임의 德風이 이르는 곳에 三災와 八難이 一時에 消滅되는지라

어화 거룩하신 어버지의 멋이여! 處容아비의 모습이여!

머리에 꽂은 꽃이 過多한 듯 기울어진 머리에,
아으, 넓으신 이마는 壽命長遠하실 듯!
山象의 눈섭같이 빼어나신 눈섭에
慈悲하신 마음으로 사람을 對하시와 完美寬大하신 눈이여!
德風이 가득차신 듯 욱으러진 귀와
紅桃花같이 붉으스레한 福스러운 顔貌여!
五香맡으시자 높으시고 두터운 코와
아으, 千金을 자시온듯 에워진 입에
白玉琉璃같이 흰 잇발에
福스럽게 밀어나오신 턱과
七寶가 過重한듯이 숙으러진 어깨에
慶事넘치는듯 늘어진 소매자락에
慧智를 모된듯이 투터우신 가슴에
福德俱足하신듯이 불르신배여!
허리를보니 붉은띄가 무거우신듯 굽으시고
허튀는 大平乾坤에 同居同樂하신 듯이 길게 튼튼하시고
아으, 아래로 둘러보니 넓으신 발이로다.

누가 지으셨는가요, 누가 지으셨나요.
바늘도 실도 없이 실도 바늘도없이
저 處容아비를 누가 지으셨는가요.
어마하고 偉大嚴한 處容아비여!
온世界가 통틀어 힘을 合하여 지으신 어마한이여!
어허! 處容아비를 누가 지으셨나요 어마하고 偉嚴스러운 處容아비여!

"慌忙한 疫神의 臺詞"
멎아, 외얏아, 祿李야,

(아이고 무서워라) 빨리나 내신코를 매어라

萬若애 아니매면 最后宣言을 나리리라

"東京불근드래 새도록 노니다가
드러 내자리를보니 가르리 네히로새라
아으 둘흔 내해어니와 둘흔 뉘해어니오" (前出 處容歌 參照)

"「處容」이 이 노래를 부른때에 熱病神너는 約束하지 않었더냐! 偉大한, 尊嚴한 龍子시요, 羅候의 化身인 處容에게 誓約하지 않었느냐!"

이런때에 處容아비가 보시면
햇쉐! 그대 熱病神쯤이야 膾감아리로다

"「處容아비」에게 묻는臺詞"
千金을 주랴, 處容아버지여,
七寶를 줄거나 處容아버지,

"「處容아비」의 答"
千金도 七寶도 다 말고 熱病神 저것을 날잡어 주시요,

山과 들건너, 千里外로
어! 무서운 處容아비를 避하고 싶다(避해달어나겠습니다)

아으 熱病大神의 發願이었도다(發願이있도다)

(3) 렴정권(1956)

(전강) 신라 쩍 태평시절 좋고 좋은 세상 라후라(羅睺羅)의 덕을 가진 처용 아바시여! 이같이 살아 가 서로 탓을 안하량이면 이같이 살아가 서로 탓을 안하량이면
(부엽) 三제 八난이 一시에 소멸하리로다
(중엽) 어와 처용아븨 모양이여 처용아븨 모양이여
(부엽) 머리에 가득한 꽃 무거워 기우러지신 머리에다
(소엽) 수명이 장원하사 넓다란 이마에다
(후강) 산 모양같이 길다란 눈섭에다 애인 서로맞나 열기찬 눈알에다

(부엽) 소리 들어 가득 차신 우긋하신 귀바퀴에
(중엽) 홍도화(紅桃花)같이 붉으신 뺨에다
(부엽) 가즌 냄새 맡으시여 움묵하신 코구무에다
(소엽) 아, 천금싼 말슴 물어 위대하신 입에다
(대엽) 백옥 류리같이 하여신 닛발에다 명성 높고 복많으셔 민릇하신 턱에다 七보 화관 무거우셔 수거진 어깨에다 길경(吉慶)을 주체못해 늘어지신 소맷길에다
(부엽) 도량이 모듸여 유덕하신 가슴에다
(중엽) 복과 지혜 다 많으셔 불룩하신 배에다 홍정(紅鞓)띄 무거우셔 구붓하신 허리에다 태평세월 살아계셔 길어지신 다리에다
(소엽) 아, 계면조에 발맞추셔 넓어지신 발에다
(전강) 누가 지어 세웠느뇨 누가 지어 세웠느뇨 바늘도 실도 없이 바늘도 실도 없이
(부엽) 처용 아비를 누가 지어 세웠느뇨
(중엽) 마련하고 작만하신 마련하고 작만하신 이여
(부엽) 온 천하 모든 나라 다 지어 셰온
(소엽) 아, 처용 아비를 마련하고 작만하신 이여
(후강) 머지랑 외얏이랑 록리랑 다 먹고 어서 빨리 내신코를 잡아매라
(부엽) 아니 곧 맨다면 궂은 말 나리로다
(중엽) 새불 밝은 달밤 새도록 노닐다가 집에 들어 자리를 보니 다리가 넷이로구나
(소엽) 아, 둘은 내것이였만 둘은 뉘것인고
(대엽) 이럴 적에 처용 아비가 보신다면 열병신(熱病神)이야 성명이 없으리라 천금을 드리리잇가 처용 아바시여! 七보를 드리리잇가 처용 아바시여!
(부엽) 천금 七보 다 그만 두고 열병신을 날 잡아 주오
(중엽) 산이며 들이며(할것 없이)천리 밖으로
(부엽) 처용 아비를 피해 가랴노라 아、열병 대신의 발원이로구나

(4) 홍기문(1959)

신라 성대(聖代) 소성대(小聖代)에

천하태평은 라후(羅侯)의 덕택
처용 아비야
이러니 사람들이 사람들이 주둥이를 닥친다면
이러니 사람들이 사람들이 주둥이를 닥친다면
삼재(三災)나 팔난(八難)도
한꺼번에 소멸될 것이였다.
(어와) 아비의 모양이여, 처용 아비의 모양이여
가득한 꽃을 주체 못해 기울이신 머리에
(아으) 오래 살아 계셔 넓은신 이마에
코ㅅ길이 비슷 길다란 눈섭에
애인을 대하여 원만해진 눈에
귀안에 바람이 차서 우글이신 귀예
홍도(紅桃) 꽃 같이 붉으신 볼에
진기한 향내 맡아서 웅크린 코에
(아으) 천금(千金)을 먹어 큼직한 입에
백옥(白玉)유리(琉璃)같이 하얀 잇발에
복이 많다 남들이 떠들어 내미신 턱에
칠보(七寶)를 주체 못 해 숙인 어깨에
길경(吉慶)을 주체 못 해 늘어뜨린 소매길에
료량(料量)이 많아서 듬뿍한 가슴에
복과 지혜가 갖추어 부르신 배에
가죽 신을 주체 못 해 굽어진 허리에
태평 성대를 함께 누려 긴 다라에
(아으) 계면조(界面調)로 돌아서 넓적한 발에
누가 만들어 세웠느냐? 누가 만들어 세웠느냐?
바늘도 실도 없이, 바늘도 실도 없이
처용 아비를 누가 만들어 세웠느냐?
많이도, 많이도 해 놓았고나
열 두 나라에서 모두 만들어 세운
(아으) 처용 아비를 많이도 해 놓았고나
버찌야 오얏아 록리(綠李)야

빨리 나와 내 신코를 매여 다오
아니 매였다가는 나가거라 언짢은 소리
밤 새도록 놀고 다니다가
들어 와 내 자리를 보니 가랭이가 넷이로구나
둘은 그의 것이어니와 둘은 뉘 것이란 말고?
이런 때, 처용 아비만 보시면
열병 귀신이야 회ㅅ가시로구나
천금(千金)을 주랴? 처용 아비야
칠보(七寶)를 주랴? 처용 아비야
천금 칠보도 다 말고 열병 귀신을 잡아주오
산이고 들이고 천리 밖으로
처용 아비를 피해만 가자
(아으) 열병 귀신의 소원이였다.

(5) 전규태(1968)

新羅 聖代 밝은 聖代, 天下太平 於羅逷(新羅王)의 德. 處容 아비여!
以是人生에 相不語한다면 (사람이 이로부터 別말이 없게 되니)
以是人生에 相不語한다면 (사람이 이로부터 別말이 없게 되니)
三災八難이 一時 消滅하는도다.

아아! 아비모양이여 처용아비 모양이여!
머리 가득 꽃을 꽂아 기울어진 머리에,
수명 길멀어 넓은 이마에,
山象 비슷(인듯) 긴 눈썹에
愛人相見(서로 보아)하야 온전한 눈에
바람이 찬 뜰에 들어 우글어진 귀에.

紅桃花같이 붉은 모양에
五香 맡으셔 우묵한 코에
아! 千金(을) 먹어서 너그러운(넓은) 입에
白玉 유리같이 흰 이빨에,
사람들이 칭찬하고 복이 성왕하여 내밀은 턱에,

七寶(에) 겨워서 숙어진 어깨에
吉慶(에) 겨워서 늘어진 소맷길에
슬기 모이어 有德하신 가슴에,
福과 智가 다 넉넉하여 飽滿한 배[腹]에
同樂大平하여 긴 정강이에,
아아! 界面調(에 맞추어 춤추며) 돌아(遍踏하여) 넓은 발에,

누구인고? 누가 지어 세웠느뇨? 누가 지어 세웠느뇨?
바늘도 실도 없이 處容아비를 누가 지어 세웠느뇨?
많은 많은 거룩한 사람이여!
十二諸國이 모이어서 (處容 아비를) 지어 세웠으니까(그 큰 힘이야 더 말할 나위 없도다)

멎아, 오얏이여, 綠李야
빨리 나아가 내 신코를 매여라
(만일) 아니 곧 매면 나릴 것이다. 재화된 말이
※ 疫神을 쫓기 위해 처용이 나무들을 불러 신코를 매개 하는 것이다.

新羅 서울 밝은 달에 날새도록 노닐다가
(집에) 들어 내 자리를 보니 다리가 넷이로구나!
아아! 둘은 내 것이거니와, 둘은 누구의 것인고?

이런 때에 處容아비 곧 보시면 熱病이야 횟갓이로다.
千金을 줄까! 處容아비야
七寶를 줄까 處容아비야 (千金, 七寶를 줄테니 살려 달라)
千金七寶도 말고 熱病神을 날 잡아 주소서.
(용서할 것 같지 않으니) 山이여! 들이여! 千里 밖에,
處容아비를 비켜가고저!
아아! 熱病大神의 發願이로소이다.

(6) 임기중(1993)

신라 성대 밝은 성대의

천하태평은 라후의 덕
처용아비여
이로써 사람들이 별말이 없게 되면
이로써 사람들이 별말이 없게 되면
모든 재앙이
일시에 소멸하시리로다.
아! 아비의 모습이여
처용 아비의 모습이여,
머리에 가득 꽂은 꽃이 무거워
기울어진 머리.
아! 수명이 장수할
넓으신 이마.
산 기상처럼
무성한 눈썹
애인을 바라보는 듯한
너그러운 눈.
바람이 잔뜩 불어
우글어진 귀.
복사꽃같이
붉은 얼굴.
진기한 향내 맡으시어
우묵해진 코.
아! 천금 머금으시어
넓어진 입.
백옥유리같이
하얀 이빨.
복이 많다 칭찬 받아
밀어 나온 턱.
칠보 무거워서
숙어진 어깨.
좋은 경사 너무 많아

늘이신 소맷자락.
슬기를 모두어
유덕한 가슴.
복과 지혜가 다 풍족하여
불룩한 배.
붉은 띠 무거워
굽은 허리.
태평성대를 같이 즐겨
길어진 다리.
아! 계면조에 맞추어 도는
넓은 발.
누가 만들어 세웠는가!
누가 만들어 세웠는가!
바늘도 실도 없이
바늘도 실도 없이.
처용 아비를
누가 만들어 세웠는가!
많이도 많이도 세워 놓았구나!
십이 제국이
모두 만들어 세워
아! 처용 아비를 많이도 세워 놓았구나!
버찌야 오얏아 녹리야,
빨리 나와 내 신코를 매어라.
아니 곧 맨다면 궂은 말 떨어지리라.
동경 밝은 달 아래
밤새도록 노닐다가
들어와 내 자리를 보니
가랑이가 넷이로구나!
아! 둘은 내 것인데
둘은 뉘 것인가.
이럴 적에

처용 아비만 본다면
열병신이야
횟감이로다.
천금을 주랴
처용 아비야.
칠보를 주랴
처용 아비야.
천금 칠보도 말고
열병신 잡아 날 주소서.
산이나 들이나
천 리 밖으로
처용아비를
비켜갈지어다.
아! 열병대신의
발원이로다.

(7) 박병채(1994)

신라의 성스러운 시대여
천하가 편안한 것은 라후의 덕이로다
처용 아비여
이로써 인생에 항상 말하지 않으면
이로써 인생에 항상 말하지 않으면
삼재와 팔난이 한꺼번에 소멸하리로다

아, 아비의 모습이여, 처용 아비의 모습이여
머리에 가득 꽂은 꽃이 힘들어 기울어지신 머리와
아, 수명이 오래고 길어 넓으신 이마와
산의 모습과 비슷한 무성한 눈썹과
사랑하는 사람을 보아 원만하신 눈과
바람이 불어 뜰에 가득차 우글어지신 귀와
붉은 복숭아꽃처럼 붉으신 얼굴과

오향을 맡으시어 우묵하신 코와
아, 천금 머금으시어 넓으신 입과
백옥유리같이 희신 이빨과
남들이 칭찬하고 복이 성하여 밀어나오신 턱과
칠보를 이기지 못하여 숙이신 어깨와
기쁨과 경사를 이기지 못하여 늘이신 소매와
지혜를 모아 유덕하신 가슴과
복과 지혜를 다 갖추어 부르신 배와
홍정이 겨워 굽으신 허리와
함께 즐기고 크게 편안하여 기신 다리와
아, 계면(조에 맞추어) 도시어 넓으신 발과

처용 아비를 누가 지어 세우는가
바늘도 실도 없이 바늘도 실도 없이
처용 아비를 누가 지어 세우는가
많고 많은 사람들이여
십이제국이 모두 모여 세운
아, 처용아비를, 많고 많은 사람들이여

버찌야, 오얏아, 녹리야
빨리 나와 내 신코를 매어라
안 매어 있으면 나올 것이다, 나쁜 말
동경 밝은 달과 밤 늦도록 노니다가
들어와 자리를 보니 다리가 넷이로구나
아, 둘은 내 것이거니와 둘은 누구의 것인가
이런 때 처용아비가 보시면
열병신이야 회거리로다
천금을 주겠습니까 처용아비여
칠보를 주겠습니까 처용아비여
천금칠보도 그만두오
열병신을 날 잡아 주소서
산이나 들이나 천리 외에

처용아비를 피하여 가고져
아, 열병대신의 발원이시로다

(8) 최철(1996)

新羅 盛代, 밝은 盛代, 천하가 태평한 것은 다 羅侯의 덕이구나.
처용 아버지
이로써 인생에 서로 (항상) 말하지 않으면, 서로 말하지 않으면 三災八難이 일시에 소멸하네
아아 아버지의 모습이여 처용아버지의 모습이여
머리에 가득 꽂힌 꽃을 이기지 못해 기울어진 머리에
수명이 길고 오래시어 넓으신 이마에
산의 모습과 비슷한 무성한 눈썹에
사랑하는 사람을 보시어 원만하신 눈에
풍악소리가 뜰에 가득해 그것을 듣노라고 우글어지신 귀에
빨간 복숭아꽃같이 붉으신 뺨에
五香을 맡으시어 우묵한 코에
千金을 머금으시어 넓으신 입에
白玉琉璃같이 흰 이빨에
사람들이 칭찬하고 복이 성하여 앞으로 나온 턱에
칠보장식을 못 이기어서 숙여지신 어깨에
吉慶자락에 겨워 늘어진 소맷길에
지혜를 모아 유덕하신 가슴에
복과 지혜가 다 족하시어 불거진 배에
紅鞓을 이기지 못하여 굽어진 허리에
함께 태평을 즐기시어 길어진 다리에
아아 계면을 도시어 넓은 발에,
누가 지어 세웠는가 누가 지어 세웠는가
바늘도 실도 없이 바늘도 실도 없이
처용아비를 누가 지어 세웠는가
어마어마한 (훌륭한) 사람이여

십이제국이 모두 지어 세운
아아 처용아비를, 어마어마한 사람이여
머자 외야자 녹리야 빨리 나와 내 신의 코를 매어라.
아니 맨다면 내릴 것이다 궂은 말
동경 밝은 달에 밤새도록 놀다가
들어와 내 잠자리를 보니 다리가 넷이구나
아아 둘은 내 것이거니와 둘은 누구의 것인가
이런 때에 처용아비가 보시며 熱病神이야 횟꺼리로다.
千金을 드릴까요 處容아바
七寶를 드릴까요 處容아바
천금 칠보도 마오, 熱病神을 나에게 잡아주소서
산이여 들이여 천리 밖에
處容아비를 피하여 가고 싶어라
아아 熱病大神의 發願이시로다

(9) 최철 · 박재민(2003)

신라 때 좋은 세상 밝고 좋은 세상, 천하가 태평한 것은 라후(羅候)의 덕 처용 아비여! 이 인생에 말씀을 안 하시기에, 이 인생에 말씀을 안 하시기에, 삼재팔난(三災八難)이 한꺼번에 소멸하도다

어와 아비의 모습이여! 아비의 모습이여!
머리 가득 꽃 겨워서 기울어진 머리에
아! 수명 길어 넓은 이마에
산의 모습처럼 무성한 눈썹에
사랑하는 사람 보아 온전하신 눈에
풍악 소리 뜰에 차 두툼한 귀에
붉은 복사꽃처럼 붉은 빰에
다섯 향을 맡아 웅크린 코에
아! 천금을 머금어 넓은 입에
백옥유리(白玉琉璃) 같이 하얀 이빨에
인찬복성(人讚福盛)하여 내밀어진 턱에

칠보(七寶) 겨워서 숙여진 어깨에
길경(吉慶) 겨워서 늘어진 소매에
지혜를 모아서 덕 있는 가슴에
복과 지혜 모두 갖춰 불룩한 배에
붉은 혁대 겨워서 굽어진 허리에
함께 태평 즐겨서 길어진 다리에
아! 界面 구역 돌아 넓은 발에
누가 지어 세웠나? 누가 지어 세웠나?
바늘도 실도 없이 바늘도 실도 없이.
처용 아비를 누가 지어 세웠나?
敬畏하는 이여
열두 나라가 모아 지어 세운
아! 처용아비를 敬畏하는 이여

<처용>

능금인지 자두인지 녹리(綠李)인지 몰라도
(방안에 들어 있는 자는) 빨리 나와 내 신코를 매어라
(=내 앞에 무릎 꿇으라)
아니 맨다면(=무릎을 아니 꿇는다면) 내릴 것이다.
재앙의 말을!
동경 밝은 달에 새도록 노닐다가
들어 내 잠자리를 보니 다리가 넷이로구나.
아! 둘은 내것이거니와 둘은 누구 것인가?

<시적화자>

이럴 적에(이렇게 열병신을 찾을 적에) 처용 아비를 보면
열병신(熱病神)이야 횟것이로다.

<뭇사람들>

천금을 줄까요 처용아바?
칠보를 줄까요 처용아바?

<처용>

천금·칠보도 말고

열병신을 나에게 잡아 주십시오

<열병신>

산과 들과 천리 밖으로

처용 아비를 피해다니고저!

<시적화자>

아! 열병대신(熱病大神)의 발원(發願)이시도다.

(10) 김명준(2013)

신라의 태평성대 빛나는 태평성대
천하가 태평한 것은 나후(羅侯)의 덕
처용아비여
이로써 사람들이 말을 아끼게 되면
이로써 사람들이 말을 아끼게 되면
모든 재난이 일시에 소멸하시리로다

아 아비 모습이여 처용아비 모습이여
머리에 꽂은 꽃이 많아 무거워 기울어진 머리에
아 오래 사실 넓으신 이마에
산처럼 길고 성한 눈썹에
연인을 바라보시는 듯 동그란 눈에
풍덕(風德)이 가득해 우그러진 귀에
복숭아꽃 같은 붉은 얼굴에
오향나무의 향기 맡으시어 우묵해진 코에
아 천금 머금으시어 넓어진 입에
백옥 유리같이 하얀 이에
사람들 칭찬과 성한 복을 받아 내밀어 나온 턱에
칠보를 둘러 무거워 숙인 어깨에
길경(吉慶)에 감겨 늘어진 소매에
지혜가 모여 유덕한 가슴에
복과 지혜가 모두 넉넉해 불룩해진 배에
붉은 띠가 무거워 굽은 허리에

태평성대를 같이 즐겨 길어진 종아리에
아 계면조 가락에 맞추어 도는 넓은 발에

누가 만들어 세웠는가 누가 만들어 세웠는가
바늘도 실도 없이 바늘도 실도 없이
처용아비를 누가 만들어 세웠는가
많이도 많이도
십이 제국이 모두 만들어 세워 놓은
아 처용아비를 많이도 세워 놓았도다

(열병신의 노래) 버찌야 오얏아 녹리야
빨리 나와서 내 신발 코를 매어라
아니 곧 맨다면 궂은 말 떨어지리라
(처용의 노래) 동경 밝은 달 아래 밤새도록 노닐다가
들어와 내 자리를 보니 다리가 넷이로구나
아 둘은 내 것인데 둘은 누구 것인가
(화자의 노래) 이럴 적에 처용아비가 본다면
열병신이야 [그대는] 횟감이로다
(열병신의 노래) 천금을 주랴 처용아비야
칠보를 주랴 처용아비야
(처용이 화자에게 전하는 노래) 천금 칠보도 말고
열병신 잡아 날 주소서
(이 말을 전해 들은 열병신의 노래) 산이나 들이나 천 리 밖에서
처용아비를 피하고 가고자
(화자의 노래) 아 열병대신의 발원이로구나

4) 관련 기록

(1) 第四十九憲康大王之代 自京師至於海內 比屋連墻 無一草屋 笙歌不絶道路 風雨調於四時 於是大王遊開雲浦(在鶴城西南 今蔚州) 王將還駕畵 歇於汀邊 忽雲霧冥에 迷失道路 怪問左右 日官奏云 此東海龍所變也 宜行勝事以解之 於是勅有司 爲龍刱佛寺近境 施令已出 雲開霧散

因名開雲浦 東海龍喜 乃率七子現於駕前 讚德獻舞奏樂 其一子隨駕入京 輔佐王政 名曰處容 王以美女妻之 欲留其意 又賜級干職 其妻甚美 疫神欽慕之 變無人 夜至其家 竊與之宿 處容自外至其家 見寢有二人 乃唱歌作舞而退 歌曰 東京明期月良, 夜入伊遊行如可, 入良沙寢矣見昆, 脚烏伊四是良羅, 二肸隱吾下於叱古, 二肸隱誰支下焉古, 本矣吾下是如馬於隱, 奪叱良乙何如爲理古. 時神現形 跪於前曰 吾羨公之妻 今犯之矣 公不見怒 感而美之 誓今已後 見畵公之形容 不入其門矣 因此國人門帖處容之形 以僻邪進慶 王旣還 乃卜靈鷲山東麓勝地 置寺 曰望海寺 亦名新房寺 乃爲龍而置也 又幸鮑石亭 南山神現舞於御前 左右不見 王獨見之 有人現舞於前 王自作舞 以像示之 神之名或曰祥審 故至今國人傳此舞 曰御舞祥審 或曰御舞山神 或云 旣神出舞 審象其貌 命工摹刻 以示後代 故云象審 或云霜髥舞 此乃以其形稱之 又幸於金剛嶺時 山岳神呈舞 名玉刀鈐 又同禮殿宴時 地神出舞 名地伯級干 語法集云 于時山神獻舞 唱歌云 智理多都波都波等者 盖言以智理國者 知而多逃 都邑將破云謂也 乃地神山神知國將亡 故作舞以警之 國人不悟 謂爲現瑞 耽樂滋甚 故國終亡. 〈『三國遺事』卷2 紀異. 處容郎 望海寺〉

제49대 헌강대왕(서기 875 - 886) 때 신라는 서울 경주로부터 동해변의 시골까지 집들이 맞닿아 있었고 초가집은 한 채도 없었다. 거리에는 음악이 끊이지 않았고 풍우가 사철 순조로웠다. 이렇게 나라가 태평하자 어느 날 대왕은 개운포로 놀러 갔다가, 돌아오는 길에 물가에서 쉬고 있었다. 그때 갑자기 구름과 안개가 캄캄하게 덮여 와서 길을 잃게 되었다. 헌강왕은 이를 이상히 여겨 좌우 사람들에게 물어보았는데, 일관이 아뢰기를, "이것은 동해의 용이 변괴를 일으키는 것이므로 좋은 일을 해서 풀어야 합니다." 라고 하였다. 이에 왕은 소관부서의 신하에게 칙령을 내려 "용을 위하여 이 근처에 절을 짓도록 하라." 고 하였다. 왕의 명령이 떨어지자마자 안개가 말끔하게 흩어졌다. 그리하여 그곳의 이름을 개운포라 했다. 동해의 용은 절을 짓도록 명령 내린 것을 기뻐하여 아들 일곱 명을 데리고 임금 앞에 나타나 대왕의 덕을 칭송하며, 음악을 연주하고 노래와 춤을 추었다. 그리고 그 중 한 아들을 서울로 딸려 보내 왕의 정사를 돕도록 하였다. 그의 이름은 처용이라 하였다. 헌강왕은 미모의 여자를 골라 아내를 삼아 주고, 그의 뜻을 사로잡기 위하여 급간이라는 벼슬을 주었다. 그의 아내는 너무나 아름다워 역신이 탐을 냈고, 마침내 역신이 사람으로 변신하여 밤에 몰래 처용의 집으로 들어가 처용의 부인과 동침을 했다. 처용이 밖에서 돌아와 그녀의 잠자리에 두 사람이 있는 것을 보고, 노래를 부르고 춤을 추면서 물러났다. 그 노래는 이러하다. 서라벌 밝은 달 아래 밤 늦도록 노닐다가 들어 와 자리를 보니 다리가 넷이러라 둘은 내 것인데 둘은 뉘 것인고 본디 내 것이었다마는 빼앗긴 것을 어찌하리오. 그러고 나니 역신은 모습을 드러내고 처용 앞에 꿇어 엎드려 말하기를 "내가 공의 아내를 흠모하여 죄를 범했습니다. 그런데도 공은 노하지 않으니 그 미덕에 감복했습니다. 지금 이후로는 공의 얼굴을 그린 것만 보아도 그 집에는 들어가지 않기로 맹세하겠습니다." 고 하였다. 이 말에 따라 사람들은 처용의 모습을 문지방에 그려 붙여 사악한 기운을 물리치고 경사스런 일을 맞는다고 하였다. 헌강왕이 궁중에 돌아와 영취산 동쪽에 좋은 땅을 가려 절을 짓고 망해사라고 했다. 이 절을 혹은 신방사라고도 했다. 이 절은 용을 위해서 지은 것이다. 또 포석정에 행차했을 때 남산의 신이 나타나 왕 앞에서 춤을 추었으나 옆 사람들은 보지 못하고 왕만 보았다. 어떤 사람이 앞에 나타나 춤을 추므로 왕이 직접 신이 추는 춤을 추어서 그 원형을 보여 주었다. 신의 이름을 혹은 상심이라고 하여 지금까지 그 춤이 전해 오면서 어무상심 또는 어무산신이라 한다. 혹은 이미 산신이 나와 춤을 추므로 그 모습을 본따서 공장이를 시켜 조각하게 하여 후세에 전했기 때문에 이름을 상심무 또는 상염무라 한다 하는데 이것은 그 모양을 이른 말이다. 또 금강령에 행차했을 때 북악의 신이 춤을 바쳤는데 그것을 옥도근이라 한다. 또 동례전에서 잔치할 때에 지신이 나와 춤을 추었는데 그 이름은 지백급간이었다. 어법집에 적혀 있기를 『그때 산신이 나와 춤을 올리며 노래를 부르기를 '지리다도파도파'라 한 것은 대개 지혜로써 나라를 다스릴 사람들이 미리 그것을 알고 많이 도망했으므로 나라가 장차 망하리라는 말이었다.』고 한다. 즉 지신과 산신이 나라가 망할 춤을 추어 깨우쳐 준 것인데, 사람들은 깨닫지 못하고 오히려 상서로움이 나타났다고 더욱 탐락에 빠져 나라가 끝내 망한 것이다.

〈『삼국유사』 권2 기이. 처용랑 망해사〉

(2) 新羅昔日處容翁 見說來從碧海中 貝齒赬唇歌夜月 鳶肩紫袖舞春風.
〈『益齋亂藁』 卷4〉

옛날 신라의 처용 늙은이, 푸른 바다에서 왔단 말 들었지. 흰 이 붉은 입술로 달밤에 노래하고, 제비 어깨 붉은 소매로 봄바람에 춤추네.
〈『익재난고』 권4〉

(3) 新羅處容帶七寶 花枝壓頭香露零 低回長袖舞太平 醉臉爛赤猶未醒.
〈『牧隱集』 卷21 驅儺行〉

신라 처용은 칠보를 띠고, 꽃가지 머리 누르고 향기로운 이슬 떨어지네. 긴 소매 낮게 돌려 태평을 춤추니, 취한 뺨 타는 듯 붉어 아직 술이 덜깨였네.
〈『목은집』 권21 구나행〉

(4) 山臺結綴似蓬萊 獻果仙人海上來 雜客鼓鉦轟地動 處容衫袖逐風廻 長竿倚漢如平地 瀑火衝天似疾雷 欲寫大平眞氣像 老臣簪筆愧非才.
〈『牧隱集』 卷33 自東大門至闕門前山臺雜劇前所未見也〉

산대는 만들어 놓은 모양이 봉래산 같고 과일 바치는 선인은 해상에서 왔네. 잡객의 북과 징소리 땅을 뒤흔들고 처용 아바 소매는 바람따라 도네. 장간의한은 평지처럼 벌여 있고 포화는 하늘을 찔러 빠른 번개같은데 태평시대 참 기상 그리고자해도 노신의 잠필로는 재주없음이 부끄럽기만 하네. 〈『목은집』 권33 동대문에서 궐문 앞까지 산대잡극이 펼쳐졌는데 예전에는 본적이 없었다.〉

(5) 夜久新羅曲 停盃共聽之 聲音傳舊譜 氣像想當時 落月城頭近 悲風樹杪嘶 無端懷抱惡 功益爾何爲.
〈『陶隱集』 卷2 十一月十七日夜 聽功益新羅處容歌 聲調悲壯 令人有感〉

늦은 밤 신라 노래 잔을 멈추고 함께 듣네. 노래 가락 옛악보에 전하고 기상은 그때를 떠올리게 하네. 지는 달은 성머리에 걸려 있고 비장한 바람은 나무 끝에서 우네. 무단히 마음만 싱숭생숭 공익이 날 어쩌리. 〈『도은집』 권2 11월 17일 밤에 공익에게서 신라처용가를 들었는데 성조가 비장하여 듣는 사람으로 하여금 느낌이 있게 하였다.〉

(6) 壬寅 曲宴于內殿 承宣蔡松年奏 僕射宋景仁 素善爲處容 景仁 乘作 略無愧色. 〈『高麗史』 卷23 世家23 高宗 23年 2月〉

임인(壬寅)에 내전(內殿)에서 곡연(曲宴)할 때 승선(承宣) 채송년(蔡松年)이 아뢰기를, "복야(僕射) 송경인(宋景仁)이 평소(平素)에 처용희를 잘한다."라고 하니 송경인(宋景仁)이 취함을 타서 희무(戲舞)하는데 조금도 부끄러운 빛이 없었다.

〈『고려사』 권23 세가23 고종 23년 2월〉

(7) 庚子 元使監丞吾羅古 請享王 王曰 今日 須往妙蓮寺爲樂 吾羅古 先至候之 王率二宮人 及晡乃至 登寺北峯 張樂 天台宗僧中照起舞 王悅 命宮人對舞 王亦起舞 又命左右皆舞 或作處容戲.

〈『高麗史』 卷36 世家36 忠惠王 後4年 8月〉

경자(庚子)일에 원나라의 사신, 감승 오라고(吾羅古)가 왕에게 향연하기를 요청하거늘 왕이 가로되, "오늘은 모름지기 묘련사(妙蓮寺)에 가서 즐기자." 하므로 오라고(吾羅古)가 먼저 가서 기다리니 왕이 두 궁인(宮人)을 거느리고 저녁이 지나서야 이에 이르렀다. 절 북봉(北峯)에 올라 음악(音樂)을 베푸니 천태종(天台宗)의 승려 중조(中照)가 일어나 춤을 췄다. 왕이 기뻐하여 궁인(宮人)으로 하여금 같이 춤추게 하고 왕도 또한 일어나 춤추며 또 좌우(左右)에 명령하여 모두 춤추게 하고 혹(或)은 처용희(處容戲)를 하기도 하였다.

〈『고려사』 권36 세가36 충혜왕 후4년 8월〉

(8) 戊戌 太白晝見 禑畋于壺串 夜還花園 爲處容戲 司僕儀副正邊伐介 白禑曰 日奪路人馬 載妓 人皆怨之 請取諸島牧馬 以供遊 禑然之 遣伐介取島馬三十餘匹. 〈『高麗史』 卷135 列傳48 辛禑 11年 6月〉

무술(戊戌)에 태백성이 낮에 나타났다. 우(禑)가 호곶(壺串)에 사냥하고 밤에 화원(花園)에 돌아와서 처용희를 하니 사복시 부정(司僕寺副正) 변벌개(邊伐介)가 우(禑)에게 아뢰기를, "날마다 길가는 사람의 말을 빼앗아 기생을 태우니 사람들이 다 그것을 원망합니다. 청컨대 여러 섬의 목마(牧馬)를 취하여 사냥하는 데에 공급하소서." 하니 우(禑)가 그렇게 여겨 벌개(伐介)를 보내어 도마(島馬) 30여 필을 취하였다. 〈『고려사』 권135 열전 48 신우 11년 6월〉

(9) 禑在李仁任第 仁任妻 進大爵曰 今日三元 謹上壽 禑進爵 仍戱曰 吾一則爲孫 一則爲婢壻 今乃對飮 得無失禮耶 乃冒處容假面 作戱以悅之.
〈『高麗史』 卷136 列傳49 辛禑 12年 正月〉

우(禑)가 이인임(李仁任)의 집에 있었는데 이인임(李仁任)의 처(妻)가 큰 잔을 올리며 말하기를, "오늘은 삼원(三元)이므로 삼가 장수를 비나이다." 하니 우(禑)도 잔을 주면서 희롱하기를, "내가 한편으로는 손(孫)이 되고 한편으로는 사위가 되는데 이제 이에 마주 대하고 술을 마시니 실례(失禮)가 되지 아니합니까." 하고 이에 처용(處容) 가면(假面)을 쓰고 희무(戱舞)를 하며 즐겼다.
〈『고려사』 권136 열전 49 신우 12년 1월〉

(10) 處容 新羅憲康王 遊鶴城 還至開雲浦 忽有一人 奇形詭服 詣王前 歌舞讚德 從王入京 自號處容 每月夜 歌舞於市 竟不知其所在 時以爲神人後人異之 作是歌 李齊賢 作詩解之. 〈『高麗史』 卷71 樂志〉

처용 신라(新羅)의 헌강왕(憲康王)이 학성(鶴城)에 갔다가 개운포(開雲浦)로 돌아왔을 때 홀연히 한 사람이 기이한 몸짓과 괴상한 복색을 하고 왕앞에 나와 노래와 춤으로 덕(德)을 찬미(讚美)하고 왕을 따라 서울로 갔다. 그는 자기를 처용(處容)이라 부르고 언제나 달밤이면 시중(市中)에서 노래 부르고 춤추고 하였으나 끝내 그가 있는 곳을 알지 못했다. 당시 사람들은 그를 신인(神人)이라고 생각했다. 후세(後世) 사람들이 그 일을 기이하게 여겨 이 노래를 지었다. 이제현(李齊賢)이 시(詩)를 지어 이 노래를 풀이하였다.
〈『고려사』 권71 악지〉

(11) 元使監丞五羅古 請享王 王曰 今日須往妙蓮寺 爲樂 吾羅古 先至候之 王率二宮人 及晡乃至 登寺北峰 張樂 僧中照起舞 王悅 命宮人對舞 王亦起舞 又命左右皆舞 或作處容戲.

〈『高麗史節要』卷25 忠惠王 4年 8月〉

원나라 사신 감승 오라고가 왕에게 향연을 베풀겠다 하니, 왕이 이르기를, "오늘은 묘련사에 가서 놀이를 하자." 하였다. 오라고가 먼저 가서 기다렸는데 왕은 궁인 두 사람을 데리고 가서 저녁 때가 되어 그 곳에 이르러서는 절의 북봉에 올라가 놀이를 베풀었다. 중 중조가 일어나 춤을 추니, 왕이 기뻐하여 궁인에게 명하여 같이 춤추게 하고, 왕도 일어나 춤을 추었다. 또 좌우의 사람들에게 명하여 춤을 추게 하니, 어떤 자는 처용희를 하였다.

〈『고려사절요』 권25 충혜왕 4년 8월〉

(12) 御便殿設內宴 夜分乃罷 當宴初 補簷繫幄繩 被風而絶 簷瓦落傷蓮花臺童妓頭 上命囚監役內官崔得龍 司鑰朴天登及忠扈衛官大護軍朴云信 李直生 司謁金思震 司鑰車得祥于義禁府 是夜 進儺戲 放炮 書雲觀驅疫 典樂署進處容舞 賜女妓 樂師 瞽者宴幣及儺人 處容緜布有差.

〈『世宗實錄』卷30 7年 12月 29日(甲午)〉

편전에서 내연을 열고 밤이 깊어서 파하였다. 연회의 처음에 보첨에 매어 둔 장막의 끈이 바람에 끊어져서 처마의 기왓장이 떨어지는 바람에 연화대(蓮花臺)를 추던 동기(童妓)가 머리에 부상을 당하였다. 임금이 감역내관(監役內官) 최득룡(崔得龍) 사약 박천등(朴天登)과 충호위관(忠扈衛官) 대호군(大護軍) 박운신(朴云信) 이직생(李直生) 사알(司謁) 김사진(金思震) 사약 차득상(車得祥)을 의금부에 가두라고 명하였다. 이날 밤에 나례(儺禮)를 올리고, 방포하고, 서운관(書雲觀)에서는 구역의식(驅疫儀式)을 거행하였으며, 전악서(典樂署)에서는 처용무(處容舞)를 올렸다. 여기(女妓) 악사(樂師) 고자들에게 연회와 선물을 내리고, 나인(儺人)과 처용 연기자들에게도 차등있게 면포를 내렸다.

〈『세종실록』 권30 7년 12월 29일(갑인)〉

(13) 臣觀典樂署之樂 爲接賓客宴享而設也 其奏技之工 未有如雅樂之衣履者 以至呈才之儀 儺禮之飾 處容之服 窮極華美 不以爲侈 至於事神之禮 率略如此. 〈『世宗實錄』卷47 12年 2月 19日(庚寅)〉

신이 보오니, 전악서(典樂署)의 음악은 빈객(賓客)을 접대할 제 연향(宴享)을 위하여 설치한 것이온데, 그 음악을 연주하는 공인(工人)은 아악(雅樂)의 옷과 신과 같이 허술하게 차린 사람은 없으며, 정재(呈才)의 의식이나 나례(儺禮)의 장식이나 처용(處容)의 복색 같은데 이르러서는 극히 화려하여도 이를 사치스럽게 여기지 않으면서, 신(神)을 섬기는 예(禮)에 이르러서는 거칠고 간략하기가 이 정도입니다. 〈『세종실록』 권47 12년 2월 19일(경인)〉

(14) 傳旨慣習都監 今後處用舞 除女妓 用男夫.
〈『世宗實錄』卷99 25年 1月 25日(辛巳)〉

관습도감에게 전지하기를, "이 뒤로 처용무에 기생을 그만두고 남자 재인을 쓰라." 하다. 〈『세종실록』권99 25년 1월 25일(신사)〉

(15) 議政府據禮曹啓申 宗廟 朝會 公宴之樂 掇拾前朝雜聲 深爲未便 今新定諸樂及舊樂之內 可用諸聲 更加刪定 發祥呈才十一聲 定大業呈才十五聲 保太平呈才十一聲 鳳來儀呈才五聲 外羊仙呈才六聲 抛毬樂呈才四聲 蓮花臺呈才四聲 處容呈才三聲 動動呈才一聲 無㝵呈才一聲 舞鼓呈才三聲 響鈸呈才一聲 祭樂初獻一聲 亞獻一聲 終獻一聲 與民樂漫一聲 致和平中二聲 眞勺四體四聲 凡七十五聲 常令肄習 從之.
〈『世宗實錄』卷126 31年 10月 3日(庚戌)〉

의정부에서 예조의 계문에 의거하여 품신하기를, "종묘·조회·공연(公宴)의 음악에 전조(前朝)의 잡성(雜聲)을 엮어 넣음은 심히 타당하지 못하오니, 지금 새로 정한 제악(諸樂)과 구악(舊樂) 안에서 쓸 만한 여러 소리를 다시 더 산정(刪定)하게 하시되, 발상정재(發祥呈才) 11성, 정대업정재(定大業呈才) 15성, 보태평정재(保太平呈才) 11성, 봉래의정재(鳳來儀呈才) 5성, 외양선정재(外羊仙呈

才) 6성, 포구락정재(抛毬樂呈才) 4성, 연화대정재(蓮花臺呈才) 4성, 처용정재(處容呈才) 3성, 동동정재(動動呈才) 1성, 무애정재 1성, 무고정재(舞鼓呈才) 3성, 향발정재 1성과 제악(祭樂)으로 초헌(初獻) 1성, 아헌(亞獻) 1성, 종헌(終獻) 1성과 여민락만(與民樂慢) 1성, 치화평중(致和平中) 2성, 진작 사체(眞勺四體) 4성 등 합계 75성으로써 항상 예습하게 하옵소서." 하니, 그대로 따랐다.

〈『세종실록』 권126 31년 10월 3일(경술)〉

(16) 處容巖〔在郡南三十七里開雲浦中 世傳新羅時 有人出其上 狀貌奇怪 好歌舞 時人謂之處容翁 今鄕樂有處容戱〕.

〈『世宗實錄』 卷150 地理志〉

처용암(處容巖) 〔군 남쪽 37리 거리의 개운포(開雲浦) 가운데에 있다. 세상에서 전하기를, "신라 때에 어떤 사람이 그 위에서 나왔는데, 얼굴이 기괴하고 노래와 춤을 좋아하니, 그때 사람들이 처용옹(處容翁)이라고 일렀다."고 한다. 지금 향악에 처용희가 있다.〕

〈『세종실록』 권150 지리지〉

(17) 王奉三殿 觀儺于昌慶宮仁陽殿 宗宰 承旨 史官等入侍 命下豹皮等物 使戱以賭之 倡優等賜物 日暮乃罷 是夜 又奉三殿 御仁陽殿 觀處容戱 命召諸君 駙馬入侍 賜倡優物有差.

〈『燕山君日記』 卷28 3年 12月 28日(乙未)〉

왕이 삼전(三殿)을 받들고 창경궁 인양전(仁陽殿)에서 나례를 구경하는데, 종재(宗宰) 승지(承旨) 사관(史官) 등이 입시하니 왕은 명하여 표피(表皮) 등의 물건을 내려 희롱삼아 내기를 하게 하고 창우(倡優)들에게도 물건을 하사하고 날이 저물어서야 마침내 파했다. 이날 밤에 또 삼전(三殿)을 받들고 인양전(仁陽殿)에 납시어 처용무를 구경하는데, 명하여 여러 군(君)과 부마를 불러 입시하게 하였다. 그리고 창우들에게 물건을 차등 있게 나누어 주었다.

〈『연산군일기』 권28 3년 12월 28일(을미)〉

(18) 傳于承政院曰 凡宴享呈才時 處容舞再用何如 問于政丞等.

〈『燕山君日記』 卷32 5年 3月 8日(丁卯)〉

승정원에 전교하기를, "무릇 연향의 정재 때에, 처용무를 재차 추게 함이 어떠한지 정승들에게 문의하라." 하였다.

〈『연산군일기』 권32 5년 3월 8일(정묘)〉

(19) 處容冠帶及諸緣具 傳曰 此皆退色 其新造一件.

〈『燕山君日記』 卷33 5年 4月 18日(丁未)〉

처용관(處容冠)과 때 및 모든 연장을 들이도록 하였다. 전교하기를, "이는 모두 퇴색이 되었으니, 그 1건을 새로 만들라." 하였다.

〈『연산군일기』 권33 5년 4월 18일(정미)〉

(20) 王自着處容假面 直至大妃前舞躍 令興淸歌以應之 大妃出綵紬十餘匹 王怒卽命入大杖 手擊階石叫曰 爾輩不善呈才 故纏頭少 大妃懼 索翠錦兩匹 令掛于肩 王喜取燈照之曰 錦品好 顧賜幸姬而罷.

〈『燕山君日記』 卷53 10年 5月 22日(辛亥)〉

왕이 직접 처용의 가면을 쓰고, 바로 대비 앞으로 가서 춤추고 뛰놀며 홍청에게 노래 불러 응답하게 하니, 대비께서 채색 주단 10여 필을 내놓자, 왕이 노하여 곧 큰 지팡이를 들이게 하고 손으로 섬돌을 치며 부르짖기를 '너희들이 재주를 잘못 부리기 때문에 전두(纏頭)가 적다.'고 하니, 대비께서 두려워하여 취금(翠錦) 2필을 찾아내어 어깨에 걸어 주자, 왕이 기뻐서 등불을 가져다 비쳐 보며 '비단 품질이 좋다.' 하고, 가까이하는 희첩(姬妾)에게 주고 파하였다.

〈『연산군일기』 권53 10년 5월 22일(신해)〉

(21) 傳曰 處容舞前代遺風 今所宜用 令妓傳習 一應宴享時行用.

〈『燕山君日記』 卷56 10年 12月 13日(己巳)〉

전교하기를, "처용무는 전대의 유풍으로 지금도 마땅히 써야 할 것이니, 기녀들에게 가르치고 연습시켜 한결같이 향연 때에 사용하도록 하라." 하였다. 〈『연산군일기』 권56 10년 12월 13일(기사)〉

(22) 掌樂院提調李季仝 任崇載啓曰 "揀擇女及訓書訓樂人等 命於本院訓習 晝夜常在 則鋪陳供饋亦當備給 且處容舞用於進豐呈 不可不華麗 紗帽令工曹 用泥金眞彩製造何如 傳曰 依所啓.
〈『燕山君日記』 卷56 10年 12月 15日(辛未)〉

장악원 제조 이계동 임숭재가 아뢰기를, "간택한 여자와 글 가르치고 음률 가르칠 사람들을 본원에서 가르치고 연습시키도록 하셨는데, 주야로 늘 있게 하려면 포진과 공궤(供饋)도 또한 준비하여 주어야 합니다. 또 처용무(處容舞)를 진풍정(進豐呈)에 사용하려면 사모(紗帽)를 화려하게 하지 않을 수 없으니, 공조로 하여금 이금(泥金)과 진채(眞彩)를 사용하여 만들도록 하는 것이 어떠하리까?" 하니, 전교하기를, "아뢴 대로 하라." 하였다.
〈『연산군일기』 권56 10년 12월 15일(신미)〉

(23) 傳曰 京畿驛馬聚于內司僕 能走三十匹 令內乘揀擇 且女妓中 某妓能舞鶴 某妓能處容舞 開錄以啓.
〈『燕山君日記』 卷56 10年 12月 16日(壬申)〉

전교하기를, "경기 역마를 내사복(內司僕)으로 모아 잘 달리는 30필을 내승(內乘)으로 선택하게 하고, 또 기녀 중 어느 기녀가 학무(鶴舞)에 능하고 어느 기녀가 처용무에 능한 것을 기록하여 아뢰라." 하였다. 〈『연산군일기』 권56 10년 12월 16일(임신)〉

(24) 傳曰 當賜舞處容人 濟用監綿紬 白布 白緜布多數預備.
〈『燕山君日記』 卷56 10年 12月 18日(甲戌)〉

전교하기를, "처용무 추는 사람에게 주어야겠으니 제용감의 면주 백포 백면포를 다수 준비하도록 하라." 하였다.

〈『연산군일기』 권56 10년 12월 18일(갑술)〉

(25) 傳曰 處容冠服諸緣 用紵絲緜紬 各一件加造 而紬衣著油 以備雨雪.
〈『燕山君日記』 卷56 10年 12月 19日(乙亥)〉

전교하기를, "처용의 갓과 의복의 모든 가장자리를 저사(紵絲)와 면주(緜紬)로 각 1건씩 더 만들고, 주의(紬衣)에는 기름을 절여 눈비에 대비하도록 하라." 하였다.
〈『연산군일기』 권56 10년 12월 19일(을해)〉

(26) 掌樂院提調李季仝 任崇載啓 處容象稱女面 輕便造作事有命 請令尙衣院匠人造作. 〈『燕山君日記』 卷56 10年 12月 21日(丁丑)〉

장악원 제조 이계동 임숭재가 아뢰기를, "처용의 가면을 여자의 얼굴 같이 경편(輕便)하게 만들라는 명령이 계셨는데, 청컨대 상의원 장인(匠人)으로 하여금 만들도록 하소서." 하였다.
〈『연산군일기』 권56 10년 12월 21일(정축)〉

(27) 傳曰 興淸樂已習處容舞者 明夕領來 且前日天使所贈貂皮毛長品好 今後每行貿來. 〈『燕山君日記』 卷56 10年 12月 25日(辛巳)〉

전교하기를, "흥청악으로 이미 처용무를 습득한 자를 내일 저녁에 데려오도록 하고, 또 전일 중국 사신이 기증한 털이 길고 품질이 좋은 초피(貂皮)를 이 뒤 사행(使行) 때마다 사오도록 하라." 하였다.
〈『연산군일기』 권56 10년 12월 25일(신사)〉

(28) 傳曰 處容舞能者論賞 不能者以違令律論斷.
〈『燕山君日記』 卷56 10年 12月 28日(甲申)〉

전교하기를, "처용무에 능숙한 자는 상주고, 능하지 못한 자는 명령을 어긴 율로 죄를 논하라." 하였다.
〈『연산군일기』 권56 10년 12월 28일(갑신)〉

(29) 御明政殿 觀儺禮 又觀處容舞.
〈『燕山君日記』 卷56 10年 12月 30日〉

명정전(明政殿)에 납시어 나례를 관람하고, 또 처용무를 관람하였다. 〈『연산군일기』 권56 10년 12월 30일〉

(30) 王行望闕禮于明政殿 進表裏于王大妃殿 受百官賀 御仁政殿行會禮宴 觀處容舞 舞鶴等戲. 〈『燕山君日記』 卷57 11年 1月 1日(丁亥)〉

왕이 명정전(明政殿)에서 망궐례(望闕禮)를 행하고 왕대비전에 표리(表裏)를 올리고, 백관의 하례를 받았으며, 인정전에 임어(臨御)하여 회례연을 베풀고, 처용무・학무 등의 유희를 구경하였다.
〈『연산군일기』 권57 11년 1월 1일(정해)〉

(31) 傳曰 今後凡處容舞 舞鶴等人賞賜之物 皆號錦纏頭.
〈『燕山君日記』 卷57 11年 1月 1日(丁亥)〉

전교하기를, "앞으로는 모든 처용무와 학무 등을 하는 사람들에게 상으로 내리는 물건을 다 금전두(錦纏頭)라고 부르라." 하였다.
〈『연산군일기』 권57 11년 1월 1일(정해)〉

(32) 掌樂院提調李季仝任崇載啓 曩者處容舞假面 不爲長久之計 但取一時之用 故隨卽變色 今後以布先裹 以肉色著漆 雖年久使不變 外方選上妓亦有可入興淸之樂者 但衣裳不美 又不知坐作之節 姑留本院以敎之 蓮塘諸具雖破毁 本院無花匠 故未卽修補 又妓輩首花 雖有價物 未能自買 花匠三人 請隸本院役使 傳曰 幷依所啓.
〈『燕山君日記』 卷57 11年 1月 3日(己丑)〉

장악원제조 이계동(李季仝) 임숭재(任崇載)가 아뢰기를, "전에는 처용무의 가면을 오래 쓸 생각을 하지 않고 한때만 쓰는 것을 취택하였으므로 곧 빛이 변하였으니, 앞으로는 베로 먼저 싸고 살빛으로 칠(漆)을 입혀서 해가 오래 되어도 변하지 않도록 하소서. 외방(外

方)에서 뽑아 올리는 기생에도 홍청악(興清樂)에 넣을 만한 자가 있으나 옷이 아름답지 못하고 행동하는 예절을 모르니, 우선 본원(本院)에 두어 가르치소서. 연당(蓮塘)의 제구(諸具)가 파손되도 본원에 화장(花匠)이 없으므로 곧 수보(修補)하지 못하고, 또 기생들의 수화(首花)는 물건값을 주어도 자유로이 살 수 없으니, 화장 3인을 본원에 붙여 부리게 하소서." 하니, 전교하기를, "모두 아뢴 대로 하라." 하였다. 〈『연산군일기』 권57 11년 1월 3일(기축)〉

(33) 傳曰 迓祥服穿著可當 燕燕兒 一點紅 娟娟月 暗香梅等 令預習處容舞 但今所謂處容舞者 不知其眞贋 向者余山入內呈才 不甚曲折其臂 而舞樣殊有可觀 令學舞者效之.

〈『燕山君日記』 卷57 11年 1月 9日(乙未)〉

전교하기를, "아상복을 입는 데에는 연연아(燕燕兒)·일점홍(一點紅)·연연월(娟娟月)·암향매(暗香梅) 등이 알맞겠으니 처용무를 미리 익히게 하라. 다만 지금 이른바 처용무라는 것은 그 진위를 모르겠으되, 전에 여산(余山)이 대내(大內)에 들어와서 정재할 적에 팔을 그리 굽히지 않았으나 추는 모양이 매우 볼만하였으니, 춤을 배우는 자로 하여금 본받게 하라." 하였다.

〈『연산군일기』 권57 11년 1월 9일(을미)〉

(34) 傳曰 興清樂揀擇人內 處容舞十人 鶴舞四人敎誨入內.

〈『燕山君日記』 卷57 11年 1月 12日(戊戌)〉

전교하기를, "홍청악(興清樂)으로 간택한 사람 중에서 처용무 10인, 학무 4인을 가르쳐서 대내(大內)에 들이라." 하였다.

〈『연산군일기』 권57 11년 1월 12일(무술)〉

(35) 傳曰 處容鞋子五十兩 分大中小造入.

〈『燕山君日記』 卷57 11年 3月 6日(辛卯)〉

전교하기를, "처용의 혜자(鞋子) 50냥을 대·중·소로 가려서 만들

어 들이라."하였다. 〈『연산군일기』 권57 11년 3월 6일(신묘)〉

(36) 傳曰 自駝駱山至南小門 令人不得上城上〔史臣曰 王於標內 或馬上作處容舞 或馳馬 或倒騎 無所不爲〕.

〈『燕山君日記』 卷57 11年 3月 20日(乙巳)〉

전교하기를, "타락산부터 남소문(南小門)까지, 사람들이 성 위에 오르지 못하게 하라."하였다.〔사신은 논한다. 왕이 표내(標內)에서, 혹 말 위에서 처용무를 하고, 혹 말을 달리고, 혹 거꾸로 말타기도 하여, 안하는 것이 없었다.〕

〈『연산군일기』 권57 11년 3월 20일(을사)〉

(37) 傳曰 廣熙之數 已滿一千乎 若未滿 以時在數 著冠帶 持風物及處容諸緣 卽會于昌慶宮. 〈『燕山君日記』 卷57 11年 4月 2日(丁巳)〉

전교하기를, "광희(廣熙)의 수는 1천이 찼는가? 차지 않았거든, 현재의 수로써 관대(冠帶)를 입히고 풍물 및 처용무의 연식(緣飾)들을 들려 창경궁에 모으라."하였다.

〈『연산군일기』 권57 11년 4월 2일(정사)〉

(38) 傳曰 廣熙所著處容衣 令運平穿著 入來于昌德宮 王酒酣則喜著處容衣作處容舞 亦或自歌. 〈『燕山君日記』 卷57 11年 4月 7日(壬戌)〉

전교하기를, "광희(廣熙)가 입는 처용의(處容衣)를 운평(運平)에게 입혀서 창덕궁으로 들어오게 하라."하였다. 왕이 술에 취하면 기꺼이 처용의를 입고서 처용무를 추며, 또한 스스로 노래하기도 하였다.

〈『연산군일기』 권57 11년 4월 7일(임술)〉

(39) 傳曰 處容 改稱豐頭. 〈『燕山君日記』 卷58 11年 7月 21日(甲辰)〉

전교하기를, "처용을 풍두(豐頭)로 고쳐 부르라."하였다.

〈『연산군일기』 권58 11년 7월 21일(갑진)〉

(40) 昭惠王后 常患王所行不道 王一日 面着處容假面 衣處容衣裳 揮劍作處容舞以進 昭惠王后乃大驚駭 及王后未寧 王預爲短喪之制 至薨逝無戚容 凡喪葬諸事 亦皆降殺.

〈『燕山君日記』 卷60 11年 10月 9日(庚申)〉

소혜왕후(昭惠王后)가 늘 왕의 행동이 무도함을 근심하니, 왕이 하루는 얼굴에 처용가면을 쓰고 처용의 옷차림으로 칼을 휘두르고 처용무를 추면서 앞으로 갔다. 그러자 소혜왕후는 크게 놀랐는데, 그 후 왕후가 병들어 앓게 되니 왕은 미리 상기(喪期)를 짧게 하는 제도를 마련하였고, 승하에 이르러서도 슬퍼하는 빛도 없었으며, 상례·장례 등 모든 일을 또한 모두 강쇄(降殺)해서 행하였다.

〈『연산군일기』 권60 11년 10월 9일(경신)〉

(41) 崇載能爲歌舞 舞時或縮身如童子 一身肢節 弄之如機變之巧 尤工於處容舞 且粗知射御 王悅之 或歌或舞 或射或御 日與崇載爲耦.

〈『燕山君日記』 卷60 11年 11月 1日(壬午)〉

임숭재는 노래와 춤이 능하여 춤출 때에 혹 몸을 움츠리면 아이들처럼 온 몸의 지절(肢節)이 재롱을 떨어 기변(機變)의 교(巧)와 같았으며, 더욱 처용무에 능하고 또 활쏘기에 말타기도 약간 알았으므로, 왕이 기뻐하여 혹 노래도 하고 혹 춤도 추고 혹 활도 쏘고 혹 말도 달리는데, 날마다 숭재와 짝이 되었다.

〈『연산군일기』 권60 11년 11월 1일(임오)〉

(42) 傳曰 明日大妃 爲予設宴 此是大慶 聯芳院奏樂 運平及廣熙樂善豐頭舞者 詣景福宮 時王以處容假面 號豐頭 飾以金銀 珠玉 王每醉發狂自面豐頭 往景福宮 令興淸數百 皷樂隨之 戲舞于大妃前 又召廣熙余山於內庭 對偶以舞. 〈『燕山君日記』 卷60 11年 11月 3日(甲申)〉

전교하기를, "내일 대비께서 나를 위하여 잔치를 베푸시니 이는 큰 경사이다. 연방원은 주악을 하게 하고, 운평(運平) 및 광희악(廣熙樂)으로 풍두무를 잘 추는 자를 경복궁에 나아가게 하라." 하였다.

그때 왕은 처용가면을 풍두라고 불러 금・은・주옥으로 장식하고, 왕이 매양 술이 취하여 발광할 때마다 스스로 풍두를 얼굴에 걸고 경복궁으로 갔는데, 홍청 수백 명에게 풍악을 치며 따르게 하여 대비 앞에서 희롱하고 춤도 추었으며, 또 광희악 여산(余山)을 불러 내정에서 짝을 지어 춤추었다.

〈『연산군일기』 권60 11년 11월 3일(갑신)〉

(43) 傳曰 歲時當觀豐頭舞 勿用廣熙 擇興淸身長有姿色豪健者三十人 其速教訓. 〈『燕山君日記』 卷60, 11年 12月 4日(甲寅)〉

전교하기를, "설에는 풍두무를 구경하였으니, 광희(廣熙)는 쓰지 말고 홍청에서 키가 늘씬하고 자색이 있으며 호기롭고 건강한 자 30인을 가려서 속히 가르치게 하라." 하였다.

〈『연산군일기』 권60, 11년 12월 4일(갑인)〉

(44) 王於景福宮 進宴于大妃 設豐頭戲 命饋承政院 宗宰二品以上 景福宮 昌德宮入直諸將于勤政殿庭.

〈『燕山君日記』 卷60 11年 12月 19日(己巳)〉

왕이 경복궁에서 대비에게 진연(進宴)하고, 풍두희(豐頭戲)를 베풀었다. 그리고 승정원·종실·재상 2품 이상과 경복궁·창덕궁 입직한 제장(諸將)을 근정전 뜰에서 명하여 공궤하게 하였다.

〈『연산군일기』 권60 11년 12월 19일(기사)〉

(45) 傳曰 渾平教豐頭舞 使如楚腰輕之舞.

〈『燕山君日記』 卷61 12年 1月 2日(壬午)〉

전교하기를, "운평에게 풍두무(豐頭舞)를 가르치되, 초요경무(楚腰輕舞)) 춤추듯이 하게 하라."

〈『연산군일기』 권61 12년 1월 2일(임오)〉

(46) 傳曰 定大業及豐頭具諸緣 造二件 景福 昌德兩宮 各藏一件.

〈『燕山君日記』 卷62 12年 6月 7日(乙卯)〉

전교하기를, "정대업(定大業)과 풍두구(豊頭具)에 딸린 모든 것을 2건씩 만들어 경복·창덕 두 궁에 각각 1건씩 두도록 하라."

〈『연산군일기』 권62 12년 6월 7일(을묘)〉

(47) 傳曰 方今弊事 務欲革袪 觀處容等事 是亦有弊 其停之 然禳災之事 不可不行.

〈『中宗實錄』 卷1 1年 12月 26日(庚午)〉

전교하기를, "현재 폐되는 일은 되도록 개혁하려고 한다. 처용을 보는 것 같은 일도 폐가 있으니 정지하라. 그러나 재앙 물리치는 일을 행하지 않아서는 안 된다." 하였다.

〈『중종실록』 권1 1년 12월 26일(경오)〉

(48) 傳曰 正朝日禳災處容 其勿爲之.

〈『中宗實錄』 卷23 10年 12月 22日(甲戌)〉

전교하였다. "정조일(正朝日)의 양재처용(禳災處容)은 하지 말라."

〈『중종실록』 권23 10년 12월 22일(갑술)〉

(49) 光祖曰 歲時處容蓮花臺之戲 是我國常事爾 臣意非謂上意怠惰而爲此等戲也 然一啓其端 不知終至於濫觴 殿下學術堅定 則戲玩之具 雖偶一爲之 未爲害也 然近所不玩之事 今亦行焉 濫入緜布于內 多有賜與 古者道千乘之國 節用而愛民 又云取於民有制 國富則民自安矣 此亦爲慈殿之事 上下之情 豈有異哉 必欲慰悅慈旨而已 然於臣希望昇平之心 以謂固當戒謹恐懼 有始有終 以興至治 故敢啓 君上所爲 下必從之 須如古之帝王自强不息 然後智慮益高 學問日就矣 人心操舍無常 幸一放肆 則收之爲難 上曰 歲時雜戲 是亦爲慈殿而設 然年年不爲 而今年有司取稟 故偶爲之爾 豈有他意於其間乎 節用 愛民之意至矣 然先王後宮 不得已厚待 故以緜布賜之.

〈『中宗實錄』 卷31 13年 1月 4日(甲辰)〉

조광조가 아뢰기를, "세시의 처용과 연화대 놀이는 우리 나라에서 보통 하는 일인데, 신의 생각에는 상의 마음이 태만해서 이런 놀이를 하는 것이라고 여기지는 않습니다만 한번 그 단서를 열면 끝내는 지나친 지경에 이를지 모릅니다. 전하의 학술이 확고한 경지에 도달하였다면 희완의 놀이를 우연히 한번 갖는 것도 무방하다고 봅니다. 그러나 요즘 희완하지 않던 일을 지금 행하면서 면포를 많이 궐내로 들이게 해서 하사하심이 많습니다. 옛말에 '천승(千乘)의 나라를 다스리되 경비를 절약하고 백성을 사랑한다.' 했고 '또 백성에게 거두는 데는 제도가 있다.' 했는데 나라가 부유하면 백성이 저절로 편안해질 것입니다. 이것은 또한 자전(慈殿)을 위하는 일이니 상하의 인정이 어찌 다름이 있겠습니까? 이것은 상께서 반드시 자전의 마음을 기쁘게 위로해 드리려 한 것뿐입니다. 그러나 태평 성대를 바라는 신의 생각에는 마땅히 삼가고 조심하는 마음을 한결같이 가지시어 지치(至治)를 이루게 해야 한다고 여겨서 감히 아뢰는 것입니다. 군상(君上)이 하시는 일은 아랫사람들이 반드시 따르게 마련입니다. 모름지기 옛날 제왕이 자강불식하던 것과 같이 하여야만 지려(智慮)가 더욱 높고 학문이 날로 진취될 것입니다. 사람의 마음이란 출입이 일정치 않는 것이므로 한번 방사(放肆)하면 수습하기 어렵습니다." 하니, 상이 이르기를, "세시의 잡희는 자전을 위해 베푸는 것이다. 그러나 매년 하지 않았던 것인데 금년에는 유사(有司)의 취품(取稟)이 있었기 때문에 우연히 실시하게 된 것이요, 어찌 다른 뜻이 그 사이에 있겠는가. 경비를 절약하고 백성을 사랑한다는 뜻은 매우 좋은 일이다. 그러나 선왕의 후궁(後宮)은 부득이 후대해야 하기 때문에 면포를 하사하게 된 것이다." 하였다.

〈『중종실록』 권31 13년 1월 4일(갑진)〉

(50) 大提學南袞啓曰 前者命臣 改製樂章中語涉淫詞 釋敎者 臣與掌樂院提調及解音律樂師 反覆商確 如牙拍呈才動動詞 語涉男女間淫詞 代以新都歌 蓋以音節同也 新都歌 乃我朝移都漢陽時 鄭道傳所製也 此曲非用文詞 多用方言 今未易曉 土風亦當存之 且節奏 古則徐緩 今則急促 不可改也 舞鼓呈才井邑詞 代用五冠山 亦以音律相叶也 處容舞 靈山會相 代以新製 壽萬年詞 本師讚 彌陀讚 代以新製 中興樂詞 蓋此

二曲 皆涉異端 亦命臣正之故 不得已撰之 此曲乃世祖朝所製 靈山會相 則只以靈山會相佛普薩一語 以至於成 大抵處容舞 本奇邪不正之樂 故亦以此曲節之 臣意若不以此舞 呈於雜戲之中 則此詞雖不製可也 靈山會相代用新製壽萬年詞曰 碧海仙人乘紫烟 分曹呈舞繡簾前 揷花頭重回旋緩 恭獻君王壽萬年 本師讚 彌陀讚 代用新製 中興樂詞曰 維天眷海東 維聖啓中興 紫極光寶命 貞符顯厥徵 氛霾劃劙割 陽德迺昭升 成功兼創守 仁義以堅凝 治猷極于時 百孔又千瘡 掇拾而補綴 粗復舊典章 人心尙未淑 惟利而劻勷 咨咨隱入井 誘掖用多方 瞻彼泰山 崔百卉之所植 吉士秉文德 藹藹生王國 贊襄緝熙功 中化致位育 寅恭夙夜心 期入皇王域 安民卽爲惠 知人斯乃哲 仰惟祖宗聖 以此垂謨烈 悠哉未有艾 永言思紹述 子孫千萬年 尙念無疆恤 傳曰 所啓之言皆是 處容舞等 如所啓革之 則可也 但不正之舊習 不特此也 必多有之不可一切革之 仍命以袞所製樂章 代舊樂章.

〈『中宗實錄』卷32 13年 4月 1日(己巳)〉

대제학 남곤이 아뢰기를, "전일 신에게 악장 속의 음사나 석교(釋敎)에 관계있는 말을 고치라고 명하시기에, 신이 장악원제조 및 음률을 아는 악사와 진지한 의논을 거쳐 아박정재 동동의 가사(牙拍呈才動動詞) 같은 남녀 음사에 가까운 말은 신도가(新都歌)로 대신하였으니, 이는 대개 음절(音節)이 그와 같기 때문입니다. 신도가는 아조(我朝)가 한양으로 천도할 때 정도전이 지은 것인데, 이 곡은 문사(文詞)를 쓰지 않고 방언(方言)을 많이 써서 지금 쉽게 이해할 수 없으나 토풍(土風)을 보존해야 할 것이요, 또 절주로 말하면 옛날에는 느린 것을 숭상하였으나 지금은 촉박함을 숭상하니 고칠 수가 없습니다. 무고정재 정읍의 가사(舞鼓呈才井邑詞)는 오관산(五冠山)으로 대용하였으니, 이것 역시 음률(音律)이 서로 맞기 때문입니다. 처용무 영산회상은 새로 지은 수만년사(壽萬年詞)로 대치하였으며, 본사찬(本師讚)·미타찬(彌陀讚)도 새로 지은 중흥악사(中興樂詞)로 대치하였는데, 이 두 곡은 모두 이단에 가까운 것으로 역시 신에게 고치라고 명하였기 때문에 부득이 찬하였으나 이 곡은 곧 세조조에 지은 것이며 영산회상은 다만 영산회상불보살(靈山會上佛菩薩)의 한 마디 말로 끝마치게 된 것입니다.

대저 처용무는 본래 부정 괴이한 악이기 때문에 또한 이 곡을 붙인 것입니다. 신의 생각에는 이 무(舞)를 잡희 중에 드러내지 아니한다면 가사(歌詞)는 짓지 않아도 된다고 봅니다. 영산회상의 대용인 수만년(壽萬年)의 신제가사(新製歌詞)에는 '바다에 사는 신선이 자연(紫烟)을 타고 와서, 비단 휘장 앞에 갈라 서서 춤을 드립니다. 꽃을 꽂은 머리 무거워서 천천히 돌면서, 삼가 임금님의 만년수를 드리옵니다.' 하였고, 본사찬(本師讚)·미타찬(彌陀讚)의 대용인 신제 중흥악(中興樂) 가사에는 '하늘이 우리 나라를 돌보사 성왕께서 중흥을 하셨습니다. 궁궐에는 보명(寶命)이 빛나고 상서로운 부록에는 그 징험이 나타났습니다. 음산한 기운은 소멸되고 햇빛이 밝게 떠오르며, 공을 세우고 또 창업을 지킴은 인의(仁義)가 굳게 엉킨 때문입니다. 치란이 이때 극심하여 백공천창(百孔千瘡)이 되었는데 이를 수습하고 보충하여 겨우 옛 법도를 회복하였습니다. 그러나 인심이 아직까지 순후해지지 않아 이욕에만 날뛰나니, 딱하게도 자신도 모르게 함정으로 빠져 들어가는 것을 붙들어 돕기에 많은 방법을 써야 됩니다. 저 높은 태산을 쳐다보노라니 온갖 백초가 거기에 심어져 있으며, 어진 선비가 문덕을 잡으사 씩씩하게도 왕국에 탄생하였습니다. 도와 성취하고 거룩하게 빛나는 그 공로는 천지 만물의 중화(中化)를 이루었습니다. 밤낮 조심하는 마음으로 황왕역(皇王域)에 들기를 기대하였나니, 백성을 안정시킴이 곧 은혜가 되고 사람을 알아봄이 곧 명철한 것입니다. 우러러 바라건대 성스러운 조종께서는 이것을 모범으로 드리우소서. 아득히 멀어 미치기 어렵거니 길이 계술(繼述)하시기 생각할 것이며, 자손 만대까지 끝없는 애휼을 생각하옵소서.'하였습니다." 하니, 전교하기를, "아뢴 말이 다 옳다. 처용무 등은 아뢴 말과 같이 없애는 것이 좋겠다. 그러나 옳지 못한 옛 습관이 이것뿐만 아니라 필시 많을 것이니 한꺼번에 없앨 수는 없을 것이다." 하고, 곧 남곤이 제작한 악장으로 옛 악장을 대신하게 하였다. 〈『중종실록』 권32 13년 4월 1일(기사)〉

(51) 傳曰 來十九日 供饋宗 宰從二品以上 弘文館 臺諫 承政院 入直翰林 兵曹 都摠府諸將於闕庭 賜一等酒樂 且前日不用女樂 故凡宴饗 以歌舞童代用 今女樂已復 前於觀處容舞時 亦用女樂 其諭掌樂院.

〈『中宗實錄』卷41 15年 12月 14日(戊戌)〉

전교하였다. "오는 19일 궐정(闕庭)에서 종2품 이상의 종재(宗宰)와 홍문관 대간 승정원과 입직(入直)하는 한림 병조 도총부 제장(諸將)을 공궤(供饋)할 때에 1등 주악(酒樂)을 내리도록 하라. 또 전일에는 여악을 쓰지 않았기 때문에 모든 연향에 가동(歌童)과 무동(舞童)으로 대용하였었지만 이제는 여악을 이미 회복하였다. 앞서 처용무를 관람할 적에도 여악을 썼었으니 이 뜻을 장악원에 효유하라."

〈『중종실록』 권41 15년 12월 14일(무술)〉

(52) 傳曰 正朝會禮宴 已停之矣 慈殿亦敎以 平安道癘疫甚熾 進豐呈等事亦可停也 然予意以爲, 歲時不可虛過 故請只爲曲宴 其停進豐呈及觀處容等事 而只爲曲宴及禳災處容可也.

〈『中宗實錄』卷52 19年 12月 10日(庚子)〉

전교하였다. "정조의 회례연은 이미 멈추게 하였거니와, 자전(慈殿)께서도 '평안도에서 여역이 매우 치성하니 진풍정(進豐呈) 등의 일도 멈추어야 한다.'고 분부하였다. 그러나 내 생각으로는 세시를 헛되이 넘길 수 없으므로, 곡연(曲宴)만을 베풀기를 청하였으니, 진풍정과 관처용(觀處容) 등의 일을 멈추고 곡연과 양재처용(禳災處容)만을 베풀도록 하라."

〈『중종실록』 권52 19년 12월 10일(경자)〉

(53) 且所謂曲欄 觀處容時 各司官員排設處 誰不見其處乎 如此推鞫則恐慈殿用心也 大臣等須更議論, 現露後推之何如.

〈『中宗實錄』卷58 22年 4月 3日(己酉)〉

또 이른바 곡란은 처용(處容)을 관람 할 때 각사(各司)의 관원들이 의장(儀仗)을 배설하는 곳이니 누군들 그 곳을 보지 않았겠는가? 이렇게 추국(推鞫)한다면 자전께서 마음을 쓰실까 우려되니 다시 의논하기 바란다. 따라서 형적이 드러난 뒤에 추국하는 것이 어떻겠는가?"

〈『중종실록』 권58 22년 4월 3일(기유)〉

(54) 夜 三殿及東宮 觀處容于明政殿 王子 駙馬等入侍.

〈『中宗實錄』卷60 22年 12月 30日(癸酉)〉

밤에 3전(殿) 및 동궁(東宮)이 명정전(明政殿)에서 처용희를 관람했다. 왕자와 부마 등이 입시하였다.

〈『중종실록』 권60 22년 12월 30일(계유)〉

(55) 夜四鼓 上御康寧殿 觀處容 宗宰及承旨 入番經筵官 史官皆入侍.

〈『中宗實錄』卷94 35年 12月 30日(丁亥)〉

사고(四鼓)에 상이 강녕전(康寧殿)에 나아가 처용희를 보았다. 종재(宗宰)와 승지, 입번 경영관(經筵官)과 사관(史官)이 모두 참석하였다. 〈『중종실록』 권94 35년 12월 30일(정해)〉

(56) 傳于政院曰 歲時觀處容舞 乃古例也 然今有災變 動樂未安 勿爲可也 且元日進豐呈 曲宴 會禮宴 亦勿取稟事 其竝言于禮曹.

〈『中宗實錄』卷96 36年 11月 24日(丙午)〉

정원에 전교하였다. "연말에는 처용무를 구경하는 것이 옛부터의 관례이다. 그러나 지금은 재변이 있어 풍악을 울리기가 미안하니 하지 않는 것이 좋겠다. 그리고 설날 진풍정(進豐呈) 및 곡연(曲宴)과 회례연도 취품(取稟)하지 말 것을 아울러 예조에 말하라."

〈『중종실록』 권96 36년 11월 24일(병오)〉

(57) 大司諫李霖等上箚曰……而處容之戲 雜陳於除夕 伶妓之樂纔止 救食之鼓繼作 是非徒不盡事天之實 竝與文爲之末而廢之 非所以克己正事轉禍爲福之道也. 〈『中宗實錄』卷100 38年 1月 7日(壬子)〉

대사간 이임(李霖) 등이 차자(箚子)를 올렸다. "…… 그런데 처용희가 제석(除夕)에 혼잡하게 베풀어졌었고 영기(伶妓)의 음악이 겨우 그쳤는데 구식(救蝕)의 북이 뒤를 이어 일어난 것은, 하늘을 섬기는 실상을 다하지 못한 것일 뿐만 아니라, 아울러 말단인 겉치레

까지도 아울러 폐기한 것입니다. 이는 사욕을 이기고 일을 바루어 화를 변경시켜 복으로 만드는 도리가 아닙니다.

〈『중종실록』 권100 38년 1월 7일(임자)〉

(58) 大司憲韓淑等上箚曰…… 所當側修警省之不暇 邈不惕念 而方且大張處容之戲 錯以鼓樂 樂與之觀聽 達曙而罷 而救蝕之具 繼進于庭 未知殿下之應天 果以實歟 未見一毫動天之心 而適足以致天之怒 蕩燒之變 踵發於宴戲之後 天譴之丁寧至此 則其所以召之者 豈無所由 傷敗之至 不朝卽夕 宗社重寄 豈不寒心.

〈『中宗實錄』 卷100 38年 1月 8日(癸丑)〉

대사헌 한숙(韓淑) 등이 차자를 올렸다. "…… 그러므로 마땅히 마음을 가다듬고 경계하여 성찰하기에 겨를이 없어야 할 것인데도, 막연히 두려워하는 생각은 가지지 않고 바야흐로 처용희만을 크게 베풀고 고악(鼓樂)을 시끄럽게 울리면서 즐거이 구경하다가 새벽이 되어서야 파하였습니다. 그리고 나서는 구식(救蝕)하는 기구를 궐정에 올렸으니 전하께서 하늘의 꾸지람에 순응하심이 과연 진실한 것인지 모르겠습니다. 하늘의 마음을 감동시킬 만한 일은 터럭만큼도 보지 못한 반면 하늘의 노여움을 이르게 하기에는 넉넉하여, 동궁을 모두 태우는 변이 연희를 하고 난 뒤에 잇따라 발생했습니다. 하늘의 꾸지람이 이토록 정녕하니 재앙을 부르게 된 까닭이 어찌 없다고 하겠습니까. 〈『중종실록』 권100 38년 1월 8일(계축)〉

(59) 掌樂都監啓曰 來明春親蠶後勞酒宴時 女妓各樣呈才 單子落點內 沈香山鶴舞 竝入於呈才 磨鍊施行事 傳敎矣 勞酒宴呈才則以女妓行用規例 而沈香山鶴舞則係是男樂 此乃內庭所設 何以爲之 敢稟 傳曰 平時內庭觀處容時 亦有鶴舞 査倣此例察行 或以女妓敎習爲之.

〈『光海君日記』 卷98 7年 12月 9日(辛亥)〉

장악 도감이 아뢰기를, "내년 봄 친잠(親蠶)한 후 위로하는 주연을 베풀 때에 시행한 기생의 여러 가지 정재(呈才) 단자(單子)를 낙점받은 것 안에, 침향산학무(沈香山鶴舞)를 정재에 아울러 넣어서 마련하여 시행하라는 일로 전교하셨습니다. 위로 주연에서 정재는 여자 기생으로 행하는 것이 규례인데 침향산학무는 남자의 무악입니다. 이 주연은 내정에서 설행할 터인데, 어떻게 해야 하는지 감히 여쭙니다." 하니, 전교하기를, "평소에 내정에서 처용무를 관람할 때에도 학무가 있었으니 조사하여 이 예에 따라 살펴 행하라. 혹 여자 기생에게 가르쳐서 해도 될 듯싶다." 하였다.

〈『광해군일기』 권98 7년 12월 9일(신해)〉

(60) 禮曹以掌樂院設生進初試試場 掌樂官員 以沈香山及排布什物處容諸具 妓生新/諸件等物 藏置無所 啓請勿設試場 傳曰允.

〈『光海君日記』 卷116 9年 6月 27日(庚申)〉

예조가 장악원에 생원진사시 초시의 시장을 설치하려 하였는데, 장악원의 관원이 '침향산(沈香山) 및 장식물로 늘어놓는 여러 가지 집기와 처용무에 들어가는 여러 기구 및 기생(妓生)들이 쓰는 여러 가지 물품을 보관해 둘 곳이 없다.'는 이유로 시장을 베풀게 하지 말 것을 청하였다. 이에 대해 윤허한다고 전교하였다.

〈『광해군일기』 권116 9년 6월 27일(경신)〉

(61) 仍奏 與民樂 處容舞進. 〈『肅宗實錄』 卷44 32年 8月 27日(壬子)〉

이어서 여민락을 연주하고 처용무를 바치었다.

〈『숙종실록』 권44 32년 8월 27일(임자)〉

(62) 輔德崔啓翁上疏曰…… 甚至於向者進宴時 內宴外習儀之日 所謂都監二提調 私諭舞處容者 乃行淫褻之戲 觀者駭目.

〈『肅宗實錄』 卷44 32年 12月 26日(庚戌)〉

보덕(輔德) 최계옹(崔啓翁)이 상소(上疏)하기를, "…… 심지어 얼마전 진연(進宴) 때 내연(內宴)을 밖에서 습의(習儀)하던 날 이른바 도감(都監)의 두 제조(提調)가 처용무를 추는 자에게 사사로이 일러서 음설(淫褻)한 놀음을 행하였으므로 보는 자가 놀랐습니다.

〈『숙종실록』 권44 32년 12월 26일(경술)〉

(63) 進訖 提調退小饍 進大饍 樂奏太平年 仍奏與民樂 處容入作 凡進爵進湯 王世子以下 離位俯伏 進訖 還位 提調進上前湯饍 副提調供王世子湯饍. 〈『肅宗實錄』 卷63 45年 4月 18日(庚申)〉

소선(小膳)을 물리고 대선(大膳)을 올리자 음악은 태평년지곡(太平年之曲)을 연주하였고 이어 여민락을 연주하였으며, 처용무(處容舞)를 추고 나서 악을 거두었다.

〈『숙종실록』 권63 45년 4월 18일(경신)〉

(64) 提調退小饌 進大饌 樂作 奏太平年之曲 仍奏與民樂 鄕唐樂交作 處容舞入作 副提調供王世子饍 執事者設宗親 文武官饍訖 樂止.

〈『肅宗實錄』 卷64 45年 9月 28日(丁酉)〉

제조가 소찬(小饌)을 물리고 대찬(大饌)을 바치자 음악은 태평년지곡이 연주되고, 이어서 여민락이 연주되었으며, 향악과 당악을 잇따라 연주하고, 처용무가 들어와 춤을 추었다.

〈『숙종실록』 권64 45년 9월 28일(정유)〉

(65) 禮曹判書尹惠教上疏 辨成有烈疏論李宗城僭用雅樂曰 本院肄樂之規 或試雅樂 或試俗樂 每當肄習 外人例得來見 而宗城父台佐 適當肄樂之日 與諸耆老 同來參觀爲娛 臣亦以提擧 暫往赴會 然只陳俗樂 如舞童 處容之類 而雅樂則初不令肄習 萬目所覩 焉可誣也.

〈『英祖實錄』 卷50 15年 10月 15日(戊子)〉

예조판서 윤혜교(尹惠教)가 상소하여, 성유열(成有烈)이 상소하여 이종성(李宗城)이 아악을 참용(僭用)하였다고 논한 것을 변명하기를, "본원에서 음악을 연습하는 규례는 아악을 연습하여 보기도 하고 속악을 연습하여 보기도 하며 연습할 때마다 바깥 사람들도 으레 와서 볼 수 있는데, 이종성의 아비 이태좌(李台佐)가 마침 연습하는 날에 여러 기로(耆老)들과 함께 와서 참관하였고, 신도 제거(提擧)

로서 잠시 가서 모임에 나아갔습니다마는, 무동 처용 같은 속악을 벌였을 뿐이고 아악은 처음부터 연습시키지 않았습니다. 많은 사람의 눈이 본 것인데 어찌 속일 수 있겠습니까?" 하였다.

〈『영조실록』 권50 15년 10월 15일(무자)〉

(66) 上親製四言一句曰 纘承鴻業 淵氷戒深 命王世孫以下賡進 又以追念舊臣之意 親寫四言八字 分賜入侍諸臣曰 表予不忘之意也 次第進爵訖 樂止 文武舞退 處容舞進 樂作.

〈『英祖實錄』 卷106 41年 10月 11日(癸丑)〉

왕이 몸소 사언일구(四言一句)를 지어 이르기를, "큰 업적을 이어받아 깊은 연못에 임한 듯 얇은 얼음을 밟는 듯이 경계했노라." 하고, 왕세손 이하에게 화답하여 올리라고 명하였다. 또 옛 신하를 추념하는 뜻으로 몸소 사언 여덟 글자를 써서 입시한 여러 신하에게 나누어 주며 말하기를, "나의 잊지 못하는 뜻을 표현한 것이다." 하였다. 차례로 술잔을 드리고 나자, 음악이 그치고 문무무가 물러났으며, 처용무가 나아가니, 음악이 연주되었다.

〈『영조실록』 권106 41년 10월 11일(계축)〉

(67) 五盞畢 仍進處容舞樂訖.

〈『英祖實錄』 卷107 42年 7月 13日(辛巳)〉

다섯 잔을 마치면 곧 처용무를 올리고 악이 그친다.

〈『영조실록』 권107 42년 7월 13일(신사)〉

(68) 五爵畢 奏鄕唐樂 處容舞入作舞 畢樂止.

〈『英祖實錄』 卷107 42年 8月 27日(甲子)〉

다섯 번째 잔을 마치면 향악(鄕樂)·당악(唐樂)을 연주하고 처용무(處容舞)가 들어와서 춤을 추며 춤이 끝나면 악을 그친다.

〈『영조실록』 권107 42년 8월 27일(갑자)〉

(69) 奏雅俗樂 處容舞 訖 廚院提調撤饌 副提調撤王世孫饌 諸臣亦撤饌 贊儀唱可起. 〈『英祖實錄』卷120 49年 閏3月 1日(庚申)〉

아악과 속악이 연주되고 처용무가 추어졌는데, 춤이 끝나자 주원의 제조가 찬수를 거두고 부제조가 왕세손의 찬수를 거두었으며 여러 신하들의 찬수도 거두어지니, 찬의(贊儀)가 '일어나소서' 하고 외쳤다. 〈『영조실록』 권120 49년 윤3월 1일(경신)〉

(70) 漢耆請進皷吹 上命軒架皷吹 舞童處用 俱格以入.
〈『英祖實錄』卷121 49年 7月 27日(甲申)〉

김한기(金漢耆)가 고취를 올리기를 청하니, 헌가 고취와 무동의 처용을 격식을 갖추어 들이게 하였다.
〈『영조실록』 권121 49년 7월 27일(갑신)〉

(71) 仍教曰 上元前夜 街兒市童之成群作隊 競拍草人 名之曰處容戲 事近不經 亦一勝事 鄕人儺 聖人猶且敬之 蓋除夕之儺禮 元宵之俑戲 皆由國俗 則豈可設法禁止 以致繹騷之弊乎.
〈『正祖實錄』卷11 5年 1月 17日(庚寅)〉

하교하기를, 상원일의 전야에 가시(街市)의 아동들이 무리로 대오(隊伍)를 이루어 다투어 제웅을 두드리는 것을 이름하여 '처용희'라고 하는데, 일이 불경스럽기는 하지만, 또 한 하나의 성대한 일인 것이다. 고장 사람들이 나례를 행할 때에는 성인도 오히려 경건한 마음가짐을 지녔었다. 대개 제석(除夕)의 나례와 원소(元宵)의 용희는 모두 국속(國俗)에 비롯된 것이니, 어찌 설법(說法)하여 금지시킴으로써 소요가 이는 폐단을 초래할 수 있겠는가?
〈『정조실록』 권11 5년 1월 17일(경인)〉

(72) 處容舞進 樂作鄕唐交奏 井邑樂 與民樂 尖袖舞進 奏洛陽春曲 呈才訖樂止. 〈『正祖實錄』卷42 19年 閏2月 13日(乙未)〉

처용무(處容舞)를 추자 악대가 정읍악(井邑樂)과 여민락을 향악(鄕樂)과 당악(唐樂)으로 번갈아 연주하였다. 첨수무(尖袖舞)를 추자 악대가 낙양춘곡(洛陽春曲)을 연주하였다. 정재가 끝나자 연주도 그쳤다. 〈『정조실록』 권42 19년 윤2월 13일(을미)〉

(73) 上曰 肅廟 英廟兩聖朝 皆已行之矣 今日耆社諸臣 使之會宴于本所時 賜宴在前 以鼓吹前道 兼掌禮秘書丞領往 宮內大臣 掌禮卿 諸耆老之臣在後 處容及舞童 在前而去可也.
〈『高宗實錄』 卷42 39年 5月 27日(陽曆)〉

상이 이르기를, "기로소의 여러 신하들에게 잔치를 연 뒤에 규례대로 음식을 내리고 음악을 내려주는 법이다. 처용(處容)춤을 추는 사람들과 무동(舞童)들이 앞에서 인도하는 것도 전례가 있으니 이번에도 지금도 규례를 지켜야 한다." 하였다. 심순택이 아뢰기를, "어느 임금 때에 있었던 전례입니까?" 하니, 상이 이르기를, "숙종(肅宗)과 영조(英祖) 두 임금 때에 모두 시행하였다. 오늘 기로소의 여러 신하들이 기로소에 모여 연회를 할 때 차려준 잔칫상이 앞에 서되 악대가 앞에서 인도하고 겸장례(兼掌禮)인 비서원 승(祕書院丞)이 거느리고 가며 궁내부 대신(內部大臣)들과 장례원 경(掌禮院卿), 기로소의 여러 신하들의 뒤에 서되 처용춤을 추는 사람들과 무동들이 앞에서 가게 해야 할 것이다."
〈『고종실록』 권42 39년 5월 27일(양력)〉

(74) 處容之戱 肇自新羅憲康王時 有神人出自海中 始現於開雲浦 來入王都 其爲人奇偉倜儻 好歌舞 益齋詩所謂 貝齒頳顔歌夜月 鳶肩紫袖舞春風者也 初使一人黑布紗帽而舞 其後有五方處容 世宗以其曲折 改撰歌詞 名曰鳳凰吟 遂爲廟廷正樂 世祖遂增其制 大合樂而奏之 初倣僧徒供佛 群妓齊唱靈山會相佛菩薩 自外廷回匝而入 伶人各執樂器 雙鶴人五 處容假面十人 皆隨行緩唱三回 入就位而聲漸促 撞大鼓 伶妓搖身動足 良久乃罷 於是作蓮花臺戱 先是設香山池塘 周挿彩花高丈餘 左右亦有畵燈籠 而流蘇掩暎於其間 池前東西 置大蓮蕚 有小妓入其中 樂奏步虛子 雙鶴隨曲節翶翔而舞 就啄蓮蕚 雙小妓排蕚而出 或

相向或相背 跳躍而舞 是謂動動也 於是雙鶴退處容入 初奏縵機處容成列而立 有時彎袖而舞 次奏中機 處容五人 各分五方而立 拂袖而舞 次奏促機繼爲神房曲 婆娑亂舞 終奏北殿 處容退列于位 於是有妓一人 唱南無阿彌陀佛 群從而和之 又唱觀音贊三周 回匝而出 每於除夜前一日夜 分入昌慶昌德兩宮殿庭 昌慶用妓樂 昌德用歌童 達曙奏樂各賜伶妓布物 爲闢邪也. 〈『大東野乘』卷1 慵齋叢話〉

처용희는 신라의 헌강왕 때부터 시작되었다. 신인이 바다에서 나와 개운포에 나타났다가 왕도로 돌아왔는데, 그 사람됨이 기결하고 비범하여 노래와 춤추기를 좋아하였다. 익재의 시에 "흰 이 붉은 입술로 달밤에 노래하고, 제비 어깨 붉은 소매로 봄바람에 춤추네" 한 것이 이것이다. 처음에는 한 사람으로 하여금 검은 베옷에 사모를 쓰고 춤추게 하였는데, 그 뒤에 오방처용이 있게 되었다. 세종이 그 곡을 참작하여 가사를 개찬하여 봉황음이라 이름하고, 마침내 묘정의 정악으로 삼았으며, 세조가 그 제를 늘여 크게 악을 합주하게 하였다. 처음에 승도가 불공하는 것을 모방하여 기생들이 영산회상불보살을 제창하고, 외정에서 돌아 들어오면 영인들이 각각 악기를 잡는데, 쌍학인 다섯, 처용의 가면 10명이 모두 따라가면서 느리게 세 번 노래하고, 자리에 들어가 소리를 점점 돋구다가 큰 북을 두드리고 영인과 기생이 한참동안 몸을 흔들며 발을 움직이다가 멈추면 이때에 연화대놀이를 한다. 먼저 향산과 지당을 마련하고 주위에 한 길이 넘는 높이의 채화를 꽂는다. 또 좌우에 그림을 그린 등롱이 있는데, 그 사이에서 다섯 색으로 만든 술이 어른거리며, 지당 앞 동쪽과 서쪽에 큰 연꽃 받침을 놓는데 소기가 그 속에 들어있다. 보허자를 주악하면 쌍학이 곡조에 따라 빙글빙글 춤추면서 연꽃 받침을 쪼면 두 소기가 그 꽃받침을 헤치고 나와 서로 마주 보기도 하고 서로 등지기도 하며 족도하면서 춤을 추는데, 이를 동동이라고 한다. 이리하여 쌍학은 물러가고 처용이 들어온다. 처음에 만기를 연주하면 처용이 열을 지어 서서 때때로 소매를 당기어 춤을 추고, 다음에 중기를 연주하면 처용 다섯 사람이 각각 오방으로 나누어 서서 소매를 떨치고 춤을 추며, 그 다음에 촉기를 연주하는데, 신방곡에 따라 너울너울 어지러이 춤을 추고, 끝으로 북전을 연주하면 처용이 물러가

자리에 열지어 선다. 이 때에 기생 한 사람이 '나무아미타불'을 창하면, 여러 사람이 따라서 화창하고, 또 관음찬을 세 번 창하면서 빙돌아 나선다. 매양 선달 그믐날 밤이면 창경궁과 창덕궁 양 궁전 뜰로 나뉘어 들어간다. 창경궁에서는 기악을 쓰고, 창덕궁에서는 가동을 쓴다. 새벽에 이르도록 주악하고 영인과 기녀에게 각각 포물을 하사하여 사귀를 물러나게 한다. 〈『대동야승』 권1 용재총화〉

(75) 謹按鳳凰吟外 又有處容歌觀音讚 然本自高麗 流傳至今 但列於樂府而已 非聖朝之所常用 故二篇削之不錄.
〈『增補文獻備考』 卷103 樂學軌範 鄕樂呈才歌詞 鳳凰吟〉

신이 삼가 살펴보건대, 봉황음외에도 처용가 관음찬이 있으나 본래 고려에서 유전하여 지금에 이르렀는데, 악부에만 열기하였을 뿐 성조에서 항상 쓰는 것이 아니기 때문에 두 편을 삭제하고 기록하지 아니합니다. 〈『증보문헌비고』 권103 악학궤범 향악정재가사 봉황음〉

(76) 從王入京 自號處容 每月夜歌舞於市 竟不知所在 其歌舞處 後人爲月明巷 因作處容歌處容舞假面以戱. 〈『東京雜記』〉

왕을 따라 서울에 들어가 자호를 처용이라 했다. 매달 달밤이면 시중에서 가무를 했는데 끝내 그가 있는 곳을 알지 못했다. 그가 노래하고 춤추던 곳은 후세 사람들은 월명항(달밝은 골목)이라 하였다. 이로 인해 처용가를 짓고 처용무 가면을 만들어 연희했다. 〈『동경잡기』〉

(77) 新羅時 有處容出 初使一人黑布紗帽而舞 其後有五方處容 我英廟以其曲折 命尹淮改撰歌詞 名曰 鳳凰吟 遂爲廟廷之樂.
〈『大東韻府群玉』 卷8 吟〉

신라 때 처용(놀이)을 시작했는데 처음에는 한 사람이 검은 옷을 입고 사모를 써서 춤을 추었다. 이후 오방처용이 있었다. 세종 때 그 노래를 윤회에게 명하여 가사를 개찬하도록 하였는데 이름하여 봉황음이라 했다. 비로소 조정의 악장으로 삼았다.

〈『대동운부군옥』 권8 음〉

(78) 且停處容舞 聽我處容歌 彼一俳優耳 君子不同科 出非蒲輪聘 盤錫又如何 當時松岳眞人降 大運歸向如奔波 宮中牝鷄待晨鳴 始林王氣陰鎖磨 淫遊逸畋方耽懽 君臣媚悅徒婂婀 明者知微可卷懷 幾人婆娑在山阿 異哉夫詭冠服 鬻身干澤誠非他 欺世取寵何事業 山中麋鹿應譏詞 流傳百代成俗戲 臺輿拍手眞笑叵 君看孤雲棄官遊方外 至今仙蹟留伽倻.

〈『星湖先生全集』 卷7 海東樂府〉

이제 처용춤 멈추고, 내 처용노래 들으시오. 저들은 하나의 배우일 뿐, 군자와 같은 반열 될 수 없다오. 나아감에 부들수레 달릴 수 없고, 가죽띠 지팡이 어찌 하리오? 당시 남산의 진인이 내려오니, 큰 운수 돌아감이 성난파도 같았다오. 궁중에 암탉이 새벽을 기다려 울기에, 신라의 왕기가 점점 사라지네. 음란하게 놀고 편한 사냥 즐거움에만 빠져, 임금과 신하 기뻐하며 다만 머뭇거릴 뿐. 현명한 사람 기미알고 재능을 숨기고, 몇 사람만 산언덕에 머뭇거리고 있네. 이상하구나 저 괴이한 모자와 옷, 몸을 팔고 녹을 구한게 정말 다름아니었네. 세상 속여 은총받아 무슨일 하리! 산 속의 고라니 사슴도 응당 꾸짖으리라. 백대를 지나면서도 속희를 이루었고, 대관들도 박수치며 정말 웃고 화하네. 그대는 보았나요 최치원이 벼슬버리고 지방을 유람한 것을 지금도 가야산에 자취남아 있다오.

〈『성호선생전집』권7 해동악부〉

(79) 若有人兮秋浦雲 姣采服兮殊倫 朱絲衣兮鞠裳 紫貝齒兮鳶肩 聞夫君兮靈壽 橫六龍兮倏然 先安歌兮曼僊 北市兮西廛 總六部兮靡靡 烝以女兮威神 徠不時兮去不返 乘白龍兮蕩海津 川寂寂兮多風 巷月明兮無人 三尺頚兮五方衣 懷夫君兮徒紛紜.

〈『嶺南樂府』〉

구름낀 가을 포구에 사람이 있으니 채색옷 입은 아름다운 모습 절륜(絶倫)하도다. 붉은 실 저고리에 황국(黃鞠)의 치마, 자주 조개 치아에 솔개의 어깨로다. 들으니 부군은 신령하여, 여섯 용 비껴타고 빨리 날아다닌다 하네. 먼저 차분히 노래하고 하늘하늘 춤추며, 북쪽 저자에서 서쪽 전방으로. 육부가 모두 덩달아, 모두들 너를 무서운 신이라 한다. 불시에 왔다가 가서는 돌아오지 않으니, 백룡을 타고 바닷가 포구를 분탕질하네. 냇물은 조용한데 바람은 많고, 마을에 달은 밝은데 사람이 없네. 석자 된 턱에 오방색 옷을 입고, 부군을 그리워하여 수선만 피우네. 〈『영남악부』〉

(80) 鶴城雲生東海東 汀洲佛宇新玲瓏 開雲浦雲飛空 龍宮寶珠落王宮 花月丰姿醉神翁 疫神偸花翁不怒 畵翁門前神退步 靈鷲山東望海寺.

〈『海東樂府』 處容家10)〉

동해 동쪽 학성에 구름이 피어나니, 물가의 절간은 새로이 영롱하네. 개운포 상공에 구름이 날아가니, 용궁의 보주가 왕궁에 떨어졌네, 춘삼월 아름다운 자태에 신옹이 취하여, 역신이 꽃을 훔쳐도 신옹은 성내지 않네. 신옹이 그려진 문 앞에서는 역신이 뒷걸음치니, 영취산 동쪽 망해사로세. 〈『해동악부』 처용가〉

(81) 鶴城春日讌羅王 感動神龍一炷香 處容歌是霜髯舞 五色殊容處五方

〈『林下筆記』 卷38 處容歌舞〉

봄날 학성에서 놀던 신라의 왕 신룡을 한 개의 향으로 감동시켰네
처용가를 부르고 처용무를 추면서 오색 옷 입고 오방으로 벌여 서네

〈『임하필기』 권38 처용가무〉

4. 정과정(鄭瓜亭)

1) 작품

전강(前腔) 내님믈 그리ᄋᆞ와 우니다니
중강(中腔) 山 졉동새 난 이슷ᄒᆞ요이(이)다

10) 처용가(處容歌)의 오기(誤記)인 듯함.

후강(後腔)	아니시며 거츠르신돌 아으
부엽(附葉)	殘月曉星이 아ᄅᆞ시리이(이)다
대엽(大葉)	넉시라도 님은 ᄒᆞᆫᄃᆡ 녀져라 아으
부엽(附葉)	벼기더시니 뉘러시니잇(잇)가
이엽(二葉)	過도 허믈도 千萬 업소이(이)다
삼엽(三葉)	물힛마리(마러)신뎌
사엽(四葉)	술읏븐뎌(브여) 아으
부엽(附葉)	니미 나ᄅᆞᆯ ᄒᆞ마 니ᄌᆞ시니잇(잇)가
오엽(五葉)	아소 님하 도람 드르샤 괴오쇼셔

<봉좌문고본(蓬左文庫本) 『악학궤범(樂學軌範)』, 권(卷) 5 시용향악정재도의(時用鄕樂呈才圖儀). 학연화대처용무합설(鶴蓮花臺處容舞合設)>

※( )안은 광해군 11년 판본 『악학궤범(樂學軌範)』의 표기.

2) 어석

- 내님믈: 나의 님을(양주동, 권영철, 남광우, 박병채, 전규태), 내가 님을(김형규, 임기중)
- 그리ᅀᆞ와: 그리워하여
- 우니다니: 늘 울고있다(김태준), 울더니(박병채), 울고 있더니(김형규, 남광우, 전규태)
- 山 졉동새: 산 두견새
- 난: 나는(양주동, 김형규), 나와(박병채), 나타나니(권영철)
- 이슷ᄒᆞ요이다: 비슷합니다
- 아니시며: 님이않게녀이며(김태준), 아니시며(양주동, 박병채), 안 있으며(권영철)
- 거츠르신돌: 거츪게녀인들(김태준), 속인들(지헌영), 妄僞인줄은(양주동, 김형규), 거짓인 줄을(박병채), 동래에 있다하더라도(권영철)
- 殘月曉星이 아ᄅᆞ시리이다: 새벽달과 별이 알 것입니다.
- 넉시라도 님은 ᄒᆞᆫᄃᆡ 녀져라 아으: 넋이라도 임과 한 곳에 가고 싶어라
- 벼기더시니: 저항하다(김태준, 지헌영), 우기다・고집하다(양주동, 전규태), 굳게 하다(남광우), 어기다(박병채), 이간질하다(김형규), 我執

하다(권영철), 버겁게 하다(서재극), 선창(先唱)하시던 이(이등룡)
- 뉘러시니잇가: 누구였습니까
- 過도 허믈도 千萬 업소이다: 과실도 허믈도 전혀 없습니다.
- 물힛마리신뎌: 물힛말+이신뎌: 양주동은 '衆(무리의 말-讒言)'으로 보아 '물핫마리러신뎌', 박병채는 '淸·安(몱)'으로 보아 '맑게 하는 말씀이었구나', 지헌영은 '아뢸 말씀이 마르오이다' / 물힛+마리신뎌: '물힛'을 '衆讒言'으로, '마리신뎌'를 '勿(그만두다)'로 보아 '슬프게 하지 말아 주시오'(김형규), 그만두셨구나(서재극), ※ 물힛말: 市井里巷之語 (유동석)
- 슬읏븐뎌: 슬프구나(양주동, 전규태), 사뢰고 싶도다(지헌영), 사라지고 싶구나(김형규, 남광우), 애타다(박병채, 김완진), 답답하다(서재극), 아뢸 말씀을 쏟아 붓도다(권영철), (주검을 불에) 살라 (인연을) 끊는 듯한 것이여(이등룡)
- 니미 나룰 ᄒᆞ마 니ᄌᆞ시니잇가: 님이 나를 벌써 잊으셨습니까 ※ 하마: 恐畏컨대(김태준)
- 아소: 아서라(양주동, 박병채), 아십시오(권영철)
- 님하: 님이시어
- 도람: 마음을 돌이켜(김태준, 김형규, 박병채, 전규태), 자세한 사연(양주동), 용서하시사(지헌영), 편들다(남광우), (한 사람씩) 반갈아 돌아(이등룡)
- 드르샤 괴오쇼셔: 들으시어 사랑하소서(박병채), '-괴소서'를 '밑받침하소서'(남광우), 들게 하시어 (나라를) 괴소서〔支〕(이등룡)

3) 현대역 및 해시

(1) 김태준(1939)

우리님을 그리워 우니노라니
山접동새와 비슷하외다
옳은것이며 그른것은 아아
지는달 새벽별이 아르실것이리다
넋이라도 님은 한데가거라 아아
두마음을먹다니 뉘라서 그러릿가

過失도 허물도 千萬없소이다
?
?
님이 나를 하마 이젓겠읍니까
그리운님이여 다시도라보소서

(2) 지헌영(1947)

이몸이 우리임금을 그리워하여 울고지내고 있사옵나니
저杜鵑새와 나는 恰似히도 처량하외다
우리임께 아니라고 否定한다는가 拒逆한다 할지라도
저殘月과 曉星이 알으시리이다 아: 하!
이魂魄이라도 우리임과 한곳에(님한테에) 가고싶사이다
驕慢하게 拒逆하야 二心을 먹던者가 누구이옵더니이까!
罪過는 千萬秋毫도 없나이다 아—하!
아뢸 말슴이 다하외다!
(그러하오나) 이 眞情을 사뢰옵고 싶사이다
오: 호! 임께옵서 거의 이몸을 잊으셨나이까!
아소, 임이여! 너그러히 容恕하시사 다시, 사랑하여 주소서

(3) 임광(1956)

내 님(毅宗)을 그리워 울고 지내나니
원통함에 못이겨 피를 吐한다는 山 접동새와 나는 비슷합니다
나를 罰 주심이 참이 아니시며 허위인 줄을 아으
저 殘月과 曉星이 알 것입니다
죽어 넋이라도 님을 섬겨 함께 가고 싶습니다
아으 나에게 罪가 있다고 固執한 이가 누굽니까
나는 過失도 허물도 千萬 없습니다
뭇 사람이 하리하는(?) 말이신뎌
슬프다 아으
님이시여 내가 내려올 때 수이 부르시겠다는 말씀 잊으셨습니까

아아 님이시어 용서하셔서 나를 불러 다시 寵愛하여 주소서

(4) 렴정권(1956)

내 님을 그리워 울며 단니로니
산 접동새와 (난) 비슷하오이다
진심인지 가면인지를 (아,)
새벽 달 샛별이 알으시리이다
죽은 뒤 혼이라도 님과 함께 있어지라 (아,)
갈라 놓은 이 누구런가요
과도 허물도 천만 없소이다
멀리하지 마옵소서
슬픈지고 (아,)
님이 나를 벌써 잊으시니까
남아 알어주소서 용서하여 괴오소서

(5) 홍기문(1959)

임을 그려 울음으로 사노라니
내 마치 접동새 같습니다.
거짓인지 아닌지를 (아으)
지새는 달과 별도 아시리다.
넋이라도 임과 함께 지내고자 (아으)
의지하던 분 그 누구랍니까?
과오도 허물도 천만에 없습니다.
깨끗이 끊어 버리시니
서러워라 (아으)
임이 그만 나를 잊으셨습니까?
마십쇼. 임이여! 옛정으로나나 친근히 해주십쇼.

(6) 강길운(1960)

내 임을 그리워하와 울고 있더니

山杜鵑이 나와는 (그 울고 지냄이 서로) 비슷하옵니다

(임께서 머지 않아 불러 주시겠다고 하신 말씀이 그저 慰勞에 그치는) 아무것도아닌신 (卽) 虛荒하신 줄 (모르고 미련스럽게 나는 곧이 들었구나) 아—

(모든 사람이애 몰라도) 지새는 달과 샛별이 (저의 忠誠을) 아실 것입니다

(살아서 임과 함께 지내지 못한다면) 죽은 魂이라도 임과는 함께 지내게 되소서 아—)

(저에게 허물이 없다고) 主張하시던 분이 누구시었습니까 (임만이 저의 忠誠을 믿어주셨습니다)

(진정) 過失도 허물도 전혀 없습니다

대저 (불러 들이기를) 그만 두신 것이로구나

슬프도다

아— 임께서 저를 벌써 잊으셨습니까

아서라 임이시어 다시 (불러) 들이시어 사랑하소서

(7) 전규태(1968)

내 님(임금)을 그리워하여 울고 지내고 있으니

山의 두견새와 나는 비슷하나이다.

(임금께서) 옳지 않으며 허황하신 줄을

殘月(새벽달) 曉星(샛별)이 알으실 것이외다.

넋이라도 님과 한 곳에 가고 싶소이다.

아! (小臣을 구하시려고) 우기시던 이는 누구였나이까?

(小臣에게는) 잘못도 허물도 千萬에 (전혀) 없소이다. (奸臣들의) 謀陷입니다. 슬프군요! 아아! 님이 나를 벌써 잊으셨나이까?

마소서 님이시여, 다시금 (간곡한 小臣의 言辭를) 들으사 (생각을 돌리시고) 사랑하여 주소서.

(8) 양태순(1992)

나의 님을 그리워하와 울고 울었더니

산의 접동새와 나는 비슷하오이다

그르며 허황한 줄을 (아아)

殘月曉星만이 아시리이다
넋시라도 님과는 한 곳으로 가고 싶어라! (아아)
우기던(또는 이간질하던) 사람이 누구였읍니까?
過失도 허물도 千萬 없소이다
헐뜯는 말이로구나!
슬프구나! (아아)
님이 나를 벌써 잊으셨습니까?
아서라 님이시여! 잔사설 들으시어 사랑하소서

(9) 임기중(1993)

내가 님을 그리워하며 울고 지내니
산 접동새와 난 비슷합니다.
사실이 아니며 모든 것이 거짓인 줄을 아!
지새는 달과 새벽 별만이 아실 것입니다.
죽은 넋이라도 님과 함께 가고 싶구나. 아!
내 죄를 우기던 이, 그 누구였습니까.
나는 과실도 허물도 전혀 없습니다.
사람들의 거짓말이었구나!
슬프구나. 아!
님께서 저를 벌써 잊으셨습니까.
아! 님이시여 돌려 들으시고 아껴 주소서.

(10) 박병채(1994)

내 임을 그리워하며 울고 있더니
산 접동새도 나와 비슷합니다.
아니며 거짓인 줄을
새벽달 새벽별만은 알 것입니다.
혼백이라도 임과 가고 싶어라.
어기시던 사람이 누구였습니까?
과실도 허물도 없습니다.
나를 위로하기 위한 말씀이었네.

가슴이 미어집니다. 아아
임이 나를 벌써 잊으셨습니까?
아소 임이시여, 돌리어 들으시어 사랑하소서.

(11) 최철(1996)

내 님을 그리워 울고 지내니,
산에서 우는 접동새와 비슷합니다.
(저의 행동이 정도가) 아니라고 하시며, 잘못되었다고 하시는 말씀은, 아아!
(그 옳고 그름을) 잔월효성이 알고 있을 것입니다.
넋이라도 님과 함께 하고 싶어라 아아!
(나의 잘못을) 우기던 사람이 누구였습니까
(저에게는) 잘못도 허물도 전혀 없습니다.
뭇사람들의 모함하는 말이여,
가슴이 답답합니다 아아!
님께서 나를 벌써 잊으셨습니까
아 님이시여! 다시 등용하시어 사랑해 주십시오.

(12) 유동석(2000)

내 님을 그리워하여 울던 양이
산접동새와 나는 비슷합니다
(님이) 옳지 않으시며 거짓이신 것을 아으
잔월효성이 아실 것입니다
넋이라도 님은 한데 가자고
약속하신 분이 누구셨습니까
(나는) 과도 허물도 천만 없습니다
(약속의 말씀이) 마을의 말이시구나
애달프구나! 아으
님이 나를 하마 잊으셨습니까
아소 님하 돌려 들으시어 사랑하소서.

(13) 김명준(2001)

님 그리워 우는 것이
산 접동새와 내가 비슷하며
(님이) 옳지 않고 거짓인줄을
이지러진 달과 새벽 별만이 알 것입니다.
넋이라도 님과 함께 하고 싶은데
이 같은 생각, 님이 부추길 않았나요?
잘못이 전혀 없는데
(나의 마음을) 편안케 하기 위해서 하신 말씀이구나.
(내 마음이) 애가 타고 슬픕니다.
(내가 님을 잊을 수 없는 것처럼) 님이 벌써 나를 잊을 수 없어
아서라! 님이여 더 이상의 잘못을 하지 말고 마음을 돌려 내 말을 듣고 사랑해주소서

(14) 최철 · 박재민(2003)

내 님을 그리워해 울며 지내니
산 접동새와 난 비슷합니다.
(님께서 믿고 계신 것을 사실이) 아니며 거짓인 줄 아아!
殘月曉星이 아실 겁니다.
"넋이라도 그대와 함께 살아가고 싶도다."(라며)
다짐하시던 사람이 누구십니까?
(저는) 잘못도 허물도 전혀 없습니다.
뮬힛(허황된) 말씀이시도다
슬프도다. 아!
님이 벌써 나를 잊으셨습니까?
아소 님아, 돌이켜 들으시어 사랑해 주소서.

4) 관련기록

(1) 憶君無日不霑衣 政似春山蜀子規 爲是爲非人莫問 只應殘月曉星知.
〈『益齋亂藁』 卷4 小樂府〉

임 생각에 옷을 적시지 않은 적이 없으니, 봄 산의 뻐꾹새와도 같구나. 옳고 그른 것은 사람들이여 묻지 마소, 이지러진 달과 새벽 별만은 알고 있겠지. 〈『익재난고』 권4 소악부〉

(2) 鄭瓜亭 內侍郎中鄭叙所作也 叙自號瓜亭 聯昏外戚 有寵於仁宗 及毅宗卽位 放歸其鄕東萊曰 今日之行 迫於朝議也 不久當召還 叙在東萊日久召命不至 乃撫琴而歌之 詞極悽惋 李齊賢 作詩解之曰.

〈『高麗史』卷71 樂志〉

정과정(鄭瓜亭)은 내시낭중(內侍郎中) 정서가 지은 것이다. 정서는 과정(瓜亭)이라 자호(自號)했고 외척과 혼인을 맺어 인종(仁宗)의 총애를 받았다. 의종(毅宗)이 즉위하게 되자 그의 고향인 동래(東萊)로 돌려보내면서 이르기를, "오늘 가게 된 것은 조정의 의론에 몰려서이다. 머지않아 소환하게 될 것이다." 하였다. 정서(鄭叙)가 동래에서 오래 머물러 있었으나 소환명령이 오지 않았다. 그래서 거문고를 잡고 이 노래를 불렀는데 가사가 극히 처비(凄悲)하다. 이제현(李齊賢)이 시(詩)를 지어 이 노래의 뜻을 풀이하였다. 〈『고려사』 권71 악지〉

(3) 子叙仕至內侍郎中 以恭睿太后妹壻 有寵於仁宗 性輕薄有才藝 交結大寧侯璟 叙常與遊戱 鄭諴金存中等誣構叙罪以聞毅宗疑之 臺諫劾叙陰結宗室夜聚宴飮 乃流于東萊 語在大寧侯傳 侯將行王謂曰 今日事迫於朝議也行當召還 叙旣流召命久不至 乃撫琴作歌 詞極悽惋 叙自號瓜亭後人名其曲爲鄭瓜亭. 〈『高麗史』卷97 列傳 10 鄭沆 叙〉

아들 정서는 벼슬이 내시 낭중에 이르렀는데 그는 공예태후(恭睿太后)의 매서였으므로 인종에게 사랑을 받았다. 그는 성질은 비록 경박하나 재능과 기예가 있었으며 대녕후(大寧侯) 왕경(王璟)과 친밀하여 항상 그와 함께 놀았다. 정함과 김존중(金存中) 등이 정서의 죄상을 허구 날조하여 왕에게 고했으므로 의종이 그들을 의심하게 되었는데 또 대간(臺諫)에서 "정서는 은근히 종실들과 친교를 맺어 밤마다 모여서 술놀음을 한다." 고 탄핵하자 왕은 정서를 동래로 귀양 보냈는바 그 전말은 대녕후의 전기에 수록되었다. 정서가 귀양살이로 떠날

때 왕이 그에게 말하기를 “이번 일은 조정의 공론에 몰려서이니 가 있으면 곧 소환하게 될 것이다.” 라고 위안하여 주었다. 그러나 정서가 귀양 간 후 오랫동안 지났으나 소환 명령이 오지 않자 정서가 거문고를 타며 노래를 지어 불렀는데 가사가 지극히 처량하였다. 정서는 스스로 과정(瓜亭)이라 호를 지었으므로 후세 사람들이 그가 지은 곡조를 정과정이라고 불렀다. 〈『고려사』 권97 열전10 정항 서〉

(4) 他鄕作客頭渾白。到處逢人眼不靑。淸夜沉沉滿 床月。琵琶一曲鄭瓜亭。 〈柳淑, 『東文選』 卷21 書懷寄趙瑚先輩〉

타향에 나그네 되어 머리 모두 세었거니 가는 곳 만나는 사람마다 눈길이 차가워라 맑은 밤은 깊어 가고 달빛 가득한 상 아래 한 곡조 비파 타노니 정과정곡일러라.

〈유숙, 『동문선』 권21 서회기조호선배〉

(5) 蟾影圓流露桂枝 夜深斗覺爽襟期 世人誰是知音耳 一曲廣陵空自知

〈閔思平, 『東文選』 卷21 鄭中丞月下撫琴〉

달빛은 이슬에 젖어 계수 가지에 흐르고 밤은 깊어 문득 서늘함을 느끼네 사람들은 누가 그 소리를 알까 한 곡조 광릉산을 부질없이 혼자 아네.

〈민사평, 『동문선』 권21 정중승월하무금〉

(6) 雲盡長亭月在天 橫琴相對夜如年 鵾啼曲盡思無盡 誰把鸞膠續斷絃

〈鄭樞, 『東國輿地勝覽』 卷23, 東萊〉

구름 걷힌 정자 위에 달빛은 밝은데 거문고 곁에 끼어 보니 하루가 일년이라 견제곡 다하도록 그리움이 끝이 없으니 그 누가 난교 풀로 끊어진 줄 이어줄까. 〈정추, 『동국여지승람』 권23, 동래〉

(7) 風淸江瀨鴻雁鳴 日出海底蛟龍驚 我來此地訪前古 瓜亭一曲傷我情

〈鄭樞, 『圓齋集』 卷上〉

가을바람에 여울이 일고 기러기 울며 날아가네 해뜨는 바닷속에은 교룡이 놀라는구나 내 이곳에서 옛 일을 묻나니 과정곡 한 곡조가 나를 아프게 하네.

〈鄭樞, 『圓齋集』 卷上〉

(8) 琵琶一曲鄭瓜亭 遺響凄然不忍聽 俯仰古今多少恨 滿簾疎雨續騷經

〈李崇仁, 『陶隱文集』 卷3〉

비파로 정과정 한 곡조 타는데 그 소리 처량하여 차마 듣지 못하겠네 고금을 생각함에 적지 않은 한스러움만이 돋아나니 주렴에 가득한 성근 비에 이소경을 읊네.

〈이숭인, 『도은문집』 〉

(9) 上王 語孟思誠卞季良許稠等 後殿眞勺 其音節雖好 其歌詞 不欲聞也 思誠等曰 上旨允當 今樂府用其調 不用其歌詞 眞勺有慢調 有平調 有數調 高麗 忠惠王 頗好淫聲 與嬖幸在後殿 作新聲淫辭 以自娛 時人謂之 後殿眞勺 非獨其詞 調亦不可用.

〈『世宗實錄』 卷3 1年 1月〉

상왕이 맹사성, 변계량, 허조 등에게 말하기를, "후전진작은 그 곡조는 좋지만 가사만은 듣고 싶지 않다." 하였다. 맹사성(孟思誠) 등이 아뢰기를, "전하의 분부는 당연하옵니다. 지금 악부에서 그 곡조만을 쓰고 그 가사는 쓰지 않습니다. 진작에는 만조, 평조, 삭조가 있습니다. 고려 충혜왕(忠惠王)은 음탕한 노래를 매우 좋아하여 총애하는 무리들과 더불어 후전(後殿)에서 새로운 가락(新聲)에 음탕한 내용을 담아 스스로 즐거워하곤 했습니다. 그래서 당시 사람들이 후전진작(後殿眞勺)이라 불렀는데 가사뿐만 아니고 그 곡조도 쓸 수 없는 것입니다." 라고 하였다.

〈『세종실록』 권3 1년 1월〉

(10) 眞勺 俗樂調名.

〈『世宗實錄』卷2 1년 12월 26일〉

진작(眞勺)은 속악(俗樂) 곡조의 이름이다.

〈『세종실록』권2 1년 12월 26일〉

(11) 寧海(卞仲良) 二月江城霽景遲 芳洲散策動春思 少年流落傷豪氣 半日娛歡遇舊知 梅柳開時難把酒 樓臺多處謾題詩 京華北望幾千里 每賦苽亭獨自悲. 〈『東文選』卷16 七言律詩〉

영해(변중량) 2월 강성에 비도 채 안갰는데, 방주에 산책하니 봄생각이 동하누나. 젊어선 돌아다니며 호기에 상했지, 반나절을 홍청거리며 친구 만나 즐기네. 매화 버들 철에 술 들기도 어렵것다, 누대 많은 곳에 시 어이 아니 쓰리. 북쪽 서울 바라보니 몇 천리 인고, 정과정 읊을 때마다 혼자 설워하노라. 〈『동문선』권16 칠언율시〉

(12) 樂漸數 則奏鳳凰吟急機 連奏三眞勺 妓唱其歌 …… 黃者 仍立而舞 靑紅黑白者 舞退齊行而舞(左右手皆兩度或一度) 黃者舞退 靑白者 舞進舞退 紅黑者 舞進舞退 訖五者齊行而舞.
〈『樂學軌範』 卷5 鶴蓮花臺處容舞合設〉

음악이 점점 잦아지면, 봉황음의 급기를 연주하고, 이어서 삼진작을 연주한다. 여기는 그 노래를 부른다. …… 황이 그대로 서서 춤추면, 청홍흑백은 춤추며 물러가 가지런히 1렬을 지어 춤추고(좌우의 손을 모두 두 번씩 또는 한 번씩) 황색옷을 입은 사람이 춤추며 물러가고 청백이 춤추며 나아갔다가 춤추며 물러가고 홍흑이 춤추며 나아갔다가 춤추며 물러난다. 끝나면 5인이 가지런히 1렬로 춤춘다.
〈『악학궤범』 권5 학연화대처용무합설〉

(13) 流鄭叙等于遠地 …… 叙將行 王謂曰 今日事迫於朝議也 行當召還 叙旣流召命不至 乃撫琴作歌 詞極悽惋 自號瓜亭 後人名其曲爲鄭瓜亭.
〈『東國通鑑』 卷24 高麗記〉

정서(鄭敍) 등을 원지로 유배보내면서 …… 정서가 장차 떠나려 하자 왕이 이르기를, "오늘 가게 된 것은 조정의 의론에 몰려서이다. 가면 멀지 않아 소환하게 될 것이다." 하였다. 정서(鄭叙)가 동래에서 오래 머물러 있었으나 소환명령이 오지 않았다. 그래서 거문고를 잡고 이 노래를 불렀는데 가사가 극히 처비(凄悲)하였다. 스스로 과

정이라 자호하였기에, 후인들이 그 곡을 정과정이라 했다.
〈『동국통감』 권24 고려기〉

(14) 旅魂羈思正堪憐 身落南荒瘴海邊 落魄此生誰肯唁 多情明月照繫絃
〈金時習, 『梅月堂詩集』 卷2. 詠東國故事鄭中丞謫居東萊對月撫琴〉

타관살이 나그네 심정 참으로 가련한데 이 몸은 풍토병 끓는 남쪽 해변에 버려졌네 병약한 이내 삶을 누가 위로 하리오 밝은 달만이 정이 많아 거문고 줄 비추네.
〈김시습, 『매월당시집』 권2. 영동국고사정중승적거동래대월무금〉

(15) 御經筵 講訖 特進官 李世佐啓曰 …… 眞勺雖俚語 乃忠臣戀主之詞 用之不妨.
〈『成宗實錄』 卷219 19년 8월 13일〉

경연(經筵)에 나아갔다. 강(講)하기를 마치자, 특진관(特進官) 이세좌(李世佐)가 아뢰기를 …… "진작(眞勺)은 비록 우리 말이나 충신(忠臣)이 임금을 그리는 가사이므로 쓴다 해도 해로울 것이 없을 것 같습니다……." 하였다. 〈『성종실록』 권219 19년 8월 13일〉

(16) 樂工試唐樂三眞勺譜 …… 鄕樂 …… 眞勺四機 履霜曲 洛陽春 五冠山 紫霞洞 動動 …… 翰林別曲 …… 北殿滿殿春醉豊亨井邑二機鄭瓜亭三機.
〈『經國大典』 卷3 禮典 樂工取才條〉

악공을 시취할 때 당악은 삼진작보 …… 향악은 …… 진작사기 · 이상곡 · 낙양춘 · 오관산 · 자하동 · 동동 …… 한림별곡 ……. 북전 · 만전춘 · 취풍형 · 정읍이기 · 정과정삼기로 한다.
〈『경국대전』 권3 예전 악공취재조〉

(17) 樂府眞勺一二三四 乃聲音緩急之節也 一眞勺 最緩 二三四 又次之.
〈『大東韻府群玉』〉

악부의 진작에 1 · 2 · 3 · 4가 있는데 바로 성음이 느리고 급한 음절이다. 1 진작이 가장 느리고 2·3·4 진작이 그 다음으로 느리다.
〈『대동운부군옥』〉

(18) 苦憶吾君泣悌時 山中蜀魂我依稀 科爲非與還爲是 殘月曉星應及知.
〈『咸從世稿』卷8 魚世謙效益齊歌詞〉

간절한 내 님 생각에 눈물 흘릴 때, 산 속의 두견새 나와 닮았지. 과연 잘못이었던가 아니면 옳았던가를, 지는 달 새벽 별은 정녕 알겠지.
〈『함종세고』 권8 어세겸 효익제가사〉

(19) 日暮秋風蘆荻花 山河淸江萬古斜 晩潮纔落露寒沙 無人解唱瓜亭曲.
〈『白沙集』〉

해저물자 갈대꽃에 가을 바람 무심한데, 맑은 강산은 영겁토록 비꼈네, 저물녘 빠진 썰물에 찬 모래 보이는데, 과정곡 익혀 부르는 사람은 없구나.
〈『백사집』〉

(20) 他鄕爲客鬢黑無 何處逢人眼有靑 一曲琵琶千古意 時時獨上鄭瓜亭.
〈『月洲集』〉

귀밑머리 온통 하얗토록 타향으로 떠돌았네, 가는 곳 어디에나 다정한 눈빛 있었던가. 비파 한 곡조에 천고의 뜻 서려 있어, 때때로 혼자서 정과정에 오르노라.
〈『월주집』〉

(21) 瓜亭曲 (毅宗五年 杖流鄭叙于東萊 叙將行王謂曰 今日事迫於朝議也 行當召還 叙旣流 召命久不至 乃撫琴作歌 詞極悽惋 自號瓜亭 後人名其曲爲鄭瓜亭 卽今之界面調也) 鄭瓜亭何處 畵省與玉堂遠在 赤日初昇之碧海傍 徵書不下歲月忙 無限榛苓天一方 手中琴一張聲 聲掩抑幽憂長 上絃嘈嘈韻苦薑 下絃切切離羣羊 一彈再彈雲飛揚 流風捲入天中央 溟濤微興鶴回翔 金雞釀淚騰扶桑 閶門九重儼紫皇 覆盆難回日月光 夢中一曲奏君王 侍女低鬟摠斷腸 君不見江南女兒歌折楊 尋聲按譜增悲傷 願將此調傳千想 幾人界面來彷徨.

〈『星湖先生全集』卷8 海東樂府〉

과정곡 (의종 5년에 장을 쳐서 정서를 동래에 유배하였는데 정서가 장차 떠나려 하자 왕이 이르기를, "오늘 가게 된 것은 조정의 의론에 몰려서이다. 가면 멀지 않아 소환하게 될 것이다." 하였다. 정서(鄭敍)가 동래에서 오래 머물러 있었으나 소환명령이 오지 않았다. 그래서 거문고를 잡고 이 노래를 불렀는데 가사가 극히 처비(凄悲)하였다. 스스로 과정이라 자호했으며, 후인들이 그 곡을 정과정이라 했다. 곧 지금의 계면조이다.) 정서는 어느 곳에 정자를 세웠던가, 화성과 옥당부근인가, 멀리 붉은 해 돋는 푸른 바닷가라네. 소환의 교서는 내려오지 않고 세월만 빨라, 개암나무 씀바귀 끝없이 무성한 하늘 한 모서리, 손에는 거문고 한 장, 소리소리는 깊은 시름 누르는 듯 이어지고, 상현소리 시끄러우니 부대끼는 댓잎이요, 하현소리 절절함은 이별하는 앙떼들이라, 한 번 타고 두 번 타니 구름은 날려가고, 불어온 바람 하늘 가운데로 몰려들며, 파도는 잔잔히 일고 학은 빙빙 날아도는데, 황금 닭 눈물 흘리며 동쪽으로 솟아난다. 궁궐 정문 아홉 겹에 장엄할사 자황이여, 엎어진 동이 안엔 일월 빛도 못드는가. 꿈에 한 곡을 임금께 연주했더니, 시녀들 모두 애간장 끊어진 듯 고개를 떨구더라. 그대 모르는가 강남 여아가 절양 노래 불렀던 일, 악보 따라 부르는 소리 비상감만 더해가네, 바라노니 이 곡조 천만년 전해지길, 얼마나 많은 사람들 계면조로 방황할까.

〈『성호선생전집』 권8 해동악부〉

(22) 今之瓜亭 界面調 亦哀傷流湎 與桑間一套 士大夫莫不學習 眞興所謂 伽倻淫亂自滅 於樂何有者 抑亦有此理卽(界面者 聞者淚下成界於面 故名之). 〈『星湖僿說』卷4 俗樂〉

지금의 과정은 계면조인데 슬프고 방종하여 음란한 상간의 음악과 한 가지 투이니 사대부들은 배우거나 익혀서는 안되거늘 진흥왕이 가야는 음란하여 자멸했으니 음악이 무슨 상관이랴고 한 것은 또한 이런 이치이다. (계면조는 듣는 이들이 눈물이 흘러 얼굴에 줄이 생기므로 이름한 것이다). 〈『성호사설』 권4 속악〉

(23) 瓜亭在縣南十里 ○ 鄭敍仕高麗以恭睿太后妹壻 有寵於仁宗 毅宗朝被譖放歸田里王謂曰 行當所還 然久而不召 乃策亭種瓜 撫琴作歌 以寓戀君之義 詞極悽惋自號瓜亭 樂府鄭瓜亭卽其曲也 亭其至今存焉 李齊賢作詩解之曰 憶君無日不霑衣 正似春山蜀子規 爲是爲非人莫問 祗應殘月曉星知 ○ 鄭樞詩 雲盡長亭月在天 橫琴相對夜如年 鵑啼曲盡思無盡 誰把鸞膠續斷絃 ○ 韓脩詩 半輪江月上瑤琴 一曲新聲古意深 豈謂如今有鍾子 只應彈盡伯牙心 ○ 柳淑詩 他鄕作客頭渾白 到處逢人眼不青 淸夜沈沈滿窓月 琵琶一曲鄭瓜亭 ○李崇仁詩 琵琶一曲鄭瓜亭 遺響凄然不忍聽 俯仰古今多少恨 滿簾踈雨讀騷經.

〈『新增東國輿地勝覽』 卷23 東萊縣 古跡〉

과정은 현의 남쪽 10리에 있다. ○ 정서는 고려조에 벼슬하여 공예태후 누이동생의 남편이어서 인종에게 총애를 받았으나 의종 때에 참소를 입어 시골로 쫓겨 내려갔다. 임금은 "곧 소환하겠다." 고 말했었지만 그러나 오래돼도 부르질 않았으므로 정자를 짓고 참외를 심고는 거문고를 매만지며 노래를 지어 군왕을 연모하는 마음을 부쳤는데 가사가 극히 처량하고 슬펐다. 스스로 '과정'이라 호했으니 악부에 '정과정'이라 함은 바로 그 곡이다. 정자는 지금도 남아 있다. 이제현이 시를 지어 풀이하여 "임 생각에 옷을 적시지 않은 적이 없으니, 봄 산의 뻐꾹새와도 같구나. 옳고 그른 것은 사람들이여 묻지 마소, 이지러진 달과 새벽 별만은 알고 있겠지." 하였다. ○ 정추의 시에, "긴 길에는 구름 흩어져 달이 뚜렷하구나. 거문고 빗겨 들고 대해 앉았으니 밤은 1년 같이 길구나. 두견이 우는 곡조 다하여도 시름은 다하지 않아, 그 누가 난새의 아교 가져다가 끊어진 줄 이어 주리." 하였다. ○ 한수의 시에, "강에 비친 반달을 요금으로 읊자니, 새로운 곡이요만 옛 뜻이 담겨 있네. 그 누가 종자기 살아 있다 이를까마는, 백아의 심회나 그려 봄이로세. 하였다." ○ 유숙의 시에, "타향에 노닐다가 머리 온통 희어져서, 가는 곳마다 누구도 반기지 않는다네. 맑은 밤 조용한데, 창문에 가득한 달빛 아래 비파 한 곡조 정과정이 분명하구나." 하였다. ○ 이숭인의 시에, "비파 한 곡조 정과정은 감도는 그 소리 처량하여 들을 수 없구나. 예와 이제 쳐다보고 내려 보면 한도 많을세라. 발을 적시는 가는 비에 이소경이나 읽

으리." 하였다. 〈『신증동국여지승람』 권23 동래현 고적〉

(24) 鄭瓜亭 在縣南十里 ○ 鄭叙仕高麗以恭睿太后妹壻 有寵於仁宗 毅宗朝被譖放歸田里王謂曰 行當所還 然久而不召 乃策亭種瓜 撫琴作歌以寓戀君之義 詞極悽惋 自號瓜亭 樂府鄭瓜亭卽其曲也 亭其至今存焉 李齊賢作詩解之曰 憶君無日不霑衣 正似春山蜀子規 爲是爲非人莫問 祇應殘月曉星知. 〈『增補文獻備考』卷106 樂考 17 高麗樂〉

정과정은 현 남쪽 10리에 있다. ○ 정서는 고려조에 벼슬을 하였는데 공예태후(恭叡太后)의 매서로서 인종(仁宗)에게 총애를 받았다. 의종조에 참소를 입어 시골로 돌려보내며 '가더라도 마땅히 소환할 것이다.'하였으나 오래도록 부르지 않았다. 이에 정자를 지어 오이를 심고 거문고를 타며 노래를 지어 임금을 사랑하는 뜻을 의탁하였는데 말이 지극히 처량하였다. 자호를 과정이라 하였으며 악부에 정과정이란 곧 이 곡을 말한다. 정자는 지금도 존재한다. 이제현이 시를 지어 풀이했는데 다음과 같다. "님 생각에 눈물 옷에 적시지 않은 날이 없으니, 바로 춘산의 두견새와 비슷하구나. 사람들이여 옳고 그른 것을 묻지 마라, 단지 남은 달과 새벽별 만이 알고 있으리."
〈『증보문헌비고』 권106, 악고17 고려악〉

(25) 其曲曰鄭瓜亭 時用大葉慢中數 皆出於瓜亭三機曲中(瓜亭鄭叙自號).
〈『玄鶴琴譜』〉

그 곡은 정과정인데, 요즘은 대엽, 만, 중, 삭을 사용하며, 모두 과정삼기곡에서 나왔다. (과정은 정서의 자호이다.) 〈『현학금보』〉

(26) 鄭瓜亭 新羅鄭叙謫東萊 久無召命 撫琴作此以致哀怨之意云 子規啼春山曉 一曲比巴聲嫋嫋 頭白他鄉青眼少 望美人天一方 玉樓何處五雲翔 蒲牕新月隔簾疎星 境界畵出鄭瓜亭 古今恨意離騷經.
〈『東埜集』鄭瓜亭〉

정과정은 신라 정서가 동래로 귀양갔는데 오래도록 왕이 부르는 명이 없자 거문고를 타면서 이 노래를 지어 슬퍼하고 원망하는 뜻을 담았다고 한다. 소쩍새 우는 봄 산에 새벽이 되니, 한 곡조 비파소리 끊어질 듯 이어질 듯. 백수(白首)에 타향살이 반기는 이 적으니, 하늘 한 모퉁이에서 님을 그리워하네. 옥루는 어드멘고 오색 구름만 날고, 부들창엔 새달이 비치고 발 너머엔 별빛이 성기네. 경계는 정과정을 그려내고, 고금의 원망은 이소경이 담고 있네.

〈『동야집』 정과정〉

(27) 鄭瓜亭 鄭瓜亭嶺外詞曲名 高麗睿宗時 鄭叙以恭睿太后妹壻 因有寵於仁宗 被讒放歸田里 將行王謂曰 行當所還 久之因無不召 乃策亭種瓜撫琴作歌 以寓戀君之義 詞極悽惋 自號瓜亭 樂府 亭在 東萊府城南十里 遺址至今完然 李益齋齊現 嘗作詩解之曰 憶君無日不霑衣 正似春山蜀子雉 爲是爲非人莫問 祗應殘月曉星知 柳淑詩 它鄕作客頭渾白到處逢人眼徧青 淸夜沈沈滿窓月 琵琶一曲鄭瓜亭 蓬萊館外雨冥冥威鳳樓前絶使星 何處最堪論客恨 琵琶一曲鄭瓜亭.

〈『洛下生文集』 嶺南樂府〉

정과정은 영남의 사곡(詞曲) 이름이다. 고려 예종 때에 정서는 공예태후의 매서였기 때문에 인종에게 총애를 받았는데 참소를 받아 시골로 쫓겨나게 되었다. 떠나갈 때 왕이 말하기를, '내려가면 다시 불러 들이겠다.'고 하였으나, 오래도록 부르지 않자 이에 정자를 짓고 오이를 심고 거문고를 타며 노래를 지어 임금을 그리워하는 뜻을 담았는데 가사가 지극히 처량하였다. 자호를 과정이라 하였다. 악부에, 정과정은 동래부의 성 남쪽 10리 지점에 있는데, 옛터가 지금도 완연하다. 익재 이제현이 일찍이 시를 지어 그 노래를 풀이하였는데, 그 시는 다음과 같다. "님 생각에 눈물로 옷을 적시지 않은 날이 없으니, 춘산의 두견새와 흡사하구나. 옳고 그른 것을 사람들아 묻지 마소, 남은 달과 새벽별만은 알고 있으리." 유숙의 시에, "타향살이에 백발이 다되고 보니 만나는 사람마다 반갑기만 하네. 맑은 밤 이슥하고 창에 달빛 가득한데 비파로 띄우는 정과정 한 곡조. 봉래관 밖에는 비가 내려 어두운데, 위봉루 앞에는 사신이 끊어졌네. 어느 곳이 나그네 정한을 가장 잘 말할 만한가, 비파 한 곡조 타는 정

과정일세." 〈『낙하생문집』 영남악부〉

(28) 一二音連三四音 四三二一濁淸音 指一動時點一樂 一心操縱不容針.
〈『林下筆記』 卷38 海東樂府 眞勺〉

(진작) 일이 음은 삼사로 이어지고, 사삼이일로 탁음이 청음되네, 손가락 한 동작에 장단 한 번 떨어지고, 조종에 전심하니 바늘도 허락않네. 〈『임하필기』 권38 해동악부 진작〉

(29) 鄭瓜亭 種瓜餘力撫絃琴 曲曲悽哀撼樾林 亭上啼禽亭下月 春山疑是蜀規吟 (鄭叙放歸田里 策亭種瓜 撫琴以寓意 號瓜亭 益齋詩云 憶君無日不霑衣 正似春山蜀子規). 〈『嘉梧藁畧』〉

외를 심고 여가에 거문고 타니, 곡마다 처량하여 수풀을 흔드네. 정자 위에는 새가 울고 아래에는 달빛인데, 봄 산이라 이 소리가 두견새 소린가 의심하네. 정과정 (정서가 시골로 쫓겨나 정자를 짓고 외를 심고서 거문고를 타며 자신의 심정을 담고서, 호를 과정이라 하였다. 익재의 시에 이르기를, "님 생각에 눈물로 옷을 적시지 않은 날이 없으니, 춘산의 두견새와 흡사하구나."라고 하였다.
〈『가오고략』〉

(30) 鄭瓜亭 江湖晼晩感君恩 絃上新歌曲一飜 不恨微臣湘水老 怕他山日易黃昏. 〈『海東竹枝』 上篇〉

정과정 강호에 해지니 임금 은혜 감격하여, 현에 올린 새 노래 한 곡을 연주하네. 미천한 신하 상수가의 늙은이 되는 건 한스럽지 않으나, 저 산의 해가 쉬 황혼이 될까 두렵네.[11] 〈『해동죽지』 상〉

(31) 尺劒南來感慨多 蓬萊秋水殷生波 靑燈橘屋通宵雨 細荅瓜亭一曲歌.
〈『橘雨仙館詩話』〉

---

11) 저 산의 해가 황혼이 된다는 것은 임금이 죽음을 의미한다.

한 자 칼로 남쪽에 오니 감개도 많구나. 봉래 가을물엔 파도가 대단하네. 푸른 불빛나는 귤나무집 밤새 비는 오는데, 가냘픈 과정 한 곡조 여리게 답하는 듯. 〈『귤우선관시화』〉

(32) 風俗之不如古者多矣 古者設華筵然後用樂 先備纏頭然後請妓 饌品有制 樂奏眞勺慢機紫霞洞橫殺門等曲 傳小杯酬酢 淺斟低唱 不至呼呶伐德. 〈『大東野乘』卷1 慵齋叢話〉

풍속이 옛날과 같지 않은 것이 많다. 옛적에는 잔치를 베푼 뒤에 음악을 연주하였으며, 먼저 전두를 갖춘 뒤에 기생을 청하였다. 반찬에도 규제가 있었으며, 음악은 진작만기·자하동·횡살문 등의 곡을 연주하게하고, 조그마한 잔을 돌려 서로 술을 주고받으나 술은 조금씩 따르고, 낮은 소리로 노래를 불렀으되 떠들고 주정하는 데에까지는 이르지 않았다. 〈『대동야승』 권1 용재총화〉

5. 정석가(鄭石歌)

1) 작품

딩아 돌하 당금當今에 계샹이다
딩아 돌하 당금當今에 계샹이다
션왕셩ᄃᆡ先王聖代예 노니ᄋᆞ와지이다

삭삭기 셰믈애 별헤 나는
삭삭기 셰몰애 별헤 나는
구은 밤 닷 되를 심고이다

그 바미 우미 도다 삭나거시아
그 바미 우미 도다 삭나거시아
유덕有德ᄒᆞ신 님믈 여희ᄋᆞ와지이다

옥玉으로 련蓮ㅅ고즐 사교이다

옥玉으로 련蓮ㅅ고즐 사교이다
바회 우희 졉듀接柱ᄒᆞ요이다

그 고지 삼동三同이 퓌거시아
그 고지 삼동三同이 퓌거시아
유덕有德ᄒᆞ신 님 여ᄒᆡᄋᆞ와지이다

므쇠로 텰릭을 ᄆᆞᆯ아 나ᄂᆞᆫ
므쇠로 텰릭을 ᄆᆞᆯ아 나ᄂᆞᆫ
텰ᄉᆞ鐵絲로 주롬 바고이다

그 오시 다 헐어시아
그 오시 다 헐어시아
유덕有德ᄒᆞ신 님 여ᄒᆡᄋᆞ와지이다

므쇠로 한쇼를 디여다가
므쇠로 한쇼를 디어다가
텰슈산鐵樹山애 노호이다

그 쇠 텰초鐵草를 머거아
그 쇠 텰초鐵草를 머거아
유덕有德ᄒᆞ신 님 여ᄒᆡᄋᆞ와지이다

구스리 바회예 디신ᄃᆞᆯ
구스리 바회예 디신ᄃᆞᆯ
긴힛ᄃᆞᆫ 그츠리잇가

즈믄 ᄒᆡ롤 외오곰 녀신ᄃᆞᆯ
즈믄 ᄒᆡ롤 외오곰 녀신ᄃᆞᆯ
신信잇ᄃᆞᆫ 그츠리잇가

〈봉좌문고본(蓬左文庫本) 『악장가사(樂章歌詞)』 가사(歌詞) 상(上)〉

2) 어석

◇ 1연

· 딩아: 鄭某야(김태준), 악기 '정(鉦)' 鄭의 음차(양주동, 박병채), 정(釘)(홍기문), 디릿님(지헌영)
· 돌하: 石某야(김태준), 악기 '석경(石磬)' 石의 음차(양주동, 박병채), 도릿님(지헌영),
※ 鄭石사람의 성명(김형규), 풍악일반(김상억), 先王·祖靈(최용수), 鄭白의[12] 오기(김완진), 연자방아여(이등룡)
· 當今에: 지금
· 계샹이다: 계십니다(박병채), 계십시다(청유형)(김완진)
· 先王聖代예: 선왕성대에
· 노니ᄋᆞ와지이다: 노니고 싶습니다

◇ 2연

· 삭삭기: 바삭바삭한 것(양주동, 박병채), 뜨거운 것이 서늘해진 것(김완진), 딩아돌의 속칭(이등룡)
· 셰몰애: 가는 모래에
· 별헤: 벼랑에
· 나논: 무의미한 조흥구
※ 저자는 '나논'에 대해 무의어로 보기보다 유의어로 읽어 보고자 한다. 따라서 〈정석가〉의 4번의 '나논'을 '내가'로 읽어도 무리가 없을 것 같다.
· 구은 밤: 구운 밤
· 닷 되를: 닷 되를
· 심고이다: 심습니다
· 그 바미: 그 밤이
· 우미 도다: 움이 돋아
· 삭나거시아: 싹이 나 있어야
· 有德ᄒᆞ신 님믈: 유덕하신 님을
· 여희ᄋᆞ와지이다: 여희고 싶습니다

◇ 3연

· 玉으로: 옥으로

---

12) 진대(秦代)의 정국(鄭國)과 백공(白公).

· 蓮ㅅ고즐 : 연꽃을
· 사교이다: 새깁니다
· 바회 우희: 바위 위에
· 接柱ᄒᆞ요이다: 접주합니다
· 그 고지: 그 꽃이
· 三同이: 三冬(김태준), 삼백 송이가(양주동, 박병채), 세묶음(김형규, 김완진), 上中下(남광우), 세 돌림(허문섭, 김상훈), 평생동안(손종흠), 세동강(장지영), 셋(잎·꽃·열매)이 함께(同時에)(이등룡)
· 퓌거시아: 피어 있어야

◇ 4연

· 므쇠로: 무쇠로
· 텰릭을: 융복(戎服)(박병채)
· 몰아: 말라
· 鐵絲로: 쇠 실로
· 주롬: 주름
· 바고이다: 박습니다
· 그 오시: 그 옷이
· 다 헐어시아: 다 헐어 있어야만

◇ 5연

· 한쇼를: 큰 소를
· 디여다가: 지어다가
· 鐵樹山에: 쇠 나무산에
· 노호이다: 놓습니다
· 그 쇠 鐵草를 머거아: 그 소가 쇠 풀을 먹어야

◇ 6연

· 구스리 바회예 디신둘: 구슬이 바위에 떨어진들
· 긴힛ᄯᅳᆫ 그츠리잇가: 끈이야 끊길 것입니까?
· 즈믄 히를 외오곰 녀신둘: 천년을 외따로 살아간들
· 信잇둔 그츠리잇가: 믿음이야 끊길 것입니까?

3) 현대역 및 해시

(1) 김태준(1939)

1, 딩아돌아 우리는 聖王盛代에 잘놉세다.
2, 삭삭한 細砂로된岩畔에 구은밤닷되(燒栗五升)을 심을가합니다.
3, 그구은밤이 엄(萌芽)이돋아 싹날때에 有德하신님금을 떠날가합니다
(그럼으로永遠히有德한 이 聖王을 뫼시겟다는말이된다)
4, 玉으로蓮꽃을맨들어 바위우에 꽂어둘가합니다.
5, 그러면 그玉蓮花가 三冬에 꽃이필적에 有德하신 聖主를떠날가합니다.
6, 무쇠(鍛鐵)로 甲冑를맨들고 鐵絲로 주름을 박을가합니다
7, 그鐵衣가 다헐어 달아질적에나 有德하신님금을 떠날가합니다.
8, 무쇠로 큰소를맨들어 鐵樹山에놓을가합니다.
9, 그鐵牛가 鐵草를먹을적에나 有德하신聖主를 떠날지 떠날마음은 없음네다.

(2) 지헌영(1947)

다릿님여! 도릿님여! 今世에 계시옵소서
三神님여! 長生神님여! 今世에 계시옵소서
長生不死하는 나랏님 聖代에 살어있고 싶습니다

가는 세모래벌에 세모래벌에
나는 구은밤 닷되(五升)를 심습니다
그리하야 그밤이 싹이나서 싹이난 뒤에야
나는 有德하신 임을 離別하기바라외다

玉으로, 蓮꽃을 사기어, 사기어서
바위우에 接을 붙이외다
그리하야 그꽃이 나란이 피어 나란이핀 뒤에나
나는 有德하신 임을 離別하겠습니다

나는 무쇠로 철릭을 말러서 天翼을 말러서
나는 鐵糸로 옷주름을 박습니다

그리하야 그옷이(鐵衣) 다 헐어저서 그옷이 떨어진 뒤에야만
有德하신 임을 離別하리이다

무쇠로 큰소를 만들어다가 황소를 만들어서
나는 鐵樹山에 놓습니다
그리하야 그소가(鐵牛) 鐵草를 먹어 鐵草를 먹은담에야
나는 有德하신임을 離別하겠나이다

[鄭少年아! 디도리야! 今世에 再現하소서, 長生不死하는 仙境에, 極樂에, 나는 살어있고 싶사이다.]
以下二句 "西京別曲"(後出)
(參照) 千歲를 누리소서 萬歲를 누리소서
무쇠기둥에 꽃피어 열음이 열어 따드리도록 누리소서,
그밖의 億萬歲外에 또 萬歲를 누리소서

(3) 홍기문(1959)

정아 돌아 현대에 있지마는
정아 돌아 현대에 있지마는
태평한 옛세상에 노닐고 싶습니다

고운 세모래 벼랑에 나는
고운 세모래 벼랑에 나는
구은 밤 닷되를 심었습니다
그 밤이 움이 돋아 싹이 나고서야
그 밤이 움이 돋아 싹이 나고서야
점잖으신 임을 여희고 싶습니다.

옥으로 련ㅅ꽃을 새기였습니다
옥으로 련ㅅ꽃을 새기였습니다
바위 우에 맞붙이였습니다
그 꽃이 세 돌림 피고서야
그 꽃이 세 돌림 피고서야

점잖으신 임을 여희고 싶습니다.

무쇠로 「철릭」을 지어 나는
무쇠로 「철릭」을 지어 나는
절사로 주름을 박았습니다.
그 옷이 다 해져서야
그 옷이 다 해져서야
점잖으신 임을 여희고 싶습니다.

무쇠로 황소를 부어다가
무쇠로 황소를 부어다가
무쇠산에 놓았습니다.
그 소가 무쇠풀을 먹고서야
그 소가 무쇠풀을 먹고서야
점잖으신 임을 여희고 싶습니다.

구슬이 바위에 떨어진들
구슬이 바위에 떨어진들
끈이야 끊어지겠습니까
천년을 떠나서 지난들
천년을 떠나서 지난들
신의(信義)야 끊어지겠습니까

(4) 전규태(1968)

딩아 돌아 (金 · 石 樂器야) 當今(이제, 지금)에 계시니이다.
딩아 돌아 (金 · 石 樂器야) 當今에 계시니이다.
이 좋은 聖代에 노닐어 보자

바삭바삭하는 가는 모래 별에
바삭바삭하는 가는 모래 별에
군밤 닷되를 심읍시다.
그 밤이 움[芽]이 돋아 싹이 나야만 (그제 가서야)

그 밤이 움이 돋아 싹이 나야만
德있는 님을 여의게 해 주십시오.
※ 그러니까 영원히 님과 이별하지 않게 해달라는 뜻.

玉으로써 蓮꽃을 새겨[刻] 보세.
玉으로써 蓮꽃을 새겨 보세.
(그래서 그 꽃을) 바위 위에 꽂아 보세.
그 꽃이 석동이 피어야만
그 꽃이 석동이 피어야만
德있는 내 님을 여의게 해 주십시오.
(그 때에 가서야만 님이 떠나 가소서!)

무쇠로 호사한 옷을 말라
무쇠로 호사한 옷을 말라
철사로 (그 옷의) 주름을 박아 보세.
(그래서) 그 옷이 다 헐어야만
(그래서) 그 옷이 다 헐어야만
德있는 (내) 님을 여의게 해 주소서.

무쇠로 큰 소를 鑄造하여
무쇠로 큰 소를 鑄造하여
쇠나무(가 많은) 山에 놓아 보세
(放牧하여) 그 소가 쇠풀을 먹어야만
그 소가 쇠풀을 먹어야만
德있는 (내) 님과 여의게 해 주소서.

※ 六聯은 前揭 西京別曲 二聯과 똑같으므로 註解를 생략함.

(5) 임기중(1993)

징(鄭, 鉦)이여 돌(石)이여 지금 계시옵니다
징이여 돌이여 지금 계시옵니다.
태평성대에 노닐고 싶습니다.

사각사각 가는 모래 벼랑에
사각사각 가는 모래 벼랑에
구운 밤 닷 되를 심습니다.
그 밤이 움이 돋아 싹이 나야만
그 밤이 움이 돋아 싹이 나야만
유덕하신 님 여의고 싶습니다.

옥으로 연꽃을 새기옵니다
옥으로 연꽃을 새기옵니다.
바위 위에 접을 붙이옵니다
그 꽃이 세 동이 피어야만
그 꽃이 세 동이 피어야만
유덕하신 님 여의고 싶습니다.

무쇠로 철릭을 마름질해
무쇠로 철릭을 마름질해
철사로 주름 박습니다.
그 옷이 다 헐어야만
그 옷이 다 헐어야만
유덕하신 님 여의고 싶습니다.

무쇠로 황소를 만들어다가
무쇠로 황소를 만들어다가
쇠나무 산에 놓습니다.
그 소가 쇠풀을 먹어야
그 소가 쇠풀을 먹어야
유덕하신 님 여의고 싶습니다.

구슬이 바위에 떨어진들
구슬이 바위에 떨어진들
끈이야 끊어지겠습니까.
천 년을 외따로이 살아간들
천 년을 외따로이 살아간들

믿음이야 끊어지겠습니까.

(6) 박병채(1994)

딩이여 돌이여 지금 계십니다.
딩이여 돌이여 지금 계십니다.
선왕성대에 노니고 싶습니다.

바삭바삭한 잔모래 벼랑에
바삭바삭한 잔모래 벼랑에
구운 밤 닷 되를 심습니다.
그 밤이 움이 돋아 싹이 나 있어야
그 밤이 움이 돋아 싹이 나 있어야
유덕하신 임을 여의고 싶습니다.

옥으로 연꽃을 새겨다가
옥으로 연꽃을 새겨다가
바위 위에 뿌리를 내리게 합니다.
그 꽃이 삼백송이가 피어 있어야
그 꽃이 삼백송이가 피어 있어야
유덕하신 임을 여의고 싶습니다.

무쇠로 융복을 지어다가
무쇠로 융복을 지어다가
쇠실로 주름을 박습니다.
그 옷이 모두 헐어 있어야
그 옷이 모두 헐어 있어야
유덕하신 임을 여의고 싶습니다.

무쇠로 큰 소를 만들어서
무쇠로 큰 소를 만들어서
쇠나무산에 놓습니다.
그 소가 쇠풀을 먹어야

그 소가 쇠풀을 먹어야
유덕하신 임을 여의고 싶습니다.

구슬이 바위에 떨어진들
구슬이 바위에 떨어진들
끈이야 끊어지겠습니까?
천년을 홀로 살아간들
천년을 홀로 살아간들
믿음이야 끊어지겠습니까?

(7) 최철(1996)

징이여 돌이여 지금 계십니다.
징이여 돌이여 지금 계십니다.
선왕성대에 노닐고 싶습니다.

바삭바삭한 모래 벼랑에
바삭바삭한 모래 벼랑에
구운 밤 닷 되를 심습니다.
그 밤이 움이 돋아 싹이 나 있어야

그 밤이 움이 돋아 싹이 나 있어야
유덕하신 님은 여의고 싶습니다

옥으로 연꽃을 새겨다가
옥으로 연꽃을 새겨다가
바위 위에 접주합니다.
그 꽃이 삼백송이나 피어 있어야
그 꽃이 삼백송이나 피어 있어야
유덕하신 님을 여의고 싶습니다.

(4, 5연 생략)

구슬이 바위에 떨어진들
구슬이 바위에 떨어진들
끈이야 끊어지겠습니까?
천년을 홀로 살아간들
천년을 홀로 살아간들
믿음이야 끊어지겠습니까?

(8) 최철 · 박재민(2003)

金磬아 石磬아 지금 계십니다
金磬아 石磬아 지금 계십니다
先王聖代에 노닐고 싶습니다

보드라운 가는 모래 언덕에
보드라운 가는 모래 언덕에
구운 밤 닷 되를 심습니다
그 밤이 움이 돋아 싹나고서야
그 밤이 움이 돋아 싹나고서야
有德하신 님을 이별하렵니다.

옥으로 연꽃을 새깁니다
옥으로 연꽃을 새깁니다
바위 위에 접주합니다
그 꽃이 세 송이 피고서야
그 꽃이 세 송이 피고서야
有德하신 님을 이별하렵니다

무쇠로 털릭옷을 재단하여
무쇠로 털릭옷을 재단하여
철사로 주름을 박습니다
그 옷이 다 헐고서야
그 옷이 다 헐고서야
有德하신 님을 이별하렵니다

무쇠로 큰 소를 지어다가
무쇠로 큰 소를 지어다가
鐵樹山에 놓습니다
그 소가 鐵草를 다 먹고서야
그 소가 鐵草를 다 먹고서야
有德하신 님을 이별하렵니다

구슬이 바위에 떨어진들
구슬이 바위에 떨어진들
끈이야 끊어지겠습니까
천년을 홀로 살아간들
천년을 홀로 살아간들
信이야 끊어지겠습니까

(9) 김명준(2011)

선왕과 조령(祖靈)께서 여기에 계십니다.
선왕과 조령(祖靈)께서 여기에 계십니다.
선왕 성대 같은 태평성대에서 놀고 싶습니다.

바삭거리는 가는 모래 벼랑에,
바삭거리는 가는 모래 벼랑에,
구운 밤 닷 되를 심습니다.

그 밤이 움이 돋아 싹이 나야,
그 밤이 움이 돋아 싹이 나야,
유덕하신 임을 이별하고 싶습니다.

옥으로 연꽃을 새깁니다.
옥으로 연꽃을 새깁니다.
바위 위에 접붙이고자 합니다.

그 꽃들의 세 부분이 한데 피어야,
그 꽃들의 세 부분이 한데 피어야,

유덕하신 임을 이별하고 싶습니다.

무쇠로 갑옷을 마름질해 내가,
무쇠로 갑옷을 마름질해 내가,
쇠 실로 주름을 박습니다.

그 옷이 모두 헐어야,
그 옷이 모두 헐어야,
유덕하신 임을 이별하고 싶습니다.

무쇠로 큰 소를 만들어서,
무쇠로 큰 소를 만들어서,
쇠나무 산에 놓습니다.

그 소가 쇠풀을 먹어야,
그 소가 쇠풀을 먹어야,
유덕하신 임을 이별하고 싶습니다.

구슬이 바위에 떨어진들,
구슬이 바위에 떨어진들,
끈이야 끊어지겠습니까.

천년을 따로 살아간들,
천년을 따로 살아간들,
믿음이야 끊어지겠습니까.

4) 관련 기록

(1) 縱然巖石落珠璣 纓縷固應無斷時 與郎千載相離別 一點丹心何改移.
〈『益齋亂藁』 卷4〉

비록 바위에 구슬이 떨어지더라도, 꿰미실은 끊어지지 않으리. 임과 천년 서로 이별한다더라도, 한 점 단심이야 바뀌리. 〈『익재난고』 권4〉

(2) 鄭石 我東方之兒小輩 有弄石丸之戲 名曰拱碁 擲丸於空中 以掌承受已承者爲鼎形 名鼎石拱碁. 〈『五洲衍文長箋散藁』戱具條〉

정석은 우리 나라 아소배인데 둥근 돌을 가지고 놀다가 그것을 공기라고 이름하였다. 돌을 공중에 던져 손바닥으로 받는데 그 받는 모양이 솥모양이므로 정석공기라고 한 것이다.
〈『오주연문장전산고』 희구조〉

6. 청산별곡(青山別曲)

1) 작품

살어리 살어리랏다
청산青山애 살어리랏다
멀위랑 ᄃᆞ래랑 먹고
청산青山애 살어리랏다
얄리얄리 얄랑셩 얄라리 얄라

우러라 우러라 새여
자고 니러 우러라 새여
널라와 시름한 나도
자고 니러 우니로라
얄리얄리 얄라셩 얄라리 얄라

가던 새 가던 새 본다
믈아래 가던 새 본다
잉무든 장글란 가지고
믈아래 가던 새 본다
얄리얄리 얄라셩 얄라리 얄리

이링공 뎌링공 ᄒᆞ야
나즈란 디내와손뎌
오리도 가리도 업슨

바므란 쏘 엇디호리라
얄리얄리 얄라셩 얄라리 얄라

어듸라 더디던 돌코
누리라 마치던 돌코
믜리도 괴리도 업시
마자셔 우니노라
얄리얄리 얄라셩 얄라리 얄라

살어리 살어리랏다
바ᄅᆞ래 살어리랏다
ᄂᆞᄆᆞ자기 구조개랑 먹고
바ᄅᆞ래 살어리랏다
얄리얄리 얄라셩 일라리 얄라

가다가 가다가 드로라
에정지 가다가 드로라
사ᄉᆞ미 짒대예 올아셔
ᄒᆡ금奚琴을 혀거를 드로라
얄리얄리 얄라셩 얄리리 얄라

가다니 ᄇᆡ브른 도긔
설진 강수를 비조라
조롱곳 누로기 ᄆᆡ와
잡ᄉᆞ와니 내 엇디ᄒᆞ리잇고
얄리얄리 얄라셩 얄라리 얄라

〈봉좌문고본(蓬左文庫本) 『악장가사(樂章歌詞)』 가사(歌詞) 상(上)〉

2) 어석

◇ 1연

· 살어리 살어리랏다: 살고 싶도다(양주동), 살리로라 살아갈 것이로다(박병채), 살아야 했을 것을(정병욱), 살지로다(서재극), 살지라 살지로다

(장지영), 살 수 없는 것이었다(강헌규)
· 청산靑山애: 청산에
· 멀위랑 ᄃᆞ래랑 먹고: 머루랑 다래랑 먹고
· 얄리얄리 얄랑셩 얄라리 얄라: 무의미한 조흥구, 이기자 이긴다 이기리라 이겼노라 이겨(최기호)

◇ 2연

· 우러라 우러라 새여: 우는구나 새여(양주동), 울어라 울어라 새여(박병채), 노래하라 새여(이어령)
· 자고 니러: 자고 일어나
· 널라와 시름한 나도: 너와가치(김태준), 너보다 시름 많은 나도
· 우니로라: 울고 있노라

◇ 3연

· 가던 새: 가던 새(鳥)(박병채), 갈던 사래(서재극, 고정의), 가던 사람(이병기), 가던 사이에(장지영), 새: 새〔茅〕(이등룡)
· 본다: 본다(양주동), 보느냐(박병채)
· 믈아래: 물 아래(박병채, 김형규), 평원지대(정병욱), 물아래 마을(서재극), 물건너 마을(이병기)
· 잉무든: 이끼 묻은(양주동, 박병채), 녹슨 무기(정병욱), 이끼 묻은 여인의 粧刀(김완진), 잇꽃(紅花)(임기중), 날이 무딘(강헌규)
· 장글란 가지고: 쟁기일랑 가지고

◇ 4연

· 이링공 뎌링공 ᄒᆞ야: 이러쿵 저러쿵(김태준), 이러하고 저러하고
· 나즈란 디내와 손뎌: 낮일랑 지내왔구나
· 오리도 가리도 업슨: 올 사람도 갈 사람도 없는
· 바므란 ᄯᅩ 엇디호리라: 밤일랑 또 어찌하리오

◇ 5연

· 어듸라 더디던 돌코: 어디라고 던지던 돌인가

· 누리라 마치던: 누구라고 마치던
· 믜리도 괴리도 업시: 밀사람도 괴일(받을) 사람도(김태준), 미워할 사람도 사랑할 사람도
· 마자셔 우니노라: 맞아서 우니노라

◇ 6연

· 바ᄅᆞ래: 바다에
· ᄂᆞᄆᆞ자기: 어류(양주동), 나문재(海草)(박병채)
· 구조개랑 먹고: 조개의 일종(양주동), 굴과 조개랑(박병채)

◇ 7연

· 가다가 가다가 드로라: 가다가 가다가 듣노라(박병채)
· 에졍지: 외딴 부엌(양주동), 부엌 둘레 주변(혹은 청산)(박병채), 작은 부엌(최철), 들판(전규태), 완만하게 굽어도는 경지(匯渟地)(김봉규), 백아(伯牙) 종자기(鐘子期)의 줄임말, 아종지(강헌규), 목적지(이등룡)13)
· 사ᄉᆞ미: 사슴이(박병채), '사ᄅᆞ미'의 誤刻(김형규, 이등룡), 사슴으로 분장한 사람(김완진)
· 짒대예: 돛대(帆檣)(김태준, 장지영), 장대에(박병채, 김형규) ※사ᄉᆞ미 짒대: 녹이(鹿耳) 돛대박이 나무(최기호)
· 올아셔: 올라서(양주동), 올라 있어(박병채), 매달려서(임기중)
· ᄒᆡ금奚琴을 혀거를 드로라: 해금을 타는 것을 듣노라
※ 7연 전체: 卑猥한 장면을 戱謔的으로 노래한 淫辭(양주동), 기적을 뜻하는 관용구(정병욱)

◇ 8연

· 가다니: 가고 있는데(박병채), 가득하니(윤강원), 게〔蟹〕(강헌규, 2004), 아내(강헌규, 2010), 갔더니(이등룡)
· 비브른 도긔: 불룩한 독에(박병채)

---

13) 저자 또한 '에졍지'에 대해 의미상 목적지로 추정하여 '예정지(豫定地)'로 보았다. 현대역도 이를 따랐지만 이에 대한 어학적 고찰이 수반되지 않았음을 밝힌다.

- 설진: 기름진(김태준), 덜 익은(양주동, 박병채), 살진(전규태), 맛이 좋은(강헌규)
- 강수를: 農酒(김태준), 농도가 강한 술을(양주동, 박병채), 술이 한참 괴어 주름살처럼 사리가 져 있는 술(정병욱), 덜익은 술(김상억), 강두주(강헌규)
- 비조라: 빚는구나
- 조롱곳 누로기: 조롱박의 누룩麯子(김태준), 조롱박꽃같이 잘 뜬 누룩(양주동), 조롱박꽃 누룩이(박병채), 조롱박만한 누룩이(서재극), 조롱곳의 '곳'은 향기(김완진), 조롱곳: 부추(강헌규), 누로기: 술(강헌규)
- 믜와: 매워
- 잡ᄉᆞ와니: 마시니, 잡사오니(이등룡)
- 내 엇디ᄒᆞ리잇고: 내가 어찌하리까

3) 현대역 및 해시

(1) 김태준(1939)

멀위와다래같은것을먹고 靑山에서살어간다.

새여(鳥) 자고닐어울고 또울어라 너와함께 山속에愁心많은 나亦是 자고닐어 늘 울리로다.

시냇물아래로 울고가는새를본다 아주鈍하게 무딘쟁기(刃物)를들고 울고가는새를본다 或은鈍한쟁기 弓矢같은것을가지고 水邊의 「새」를노리고 본다는뜻인가.

이러쿵저러쿵해서 낮(晝)에는 지나가고 오고가는사람도 없는 靑山속에서 밤에는 어떻게지나리요.

어듸라고 던지던돌인고 누구에게 마치는돌인고 내가마조처 울어도누가 메여(擔)주거나 扶護하여줄이도 없는이곧에서 自己혼자 설어워서남몰으게 운다.

바다로가서 살게된다, 나마자기와 조개같은것이나 잡아먹고—

정지로가다가 奚琴을 듯는다, 사스미짒대에올라서 奚琴을듯는다.

가늘고 배불은독(瓮)에 기름진强술을빚을제 한박아지에 누룩을메워서 누룩을잡자니 또한獨力이라 어떻게 하리잇가.

(2) 지헌영(1947)

살으리라 살으리료다
靑山에 살으리로다
머루랑 다래랑 먹고
靑山에 들어가 살으리로다

울어라 새야새야 울으려므나
자고 일어나서 너도 우는고야
너이들과같이 愁心많은 나도
네 울듯이 자고 일어나 울어 지내고 있노라

날러가는 새를 바라본다 茫然히 바라보노라
물아래로 날어간 새만 바라보노라
무딘 農器를 들고서서
짝을 찾어 물아래로 날어간 새만 바라보노라

이러쿵 저러쿵하야
쓸쓸한 낮은 지내왔는데 ……
날찾어 올이도 없고 날 버리고 갈 사람도 없는
이 덧없는 밭을 어찌나 할거나 ……

어디에 던진 돌이더냐 나도 모르게 ……
누구를 맞추랴고 던진 돌이드냐.
무이고끊을사람도 없이 (그렇다고) 사랑해 줄이도 없는데 ……
쓸쓸히 젊은나는 울고 살어가는고야,

살으리라 살으리로다
바다에 살으리로다
나마자기나 조개나 먹고
바다에나 살으리로다.

가다가, 떠나 가다가 들으라
먼곳에 千里他鄕에 배타고 가다가 들으리라

사슴이 帆檣에 올라 앉어
奚琴을 키는 꿈의 나라에나 놀자꾸나.

가느단 배부른 독에
기름진 강술을 비져 ……
종골애기에 누룩을 메워서
술을 잡으오나 내외로워 어이나 할거나.

(3) 홍기문(1959)

살어나 살어나 보리
청산에 살어나 보리
머루랑 다래랑 먹고
청산에 살어나 보리
(얄리얄리 얄랑셩 얄라리 얄라)

우누나 우누나 새여
자고 일면 우느나 새여
너보다 시름 많은 나도
자고 일면 울고만 있네
(얄리얄리 얄랑셩 얄라리 얄라)

가는 새 가는 새 보네
물 아래 가는 새 보네
이끼 낀 연장을 가지고
물 아래 가는 새 보네
(얄리얄리 얄랑셩 얄라리 얄라)

이러성 저렁성 해서
낮이야 지내리마는
올 이도, 갈 이도 없는
밤을랑 어쩌잔 말고
(얄리얄리 얄랑셩 얄라리 얄라)

어디다 던지던 돌인가
누구를 마치던 돌인가
미운 이도 정든 이도 없이
맞아서 울고만 있네
(얄리얄리 얄랑셩 얄라리 얄라)

살어나 살어나 보리
해변에 살어나 보리
나문재랑 굴조개랑 먹고
해변에 살어나 보리
(얄리얄리 얄랑셩 얄라리 얄라)

가다가 가다가 들었네
새고장 가다가 들었네
사슴이 돛대에 올라
해금을 타는걸 들었네
(얄리얄리 얄랑셩 얄라리 얄라)

가자니 배부른 독에
진한 강술을 빚었네
박꽃 누루기 매워
잡숫는걸 내 어찌 하리까
(얄리얄리 얄랑셩 얄라리 얄라)

(4) 전규태(1968)

살으리라! 살으리라!
(세상이 하도 귀찮아졌으니 차라리 떨치고) 靑山에나 가서 살으리라.
살으리라.
(산에 나는) 머루와 다래를 먹고(서라도 마음의 상처를 씻고 조용히 편안하게)
靑山에 (나가서) 살으리라.(살아야겠다)

우는구나! 우는구나! 새여.
자고 일어만 나면 우는구나 새여!
너보다도 시름 많은 나도,
자고 일어만 나면 운단다!

가던 새, 가던 새 보았느냐?
물 아래 (水面에 비쳐) 가던 새 보았느냐?
이끼가 묻은(녹슬은) 農具를 가지고
물 아래 가던 새 보았느냐?

이럭저럭하여
낮만은 지냈구나!
(그러나) (찾아) 올 사람도, (찾아) 갈 사람도 없는
(이) 밤은 또 어찌 하여야만 하느냐? (아무리 세월이 흘러도 그칠 줄 모르는 이 시름! 이 괴로움을 내 장차 어떻게 하여야만 한다는 말인가!)

어디다 던지던 돌인고?
누구를 맞히려던 돌인고?
미워할 사람도 사랑할 사람도 없이
(나는 돌에) 맞아서 (그저) 자꾸만 우노라.

※ 아무런 利害 相關도 없이, 그리고 누가 어디서 던졌는지도 모를 돌에 맞아서, 불평도 항의도 못하고 그저 울기만 해야 하는 안타까운 심정을 읊조린 것.

살으리라, 살으리라.
바다에 (나가서) 살으리라
(바다에서 나는) 나문재나 굴과 조개를 잡아 먹고(서라도),
바다에 (가서) 살으리라.

가는 길[途中]에 들었노라.
벌판을 돌아서 가는 길에 들었노라.
사슴이 (꼿꼿한) 장대에 올라가서
奚琴(이라는 악기)을 타는 것을 들었노라.

가더니 배가 부른 독(中腹이 불룩한 큰 독)에
텁텁하게 진한 强酒을 빚는구나
조롱박꽃 모양의 누룩이 辛烈해 (가는 나를) 붙잡으니,
난들 어찌하리오? (에라 하는 수 없다 술이나 한껏 취해서 번뇌를 잊어 보자).

(5) 임기중(1993)

살어리 살어리랏다
청산에 살어리랏다
머루랑 다래랑 먹고
청산에 살어리 랏다.
얄리얄리 얄랑셩 얄라리 얄라

울어라 울어라 새여
자고 일어나 울어라 새여
너보다 시름 많은 나도
자고 일어나 울며 지내노라.
얄리얄리 얄라셩 얄라리 얄라

날아가는 새 날아가는 새 본다
물 아래로 날아가는 새 본다
이끼 묻은 쟁기를 가지고
물 아래로 날아가는 새 본다.
얄리얄리 얄라셩 얄라리 얄라

이럭 저럭하여
낮일랑은 지내왔건만
올 사람도 갈 사람도 없는
밤일랑은 또 어찌 할꺼나.
얄리얄리 얄라셩 얄라리 얄라

어디에 던지려던 돌인가

누구를 맞히려던 돌인가
미워할 이도 사랑할 이도 없이
맞아서 울며 지내노라.
얄리얄리 얄라셩 얄라리 얄라

살어리 살어리랏다
바다에 살어리랏다
나문재 굴 조개랑 먹고
바다에 살어리랏다.
얄리얄리 얄라셩 얄라리 얄라

가다가 가다가 듣노라
외딴 부엌 지나다가 듣노라
사슴이 짐대에 매달려서
해금을 켜는 것을 듣노라.
얄리얄리 얄라셩 얄라리 얄라

가는데 배불룩한 술독에
독한 강술을 빚누나!
조롱박꽃 누룩이 매워서
잡으니 내 어찌 할꺼나.
얄리얄리 얄라셩 얄라리 얄라

(6) 박병채(1994)

살어리 살어리랏다
청산에 살어리랏다
머루랑 다래랑 먹고
청산에 살어리랏다
얄리얄리 얄랑셩 얄라리 얄라

우는구나 우는구나 새여
자고 나면 우는구나 새여

너보다 시름 많은 나도
자고 나면 우는구나
얄리얄리 얄라리 얄라리 얄라

가던 새 가던 새 보느냐
물 아래 가던 새 보느냐
이끼 묻은 쟁길랑 가지고
물 아래 가던 새 보느냐
얄리얄리 얄라리 얄라리 얄라

이러고 저러고 하여
낮일랑 지내왔구나
올 이도 갈 이도 없는
밤일랑 또 어찌할꼬
얄리얄리 얄라리 얄라리 얄라

어디다 던지던 돌인고
누구라 맞추던 돌인고
미워할 이 사랑할 이 없이
맞아서 울고 있네
얄리얄리 얄라리 얄라리 얄라

살어리 살어리랏다
바다에 살어리랏다
나문자기 굴조개랑 먹고
바다에 살어리랏다
얄리얄리 얄라리 얄라리 얄라

가다가 가다가 듣네
에정지 가다가 듣네
사슴이 짐대에 올라 있어
해금을 켜느니 듣네
얄리얄리 얄라리 얄라리 얄라

가다가 배부른 독이
설진 강술을 빚고 있네
조롱꽃 누룩이 매워
마시면 어이하리
얄리얄리 얄라리 얄라리 얄라

(7) 최철 · 박재민(2003)

(내가 좀더 현명했더라면)
살았을 것임에 틀림없다
靑山에 살았을 것임에 틀림없다
머루랑 다래랑 먹고
靑山에 살았을 것임에 틀림없다
얄리얄리얄라셩얄라리얄라

울거라 울거라 새여
자고 일어나 울거라 새여
너보다 시름 많은 나도
자고 일어나 울며 지내노라
얄리얄리얄라셩얄라리얄라

날아가던 새 날아가던 새 보았느냐
물 속으로 날아가던 새를 보았느냐
이끼 묻은 연장을 가지고
물 속으로 날아가던 새를 보았느냐
얄리얄리얄라셩얄라리얄라

이렇게 저렇게 하여
낮은 지내왔지만
올 사람도 갈 사람도 없는
밤은 또 어찌 하리오
얄리얄리얄라셩얄라리얄라

어디라서 던지던 돌인가
누구라서 마치던 돌인가
미워할 사람도 사랑할 사람도 없이
맞아서 울고 있노라
얄리얄리얄라셩얄라리얄라

(내가 좀더 현명했더라면)
살았을 것임에 틀림없다
바다에 살았을 것임에 틀림없다
나문재와 굴을 먹고
바다에 살았을 것임에 틀림없다
얄리얄리얄라셩얄라리얄라

가다가 가다가 듣노라
에정지(배의 형상을 한 외딴 지형)에 가다가 듣노라
사슴이 돛대 위치에 올라서
奚琴을 켜는 것(사슴의 울음소리)을 듣노라
얄리얄리얄라셩얄라리얄라

가다가 보니 배부른 장독에
먹음직한 재강술을 빚는구나
조롱고지로 (형상을) 만든 누룩향이 맵게 풍겨
(나를) 잡으니 내 어찌 할 것인가
얄리얄리얄라셩얄라리얄라

(8) 강헌규(2004)

1. 살을 것? 살을 것이었다? (어림도 없는 소리다. 못 살 것이었다)/
靑山에 살(을) 것이었다? (어림도 없는 소리다).
머루랑 다래랑 막고 청산에 살(을) 것이었다? (어림도 없는 소리다).
달래라 달래(이 외로움을)

2. 우는구나! 우는구나 새여!

자고 일어나 우는구나 새여!
(별로 시름이 많지 않은 (너) 새도 우는데 그 새) 너보다 시름 많은 나도 자고 일어나 (계속) 울기만 하고 있구나! (통곡을 하든지 다른 해결 방안을 강구해야 할 형편인데도).
달래라 달래(이 외로움을).

3. (날아)가던 새, (날아)가던 새를 보느냐?
물 속에((비쳐 그림자 지으며) 날아가던 새(를) 보느냐?
이끼 묻은 쟁기·호미는 가지는 (일은 않고 시름에 겨워) 물속에 (비쳐 그림자 지으며 날아)가던 새를 보느냐?
달래라 달래(이 외로움을).

4. 이러쿵 저러쿵 하여
낮은 지내왔지만 (지내왔다손 치더라도)
올 이도 갈 이도 없는
밤은 또 어찌 하리라? (어찌 하지 못한다).
달래라 달래(이 외로움을).

5. 바다聯
살(을) 것(?) 살(을) 것이었다? (어림도 없는 소리다).
바다에 살(을) 것이었다? (못 살 것이었다).
나문재[海草]와 구조개를 먹고
바다에 살(을) 것이었다? (어림도 없는 소리다).
달래라 달래 (이 외로움을).

6. 어디라고(?) 던지던 돌이냐? (던질 돌이 아니다).
누구라고(?) 맞히던 돌이냐? (맞힐 사람이 아니다).
(世上事를 나는 몰라라 하여 나를, 내가) 미워할 사람도(나를, 내가) 사랑할 사람도 없는 내가
(돌에) 맞아서 (나는 계속) 우는 구나.
달래라 달래(이 외로움을).

7. 가끔가끔 들어라(聞)

伯牙와 鐘子期(知音의 노래를) 가끔 듣는구나.
사슴이 장대(당간지주)에 올라(가)서
奚琴을 켜는 것(그 不協和音)을 듣는구나.
달래라 달래 (이 외로움을).

8. 게(蟹)(처럼) [혹은 '妻'가] 배부른 독에
설진(아름다운?) 杜康酒를 빚는구나
(술안주 하는) 졸(부추) 옹꼿(苜蓿; 거여목), 누름적(누로기) (상한) 고기(미와)를 (좋다고 좋아서 탐내어 내가) 잡사오니(=드오니=먹으오니 이 신세를) 내 어찌 하리이까? (술마시며 살아갈 수밖에 없네).
달래라 달래 (이 외로움을).

※ 강헌규는 같은 책에서 8연을 다음과 같이 재해석하고 있다.

게(蟹)(처럼) 배[腹]퍼진 독[甕]에
아름다운[맛좋은] 고조목술[鋼頭酒]을 빚는구나.
졸(부추) 옹꼿[옹곳 · 거여목 · 게우목 · 苜蓿] 술[黃酒] 물고기(를)
(내가) 먹사오니 내[我]어찌 하리이까[하겠습니까]

(9) 김명준(2011)

살어리 살어리랏다 청산에 살어리랏다.
머루랑 다래랑 먹고 청산에 살어리랏다.
얄리얄리 얄랑셩 얄라리 얄라

울어라 울어라 새여 자고 일어 울어라 새여,
너보다 시름 많은 나도 자고 일어 우는 구나.
얄리얄리 얄라리 얄라리 얄라

가던 새 가던 새 보느냐, 물 아래 가던 새 보느냐?
이끼 묻은 쟁기를 가지고 물 아래 가던 새 보느냐?
얄리얄리 얄라리 얄라리 얄라

이렇게 저렇게 해 낮은 지내 왔지만,
오는 이도 가는 이도 없는 밤은 또 어찌하리오.

얄리얄리 얄라리 얄라리 얄라

어디에 던지던 돌인가 누구를 맞히려던 돌인가,
미워할 이 사랑할 이 없이 맞아서 우노라.
얄리얄리 얄라리 얄라리 얄라

살어리 살어리랏다 바다에 살어리랏다
나문재[海草] 굴 조개랑 먹고 바다에 살어리랏다
얄리얄리 얄라리 얄라리 얄라

가다가 가다가 들었노라 예정지(豫定地)에 가다가 들었노라.
사슴이 짐대에 올라 있어 해금을 켜는 것을 들었노라.
얄리얄리 얄라리 얄라리 얄라

가고 있는데 배 부른 독에 덜 익은 강술을 빚었네.
조롱꽃 누룩이 매워 잡으니 내 어찌하리.
얄리얄리 얄라리 얄라리 얄라

4) 관련 기록

(1) 余與子容從之 …… 正中子容大喜 正中彈靑山別曲第一闋.

〈『秋江先生文集』 卷6 雜著 松京錄〉

내가 자용을 따라 들어가니 정중이 자용을 보고 매우 기뻐하였고, 정중은 청산별곡 한 곡조를 탔다.

〈『추강선생문집』 권6 잡저 송경록〉

7. 서경별곡(西京別曲)

1) 작품

셔경西京이 아즐가
셔경西京이 셔울히 마르는

위 두어렁셩 두어렁셩 다링디리

딧곤 ᄃᆡ 아즐가
닷곤 ᄃᆡ 쇼셩경 고외마른
위 두어렁셩 두어렁셩 다링디리

여히므론 아즐가
여히므논 질삼뵈 ᄇᆞ리시고
위 두어렁셩 두어렁셩 다링디리

괴시란ᄃᆡ 아즐가
괴시란ᄃᆡ 우러곰 좃니노이다
위 두어렁셩 두어렁셩 다링디리

구스리 아즐가
구스리 바회예 디신ᄃᆞᆯ
위 두어렁셩 두어렁셩 다링디리

긴히ᄯᆞᆫ 아즐가
긴힛ᄯᆞᆫ 그츠리잇가 나ᄂᆞᆫ
위 두어렁셩 두어렁셩 다링디리

즈믄 ᄒᆡ를 아즐가
즈믄 ᄒᆡ를 외오곰 녀신ᄃᆞᆯ
위 두이렁셩 두어렁셩 다링디리

신信잇ᄃᆞᆫ 아즐가
신信잇ᄃᆞᆫ 그츠리잇가 나ᄂᆞᆫ
위 두어렁셩 두어렁셩 다링디리

대동강大同江 아즐가
대동강大同江 너븐디 몰라셔
위 두어렁셩 두어렁셩 다링디리

ᄇᆡ 내여 아즐가
ᄇᆡ 내여 노ᄒᆞᆫ다 샤공아

위 두어렁셩 두어렁셩 다링디리

네 가시 아즐가
네 가시 럼난디 몰라셔
위 두어렁셩 두어렁셩 다링디리

녈 ᄇᆡ예 아즐가
녈 ᄇᆡ예 연즌다 샤공아
위 두어렁셩 두어렁셩 다링디리

대동강大同江 아즐가
대동강大同江 건넌편 고즐여
위 두어렁셩 두어렁셩 다링디리

ᄇᆡ타들면 아즐가
ᄇᆡ타들면 것고리이다 나는
위 두어렁셩 두어렁셩 다링디리

〈봉좌문고본(蓬左文庫本)『악장가사(樂章歌詞)』가사(歌詞) 상(上)〉

2) 어석

◇ 1연

- 西京이: 평양이
- 아즐가: 무의미한 조흥구, 사라질까(이등룡)
- 셔울히 마르는: 서울이지마는
- 위 두어렁셩 두어렁셩 다링디리: 무의미한 조흥구
- 닷곤 ᄃᆡ: 닦은 데
- 쇼셩경: 작은 서울(김태준), 小城京(김형규, 박병채), 셔셩경(西盛京)(이등룡)
- 고외마른: 사랑하지마는(김태준, 양주동, 김형규), 조용합니다마는(박병채), 크고 훌륭하다(瑰偉)(김완진), 지주(支柱)이지마는(이등룡)
- 여히므론: 여의기보다는(차라리)(박병채)
- 질삼뵈 ᄇᆞ리시고: 길쌈베 버리고

· 괴시란디: 사랑하시는 곳(김태준, 정병욱), 사랑하신다면(양주동, 박병채), 사랑하시니까(서재극), 사랑하시므로(이등룡)
· 우러곰: 우러르면(仰)(김태준), 울면서(박병채)
· 좃니노이다: 따릅니다

◇ 2연

· 구스리 바회예 디신둘: 구슬이 바위에 떨어진들
· 긴힛뚠 그츠리잇가: 끈이야 끊길 것입니까?
· 나는: 무의미한 조흥구, 나는(내 마음은)(김명준)
· 즈믄 히를 외오곰 녀신둘: 천년을 외따로 살아간들
· 信잇둔 그츠리잇가: 믿음이야 끊길 것입니까?

◇ 3연

· 大同江 너븐디 몰라셔: 대동강 넓은지 몰라서
· 비 내여 노흔다 샤공아: 배를 내어 놓느냐? 사공아
· 네 가시: 너의 아내가(박병채)
· 럼난디: 바람난지 혹은 음탕한지(양주동), 욕정이 많은 줄을(박병채), 주제넘은 줄을(서재극)
· 몰라셔: 몰라서
· 녈 비예: 갈 배에
· 연즌다: 얹느냐?
· 大同江 건넌편 고즐여: 대동강 건너편 꽃을
· 비타들면 것고리이다: 배를 타면 꺽을 것입니다
· 나는: 무의미한 조흥구(박병채), 내 생각에(김명준)

3) 현대역 및 해시

(1) 김태준(1939)

西京이 서울이지 마는
닷곤디 쇼셩경 고외마른
離別하곤 질삼뵈 버리시고

그리운데를 우러러 졼읍니다

구실(玉)이 바회예 떠러진들
끈이야 끈어지릿가
千年을 외오곰 가신들
信이야 끈어지릿가

此章 漢譯 益齋李齊賢의 小樂府

縱然岩[巖][14]石落珠璣
纓縷固應無斷時
與郞千載相離別
一点[點]丹心何改移.[15]

大同江넓은디 몰라서
빅내여 노흔다 샤공아
네가 시런난지 몰라서
녈비 연즌다 샤공아

大同江건넌편 고즐여에
빅를타고가면 꺾어오리이다

(2) 지헌영(1947)

西京이 西京이 서울이지마는
닦은곳, 修築한 小京이 아름답지마는,

離別있어, 離別하므로 질삼하던뵈를 버리고
사랑하시매 우리임을 울고 따라가옵네

구실이 구실이 바위에 떨어진들
끈이야 因緣만이야 끊어지리이까, (이몸이 부서진들 情이야 어찌 끊어지

---

14) 〔 〕은 『익재난고』의 표기이다.
15) 비록 바위에 구슬이 떨어지더라도, 꿰미실은 끊어지지 않으리. 임과 천년 서로 이별한다더라도, 한 점 단심이야 바뀌리.

리이까)

千年이나 千年을 외로이 홀로 살어있은들
信이야 信만이야 어찌 끊어지리이까,

○"參照" "縱然岩石落珠璣, 纓縷固應無斷時, 與郎千載相離別, 一点[點]丹心何改移." (李齊賢(益齋)小樂府)

大洞江물 大洞江의 넓은지를 몰라서
배를 내어놓느냐 사공아 배를내어노느냐.

네각씨 너의각씨 넘어가는곳을 몰라서
가는배에(얹어 놓느냐 사공아) 올라타느냐 사공아 ……

大洞江물 大洞江 저건너편 꽃을 저 예쁜꽃을
배를탄다면(배타고 들어간다면) 꺽으리라 꺽으려이다.

(3) 홍기문(1959)

서경이 아닐가
서경이 서울이지마는
(위 두어렁셩 두어렁셩 다링디리)

신축(新築)한데 아닐가
신축한 작은 서울 마음에 들지마는
(위 두어렁셩 두어렁셩 다링디리)

리별코서 아닐가
리별코서 질삼도 던져 버리고
(위 두어렁셩 두어렁셩 다링디리)

정을 주면 아닐가
정을 주면 울어가며 따라 다닙니다.
(위 두어렁셩 두어렁셩 다링디리)

구슬이 아닐가

구슬이 바위에 떨어진들
(위 두어렁셩 두어렁셩 다링디리)

끈이야 아닐가
끈이야 끊어지겠습니까 나는
(위 두어렁셩 두어렁셩 다링디리)

천년을 아닐가
천년을 떠나서 지낸들
(위 두어렁셩 두어렁셩 다링디리)

신의(信義)야 아닐가
신의야 끊어지겠습니까 나는
(위 두어렁셩 두어렁셩 다링디리)

대동강 아닐가
대동강 넓은지 몰라서
(위 두어렁셩 두어렁셩 다링디리)

배 내여 아닐가
배 내여 놓았느냐 사공아
(위 두어렁셩 두어렁셩 다링디리)

네가시 아즐가
네가 시름하는지 몰라서
(위 두어렁셩 두어렁셩 다링디리)

가는 배 아닐가
가는 배에 얹었느냐 사공아
(위 두어렁셩 두어렁셩 다링디리)

대동강 아닐가
대동강 건너편 꽃을여
(위 두어렁셩 두어렁셩 다링디리)

배 타고 들면 아닐가
배 타고 들면 꺾으오리다
(위 두어렁셩 두어렁셩 다링디리)

(4) 전규태(1968)

西京이 (우리들의) 서울이지마는, 새로 닦은(修築한) 작은 서울을 사랑하지마는,

(님을) 여의는 것보다는 차라리 길쌈베(마저) 버리고, (당신이) 사랑해 주시기만 한다면 울며 울며 좇겠나이다.

(끈에 낀) 구슬이 바위에 떨어진들 끈이야 끊어지겠읍니까?
(당신이 저를 두고) 千年을 외로이 가신들(이별한들) 믿음(서로 믿는 마음)이야 끊어지겠읍니까? (어찌 변하겠읍니가?)

※ 끈에 낀 구슬이 바위에 떨어져도 끈은 안 끊어지듯이 님과 나와의 믿음과 사랑은 영원히 변하지 않으리라는 것을 다짐하는 聯이다.

大同江 넓은지 몰라서 배를 내어 놓느냐 사공아! (사공아! 너는 이 강이 좁아 보일지 모르나, 님이 한번 가면 다시 오기 어려울지도 모를 이 강이 내게는 너무도 넓어 보이는구나! 어쩌면 남의 속을 그렇게도 몰라 줄까!)
네 아내 음란한 줄 몰라서 가는 배에 얹느냐 사공아!
大同江 건너편 아가씨를 배를 타고 들어가면, 꺾을 것입니다. (강 건너편 고장을 들어서기만 하면 곧 그 곳 女人들과 사랑을 맺고야 말 것이라!)

(5) 임기중(1993)

서경이 아즐가
서경이 서울이지마는
위 두어렁셩 두어렁셩 다링디리

새로 닦은 아즐가
새로 닦은 소성경을 사랑하오이다마는
위 두어렁셩 두어렁셩 다링디리

이별하기보다는 아즐가
이별하기보다는 차라리 길쌈베 버려두고
위 두어렁셩 두어렁셩 다링디리

사랑하신다면 아즐가
사랑하신다면 울며 불며 쫓아가겠습니다.
위 두어렁셩 두어렁셩 다링디리

구슬이 아즐가
구슬이 바위에 떨어진들
위 두어렁셩 두어렁셩 다링디리

끈이야 아즐가
끈이야 끊어지겠습니까.
위 두어렁셩 두어렁셩 다링디리

천 년을 아즐가
천년을 외따로 살아간들
위 두어렁셩 두어렁셩 다링디리

믿음이야 아즐가
믿음이야 끊어지겠습니까.
위 두어렁셩 두어렁셩 다링디리

대동강 아즐가
대동강 넓은 줄 몰라서
위 두어렁셩 두어렁셩 다링디리

배 내어 아즐가
배 내어 놓았느냐 사공아
위 두어렁셩 두어렁셩 다링디리

네 아내 아즐가
네 아내 음탕한 줄 몰라서
위 두어렁셩 두어렁셩 다링디리

가는 배에 아즐가
가는 배에 얹었느냐 사공아.
위 두어렁셩 두어렁셩 다링디리

대동강 아즐가
대동강 건너 편 꽃을
위 두어렁셩 두어렁셩 다링디리

배 타고 들어가면 아즐가
배 타고 들어가면 꽃을 꺾겠습니다그려.
위 두어렁셩 두어렁셩 다링디리

(6) 박병채(1994)

서경이 아즐가
서경이 서울이지마는
위 두어렁셩 두어렁셩 다링디리

닦은 데 아즐가
닦은 데인 소성경이 고요하지만
위 두어렁셩 두어렁셩 다링디리

여의기보다는 아즐가
여의기보다는 차라리 길삼베 버리고
위 두어렁셩 두어렁셩 다링디리

사랑하신다면 아즐가
사랑하신다면 울면서 따르겠습니다
위 두어렁셩 두어렁셩 다링디리

구슬이 아즐가
구스리 바위에 떨어진들
위 두어렁셩 두어렁셩 다링디리

끈이야 아즐가

끈이야 끊어지겠습니까?
위 두어렁셩 두어렁셩 다링디리

천년을 아즐가
천년을 홀로 살아간들
위 두어렁셩 두어렁셩 다링디리

믿음이야 아즐가
믿음이야 끊어지겠습니까?
위 두어렁셩 두어렁셩 다링디리

대동강 아즐가
대동강이 넓은 줄 몰라서
위 두어렁셩 두어렁셩 다링디리

배 내여 아즐가
배를 내여 놓느냐, 사공아
위 두어렁셩 두어렁셩 다링디리

네 아내 아즐가
네 아내가 욕정이 많은 줄 몰라서
위 두어렁셩 두어렁셩 다링디리

가는 배에 아즐가
가는 배에 태우느냐, 사공아
위 두어렁셩 두어렁셩 다링디리

대동강 아즐가
대동강 건너 편 꽃을
위 두어렁셩 두어렁셩 다링디리

배를 타면 아즐가
배를 타면 꺾겠습니다 그려
위 두어렁셩 두어렁셩 다링디리

(7) 최철(1996)

서경이 서울이지만
신축한 작은 서울 사랑하지만<조용하지만>
(님을)여의기보다는 (차라리)길쌈베 버리고
(님께서)사랑해 주신다면 울면서<우러르면서> 따르겠습니다

구슬이 바위에 떨어진들
끈이야 끊어지겠습니까
천 년을 홀로 지낸들
믿음이야 끊어지겠습니까

대동강 넓은지 몰라서
배 내어 놓느냐, 사공아
네 각시가 음란한지 몰라서
가는 배에 (님을)태우느냐, 사공아

대동강 건너편 꽃을
배타면 꺾을 것입니다.

(8) 김명준(2000)

내 고향 서경은
서울 같은 곳 살기 좋은 곳
하지만 이별은 싫어
님따라 고향 떠나도 좋다네
이런 내 생각
님은 받아주시려나

님이 나를 버리고 떠나네
하지만 내가 님을 잊을 수 없는 것은
그대를 향한 사랑의 끈이
아직 녹을 수 없었던 까닭이라네
오랜 세월을 홀로 지내도

내 그대를 어찌 잊으리

대동강은 넓지만
배와 사공이 있어
님은 건널 수 있다네
사공 부부 화목한 것이 얄미워 이간질도 하였지만
님을 태워 이별시키네
아 부질없네
님은 원래부터 바람둥이었던 것을
왜 몰랐던가

(9) 최철 · 박재민(2003)

西京이 서울이지만
(우리 사랑) 닦은 곳 작은 서울 사랑하지만
이별할 바에는 길쌈과 베를 버리고
사랑하므로 울면서 좇습니다

구슬이 바위에 떨어진들
끈이야 끊어지겠습니까
천년을 홀로 살아간들
信이야 끊어지겠습니까

대동강 넓은 줄 몰라서
배를 내어 놓았느냐 사공아
네 각시도 (언젠가는 강을) 넘을 줄을 몰라서
가는 배에 (내 님을) 실었느냐 사공아
(내 님은) 대동강 건너편 꽃을
배타고 들어가면 꺾을 것입니다.

4) 관련 기록

(1) 縱然巖石落珠璣 纓縷固應無斷時 與郎千載相離別 一點丹心何改移.

〈『益齋亂藁』 卷4〉

비록 바위에 구슬이 떨어지더라도, 꿰미실은 끊어지지 않으리. 임과 천년 서로 이별한다더라도, 한 점 단심이야 바뀌리. 〈『익재난고』 권4〉

(2) 俗樂 ○ 高麗俗樂 考諸樂譜載之 其動動及西京以下二十四篇 皆用俚語.
〈『高麗史』 卷71 樂志 俗樂〉

속악(俗樂) ○ 고려의 속악은 여러 악보를 참고해서 실었다. 그 중에서 동동(動動) 및 서경(西京) 이하의 24편은 다 이어(俚語)를 쓰고 있다.
〈『고려사』 권71 악지 속악〉

(3) 西京 ○ 西京古朝鮮卽箕子所封之地 其民習於禮讓 知尊君親上之義 作此歌 言仁恩充暢以及草木 雖折敗之柳 亦有生意也.
〈『高麗史』 卷71 樂志 俗樂〉

서경(西京) ○ 서경은 고조선 즉 기자(箕子)를 봉했던 땅으로, 그곳의 백성들은 예양(禮讓)을 배워 임금을 존경하고 웃사람을 받드는 의리를 알아 이 노래를 지었다. 군장(君長)의 가득찬 인애(仁愛)와 은혜는 초목에까지 미치어 꺾인 버들까지도 살아나게 할 수 있다는 것을 말하였다.
〈『고려사』 권71 악지 속악〉

(4) 大同江 ○ 周武王封殷太師箕子于朝鮮 施八條之敎以興禮俗朝野無事 人民懽悅 以大同江比黃河永明嶺比嵩山頌禱其君 此入高麗以後所作也.
〈『高麗史』 卷71 樂志 俗樂〉

대동강(大同江) ○ 주(周)나라의 무왕(武王)이 은(殷)나라의 태사(太師)였던 기자(箕子)를 조선에 봉했는데 기자는 팔조(八條)의 가르침을 베풀어 예의를 숭상하는 풍속을 일으키니 조야(朝野)에 일이 없었다. 백성들은 기뻐하여 대동강을 황하(黃河)에, 영명령(永明領)을 숭산(嵩山)에 각각 비유해서 그들의 임금을 송축했다. 이 노래는 고려로 들어온 이후에 지어진 것이다. 〈『고려사』 권71 악지 속악〉

(5) 上每親享 疑樂聲類西京別曲 心常不安 故倣古法 試求元聲 越戊戌黎明 命中官審視 果驗 賞坡等有差. 〈『國朝寶鑑』卷16 成宗(13年)〉

상이 직접 제사지낼 때마다 악성(樂聲)이 서경별곡(西京別曲)과 유사하다는 생각이 들어 마음이 늘 편치 않았으므로 옛법을 모방하여 시험삼아 원성(元聲)을 찾게 하였다. 무술일 동틀 무렵에 중관에게 명하여 가서 살펴보게 하였는데, 과연 징험이 있었으므로 이파 등에게 차등 있게 상을 내렸다. 〈『국조보감』 권16 성종(13년)〉

(6) 傳曰 宗廟樂如保大平定大業 則善矣 其餘俗樂如西京別曲 男女相悅之詞甚不可 樂譜則不可卒改 依曲調 別製歌詞 何如 …… 禮曹啓曰 宗廟之樂 自熙文至繹成 保大平也 用於迎神及初獻 自昭武至永觀 定大業也 用於亞獻終獻 各有歌詞 非男女相悅之俗唱也 但定大業赫整 調詞似滿殿春 永觀調詞 似西京別曲 是以聽之 近唱.

〈『成宗實錄』卷215 19年 4月 4日〉

전교(傳敎)하기를, "종묘악(宗廟樂)의 보태평(保太平)·정대업(定大業)과 같은 것은 좋지만 그 나머지 속악(俗樂)의 서경별곡(西京別曲)과 같은 것은 남녀(男女)가 서로 좋아하는 가사(歌詞)이니, 매우 불가(不可)하다. 악보(樂譜)는 갑자기 고칠 수 없으니, 곡조(曲調)에 의하여 따로 가사(歌詞)를 짓는 것이 어떻겠는가?" …… 예조(禮曹)에서 아뢰기를, "종묘(宗廟)의 악(樂)은 희문(熙文)으로부터 역성(繹成)까지가 보태평(保太平)이니 영신(迎神)과 초헌(初獻)에 쓰는 것이고, 소무(昭武)로부터 영관(永觀)까지가 정대업(定大業)이니 아헌(亞獻)과 종헌(終獻)에 쓰는 것입니다. 이는 각각 가사(歌詞)가 있는데 남녀가 서로 좋아하는 속창(俗唱)이 아닙니다. 다만 정대업의 혁정(赫整)은 곡조(曲調)와 가사(歌詞)가 만전춘(滿殿春)에 유사(類似)하고 영관(永觀)은 곡조와 가사가 서경별곡(西京別曲)과 유사해서 이것이 듣기에는 속창(俗唱)에 가깝습니다.

〈『성종실록』 권215 19년 4월 4일〉

(7) 敎曰 宗廟樂如保大平定大業 則善矣 其餘俗樂如西京別曲 男女相悅之

詞甚不可 樂譜則不可猝改 其歌詞則別撰以被曲譜 何如 …… 禮曹啓曰 宗廟之樂 保大平 用於迎神初獻定大業 用於亞獻終獻 未見非其爲南女相悅之俗唱也 但定大業赫整 調詞似滿殿春 永觀調詞 似西京別曲 是以聽之 近唱也. 〈『國朝寶鑑』 卷17 成宗(19年)〉

전교하기를, "종묘의 속악(俗樂) 가운데 보태평(保太平), 정대업(定大業) 같은 것은 정말 훌륭하지만, 그 나머지는 남녀의 사랑을 주제로 한 서경별곡(西京別曲)의 가사와 비슷하니, 매우 옳지 않다. 악보(樂譜)는 갑자기 고치지 못하더라도 가사(歌詞)를 따로 지어 곡보(曲譜)에 올리는 것이 어떻겠는가." …… 예조가 아뢰기를, "종묘의 음악은 보태평을 영신(迎神)과 초헌(初獻)에 쓰고 정대업을 아헌(亞獻)과 종헌(終獻)에 쓰는데, 남녀가 서로 사랑하는 속창(俗唱)인지는 모르겠습니다. 다만 정대업의 혁정(赫整)은 곡조와 가사가 만전춘(滿殿春)과 유사하고, 영관(永觀)은 곡조와 가사가 서경별곡과 유사하니, 이 때문에 속창에 가깝게 들리는 것입니다."하였다.

〈『국조보감』 권17 성종(19년)〉

(8) 西京曲 箕民習於禮讓 知尊君親上之義 作此歌 言仁恩充暢 以及草木 雖折敗之柳 亦有生意也 今以成宗朝西京別曲之敎 推之 則國初時 尙有西京曲之流傳者 而但此西京曲 非男女相悅之詞 豈別有他曲名西京者歟 大洞江曲 箕子施八條之敎 以興禮俗 朝野無事 人民歡悅 以大洞江比黃河 永明嶺比嵩山 此曲今亦不傳. 〈『增補文獻備考』 卷106 樂考17〉

서경곡 기자의 백성이 예양(禮讓)에 익혀져, 임금을 높이고 윗사람을 받드는 의리를 알아서 이 노래를 지었는데, 어진 은혜가 가득히 차고 통하여 초목에까지 미쳐서 비록 부러져 죽은 버드나무라도 살아날 기운이 있음을 뜻한 것이다. 이제 성종조(成宗朝)의 서경별곡(西京別曲)에 대한 전교(傳敎)로써 미루어 본다면 일찍이 국초(國初) 때에도 서경곡의 유전한 것이 있었으나, 다만 이 서경곡은 남녀가 서로 좋아하는 가사가 아니니, 대개 따로 다른 곡이 있어서 '서경'으로 이름한 것이 아니겠는가? 대동강곡 기자가 팔조의 가르침을 베풀어 예의를 숭상하는 풍속을 일으키니 조야에 일이 없었다. 백성들은 기뻐하여 대동강을 황하에 영명령을 숭산에 비유하였다. 이곡은 지금 역시 전하지 않는다. 〈『증보문헌비고』 권106 악고17〉

(9) 西京曲 箕子之民 習於禮讓 知尊君親上之義 作此歌 言仁恩充暢 以及草木 雖折敗之柳 亦有生意也 今以成宗朝西京別曲之教 推之 則國初時常有西京曲之流傳者 而但此西京曲 非男女相悅之詞 豈別有他曲名西京者歟 大同江曲 箕子施八條之教 以朝野無事 人民懽悅 以大同江比黃河 永明嶺比嵩山 此曲 今亦不傳. 〈『林下筆記』 卷12 文獻指掌編〉

서경곡(西京曲)은 기자(箕子)의 백성들이 예양(禮讓)에 익숙해져서 임금을 높이고 윗분을 친히 할 줄을 알아서 이 노래를 지은 것인바, 그 인덕(仁德)과 은혜가 충분히 창달(暢達)되어 그것이 저들 초목에까지 미쳐서 비록 꺾이고 상한 버들가지라 하더라도 생명력을 얻어 살아나게 한다는 것을 말한 것이다. 지금 성종(成宗) 때의 서경별곡(西京別曲)에 대한 하교를 가지고 이를 미루어 본다면, 국초(國初) 때까지는 아직도 서경곡이란 이름의 노래가 유전(流轉)되고 있었으나 다만 이 서경곡은 그와 같은 남녀 간의 상열(相悅)의 노래가 아니었다. 그렇다면 혹시 별도의 서경이라고 하는 노래가 있었던 것이 아닌가 싶다. 그리고 대동강곡(大同江曲)은 기자가 팔조(八條)의 가르침을 시행하여 조야(朝野)가 태평하고 인민들이 즐거워서 대동강을 중국의 황하(黃河)에 비유하고 영명령(永明嶺)을 숭산(嵩山)에 비유해서 지어 부른 것이라고 하겠는바, 이 곡 또한 지금은 전하지 않는다.
〈『임하필기』권12 문헌지장편〉

(10) 古歌 西京別曲 爲吾前民美人香草之遺 苦古語聱牙 无涯梁君柱東 來示所解 犁然理順得未曾有 〈『薝園文錄』〉

고가의 「서경별곡」은 우리 선인들의 이소의 끼침이 될 터인데 옛말이 꽤 까다로움을 애달프게 여겨왔었다. 무애 양주동 군이 와서 풀이한 것을 보여주니 쟁기질하듯 좍 풀리니 일찍이 얻어 볼 수 없었던 것이다. 〈『담원문록』〉

8. 사모곡(思母曲)

1) 작품

호ᄆᆡ도 ᄂᆞᆯ히언마ᄅᆞᄂᆞᆫ
낟ᄀᆞ티 들리도 업스니이다
아바님도 어이어신마ᄅᆞᄂᆞᆫ
위 덩더둥셩
어마님ᄀᆞ티 괴시리 업세라
아소 님하 어마닙ᄀᆞ티 괴시리 업세라

〈봉좌문고본(蓬左文庫本) 『악장가사(樂章歌詞)』 가사(歌詞) 상(上)〉

2) 어석

- 호ᄆᆡ도 ᄂᆞᆯ히언마ᄅᆞᄂᆞᆫ: 호미도 날이건마는 ※ '호미'는 낫, '날'은 긴낫, '날'은 연장·연모(강헌규)
- 낟ᄀᆞ티 들리도 업스니이다: 낫같이 들 까닭이 없습니다
- 아바님도 어이어신마ᄅᆞᄂᆞᆫ: 어버님도 어버시건마는
- 위 덩더둥셩: 무의미한 조흥구
- 어마님ᄀᆞ티 괴시리 업세라: 어머님같이 사랑하실 사람이 없어라
- 아소 님하: 아소서 님이시여

3) 현대역 및 해시

(1) 김태준(1939)

호미(鋤)도 날챙기(刃屬)이지만
낟(鎌)같이 잘들리도없다,
아버님도 어버이(親)이지만
어머님같이多情하지못하다

(2) 지헌영(1947)

호미(鋤)도 날챙기(刃屬)이지마는
낫(鎌)같이 들리는 없으리이다.

아버님도 어버이(親)시지마는,
어허, 어머님같이 사랑하실이는 없도다.

아소, 임아, 어머님같이 사랑해주실이는 없을세라

(3) 홍기문(1959)

호미도 날이 있지마는
낫같이 들 수는 없습니다
아버님도 부모시지마는
위 덩더둥셩 어머님 같이 자애스러울 수 없에라
마십쇼, 임이여 어머님 같이 자애스러울 수 없에라

(4) 전규태(1968)

호미도 날[刃]이지마는 낫처럼 들 까닭이 없도다.
아버님도 (역시) 어버이시지마는
아 (내게는) 어머님처럼 사랑하는 이가 없도다.
마소서 (아버)님이시어 (내게는)어머님처럼 사랑하는 사람이 없도다.

(5) 임기중(1993)

호미도 날이지마는
낫같이 잘 들 리도 없습니다.
아버님도 어버이시지마는
위 덩더둥셩
어머님같이 아껴 주실 이 없어라.
아! 님이시여 어머님같이 아껴 주실 이 없어라.

(6) 박병채(1994)

호미도 날을 가지고 있지만

낫의 날처럼 잘 드는 것은 없습니다.
아버님도 어버이시긴 하지만
어머님같이 사랑하실 분도 없습니다.
아소서 임이시여
어머님처럼 사랑하실 분은 없습니다.

(7) 최철 · 박재민(2003)

호미도 날이지마는
낫같이 들 것도 없습니다.
아버님도 어버이시지마는
위 덩더둥셩
어머님처럼 사랑하실 이가 없습니다.
아소 님아, 어머님처럼 사랑하실 이가 없습니다.

(8) 김명준(2011)

호미도 날이 있지만,
낫처럼 잘 들 리는 없습니다.
아버님도 부모님이시지마는,
어머님같이 사랑해 주실 분도 없습니다.
아소서 임이시여,
어머님처럼 사랑해 주실 분은 없습니다.

4) 관련 기록

(1) 木州(今淸州屬縣)木州 孝女所作 女事父及後母 以孝聞 父惑後母之讒 逐之 女不忍去 留養父母 益勤不怠 父母怒甚 又逐之 女不得已辭去 至一山中 見石窟有老婆 遂言其情 因請寄寓 老婆哀其窮而許之 女以事父母者事之. 老婆愛之 嫁以其子 夫婦協心 勤儉致富 聞其父母貧甚 邀致其家 奉養備至 父母猶不悅 孝女作是歌以自怨.

〈『高麗史』卷71 樂志 三國俗樂〉

목주(木州) 〔지금의 청주(淸州)의 속현(屬縣)임〕 목주(木州)는 효녀(孝女)가 지은 것이다. 딸이 아비와 후모(後母)를 섬겼는데 효성스럽다고 알려졌다. 아비는 후모(後母)가 그녀를 헐뜯는 말을 듣고 그녀를 쫓아냈다. 딸은 차마 떠나가 버리지 못하고 머물러 있으면서 부모를 봉양하는 데 더욱 근실히 하고 게을리 하는 일이 없었다. 부모는 심히 노해서 또 그녀를 쫓아냈다. 딸은 할 수 없이 하직하고 떠나가 어떤 산중으로 들어갔는데 석굴(石窟)에 노파가 있는 것을 보게 되고 마침내 자기의 사정을 그 노파에게 말하고서 부쳐살게 해달라고 하였다. 노파는 그녀의 궁박한 사정을 슬퍼하여 그렇게 하라고 허락했다. 딸은 부모를 섬기는 정성으로 노파를 섬겼다. 노파는 그녀를 사랑하여 자기 아들과 짝을 맞춰주었다. 부부는 협심하여 근면하고 검약하게 살아 부자가 되었는데 그녀의 부모가 심히 가난하다는 것을 듣고 자기네 집으로 맞아와서 극진하게 봉양했다. 부모가 그래도 기뻐하지 않자 효녀는 이 노래를 지어서 스스로 원망했다.

〈『고려사』 권 71 악지 삼국속악〉

(2) 木州孝女 史失名氏 麗史樂志曰 女事父及後母 以孝聞 父惑後母之讒 逐之 女不忍去 留養父母 益勤不怠 父母怒甚 又逐之 女不得已辭去 至一山中 見石窟有老婆 遂言其情 因請奇寓 老婆哀其窮而許之 女以事父母者事之 老婆愛之 嫁以其子 夫婦協心 勤儉致富 聞其父母甚貧 邀致其家 奉養備志 父母猶不悅 女作木州歌以自怨.

〈『木川縣誌』安鼎福抄 卷下 孝子38〉

목주의 효녀는 역사에 이름과 성이 전해지지 않는다. 『고려사』 악지에 의하면, 딸이 아비와 후모(後母)를 섬겼는데 효성스럽다고 알려졌다. 아비는 후모(後母)가 그녀를 헐뜯는 말을 듣고 그녀를 쫓아냈다. 딸은 차마 떠나가버리지 못하고 머물러 있으면서 부모를 봉양하는 데 더욱 근실히 하고 게을리 하는 일이 없었다. 부모는 심히 노해서 또 그녀를 쫓아냈다. 딸은 할 수 없이 하직하고 떠나가 어떤 산중으로 들어갔는데 석굴(石窟)에 노파가 있는 것을 보고 마침내 자기의 사정을 그 노파에게 말하고서 부쳐살게 해달라 하였다. 노파는 그녀의 궁박한 사정을 슬퍼하여 그렇게 하라고 허락했다. 딸은 부모를 섬기는 정성으로 노파를 섬겼다. 노파는 그녀를 사랑하여 자기 아들과 짝을 맞춰주었다. 부부는 협심하여 근면하고 검약하게 살아 부자가 되었는데 그녀의 부모가 심히 가난하다는 것을 듣고 자기네 집으로 맞아와서 극진하게 봉양했다. 부모가 그래도 기뻐하지 않자 효녀는 이 노래를 지어서 스스로 원망했다. 〈『목천현지』 안정복초 권하 효자38〉

(3) 新羅時 …… 女作木州歌以自怨. 〈『海東雜錄』 卷4〉

신라때 …… 효녀가 목주가를 지어서 스스로 원망했다.
〈『해동잡록』 권4〉

(4) 木州少女孝於親 勤儉農桑晩謝貧 石窟老娘逾撫愛 怡顔和氣順人倫 木州有孝女 父惑後母之讒 逐之 女至一山中 見石窟有老婆愛之 嫁以其子 勤儉致富 聞其父母貧甚 邀寘其家 供養備至 父母有不悅 女作歌以自怨.
〈『林下筆記』 卷38 海東樂府〉

목주의 소녀 어버이에게 효도를 하고, 근검하고 열심히 농사지어 부자 되었네. 석굴의 노파 어루만져 사랑해 주니, 그녀는 화열한 얼굴로 효성 다했네. 목주에 한 효녀가 아버지와 계모를 효성으로 섬겼는데, 그 아버지가 계모의 참소를 듣고 그녀를 쫓아냈다. 효녀는 할 수 없이 쫓겨나 한 산중에 이르렀는데 석굴이 보이고 한 노파가 있었다. 노파는 그녀를 사랑하여 아들과 혼인을 시켰다. 부부가 합심하여 근면하고 검약하게 살아 부자가 되었는데, 그녀의 부모가 몹시 가난하게 살고 있다는 말을 듣고 자기 집으로 맞아와서 두고 극진하게 봉양하였다. 그런데도 부모는 그녀를 좋아하지 않았으므로, 그녀가 이 노래를 지어 자신을 원망하였다. 〈『임하필기』 권38 해동악부〉

(5) 木州歌 木州有孝女 事父及繼母以孝聞 父惑後母之讒 逐之 女不忍去 留養益勤不怠 父母怒甚 又逐之 女不得已辭去 至一山中 見石窟有老婆 愛之 嫁以其子 夫婦協力 勤儉致富 聞其父母貧甚 邀置其家 奉養備至 父母猶不悅 女作歌以自怨. 〈『增補文獻備考』 卷106 樂考〉

목주가 목주에 효녀(孝女)가 있어서 아버지와 계모를 효성으로 섬긴다고 소문이 났다. 아버지가 계모의 참소(讒訴)를 듣고 쫓아내었으나, 딸이 차마 가지 못하고 머물러서 봉양하기를 더욱 부지런히 하며 게을리 하지 않았는데, 부모의 노여움이 더욱 심하여 또 쫓아냈다. 딸이 할 수 없이 하직하고 가다가 한 산중에 이르매 석굴이 보이고 노파(老婆)가 있어 사랑하여 그 아들과 혼인시켰다. 부부(夫婦)가 힘을 합하여 근검하게 해서 부자가 되었는데, 그 부모가 몹시 가난하게 산다는 말을 듣고는 맞이해 그 집에 두고 봉양하기를 극진히 하였으나 부모가 그래도 기뻐하지 아니하니, 딸이 노래를 지어서 스스로 원망하였다. 〈『증보문헌비고』 권106 악고〉

9. 쌍화점(雙花店)

1) 작품

雙花店솽화뎜에 雙花솽화사라 가고신딘
回回휘휘아비 내손모글 주여이다
이 말ᄉᆞᆷ미 이 店뎜 밧긔 나명들명
다로러거디러
죠고맛감 삿기광대 네 마리라 호리라
더러둥셩 다리러디러 다리러디러 다로러거디러 다로러
긔 자리예 나도 자라 가리라
위위 다로러거디러 다로러
긔 잔ᄃᆡᄀᆞ티 덦거츠니 업다

三藏寺삼장ᄉᆞ애 브를혀라 가고신딘
그 뎔 社主샤쥬ㅣ 내손모글 주여이다
이 말ᄉᆞ미 이 뎔밧긔 나명들명
다로러거디러
죠고맛간 삿기 上座샹좌ㅣ 네 마리라 호리라
더러둥셩 다리러디러 다리러디러 다로러거디러 다로러
긔 자리예 나도 자라가리라

위위 다로러거디러 다로러
긔 잔더ᄀᆞ티 덦거츠니 업다

드레우므레 므를길라 가고신뒨
우믓龍룡이 내손모글 주여이다
이 말ᄉᆞ미 이 우믈밧끠 나명들명
다로러거디러
죠고맛간 드레바가 네 마리라 호리라
더러둥셩 다리러디러 다리러디러 다로러거디러 다로러
긔 자리예 나도 자라가리라
위위 다로러거디러 다로러
긔 잔더ᄀᆞ티 덦거츠니 업다

술폴지븨 수를사라 가고신뒨
그 짓아비 내손모글 주여이다
이 말ᄉᆞ미 이집밧끠 나명들명
다로러거디러
죠고맛간 싀구바가 네 마리라 호리라
더러둥셩 다리러디러 다리러디러 다로러거디러 다도러
긔 자리예 나도 자라가리라
위위 다로러거디러 다로러
긔 잔더ᄀᆞ티 덦거츠니 업다

〈봉좌문고본(蓬左文庫本) 『악장가사(樂章歌詞)』 가사(歌詞) 상(上)〉

2) 어석

◇ 1연

· 雙花店솽화뎜에: 꽃파는 가게(김태준), (만두와 다른) 상화파는 가게(이병기), 만두파는 가게(양주동, 박병채, 김형규), 연희 도구를 파는 곳(최철) ※雙花: 버들고리(어강석), 보석(이개석), 사모사(samosa)(고혜선)
· 雙花솽화사라 가고신뒨: 만두 사러 가 있으니

· 回回휘휘아비: 松都에 와 살든 色目人(蒙古人) 老翁(김태준), 중국계 서역인(박병채), 회교인(김완진) ※ 회회는 고유명사로 아이의 이름이며, 따라서 회회아비는 회회의 아비(이병기)
· 내손모글 주여이다: 내 손목을 쥡니다
· 이말숨미 이店뎜 밧긔 나명들명: 이 말이 이 가게 밖에 나면 들면
· 죠고맛감 삿기광대: 조그마한 새끼광대
· 네 마리라 호리라: 네 말이라 하리라
· 긔자리예 나도 자라 가리라: 그의 자리에 나도 자러 가리라
· 긔잔ᄃᆡᄀᆞ티: 그의 잔 곳같이
· 덦거츠니 업다: 鬱한 곳이 없다(김태준, 김형규), 답답한 것이 없다(양주동), 지저분한 것이 없다(박병채), 빽빽한 것이 없다(전규태), 무성하다(이기문, 서재극)

◇ 2연

· 三藏寺삼장ᄉᆞ애 블혀라: 삼장사에 불을 켜러
· 그뎔 社主샤쥬ㅣ: 그 절 사주가
· 上座샹좌ㅣ: 상좌중

◇ 3연

· 드레우므레 므를길라: 두레박 우물에 물을 길러, 두레우물에(이등룡)
· 우뭇龍룡이: 우물의 용이
· 이우믈밧끠: 이 우믈 밖에

◇ 4연

· 술풀지븨: 술과 풀을 兼해 파는 집(김태준), 술 팔 집(양주동, 박병채)
· 수를사라: 술을 사러
· 그짓아비: 그 집 아비
· 싀구바가: 술을 파는 그릇(김태준), 시궁에 쓰는 바가지(양주동), 술을 푸는 바가지(박병채)

3) 현대역 및 해시

(1) 김태준(1939)

雙花店에꽃싸러가니 回回아비가손목을쥔다 이말삼이 이店밖에나면 조고만색기 廣大야 네말이라호리라 다로러그자리에 나도자러가리라 위위 나로러그잔데처럼 덦거츤곳은없더라.

이二節은 高麗史樂志에譯載한三藏歌니 「三藏寺裡点燈去 有社主兮執吾手 倘此言兮出寺外 謂上座兮是汝語」16)

드러움물에 물길러가니 우물엣龍이 손목을 쥔다, 이말이우물밖에나고보면 조고만드러박아 네말이라호리라.

술집에술살어가니 술집애비가손목을쥔다 이말이이집밖에나면 술구븨네말이라호리라,「싀구비」는 술뜨는 그릇「술구긔」다.

(2) 지헌영(1947)

雙花店에 霜花사러가오니 回回아비가 내손목을 잡더이다 이말(風聞, 秘密)이 이 店밖으로 나들면 다로러거디러 조고만 廣大놈 네말이라 하리라

다로러 거디러 둥둥 나도 遊蕩한자리에 살어가리라

어허둥둥 내사랑, 잔디같이 鬱密한것은 없습네.

三藏寺에 불을 켜러(죽은임을 爲하야)가니

그절중이 내손목을 잡더이다 이말이 이절밖으로 나면은

다로러거디러 조고만 上座놈 네말이라 하리라.

두리둥둥 내사랑 나도 좋은자리에 살어가리라.

어허둥둥 두리둥둥 잔데같이 우무룩한것은 없습네

[參照] "三藏寺裡点燈去 有社主兮執吾手 倘此言兮出寺外 謂上座兮是汝語."(前出)

허드렛샘에(洞里 우물)에 물을 길러가니 우물의龍이 내손목을 덥숙 잡더이다 이말이 우물밖으로 퍼져나가면 두리둥둥 두레박아지야 네가 所聞낸

16) "삼장사 안에 등불을 켜러 갔더니, 사주(社主)가 있어 내 손을 잡았네, 만약에 이 말이 절간 밖으로 나간다면은, 상좌(上座)에게 네가 한 말이라고 이르겠노라."

것이라 나는말하리라. 다로러거디러 둥둥 나도놀아날거나, 어허둥둥 내사랑아 내사랑 잔데같이 은근한것은 없습메 ……

술집으로 술을 사러가오니 술집아비가 情있는 듯 내손을 잡네(그리하야 情들었네) 이所聞이 이집밖으로나면은 둥둥 다로거디러 죄그만 술구기 네가 말낸것이라 하리라. 다로러거디러 더러둥성 나도 놀아먹어가리라. 어허둥둥 내사랑 다로러둥성 자는데같이 갸륵한곳은 없으리라.

(3) 전규태(1968)

(高麗의 한 女人이) 饅頭 가게에 饅頭를 사려고 가니까 (그 가게 主人인) 色目人이 내 손목을 쥐더라!

(그래서 情事가 있었는데) 이 말씀(소문)이 이 店舖 밖에 나며 들며 하면 조그마한 새끼 광대(이 가게 심부름꾼 아이놈을 指稱하는 듯) 네(가 퍼뜨린) 말이라 하리라.

(그러니 잠자코 있으라고 다짐했는데, 급기야는 소문이 퍼지고야 말았다. 이 소문을 들은 다른 女人들은) 그 자리에 나도 자러 가리라.

그 잔 곳같이 울창한 것이 없다

(한 女人이) 三藏寺에 블을 켜려고(佛供을 드리려고) 갔더니,
그 절의 寺主가 내 손목을 쥐더이다!
(그래서 情事가 있었는데) 이 말씀(소문)이 이 절 밖에 나며 들며 한다면,
조그마한 새끼 上座(小僧) 네(가 퍼뜨린) 말이라 하리라.
그 자리에 나도 자러 가리라.
그 잔 곳같이 울창한 것이 없더라.

드레박으로 푸는 (共同) 우물에 물을 길러[汲] 갔더니
우물의 龍이 내 손목을 쥐더이다.
이 말씀(소문)이 이 이물 밖에 나며 들며 한다면
조그마한 드레박아! 네(가 퍼뜨린) 말이라 하리라.
그 자리에 나도 자러 가리라. 그 잔 곳같이 울창한 것이 없다.

술파는 집에 술사러 갔는데,

그집 아비(主人이) 내 손목을 쥐더이다.
이 말씀(소문)이 이 집 밖에 나며 들며 한다면
조그마한 시궁에 쓰는 바가지야, 네(가 퍼뜨린) 말이라 하리라.
그 자리에 나도 자러 가리라. 그 잔 곳같이 빽빽한 것은 더 없더라.

(4) 임기중(1993)

만두집에 만두 사러 갔더니만
회회 아비 내 손목을 쥐었어요.
이 소문이 가게 밖에 드나들면
다로러거디러 조그마한 새끼 광대 네 말이라 하리라.
더러둥셩 다리러디러 다리러디러 다로러거디러 다로러
그 잠자리에 나도 자러 가리라.
위 위 다로러거디러 다로러
그 잔 데 같이 거친 것이 없다.

삼장사에 불을 켜러 갔더니만
그 절 지주 내 손목을 쥐었어요
이 소문이 이 절 밖에 드나들면
다로러거디러 조그마한 새끼 상좌 네 말이라 하리라.
더러둥셩 다리러디러 다리러디러 다로러거디러 다로러
그 잠자리에 나도 자러 가리라.
위 위 다로러거디러 다로러
그 잔 데 같이 거친 것이 없다.

두레 우물에 물을 길러 갔더니만
우물 용이 내 손목을 쥐었어요
이 소문이 우물 밖에 드나들면
다로러거디러 조그마한 두레박아 네 말이라 하리라.
더러둥셩 다리러디러 다리러디러 다로러거디러 다로러
그 잠자리에 나도 자러 가리라.
위 위 다로러거디러 다로러
그 잔 데 같이 거친 것이 없다.

술 파는 집에 술을 사러 갔더니만
그 집 아비 내 손목을 쥐었어요
이 소문이 이 집 밖에 드나들면
다로러거디러 조그마한 시궁 박아지야 네 말이라 하리라.
더러둥셩 다리러디러 다리러디러 다로러거디러 다로러
그 잠자리에 나도 자러 가리라.
위 위 다로러거디러 다로러
그 잔 데 같이 거친 것이 없다

(5) 박병채(1994)

쌍화점에 쌍화 사러 가 있는데
회회아비가 내 손목을 쥡니다.
이 말이 이 가게 밖에 나고들면
다로러거디러 조그만 새끼광대 네 말이라 하리라.
더러둥셩 다리러디러 다리러디러 다로러거디러 다로러
그 자리에 나도 자러 가리라.
위 위 다로러거디러 그 잔 데같이 지저분한 곳이 없다.

삼장사에 불을 켜러 가 있는데
그 절 중이 내 손목을 쥡니다.
이 말이 이 절 밖에 나고들면
다로러거디러 조그만 새끼상좌 네 말이라 하리라.
더러둥셩 다리러디러 다리러디러 다로러거디러 다로러
그 자리에 나도 자러 가리라
위 위 다로러거디러 그 잔 데같이 지저분한 곳이 없다.

드레우므레 물을 길러 가 있는데
우물 용이 내 손목을 쥡니다.
이 말이 이 우물 밖에 나고들면
다로러거디러 조그만 두레박아 네 말이라 하리라.
더러둥셩 다리러디러 다리러디러 다로러거디러 다로러
그 자리에 나도 자러 가리라.

위 위 다로러거디러 그 잔 데같이 지저분한 곳이 없다.

술 파는 집에 술을 사러 가 있는데
그 집 남자가 내 손목을 쥡니다.
이 말이 이 집 밖에 나고들면
다로러거디러 조그만 술바가지야 네 말이라 하리라.
더러둥셩 다리러디러 다리러디러 다로러거디러 다로러
그 자리에 나도 자러 가리라.
위 위 다로러거디러 그 잔 데같이 지저분한 곳이 없다.

(6) 최철(1996)

쌍화점에 쌍화 사러 가 있는데
회회아비 내 손목을 쥡니다
이 말이 이 店 밖에 나고들면
(다로러거디러)
조그만 새끼광대 네 말이라 하리라
(더러둥셩 다리러디러 다리러디러 다로러거디러 다로러)
그 자리에 나도 자러 가리라
(위위 다로러거디러 다로러)
그 잔 데같이 지저분한 곳이 없다

삼장사에 불 켜러 가 있는데
그 절 사주 내 손목을 쥡니다
이 말이 이 절 밖에 나고들면
(다로러거디러)
조그만 새끼상좌 네 말이라 하리라
(더러둥셩 다리러디러 다리러디러 다로러거디러 다로러)
그 자리에 나도 자러 가리라
(위위 다로러거디러 다로러)
그 잔 데같이 지저분한 곳이 없다

드레우물에 물을 길러 가 있는데

우물용이 내 손목을 쥡니다
이 말이 이 우물 밖에 나고들면
(다로러거디러)
조그만 두레박아 네 말이라 하리라
(더러둥셩 다리러디러 다리러디러 다로러거디러 다로러)
그 자리에 나도 자러 가리라
위위 다로러거디러러 다로러
그 잔 데같이 지저분한 곳이 없다

술집에 술을 사러 가 있는데
그집 아비 내 손목을 쥡니다
이 말이 이 집 밖에 나고들면
(다로러거디러)
조그만 술바가지야 네 말이라 하리라
(더러둥셩 다리러디러 다리러디러 다리러거디러 다로러)
그 자리에 나도 자러 가리라
(위위 다로러거디러 다로러)
그 잔 데같이 지저분한 곳이 없다

(7) 최철 · 박재민(2003)

화자 A

雙花店에 雙花 사러 갔더니
回回아비(광대의 首長) 내 손목을 쥡니다.
이 말이 이 店밖에 나고 들면
다로러거디러
조그만 소광대 네 말이라 하리라.
더러둥셩 다리러디러 다리러디러 다로러거디러 다로러

화자 B

그 자리에 나도 자러 가리라
위 위 다로러 거디러 다로러

화자 A

그 잔 곳같이 허황한 소문이 없단다

화자 A

三藏寺에 불을 켜러 갔더니
그 절 社主가 내 손목을 쥡니다.
이 말이 이 절밖에 나고 들면
다로러거디러
조그만 동자승 네 말이라 하리라.
더러둥셩 다리러디러 다리러디러 다로러거디러 다로러

화자 B

그 자리에 나도 자러 가리라
위 위 다로러거디러 다로러

화자 A

그 잔 곳같이 허황한 소문이 없단다.

화자 A

두레우물에 물을 길러 갔더니
우물龍이 내 손목을 쥡니다.
이 말이 이 우물 밖에 나고 들면
다로러거디러
조그만 드레박아 네 말이라 하리라
더러둥셩 다리러디러 다리러디러 다로러거디러 다로러

화자 B

그 자리에 나도 자러 가리라
위 위 다로러거디러 다로러

화자 A

그 잔 곳같이 허황한 소문이 없단다.

화자 A

술 팔 집에 술을 사러 갔더니
그 집 아비 내 손목을 쥡니다.
이 말이 이 우물 밖에 나고 들면
다로러거디러
조그만 술바가지 네 말이라 하리라
더러둥셩 다리러디러 다리러디러 다로러거디러 다로러

화자 B
그 자리에 나도 자러 가리라
위 위 다로러거디러 다로러

화자 A
그 잔 곳같이 허황한 소문이 없단다.

(8) 김명준(2011)

쌍화점에 쌍화 사러 갔더니,
회회아비가 내 손목을 잡더이다.
이 말이 이 가게 밖에 나고 들면,
다로러거디러 조그만 새끼 광대 네 말이라 하리라.
더러둥셩 다리러디러 다리러디러 다로러거디러 다로러
그 자리에 나도 자러 가리라.
위 위 다로러거디러 그 잔 데같이 지저분한 곳이 없구나.

삼장사에 불을 켜러 갔더니,
그 절 지주승이 내 손목을 잡더이다.
이 말이 이 절 밖에 나고 들면,
다로러거디러 조그만 새끼 상좌 네 말이라 하리라.
더러둥셩 다리러디러 다리러디러 다로러거디러 다로러
그 자리에 나도 자러 가리라
위 위 다로러거디러 그 잔 데같이 지저분한 곳이 없구나.

두레우물에 물을 길러 가 있더니,

우물 용이 내 손목을 잡더이다.
이 말이 이 우물 밖에 나고 들면,
다로러거디러 조그만 두레박아 네 말이라 하리라.
더러둥셩 다리러디러 다리러디러 다로러거디러 다로러
그 자리에 나도 자러 가리라
위 위 다로러거디러 그 잔 데같이 지저분한 곳이 없구나.

술 파는 집에 술을 사러 갔더니,
그 집 아비 내 손목을 잡더이다.
이 말이 이 집 밖에 나고 들면
다로러거디러 조그만 술 바가지야 네 말이라 하리라.
더러둥셩 다리러디러 다리러디러 다로러거디러 다로러
그 자리에 나도 자러 가리라.
위 위 다로러거디러 그 잔 데같이 지저분한 곳이 없구나.

4) 관련 기록

(1) 三藏精廬去點燈 執吾纖手作頭僧 此言若出三門外 上座閑談是必應.
〈『及庵先生詩集』 卷3〉

삼장사에 등불 켜러 갔더니, 내 가냘픈 손 잡는 저 높은 스님. 이 말이 삼문 밖으로 나간다면, 상좌의 쓸데 없는 말에 오르내리리.
〈『급암선생시집』 권3〉

(2) 三藏 三藏寺裏點燈去 有社主兮執吾手 倘此言兮出寺外 謂上座兮是汝語 右二歌 忠烈王朝所作 王狎群小 好宴樂 倖臣吳祈金元祥 內僚石天補天卿等 務以聲色容悅 以管絃房太樂才人 爲不足 遣倖臣諸道 選官妓有姿色伎藝者 又選城中官婢及女巫 善歌舞者 籍置宮中 衣羅綺 戴馬鬃笠 別作一隊 稱爲男粧教閱此歌 與群小 日夜歌舞褻慢 無復君臣之禮 供億賜與之費 不可勝記.
〈『高麗史』 卷71 樂志〉

삼장 삼장사 안에 등불을 켜러 갔더니, 사주(社主)가 있어 내 손을 잡았네, 만약에 이 말이 절간 밖으로 나간다면은, 상좌(上座)에게 네가 한 말이라고 이르겠노라. 오른쪽의 〈삼장〉과 〈사룡〉 두 노래는 충렬왕조에 지은 것이다. 왕이 군소배를 친근히 하고 연악(宴樂)을 좋아했다. 행신(倖臣) 오기(吳祈)와 김원상(金元祥) 내료(內僚) 석천보(石天補)와 석천경(石天卿) 등이 성색(聲色)으로 왕을 기쁘게 해주기에 힘썼다. 관현방(管絃房)의 태악재인(太樂才人)으로도 부족하다고 여러 도에 행신을 보내서 관기로 자색과 기예가 있는 자를 고르고 또 성중에 있는 관비와 무당으로 가무를 잘하는 자를 골라다가 궁중(宮中)에 등록해서 두어두고 비단옷을 입히고 마종립을 씌워서 따로 한 대(隊)를 만들어 남장(男粧)이라 칭하고 이 노래들을 가르쳐 가지고 군소배들과 밤낮으로 가무를 하고 난잡하게 굴고 군신 사이의 예는 전혀 없어졌다. 뒤를 대고 내려주고 하는 비용이 이루 기록할 수 없을 정도로 많았다. 〈『고려사』 권71 악지〉

(3) 幸壽康宮 王狎昵群小 嗜好宴樂 倖臣吳祁 金元祥 內僚石天補 夫卿等 務以聲色容悅 謂管絃坊大樂才人猶爲不足 分遣倖臣 諸道 選官妓有色藝者 又選城中官婢 及巫善歌舞者 籍置宮中 衣羅綺戴馬尾笠別作一隊 稱爲男粧 敎以新聲 …… 王之幸壽康宮也 天補輩 張幕其側 各私名妓 日夜歌舞褻慢 無復君臣之禮 供億賜與之費 不可勝記.

〈『高麗史節要』 卷22 忠烈王 己亥(二十五年) 五月〉

5월 수강궁에 행차하였다. 왕이 여러 소인들을 가까이하며 유흥을 즐기니, 행신(倖臣) 오기(吳祁), 김원상(金元祥)과 내료 석천보(石天補), 석천경(石天卿) 등이 노래와 여색으로 환심을 사기에 힘썼다. 관현방(管絃坊)의 대악(大樂)과 재인(才人)이 오히려 부족하다 하여 행신들을 각 도에 나누어 보내 관기(官妓)로서 인물과 재예가 있는 자를 뽑고, 또 도성 안의 관비(官婢)나 무당으로서 노래와 춤을 잘 추는 자를 선발하여 적(籍)을 궁중에 두었다. 그리고는 비단옷을 입히고 말총모자를 씌워 따로 한 떼를 만들어 '남장(男粧)'이라 부르고, 새 음악〔新聲〕을 가르쳤다. …… 왕이 수강궁에 행차하면, 천보의 무리들은 그 곁에 장막을 치고 각기 명기(名妓)를 끼고는 밤낮으로 노래하고 춤추며 무례하고 방자하여 군신간의 예의를 다시 찾아볼 수 없었으며, 공궤하고 하사하는 경비가 이루 다 기록할 수 없을 만큼 많았다.
〈『고려사절요』 권22 충렬왕 기해(25년) 5월〉

(4) 先是 命西河君任元濬 武靈君柳子光 判尹魚世謙 大司成成俔 删改雙花曲履霜曲 北殿歌中淫褻之辭 至時元濬等撰進 傳曰 令掌樂院肄習.
〈『成宗實錄』 卷240 21年 5月 21日〉

앞서 서하군(西河君) 임원준(任元濬) · 무령군(武靈君) 유자광(柳子光) · 판윤(判尹) 어세겸(魚世謙) · 대사성(大司城) 성현(成俔) 등에게 쌍화곡(雙花曲) · 이상곡(履霜曲) · 북전가(北殿歌) 중에서 음란한 가사를 고쳐 바로잡으라 명하였는데, 이때 와서 임원준 등이 지어 바쳤다. 전교하기를, "장악원(掌樂院)으로 하여금 익히게 하라." 하였다. 〈『성종실록』 권240 21년 5월 21일〉

(5) 雙花曲(俗稱雙花店 ○平調) 寶殿之傍 雙花薦芳 來瑞我王 馥馥其香 煒煒其光 允矣其祥 於穆我王 俾熾而昌 繼序不忘 率由舊章 無怠無荒 綱紀四方 君明臣良 魚水一堂 儆戒靡遑 庶事斯康 和氣滂洋 嘉瑞以彰 嘉瑞以彰 福履穰穰 地久天長 聖壽無疆. 〈『時用鄕樂譜』〉

쌍화곡(속칭 쌍화점이라 한다. ○ 평조) 보전의 곁에, 쌍화가 향을 풍기네. 우리 왕에게 와서 상서가 되니, 향긋한 그 향기로다. 찬란한 그 빛이여, 진실로 상서롭도다. 아! 거룩하신 우리 왕이여, 성대히 번창하게 하셨도다. 통서(統序)를 잊지 않고, 옛 법을 따라, 게으르지도 않고 황음하지도 않아, 사방에 기강을 세우도다. 임금은 밝고 신하는 어질어, 물고기와 물이 한 집에 있도다. 경계하고 서두르지 않으니, 모든 일이 이에 편안하도다. 온화한 기운 넘쳐서, 좋은 단서 드러나네. 좋은 단서 드러나니, 복록이 풍성하도다. 땅은 구원하고 하늘은 장구하니, 성수가 한량없도다. 〈『시용향악보』〉

(6) 今之爲歌者 多出於桑濮 如雙花店清歌之屬 皆誘人爲惡 此何等語也 使風俗靡靡 日氣於下 其滛褻敗理 至有佛忍聞者.
〈『大東野乘』 卷23 海東雜錄 6 周世鵬答黃俊良書〉

지금의 가악이라는 것은 흔히 음란한 풍속에서 나왔으니, 쌍화점 청가의 종류들은 모두 사람을 악하게 되도록 유도합니다. 이것들이 어떠한 말들입니까? 풍속을 미미하게 하여 날로 저급한 데로 나아가게 하니, 그 음란하여 도리를 무너뜨림은 차마 듣지 못할 것이 있기까지 합니다. 〈『대동야승』 권23 해동잡록6 주세붕답황준량서〉

(7) 頃歲 有密陽朴浚者 名知衆音 凡係東方之樂 或雅或俗 靡不裒集 爲一部書 刊行于世 而此詞〔漁父歌-註〕與霜花店諸曲 混在其中.

〈『退溪集』 卷43 書漁父歌後〉

요새 밀양 박준이란 자는 많은 노래를 아는 것으로 알려져 있다. 무릇 우리의 노래 가운데 아하고 속한 노래를 빠짐없이 모아 한 권의 책을 세상에 내어 놓았다. 이 노랫말이 상화점 등 여러 곡과 그 중에 섞여 있다. 〈『퇴계집』권43 서어부가후〉

(8) 三藏蛇龍二歌 出於高麗忠烈王時 其詩曰 三藏寺裡燒香去 有社主兮執余手 倘此言兮出寺外 謂上座兮是汝語 有蛇啣龍尾 聞過太山岑 萬人各一語 斟酌在兩心 其語雖俚 而殊有古意 今輒擬而稍演之云 君演三藏經 妾散諸天花 天花撩亂殊未央 井上梧桐啼早鴉 不愁外人說長短 傳茶沙彌是一家 其二 玉石無定質 姸媸無正色 玉石在人口 姸媸在君目 日月本光明 讒言自成膜. 〈『西浦集』 卷2 樂府〉

삼장과 사룡 두 노래는 고려 충렬왕 때에 나왔다. 그 시에 이르기를, 삼장사 안에 향을 피우니, 사주가 내 손을 잡도다. 만약 이 말이 절 밖에 새나가면, 상좌에게 말하기를 이는 네가 발설한 것이라 하네. 뱀이 용의 꼬리를 물었으니, 태산 꼭대기에서 허물을 듣도다. 만인이 각각 한 마디씩 하지만, 짐작은 두 마음에 있도다.' 그 말이 속되기는 하지만 매우 옛스런 뜻이 있다. 이제 이 시를 의작하여 조금 부연한다. '임금은 삼장경을 해석하고, 첩은 제천의 꽃을 뿌리네. 제천의 꽃은 요란하여 전혀 끝이 없는데, 우물가 오동에는 이른 까마귀가 우네. 바깥 사람들의 이런저런 말 근심하지 않으니, 차를 나르는 사미가 한 집안 사람이네.' 기이, '옥과 돌은 정해진 질이 없고, 곱고 밉고는 정색이 없네.

옥과 돌은 사람의 입에 달려 있고, 곱고 밉고는 임금의 눈에 달려 있네. 일월은 원래 광명하건만, 참소하는 말이 절로 병을 이루네.

〈『서포집』 권2 악부〉

(9) 男粧歌 (忠烈王二十五年 王狎昵群小 嗜好宴樂 倖臣吳祈金元祥 內僚石天補天卿等 務以聲色容悅 謂管絃坊大樂才人 猶爲不足 分遣倖臣諸道 選官妓有色藝者 又選城中官婢 及巫善歌舞者 籍置宮中 衣羅綺戴馬尾笠 別作一隊 稱爲男粧 教以新聲 其歌云 三臧寺裏點燈去 有社主兮執吾手 倘此言兮出寺外 謂上座兮是汝語 又云 有蛇含龍尾 聞過太山岑 萬人各一語 斟酌在兩心 其高低緩急 無不中節 王之幸壽康宮也 天補輩張幕其側 各私名妓 日夜歌舞褻慢 無復君臣之禮 供億賜與之費 不可勝記) 羽衛煌煌十笏房 丈夫冠佩娟娟娘 君王不是耽釋教 故借梵宮作明堂 鷺簉鵷班不敢隨 翠蛾紅玉紛洋洋 新聲歌曲馬尾笠 隊隊環匝溫柔鄉 城外風塵了不知 禦侮長筭付男糚 三藏上座語不洩 誰向青編書色荒.

〈『星湖先生全集』 卷8 海東樂府〉

남장가 (충렬왕 25년에 왕이 소인배들을 가까이하고 잔치와 풍악을 좋아하니, 행신(倖臣) 오기(吳祈)·김원상(金元祥)과 내료(內僚) 석천보(石天補)·석천경(石天卿) 등이 성색(聲色)으로 왕의 환심을 사는데 힘써서 관현방(管絃房)의 대악재인(大樂才人)도 오히려 부족하다고 여겨 행신들을 제도(諸道)에 파견하여 관기(官妓)로서 자색(姿色)과 기예가 있는 자를 뽑아올렸다. 또 도성 안의 관비(官婢) 및 가무를 잘하는 무당을 뽑아 궁중에 치부해 두고서 비단옷에 말총 모자를 씌워 한 부대를 만들어서 남장(男粧)이라고 칭하고 새로운 성음(聲音)을 가르쳤다. 그 노래에 이르기를, '삼장사 안에 불을 밝히니, 사주가 내 손을 잡도다. 만약 이 말이 절 밖에 새나가면, 상좌에게 말하기를 이는 네가 발설한 것이라 하네.' 또 이르기를, '뱀이 용의 꼬리를 물었으니, 태산 꼭대기에서 허물을 듣도다. 만인이 각각 한 마디씩 하지만, 짐작은 두 마음이 있도다.' 그 고저(高低)와 완급(緩急)이 모두 절도에 맞았다. 왕이 수강궁에 갔을 때 석천보의 무리가 그 옆에 막을 치고서 각가 명기(名妓)를 데리고 밤낮으로 가무를 하고 지저분하게 놀아서 더 이상 군신의 예의가 없었고, 여기에 들어간 비용과 하사한 비용은 이루 다 기록할 수 없다.) '호위대와 의장이 휘황한 십홀[17]쯤 되는 방에, 장부의 갓을 찬 곱디고운 낭자로다. 군왕이 불교를 좋아해서, 일부러 절간을 빌려 명당을 삼은 것이 아니네. 문무 백관들 감히 따르지 못하고, 푸른 눈썹에 붉은 옥만 어지럽게 가득하네. 새 성음의 가곡에 말총 모자를 쓰고, 남장(男粧) 부대들 빙 둘러 온유한 곳일세. 성 밖의 풍진은 전혀 알지 못하고, 어모할 장구한 계책 남장에게 맡기네. 삼장사의 상좌는 말을 발설하지 못하니, 그 누가 역사에 색황이라 기록하리. 〈『성호선생전집』 권8 해동악부〉

(10) 魚叔權曰 凡俗樂 例於進豊呈等內宴 皆奏之 雙花店一曲 亦不可 況於觀音讚乎. 〈『練藜室記述』 卷12 別集 音樂〉

어숙권이 말하기를, 무릇 속악은 으레 진풍정과 같은 내연에 모두 주악하였는데, 쌍화점의 한 곡도 불가하거늘, 하물며 관음찬이야 더욱 주악할 수 없는 것이다. 〈『연려실기술』 권12 별집 음악〉

(11) 佛氏南無阿彌陀 編編如是誦維摩 雙花店曲猶難奏 況復深嚴念呪歌. 〈『林下筆記』卷38 海東樂府 觀音讚〉

불씨의 나무아미타불을 반복하며, 편편이 이처럼 유마경을 외우네, 쌍화점의 가곡도 연주하기 어렵거늘, 더구나 내전에서 관음찬을 연주할 수 있으랴. 〈『임하필기』제38권 해동악부 관음찬〉

10. 이상곡(履霜曲)

1) 작품

비오다가 개야 아 눈 하 디신나래
서린 석석사리 조븐 곱도신 길헤

---

17) 십홀(十笏) : 작은 방을 뜻함.

다롱디우셔 마득사리 마두너즈세 너우지
잠짜간 내니믈 너겨
깃둔 열명길헤 자라오리잇가
죵죵 벽력霹靂 싱함타무간生陷墮無間
고대셔 싀여딜 내 모미
죵 벽력霹靂 아 싱함타무간生陷墮無間
고대셔 싀여딜 내 모미
내님 두숩고 년뫼롤 거로리
이러쳐 뎌러쳐
이러쳐 뎌러쳐 긔약期約이잇가
아소 님하 훈딕 녀졋 긔약期約이이다

〈봉좌문고본(蓬左文庫本) 『악장가사(樂章歌詞)』 가사(歌詞) 상(上)〉

2) 어석

· 비오다가 개야: 비가 오다가 개어
· 아 눈 하 디신나래: 아 눈이 많이 내린 날에
· 서린: 서린(蟠)(양주동), 서리어 있는(남광우), 서리(霜)는
· 석석사리: 나무 숲(양주동, 박병채), 버석버석하는 발자국 소리(남광우), 서리밟는 소리(최철), 관목의 마른 가지나 풀줄기(이등룡) ※ 서린 석석사리: 많은 불타는 육신(강헌규)
· 조븐 곱도신 길헤: 좁은 굽어 돌아 있는 길에
· 곱도신: '도신'은 '돌셔'의 오분석(誤分析)이므로 '-시-'는 존대선어말어미가 아님(김완진), 곱(曲)+돌(廻)+시(존칭)(양주동), 굽어 돌아 있는('-시'는 존대선어말어미가 아니며, 존재를 의미하는 동사 어간)(박병채), 고우신 길(김사엽)
· 다롱디우셔: 음악에 의한 사설(양주동), 장고의 장단을 흉내낸 조율음(박병채), 어우러지게 하시어(장효현)
· 마득사리: 集·聚·皆의 의미(장효현) ※ 우셔마득 사리마득: 울며 웅크리고(최미정)
· 마두너즈세: 온통 너저분한 모습에(장효현)
· 너우지: 살며시(장효현) ※ 다롱디우셔 마득사리 마두너즈세 너우지:

무의미인 조홍구(양주동, 박병채), 어우러져 모이어 온통 너저분한 모습에(장효현), 열명길을 걸어가는 과정(박진태), 젊음 빛나는 내 몸 파괴자여 사라져라 또는 젊음 빛나는 내 몸 파괴자 무리(강헌규)
· 잠ᄯᅡ간: 잠을 따간(양주동, 박병채), 슬그머니 잠겼다가 간(지헌영), 자고 있다 간(김완진), 자고서 가신(김사엽)
· 내니믈 너겨: 내 님을 생각하여
· 깃ᄃᆞᆫ: 그러한(전규태), 그이야(박병채), 기다란(지헌영), 그따위(양주동) ※ 너겨 깃든: 생각하여 머물었을 뿐(최미정), 여기는데(최용수)
· 열명길헤: (十忿怒明王과 같이) 무서운 길에, 덜 밝은 새벽(開明·薄明)(이병기), 熱望·戀望(지헌영), 저승길(표준국어대사전), '깃ᄃᆞᆫ+열명길헤'을 '깃(襟)으로 여는(開) 길에'(김완진), 샛별이 뜬 새벽길에(이등룡)
· 자라오리잇가: 자러 오겠습니까
· 죵죵: 때때로 種種(양주동), 마침내[終](장효현)
· 아 싱함타무간生陷墮無間: 아 몸은 무간지옥에 떨어지고(박병채), 산채로 지옥에 떨어짐(전수연)
· 고대셔 싀여딜 내 모미: 바로 없어질 내 몸이
· 내님 두ᅀᆞᆸ고 년뫼ᄅᆞᆯ 거로리: 내 님을 두옵고 다른 산을 걷겠습니까
· 이러쳐 뎌러쳐: 이렇게 하고자 저렇게 하고자
· 긔약期約이잇가: 기약이겠습니까
· 아소 님하: 맙소서 님이여
· ᄒᆞᆫᄃᆡ 녀졋 긔약期約이이다: 한 곳에 가고 싶은 기약입니다

3) 현대역 및 해시

(1) 김태준(1939)

비오다가 개서 눈(雪)이 내려쌓인날에
서리운석석사리와 마득사리가 좁고굽으러진길에
눈우에 班色을일넛는데
잠따간 내님을爲해서
그처럼 險한 열(?)命길에 지려고오릿가
죵죵霹靂이니는 無間地獄에 陷墮해서

달은짐생으로變할내몸이
내님을 내버리고 어느뫼를 걸어가릿가
이러처져러처期約이닛까니
님이여 녜젼그期約을잘직히소서

(2) 지헌영(1947)

궂은비 나리다가 개여서, 흰눈이 많이 나린 날에
석석사리가 서린 좁으득한 곱도라진 길에
어허, 둥둥내사랑 마득사리 마득너덜 그곳에 ……

슬그머니 잠겼다가 간 우리임을 생각하야
기다리 相思戀情의 나날을 살어 가리이까! (相思戀情의 길을 찾어 자라고 오리이까)

어허 ! 벼락이 나려치는 無間地獄에 떨어진들,
어허 ! 霹靂이 일어나는 無間地獄에
떨어져서 죽을 이내몸이 …… 淫亂한이몸이 ……
우리임을 남겨두고 다른 길을 걸어가랴!

이러쿵 저러쿵, 이러쳐 저러쳐, 무슨 期約이옵내까
아소, 마오 저임아! 같은곳 同穴에 붙어가과져 ……
나는 期約하리이다. 期約하외다.

(3) 김사엽(1954)

비오다가 개더니 다시 눈 내리치는 날에 서리어 있는 藪林, 좁고 고우신 길에 자고서 가신 내 임을 생각하오니, 아마 다시는 十明길에(무시무시한 길에) 자러 오시겠는가 오시지는 않으시겠지 때로는 霹靂치는 無間地獄에 고대 죽어갈 내 몸이 내 임을 두고서 딴 山을 걸어 갈까. 처음 만날 때 이리 할거나 저리 할거나 하고 망서리치려던 그러한 우리들의 기약이었던가 아쉬운 임이여 願偕行하자던 期約 아니던가요.

(4) 홍기문(1959)

비 오다가 개고 아, 눈 흠뻑 내린 날에
덤부나무 얼클어져 좁고 휘도는 길에
잠을 뺏어 간 우리 임만 여기여
장차고 무서운 길에 자러 오리까
종종 벼락 날 지옥에 빠치네
그 자리에서 스러질 이몸이
종종 벼락 날 지옥에 빠치네
그 자리에서 스러질 내 몸이
우리 임 두고 딴 데를 걸으리
이럭 저럭
이럭 저럭 하잔 언약입니까
마십쇼 임이여 일생을 같이 살잔 언약입니다.

(5) 전규태(1968)

비가 오다가 개이더니 다시 눈이 많이 떨어진 날에,
서리어 있는 수풀의 좁은 구브러져 도는 길에,
잠을 따간 (잠 못이루게 한) 내 님을 생각하오니,
그러한 十忿怒明王(처럼 무시무시한) 길에, 자려고 오시겠는가?
때때로 霹靂치는 (閻浮提 아래 二萬由旬되는 곳에 있는) 無間地獄에 떨어져,
그 즉시에 죽어갈 내 몸이,
내 님을 두고서 (어찌) 다른 山을 걸어갈까!
이러하고저 저러하고저, 이럴까 저럴까, 망서리던 그러한 우리들의 期約입니까!
맙소서! (아쉬운) 님이여 함께 가고저(하는) 期約(아니던가요)입니다.

(6) 이임수(1981)

비오다가 개여 눈 많이 내린 날,
잡록 우거진 좁고 굽은 험한 산길에

~눈 밟는 소리~
잠 앗아간 내 님을 생각하여(내님 위해 守節하여)
그따위 무시무시한 길에 (내가·누가) 자려고 오겠읍니까? (못잡니다, 이리 고통스레 살아야 합니까? 너무하십니다)
갑자기 벼락맞아 지옥에 떨어져
그 자리서 죽어갈 내 몸이
아! (무서워라) 벼락이여! 지옥에 떨어져
당장 죽어갈 이 내 몸이
내 낭군 두고 어느 산길 걸으리(다른 남편 얻으리)
이렇게 저렇게 생각해봐도 인연인가요
아 님이시여 함께 묻힐 운명인가 봅니다.

(7) 장효현(1981)

비가 오다가 날이 개고 또 눈이 많이 내리신 날에
서리(霜)는 버석버석 좁은 굽어도신 길에
어우러져 모이어 온통 너저분한 모습에
살며시 잠 빼앗가 간 내님을 그리워 하여도
그 같은 열명길(十忿怒明大王) 같은 무서운 길에 자러 오시겠읍니까?
마침내 벼락이 쳐 無間地獄에 떨어져
고대 죽어 없어질 내몸이
내님 두옵고서 다른 님을 섬기겠읍니까?
이러하자는 저러하자는(어찌하자는)
期約이겠읍니까?
아아, 님이시여 함께 지내자는 期約뿐이옵니다.

(8) 전수연(1993)

비오다가 개어 눈이 많이 내리신 날에
서리가 서걱서걱거리는 좁고 꼬불꼬불한 길에
다롱디우셔 마득사리 마득너즈세 너우지
우리곁에 머물다간 내 님 불타를 생각하여

지옥에 떨어지는 벌을 받을 많은 잘못을 저지른 곳으로 내가 다시 자러 오겠습니까.

죵죵 이미 지은 죄 때문에 벼락이 쳐 산 채 무간지옥에 떨어져 그대로 불타 없어질 내 몸이

죵 벼락이 쳐 아 산 채 무간지옥에 떨어져 그대로 불타 없어질 내 몸이

내 님 불타를 저버리고 다른 죄악의 삶을 택하겠습니까.

이미 죄를 저지른 내가 이랬다저랬다 또 이랬다저랬다하며 지키지 않을 기역을 하겠습니까.

아 임이시여 불타 당신이 사신 것처럼 살아가겠다는 기약입니다.

(9) 임기중(1993)

비 오다가 개어 아! 눈이 많이 내린 날에
엉킨 수풀 휘돌아 가는 좁은 길에
다롱디우셔 마득사리 마두너즈세 너우지
깊은 잠을 따 간 약속한 님을 그리어
그런 무서운 길에 자러오겠습니까.

때때로 벼락 소리 나는데 아! 무간 지옥에 떨어져
바로 죽어 없어질 내 몸이.
때때로 벼락 소리 나는데 아! 무간 지옥에 떨어져
바로 죽어 없어질 내 몸이
내 님 두고 다른 산길을 걸으리오.
이리할까 저리할까
이리할까 저리할까 어떤 것이 우리들의 기약인가요
아소 님이여 함께 가는 것이 우리들의 기약입니다.

(10) 박병채(1994)

비 오다가 개어, 아 눈도 많이 내린 날
서리는 석석사리, 좁고 곱돌아난 길에
디롱디우셔 마득사리 마두너즈세 너우지
잠따간 내 임을 생각하지만

그이야 열명 길에 자러올까나
벼락소리, 몸은 무간지옥에 떨어지고
곧 죽어질 이 몸이
벼락소리, 몸은 무간지옥에 떨어지고
곧 죽어질 이 몸이
내 임 두고 딴 산을 걸으리
이렇게 하여, 저렇게 하여
이렇게 하여, 저렇게 하자는 기약이었습니까?
마소 임이시여, 한 데 살자는 기약입니다.

(11) 최철(1996)

비 오다가 개여 눈도 많이 내린 날에
서리는 서벅서벅 좁고 굽돌아간 길에
잠을 앗아간 내 님을 생각하지만
그러한 저승길에 자러 오시겠습니까?
벼락 소리, 몸은 무간 지옥에 떨어지고
곧 죽어질 이 몸이
벼락 소리, 아 몸은 무간지옥에 떨어지고
곧 죽어질 이 몸이
내 님을 두고 다른 이를 섬기겠습니까?
이러자 저러자 하며 이러자 저러자 하는 기약이었습니까?
아소 님하, 한곳에 가자는 기약(바램)입니다.

(12) 최용수(1996)

비가 오다가 개이고 눈이 많이 내리신 날에
서리가 버석버석 (소리나며) 서려있는 좁고 굽어도신 길에
다롱디리 우셔마득 사리마득
넌즈시 (슬며시) 너우지 잠 빼앗아간 내 님을 생각하였는데
열명 길에 자러 오겠읍니까.
때때로 벼럭치는 무간 지옥에 떨어져

즉시에 죽어없어질 내 몸이
내님 두옵고 다른 님을 생각하겠읍니까.
이렇게 저렇게 이렇게 저렇게 (무슨) 기약이겠읍니까.
아르소서, 님이시여 함께 지내자는 기약입니다.

(13) 박한진(1998)

비오다가 개여 아 눈이 많이 온 날에
서리가 쌓여 서걱서걱 소리를 내는 좁고 굽어 돈 길에
다롱디리우셔마득사리마득넌즈세너우지
내 잠을 빼앗아간 님을 생각하니 그러한
지옥길에 (누가) 자러 오겠습니까
때때로 벼락이 쳐 (그에 맞아) 무간지옥에 떨어져
곧 죽어 없어질 내가
내 님을 두고 다른 이를 다시 사랑하겠읍니까
이렇게 저렇게
이렇게 저렇게 (떨어져 살자는, 다른 이를 사랑하자는) 기약이었습니까
아십시오, 님이시어, 님만을 영원히 사랑하겠다는 기약이었습니다.

(14) 강명혜(2002)

비오다가 개었다가 아! 눈도 많이 내린 날에
잡목이 얼크러진 좁고 굽은 험한 산길에

~시적 화자의 내적 갈등을 의성적으로 표현~
슬며시 잠 앗아간 (당신을) 내님으로 생각해서
그러한 어둡고 무서운 길에 내가 자려고 오겠습니까

꽝꽝 벼락이 치면 무간에 떨어져 순식간에 스러질 내몸이
꽝 벼락이 아! 치면 무간에 떨어져 순식간에 스러질 내몸이
내님 두고 다른 마음을 품을 수 있겠습니까

이렇게 저렇게, 이렇게 저렇게 하자는 기약이 있었습니까
아소 님이시여, 한 데 하고자 하는 기약일 것입니다.

(15) 최철 · 박재민(2003)

비 오다가 개어서 눈 많이 내린 날에
서리(霜)는 버석버석 줄기좁은 굽어 돈 길에
다롱디리 우셔마득 사리마득 너즈세 너우지
잠앗아간 내 님을 생각하여 깃든
열명길에 (님이 설마) 자러 오겠는가
죵죵 霹靂 아 生은 無間地獄으로 떨어지리
죵 霹靂 아 生은 無間地獄으로 떨어지리
금방 죽어질 내 몸이
내 님을 두고 다른 산길을 걷겠는가
어떠한
어떠한 期約입니까
아소 님아, 함께 살아가고자하는 期約입니다

(16) 강헌규(2010)

비(가) 오다가 개어서 눈(이) 많이 내리신 날에
많은 불타는 육신(의)
좁은 굽어도신 길에
젊음 빛나는 내 몸 파괴자 사라져라(혹은 종족, 무리)
잠(을) 앗아간 내 임을 생각하여 그따위 十分怒明王(같은) 길에 자러올리 있(겠습니)까?

무서운 벼락 아 인연 무간지옥에 떨어져(혹은 함타무간)
곧 죽어질 내 몸이
마침내 벼락 아 인연 무간지옥에 떨어져(혹은 함타무간)
곧 죽어질 내 몸이
내 임 (제쳐)두옵고 다른 뫼를 걸을 리(그럴 리 없다).

이렇게 하자 저렇게 하자
이렇게 하자 저렇게 하자 (다른)기약이 있(겠습니)까?
(그리)마소서 임이시여 한 곳에 가자던 기약(뿐)입니다.

(17) 김명준(2011)

비 오다가 개어 또 눈도 많이 내린 날에,
서리는 내려 서걱서걱하고 우거진 나무숲에 좁고 굽어 돌아난 길에,
디롱디우셔 마득사리 마두너즈세 너우지
잠을 따 간 내 임을 그리워하는데,
그러한 희미한 길에 자러 오겠습니까.
때때로 벼락 소리 나고 살아 무간지옥에 떨어져,
곧 죽을 수 있는 이 몸이,
끝 벼락 소리 나고 살아 무간지옥에 떨어져,
이제 곧 죽을 이 몸이,
내 임 두고 다른 산길을 걸으리.
이렇게 저렇게,
이렇게 저렇게 어떤 것이 기약입니까.
아소서 임이시여, 한 곳에 가자는 약속입니다.

4) 관련 기록

(1) 水龍吟 無㝵 動動 井邑 眞勺 履霜曲 滿殿春等曲 爲時用俗樂 有譜一卷.
〈『世宗實錄』卷116 29年 6月 4日〉

수룡음(水龍吟)·무애(無㝵)·동동(動動)·정읍(井邑)·진작(眞勺)·이상곡(履霜曲)·봉황음(鳳凰吟)·만전춘(滿殿春) 등 곡조로써 평시에 쓰는 속악을 삼았는데, 악보 한 권이 있다.
〈『세종실록』 권116 29년 6월 4일〉

(2) 先是 命西河君任元濬 武靈君柳子光 判尹魚世謙 大司成成俔 刪改雙花曲履霜曲 北殿歌中 淫褻之辭 至時元濬等撰進 傳曰 令掌樂院肄習.
〈『成宗實錄』卷240 21年 5月 21日〉

앞서 서하군(西河君) 임원준(任元濬)·무령군(武靈君) 유자광(柳子光)·판윤(判尹) 어세겸(魚世謙)·대사성(大司成) 성현(成俔) 등에

게 쌍화곡(雙花曲)·이상곡(履霜曲)·북전가(北殿歌) 중에서 음란한 기사를 고쳐 바로잡으라 명하였는데, 이때 와서 임원준 등이 지어 바쳤다. 전교하기를, "장악원(掌樂院)으로 하여금 익히게 하라." 하였다. 〈『성종실록』 권240 21년 5월 21일〉

(3) 樂工試唐樂三眞勺譜 …… 鄕樂 …… 眞勺四機 履霜曲 洛陽春 五冠山 紫霞洞 動動 …… 翰林別曲 …… 北殿 滿殿春 醉豊亭 井邑二機 鄭瓜亭三機. 〈『經國大典』 卷3 禮典 樂工取才條〉

악공을 시취할 때 당악은 삼진작보(三眞勺譜) …… 향악은 …… 진작사기(眞勺四機)·이상곡(履霜曲)·낙양춘(洛陽春)·오관산(五冠山)·자하동(紫霞洞)·동동(動動) …… 한림별곡(翰林別曲) …… 북전(北殿)·만전춘(滿殿春)·취풍형(醉豊亨)·정읍이기(井邑二機)·정과정삼기(鄭瓜亭三機)로 한다.
〈『경국대전』 권3 예전 악공취재조〉

(4) 高麗侍中 蔡洪哲作淸平樂 水龍吟 金殿樂 履霜曲 五冠山 紫霞洞 鄭叙作 鄭瓜亭 翰林諸儒 作翰林別曲. 〈『樂學便考』 卷8〉

고려시중 채홍철이 청평악·수룡음·금전악·이상곡·오관산·자하동을 지었고, 정서는 정과정을 한림제유는 한림별곡을 지었다.
〈『악학편고』 권8〉

(5) 履霜操 周宣王時 尹吉甫子伯奇逐被作 履朝霜兮採晨寒 考不明其心兮 聽讒言 孤恩別離兮摧肺肝 何辜皇天兮遭斯愆 痛歿不同兮恩有偏 誰說顧兮知我寃. 〈『樂學便考』 卷3 俗樂章上〉

이상조는 주선왕 때 윤길보의 아들 백기가 쫓겨나 지은 것이다. 아침 서리에 담긴 새벽 한기를 밟음이여 참언을 들으셨으니 그 맘 밝힐 수 없네 외로이 이별하여 폐를 깎아냈으니 하물며 황천을 이 허물 만났으니 죽어도 처음과는 같지 못하여 은혜엔 치우침 있다지만 누가 내 말 들어 내 원한 알아주리. 〈『악학편고』 권3 속악장상〉

(6) 琴操曰 履霜操 尹吉甫之子伯奇所作也 伯奇無罪爲母讒而見逐 乃集荷以爲衣 採楟花以爲食 晨朝履霜自傷見放 於是援琴鼓之 而作此操 曲終投河而死. 〈『樂府詩集』古琴歌辭 履霜操〉

금조에 이르기를, '이상조는 윤길보의 아들 백기가 지은 것이다. 백기는 죄없이 어머니에게 참소당해 쫓겨났다. 이에 연잎 모아 옷 만들고 문배나무 꽃 따서 먹을 거리 하고 새벽엔 서리 밟고 내쫓긴 것을 슬퍼하였다. 이에 거문고 타고 곡조를 지었는데 곡을 마치자 황하수에 뛰어들어 죽었다.' 〈『악부시집』고금가사 이상조〉

(7) 履霜操兮 採晨寒考不明其心兮 聽讒言孤恩別離兮 摧肺肝何辜皇天兮遭斯愆痛歿不同兮 恩有偏誰說顧兮 知我寃. 〈『樂府詩集』尹伯奇 履霜操〉

이상조여 채신한고로도 그 맘 밝힐 수 없네. 참언 들으시고 외로이 이별하네. 폐를 깍아내도 어찌 황천을 허물하리. 이 허물 만났으니 죽어도 처음과는 같지 못하리. 은혜에는 치우침 있다지만 누가 내 말 들어내 원한 알아주리. 〈『악부시집』윤백기 이상조〉

(8) 父兮兒寒 母兮兒飢 兒罪當笞 逐兒何爲 兒在中野 以宿以處 四無人聲誰與兒語 兒寒何衣 兒飢何食 兒行於野 履霜以足 母生衆兒 有母憐之獨無母憐 兒寧不悲. 〈『樂府詩集』琴曲歌辭 韓愈의 擬作詩〉

아비여 아이가 춥다 하오. 어미여 아이가 배고프다 하오. 아이의 죄는 태를 치면 될 것이지 아이 내쫓아 무엇 하리. 아이는 들에서 자기도 하고 머물기도 하네. 사방에서 사람소리 하나 없으니 누가 아이와 말하리. 아이가 추우니 무슨 옷 입히며 아이가 배고프니 무엇을 먹일까. 아이가 들을 가며 서리를 밟는다. 어미가 여러 아이를 낳아 가엽게 여기나 유독 이 아이만 가엽게 여기지 않으니 어찌 아이가 불쌍하지 않으리. 〈『악부시집』금곡가사 한유의 의작시〉

(9) 履霜旣降 君子履之 必有悽愴之心 非其寒之謂也.

〈『事文類聚』前集 卷4 天道部 霜〉

서리가 이미 내려 군자가 서리를 밟으면 필시 처창한 마음이 드는 것이지 그 차가움만을 말하는 것은 아니다.

〈『사문유취』 전집 권4 천도부 상〉

11. 가시리

1) 작품

가시리 가시리잇고 나는
ᄇᆞ리고 가시리잇고 나는
위 증즐가 대평셩ᄃᆡ大平盛代

날러는 엇디 살라 ᄒᆞ고
ᄇᆞ리고 가시리잇고 나는
위 증즐가 대평셩ᄃᆡ大平盛代

잡ᄉᆞ와 두어리마ᄂᆞᆫ
선ᄒᆞ면 아니 올셰라
위 증즐가 대평셩ᄃᆡ大平盛代

셜온님 보내ᄋᆞᆸ노니 나는
가시는 ᄃᆞᆺ 도셔 오쇼셔 나는
위 증즐가 대평셩ᄃᆡ大平盛代

〈봉좌문고본(蓬左文庫本) 『악장가사(樂章歌詞)』 가사(歌詞) 상(上)〉

2) 어석

· 가시리 가시리잇고: 가시렵니까 가시렵니까
· 나는: 무의미한 조흥구 ※ 저자는 '나는'에 대해 무의어로만 보기보다 유의어로 읽을 수 있다고 본다. 순서대로 '나를, 나를, 나를, 내가, 나에게'
· ᄇᆞ리고: 버리고

· 위 증즐가: 무의미한 조흥구
· 대평셩디大平盛代: 유의미한 조흥구
· 날러는 엇디 살라 ᄒᆞ고: 날더러는 어찌 살라 하고
· 잡ᄉᆞ와 두어리마ᄂᆞᆫ는: 잡아 두겠습니다마는
· 선ᄒᆞ면: 선뜻(양주동), 서운하면(김형규), 심하면(지헌영), 그악스러운면 혹은 까딱 잘못하면(박병채, 남광우), 얼굴을 마주보기만 하면(서재극), (붙잡는 정도가)마음에 들지 않아 심사가 틀어지면(이등룡)
· 아니 올셰라: 아니 올까 두렵습니다
· 셜온님: 서러운 님을(박병채)
· 보내ᅀᆞᆸ노니: 보내옵나니
· 가시ᄂᆞᆫ ᄃᆞᆺ 도셔 오쇼셔: 가시는 것처럼 돌아오소서(박병채), 가시자마자 돌아서 오십시오(김형규)

3) 현대역 및 해시

(1) 김태준(1939)

나는내버리고가십니까,
나는어떻게살라고 버리고가십닛가,
붓잡어두겟지만 한번 선하면 아니올즉하기로,
설은님보내오니 님이여가시는것처럼
오실적에도빨리돌아오소서

(2) 지헌영(1947)

가시오리 가시나이까
이내몸은 버리시고 가시나니이까
아! 나는 怨望스럽다 太平盛代가,

날더러는 어찌 살라하군
이내몸을 버리고 가시나니이까
오! 나는 不平하오리 太平盛代에

붓잡어 두겠습지마는

너무 甚하면 아니오실가도 두려웁네
나는 怨望하오리 설어운 太平乾坤

이내몸은 보내옵네 고운임을 보내옵네
떠나가듯이 도로 돌아오소서 돌아오소서
오호! 怨望스럽다 太平盛世가 나는

(3) 홍기문(1959)

가셔야 가셔야 합니까
나를 버리고 가셔야 합니까
나는(위 증즐가 태평성대)

나는 어찌 살라 하고
버리고 가셔야 합니까
나는(위 증즐가 태평성대)

붙잡아 두어야 하리
얼는 오지 않을세라
나는(위 증즐가 태평성대)

서러운 임 떠나 보내니, 나는
가시는 듯 돌쳐 오시라
나는(위 증즐가 태평성대)

(4) 전규태(1968)

가시리, 가시리이꼬 (나를) 버리고 가시리이꼬?
나는 어찌 살라 하고 (차마) 버리고 가시리이꼬?

잡아 두리마는 (억지로 님을 붙잡아 둘 생각이 없으리오마는) 서운하게 생각하신다면 (님이 다시) 오지를 않을세라.

서러운 님을 (하는 수 없이) 보내노니, (가실 때 그처럼 창졸히) 가시는 듯 (빨리) 돌아오소서.

(5) 강헌규(1973)

가실 리[수]? 가실 리[수](가) 있는가? (정녕) 나를 버리고 가실 리[수](가) 있는가?(없다)[怨情].

(당신이 떠나가시면 이 그리움을 참고) 날더러는 어떻게 살(으)라고 (그대 없이는 살 수 없는 나를)버리고 가실 리[수](가) 리(가) 있는가?(없다)[哀願].

(임을 붙잡아 두려고만 한다면 둘 수도 있지만, (사실은 붙잡아 둘 수가 없다. 自己 合理化다). (내가 싫어서, 마음이 나를 떠나려고만 하는 임이라면 몸을 붙잡아 둔들 무슨 소용이 있겠는가?)('포도가 시다'는 말이다)(마음이 지척이면 千里도 지척인데 사랑하는 임이 나를 떠나가시더라도 내 모습이 임의 눈(앞)에 선: 하면(삼삼하면, 암암하면) 아니 올 것이냐?(선: 하면 올 것이다. 온다) (나는 그것을 믿는다) [반발:反撥].

(이렇게 앙탈을 해도 가시는, 가시려는 임이라면 보내 드리옵니다. 사실은 임이 나를 떠나가심이다. 그래도 임을 보냄으로써 내가) 설운 [서러운] (나의) 임(을) (슬픔을 참고) 보내 드리옵노니 (부디) ('나를 떠나가실 그렇게 때 총총히 떠나가시는 것처럼, 돌아오실 때에도 그렇게 총총히'가 아니라) 가시는 듯(하더니 이내, 바로, 가시자마자) 돌아 오시옵소서(諦念과 哀訴).

(6) 임기중(1993)

가시려 가시렵니까
버리고 가시렵니까.
위 증즐가 태평성대

날러는 어찌 살라하고
버리고 가시렵니까.
위 증즐가 태평성대

님 잡아 둘 것이지만
서운하면 아니 올까봐.
위 증즐가 태평성대

서러운 님 보내옵나니
가시는 듯 돌아오소서.

위 증즐가 태평성대

(7) 박병채(1994)

가시렵니까 가시렵니까
나를 버리고 가시렵니까
위 증즐가 태평성대

날러는 어찌 살라 하고
나를 버리고 가시렵니까
위 증즐가 태평성대

잡아 둘 일이지마는
까딱하면 아니 올까 두려워
위 증즐가 태평성대

서러운 임 보내드리니
가시는 것처럼 다시 돌아오소서
위 증즐가 태평성대

(8) 최철 · 박재민(2003)

가시렵니까 가시렵니까 나는
(나를) 버리고 가시렵니까 나는
위 증즐가 大平盛代

나랑은 어찌 살라 하고
버리고 가시렵니까 나는
위 증즐가 大平盛代

붙잡아 두고 싶지만
(눈에) 선하면 (스스로) 오지 않겠는가싶어
위 증즐가 大平盛代

슬픈 님을 보내옵나니

가시는 듯 돌아서서 오소서
위 증즐가 大平盛代

(9) 김명준(2011)

가시려 가시렵니까, 나를 두고
버리고 가시렵니까, 나를 두고
위 증즐가 대평성대

나는 어찌 살라 하고,
버리고 가시렵니까, 나를 두고
위 증즐가 대평성대

잡아 두고 싶지마는,
서운케 하면 아니 올까 봐,
위 증즐가 대평성대

서러운 임 보내 드리니, 내가
가시는 듯 다시 오소서, 나에게.
위 증즐가 대평성대

4) 관련 기록

(1) 金庾信鷄林人 事業赫赫布在國史中 爲兒時 母夫人日加嚴訓 不妄交遊 一日偶宿女隷家 其母面數之曰 我已老 日夜望汝成長 立功名爲君親榮 今乃爾與屠沽小兒 遊戱婬房酒肆耶 號泣不已 卽於母前自誓 不復過其門 一日被酒還家 馬遵舊路 誤至倡家 且欣且怨 垂泣出迎 公旣悟 斬所乘馬 棄鞍而返 女作怨詞一曲傳之 東都有天宮寺 卽其家也 李相國公升嘗赴東都管記 作詩云 寺號天宮昔有緣 忽聞經始一悽然 多情公子遊花下 含怨佳人泣馬前 紅鬣有情還識路 蒼頭何罪謾加鞭 惟餘一曲歌詞妙 蟾兎同眠萬古傳 天宮卽其女號. 〈『破閑集』 卷中〉

김유신은 계림(鷄林)사람으로 그가 이루어 놓은 혁혁한 업적이 국사(國史)에 기록되어 있다. 어렸을 적에 평소에 어머니가 방탕하지 말

것을 엄하게 가르쳤는데, 어느 날 그는 기생집에서 자게 되었다. 어머니가 이를 알고 꾸짖기를, "나는 이미 늙었지만 네가 자라서 공명을 세우고 임금과 어버이를 위해서 영예로운 자식이 되기를 밤낮으로 축원했는데, 이제 네가 백정의 아들들과 몰려다니면서 기생방과 술집 출입을 하느냐?"고 한탄을 하면서 슬피 우니, 김유신이 곧 어머니 앞에서 "이후로는 결코 그 집 문 앞도 지나는 길이 없을 것입니다." 라고 굳게 맹세했다. 김유신이 어느 날 술에 취하여 집으로 돌아오는 길인데 말이 예전에 다니던 기생집으로 잘못 들어갔다. 기생은 원망하면서도 기쁜 마음으로 눈물을 흘리면서 나와 그를 맞아들이려 하니 김유신은 정신이 바짝 들어 탔던 말의 목을 베고 안장을 팽개친 채 돌아섰다. 이에 기생이 원한에 사무친 노래 한 곡을 지었다. 경주에 천궁사라는 절이 있는데 그 절이 곧 그녀의 집이다. 상국(相國) 이공승(李公升)이 경주에 관기(管記)로 부임하였을 때 이런 시를 지었다. '절 이름 천궁사라 부르는 것은 옛날 사연이 있었으니, 홀연 그 연유 들어를 보니 애처롭고도 구슬프구나! 다정한 공자(公子)는 꽃 아래 노는데, 원한 사무친 가인(佳人)은 말 앞에서 우는구나! 붉은 말은 정이 있어 오히려 가던 옛길을 아는데, 마부는 무슨 죄가 있다고 채찍질만 하느냐! 오직 묘한 한 곡조의 가사만 남아서 달 속의 토끼처럼 잠들어 만고에 전하는구나.' 이 시에서 천관(天官)이란 그 기생의 호를 이른 것이다. 〈『파한집』 권중〉

(2) 禮成江(歌有兩篇) ○ 昔有唐商賀頭綱善棋 嘗至禮成江 見一美婦人 欲以棋賭之 與其夫棋 佯不勝輸物倍 其夫利之以妻注 頭綱一擧賭之 載舟而去 其夫悔恨作是歌 世傳婦人去時粧束甚固 頭綱欲亂之不得 舟至海中旋回不行 卜之曰 節婦所感 不還其婦舟必敗 舟人懼勸頭綱還之 婦人亦作歌 後篇是也. 〈『高麗史』 卷71 樂志 俗樂〉

예성강(禮成江 노래는 두편이 있다) ○ 옛날에 당나라 상인인 하두강(賀頭綱)이란 자가 있었는데 바둑을 잘 두었다. 그가 한번은 예성강에 갔다가 아름다운 부인(婦人)을 하나 보고는 그녀를 바둑에 걸어서 빼앗으려고 그녀의 남편과 바둑을 두어 거짓으로 이기지 않고 물건은 갑절을 치러 주었다. 그녀의 남편은 이롭다고 생각하고 아내를 걸었다. 두강은 단번에 이기어 그녀를 빼앗아가지고 배에 싣고 가버렸다. 그 남편이 회한(悔恨)에 차서 이 노래를 지었다. 세상에 전해지기는, 그 부인이 떠나갈 때에 몸을 되게 죄어 매어서 두강이 그녀를 건드리려고 했으나 건드리지 못했다는 것이다. 배가 바다 가운데에 이르자 뱅뱅 돌고 가지 않으므로 점을 쳤더니 이르기를, "절부(節婦)에 감동되었으니, 그 여인을 돌려보내지 않으면 반드시 파선하리라." 하였다. 뱃사람들이 두려워 두강에게 권해서 그녀를 돌려보내주었다. 그 부인 역시 노래를 지으니, 후편이 그것이다. 〈『고려사』 권71 악지 속악〉

12. 만전춘(滿殿春) 별사(別詞)

1) 작품

어름 우희 댓닙자리 보와 님과 나와 어러 주글만뎡
어름 우희 댓닙자리 보와 님과 나와 어러 주글만뎡
졍情둔 오ᄂᆞᆳ범 더듸 새오시라 더듸 새오시라

경경耿耿 고침샹孤枕上애 어느 ᄌᆞ미 오리오
셔창西窓을 여러ᄒᆞ니 도화桃花ㅣ 발發ᄒᆞ두다
도화桃花ᄂᆞᆫ 시름업서 쇼춘풍笑春風ᄒᆞᄂᆞ다 쇼춘풍笑春風ᄒᆞᄂᆞ다

넉시라도 님을 ᄒᆞᆫᄃᆡ 녀닛경景 너기다니
넉시라도 님을 ᄒᆞᆫᄃᆡ 녀닛경景 너기다니
벼기더시니 뉘러시니잇가 뉘러시니잇가

올하 올하 아련 비올하
여흘란 어듸 두고 소해 자라온다
소콧 얼면 여흘도 됴ᄒᆞ니 여흘도 됴ᄒᆞ니

남산南山애 자리 보와 옥산玉山을 벼여 누어
금슈산錦繡山 니블 안해 샤향麝香 각시를 아나 누어
남산南山애 자리 보와 옥산玉山을 벼어 누어
금슈산錦繡山 니블 안해 샤향麝香 각시를 아나 누어

약藥든 가슴을 맛초읍사이다 맛초읍사이다

아소 님하 원디평싱遠代平生애 여힐 술 모르읍새

〈봉좌문고본(蓬左文庫本) 『악장가사(樂章歌詞)』 가사(歌詞) 상(上)〉

2) 어석

◇ 1연

- 滿殿春: 무대는 궁전, 배우는 妓隊로서 관객과 더불어 참여자의 만원(여증동), 궁전에 가득한 봄(성현경), 음악(굿)에 있어 마지막에 불려지는 노래, 後宮의 뜰에 봄이 가득한데 相對的으로 느끼는 宮女들의 愁心을 노래한 것(이임수), 詞調名 (박노준), 滿殿한 春(윤영옥), 만전향주(강헌규)
- 어름 우희 댓닙자리 보와: 어름 위에 댓잎자리 펴서
- 님과 나와 어러 주글만뎡: 임과 나와 얼어 죽을 망정
- 졍情둔 오눐범 더듸 새오시라: 정둔 오늘 밤 더디게 새고 있으라

◇ 2연

- 경경耿耿 고침샹孤枕上애: 잠못드는 홀로 잠자리에
- 어느 즈미 오리오: 어찌 잠이 오겠는가
- 셔창西窓을 여러ᄒᆞ니: 서창을 여니
- 도화桃花ㅣ 발發ᄒᆞ두다: 복숭아꽃이 피도다
- 도화桃花ᄂᆞᆫ 시름업서: 복숭아꽃은 시름없어
- 쇼츈풍笑春風ᄒᆞᄂᆞ다: 봄바람을 웃는구나

◇ 3연

- 넉시라도 님을 ᄒᆞᆫ디: 넋이라도 임과 함께
- 녀닛경景 너기다니: 가는 듯 또는 늘가서잇과저했드니(김태준), 남의 경황 또는 가는 정경 여기더디(박병채)
- 벼기더시니: 저항하다(김태준, 지헌영), 우기다 · 고집하다(양주동, 전규태), 굳게 하다(남광우), 어기다(박병채), 이간질하다(김형규), 我執

하다(권영철), 버겁게 하다(서재극), 선창(先唱)하시던 이가 누구셨습니까(이등룡)

· 뉘러시니잇가: 누구였습니까

◇ 4연

· 올하: 오리야
· 아련 비올하: 연약한 오리야(박병채), 아린(辛·苦·痛)(강헌규)
· 여흘란 어듸 두고: 여울일랑 어디 두고
· 소해 자라온다: 소에 자러 오느냐
· 소콧 얼면 여흘도 됴ᄒᆞ니: 소마저 얼면 여울도 좋으니

◇ 5연

· 남산南山애 자리 보와: 남산에 잠자리를 펴
· 옥산玉山을 벼여 누어: 옥산을 베고 누어
· 금슈산錦繡山 니블 안해: 비단이불 안에
· 샤향麝香 각시를 아나 누어: 사향을 지닌 듯한 여인을 안고 누워(박병채), '사향각시'는 '상사병을 고치는 약'(양주동)
· 약藥든 가ᄉᆞᆷ을 맛초ᅀᆞᆸ사이다: 향낭이 든 가슴을 맞추십시다

◇ 6연

· 아소 님하: 아소서 임이시여
· 원ᄃᆡ평ᄉᆡᆼ遠代平生애 여힐 술 모ᄅᆞᅀᆞᆸ새: 평생토록 여읠 줄을 모르고 지내십시다

3) 현대역 및 해시

(1) 김태준(1939)

얼음(氷板)우에 竹葉으로자리를깔아 大端히 찬자리우에서 님과나와함께 얼어죽을망정 情든오날밤이 될소록 延長되여 더듸 밤이밝아오기를 바랜다.

耿耿한燈불아레 외로운벼게우에 어느잠이오리요 此所謂「愁多夢不成」

이라 西窓을열어보니 桃花가滿發하엿다 桃花만 시름없이春風에피엿구나 魂魄이라도 님한테 가있거니 이것이어인일입니까.

새야새야鳳凰새야 여흘은어데두고「소」에자려오는가 소가얼어붙엇으면 여흘이라도조치만,

여흘(淺瀨)이란 어데두고 물깊은소에자라온다, 소가얼어붙으면 여흘도좋다. 소는여흘아레 물이깊이담겨있는곳(아련비 未詳)

南山에자리보아 玉山을벼게로하고 錦繡山으로맨든니불아래 麝香각시를안어눞이고 香氣있는藥든가삼을 서로맛출가합니다 오 님이여 永遠히떨어질줄몰으고 遠代平生을이와같이 하여이다.

(2) 지헌영(1947)

얼음우에 댓잎자리보아 임과 서루 얼어죽을 망정
얼음우에 댓잎으로 잠자리를 보아서 임과 나와 얼어죽을 망정
임과 情을 둔 오늘밤이어니 더디더디 새어라 더디 새여라

[參考] 十月層氷上 寒凝竹葉棲 與君寧凍死 遮莫五更鷄.[18] (金守溫 譯詩)

외로운자리애 호을로 누었으니
어이 잠이 오리요! 애도로운 이마음에, 西窓을 열고보니 ……
桃花는 제철인제 滿發도하였고나
桃花는 시름없는듯 春風맞어 웃음을 먹음었네
저꽃도 저처름 웃는데 나는 어이 외로우뇨
(이몸을 비웃는듯한 自然이 미웁기도 하고나 ……)

내몸이 죽어진들 넋이라도 저임과 한데로 가랐더니 ……
넋이라도 남어있어 임한테로 가렸더니 ……
웬일이오니이까 이, 웬일이오니까.

오리야, 올하! 어여쁜 鴛鴦새야

---

18) 시월 얼음위에 찬 댓잎자리 만들어 님과 차라리 얼어죽을망정 새벽닭이여 울지 마라.

여울("離別"의 意가 含蓄된다)은 어디에 남겨두고 너이는 또 安穩한 소로 자러오느냐! (어쩌면 微微한 너이로도 離別을 모르는지 ……) 소가얼면 여울에서라도 여힐줄을 모르고 짝지었으면 나는 좋겠네.

(흐르는 여울에서라도 잠시라도 너이처럼 情들었으면 나는 좋으려니 ……)

南山에 자리를 보아 玉山을 베고 누어
錦繡山을 이불로삼어 麝香가진 어여쁜 각씨를 베고누어
南山에 자리를 보고 玉山을 벼개삼어
錦繡山 이불안에서라도 내病 나구실 예쁜 각씨를 안어보았으면 ……

이病을 나구소서 相思病을 나구소서
당신의 藥든 가슴과 내가슴을 맞추어봅시다.
아소, 마오 그리하야 永遠ㅎ도록 離別을 몰라보세나 ……

(3) 전규태(1968)

어름 위에 대나무 잎(으로 만든) 잠자리를 봐서(마련하여),
어름 위에 대나무 잎 잠자리를 보아,
情을 둔 오늘밤 더디게 새어라.

耿耿(마음 잊혀지지 않고 염려스러운) 외로운 베갯머리에 어찌 잠이 오리오.

서쪽 窓을 여니 복숭아꽃이 피어나는구나!
복숭아꽃은 근심 걱정없이 봄바람에 웃는구나!

(비록) 넋이라도 님과 한 곳에 (가고 싶소이다!)
넋이라도 님과 한 곳에 (가고지이다!)
우기시던 이는 누구였나이까? (그렇던 님이 나를 버리시나이까?)

오리야, 오리야, 나 어린 빗오리(花鴨)야,
여울은 어디에 두고 沼에 잠자러 오는가?
(빗오리 대답하기를) 沼 곧 얼면 여울도 좋으니이다. 여울도 좋으니이다.
(沼도 좋지만 沼가 얼면 여울로 올 밖에)

南山에 잠자리를 보아 玉山을 (베개 삼아) 베고 누어
錦繡山(으로 만든) 이불 안에 麝香(같은) 각시를 안고 누어
南山에 잠자리를 보아 玉山을 베고 누어
錦繡山 이불 안에 사향각시를 안아서 누어
(相思病을 고칠) 藥이 들어있는 가슴을 맞춥시다. 맞춥시다!
이리하여 遠代平生에 임과 떨어질 줄 모르압저.

(4) 이임수(1981)

얼음 위에 댓닢 깔고 님과 나와 얼어 죽더라도
얼음 위에 댓닢을 깔고라도 님과 함께라면,
사랑하는 오늘밤이여 부디 천천히 밝으소서

님 생각에 뒤척이는 베갯머리, 어디 잠이 오겠는가?
西窓을 열어보니 복숭아꽃이 피었구나
복숭아꽃은 아무 근심없이 봄바람에 흐드러졌는데……

넋이라도 님과 함께 있을 줄 생각했더니
영혼이라도 님과 같이 있겠거니 여겼더니
그렇게 맹세하던 분이 누구였읍니까? 누구였읍니까?

오리야 오리야 곱고도 가련한 꽃오리야 (새로오는 궁녀들아)
자유로운 俗世는 어디 두고 이 宮에 들어오는가?
宮(임금)의 사랑이 식으면 俗世도 좋을 것을!
(못은 쉬이 어는 法, 임금의 사랑도 식기 쉬운데, 화려한 듯한 宮殿 못잖은 俗世도 좋을 것을, 自由로운 俗世가 더 좋은 것을!)

南山 좋은 자리에 玉山을 베고,
비단 이불 속 사향각시를 안고 누워
남산을 자리삼아 옥산을 베고 누워
금수산 이불 속 사랑하는 님을 안고서
약든 가슴을 맞추어 살게 하여 주십시오

아 님이시여! (원하노니)

오랜 평생에 영원토록 이별 모르게 하여 주사이다.

(5) 임기중(1993)

얼음 위에 댓잎 자리 만들어서
님과 내가 얼어 죽을망정.
얼음 위에 댓잎 자리 만들어서
님과 내가 얼어 죽을망정.
정 나눈 오늘 밤 더디 새오시라 더디 새오시라.

뒤척뒤척 외로운 침상에서
어찌 잠이 오리오.
서창을 열어 보니
복사꽃 피었구나!
복사꽃은 시름 없이 봄바람을 비웃네 봄바람을 비웃네.

넋이라도 님과 함께
지내는 모습 그리더니.
넋이라도 님과 함께
지내는 모습 그리더니.
우기시던 이 누구였습니까 누구였습니까.

오리야 오리야
어린 비오리야,
여울일랑 어디 두고
못(沼)에 자러 오느냐?
못이 얼면 여울도 좋거니 여울도 좋거니.

남산에 자리 보아
옥산을 베고 누워.
금수산 이불 안에
사향 각시를 안고 누워.
약 든 가슴을 맞추옵시다 맞추옵시다.

아! 님이여 평생토록 여읠 줄 모르고 지냅시다.

(6) 박병채(1994)

어름 위에 댓잎자리를 펴서
님과 나와 얼어죽을망정
어름 위에 댓잎자리를 펴서
님과 나와 얼어죽을망정
정 둔 오늘밤 더디게 새고 있으라 더디게 새고 있으라.

뒤척뒤척 외로운 침상에서
어찌 잠이 올까나.
서쪽 창문을 열어 보니
복숭아꽃이 피고 있네.
복숭아꽃은 시름 없어 봄바람을 비웃네 봄바람을 비웃네

넋이라도 님과 한 곳에
남의 일로 알았더니
넋이라도 님과 한 곳에
남의 일로 알았더니
어기시던 사람이 누구였습니까 누구였습니까

오리야 오리야
연약한 비오리야
여울은 어디 두고
소에 자러 오느냐
소마저 얼면 여울도 좋습니다 여울도 좋습니다

남산에 자리를 펴서
옥산을 베고 누워
금수산 이불 안에
사향각시를 품고 누워
남산에 자리를 펴서

옥산을 베고 누워
금수산 이불 안에
사향각시를 품고 누워
약든 가슴을 맞추십시다 맞추십시다.

아소서 임이시여 평생토록 여읠 줄을 모르고 지냅시다.

(7) 최철(1996)

어름 위에 댓잎자리를 펴서
님과 나와 얼어죽을망정
어름 위에 댓잎자리를 펴서
님과 나와 얼어죽을망정
정 둔 오늘밤
더디게 새어라 더시게 새어라.

뒤척뒤척 외로운 침상에서
어찌 잠이 올까나
서쪽 창문을 열어보니
복숭아꽃이 피어 있네
복숭아꽃은 시름없어
봄바람에 웃네 봄바람에 웃네

넋이라도 님과 한 곳에
가리라 여겼더니
넋이라도 님과 한 곳에
가리라 여겼더니
어기시던 사람이
누구였습니까 누구였습니까.

오리야 오리야
연약한 비오리야
여울은 어디 두고

소에 자러 오느냐
소마저 얼면
여울도 좋습니다 여울도 좋습니다.

남산에 자리를 펴서
옥산을 베고 누워
금수산 이불 안에
사향각시를 안고 누워
남산에 자리를 펴서
옥산을 베고 누워
금수산 이불 안에
사향각시를 안고 누워
약든 가슴을
맞추십시다 맞추십시다.

아소서 님이시여
평생토록 여윌 줄을 모르고 지냅시다.

(8) 최철 · 박재민(2003)

얼음 위에 댓자리 보아 님과 나와 얼어죽을망정
얼음 위에 댓자리 보아 님과 나와 얼어죽을망정
정 둔 오늘 밤 더디 새소서 더디 새소서

뒤척뒤척 외로운 침상에 무슨 잠이 오리오
西窓을 열어보니 桃花가 피었구나
桃花는 시름없이 봄바람에 웃는구나 봄바람에 웃는구나

넋이라도 님과 함께 살아갈 것으로 여겼더니
넋이라도 님과 함께 살아갈 것으로 여겼더니
다짐하시던 이 누구입니까

오리야 오리야 딱한 오리야
여울은 어디 두고 소에 자러 왔느냐

소가 얼면 여울도 좋은데 여울도 좋은데

南山애 자리보아 玉山을 베고 누워
錦繡山 이불 안에 麝香각시 안고 누워
南山에 자리보아 玉山을 베고 누워
錦繡山 이불 안에 麝香각시 안고 누워
藥든 가슴을 맞추옵시다 맞추옵시다

아소 님하 遠代平生에 이별을 모릅시다

(9) 김명준(2011)

얼음 위에 댓잎 자리를 펴서 임과 나와 얼어 죽을망정,
얼음 위에 댓잎 자리를 펴서 임과 나와 얼어 죽을망정,
정 둔 오늘 밤 더디 새오시라 더디 새오시라.

뒤척이는 외로운 침상에서 어찌 잠이 오리오.
서쪽 창문을 열어 보니 복숭아꽃이 피었구나.
복숭아꽃은 시름없어 봄바람을 따라 웃는구나 봄바람을 따라 웃는구나.

넋이라도 임과 함께 가고자 했는데,
넋이라도 임과 함께 가고자 했는데,
우기던 사람이 누구였습니까 누구였습니까.

오리야 오리야 여린 비오리야,
여울은 어디 두고 소에 자러 오느냐?
소마저 얼면 여울도 좋으니 좋으니.

남산에 자리를 보고 옥산을 베고 누워,
금수산 이불 안에 사향 각시를 품고 누워,
남산에 자리를 펴서 옥산을 베고 누워,
금수산 이불 안에 사향 각시를 안아 누워,
약 든 가슴을 맞춥니다 맞춥니다.

아소서 임이시여, 평생토록 이별할 줄 모르며 지내오소서.

4) 관련기록

(1) 傳旨慣習都監 自今朝廷 使臣慰宴時無呈才 行酒時則以洛陽春 還宮樂 感君恩 滿殿春 納氏歌等曲 相間迭奏.

〈『世宗實錄』卷95 24年 2月 22日〉

관습도감(慣習都監)에게 전지(傳旨)하기를, "지금부터 중국 사신에게 위로연을 베풀 때에는 정재(呈才)없이 하고 술을 마실 때는 낙양춘(洛陽春)·환궁악(還宮樂)·감군은(感君恩)·만전춘(滿殿春)·납씨가(納氏歌) 등의 곡조(曲調)를 서로 틈틈이 바꿔가면서 연주하도록 하라." 하였다. 〈『세종실록』 권95 24년 2월 22일〉

(2) 乙丑議政府 據禮曹呈啓 …… 上以龍飛御天歌 被管絃 調其緩急 作致和平 醉豊亨 與民樂等樂 皆有譜 致和平譜 五卷 醉豊亨 與民樂譜 各二卷 後又作文武二舞 又曰保太平 譜各一卷 又取瑞應 別作一舞 號發祥有譜一卷 又定俗樂 以桓桓曲 亹亹曲 維皇曲 維天曲 靖東方曲 獻天壽 折花萬葉熾瑤圖維子 小抛毬樂 步虛子破子 淸平樂 五雲開瑞朝 衆仙會 白鶴子 班賀舞 水龍吟 無㝵 動動 井邑 眞勺 履霜曲 鳳凰吟 滿殿春等曲 爲時用俗樂 有譜一卷. 〈『世宗實錄』卷116 29年 6月 4日〉

을축 의정부에서 예조의 공문에 의거하여 아뢰기를 …… 처음에 임금이 용비어천가(龍飛御天歌)를 관현(管絃)에 올려 느리고 빠름을 조절(調節)하여 치화평·취풍형·여민락 등 음악을 제작하매, 모두 악보(樂譜)가 있으니, 치화평의 악보는 5권이고, 취풍형과 여민락의 악보는 각각 2권씩이었다. 뒤에 또 문·무(文武) 두 가지 춤곡조를 제작하였는데, 문(文)은 '보태평(保太平)' 이라 하고 무(武)는 '정대업(定大業)' 이라 하여 악보가 각각 1권씩이고, 또 상서(祥瑞)의 감응된 바를 취재(取才)하여 따로 한 가지 곡조를 지었는데, 이름을 '발상(發祥)' 이라 하여, 악보 1권이 있었다. 또 속악(俗樂)을 정하여 환환곡(桓桓曲)·미미곡·유황곡(維皇曲)·유천곡(維天曲)·정동방곡(靖東方曲)·헌천수(獻天壽)·절화(折花)·만엽치요도최자·소포구락(小抛球樂)·보허자파자(步虛子破子)·청평락(淸平樂)·오운개서

조(五雲開瑞朝)·중선회(衆仙會)·백학자(白鶴子)·반하무(班賀舞)·수룡음(水龍吟)·무애·동동(動動)·정읍(井邑)·진작(眞勺)·이상곡(履霜曲)·봉황음(鳳凰吟)·만전춘(滿殿春) 등 곡조로써 평시에 쓰는 속악(俗樂)을 삼았는데, 악보 1권이 있다.

〈『세종실록』 권116 29년 6월 4일〉

(3) 十月層氷上 寒凝竹葉棲 與君寧凍死 遮莫五更鷄.

〈『拭疣集』 述樂府辭〉

시월 얼음위에 찬 댓잎자리 만들어 님과 차라리 얼어죽을망정 새벽닭이여 울지 마라. 〈『식우집』 술악부사〉

(4) 禮曹啓曰 宗廟之樂 自熙文至繹成 保大平也 用於迎神及初獻 自昭武至永觀 定大業也 用於亞獻終獻 各有歌詞 非男女相悅之俗唱也 但定大業赫整 調詞似滿殿春 永觀調詞 似西京別曲 是以聽之 近於俗唱.

〈『成宗實錄』 卷215 19年 4月 4日〉

예조(禮曹)에서 아뢰기를, "종묘(宗廟)의 악(樂)은 희문(熙文)으로부터 역성(繹成)까지가 보태평(保太平)이니 영신(迎神)과 초헌(初獻)에 쓰는 것이고, 소무(昭武)로부터 영관(永觀)까지가 정대업(定大業)이니 아헌(亞獻)과 종헌(終獻)에 쓰는 것입니다. 이는 각각 가사(歌詞)가 있어 남녀가 서로 좋아하는 속창(俗唱)이 아닙니다. 다만 정대업의 혁정(赫整)은 곡조(曲調)와 가사(歌詞)가 만전춘(滿殿春)에 유사(類似)하고 영관(永觀)은 곡조와 가사가 서경별곡(西京別曲)과 유사해서 이것이 듣기에는 속창(俗唱)에 가깝습니다." 하였다.

〈『성종실록』 권215 19년 4월 4일〉

(5) 上御經筵講訖 特淮宮 李世佐啓曰 方今音樂 率男女相悅之詞 曲宴觀射行幸時 則用之無妨 御正殿 臨群臣時 用此俚語 於事體如何 臣爲掌樂提調本不解音律 然以聞言之 眞勺雖俚語 乃忠臣戀主之詞 用之不妨 但間歌鄙俚之詞 如後庭花 滿殿春之類亦多 若致和平保太平定大業 乃祖宗頌功德之詞 固當歌之 以褒揚聖德神功也 今妓狃於積習 舍正樂而好

淫樂 甚爲未便 一應俚語請皆勿習 上顧左右 領事李克培對曰 此言是也 但積習已久 不可遽革 令該曹商議以啓 上曰可也.

〈『成宗實錄』卷219 19年 8月 13日〉

임금이 경연(經筵)에 나아갔다. 강(講)하기를 마치자, 특진관(特進官) 이세좌(李世佐)가 아뢰기를, "요사이의 음악(音樂)은 거의 남녀가 서로 좋아하는 가사를 쓰고 있는데 이는 곡연(曲宴)이나 관사(觀射)에 거둥하실 때는 써도 무방합니다만, 정전(正殿)에 임어(臨御)하시어 군신(群臣)을 대할 때 이 속된 말(俚語)을 쓰는 것이 사체(事體)에 어떠하겠습니까? 신(臣)이 장악원제조(掌樂院提調)가 되었으나 본래 음률(音律)을 해득하지 못합니다. 그러하오나 들은 바대로 말씀드린다면 진작(眞勺)은 비록 우리 말이나 충신(忠臣)이 임금을 그리는 가사이므로 쓴다 해도 방해로울 것이 없으나, 다만 간간이 노래에 비루(鄙陋)하고 저속된 가사로 후정화(後庭花)·만전춘(滿殿春) 같은 종류도 많습니다. 치화평(致和平)·보태평(保太平)·정대업(定大業) 같은 것은 곧 조종(祖宗)의 공덕(功德)을 칭송(稱頌)하는 가사로서 마땅히 이를 부르도록 해서 성덕(聖德)과 신공(神功)을 포양(褒揚)하여야 할 것입니다. 지금의 기공(妓工)들은 누적된 관습(慣習)에 젖어 있어 정악(正樂)을 버리고 음탕한 음악(淫樂)을 좋아하니, 심히 적당하지 못합니다. 일체의 속된 말들은, 청컨대 모두 연습치 말게 하소서." 하니, 임금이 좌우의 신하들에게 물었다. 영사(領事) 이극배(李克培)가 대답하기를, "이 말이 옳습니다. 다만 누적된 관습이 이미 오래 되어 갑자기 개혁하지는 못할 것입니다. 해당 조(曹)로 하여금 상의하여 아뢰게 하소서." 하니, 임금이 말하기를, "가(可)하다." 하였다. 〈『성종실록』 권219 19년 8월 13일〉

(6) 樂工試唐樂三眞勺譜 …… 鄕樂 …… 眞勺四機 履霜曲 洛陽春 五冠山 紫霞洞 動動 …… 翰林別曲 …… 北殿 滿殿春 醉豊亭 井邑二機 鄭瓜亭三機. 〈『經國大典』卷3 禮典 樂工取才條〉

악공을 시취할 때 당악은 삼진작보 …… 향악은 …… 진작사기·이상곡·낙양춘·오관산·자하동·동동 …… 한림별곡……북전·만전춘·취풍형·정읍이기·정과정삼기로 한다.

〈『경국대전』 권3 예전 악공취재조〉

13. 나례가(儺禮歌)

1) 작품

羅令公宅 儺禮日이
廣大도 金線이샤ᄉᆞ이다
궁에ᅀᅡ 山ㅅ굿븟겻더신든
鬼衣도 金線이리라
리라리러나 리라리라리 〈『시용향악보(時用鄕樂譜)』 평조(平調)〉

2) 어석

· 羅令公宅: 나 영감댁
· 儺禮日이: 나렛날에
· 廣大도: 광대도
· 金線이샤ᄉᆞ이다: 금선(금색의 줄무늬옷)이십니다
· 궁에ᅀᅡ: 그 곳에야
· 山ㅅ굿븟겻더신든: 산굿만 겪으신 것이야
· 鬼衣도 金線이리라: 귀의도 금선일 것이다
· 리라리러나 리라리라리: 무의미한 조흥구

3) 현대역 및 해시

(1) 임기중(1993)

나 영감댁(羅令公宅) 나례일(儺禮日)엔
광대(廣大)도 금실(金線) 두른 옷이랍니다.
그곳에야 산 굿(山ㅅ굿)만 올린다면
귀의(鬼衣)도 금실(金線) 두른 옷이리라.

리라리러 나리라 리라리

(2) 박병채(1994)

나령공님댁 나례를 하는 날이면
광대의 몸치장도 금선을 두른 옷입니다그려
그곳에야 산굿만 겪으신 것이야
귀의까지도 금선 두른 옷이리라

(3) 최철(1996)

나령공님댁 나례를 하는 날이면
광대의 몸치장도 금선을 두른 옷입니다 그려
그곳에야 산굿만 겪으신 것이야
귀의까지도 금선 두른 옷이리라
리라리러 나리라 리라리

(4) 김명준(2011)

나(羅) 영공댁(令公宅) 나례일(儺禮日)에는,
광대(廣大)도 금색의 줄무늬 옷을 입습니다.
그곳에야 산 굿을 겪으신 것이야,
귀의(鬼衣)도 금색 줄무늬 옷이리라.
리라리러 나리라 리라리.

4) 관련 기록

(1) 乙酉 王餉新宮役徒 文武臣僚 及倉庫 皆獻酒饌綾帛 以助其費 王置酒觀儺戱 歡甚起舞 又命宰相舞 宰相遞拍檀板以舞 王出銀百兩 公主及銀川翁主 亦各出五十兩 以爲宴幣.

〈『高麗史』卷36 世家36 忠惠王 後4年 5月〉

을유에 왕이 신궁(新宮)의 역도(役徒)들을 풀어 먹일새 문무 신료(臣僚)와 창고(倉庫)가 모두 주찬(酒饌)과 능백(綾帛)을 바쳐 그 비용

(費用)을 도우니 왕이 주연을 베풀고 나희(儺戲)를 관람하다가 기쁨이 심하여 일어나 춤추고 또 재상(宰相)에게 명령하여 춤을 추게 하매 재상(宰相)들이 서로 번갈아 단판(檀板)을 치며 춤을 추므로 왕이 은(銀) 100량을 내고 공주와 은천옹주(銀川翁主)도 또 각각 50냥(兩)을 내어서 연폐(宴幣)를 삼았다.

〈『고려사』 권36 세가 36 충혜왕 후4년 5월〉

(2) 乙未 登經浦峯 觀舟 遂次龍泉寺峯 以宿衛不嚴 杖諸提調官 謂贊成事安師琦曰 予之此行 非好慢遊 欲觀行師如何耳 庚子辛丑之紅賊 非不可禦 庚寅以來之倭賊 非不可敵 而民被虜掠 國至播越者 以用兵無律 號令不嚴耳 今予親臨 尙有不用命者 諸將代行者乎 卿其體予至意 曉諭衆人 自今軍令 毋或不謹 丙申 次甑山峯 終夜 設火山儺戲以觀 丁酉 於道上 設儺戲 還宮. 〈『高麗史』 卷43 世家43 恭愍王21〉

을미에 경포봉에 올라가 배를 바라보고 드디어 용천사봉(龍泉寺峰)에 행차하였는데 숙위(宿衛)가 엄하지 않으므로 여러 제조관(提調官)을 곤장치고 찬성사(贊成事) 안사기(安師琦)에게 이르기를, "나의 이번 걸음은 만유(慢遊)를 좋아함이 아니라 행사(行師)가 어떠한가를 보고자 함이다. 경자(庚子), 신축(辛丑)의 홍적(紅賊)을 가히 막지 못할 것이 아니며 경인(庚寅) 이래의 왜적(倭賊)도 가히 대적(對敵)하지 못할 것이 아닌데 백성이 노략(虜掠) 당하고 나라가 파월(播越)함에 이르게 된 것은 병사를 씀에 규율이 없고 호령(號令)이 엄하지 않았기 때문이다. 이제 내가 친히 와도 오히려 명령을 좇지 않는 자가 있거늘 하물며 여러 장수(將帥)가 대행(代行)함에 있어서랴. 경(卿)은 그 나의 지의(至意)를 체득하여 무리의 사람을 효유(曉諭)하고 지금으로부터는 군령(軍令)을 혹시나 삼가지 않음이 없도록 하라." 고 하고 병신(丙申)에 증산봉(甑山峰)에 행차하여 밤이 끝날 때까지 화산나의(火山儺儀)를 베풀어 관람하고 정유(丁酉)에 길 위에서 귀신을 좇는 나례를 베풀고 궁으로 돌아갔다.

〈『고려사』 권43 세가43 공민왕21〉

(3) 大儺之禮 前一日 所司奏聞 選人年十二以上 十六以下 爲侲子 着假面

衣赤布袴褶 二十四人 爲一隊 六人作一行 凡二隊 執事者十二人 着赤幘褠衣執鞭 工人二十二人 其一方相氏 著假面 黃金四目 蒙熊皮 玄衣朱裳 右執戈 左執楯 其一爲唱帥 著假面 皮衣執棒 鼓角軍二十 爲一隊 執旗四人 吹角四人 持鼓十二人 以逐惡鬼于禁中 有司 先於儀鳳 廣化 朱雀 迎秋 長平門 備設酒果禳物, 又爲瘞埳 各於門之右方 深稱其事 前一日夕 儺者 各赴集所 具其器服 依次陳布 以待事 其日未明 諸衛 依時刻 勒所部 屯門列仗 入陳於階下 如常儀 儺者 各集於宮門外 內侍 詣王所御殿前 奏子備 請逐疫 訖出命儺者 以次入 鼓譟 以進 方相氏 執戈揚楯 唱率子 和曰 甲作食凶 胇胃食疫 雄伯食魅 騰簡食不祥 覽諸食咎 伯奇食夢 强梁 祖明 共食磔死寄生 委隨食觀 錯斷食巨 窮奇騰根共食蠱 凡使十二神 追惡鬼凶赫 汝軀拉 汝肝節 解汝肌肉 抽汝肺腸 汝不急去 後者爲粮 周呼訖 前後鼓譟而出 諸隊 各趣門以出 出郭而止 儺者將出 大祝 布神席 當中門南向 出訖 齋郎 陳神座 籍以席 北首 齋郎酌酒 大祝 受而奠之 祝史 持版於座右 跪讀祝文(祭以大陰之神 祝版以大祝名) 訖 興 奠版於席 乃擧禳物 幷酒瘞於埳訖退. 靖宗六年十一月戊寅 詔曰 朕卽位以來 心存好生 欲使鳥獸昆蟲 咸被仁恩 歲終儺禮磔五雞 以驅疫氣 朕甚痛之 可貸以他物 司天臺奏 瑞祥志云 季冬之月 命有司 大儺 旁磔土牛 以送寒氣 請造黃土牛四頭, 各長一尺高五寸 以代磔雞 從之. 睿宗十一年十二月己丑 大儺 先是 宦者分儺 爲左右 以求勝 王又命親王 分主之 凡倡優雜伎 以至外官遊妓 無不被徵 遠近坌至 旌旗亘路 充斥禁中 是日 諫官 叩閤切諫 乃命黜其尤怪者 至晩復集 王將觀樂 左右紛然 爭先呈伎 無復條理 更黜四百餘人.

〈『高麗史』卷64 禮志18 季冬大儺儀〉

대나(大儺)의 예는 1일전에 주문하여 나이 12세 이상 16세 이하의 사람을 뽑아 진자로 삼고 가면을 씌우고 적포(赤布)의 고습(袴褶)을 입힌다. 24인을 1대로 하고 6인을 1행으로 하여 2대로 한다. 집사자 12인은 적색 구의를 입고 편을 잡으며 공인은 22인으로 그 한 사람은 방상씨(方相氏)가 되어 가면을 쓰고 황금빛 사목을 하고 웅피(熊皮)를 덮어쓰고 현의(玄衣) 주상(朱裳)을 입고 오른손에는 창을 잡고 왼손에는 방패를 잡는다. 또 한 사람은 창수(唱帥)가 되어 가면을 쓰고 가죽옷을 입고 막대기를 잡는다. 고각군 20인이 1대가 되어 집기(執

旗) 4인 취각(吹角) 4인 지고(持鼓) 12인으로 금중(禁中)에서 악귀를 쫓는다. 유사가 앞서 의봉·광화·주작·영추·장평문에다 주과(酒果)와 양물(禳物)을 설비하고 또 예요를 동문(冬門)의 우방에 마련하되 깊이를 알맞도록 하여둔다. 1일전 저녁에 나자(儺者)는 각각 집합소로 가 지정된 기복(器服)을 갖추고 악차(幄次)에 의하여 진포(陳布)하여 행사를 기다린다. 당일 미명(未明)에 제위(諸衛)는 정해진 시각에 부서(部署)를 이끌고 문에 주둔하여 의장을 펼치고 들어가 계하(階下)에 진열(陳列)하기를 당시의 의식대로 한다. 나자(儺者)는 각각 궁문 밖에 집합하고 내시는 왕이 거둥하시는 어전 앞으로 나아가 "진자가 갖추었으니 청컨대 역(疫)을 쫓으소서."라고 아뢰고 나와 나자(儺者)에게 명하여 차례로 들어가게 하면 북을 치며 떠들썩하게 나아간다. 방상 씨는 창을 잡고 방패를 들고 창수는 진자를 거느리고 소리를 "합쳐 갑작(甲作)은 흉을 먹고 위폐는 역(疫)을 먹고 웅백(雄伯)은 매(魅)를 먹고 등간(騰簡)은 불상(不祥)을 먹고 남제(覽諸)는 구(咎)를 먹고 백기(伯奇)는 몽(夢)을 먹고 강량(强梁)·조명(祖明)은 함께 책사 기생을 먹고 위수(委隨)는 관(觀)을 먹고 착단(錯斷)은 거(巨)를 먹고 궁기(窮奇) 등근(騰根)은 함께 고(蠱)를 먹으니 무릇 12신으로 하여금 악귀(惡鬼) 흉혁(凶赫)을 쫓는다. "너의 몸이 잡히면 너의 간을 마디마디 내고 너의 살을 도려내고 너의 폐장을 꺼낼 것이니 네가 빨리 달아나지 않으면 쫓는 자의 밥이 될 것이다."라고 하여 두루 다니며 소리친 후 앞뒤로 떠들썩하게 나간다. 제대(諸隊)가 각각 문으로 가서 나가는데 성곽을 나오면 중지한다. 나자(儺者)가 나오려 하면 대축(大祝)이 신석(神席)을 중문에 마주하여 남향으로 펴고 나가고 나면 재랑(齋郎)이 술을 떠 대축(大祝)이 받아 이를 드리고 축사(祝史)가 축판(祝版)을 가지고 신좌(神座)의 오른 쪽으로 가서 꿇어앉아 축문(祝文)을 읽는다. (대음신(大陰神)을 제(祭)하고 축판(祝版)은 대축(大祝)이라 한다.) 축문을 읽는 것이 끝나면 일어나 축판(祝版)을 자리에 놓고 이에 양물(禳物)과 술을 들어 구덩이에 묻고 나면 물러간다.

정종(靖宗) 6년 11월 무인(戊寅)에 조(詔)하기를, "짐이 즉위한 이래로 마음을 호생(好生)의 덕에 두고 조수 곤충으로 하여금 모두 인은(仁恩)을 입게 하고자 하였는데 연말의 나례(儺禮)에 오계를 잡아 역기(疫氣)를 쫓으니 짐(朕)은 심히 이를 애통해 하나니 다른 물건으로 이 닭을 대용토록 할 것이다."라고 하니 사천대(司天臺)에서 아뢰기를, "서상지(瑞祥志)에 이르기를 계동월(季冬月)에 유사에게 명하여 크게 나례하고 한편 토우를 잡아 한기(寒氣)를 보낸다 하였으니 청컨대 황토우(黃土牛) 4두(四頭)를 만들되 각각 장(長) 1척(尺) 높이 5촌(五寸)으로 하여 닭을 잡는 대신으로 하소서."하니 이를 따랐다. 예종(睿宗) 11년 12월 기축(己丑)에 크게 나례(儺禮) 하였다. 이에 앞서 환자(宦者)가 나자(儺者)를 나누어 좌우로 삼아 승복(勝福)을 구하니 왕이 또 친왕에게 명하여 이를 나누어 주관케 하므로 모든 창우(倡優) 잡기(雜伎)와 외관(外官)의 유기(遊妓)에 이르기까지 징발당하지 않음이 없어 원근이 다 모여들고 정기(旌旗)가 길에 뻗쳐 금중(禁中)에 가득 찼다. 이날에 간관(諫官)이 각문(閣門)에 고두(叩頭)하여 절간(切諫)하니 이에 명하여 그 심히 회괴한 자를 쫓아내었으나 저녁이 되어 다시 모여들었다. 왕이 악(樂)을 관람코자 하니 좌우가 분연(紛然)하여 다투어 먼저 재기(才伎)를 보이고자 하여 도무지 조리가 없는지라 다시 400여명을 쫓아내었다.

〈『고려사』 권64 예지 18 계동대나의〉

(4) 明理 歷官上護軍 每從王微行 王嘗作儺戱 命明理主之 賜布二百匹 役百工 奪市中物 以供其費 市鋪皆閉. 〈『高麗史』 卷124 列傳37〉

송명리(宋明理)는 상호군(上護軍)의 벼슬을 지내고 매양 왕을 따라서 미행(微行)하였고 왕이 일찍이 나희(儺戱)를 하매 송명리에게 명하여 이를 주관케 하고 포 200필을 하사하였으며 백공(百工)을 일시켜서 시중(市中)의 물건을 빼앗아 그 비용에 채우니 시포가 다 문을 닫았다. 〈『고려사』 권124 열전37〉

(5) 辛禑初 賜推忠亮節宣威翊贊功臣號 出爲楊廣全羅道都指揮使兼助戰元帥 倭寇扶寧 登幸安山 安烈與羅世 趙思敏 柳實 督兵進攻 大破之 斬獲甚多 獻捷 禑賜白金一錠 鞍馬衣服 凱還 都堂出天水寺 設儺戱迎之 進門下贊成事. 〈『高麗史』 卷126 列傳39〉

신우(辛禑)초에 충량절선위익찬공신호(忠亮節宣威翊贊功臣)라는 호를 하사하였다. 나가 양광·전라도 도지휘사(楊廣全羅道都指揮使) 겸 조전원수(助戰元帥)가 되었다. 왜가 부령(扶寧)에 침구(侵寇)하여 행안산(幸安山)에 오르거늘 변안열(邊安烈)이 나세(羅世), 조사민(趙思敏), 유실(柳實)과 더불어 군사를 독려하고 진공(進攻)하여 이를 대파하였으며 참획(斬獲)이 매우 많았다. 첩보를 올리니 신우(辛禑)가 백금(白金) 1정(錠)과 안마(鞍馬) 의복을 하사(下賜)하고 개환(凱還)하매 도당(都堂)에서 천수사(天水寺)에 나가 나희(儺戲)를 설하여 이를 맞이하고 문하찬성사(門下贊成事)에 올렸다.

〈『고려사』 권126 열전 39〉

(6) 除夕 設儺禮呈雜技 王臨視 內侍茶房牽龍等 交相騰躍爲樂 內侍金敦中年少氣銳 以燭燃仲夫鬚 仲夫 搏辱之 敦中父富軾 怒白王 欲拷仲夫 王允之 然異仲夫爲人 密令逃免 仲夫 由是慊敦中.

〈『高麗史』 卷128 列傳41〉

제석(除夕)에 나례(儺禮)를 설(設)하여 잡기(雜技)를 보이므로 왕이 와서 보았는데 내시 다방(茶房)·견룡(牽龍) 등이 서로 날뛰고 즐기다가 내시(內侍) 김돈중(金敦中)이 연소하나 기운이 날래어 촛불로써 정중부(鄭仲夫)의 수염을 태우니 정중부(鄭仲夫)가 치고 욕하므로 김돈중(金敦中)의 아비 김부식(金富軾)이 노하여 왕께 아뢰고 정중부(鄭仲夫)를 매치고자 하였다. 왕이 이를 허락하였으나 정중부(鄭仲夫)의 사람됨을 이상히 여겨 비밀히 도망케 하여 면(免)하도록 하였는데 정중부(鄭仲夫)는 이로 말미암아 김돈중(金敦中)을 싫어하였다.

〈『고려사』 권128 열전41〉

(7) 癸丑 納哈出 遣文哈剌不花 請尋舊好 禑如謹妃殿 作儺戲 翼日 禑以妓樂 出遊時 寒風甚烈 禑手自吹笛 謂妓輩曰 手凍吹笛 甚苦.

〈『高麗史』 卷135 列傳48 辛禑 9年 正月〉

계축(癸丑)에 납합출(納哈出)이 문합자불화(文哈剌不花)를 보내어 옛날과 같은 우호를 계속하기를 청하였다. 신우(辛禑)가 근비전(謹妃殿)에 행차하여 나희(儺戲)를 작(作)하고 다음날에는 신우(辛禑)가 기생과 악공들과 놀러 나갔는데 이때 찬 바람이 심히 사나우니 신우

(辛禑)가 손수 적(笛)을 불다가 기생들에게 말하기를, "손이 얼어서 적(笛)을 불기가 심히 괴롭다."라고 하였다.

〈『고려사』 권135 열전48 신우 9년 정월〉

(8) 朝廷使臣禮部主事陸顒鴻臚行人林士英 奉詔書來 設山棚結綵備儺禮.

〈『太宗實錄』 元年 2月 乙未〉

중국의 사신(使臣) 예부주사(禮部主事) 육옹(陸顒)·홍려행인(鴻臚行人) 임사영(林士英)이 조서(詔書)를 받들고 오니, 산붕(山棚)·결채(結綵)로 무대를 설치하여 나례(儺禮)를 준비하였다.

〈『태종실록』 원년 2월 을미〉

(9) 十二月晦前一日五更初 樂師女妓樂工等 詣闕 是日儺禮時 樂師率妓工奏樂 至驅儺後 設池塘具於內庭 樂師率兩童女 以入坐於蓮花中 而出以待節次 凡驅儺後處容舞二度. 〈『樂學軌範』 卷5〉

12월 그믐 하루 전날 5경초에 악사, 여기, 악공 등이 대궐에 나아간다. 이날 나례 때에 악사가 여기, 악공을 거느리고 음악을 연주한다. 구나 뒤에, 내정에 지당구를 설치하고, 악사가 두 동녀를 거느리고 들어가 연화 가운데 앉히고 나와 절차를 기다린다. 무릇 구나 뒤에 처용무를 2번 춘다. 〈『악학궤범』 권5〉

(10) 下敎曰 儺禮雜戱 皆尋常厭見之事 以他可玩之事 作爲技巧 庭戱.

〈『燕山君日記』 4年 11月 辛卯〉

하교하기를, "나례(儺禮)와 잡희(雜戱)는 다 심상하여 싫도록 본 일이니, 다른 구경할 만한 일로써 기교를 만들어 뜰에서 놀리도록 하라." 하였다. 〈『연산군일기』 4년 11월 신묘〉

(11) 傳曰 儺禮之設 本爲戱事 雖極雜戱而觀之 優人銀孫者 素能百戱而已死 其有從銀孫傳術者乎 承旨 李蓀啓 優人仲山 粗傳其術 傳曰 明日色承旨 往義禁府 試觀仲山之戱 與銀孫等否.

〈『燕山君日記』 5年 12月 癸卯〉

전교하기를, "나례(儺禮)의 설치는 본래 놀이하기 위한 것으로 매우 잡스러운 놀이이기는 하지만 볼 만한 것이다. 우인(優人) 은손(銀孫)이란 자가 원래 온갖 놀이를 잘하였는데, 이미 죽었다. 은손을 따라서 그 재주를 이어받은 자가 있느냐?" 하니, 승지 이손(李蓀)이 아뢰기를, "우인(優人) 중산(仲山)이 대강 그 재주를 전하였습니다." 하니, 전교하기를, "명일 색승지(色承旨)가 의금부(義禁府)에 가서 중산의 놀이가 은손과 같은가 여부를 시험해 보라." 하였다.

〈『연산군일기』 5년 12월 계묘〉

(12) 驅儺之事 觀象監主之 除夕前夜昌德昌慶闕庭爲之 其制樂工一人爲唱率 朱衣着假面 方相氏四人 黃金四目蒙熊皮 執戈擊柝 持軍五人朱衣假面着畫笠 判官五人綠衣假面着畫笠 竈王神四人青袍幞頭木笏着假面 小海數人着女形假面 上衣下裳 皆紅綠 執長竿幢 十二神 各着其神假面 如子神着鼠形 丑神着牛形也.〈『增補文獻備考』卷64 禮考11 儺〉

나(儺)를 몰아내는 행사는 관상감에서 주관하는데, 섣달 그믐 전날 밤에 창덕궁·창경궁 대궐 뜰에서 한다. 그 제도는 악공(樂工) 한 사람이 창수(唱率 역귀를 몰아내는 의식에 주문을 외던 사람)가 되어 붉은 옷에 가면을 쓰고, 방상 씨(方相氏) 4사람은 황금빛으로 된 눈 4개가 달린 가면에 곰 가죽을 덮어쓰고 창을 잡고 탁(柝)을 친다. 지군(持軍)[19] 5명은 붉은 옷에 가면을 하고 화립(畫笠)을 쓰며, 판관(判官) 5명은 푸른 옷에 가면을 하고 화립을 쓰며, 조왕신 4명은 청포·복두·목홀에 가면을 쓴다. 소매(小梅) 두어 사람은 여형(女形)의 가면을 쓰고, 저고리와 치마는 모두 붉고 푸른 것으로 하며, 긴 장대의 기를 잡는다. 12신은 각각 그 신의 가면을 쓰는데, 자(子)의 신은 쥐 모양의 가면을 쓰고 축(丑)의 신은 소 모양의 가면을 쓰는 것과 같다. 〈『증보문헌비고』 권64 예고11 나〉

---

19) 붉은 옷을 입고 탈을 쓴 나자(儺者)의 일종.

14. 유구곡(維鳩曲)

1) 작품

비두로기 새는
비두로기 새는
우루믈 우루딕
버곡댱이ᅀᅡ
난 됴해
버곡댱이ᅀᅡ
난 됴해

〈『시용향악보(時用鄕樂譜)』 속칭(俗稱) 비두로기○평조(平調)〉

2) 어석

· 비두로기 새는: 비둘기 새는
· 우루믈: 울음을
· 우루딕: 울되(박병채), 울기를 혹은 우는데(이병기), 울지만(권영철)
· 버곡댱이ᅀᅡ: 뻐꾹새야(박병채), 뻐꾸기라야(전규태), 뻐꾹장(울음소리)(권영철), 지저깨비(木厚皮)(김완진)
· 난 됴해: 나는 좋아하네

3) 현대역 및 해시

(1) 전규태(1968)

비둘기 새는,
비둘기 새는
울음을 울되
뻐꾸기사(라야) 나는 좋구나!
뻐꾸기사 나는 좋구나!

(2) 임기중(1993)

비둘기 새는
비둘기 새는
울음을 울지만,
빼꾹이라야
난 좋아
빼꾹이라야
난 좋아.

(3) 박병채(1994)

비둘기는
비둘기는
울음을 울지만
빼꾸기야말로
나는 좋네
빼꾸기야말로
나는 좋네.

(4) 최철(1996)

비둘기새는
비둘기새는
울음을 울지만
빼꾸기야말로 나는 좋네
빼꾸기야말로 나는 좋네

(5) 최철 · 박재민(2003)

비두로기 새는
비두로기 새는
울음을 울되
"빼꾸기 집이야말로 난 좋아

뻐꾸기 집이야말로 난 좋아"

(6) 김명준(2011)

비둘기 새는, 비둘기는,
울음을 울되,
뻐꾸기야 나는 좋네,
뻐꾸기야 나는 좋네.

4) 관련 기록

(1) 伐谷鳥 ○ 伐谷鳥之善鳴者也 睿宗欲聞己過 及時政得失 廣開言路 猶恐群下不言 作此歌以諷諭之也. 〈『高麗史』卷71 樂志〉

벌곡조(伐谷鳥) ○ 벌곡조는 잘 우는 새이다. 예종(睿宗)은 자기의 과오(過誤)와 시정(時政)의 득실(得失)을 듣고 싶어서 상언(上言)하는 길을 넓게 열어 놓았다. 그래도 아래 사람들이 상언하지 않을까 하여 이 노래를 지어 비유해서 타이른 것이다. 〈『고려사』 권71 악지〉

(2) 召諸王宰樞于賞春亭 置酒極歡 顧謂侍中致仕金景庸曰 國之元老 惟卿在爾 景庸 涕泣拜謝曰 老臣 蒙恩至渥 靡粉難酬 王 製詞二闋 令左右和進. 〈『高麗史節要』卷8 睿宗文孝大王 乙未 10年 5月〉

여러 왕씨와 재추를 상춘정으로 불러서 술마시며 마음껏 즐겼는데 시중치사 김경용을 돌아보며 이르기를, "나라의 원로는 경만이 남았다." 고 하니, 경용이 눈물을 흘리며 절하고 사례하여 아뢰기를, "노신이 은혜를 입은 것이 너무 지극하여 몸이 가루가 되더라도 갚기 어렵습니다." 하였다. 왕이 가사 두 곡조를 짓고 좌우를 시켜서 화답하여 바치게 하였다. 〈『고려사절요』 권8 예종문효대왕 을미 10년 5월〉

(3) 聞敎坊妓唱布穀歌有感(睿王喜聽此曲) 佳人猶唱舊歌詞 布穀飛來櫪樹稀 還似霓裳羽衣曲 開元遺老淚沾衣. 〈『東文選』卷19 七言絶句〉

교방 기생이 포곡가 부른 것을 듣고 느낀 바가 있어 시를 지었다.(예왕이 곡조 듣기를 좋아하였다.) '미녀들이 아직도 옛 가사 부르니, 뻐꾹새 날아오는데 상수리나무 드무네. 돌아보건대 예상우의곡[20]과도 같으니, 개원(開元) 때 늙은이 눈물을 옷에 적시네.'

〈『동문선』 권19 칠언절구〉

(4) 新羅伐休時 後園有鳥鳴伐谷 人曰 修德可以災弭 王遂大悟修政 國中大治 伐谷復伐谷 伐國可伐國 雖伐國也未惡 國可伐先伐穀 鳥能覺人心 亦能興人國 當時角干無一言 日日綠竹東圓曲 人而不如鳥 天所令人覺 鳥聲無古今 人心有善惡 按齊宣見牛而生惻隱 宋仁漱而出人心 人心之發 適其機而隨現 牛是一牛而豈有二宣王也 蟻是一蟻 豈有再宋仁乎 然則豈獨伐谷感王也 尋常百鳥之聲 皆可悟心 苟有善心 何患無聲 斯可見感應之理 捷於桴鼓.

〈『海東樂府』 卷1 伐谷鳥〉

신라 벌휴왕 때에 후원에 벌곡이라고 우는 새가 있었다. 어떤 사람이 '덕을 닦으면 재이가 사라질 것'이라고 하니 왕이 마침내 크게 깨닫고 정사를 닦아 나라가 잘 다스려졌다. 시에, '벌곡 벌곡, 나라를 정벌할 수 있나, 나라를 정벌할 수 있네. 나라를 정벌하는 것도 나쁘지 않지만, 나라를 정벌하려면 먼저 선을 닦아야 하네. 새도 사람의 마음을 깨우치고, 또한 나라를 일으킬 수 있건만. 당시의 각간들은 한 마디 말이 없이, 날마다 대숲에서 동원곡만 불렀네. 사람이 새만 못하니, 하늘이 새를 시켜 사람을 깨우쳤네. 새 소리는 고금이 다르지 않건만, 사람의 마음에는 선악이 있네.' 하였다. 제선왕은 끌려가는 소를 보고 측은지심이 발동하였고. 송 인종은 양치물에 빠져죽은 개미를 보고 인심이 발동하였으니, 인심의 발로는 그 기회에 따라 드러나는 것이다. 소는 똑같은 소일 뿐인데 어찌 두 명의 제선왕이 있겠으며, 개미는 다 같은 개미인데 어찌 또다른 송 인종이 있겠는가. 그렇다면 어찌 유독 벌곡조만이 왕을 감동시키겠는가. 평범한 모든 새소리가 다 사람의 마음을 깨우칠 수가 있는 것이다. 진실로 선한 마음이 있다면

20) 당(唐)나라 악곡의 이름임. 본래 인도 바라문의 악곡으로서, 서량(西凉)으로부터 전해졌음. 당나라 하서(河西) 절도사(節度使) 양경술(楊敬述)이 올리고, 현종(玄宗)이 그 가사를 꾸며서 이와 같이 아름다운 이름을 붙이게 되었음.

어찌 아무 소리가 없는 것을 걱정하겠는가. 여기에서 감응의 이치가 북소리보다도 빠르다는 것을 알 수 있다. 〈『해동악부』 권1 벌곡조〉

(5) 伐谷鳥 鳥之善鳴者也 高麗睿宗 欲聞己過 猶恐臣下不言 作此以風之云 有鳥伐谷名是何鳥也 能善鳴鳳凰枝上 玉樓邊故故近人 環佩筵過耳成空 聽者怠有口不言 言者罪伐谷鳥聲未了 有君如此可以臣而不如鳥.

〈『東埜集』 樂府 伐谷鳥〉

벌곡조는 새 중에 잘 우는 새이다. 고려 예종이 자기 과실을 듣고자 하였으나 오히려 신하들이 말을 하지 않을까 하여 이 노래를 지어 넌지시 타이른 것이다. 그 노래에, '벌곡이란 이름의 새 어떤 새인고, 봉황지 위에서 잘 우네. 옥루 가에서 주춤주춤 사람 가까이 다가오건만, 고관들 잔치 끝나도 귀에는 간언이 들리지 않네. 듣는 이 게으르면 입이 있어도 말하지 않고, 말하는 이를 벌하면 벌곡조 소리 끝나지 않으리. 이런 임금이 있으니, 신하로서 새만 못해서야 되겠는가.

〈『동야집』 악부 벌곡조〉

(6) 伐谷鳥辭 (伐谷 鳥之善鳴者也 睿宗欲聞己過及時政得失 廣開言路 猶恐羣下不言 作此歌 以風諭之) 春鳥善鳴爾其雄 決吻銳喙聲格格 聲格格飛上下 東陌西街聒不息 傳語今人莫厭聽 天機自動時難停 司晨守夜各定分 厥職不供非踐形 誰家織造懶婦驚 老農耙犁催晨征 君王側席思聞過 班行寂寞皆三緘 朝陽鳳不下 俗耳無砭鍼 忽聞好音懷中心 明珠不脛走 空穴來清風 寧無舌本强 而子聽不聽 大開明堂闢諍路 託物永言羣工曉 夫人不言負天性 君不見伐谷鳥. 〈『星湖先生全集』 卷7 海東樂府〉

벌곡조사 (벌곡은 새 중에 잘우는 새이다. 예종이 자기 과실을 듣고자 하였으나 오히려 신하들이 말을 하지 않을까 하여 이 노래를 지어 넌지시 타이른 것이다.) 봄새 중 잘 우는 새 네가 으뜸인데, 터진 입 뾰족부리로 빼꾹빼꾹. 빼꾹빼꾹 소리 내며 아래 위 나르며, 동쪽 언덕, 서쪽 거리 시끄럽게 우는구나. 전한 말 지금 사람 듣기 싫어 않으니, 천기(天機)의 움직임 멈추기 어렵다네. 새벽과 밤 지키기 맡은 직분 다하기에, 직책도 심문 않고 체모(體貌)도 엄하지 않네. 어느 집 베 짜던

게으른 아낙 깨우고, 늙은 농부 쟁기매어 아침 같이 재촉하네. 임금은 옆 사람에게 허물 듣기 생각해도, 신하들 조용하여 말, 행동, 생각을 삼가네. 아침 해 찬란한데 봉황은 내리지 않고, 속된 귀 고칠 의술 없더니, 갑자기 좋은 소리 듣고 마음속에 품네. 훌륭한 사람 달아나지 않고, 문구멍으로 맑은 바람 불어오네. 어찌 바른 말 하지 않았겠냐만, 나는 들어도 알지 못하네. 명당도 활짝 열고 언로도 열었는데, 가탁한 노래는 여러 관리 잘하네. 사람이 말 않으면 천성을 저버리니, 그대는 보지 못했는가? 벌곡조를! 〈『성호선생전집』 권7 해동악부〉

(7) 補閑集云 克謙落職還家 題詩公州維鳩驛云 朱雲折檻非干譽 袁盎當車豈爲身 一片丹誠天未照 强鞭羸馬退逡巡 後修驛 請工施壁彩 工當時名手姓朴 壁間畵一白衣着笠乘馬者 緣山路 信轡徐驅 物色凄然 人皆不知何圖 後松廣寺無衣子見之 咨嗟良久曰 此諫臣去國圖也 乃題詩曰 壁上何人畵此圖 諫臣去國事機乎 山僧一見尙惆悵 何況當塗士大夫 後人多詠其. 〈『東史綱目』第9 上 癸未年 毅宗 17年〉

보한집에는 극겸이 벼슬자리에서 밀려나 집으로 돌아오는 길에 공주의 유구역에 시를 썼다. 그 시에, '주운이 난간을 부순 것은 명예 구해서가 아니고, 원앙이 수레 막아선 것은 어찌 제 한몸 위한 것이랴. 일편단심을 임금이 알아주지 않으니, 파리한 말에 억지로 채찍질하며 비틀비틀 물러나네.' 하였다. 후에 역사를 보수하면서 공인에게 벽에 단청을 하게 하였는데, 그 공인은 당시에 명공(名工)인 박 씨 성을 가진 사람이었다. 벽에 흰옷 입고 삿갓을 쓰고 말을 타고서 산길을 따라 고삐를 잡고 천천히 가는 사람을 그렸는데 정취가 처연하였다. 사람들은 다 어떤 그림인지 몰랐는데, 뒤에 송광사의 무의자가 보고 탄식하고는 한참 있다 말하기를 "이것은 간신이 나라를 떠나는 그림이다." 하고, 이어 그 그림에 시를 쓰기를, '벽 위의 이 그림 어떤 사람이 그렸는고, 간신이 나라 버리고 떠나는 것은 일의 기미를 보았음이라. 산승이 한번 봐도 처창한 마음이 이는데 하물며 요직에 있는 사대부야 어떻겠는가.' 후인들이 이 일에 대해 시를 많이 읊었다.
〈『동사강목』 권9 상 계미년 의종 17년〉

(8) 伐谷鳥 鳥之善鳴者也 睿宗欲聞己過及時政得失廣開言路 猶恐群下不言作此歌以諷諭之也 伐谷或作布穀聲轉互幻而然也 金富軾聞教坊妓唱布穀歌 感而作詩曰 美人猶唱舊歌詞 布穀飛來櫪樹稀 還似霓裳羽衣曲 開元遺老淚沾衣. 〈『增補文獻備考』卷106 樂考17〉

벌곡조는 잘 우는 새이다. 예종(睿宗)이 자기의 과실과 정치의 득실을 듣고자 하여 언로(言路)를 널리 열었는데, 오히려 여러 신하가 말을 아니할까 두려워하여 이 노래를 지어 넌지시 타이른 것이다. 벌곡(伐谷)은 포곡(布穀)이라고도 하니 음이 서로 바뀌어서 그렇게 된 것이다. 김부식(金富軾)이, 교방 기생이 포곡가(布穀歌)를 부르는 것을 듣고 감동되어 시를 지었는데, 이러하였다. '미녀들이 아직도 옛 가사 부르니, 뻐꾹새 날아오는데 상수리나무 드무네. 돌아보건대 예상우의 곡과도 같으니, 개원(開元) 때 늙은이 눈물을 옷에 적시네.'

〈『증보문헌비고』 권106 악고17〉

(9) 伐谷鳥鳴布穀聲 朝來櫪樹雨新晴 舊臣沾淚先王諭 勝似開元霓羽名 睿宗欲聞其過及時政得失 猶恐群下不言作此而諷之 伐谷或作布穀聲轉互幻也 金富軾作詩曰 佳人猶唱舊歌詞 布穀飛來櫪樹稀 還似霓裳羽衣曲 開元遺老淚沾衣. 〈『林下筆記』卷38 海東樂府 伐谷鳥〉

뻐꾹새 울음소리 뻐꾹뻐꾹 나는데, 아침 맞은 상수리나무에는 비가 새로 개었네. 옛신하는 선왕의 가르침에 눈물 흘리니, 더 아름답구나 당 현종때의 예상우의곡보다. 벌곡조는 잘 우는 새이다. 예종(睿宗)이 자기의 과실과 정치의 득실을 듣고자 하여 언로(言路)를 널리 열었는데, 오히려 여러 신하가 말을 아니할까 두려워하여 이 노래를 지어 넌지시 타이른 것이다. 벌곡(伐谷)은 포곡(布穀)이라고도 하니 음이 서로 바뀌어서 그렇게 된 것이다. 김부식(金富軾)이, 교방 기생이 포곡가(布穀歌)를 부르는 것을 듣고 감동되어 시를 지었는데, 이러하였다. '미녀들이 아직도 옛 가사 부르니, 뻐꾹새 날아오는데 상수리나무 드무네. 돌아보건대 예상우의곡과도 같으니, 개원(開元) 때 늙은이 눈물을 옷에 적시네.' 〈『임하필기』 권38 해동악부 벌곡조〉

15. 상저가(相杵歌)

1) 작품

듥긔동 방해나 디히 히애
게우즌 바비나 지서 히애
아바님 어마님끠 받즙고 히야해
남거시든 내 머고리 히야해 히야해

〈『시용향악보(時用鄉樂譜)』 평조(平調)〉

2) 어석

· 듥긔동: 덜커덩(의성어)
· 방해나 디히: 방아나 찧어
· 히애: 무의미한 조흥구. 방아고를 조절하고 숨을 돌리기 위한 조율음.
 '디히히애'는 '가창상의 변음'(김완진)
· 게우즌: 게궂은
· 바비나 지서: 밥이나 지어
· 아바님 어마님끠 받즙고: 아버님 어머님께 바치옵고
· 남거시든: 남아 있거든
· 내 머고리: 내가 먹으리

3) 현대역 및 해시

(1) 전규태(1968)

덜커덩, 들쿠둥, 방아나 찧어
거친 밥이나 지어서
아버님 어머님께 드리고
그 밥이 남거든 내가 먹으리라.

(2) 임기중(1993)

덜커덩 방아나 찧어 히얘
거친 밥이나 지어 히얘
아버님 어머님께 바치옵고 히야해
남거든 내 먹으리 히야해 히야해.

(3) 박병채(1994)

덜꺼덩 방아나 찧어 히얘
누렇고 까실까실한 쌀로 밥이나 지어서 히야해
아버님 어머님께 바치옵고
남아 있거든 내 먹으리 히야해 히야해

(4) 최철(1996)

덜커덩 방아나 찧어 히얘
누렇고 까실까실한 밥이나 지어서 히야해
아버님 아머님께 바치옵고
남아 있거든 내 먹으리 히야해 히야해

(5) 최철·박재민(2003)

덜커덕 방아나 찧어 영차
거친 밥이나 지어 영차
아바님 어머님께 드리고 어영차
남으면 내 먹으리 어영차

(6) 김명준(2011)

덜꺼둥 방아나 찧어 히얘,
까슬한 밥이나 지어 히얘,
아버님 어머님께 바치고 히야해,
남아 있거든 내 먹으리 히야해 히야해.

4) 관련 기록

(1) 碓樂 慈悲王時人百結先生作也. 〈『三國史記』 卷32 雜志〉

대악은 자비왕 때 사람인 백결선생이 지은 것이다.
〈『삼국사기』 권32 잡지〉

(2) 百結先生 不知何許人 居狼山下 家極貧 衣百結若懸鶉 時人號爲東里百結先生 嘗慕榮啓期之爲人 以琴自隨 凡喜怒悲歡不平之事 皆以琴宣之 歲將暮 隣里舂粟 其妻聞杵聲曰 人皆有粟舂之 我獨無焉 何以卒歲 先生仰天嘆曰 夫死生有命 富貴在天 其來也不可拒 其往也不可追 汝何傷乎 吾爲汝 作杵聲以慰之 乃鼓琴作杵聲 世傳之 名爲碓樂.
〈『三國史記』 卷48 列傳〉

백결선생은 어떤 내력의 사람인지를 모른다. 낭산(지금 경주의 낭산) 아래에 살았는데, 집이 매우 가난하여 옷이 해어져 백 군데나 잡아매어 마치 메추라기 달아 맨 것과 같았으므로, 세상 사람들이 동리의 백결선생이라 이름하였다. 일찍이 영계기[21]의 사람됨을 사모하여 (언제나) 거문고를 가지고 다니며 모든 희노비환과 불평사를 거문고로 풀었다. 세모가 되어 이웃에서는 방아를 찧는데, 그 아내가 방아 찧는 소리를 듣고 말하기를 "남들은 모두 곡식이 있어 방아를 찧는데 우리만이 없으니 어떻게 이 해를 보낼까." 하였다. 선생이 하늘을 우러러보며 탄식하기를 "무릇 사와 생은 명이 있고 부와 귀는 하늘에 달렸으니, 그 오는 것을 막을 수 없고 가는 것을 따를 수 없거늘 그대는 어째서 상심하는가. 내가 그대를 위하여 방앗소리를 내어 위로하겠소." 하고, 이에 거문고를 타며 방앗소리를 내니, 세상에서 전하여 이름하기를 대악이라 하였다. 〈『삼국사기』 권48 열전〉

---

21) 영계기: 춘추시대 사람인데, 공자가 일찍이 태산에서 노닐고 오는 길에 영계기를 만났던 바, 그는 녹피 갖옷에 새끼줄을 띠고서 거문고를 타며 노래를 하고 있었다. 그래서 공자가 묻기를 "선생이 즐겁게 여기는 것은 무엇입니까?" 하니, 그가 대답하기를 "천지 사이에 사람으로 태어난 것이 첫째의 즐거움이요, 사람 중에도 남자로 태어난 것이 둘째의 즐거움이며, 게다가 90세의 수를 누린 것이 셋째의 즐거움이오" 라고 했던 데서 온 말이다. 『열자(列子)』 천서(天瑞).

(3) 碓樂 百結先生失其性名 居狼山下 家極貧 衣百結 若懸鶉 故以名之 嘗慕榮啓期之爲人 以琴自隨 凡喜怒悲歎 不平之事皆以琴宣之 歲將暮 隣里舂粟 其妻聞杵聲曰 人皆有粟 我獨無何以卒歲 先生仰天嘆曰 夫死生有命 富貴在天 其來也不可拒 其往也不可追 汝何傷乎 吾爲汝作杵聲以慰之 乃鼓琴作杵聲 世傳爲碓樂 東家砧舂黍稻 西家杵擣寒襖 東家西家砧杵聲 卒歲之資羸復羸 儂家窖乏甔石 儂家箱無尺帛 懸鶉衣兮藜羹椀 榮期之樂足飽煖 糟妻糟妻莫謾憂 富貴在天那何求 曲肱而寢有至味 梁鴻孟光眞好逑.

〈『佔畢齋集』卷3 東都樂府〉

대악 백결선생은 그의 성명을 알 수 없는데, 그는 낭산 아래에 살면서 집이 몹시 가난하여 여기저기 수없이 기워서 마치 현순과 같은 옷을 입었으므로, 이렇게 이름한 것이다. 그는 일찍이 영계기의 사람됨을 사모하여 항상 거문고를 지니고 있으면서 무릇 기쁘거나 노엽거나 즐겁거나 불평스러운 일이 있을 적에는 모두 이 거문고를 타서 마음을 풀었다. 그런데 한번은 세밑이 되어 이웃에서 곡식을 방아찧는 소리가 나자 그의 아내가 방아 소리를 듣고 말하기를 "사람마다 곡식이 있는데 나만 유독 없으니 어떻게 해를 마친단 말인가." 하였다. 그러자 선생은 하늘을 쳐다보며 탄식하기를 "대체로 죽고 사는 것은 명이 있고 부귀는 하늘에 달려 있어서, 오는 것을 막을 수가 없고 가는 것을 따라 잡을 수도 없는 것인데, 너는 무얼 그리 상심하느냐. 내 너를 위하여 방아 찧는 소리를 만들어 너를 위로해주마." 하고는 이에 거문고를 타서 방아 찧는 소리를 만들었으므로, 세상에서 잔하여 이를 대악이라 하였다. 동쪽 집에서는 기장과 벼를 방아 찧고, 서쪽 집에서는 겨울옷을 다듬이질 하누나, 동쪽 집 서쪽 집 방아 소리 다듬이 소리는 해를 넘길 거리가 넉넉하건만 우리 집 광안에는 쌓아둔 곡식이 없고, 우리 집 상자에는 한 자의 명주도 없으니, 해어져 너덜거리는 옷과 명아주국 한 사발에, 영계기의 낙은 충분히 배부르고 따뜻하다오, 조강지처여 조강지처여 부질없이 걱정말라, 부귀는 하늘에 달렸는데 구한다고 되겠는가, 팔을 베고 잠을 자도 지극한 맛이 있나니, 양홍과 맹광은 참으로 좋은 배필이었네.[22]

〈『점필재집』 권3 동도악부〉

22) 양홍은 후한(後漢) 때의 은사이고, 맹광은 바로 그의 아내이다. 양홍은 본디 가난한 선비였는데, 맹광이 부유한 가정에서 시집을 와서 처음에 비단 옷을 입고 화

(4) 碓樂 東家砧舂黍稻 西家杵搗寒襖 東家西家砧杵聲 卒歲之資贏復贏 儂家窖乏甔石 儂家箱無尺帛 懸鶉衣兮藜羹椀 榮期之樂足飽煖 糟妻糟妻莫謾憂 富貴在天那何求 曲肱而寢有至味 梁鴻孟光眞好逑.

〈『歌謠樂府』〉

대악 동쪽 집에서는 기장과 벼를 방아 찧고, 서쪽 집에서는 겨울 옷을 다듬이질하누나, 동쪽 집 서쪽 집 방아 소리 다듬이 소리는 해를 넘길 거리가 넉넉하건만 우리 집 광안에는 쌓아둔 곡식이 없고, 우리 집 상자에는 한 자의 명주도 없으니, 해어져 너덜거리는 옷과 명아주국 한 사발에, 영계기의 낙은 충분히 배부르고 따뜻하다오, 조강지처여 조강지처여 부질없이 걱정말라, 부귀는 하늘에 달렸는데 구한다고 되겠는가, 팔을 베고 잠을 자도 지극한 맛이 있나니, 양홍과 맹광은 참으로 좋은 배필이었네.

〈『가요악부』〉

(5) 舂杵樂 百結先生失其名 新羅慈悲王時人 家至貧 …… 許許舂杵舂杵 許許枯梧爲碓 趺指瓜共張擧 隆隆橐橐聲振環堵 何以抒之仰天搚缶 何以簸之百結襤褸 彼以其粒米 我以吾宮羽 歲時之筵以娛兒女 是爲我舂杵.

〈『嶺南樂府』〉

용저악 백결선생은 그 이름은 알 수 없는데 신라 자비왕 때의 사람이다. 집이 가난하여 …… 어위우아 방아요 방아라, 어위우아 거문고로 절구소리 내고. 질지과 크게도 찧네, 덜커덩 퉁탕 소리가 담장에 진동하네. 무엇으로 떠낼까 하늘 쳐다보고 질장구 두드리네, 무엇으로 키질할까 백결의 남루한 옷이로세. 사람들은 낟알로 절구질 하지만, 나는 오음(五音)으로 절구질하네. 세시의 잔치에 내 아내를 위해, 이 때문에 내가 절구질을 하네.

〈『영남악부』〉

장을 하곤 하므로, 양홍이 말하기를 "나는 거친 베옷을 입은 사람과 함께 깊은 산 속에 은거하려고 했는데, 지금 그대는 비단 옷을 입고 분단장을 하니, 내가 바라는 바가 아니다" 하자, 맹광이 대번에 가시나무 비녀를 꽂고 베옷을 입고서 양홍의 앞에 나타나니, 양홍이 말하기를 "진정한 양홍의 아내이다" 하고는, 함께 패릉산중으로 들어가 살았다는 고사가 있음. <『후한서(後漢書)』 권83>

(6) 碓樂 慈悲王時有人家貧 衣百結若懸鶉 時人號爲百結先生 慕榮啓期之爲人 常以琴自隨 凡喜怒悲歡不平之事 必於琴宣之 歲將暮 隣里舂粟其妻聞杵聲曰 人皆有粟可舂 我獨無 何以卒歲 先生曰 死生有命 富貴在天 其來也不可拒 其往也不可追 汝何傷乎 乃鼓琴作杵聲慰之 東都樂府 傳爲碓樂. 〈『增補文獻備考』卷106 樂考17〉

대악 자비왕 때에 어떤 사람이, 집이 몹시 가난하여 옷을 노닥노닥 기워서 메추리를 매단 것 같으므로, 이때 사람이 백결선생이라고 하였다. 영계기의 사람됨을 사모하여 항상 거문고를 가지고서, 모든 기쁨·노여움·슬픔·즐거움과 불평한 일을 반드시 거문고 소리로 펴내었다. 연말이 될 무렵 이웃집에서 떡방아를 찧으니, 그 아내가 절구소리를 듣고 한탄하기를, "남들은 방아 찧을 곡식이 있는데, 우리만 없으니 어떻게 설을 지내겠소?" 하자, 선생이 말하기를, "죽고 사는 것은 명이 있고 부귀는 하늘에 달려 있으니, 그것이 오면 막을 수 없고 가면 따를 수 없는 것인데, 당신은 무엇을 슬퍼하는가?" 하고는 곧 거문고를 쳐서 방아소리를 내면서 위로하였는데, 동도악부(東都樂府)에 대악이라고 전한다. 〈『증보문헌비고』 권106 악고17〉

(7) 百結先生喜鼓琴 空教隣杵惱妻心 杵聲演作琴中譜 千載流傳歲暮音 慈悲王時 有人衣懸鶉 號百結先生, 常以琴自隨 宣其志 歲將募 隣里舂粟其妻嘆曰 人皆有粟 我獨無 何以卒歲 先生 乃鼓琴作杵聲 以慰之.
〈『林下筆記』卷38 海東樂府〉

백결선생 거문고 타길 좋아했는데, 공연히 이웃 방아 아내 속상케 했네. 거문고로 떡방아 소릴 잘도 내더니 천년 지나도록 세모의 음악으로 유전했구나. 자비왕(慈悲王) 때에 어떤 누더기 입은 사람이 있어 호를 백결선생이라 하였는 항상 거문고를 가지고 다니면서 울적한 마음을 풀었다. 연말이 될 무렵 이웃집에서 떡방아를 찧으니, 그 아내가 "남들은 방아 찧을 곡식이 있는데, 우리만 없으니 어떻게 설을 지내겠소?" 라고 푸념하였다. 그러자 선생이 거문고를 타서 방아소리를 내어 그 아내를 위로하였다. 〈『임하필기』 권38 해동악부〉

(8) 秦春輟處更沾巾〈『月沙集』 祭文〉

진나라 방아 그친 곳에서 다시 눈물로 수건 적신다.〈『월사집』 제문〉

16. 성황반(城皇飯)

1) 작품

東方애 持國天王님하
南方애 廣目天子天王님하
南無西方애 增長天王님하
北方山의사 毗沙門天王님하
다리러 다로리 로마하
디렁디리 대리러 로마하
도람다리러 다로링 디러리
다리렁 디러리
內外예 黃四目天王님하 〈『시용향악보(時用鄕樂譜)』 계면조(界面調)〉

2) 어석

· 東方애: 동쪽에
· 持國天王님하: 지국천왕님아 ※ 지국천왕: 帝釋의 外將인 四天王의 하나로 동방의 수호신.
· 南方애: 남쪽에
· 廣目天子天王님하: 광목천자전왕님아 ※ 광목천왕: 帝釋의 外將인 四天王의 하나로 서방의 수호신.
· 南無西方애: 나무(歸依) 서방에
· 增長天王님하: 증장천왕님이 ※ 증장천왕: 帝釋의 外將인 四天王의 하나로 남방의 수호신.
· 北方山의사: 북방산에야
· 毗沙門天王님하: 비사문천왕님아 ※ 비사문천왕: 帝釋의 外將인 四天王의 하나로 북방의 수호신.

· 다리러 다로리 로마하: 무의미한 조흥구
· 디렁디리 대리러 로마하: 무의미한 조흥구
· 도람다리러 다로렁 디러리: 무의미한 조흥구
· 다리렁 디러리: 무의미한 조흥구
· 內外예: 내외에
· 黃四目天王님하: 황사목천왕님아 ※ 황사목천왕: 역귀를 쫓는 方相氏

3) 현대역 및 해시

(1) 임기중(1993)

동방(東方)에 지국천왕(持國天王)님이시여
남방(南方)에 광목천자천왕(廣目天子天王)님시이여
나무 서방(南無西方)에 증장천왕(增長天王)님시이여
북방산(北方山)에 비사문천왕(毗沙門天王)님이시여
다리러 다로리 로마하
디렁디리 대리러 로마하
도람다리러 다로과 디러리
다리렁 디러리
내외(內外)에 황사목천왕(黃四目天王)님이시여.

(2) 박병채(1994)

동방에 지국천왕님이여
남방에 광목천자천왕님이여
나무서방에 증장천왕님이여
북방산에 계신 비사문천왕님이여
다리러 다로리 로마하
디렁디리 대리러 로마하
도람 다리러 다로링 디러리
다리렁 디러리
내외에 황사목천왕님이여

(3) 최철(1996)

동방에 지국천황님이여
남방에 광목천자 천왕님이여
남무서방에 증장천왕님이여
북방산에 계신 비사문천왕님이여

(4) 김명준(2011)

동방(東方)에 지국천왕님이여,
남방(南方)에 광목천자천왕님이여,
나무(南無) 서방(西方)에 증장천왕님이여,
북방산(北方山)에 비사문천왕님시여,
다리러 다로리 로마하
디렁디리 대리러 로마하.
도람다리러 다로링 디러리
다리링 디러리.
내외(內外)에 황사목천왕님이여.

4) 관련 기록

(1) 丁巳 蒙兵 圍溫水郡 郡吏玄呂等 開門出戰 大敗之 斬首二級 中矢石死者二百餘人 所獲兵仗 甚多 王以其郡城隍神有密祐之功 加封神號 以呂爲郡戶長. 〈『高麗史』卷23 世家23 高宗 丙申 23年 9月〉

정사(丁巳)에 몽고병(蒙古兵)이 온수군(溫水郡)을 포위하니 군리(郡吏)인 현려(玄呂) 등이 성문(城門)을 열고 출전(出戰)하여 이를 대파(大破)하고 2급(級)을 참수(斬首)하니 시석(矢石)에 맞아죽은 자가 2백여 명(名)이며 노획(鹵獲)한 병기(兵器)도 심히 많았으므로 왕은 그 군(郡)의 성황신(城隍神)의 밀우(密祐)한 공(功)이 있다 하여 신호(神號)를 더하여 봉(封)하고 현려(玄呂)로써 군호장(郡戶長)을 삼았다. 〈『고려사』 권23 세가23 고종 23년 9월〉

(2) 丙午 中外城隍・名山大川 載祀典者 皆加德號.

〈『高麗史』 卷29 世家29 忠烈王 辛巳 7年 1月〉

병오(丙午)에 중외(中外)의 성황(城隍)과 명산(名山), 대천(大川)으로 사전(祀典)에 기재된 것에는 모두 덕호(德號)를 붙였다.

〈『고려사』 권29 세가29 충렬왕 7년 1월〉

(3) 辛未 王 在金文衍家 百官會梨峴新宮 王下敎曰 …… 城隍 幷國內名山大川 載在祀典者 宜加號.

〈『高麗史』 卷33 世家33 忠宣王 戊申 復位年 11月〉

신미(辛未)에 왕이 김문연(金文衍)의 집에 있으니 백관(百官)이 이현신궁(梨峴新宮)에 모였는지라 왕이 하교(下敎)하기를 …… 성황(城隍)과 국내 명산대천(名山大川)으로 사전(祀典)에 기재(記載)된 것은 함께 마땅히 칭호를 더할 것이다.

〈『고려사』 卷33 세가33 충선왕 복위년 11월〉

(4) 壬子 王于德水縣 王怒海青及內廐馬之斃 命焚城隍神祠.

〈『高麗史』 卷34 世家34 忠肅王 己未 6年 8月〉

임자(壬子)에 왕이 덕수현(德水縣)에서 사냥하다가 왕이 해청(매)과 내구마(內廐馬)의 죽음을 보고 노(怒)하여 성황신사(城隍神祠)를 불태우도록 명령하였다. 〈『고려사』 권34 세가34 충숙왕 6년 8월〉

(5) 庚寅 胡僧指空 說戒於延福亭 士女奔走以聽 鷄林府司錄李光順 亦受無生戒 之任 令州民 祭城隍 不得用肉 禁民畜豚甚嚴 州人 一日盡殺其豚 是月 泰定皇帝 崩. 〈『高麗史』 卷35 世家35 忠肅王 戊辰 15年 7月〉

경인(庚寅)에 호승(胡僧) 지공(指空)이 연복정(延福亭)에서 설계(說戒)하니 사녀(士女)들이 달려가 들었으며 계림부사록(鷄林府司錄) 이광순(李光順)이 또한 무생계(無生界)를 받아 임지(任地)에 가서 주민으로 하여금 성황(城隍)을 제사하는 데에도 고기를 쓰지 못하게 하고 백성에게 축돈(畜豚)을 금(禁)하기를 심히 엄하게 하니 주인(州人)들이 하룻 동안에 그 돼지를 다 죽여버렸다. 이달에 태정황제(泰定皇帝)가 죽었다. 〈『고려사』 권35 세가35 충숙왕 15년(1328) 7월〉

(6) 壬寅 帝遣秘書監直長夏祥鳳來 詔曰 …… 夫禮 所以明神人 正名分 不可以僭差 今命依古定制 凡嶽鎭海瀆 去其前代所封名號 止以山水本號稱其神 郡縣城隍神號 一體改封 歷代忠臣烈士 亦依當時初封 以爲實號 後世溢美之稱 皆與革去.

〈『高麗史』 卷42 世家42 恭愍王 庚戌 19年 7月〉

임인에 제(帝)가 비서감직장(秘書監直長) 하상봉(夏祥鳳)을 보내와 조(詔)하기를 …… 대저 예는 신인(神人)을 밝히고 명분을 바르게 함이니 가히 참월(僭越)하게 금명(今命)을 덧붙일 것이 아니라 옛 것에 의하여 제도를 정할 것이다. 무릇 오악, 5진(鎭), 사해, 사독(四瀆)은 모두 그 전대의 봉한 바 명호(名號)를 버리고 다만 산수의 본호(本號)로써 그 신(神)을 칭할 것이며 군현의 성황신호(城隍神號)도 한결같이 개봉(改封)할 것이며 역대의 충신, 열사도 또한 당시 처음 봉한데 의하여 실호(實號)를 삼고 지나치게 아름다운 칭호는 모두 다 혁거(革去)할 것이다. 〈『고려사』 권42 세가42 공민왕 19년 7월〉

(7) 禑謁玄陵 宣讀誥命 張溥等 往觀社稷壇 責其不營齋廬 又欲觀城隍 朝議以爲不可登高 遍瞰國都 以淨事色 爲城隍以示之 淨事色 乃醮星所. 〈『高麗史』 卷135 列傳48 辛禑 11年 9月〉

우(禑)가 현릉에 알현하고 고명(誥命)을 선독(宣讀)하였다. 장부 등이 사직단을 가서 보고 그 재사지내는 집을 짓지 아니한 것을 책(責)하고 또 성황을 보고자 하거늘 조의(朝議)가 높은데 올라가서 나라의 도읍을 두루 보는 것은 불가하다하여 속여 정사색(淨事色)으로써 성황이라 하고 이를 보이니 정사색(淨事色)은 곧 성신(星辰)을 초제(醮祭)하는 것이다. 〈『고려사』 권135 열전48 신우 11년 9월〉

(8) 恭讓王二年 …… 時 遷漢陽數日 虎多害人畜 人皆畏懼 王 遣使 祭白

岳・木覓・城隍 以禳之. 〈『高麗史』 권54 志8〉

공양왕(恭讓王) 2년 …… 때에 한양(漢陽)으로 옮긴지 겨우 수일(數日)인데 범이 많이 사람과 가축(家畜)을 해치니 사람들이 두려워하므로 왕이 사신(使臣)을 보내어 백악(白岳)・목멱(木覓)・성황(城隍)에 제사를 지내 이를 가셨다. 〈『고려사』 권54 지8〉

(9) 文宗 …… 九年三月壬申 宣德鎭新城 置城隍神祠 賜號崇威 春秋致祭. 〈『高麗史』 卷63 志17〉

문종 …… 9년 3월 임신에 선덕진(宣德鎭) 신성(新城)에 성황신사(城隍神祠)를 설치하고 호(號)를 숭위(崇威)라고 사(賜)하여 춘추(春秋)로서 치제(致祭)하게 하였다. 〈『고려사』 권63 지17〉

(10) 郁工文辭 又精於地理 嘗密遺顯宗金一囊曰 我死以金贈術師 令葬我縣城隍堂南歸龍洞 必伏埋. 〈『高麗史』 卷90 列傳3 宗室 太祖〉

왕욱(王郁)은 문사(文辭)를 잘하고 또 지리(地理)에 정통하여 일찍이 비밀히 금(金) 1낭(囊)을 현종(顯宗)에게 주면서 말하기를, "내가 죽거든 이 금(金)을 술사(術士)에게 주고 나를 우리 현(縣) 성황당(城隍堂) 남쪽 귀룡동(歸龍洞)에 장사하되 반드시 엎어 묻게 하라." 고 하였다. 〈『고려사』 권90 열전3 종실 태조〉

(11) 辛酉 富軾備軍儀入景昌門 坐觀風殿西序 受五軍兵馬將佐賀 使人祠諸城隍神廟 撫慰城中使按堵. 〈『高麗史』 卷98 列傳 11 諸臣 金富軾〉

신유에 김부식(金富軾)은 군의(軍儀)를 갖추고 경창문(景昌門)으로 들어가 관풍전(觀風殿) 서서(西序)에 좌정(坐定)하여 오군병마장좌(五軍兵馬將佐)의 경하(慶賀)를 받고 사람을 시켜 모든 성황신묘(城隍神廟)에 제사지내고 성중(城中)을 무위(撫慰)하여 안도(安堵)케 하였다. 〈『고려사』 권98 열전11 제신 김부식(金富軾)〉

(12) 又爲朔方道監倉使 登州城隍神 屢降於巫 奇中國家禍福 有一詣祠 行國祭 揖而不拜 有司希旨 劾罷之.

〈『高麗史』卷99 列傳12 諸臣 咸有一〉

또 삭방도감창사(朔方道監倉使)가 되어 등주(登州) 성황신(城隍神)이 자주 무당에게 강신(降神)하여 기이하게도 국가의 화복(禍福)을 맞힌다고 하므로 함유일이 사(祠)에 가서 국제(國祭)를 행하는데 읍(揖)하고 배(拜)하지 않으니 유사(有司)가 임금의 뜻을 맞추어 탄핵하여 파면하였다.

〈『고려사』 권99 열전 12 제신 함유일(咸有一)〉

(13) 和 …… 又云 吾遣山川神 倭賊可擒也 巫覡尤加敬信 撤城隍祠廟 事伊金如佛 祈福利. 〈『高麗史』卷107 列傳 20 諸臣 權和〉

권화(權和)가 …… 또 이르기를, "내가 산천(山川)의 신(神)을 신칙하여 보내면 왜적(倭賊)을 사로잡을 수 있을 것이다." 하니 무격이 더욱 경신(敬信)을 더하며 성황(城隍)의 사묘(祠廟)를 걷어치우고 이금(伊金)을 섬기기를 부처와 같이 하여 복리(福利)를 빌었다.

〈『고려사』 권107 열전20 제신 권화(權和)〉

(14) 吏曹請 封境內名山大川 海城隍島之神 松岳城隍 曰鎭國公 和寧安邊完山城隍曰啓國伯 智異無等錦城雞龍紺嶽三角白嶽諸山 晉州城隍 曰護國伯 其餘皆曰 護國之神. 〈『太祖實錄』卷3 2年 2月 21日〉

이조에서 경내(境內)의 명산(名山)·대천(大川)·성황(城隍)·해도(海島)의 신(神)을 봉(封)하기를 청하니, 송악(松岳)의 성황(城隍)은 진국공(鎭國公)이라 하고, 화령(和寧)·안변(安邊)·완산(完山)의 성황(城隍)은 계국백(啓國伯)이라 하고, 지리산(智異山)·무등산(無等山)·금성산(錦城山)·계룡산(鷄龍山)·감악(紺嶽)·삼각산(三角山)·백악(白嶽)의 여러 산과 진주(晉州)의 성황(城隍)은 호국백(護國伯)이라 하였다. 그 나머지는 다 호국지신이라 하였다. 〈『태조실록』 권3 2년 2월 21일〉

17. 내당(內堂)

1) 작품

山水淸凉 소릐와
淸凉애ᅀᅡ 두스리믈어디새라
道場애ᅀᅡ 오시ᄂᆞ니
ᄒᆞᆫ 남죵과 두 남죵과
열 세 남죵 주ᅀᅥᄲᅧ라
바회예 나ᄅᆞ새라
다로럼 다리러
열 세 남죵이 다 여위실더드런
니믈 뫼셔 술와지
聖人無上兩山大勒하
다로럼 다리러 〈『시용향악보(時用鄕樂譜)』 계면조(界面調)〉

2) 어석

- 山水淸凉 소릐와: 산수의 맑고 시원한 소리와
- 淸凉애ᅀᅡ 청량에야
- 두스리믈어디새라: 두어 里 무너지는구나: 두스리+믈어디새라(박병채), 안심됨을 얻었구나: 두스리믈+어디새라(권재선), 두스리: 둘 사이가(이등룡)
- 道場애ᅀᅡ: 도량에야(박병채), 도랑(溝)에는 옷이나니(권재선)
- 오시ᄂᆞ니: 오시나니
- ᄒᆞᆫ 남죵과 두 남죵과: 한 남자종과 두 남자종과 ※ 남죵: 남자종(박병채), 해진 바지(권재선)
- 열 세 남죵: 열 세 남자종
- 주ᅀᅥᄲᅧ라: 주어 빨아서
- 바회예: 바위에
- 나ᄅᆞ새라: 너는 구나(박병채), 나르도다(권재선)
- 다로럼 다리러: 무의미한 조흥구

· 다 여위실더드런: 다 여월 때는(박병채), 다 넓게 펴질 때에는(권재선)
· 니믈 뫼셔 술와지: 님을 모시어 사라지고 싶습니다(박병채), 님을 모시고 이야기 나누고자 한다(권재선), 님을 모시어 사라지게 하소서(?)(임기중)
· 聖人無上兩山大勒하: 부처님과 무상보리 두 山寺의 대미륵아
· 다로럼 다리러: 무의미한 조흥구

3) 현대역 및 해시

(1) 임기중(1993)

산수 청량(山水淸凉) 소리와
청량(淸凉)에야 두스리 믈어디새라(?)
도량(道場)에야 오시나니
한 남자종과 두 남자종과
열 셋 남자종 주웠어라(?)
바위에 옮겼어라.
다로럼 다리러
열 셋 남자종이 다 여위어야만
님을 모시고 사라져라.
성인 무상 양산 대륵(聖人無上兩山大勒)이여!
다로럼 다리러

(2) 박병채(1994)

산수의 맑고 시원한 소리와 더불어
청정한 도량에선 두어리 되는 번뇌도 무너지는구나
도량에 오시나니
한 남종과 두 남종과
열셋 남종을 주어 빨아
바위에 너는구나
다로럼 다리러
열셋 남종이 모두 여월 때면

임을 모시어 사라지고 싶습니다
성인무상 양 산의 대미륵님
다로럼 다리러

(3) 최철(1996)

산수의 맑고 시원한 소리와 더불어
청정한 도량에선 두어리 되는 번뇌도 무너지는 구나
도량에 오시나니
한 남종과 두 남종과
열세 남종을 주어 빨아
바위에 너는 구나
다로럼 다리러
열셋 남종이 모두 여윌 때면
임을 모시어 사라지고 싶습니다
성인 무상 양산 대미륵님
다로럼 다리러

(4) 김명준(2011)

산속 물의 맑고 시원한 소리가 있고,
맑고 시원한 곳에서야 두어 리(里)쯤 되는 번뇌가 사라지는구나.
도량에 오시나니,
한 남종과 두 남종과,
열세 남종을 주어 빨아,
바위에 너는구나.
다로럼 다리러
열세 남종을 모두 여윌 때면,
임을 모시어 사라지고 싶습니다.
부처님과 무상보리 두 산사(山寺)의 대미륵님이여.
다로럼 다리러.

4) 관련 기록

(1) 新羅稱王曰居西干 辰言王也 或云 呼貴人之稱 或曰次次雄 或作慈充 金大問云 次次雄方言謂巫也 世人以巫事鬼尙祭祀 故畏敬之.

〈『三國遺事』 卷1〉

신라에서는 왕을 거서간이라 하니 진에서 왕을 말함이며, 혹은 귀인의 칭이라 한다. 혹은 차차웅 또는 자충이라고도 하였는데, 김대문은 말하기를 차차웅은 국어에 무당을 의미하는 말이니, 세상 사람들이 무당은 귀신을 섬기고 제사를 숭상하므로 그를 외경하였다.

〈『삼국유사』 권1〉

(2) 己卯 又設灌頂道場 于內願堂. 〈『高麗史』 卷26 世家 元宗2〉

기묘에 또 관정도량(灌頂道場)을 내원당(內願堂)에 설하였다.

〈『고려사』 권26 세가26 원종 10년 12월〉

(3) 壬寅 親設靈寶道場于內願堂.

〈『高麗史』 卷34 世家34 忠肅王 戊午 5年 10月〉

임인(壬寅)에 친히 영보도량(靈寶道場)을 내원당(內願堂)에서 베풀었다. 〈『고려사』 권34 세가34 충숙왕 5년 10월〉

(4) 丙子 王 飯僧普愚于內佛堂 普愚 普虛.

〈『高麗史』 卷39 世家39 恭愍王 丙申 5年 2月〉

병자(丙子)에 왕이 승려 보우(普愚)를 내불당(內佛堂)에서 공양(供養)하니 보우(普愚)는 즉 보허(普虛)이다.

〈『고려사』 권39 세가 39 공민왕 5년 2월〉

(5) 八關會 有司設洗幕于僕射廳南 竪樊限內外 達衷與刑部尙書李挺 坐廳上 令撤其樊 王在儀鳳樓 見之大怒 命繫獄 左右請之 止囚家奴 御史臺又劾之 挺嘗提調內佛堂 特原之. 〈『高麗史』 卷112 列傳25 諸臣 李達衷〉

팔관회(八關會)에 유사(有司)가 관세(盥洗)하는 장막을 복야청(僕射廳) 남쪽에 설하고 울타리를 세워 내외(內外)를 가리거늘 이달충(李達衷)이 형부상서(刑部尙書) 이정(李挺)과 더불어 청상(廳上)에 앉았다가 그 울타리를 철거시키니 임금이 의봉루(儀鳳樓)에 있어 이를 보고 크게 노하여 옥에 가두라고 명하거늘 좌우(左右)가 청하여 다만 가노(家奴)만 가두니 어사대(御史臺)가 또 이를 탄핵하였으나 이정(李挺)은 일찍이 내불당(內佛堂)의 제조(提調)가 되었으므로 특히 용서하였다. 〈『고려사』 권112 열전25 제신 이달충(李達衷)〉

(6) 於是內佛堂之法席 演福寺之文殊會講經 飯僧至屈千乘之尊 拜髠爲師親執弟子之禮 至于甲寅未蒙事佛之福.

〈『高麗史』 卷120 列傳諸臣 金子粹〉

이에 내불당(內佛堂)의 법석(法席)과 연복사(演福寺)의 문수회(文殊會)에 경(經)을 강(講)하고 승(僧)을 공양(供養)하며 심지어는 천승(千乘)의 지존(至尊)으로 굴(屈)하여 중에게 절하고 스승을 삼고 친히 제자(弟子)의 예(禮)를 잡았으나 갑인(甲寅)에 이르러 불(佛)을 섬긴 복(福)을 입지 못하였습니다.

〈『고려사』 권120 열전33 제신 김자수(金子粹)〉

18. 대왕반(大王飯)

1) 작품

八位城隍 여듧 位런 놀오쉬오
뭇ㅈ가ᄉᆞ리 쟝화새라
當時예 黑牧丹고리
坊廂애 ᄀᆞ드가리
노니실 大王하
디러렁다리 다리러디러리

〈『시용향악보(時用鄕樂譜)』 ᄀᆞᄅᆞ와디 평조(平調) 내당(內堂) ᄀᆞᄅᆞ와디

악동(樂同)〉

2) 어석

· 八位城隍: 팔위 성황
· 여듦 位런: 여덟 성황신은(八位城隍)
· 놀오쉬오: 놀고 쉬고
· 믓ᄌᆞ가ᄉᆞ리: 물가의 계집질이(박병채), 물가의 물풀(?)(임기중)
· 쟝화새라: 장하구나(박병채), 花盤(임기중)
· 當時예: 당시에
· 黑牧丹고리: 흑모단 꼴이
· 坊廂애: 방상에(박병채) ※ 방상중국에서 성치(城治)의 구획이며 성이 있는 곳, 곁채(?)(임기중)
· ᄀᆞ드가리: 가득가득히
· 노니실 大王하: 놀으실 대왕아
· 디러렁다리 다리러디러리: 무의미한 조홍구

3) 현대역 및 해시

(1) 임기중(1993)

팔위 성황(八位城隍) 여덟 자리(位)란 놀고 쉬고
물가의 가사리 화반(花盤)이구나!
때 맞추어 흑모란(黑牧丹) 담은 꽃고리
곁채에 가득하리(?)
노니실 대왕(大王)님이시여,
디러렁다리 다리러디러리

(2) 박병채(1994)

팔위성황 여덟 성황님은 놀고 쉽니다그려.
물가 계집질이 장하기도 합니다
그 때에 흑모란 같은 많은 여인들이

이 성안에 가득 차서
놀고 계신 대왕님
디러렁다리 다리러디러리

(3) 최철(1996)

팔위성황 여덟 성황님은 놀고 쉽니다 그려
물가 계집질이 장하기도 합니다
그 때에 흑모란 같은 많은 여인들이
이 성안에 가득차서
놀고 계신 대왕님
디러렁다리 다리러디러

(4) 김명준(2011)

팔위 성황 여덟 분은 놀고 쉬고,
물가의 꽃들이 성하기도 했지요.
당시에 흑모란(黑牧丹)을 담은 꽃 고리가,
성 안팎에 가득해,
노니는 대왕님.
디러렁다리 다리러디러리.

19. 삼성대왕(三城大王)

1) 작품

瘴ᄀᆞᄉᆞ실가 三城大王
일ᄋᆞᄉᆞ실가 三城大王
瘴이라 難이라 쇼셰란ᄃᆡ
瘴難을 져차쇼셔
다롱다리 三城大王
다롱다리 三城大王

네라와 괴쇼셔 〈『시용향악보(時用鄕樂譜)』 평조(平調)〉

2) 어석

· 瘴ᄀᆞᅀᆞ실가: 장독을 끊으실까(박병채), 열병 끊을실까(임기중)
· 三城大王: 삼성대왕(성황신의 하나)
· 일ᄋᆞᅀᆞ실가: 일을 빼앗으실까(박병채), 재앙을 빼앗으실까(임기중)
· 瘴이라: 장독이라
· 難이라 쇼셰란ᄃᆡ: 재난이라 소서일진대(박병채), 재난을 막아 주소서 (임기중)
· 瘴難을 져차쇼셔: 장독의 재난을 제거하소서
· 다롱다리: 무의미한 조흥구
· 녜라와 괴쇼셔: 옛보다 사랑하소서

3) 현대역 및 해시

(1) 임기중(1993)

열병 끊으실까 삼성대왕(三城大王)
재앙을 빼앗으실까 삼성대왕(三城大王)
열병이라 재앙이라 씻으셔서
열병과 재앙을 막아 주소서
다롱다리 삼성대왕(三城大王)
다롱다리 삼성대왕(三城大王)
옛날보다 사랑해 주소서.

(2) 박병채(1994)

장독을 끊어 없애실까 삼성대왕
일을 빼앗으실까 삼성대왕
장독이라 재난이라 할진대
장독을 제거하소서
다롱디리 삼성대왕

다롱디리 삼성대왕
옛날보다 더 사랑하소서.

(3) 최철(1996)

장독을 끊어 없애실까 삼성대왕
일을 빼앗으실까 삼성대왕
장독이라 재난이라 할진대
장독을 제거하소서
다롱다리 삼성대왕
다롱다리 삼성대왕
옛날보다 더 사랑하소서

(4) 김명준(2011)

장독을 끊으실까 삼성대왕,
큰일[재난(災難)]을 빼앗으실까 삼성대왕,
장독이라 재난이라 없애셔서,
장독과 재난을 막아 주소서.
다롱다리 삼성대왕
다롱다리 삼성대왕
예전보다 사랑해 주소서.

4) 관련 기록

(1) 三聖祠在黃海道文化縣九月山 享桓因桓雄(東史補遺云桓因桓君祖桓雄檀君父)檀君 春秋降香致祭 本朝 成宗三年因黃海道觀察使李芮之言 立三聖廟于九月山 依平壤檀君廟例 每歲送香祝以祭之.

〈『增補文獻備考』 卷64 禮考11 三聖祠〉

삼성사는 황해도 문화현(文化縣) 구월산(九月山)에 있다. 환인·환웅과(『동사보유(東史補遺』에 이르기를, "환인은 단군의 조부(祖父)이고 환웅은 단군의 아버지이다." 하였다.) 단군에게 제사를 지내는데, 춘추로 향을 내려서 치제(致祭)하였다. 본조 성종 3년(1472년)에 황해도 관찰사 이예(李芮)의 말을 인하여 삼성묘(三聖廟)를 구월산에 세우고, 평양 단군묘의 예에 의하여 매년 향과 축을 보내어 제사를 지내게 하였다. 〈『증보문헌비고』 권64 예고11 삼성사〉

(2) 三聖堂祠(高麗忠肅王六年 畋于德水縣 怒海靑及內廐馬之斃 命焚城隍神祠 卽此). 〈『新增東國輿地勝覽』 卷13 豊德郡 祠廟〉

삼성당사. (고려 충숙왕 6년에 덕수현(德水縣)에서 사냥하다가 왕이 매와 내구마(內廐馬)의 죽음을 보고 노(怒)하여 성황신사(城隍神祠)를 불태우도록 명령하였으니 이것이다).
〈『신증동국여지승람』 권13 풍덕군 사묘〉

20. 대국(大國) 1, 2, 3

1) 작품

一
술도 됴터라 드로라
고기도 됴터라 드로라
엇더다 別大王 들러신뎌
四百瘴難을 아니 져차실가
얄리얄리얄라 얄라셩얄라

二
오부샹셔 비샹셔 수여天子
天子大王 景象여 보허릐허
天子大王 오시논 나래
ᄉᆞ랑大王인돌 아니 오시려
兩分이 오시논 나래
命엣 福을 져미쇼셔
얄리얄리얄라 얄라셩얄라

三
大國도 小國이로다
小國도 大國이로다
小盤의 다ᄆᆞ샨 紅牧丹
섯디여 노니져

얄리얄리얄라 얄라셩얄라 〈『시용향악보(時用鄉樂譜)』 평조(平調)〉

2) 어석

◇ 대국 1

- 술도 됴터라: 술도 좋더라
- 드로라: 들어라(擧), 들어오라(이등룡)
- 고기도: 고기도
- 엇더다 別大王: 어쩌다가 별대왕(성황신의 하나)
- 들러신ᄃᆡ: 들렀는데
- 四百瘴難을: 많은 장난을, 온갖 질병과 재난을(이등룡)
- 아니 져차실가: 아니 제거하실까
- 얄리얄리얄라 얄라셩얄라: 무의미한 조흥구

◇ 대국 2

- 오부샹셔 비샹셔: 五部尙書 非尙書
- 수여天子: 授與天子(왕위를 물려 준 천자)
- 天子大王: 천자대왕
- 景象여 보허릐허: 풍모여 들보같은 허리여
- 오시논 나래ᄉᆞ랑: 오시는 날에는
- 大王인돌 아니 오시려: 대왕인들 아니 오시려는가
- 兩分이: 두 대왕이
- 오시논 나래: 오시는 날에
- 命엣 福을: 명에 있는 복을
- 져미쇼셔: 마련하소서(박병채), 나눠주소서(임기중)

◇ 대국 3

· 大國도 小國이로다: 대국도 소국이로다
· 小國도 大國이로다: 소국도 대국이로다
· 小盤의 다므샨 紅牧丹: 소반에 담으신 홍모란
· 섯디여 노니져: 섞어져 놀고 싶습니다

3) 현대역 및 해시

(1) 임기중(1993)

술도 좋더라 들어라
고기도 좋더라 들어라
어쩌다가 별대왕(別大王) 들르셨는데
세상의 모든 재난 아니 쫓아 버리실까.
얄리얄리얄라 얄라셩얄라

오부상서 비상서 수여천자(天子)
천자 대왕(天子大王) 모습(景象)이여 들보 같은 허리여
천자 대왕(天子大王) 오시는 날에
사랑 대왕(ᄉᆞ랑大王)인들 아니 오실까
두 분이 오시는 날에
명(命)엣 복(福)을 나눠 주소서.
얄리얄리얄라 얄라셩얄라

대국(大國)도 소국(小國)이로다
소국(小國)도 대국(大國)이로다
소반(小盤)에 담은 홍모란(紅牧丹)처럼
섞여 노닐고 싶습니다.
얄리얄리얄라 얄라셩얄라

(2) 박병채(1994)

술도 좋더라 들어라

고기도 좋더라 들어라
어쩌다 별대왕 성황신이 들렀는데
많은 장난을 제거하지 않으실까
얄리얄리얄라 얄라셩얄라

육부상서 아닌 오부상서의 수여천자
그 천자대왕의 풍모여 들보같은 허리여
천자대왕이 오시는 날에는
성황신대왕인들 아니 오시려는가
이 양대왕이 오시는 날에
명에 타고난 복덕을
마련하여 주소서
얄리얄리얄라 얄라셩얄라

대국도 소국이로다
소국도 대국이로다
소반에 담으신 붉은 모란
섞여져 놀고 싶구나
얄리얄리얄라 얄라셩얄라

(3) 최철(1996)

1
술도 좋더라 들어라
고기도 좋더라 들어라
어쩌다 별대왕 성황신이 들렀는데
많은 장난을 제거하지 않으실까
얄리얄리얄라 얄라셩얄라

2
유부상서 아닌 오부상서의 수여천자
그 천자대왕의 풍모여 들보같은 허리여
천자대왕이 오시는 날에는

성황신 대왕인들 아니 오시려는가
이 양대왕이 오시는 날에
명에 타고난 복덕을 마련하여 주소서
얄리얄리얄라 얄라셩얄라

3
대국도 소국이로다
소국도 대국이로다
소반에 담으신 붉은 모란
섞여져 놀고 싶구나
얄리얄리얄라 얄라셩얄라

(4) 김명준(2011)

1
술도 좋더라, 들어라.
고기도 좋더라, 들어라.
어쩌다가 별대왕 들르셨는데,
많은 장독(瘴毒)과 재난을 아니 제거하실까.
얄리얄리얄라 얄라셩얄라.

2
오부 상서(五部尙書) 비상서(非尙書) 수여천자(授與天子),
천자대왕(天子大王) 풍모여, 대들보 같은 허리로다.
천자대왕 오시어 노는 날에,
사랑대왕인들 아니 오시려나.
두 분이 오시어 노는 날에,
명에 있는 복을 마련해 주소서.
얄리얄리얄라 얄라셩얄라.

3
대국(大國)도 소국(小國)이로다.
소국도 대국이로다.

소반(小盤)에 담은 홍모란(紅牧丹)처럼,
섞여서 노닐고 싶구나.
얄리얄리얄라 얄라셩얄라.

4) 관련 기록

(1) 神像說 松都之府西有所謂大國淫祠 祠有神像 府有一書生 父病禱于神無驗父竟死 書生奮往 捽神像擊碎 守神者告于府 是時某號某公爲留後乃曰 神若有靈 神當自治其書生 我何與 守神者無奈而退 然人皆爲書生危 經十數年 書生無事 人猶謂神寬容 不曰不靈 其後書生幼子死 女得喪心疾 人皆謂果得殃于神 雖稍剛直 自謂不惑於鬼神者 亦以是不能無竦懼而少沮 吾聞回回得罪于明皇帝 黜在東國 生旣不聞其異 死何有靈此都民俗好鬼 以爲大國之鬼 必有其靈 建祠以禱福 亦見其惑之甚也 其神果若有靈 當書生擊毁其象 何不能禦一書生 而安其受墮臧耶 …… 所謂福善禍淫者 乃天地陰陽之神 而非邪淫者謂也 設回回有神 是不過天地間一邪淫之怪耳 抑何敢擅天地禍福生死之柄 以私恩怨 以亂下民哉然則厥像果有其神耶 果無其神耶 其神眞有靈耶 眞無靈耶.

〈『嵩岳集』卷4 雜著〉

신상설(神像說) 송도부 서쪽에 대국사(大國祠)라는 음사(淫祠)가 있는데, 이 사당에 신상(神像)이 있었다. 부(府)에 한 서생이 있었는데 아비가 병들어 신에게 기도했는데 아무 효험도 없이 아비가 죽고 말았다. 서생은 분하여 달려가서 신상을 두드려 깨버렸다. 신을 지키는 자가 관에 고하니, 당시에 모호(某號) 모공(某公)이 유후(留後)로 있었다. 유후가 말하기를, "신이 만약 영험이 있다면 신이 스스로 그 서생을 다스릴 것이니 나와 무슨 상관이 있겠는가."라고 하니, 신을 지키는 자가 어찌하지 못하고 물러갔다. 그러나 사람들은 모두 서생을 불안하게 생각하였다. 십 년이 지나도록 서생은 무사했는데도 사람들은 오히려 신이 관대하다고 하고 영험이 없다고 하지 않았다. 그 후에 서생의 어린 아들이 죽고 딸이 심질(心疾)을 앓자 사람들이 모두 과연 신의 재앙을 받았다고 하였고, 비록 조금 강직하여 스스로 귀신에게 현혹되지 않는다고 하는 자들도 이 일에 대해 두려워서 조금 물러섬이 없지 않았다. 나는 들으니, 회회(回回)가 명(明) 나라 황제에게 죄를 지어 쫓겨나서 우리 나라에 있었다고 한다. 살아있을 때 이미 그가 신이(神異)하다는 말을 듣지 못했는데, 죽어서 어찌 영험이 있겠는가. 이는 송도의 사람들이 귀신을 좋아하여 대국의 귀신은 필시 영험이 있을 것이라고 여기고 사당을 세워 복을 빌었으니, 또한 매우 미혹됨을 볼 수 있다. 그 신이 과연 영험이 있다면 서생이 그 상을 쳐서 깨뜨릴 때 어찌 서생 하나를 막지 못하고 가만히 앉아서 넘어져 묻히도록 하였겠는가 …… 이른바 선한 사람에게 복을 주고 악한 사람에게 재앙을 준다는 것은 천지 음양의 신을 두고 하는 말이지 사음(邪淫)한 것을 두고 하는 말이 아니다. 설사 회회의 귀신이 있다면 이것은 천지간에 하나의 사음한 괴물에 불과할 뿐이니 어찌 감히 천지의 화복과 생사의 권병(權柄)을 잡고서 사적인 은원(恩怨) 때문에 백성들을 어지럽힐 수 있겠는가. 그렇다면 그 신상에는 과연 신이 있는 것인가 없는 것인가. 그 신은 참으로 영험한 것인가 영험하지 않은 것인가.

〈『숭악집』 권4 잡저〉

21. 한림별곡(翰林別曲)

1) 작품

원슌문元淳文 인노시仁老詩 공노ᄉᆞ륙公老四六
니졍언李正言 딘한림陳翰林 솽운주필雙韻走筆
튱긔ᄃᆡ칙沖基對策 광균경의光鈞經義 량경시부良鏡詩賦
위 시댱試場ㅅ 경景 긔 엇더ᄒᆞ니잇고
(葉) 금혹ᄉᆞ琴學士의 옥슌문ᄉᆡᆼ玉笋門生 금혹ᄉᆞ琴學士의 옥슌문ᄉᆡᆼ玉笋門生
위 날조차 몃부니잇고

당한셔唐漢書 장로ᄌᆞ莊老子 한류문집韓柳文集
니두집李杜集 난ᄃᆡ집蘭臺集 ᄇᆡᆨ락텬집白樂天集
모시샹셔毛詩尙書 쥬역츈츄周易春秋 주ᄃᆡ례긔周戴禮記
위 주註조쳐 내외옰 경景 긔 엇더ᄒᆞ니잇고
(葉) 태평광긔大平廣記 ᄉᆞᄇᆡᆨ여권四百餘卷 대평광긔大平廣記 ᄉᆞᄇᆡᆨ여권四

百餘卷
위 력남歷覽ㅅ 경景 긔 엇더ᄒᆞ니잇고

진경셔眞卿書 비ᄇᆡᆨ셔飛白書 ᄒᆡᆼ셔초셔行書草書
뎐듀셔篆籒書 과두셔蝌蚪書 우시남셔虞書南書
양슈필羊鬚筆 셔슈필鼠鬚筆 빗기 드러
위 딕논 경景 긔 엇더ᄒᆞ니잇고
(葉) 오싱류싱吳生劉生 량션싱兩先生의 오싱류싱吳生劉生 량션싱兩先生의
위 주필走筆ㅅ 경景 긔 엇더ᄒᆞ니잇고

황금쥬黃金酒 ᄇᆡᆨᄌᆞ쥬栢子酒 숑쥬례쥬松酒醴酒
듀엽쥬竹葉酒 리화쥬梨花酒 오가피쥬五加皮酒
잉무잔鸚鵡盞 호박비琥珀盃예 ᄀᆞ득 브어
위 권상勸上ㅅ 경景 긔 엇더ᄒᆞ니잇고
(葉) 류령도좀劉伶陶潛 량션옹兩仙翁의 류령도좀劉伶陶潛 량션옹兩仙翁의
위 취醉ᄒᆞᆫ 경景 긔 엇더ᄒᆞ니잇고

홍모단紅牧丹 ᄇᆡᆨ모단白牧丹 뎡홍므딘丁紅牧丹
홍쟉약紅芍藥 ᄇᆡᆨ쟉약白芍藥 뎡홍쟉약丁紅芍藥
어류옥ᄆᆡ御柳玉梅 황ᄌᆞ쟝미黃紫薔薇 지지동ᄇᆡᆨ芷芝冬柏
위 간발間發ㅅ 경景 긔 엇더ᄒᆞ니잇고
(葉) 합듁도화合竹桃花 고온두분 합듁도화合竹桃花 고온두분
위 샹영相暎ㅅ 경景 긔 엇더ᄒᆞ니잇고

아양금阿陽琴 문탁뎍文卓笛 종무듕금宗武中琴
ᄃᆡ어향帶御香 옥긔향玉肌香 솽개야雙伽倻ㅅ고
금션비파金善琵琶 종디히금宗智嵇琴 셜원댱고薛原杖鼓
위 과야過夜ㅅ 경景 긔 엇더ᄒᆞ니잇고
(葉) 일지홍一枝紅의 빗근 뎍취笛吹 일지홍一枝紅의 빗근 뎍취笛吹
위 듣고아 좀드러지라

봉릐산蓬萊山 방댱산方丈山 영쥬삼산瀛洲三山
ᄎᆞ삼산此三山 홍류각紅樓閣 쟉약션ᄌᆞ婥妁仙子
록발익ᄌᆞ綠髮額子 금슈댱리錦繡帳裏 쥬렴반권珠簾半捲

위 등망오호登望五湖ㅅ 경景 긔 엇더ᄒᆞ니잇고
(葉) 록양록듁綠楊綠竹 직뎡반栽亭畔애 록양록듁綠楊綠竹 직뎡반栽亭畔애
위 뎐황잉囀黃鸚 반갑두셰라

당당당唐唐唐 당츄ᄌᆞ唐楸子 조협皂莢남긔
홍紅실로 홍紅글위 ᄆᆡ요이다
혀고시라 밀오시라 뎡쇼년鄭少年하
위 내가논ᄃᆡ 놈 갈셰라
(葉) 샤옥셤셤削玉纖纖 솽슈雙手ㅅ길헤 샤옥셤셤削玉纖纖 솽슈雙手ㅅ길헤
위 휴슈동유携手同遊ㅅ 경景 긔 엇더ᄒᆞ니잇고

〈봉좌문고본(蓬左文庫本)『악장가사(樂章歌詞)』가사(歌詞) 상(上)〉

2) 어석

◇ 1연

- 원슌문元淳文: 유원순의 문장
- 인노시仁老詩: 이인로의 시
- 공노ᄉᆞ륙公老四六: 이공로의 사륙변려문
- 니졍언李正言: 이규보
- 딘한림陳翰林: 진화
- 솽운주필雙韻走筆: 쌍운으로 운자를 내어 빨리 시를 지어 쓰는 것
- 튱긔ᄃᆡ칙沖基對策: 유충기의 대책문
- 광균경의光鈞經義: 민광균의 경의
- 량경시부良鏡詩賦: 김양경의 시부
- 위 시댱試場ㅅ 경景: 아 시험장의 모습
- 긔 엇더ᄒᆞ니잇고: 그것이 어떠합니까
- 금혹ᄉᆞ琴學士의: 금의의
- 옥슌문ᄉᆡᆼ玉笋門生: 죽순같이 죽 늘어선 문하생
- 위 날조차 몃부니잇고: 나를 좇아 몇 분입니까

◇ 2연

- 당한셔唐漢書: 당서와 한서

· 장로ᄌᆞ莊老子: 장자와 노자
· 한류문집韓柳文集: 한유와 유종원의 문집
· 니두집李杜集: 이백과 두보의 시집
· 난ᄃᆡ집蘭臺集: 한 대의 蘭臺令史들의 시문집
· ᄇᆡᆨ락텬집白樂天集: 백거이의 문집
· 모시샹셔毛詩尙書: 모시와 상서
· 쥬역츈츄周易春秋: 주역과 춘추
· 주ᄃᆡ례긔周戴禮記: 대대례와 소대례
· 위 주註조쳐 내외으ᇇ 경景: 註를 아울러 내내 외운 것의 모습(박병채), '내외'를 '나와서 외운'(김형규), 내가 외운 모습(최용수)
· 태평광긔大平廣記: 송나라의 이방등이 감수한 傳說奇聞集
· 력남歷覽 경景: 두루 두루 읽는 모습

◇ 3연

· 진경셔眞卿書: 해서 서체의 하나
· 비ᄇᆡᆨ셔飛白書: 서체의 하나
· ᄒᆡᆼ셔초셔行書草書: 행서와 초서
· 뎐듀셔篆籒書: 소전과 대전
· 과두셔蝌蚪書: 과두문(중국의 고대문자)
· 우시남셔虞書南書 : 우서와 남서
· 빗기 드러: 비스듬히
· ᄃᆡᆨ논: 찍는
· 오ᄉᆡᆼ류ᄉᆡᆼ吳生劉生: 오선생과 유선생, 오세재 유생(김동욱), 오전과 유도권(성호경), 오세재와 유희(김동준), 오도자와 유영년(김창규)
· 주필走筆: 붓 놀리는

◇ 4연

· 황금쥬黃金酒: 美酒
· ᄇᆡᆨᄌᆞ쥬栢子酒: 잣술
· 숑쥬례쥬松酒醴酒: 솔잎주와 감주
· 듀엽쥬竹葉酒 리화쥬梨花酒 오가피쥬五加皮酒: 좋은 술 이름

· 잉무잔鸚鵡盞: 앵무패각으로 만든 잔
· 호박비琥珀盃예: 호박으로 만든 잔
· ᄀ득 브어: 가득히 부어
· 류령도좀劉伶陶潛: 유영과 도잠
· 취醉ᄒᆞᆫ: 취한

◇ 5연

· 어류옥믹御柳玉梅: 능수버들과 옥매화
· 지지동빅芷芝冬柏: 지란, 영지, 동백
· 간발間發: 함께 석겨핀다는 뜻(김태준), 사이에 핀(박병채)
· 합듁도화合竹桃花: 합죽과 복숭아 꽃
· 고온두분: 고운 두분
· 샹영相暎: 서로 바라보는

◇ 6연

· 아양금阿陽琴: 아양이 타는 거문고
· 문탁뎍文卓笛: 문탁이 부는 피리
· 종무듕금宗武中琴: 종무가 부는 중금
· ᄃᆡ어향帶御香 옥긔향玉肌香: (가야금을 잘 타던) 기생의 이름
· 솽개야雙伽倻ㅅ고: 쌍가야금
· 금션비파金善琵琶: 김선이 타는 비파
· 종디히금宗智嵇琴: 종지가 타는 해금
· 셜원댱고薛原杖鼓: 설원이 치는 장고
· 과야過夜: 밤을 새는
· 일지홍一枝紅의: (피리를 잘 부는) 기생의 이름
· 빗근: 비낀
· 듣고아 좀드러지라: 듣고야 잠 들고 싶습니다

◇ 7연

· 홍류각紅樓閣: 富家女 또는 美人住居
· 쟉약션ᄌᆞ婥妁仙子: 미모의 선인

· 록발익ᄌ綠髮額子: 검은 머리를 한 예쁜 여자
· 금슈댱리錦繡帳裏: 수놓은 비단 포장을 한 그 속
· 쥬렴반권珠簾半捲: 반 가량 올린 발
· 지뎡반栽亭畔애: 나무심은 정자의 둔덕에
· 뎐황잉囀黃鸎: 꾀꼬리가 지저귀는 것
· 반갑두셰라: 반갑기도 하구나

◇ 8연

· 당당당唐唐唐: 무의미한 조흥구
· 당츄ᄌ唐楸子: 호두나무
· 조협皀莢남긔: 쥐엄나무
· 홍紅실로: 붉은 실로
· 홍紅글위: 붉은 그네
· 미오이다: 맵니다
· 혀고시라: 단긴다(김태준), 당기고 있으라(박병채), 당기시라(김형규)
· 밀으시라: 민다(김태준), 밀고 있으라(박병채), 미시라(김형규)
· 뎡쇼년鄭少年하: 정소년아
· 내가논듸: 나의 가는 곳에
· 눔 갈셰라: 남이 갈까 두렵구나
· 솽슈雙手ㅅ길헤: 양 손길에
· 휴슈동유携手同遊: 손잡고 같이 노는 모습

3) 현대역 및 해시

(1) 김태준(1939)

兪元淳의文과 李仁老의詩와 李仁老(李公老-註)의 四六騈儷와 李奎報 陳澕의 雙韻走筆과 劉沖基의對策과 閔光鈞의經義와 金良鏡의詩賦 아으 試場景幾 엇더하니잇고.

太學士琴儀門下에 玉筍같이 美材輩出한門生들이 나를조차 놀분이 몇분이닛고.

이 人物은 모다 高宗一代의 才子들이다.

唐書漢書 莊子老子 韓退之 柳子厚의 文集, 李太白杜子美의 詩集, 蘭臺集 白樂天集 毛詩尙書 周易春秋 周戴禮 禮記 아으 註를倂해서 내리暗誦하든景긔엇더ᄒᆞ니잇고

太平廣記四百餘卷을 歷覽하는景幾하니잇고.

顔眞卿書 飛白書 行書草書 篆籒書 蝌斗書 虞書南書를 羊鬚筆鼠鬚筆을 橫揮하야 아으 딕어내는 景幾 엇더ᄒᆞ니잇고 吳劉 兩先生의 走筆景幾 엇더ᄒᆞ니잇고.

黃金酒 栢子酒 ……酒를 鸚鵡盃 琥珀盃에 가득히부어 勸上하는景幾ᄒᆞ니잇고 劉伶 陶潛두 仙翁의醉한景幾 엇더ᄒᆞ니잇고.

解釋略,

解釋略 金善 宗智 薛原은 琴鼓의名手였든가,

腔調에 金善調가잇고 靑山別曲엔 「정지가다가드로라」는 宗智 卽 종지의訛가아닌가한다, 一枝紅의 빗근笛吹는 가로부는뎌, 듣고 아좀드러지라……듯고 자미에 陶醉했서 잠을들어진다.

解釋略 반갑두셰라……반감기도하여라

唐楸子나무거나 皀莢나무에 紅실로 紅色 鞦韆을 맨다, 그리고 댕겨주고 밀어준다, 鄭少年아 아으 내가미친곳에 남이딸라잡지말거라.

削玉纖纖 두손을蓮한길에 손목잡고 함께노는景幾 엇더하니잇고.

(2) 임기중(1993)

유원순의 문장, 이인로의 시, 이공로의 사륙변려문
이규보와 진화의 쌍운주필
유충기의 대책문, 민광균의 경서풀이, 김양경의 시와 부
아, 과시장(科試場)의 모습 그 어떠합니까!
(엽) 금의(琴儀)의 죽순처럼 많은 제자, 금의의 죽순처럼 많은 제자
아, 나까지 모두 몇 분입니까!

당서 한서, 장자 노자, 한유 유종원의 문집
이백 두보의 시집, 난대집, 백거이의 문집
시경 서경, 주역 춘추, 대대례 소대례를
아, 주(註)마저 줄곧 외운 일의 정경, 그 어떠합니까!

(엽) 태평광기 400여 권, 태평광기 400여 권
아, 두루두루 읽는 모습 그 어떠합니까!

안진경체, 비백체, 행서 초서
전주체, 과두체, 우서남서체를
양털붓, 쥐털붓 비껴 들어
아, 내려찍는 모습 그 어떠합니까!
(엽) 오생 유생 두 선생의, 오생 유생 두 선생의
아, 붓 놀리는 모습 그 어떠합니까!

황금주, 백자주, 송주 예주
죽엽주, 이화주, 오가피주를
앵무잔, 호박잔에 가득 부어
아, 올리는 모습 그 어떠합니까!
(엽) 유영 도잠 두 선옹의, 유영 도잠 두 선옹의
아, 취한 모습 그 어떠합니까!

분홍모란, 흰모란, 진분홍모란
분홍작약, 흰작약, 진분홍작약
석류 매화, 노란 장미 자색 장미,
지지꽃 동백꽃들이
아, 사이사이 핀 모습 그 어떠합니까!
(엽) 대나무 복사꽃처럼 어울리는 고운 두 분, 대나무 복사꽃처럼 어울리는 고운 두 분
아, 서로 바라보는 모습 그 어떠합니까!

아양의 거문고, 문탁의 피리, 종무의 중금
대어향, 옥기향이 타는 쌍가얏고
김선의 비파, 종지의 해금, 설원의 장고로
아, 밤 새워 노는 모습 그 어떠합니까!
(엽) 일지홍이 비낀 피리 소리, 일지홍이 비낀 피리 소리
아, 듣고서야 잠들고 싶어라!

봉래산, 방장산, 영주산의 삼신산
이 삼신산 붉은 누각에 신선아이 데리고
풍류객이 비단 장막 속에서 주렴을 반만 걷고
아, 산에 올라 오호를 바라보는 모습 그 어떠합니까!
(엽) 푸른 버들 푸른 대 자라는 정자 둔덕에, 푸른 버들 푸른 대 자라는 정자 둔덕에
아, 지저귀는 꾀꼬리 반갑기도 하여라!

당당당 당추자 쥐엄나무에
붉은 실로 붉은 그네를 매옵니다
당기거라 밀거라, 정소년아!
아, 내가 가는 그곳에 남이 갈까 두려워!
(엽) 옥을 깎은 듯 부드러운 두 손길에, 옥을 깎은 듯 부드러운 두 손길에
아, 손 잡고 노니는 모습 그 어떠합니까!

(3) 박병채(1994)

유원순의 문장, 이인로의 시, 이공로의 사륙변려문
이규보 진한림의 쌍운주필
유충기의 대책, 민광균의 경의, 김양경의 시부
아, 시험장의 모습 그것이 어떠합니까?
(엽) 금의의 죽순같이 늘어선 문하생
아, 나를 따라 몇 분입니까?

당서와 한서, 장자와 노자, 한유와 유종원의 문집
이백과 두보의 시집, 난대령사들의 시문집, 백거이의 시문집
시경과 서경, 주역과 춘추, 대대례와 소대례를
아, 주와 아울러 내내 외운 모습이 어떠합니까?
(엽) 태평광기 사백여권 태평광기 사백여권
아, 두루두루 읽는 모습 그것이 어떠합니까?

진경서, 비백서, 행서 초서
전주체, 과두체, 우서남서체를

양털붓, 쥐털붓 비스듬히 들어
아, 찍는 모습 그것이 어떠합니까?
(엽) 오선생과 유선생 양선생의 오선생과 유선생의 양선생의
아, 붓을 놀리는 모습 그것이 어떠합니까?

황금주, 백약주, 송주 예주
죽엽주, 이화주, 오가피주
앵무잔, 호박잔에 가득 부어
아, 올리는 모습 그것이 어떠합니까?
(엽) 유영과 도잠의 유영과 도잠의
아, 취한 모습 그것이 어떠합니까?

붉은 모란, 흰 모란, 진홍 모란
붉은 작약, 흰 작약, 진홍 작약
석류매화, 노란 장미, 지지 동백꽃들이
아, 사이에 피는 모습 그것이 어떠합니까?
(엽) 합죽과 복숭아 고운 두분 합죽과 복숭아 고운 두분
아, 서로 바라보는 모습 그것이 어떠합니까?

아양의 거문고, 문탁의 피리, 종무의 중금
대어향, 옥기향의 쌍가야금
김선의 비파, 종지의 해금, 설원의 장고
아, 밤을 새는 모습 그것이 어떠합니까?
(엽) 일지홍의 비낀 피리소리 일지홍의 비낀 피리소리
아, 듣고야 잠 들고 싶습니다

봉래산, 방장산, 영주산의 삼신산
이 삼신산에 홍루각에 신선아이 데리고
풍류객 비단 장막 속에서 주렴을 반을 걷고
아, 산에 올라 오호를 바라보는 모습 그것이 어떠합니까?
(엽) 푸른 버들 푸른 대 자라는 정자 둔덕에 푸른 버들 푸른 대 자라는 정자 둔덕에
아, 지저귀는 꾀꼬리가 반갑기도 하구나

당당당 호두나무 쥐엄나무에
붉은 실로 붉은 그네를 맵니다
당기고 있으라 밀고 있으라 정소년아
아, 내가 가는 곳에 남이 갈까 두렵구나
(엽) 옥을 깎은 듯 고운 두 손길에 옥을 깎은 듯 고운 두 손길에
아, 손을 잡고 같이 노는 모습 그것이 어떠합니까?

(4) 김창규(1996)

兪元淳의 문장, 李仁老의 시, 李公老의 四六騈儷文 .
李奎와 陳澕의 雙韻으로 韻字를 내어 빨리 내리 써서 짓는 시.
劉沖基의 對策文, 閔光鈞의 經書 뜻풀이, 金良鏡의 시와 賦.
아! 과거시험장에서 뽑아내는 광경, 그것이야말로 어떻습니까?
琴儀에 의하여 배출된 빼어난 문하생들.
아! 나를 좇아 몇분입니까.

史書로 <唐書>와 <漢書>, 莊周가 지은 <莊子>·老聘이 쓴 <老子>, 韓愈와 柳宗元의 문집들.
李白과 杜甫의 시집·班固의 문집·白樂天의 문집
毛亨의 <시경>·尙書인 <書經>·<周易>과 <春秋>, 戴德의 <大戴禮>와 戴星의 <小戴禮>.
아! 註위를 아울러 내리 외우는 광경, 그것이야말로 어떻습니까?
李昉등이 편찬한 방대한 <大平廣記> 사백여권.
아! 歷覽하는 광경, 그것이야말로 어떻습니까.

당나라 顔眞卿의 서체·후한 蔡邕에서 비롯한 飛白의 서체·후한 劉得昇에서 시작한 行書體진·뒷날 성행한 초서체.
秦나라 李斯의 小篆과 周 나라 太史籒의 大篆의 서체·올챙이모양의 蝌蚪의 서체·당나라 虞世南의 서체.
양수염으로 맨 붓, 쥐수염으로 맨 붓들을 비슴듬히 들고,
아! 한점 찍는 광경, 그것이야말로 어떻습니까?
吳生과 劉生 두분 선생님께서,

아! 붓을 그침없이 휘달려 그려나가는 광경, 그것이야말로 어떻습니까?

황금빛 도는 술·잣으로 빚은 술·솔잎으로 빚은 술·그리고 단술.
댓잎으로 빚은 술·배꽃 필 무렵 빚은 술·오갈피로 담근 술.
앵무새부리 모양의 자개껍질로 된 앵무잔과 호박빛 도는 호박배에 술을 가득 부어,
권하여 올리는 광경, 그것이야말로 어떻습니까?
晉나라 죽림칠현의 한분인 유령과 도잠이야 두분 신선같은 늙은이로,
아! 거나하게 취한 광경, 그것이야말로 어떻습니까?

붉은 모란·흰 모란·짙붉은 모란들은 花王이오.
붉은 작약·흰 작약·짙붉은 작약들은 花相이다.
능수버들 御柳·벚나무과에 딸린 玉梅·노랑과 자주의 장미꽃·芷蘭과 靈芝 그리고 동백.
아! 사이사이로 피어나는 광경, 그것이야말로 어떻습니까?
合竹桃花인 夾竹桃꽃(柳桃花)이 고운 모습으로 두분(盆)에 담긴 자태가,
아! 서로 어리비치는 광경, 그것이야말로 어떻습니까?

阿陽이 튀기는 거문고·文卓이 부는 피리·宗武가 부는 中琴.
명기 帶御香과 최우의 애첩이오 명기인 玉肌香 둘이 짝이 되어 뜯는 가야고.
名手 金善이 타는 비파·宗智가 켜는 奚琴·薛原이 치는 장고.
아! 秉燭夜遊하는 광경, 그것이야말로 어떻습니까?
명기 一枝紅이 비껴대고 부는 멋진 피리소리를,
아! 듣고야 잠들고 싶습니다.

신선들이 산다는 봉래산·방장산·영주산들은 삼신산이요.
이 삼신산 가운데 있는 홍루각 속에는 몸이 가냐린 맵씨도 아리따운 가인이,
윤이 흐르는 검은 머리결을 加髢首飾(가체수식)한 가인이 금수휘장 속에소 구슬발을 반쯤 걷고는.
아! 높은 대에 올라 멀리 五湖를 바라보는 광경, 그것이야말로 어떻습니까?
푸른버드나무와 푸른대나무가 심어진 정자가의 둔덕에서,

아! 노랑꾀꼴새 울음소리 반갑기도 하구려.

당당당 당추자는 두음을 따서, 음율에 맞춘 당추자는 호두나무요 쥐엄나무에다.

붉은 실로 붉은 그네를 매었습니다.
그네를 당기시라·밀어시라 왈자패인 정소년이여.
아! 내가 가는 곳에 남이 갈까 두렵구려.
마치 옥을 깎은 듯이 가녀린 가인의 아리따운 두손길을,
아! 옥같은 손길 마주 잡고 노니는 광경, 그것이야말로 어떻습니까?

4) 관련 기록

(1) 兪升旦 初名元淳 仁同縣人 沈訥謙遜 博聞强記 尤工於古文 世稱元淳文 經史奧義有問者 辨釋無疑 至於釋典 亦能旁通.

〈『高麗史』卷102 列傳 兪升旦〉

유승단(兪升旦)의 초명(初名)은 원순(元淳)이요 인동현(仁同縣) 사람이니 침눌 겸손하며 박문(博聞)하고 기억력이 강하여 특히 고문(古文)에 정교(精巧)하니 세상이 원순(元淳)의 문장(文章)이라고 일컬었으며 경사(經史)의 심오(深奧)한 뜻을 묻는 자가 있으면 변석(辨釋)하여 의심이 없게 하였으며 불교의 경전에 이르러서도 또한 능히 정통하였다. 〈『고려사』 권102 열전 유승단〉

(2) 李仁老 字眉叟 初名得玉 平章事之曾孫 自幼聰悟 能屬文 善草隷 鄭仲夫之亂 祝髮以避 亂定歸俗. 〈『高麗史』卷102 列傳 李仁老〉

이인로(李仁老)의 자(字)는 미수요 초명(初名)은 득옥(得玉)이니 평장사(平章事) 이오의 증손(曾孫)이다. 어릴 때부터 총오(聰悟)하여 글짓기에 능하였으며 초서와 예서를 잘하였다. 정중부의 난에 머리를 깎고 피신하였다가 난이 평정되매 귀속하였다.

〈『고려사』 권102 열전 이인로〉

(3) 李公老 字去華 丹山縣人 文章富贍 尤工四六 明宗朝 登第 調安邊判官 出私財代民賦 以最 徵爲司儀署丞 遷直翰林院 崔忠獻以公老連戚里 不用者幾十年 其父尙材憫之 賂忠獻拜監門長史.

〈『高麗史』 卷102 列傳 李公老〉

이공로(李公老)의 자(字)는 거화(去華)요 단산현(丹山縣) 사람이니 문장이 부섬(富贍)하고 더우기 사륙 병려체에 공교(工巧)하였다. 명종(明宗) 때에 등제(登第)하여 안변 판관(安邊判官)에 선보(選補)되매 사재(私財)를 내어 민의 부(賦)에 대신하니 공적(功績)이 제1등(等)이므로 불러 사의서승(司儀署丞)을 삼았다가 직한림원(直翰林院)에 옮겼다. 최충헌(崔忠獻)이 이공로가 임금의 외척(外戚)에 관련되므로 물리치고 쓰지 아니함이 거의 10년이라 그 부(父) 이상재(李尙材)가 이를 민망히 여기어 최충헌(崔忠獻)에게 뇌회(賂賄)하여 감문위장사(監門衛長史)를 제배(除拜)하였다.

〈『고려사』 권102 열전 이공로〉

(4) 李奎報 字春卿 初名仁氐 黃驪縣人 父允綏 戶部郎中 奎報 幼聰敏 九歲能屬文 時號奇童 稍長 經史百家佛老之書 一覽輒記 其赴監試也 夢有奎星報以居魁 果中第一 因改今名. 〈『高麗史』 卷102 列傳 李奎報〉

이규보(李奎報)의 자(字)는 춘경(春卿)이요 초명(初名)은 인저로 황려현(黃驪縣) 사람이니 부(父) 이윤수(李允綏)는 호부낭중(戶部郎中)이었다. 이규보는 어려서부터 총민(聰敏)하여 9세에 능히 글을 지으니 때에 기동(奇童)이라 일컬었고 조금 자라매 경(經)·사(史)·백가(百家)·불(佛)·노(老)의 책을 한 번 보고 문득 기억하였다. 그가 감시(監試)에 나아갈 때 꿈에 규성(奎星)이 괴과(魁科)에 오를 것을 알림이 있더니 과연 제1로 합격하였으므로 인하여 지금 이름으로 고쳤다. 〈『고려사』 권102 열전 이규보〉

(5) 高宗 …… 十五年三月 平章事崔甫淳 知貢擧 判衛尉事李奎報 同知貢擧 取進士 賜李敦等三十一人及第 十七年三月 政堂文學兪升旦 知貢擧 國子祭酒劉冲奇 同知貢擧 取進士 賜田慶等三十三人 明經恩賜各三人

及第 十九年五月 翰林學士承旨金仁鏡 知貢擧 翰林學士金台瑞 同知貢擧 取進士 賜文振等二十九人 明經二人及第. 〈『高麗史』卷73 志27〉

고종 …… 15년 3월에 평장사(平章事) 최보순(崔甫淳)이 지공거(知貢擧)가 되고 판위위사(判衛尉事) 이규보(李奎報)가 동지공거(同知貢擧)가 되어 진사(進士)를 뽑고 이돈(李敦) 등 31인에게 급제(及第)를 사(賜)하였다. 17년 3월에 정당문학(政堂文學) 유승단(兪升旦)이 지공거(知貢擧)가 되고 국자좨주(國子祭酒) 유충기가 동지공거(同知貢擧)가 되어 진사(進士)를 뽑고 전경(田慶) 등 33인과 명경(明經) 은사(恩賜) 각(各) 3인에게 급제(及第)를 사(賜)하였다. 19년 5월에 한림학사승지(翰林學士承旨) 김인경(金仁鏡)이 지공거(知貢擧)가 되고 한림학사(翰林學士) 김태서(金台瑞)가 동지공거(同知貢擧)가 되어 진사(進士)를 뽑고 문진(文振) 등 29인과 명경(明經) 2인에게 급제(及第)를 사(賜)하였다. 〈『고려사』 권73 지27〉

(6) 金仁鏡 初名良鏡 慶州人 平章事良愼公義珍四世孫 父永固 爲興郊道館驛使 公淸慈惠 不笞一人 後爲龜州甲仗 金甫當起兵敗 永固逮繫寧州獄 當死 興郊吏民詣處置使 涕泣請貸 使不忍誅 械送于京 承宣李俊儀 素與永固善 營救得免 然第宅已沒官 妻子飢寒 無所托 興郊吏又斂米帛 厚遺之 仕至閣門祗候 仁鏡 才識精敏 善隷書 明宗時 中乙科第二人 直史館 累轉起居舍人. 〈『高麗史』卷102 列傳 金仁鏡〉

김인경(金仁鏡)의 초명(初名)은 양경(良鏡)이오 경주(慶州) 사람이니 평장사(平章事) 양신공(良愼公) 의진(義珍)의 4세손(孫)이요 부(父) 김영고(金永固)는 흥교도관역사(興郊道館驛使)가 되어 공청(公淸) 자혜(慈惠)하여 한 사람도 매질하지 아니하였다. 후에 구주 갑장(龜州甲仗)이 되었는데 김보당(金甫當)이 군사(軍士)를 일으켜 패배하매 김영고가 잡혀 영주옥(寧州獄)에 갇히어 죽음을 당하게 되매 홍교(興郊) 이민(吏民)들이 처치사(處置使)에게 나아가 눈물을 흘리며 용서를 비니 처치사(處置使)가 차마 베지 못하고 칼을 씌워 서울에 보냈다. 승선(承宣) 이준의(李俊儀)가 본래 김영고와 좋아하므로 영구(營救)하여 면하게 되었다. 그러나 집이 이미 관(官)에 적몰(籍沒)

되고 처자(妻子)가 기한(飢寒)하여 의탁할 곳이 없으매 홍교(興郊)의 이원(吏員)이 또 미백(米帛)을 거두어 후히 보내었고 벼슬이 합문지후(閤門祗候)에 이르렀다. 김인경은 재주와 식견이 정민(精敏)하고 예서(隸書)에 능하였으며 명종(明宗) 때 을과(乙科) 제2인(人)에 합격하여 직사관(直史館)이 되고 누전(累轉)하여 기거사인(起居舍人)이 되었다. 〈『고려사』 권102 열전 김인경〉

(7) 賜酒肉于藝文館 館官獻松子 上賜酒肉乃命曰 汝等唱翰林別曲以歡.
〈『太宗實錄』 卷26 13年 7月 18日〉

주육(酒肉)을 예문관(藝文館)에 내려 주었으니, 관관(館官)이 잣(松子)을 바쳤기 때문이다. 임금이 주육을 내려 주고 이어서 명하였다. "너희들이 한림별곡(翰林別曲)을 창(唱)하면서 즐기라."
〈『태종실록』 권26 13년 7월 18일〉

(8) 遣金乙賢贈兩使臣 石燈盞各二事 尹鳳求翰林別曲 命承文院書 寫以與之. 〈『世宗實錄』 券27 7年 3月 3日〉

김을현(金乙賢)을 보내어 두 사신에게 석등잔(石燈盞) 각 2벌을 주고, 윤봉이 한림별곡(翰林別曲)을 구하므로 승문원(承文院)에 명하여 이를 등사하여 주게 하였다. 〈『세종실록』 권27 7년 3월 3일〉

(9) 上率王世子及文武群紳 幸太平館 餞昌李兩使臣 宴將罷 昌盛曰 我來使本國數矣 無可言之事 又曰 中朝翰林院卽本國承政院 皆是儒林所會之司也 大抵儒生皆酸 天下一般 遂書翰林別曲而歸.
〈『世宗實錄』 券63 15年 11月 14日〉

임금이 왕세자와 문무 여러 신하들을 거느리고 태평관(太平館)에 거둥하여 창성(昌盛)·이상(李祥) 두 사신에게 송별연을 열었다. 연회가 파할 무렵에 창성이 말하기를, "내가 이 나라에 사신으로 온 것이 여러 번이니 말해야 할 일은 없습니다."하고, 또 말하기를, "중국 조정의 한림원(翰林院)은 곧 귀국(貴國)의 승정원으로서, 다 유림(儒

林)이 모이는 관사(官司)입니다. 대체로 유생(儒生)이 다 한소(寒素)한 것은 천하가 일반입니다." 하고, 드디어 한림별곡(翰林別曲)을 써 가지고 돌아갔다. 〈『세종실록』 권62 15년 11월 14일〉

(10) 是日 姜玉等至黃州 宣慰使成任 行宣慰禮 用女樂 金輔曰 吾在本國時 長於妓玉生香家 習翰林別曲及登南山曲 嘗於景泰皇帝前唱之 卽招妓 三四人唱之曰 此曲與吾前所聞異矣.

〈『世祖實錄』 卷46 14年 4月 1日〉

이날 강옥(姜玉) 등이 황주(黃州)에 이르니, 선위사(宣慰使) 성임(成任)이 선위례(宣慰禮)를 행하고 여악(女樂)을 쓰니, 금보(金輔)가 말하기를, "내가 본국(本國)에 있었을 때에 기생(妓) 옥생향(玉生香)의 집에서 자라며 한림별곡(翰林別曲)과 등남산곡(登南山曲)을 익히어, 일찍이 경태 황제(景泰皇帝)의 앞에서 불렀다." 하고, 즉시 기생 3, 4인을 불러서 부르게 하고는 말하기를, "이 곡은 전에 내가 들었던 곡과는 다르다." 하였다.

〈『세조실록』 권46 14년 4월 1일〉

(11) 藝文館奉教安晉生等啓曰 儒生初登科第 分屬四館 有許參免新之禮 翰林別曲 歌於本館之會 古風也. 〈『成宗實錄』 卷58 6年 8月 4日〉

예문관 봉교(藝文館奉教) 안진생(安晉生) 등이 아뢰기를, "유생(儒生)들이 처음 과거(科擧)에 오르면 사관(四館)에 나누어 속(屬)하게 하고 허참(許參)·면신(免新)의 예절이 있으며 한림별곡(翰林別曲)을 본관(本館)의 모임에 노래하는 것은 옛부터 내려오는 풍속입니다." 하였다. 〈『성종실록』 권58 6년 8월 4일〉

(12) 賜酒及鸚鵡盞于承政院弘文館 仍傳曰 翰林別曲 有鸚鵡殘琥珀杯等語 令翰林行酒痛飮而罷. 〈『成宗實錄』 卷111 10年 11月 14日〉

술과 앵무잔(鸚鵡盞)을 승정원(承政院)과 홍문관(弘文館)에 하사(下賜)하고, 이어 전교(傳教)하기를, "한림별곡(翰林別曲)에 앵무잔(鸚鵡盞)이니 호박배(琥珀杯)니 하는 등의 말이 있기에, 한림(翰林)으로 하여금 술잔을 돌려서 술을 많이 마시고 헤어지도록 한다." 하였다. 〈『성종실록』 권111 10년 11월 14일〉

(13) 新及第入三館者 先生侵勞困辱之 一以示尊卑之序 一以折驕慢之氣 藝文館尤甚 新來初拜職設宴曰許叅 過五十日設宴 曰免新 於其中間設宴曰中日宴 每宴徵盛饌於新來 或於其家 或於他處 必乘昏乃至 請春秋館及諸兼官 例設宴慰之 至夜半諸賓散去 更邀先生設宴席 用油蜜果尤極盛辦 上官長曲坐 奉教以下與諸先生間坐 人挾一妓 上官長則擁雙妓 名曰左右補處 自下而上 各以次行酒 以次起舞 獨舞則罰以酒 至曉 上官長乃起於酒 衆人皆拍手搖舞 唱翰林別曲 乃於淸歌蟬咽之間 雜以蛙沸之聲 天明乃散. 〈『慵齋叢話』 卷4〉

새로 급제한 사람으로서 삼관에 들어가는 자를 먼저 급제한 사람이 괴롭혔는데 이것은 선후의 차례를 보이기 위함이요, 한편으로는 교만한 기를 꺾고자 함으로 그 중에서도 예문관이 더욱 심하였다. 새로 들어와서 처음으로 배직하여 연석을 베푸는 것을 허참이라 하고 지나서 연석을 베푸는 면신이라 하며, 그 중간에 연석을 베푸는 것을 중일연이라 하였다. 매양 연석에는 새로 들어온 사람에게 성찬을 시키는데 혹은 그 집에서 하고 혹은 다른 곳에서 하되 반드시 어두워져야 왔었다. 춘추관과 그 외의 여러 겸관을 청하여 으레 연석을 베풀어 위로하고 밤중에 이르러서 모든 손이 흩어져 가면 다시 선생을 맞아 연석을 베풀었다. 유밀과를 써서 더욱 성찬을 차리는데 상관장은 조금 비껴 앉고 봉교 이하는 모든 선생과 더불어 사이사이에 끼어 앉고 사람마다 기생하나를 끼며 상관장은 두 기생을 끼고 앉으니 이를 좌우보처라 한다. 아래로부터 위로 각각 차례로 잔에 술을 부어 돌리고 차례대로 일어나 춤추되 혼자 추면 벌주를 먹었다. 새벽이 되어 상관장이 주석에서 일어나면 모든 사람이 박수를 치고 흔들고 춤추며, 한림별곡을 부르니 맑은 소리와 매미 울음소리 같은 그 사이에 개구리 들끓는 소리가 섞여 시끄럽게 놀다가 날이 새서야 헤어진다. 〈『용재총화』 권4〉

(14) 何叱多 方言 譯之則 하여 曰偉 曰何如 用高麗翰林別曲音節.

〈「不憂軒曲」注〉

'하질다(何叱多)'는 방언이니, 풀이하면 '하여'이다. '위(偉)'니 '하여(何如)'니 하는 말로 고려 한림별곡(翰林別曲)의 음절(音節)에 사용하였다.

〈「불우헌곡」 주〉

(15) 正德庚辰 予奉使 由嶺南 歷湖南 全州府尹鄭公順朋 候予於快心亭上 時適閏八月之望 而在座者 皆翰林舊先生 酒闌月上 遂更設爲翰林宴 以予爲最舊 推爲上官長 餘各以次分占 府尹公當奉教從事官 崔君重演都事 李君弘幹待教 求禮縣監安君處順檢閱 薦花行酒 一遵古風 用螺杯稱鸚鵡盞 以爲傳心 上下無算 旣醉 共起爲上官長行酒禮 齊唱翰林別曲 列妓相和 響徹寥廓 回視白月已中天矣 此眞曠世奇會 不可以無傳 遂作一絶 屬諸僚丈繼和 以爲快心亭翰林會題名記 德水李某 書.

二十年前老翰林 快心亭上共傳心　一年再度中秋月 此夜風流擅古今.

〈『容齋集』卷7 嶺南錄〉

정덕 경진년, 내가 사명(使命)을 받들고서 영남을 경유하여 호남을 두루 돌았는데, 전주 부윤 정공 순붕이 쾌심정 위에서 나를 기다렸다. 때는 마침 윤팔월 보름이요 좌중에 있는 이들은 모두 한림의 옛 선생들이라 주홍이 무르익고 달이 떠오르자 드디어 다시 한림연(翰林宴)을 베풀었는데, 역임한 지 가장 오래라고 나를 상관장으로 추대하고 나머지는 각각 차례에 따라 직위를 나눠 가졌다. 부윤공은 봉교종사관을 맡고 최군 중연은 도사, 이군 홍간은 대교, 구례 현감 안군 처순은 검열을 각각 맡아서, 천화행주(薦花行酒 기생을 앉히고 술을 마시는 것)하기를 한결 같이 고풍을 따르고 소라고동 잔을 앵무잔이라 일컬어 마음을 전하는 물건으로 삼았으며 상하에 술잔을 세는 산가지가 없었다. 술이 취해서는 다 함께 일어나 상관장을 위해 술을 따라 올리는 주례를 행하고 다 같이 한림별곡을 불렀는데, 늘어선 기생들이 화답하여 그 소리가 드높은 하늘에까지 닿을 정도였고, 돌아보니 달은 이미 중천에 떠 있었다. 이는 참으로 세상에 드문 기이한 모임이라 길이 전하지 않을 수 없겠기에, 드디어 절구 한 수를 짓고 모임의 관료(官僚)들에게 이어 화답하게 함으로써 쾌심정 한림회제명기(快心亭翰林會題名記)로 삼았다. 덕수 이모는 쓰노라.
이십 년 전 한림에 있던 늙은이들이 쾌심정 위에서 함께 마음을 나누노라
한 해에 두 번 중추절 달을 보내니 이 밤 풍류야말로 고금에 으뜸이어라. 〈『용재집』 권7 영남록〉

(16) 每念天恩罔極 倚用高麗翰林別曲音節 作不憂軒曲.
〈『不憂軒集』行狀〉

늘 임금의 은혜가 망극함을 생각하고 고려 한림별곡(翰林別曲)의 음절에 의탁하여 불우헌곡(不憂軒曲)을 지었다. 〈『불우헌집』 행장〉

(17) 右陶山十二曲者 陶山老人所作也 老人之作此 何爲也哉 吾東方歌曲大抵多淫哇不足言 如翰林別曲之類 出於文人之口 而矜豪放蕩 兼以褻慢戱狎 尤非君子所宜尙 惟近世有李鼈六歌者 世所盛傳 猶爲彼善於此 亦惜乎其有玩世不恭之意 而小溫柔敦厚之實也.
〈『退溪集』卷43 陶山十二曲跋〉

오른쪽의 도산십이곡(陶山十二曲)은 도산노인(陶山老人)이 지은 것이다. 노인이 이것을 지은 이유는 무엇인가? 우리 동방의 가곡(歌曲)은 대체로 음란하고 시끄러워 말할만한 것이 못되니, 한림별곡과 같은 부류는 문인(文人)의 입에서 나왔으나 자만하고 방탕한데다 설만하고 친압하여 더욱 군자가 숭상할 바가 못된다. 오직 근세에 이별(李鼈) 육곡(六曲)이 있어 세상에 크게 전해지는데 이것도 오히려 저것보다는 낫지만 애석하게도 세상을 업신여기고 공손하지 못한 뜻이 있고 온유하고 돈후한 실상은 적다.
〈『퇴계집』 권43 도산십이곡발〉

(18) 凡別曲 歌長而於譜彈法 只錄一章者 每章彈法 則例爲還入 如翰林別曲凡八章 每章還用自元淳文止날조차몃부닝잇고彈法是也 他從此.

〈『琴合字譜』〉

무릇 별곡이 노래는 긴데 악보에 탄법(彈法)을 단지 1장(章)만 기록한 것은, 매 장의 탄법이 으레 도로 처음으로 들어가기 때문이다. 예를 들어 한림별곡이 총 8장인데 매 장이 도로 '원순문(元淳文)'에서부터 '날조차몃부닝잇고'까지의 탄법을 쓰는 것이 그 실례이다. 다른 것도 이 예를 따른다. 〈『금합자보』〉

(19) 余等 坐松樹下 百源奴輩先設酒肉餠果矣 百源等開酌酒半 會寧(伶人名)奏恭愍王 北殿之曲 傷亡國也 興酣奏毅宗時翰林之曲 憶全盛也.

〈『秋江集』 卷6 松京錄〉

우리들이 소나무 아래에 앉자 백원(百源)의 종들이 먼저 술과 고기와 떡과 과일을 차려 놓았다. 백원 등이 술잔을 들기 시작하여 반쯤 무르익자 회령(會寧 : 악공 이름)이 공민왕(恭愍王)의 북전곡(北殿曲)을 연주하였는데 망국을 슬퍼하는 내용이었다. 흥이 무르익자 의종(毅宗) 때의 한림곡(翰林曲)을 연주하였는데 심사가 완전히 성대하였다. 〈『추강집』 권6 송경록〉

(20) 我國歌詞 雜以方言 故不能與中朝樂府比竝 如近世宋純鄭澈所作最善而不過膾炙口頭而止 惜哉 長歌則感君恩翰林別曲漁夫詞最久.

〈『芝峰類說』 卷14 歌詞〉

우리 나라의 가사(歌詞)는 방언이 섞여있기 때문에 중국의 악부(樂府)와 나란히 놓을 수 없다. 근세에 송순(宋純)과 정철(鄭澈)이 지은 것이 가장 좋으나 인구(人口)에 회자(膾炙)되기만 하고 마니 애석하다. 장가(長歌)로는 감군은(感君恩), 한림별곡(翰林別曲), 어부사(漁夫詞)가 가장 오래되었다. 〈『지봉유설』 권14 「가사」〉

(21) 朝訪金察訪希弼酒次 聞搜檢御史尹伯昇 自价川馳至浮碧樓 促馬赴之 …… 樂飮酒酣使唱翰林別曲 三人共起舞 余至船醉倒.

〈『朝天記』 渡江錄 10月 21日〉

아침에 찰방 김희필(金希弼)의 술자리에 갔다가 수검어사(搜檢御史) 윤백승(尹伯昇)이 개천(价川)에서 말을 달려 부벽루(浮碧樓)에 이르렀다는 말을 듣고 말을 재촉하여 달려갔다 …… 즐겁게 마시다가 술이 무르익자 한림별곡(翰林別曲)을 부르게 하고 세 사람이 함께 일어나 춤을 추었다. 내가 배에 이르러 취하여 고꾸라졌다.

〈『조천기』 도강록 10월 21일〉

(22) 染翰朝朝任奉供 宿儒分掌做笙鏞 細氈講罷徐歸院 導燭金蓮聽曉鍾. 〈『林下筆記』 卷38〉

매일매일 글 지어 바치는 일 맡은 곳, 숙유들이 분담하여 시가를 지었네. 어전에서 강독 파하고, 한림원으로 돌아오며, 인도하는 금련촉[23] 속에 새벽 종소리 듣네. 〈『임하필기』 권38〉

23) 임금이 내려준 횃불로, 문장이 능한 신하에 대한 특별한 대우를 뜻함.

Ⅱ. 악부체 역가 작품

1. 장암(長巖)

1) 작품

拘拘有雀爾奚爲 觸着網羅黃口兒 眼孔元來在何許 可憐觸網雀兒癡.

〈『益齋亂藁』 卷4〉

구구한 참새야 너는 무엇하려고, 그물에 걸린 누런 부리의 새끼인가. 눈은 원래 어디에 두고서, 가련하구나 그물에 걸린 참새의 어리석음이여.

〈『익재난고』 권4〉

2) 관련 기록

(1) 平章事杜英哲 嘗流長巖 與一老人相善 及召還 老人戒其苟進 英哲諾之 後位至平章事 果又陷罪貶過之 老人送之 作是歌以譏之 李齊賢作詩解之曰.

〈『高麗史』 卷 71 樂志〉

평장사(平章事) 두영철(杜英哲)이 일찍이 장암(長巖)에 귀양갔을 때 한 노인과 친하게 지냈다. 그가 소환되어 돌아가게 되자, 노인은 구차스럽게 벼슬자리를 탐내지 말라고 경계하였고 두영철도 그렇게 하겠다고 했다. 그 후 벼슬이 올라가 평장사에 이르렀는데 결국 또 죄과에 빠져 그곳을 지나게 되었다. 노인은 전송하면서 노래를 지어 그를 나무랐다. 이제현이 시를 지어 그 노래를 이렇게 풀이하였다.

〈『고려사』 권71 악지〉

(2) 益齋製小樂府九絶 以寓意曰 鄭瓜亭 曰新羅處容 曰文忠木鷄 曰濟危寶曲 曰黃鳥啄粟 曰居士戀 曰杜英哲長巖曲. 〈『大東韻府群玉』 卷10〉

익재(益齋)가 소악부(小樂府) 9절(絶)을 지어 자기의 뜻을 담았는데, 정과정(鄭瓜亭), 신라처용(新羅處容), 문충목계(文忠木鷄), 제위보곡(濟危寶曲), 황조탁속(黃鳥啄粟), 거사련(居士戀), 두영철장암곡(杜英哲長巖曲)이다. 〈『대동운부군옥』 권10〉

(3) 長巖曲 平章事杜英哲 嘗流長巖 與一老人相善 及召還 老人戒其苟進 英哲諾之 後位至平章事 果又陷罪貶過之 老人送之 作是歌以譏之 李齊賢作詩解之曰 拘拘有雀爾奚爲 觸著網羅黃口兒 眼孔元來在何許 可憐觸網雀兒癡 長巖不負人 人負長巖何 休言物頑然 勝似心周羅 長巖屹臨去來途 往者銘肝今掩面 曾收楚澤滋蘭手 去把雲霄補袞線 野翁慣見傾奪速 贈行非輕一言儆 燕雀拍拍那免罟 猛虎眈眈終墮穽 我願君心涅不緇 君道長巖是息壤 人間何限迷津者 平地驚風與駭浪 塞馬焉知禍 磨驢踏陣迹 君行更千里 有指不可齰 吾看太行險 步步前車覆 寄語夸毗子 聽此長巖曲. 〈『星湖先生全集』 卷8 海東樂府〉

장암곡 평장사 두영철이 일찍이 장암에 귀양갔을 때 한 노인과 친하게 지냈다. 그가 소환되어 돌아가게 되자, 노인은 구차스럽게 벼슬자리를 탐내지 말라고 경계하였고 두영철도 그렇게 하마라고 했다. 그 후 벼슬이 올라가 평장사에 이르렀는데 결국 또 죄과에 빠져 그곳을 지나게 되었다. 노인은 전송하면서 노래를 지어 그를 나무랐다. 이제현이 시를 지어 그 노래를 이렇게 풀이하였다. '구구한 참새야 너는 무엇하려고, 그물에 걸린 누런 부리의 새끼인가. 눈은 원래 어디에 두고서, 가련하구나 그물에 걸린 참새의 어리석음이여.' 장암은 사람 저버리지 않았는데, 사람은 어찌하여 장암을 저버렸나? 사물이라 완연하다 말하지 말라. 지조없는 마음 보다 나은 것 같네. 장암은 오가는 길에 우뚝히 서 있는데, 갈때는 마음에 새겼더니 지금은 얼굴가리네. 초택(楚澤)의 난 기르던 솜씨 거두고, 높은 지위 올라 임금님 보필했네. 야옹(野翁)은 쉽게 잘못되는 일 익히 보고, 나아감에 가벼이 말라고 한 말 일렀네. 제비, 참새 푸드득 한들 어찌 그물 벗어 날까? 사나운 호랑이도 노려보다 끝내 함정에 빠진다네. 바라건데 그대 마음 더러움에 물들지 말게나. 그대 말한 장암은 쉴 수 있는 땅. 인간 세상에 어찌 현명하지 못한자 한계 지우리? 평지에도 세찬 바람 급한 물결이 나니, 새옹의 말이 어찌 화를 알 수 있을까? 길들인 나귀도 옛 자취 밟는구나. 그대 가는 길 다시 천리이니, 가리키는 바 어기지 마시오.

내보니 태행산(太行山) 험한데, 걸음마다 앞 수레 뒤집혔다네. 지조 없는 이에게 고하노니, 이 장암곡을 들으소서.

〈『성호선생전집』 권8 해동악부〉

(4) 長巖 舒川浦麗時稱長巖鎭 平章事杜英哲 嘗流是浦 與一老人相善 及召還老人戒其苟進 英哲許諾 後位至平章事 果又陷罪貶過焉 老人作歌以譏之 李齊賢作詩解之曰 拘拘有雀爾奚爲 觸着網羅黃口兒 眼孔元來在何許 可憐觸網雀兒癡. 〈『增補文獻備考』 卷106 樂考〉

장암(長巖) 서천포(舒川浦)는 고려 때에 장암진(長巖鎭)이라고 일컬었다. 평장사 두영철이 일찍이 이 포(浦)에 유배되어 한 노인과 서로 잘 지냈는데 나라에서 불러 돌아감에 미쳐, 노인이 구차히 나아가는 것을 경계하였다. 두영철도 그렇게 하겠다고 했다. 뒤에 지위가 평장사에 이르렀는데, 과연 또 다시 죄에 빠져 귀양 가자 노인이 노래를 지어서 비난하였다. 이제현이 노래를 풀이하였다. '구구한 참새야 너는 무엇하려고, 그물에 걸린 누런 부리의 새끼인가. 눈은 원래 어디에 두고서, 가련하구나 그물에 걸린 참새의 어리석음이여.'

〈『증보문헌비고』 권106 악고〉

(5) 舒川浦營(在郡南二十六里 ○ 水軍萬戶一人 ○ 高麗時稱長巖鎭 平章事杜英哲 嘗流是浦 餘一老人相善 及召還 老人戒其苟進 英哲許諾 後位至平章事 果又陷罪 老人作歌以譏之 樂府有長巖曲 李齊賢作詩解之曰 拘拘有雀爾奚爲 觸着網羅黃口兒 眼孔元來在何許 可憐觸網雀兒癡). 〈『新增東國輿地勝覽』 卷9 舒川郡 關防〉

서천포영(본군 남쪽 26리 지점에 있다. ○ 수군만호 1명이 있다. ○ 고려 때에는 장암진이라고 일컬었는데, 평장사 두영철이 일찍이 이 포에 유배되어 어느 한 노인과 서로 좋아하였는데 소환됨에 미쳐서, 그 노인이 구차하게 진취하지 말 것을 당부하매, 영철이 이를 허락하였다. 뒤에 벼슬이 평장사에 이르러서 과연 또 죄망에 바져 좌천되었다. 노인이 노래를 지어 그를 기롱한 것이 있어 악부에 장암곡이 전해오는데 이제현이 시를 지어 이렇게 풀이하였다. '구구한 참새야 너는 무엇하려고, 그물에 걸린 누런 부리의 새끼인가. 눈은 원래 어디에 두고서, 가련하구나 그물에 걸린 참새의 어리석음이여.'

〈『신증동국여지승람』 권9 서천군 관방〉

(6) 長巖歌 老人誡進杜平章 賢相書譏鳥網張 何必古人今亦爾 老人何處已深藏.

〈『林下筆記』 卷38 海東樂府〉

장암가 노인은 평장사 두영철에게 벼슬에 나아가는 것에 대해 경계했고, 어진 재상도 새그물 걸림을 기롱해 썼네. 하필 옛사람만 그러한가 지금 또한 그렇지, 노인은 어느 곳에 깊이 숨었는가.

〈『임하필기』 권38 해동악부〉

2. 거사연(居士戀)

1) 작품

鵲兒籬際噪花枝 蟢子床頭引網絲 余美歸來應未遠 精神早已報人知.

〈『益齋亂藁』 卷4〉

까치는 울타리 끝 꽃가지에서 지저귀고, 거미는 책상 머리에서 줄을 늘이네. 오! 너 미인 돌아올 날 멀지 않겠기에, 정신이 이리 사람에게 알려주네.

〈『익재난고』 권4〉

2) 관련 기록

(1) 居士戀 行役者之妻 作是歌 托鵲蟢 以冀其歸也 李齊賢作詩解之曰.

〈『高麗史』 卷71 樂志〉

거사연 행역자(行役者)의 아내가 이 노래를 지었는데, 까치와 거미를 빌어 자기 남편이 돌아오기를 고하는 뜻을 붙인 것이다. 이제현이 시를 지어 이 노래를 이렇게 풀이하였다. 〈『고려사』 권71 악지〉

(2) 今以玄琴所屬 言之 有知彈法而佛知歌詞者 如嗺子啄木 愚息多手喜 淸平居士戀等類是也. 〈『世宗實錄』卷47 12年 2月〉

이제 거문고에 소속된 것으로 말씀드리오면, 그 타는 법은 알면서도 가사(歌詞)를 알지 못하는 것이 있으니, 최자탁목 · 우식다수희 · 청평거사연 등이 이것입니다. 〈『세종실록』 권47 12년 2월〉

(3) 慣習都監啓 元興曲及安東紫靑調 請於樂歌復用 …… 雖皆載諸樂府 然廢而不用久矣 今見其詞 …… 元興曲見夫之還而歌之 正與居士戀上爲表裡 皆足以有補於風敎 誠宜被之管絃 俾之勿壞 從之.

〈『世宗實錄』卷54 13年 10月〉

관습 도감에서 아뢰기를, "원흥곡과 안동자청조를 악가에서 다시 쓰기를 청합니다 …… 비록 모두 악부에 기재되어 있으나 폐지되어 쓰이지 않은 지가 오래 되었습니다. 지금 그 가사를 보니 …… 원흥곡은 남편이 돌아온 것을 보고 기뻐하여 이를 노래했으니, 꼭 거사연과 서로 표리가 될 만합니다. 모두 풍교에 도움이 있을 것이니 진실로 마땅히 관현에 올려서 폐지되지 않게 하소서." 하니 임금이 그대로 따랐다.

〈『세종실록』 권54 13년 10월〉

(4) 居士戀 (補) 行役者之妻 作歌托鵲蟢 以冀其歸也 李齊賢作詩解之曰 鵲兒籬際噪花枝 蟢子床頭引網絲 予美歸來應未遠 精神早已報人知.

〈『增補文獻備考』卷106 樂考〉

거사연 (보) 행역자의 아내가 이 노래를 지었는데, 까치와 거미를 가탁하여 그 돌아오기를 바라는 것이다. 이제현이 노래를 이렇게 풀이하였다. '까치는 울타리 가 꽃가지에서 지저귀고, 거미는 책상 머리에서 줄을 늘이네. 오! 너 미인 돌아올 날 멀지 않겠기에, 정신이 일찍이 사람에게 알려주나.' 〈『증보문헌비고』 권106 악고〉

(5) 居士戀 鵲兒籬際噪花枝 蟢子床頭引網絲 行役幾年苦不返 形容已盡先生詩 行役者之妻 作歌托鵲蟢以冀其歸 李齊賢作詩解之如此.

〈『林下筆記』 卷38 海東樂府〉

거사연 '까치는 울 옆 꽃가지에서 지저귀고, 거미는 침상머리에서 그물을 치네. 부역 나가 돌아오지 못하고 고생하는 님, 그 형용 벌써 선생의 시에 다했네.' 부역나간 사람의 처가 까치와 거미를 빌어 돌아오기를 바라는 노래를 지었다. 이제현이 시를 지어 그것을 이와 같이 풀이하였다. 〈『임하필기』 권38 해동악부〉

3. 제위보(濟危寶)

1) 작품

浣沙溪上傍垂楊 執手論心白馬郎 縱有連簷三月雨 指頭何忍洗餘香.

〈『益齋亂藁』 卷4〉

빨래하는 시내 수양버들 가에서, 내 손잡고 마음 통한 백마의 낭군. 처마에 이어지는 석 달 비가 내려도, 손 끝에 이 남은 향가 차마 씻으랴.

〈『익재난고』 권4〉

2) 관련 기록

(1) 濟危寶 婦人以罪徒役濟危寶 恨其手爲人所執 無以雪之 作是歌以自怨 李齊賢作詩解之曰. 〈『高麗史』 卷71 樂志〉

제위보 부인이 죄를 지어 제위보에서 도역살이를 갔는데, 그러던 중 어떤 사람이 그녀의 손을 잡았다. 치욕을 씻을 길이 없는 것을 한스럽게 여긴 여인은 이 노래를 지어 스스로를 원망했다. 이제현은 그 노래를 이렇게 풀이하였다. 〈『고려사』 권71 악지〉

(2) 樂府有濟危寶曲 光宗十四年始置濟危寶 本爲濟人醫治疾病 後婦人以罪徒役 恨其手爲人所執 無以雪之 作是歌以自怨 益齋詩 浣紗山澗傍垂楊 執手論心白馬郎 縱有連簷三月雨 指頭何忍洗餘香.

〈『大東韻府群玉』 卷11〉

악부에 제위보곡(濟危寶曲)이 있다. 광종(光宗) 14년에 처음 제위보(濟危寶)를 설치하였는데, 원래는 사람들의 병을 치료하기 위한 의원(醫院)이었다. 뒤에 부인이 죄를 지어 도역(徒役)을 나갔다가 그 손을 어떤 사람이 잡은 것을 한탄하였으나 씻을 수 없어 이 노래를 지어서 스스로 원망하였다. 익재(益齋)의 시에, '산골물에 비단옷 빠는데 곁에는 수양이 늘어져 있네. 손을 잡고 마음을 말하는 백마 탄 사내여, 잇대어진 처마에 석달을 비가 내리나, 손가락 끝에 남아있는 향기를 어찌 차마 씻어내리.' 〈『대동운부군옥』 권11〉

(3) 濟危寶局濟人危 當世無人恨以遺 供役何來一婦女 無端含怨寓間詞 光宗置濟危寶 爲濟人治疾病 有一婦人 以罪徒役於是局 恨其手爲人所執歌以自怨. 〈『林下筆記』 卷38 海東樂府〉

제위보는 어려운 사람 구호하는 곳, 당시 혜택 못 받는다고 한스러워할 사람 없었네. 노역하러 어디서 온 한 부녀자, 무단히 원한을 머금고 노래를 하였네. 광종이 제위보를 설치하여 빈민을 구호하고 질병을 치료하였는데, 한 부인이 죄로 인하여 제위보에서 일하다가 외간 남자에게 손목을 잡히게 되자 이 노래를 지어 원망하였다.
〈『林下筆記』 卷38 海東樂府〉

4. 사리화(沙里花)

1) 작품

黃雀何方來去飛 一年農事不曾知 鰥翁獨自耕耘了 耗盡田中禾黍爲
〈『益齋亂藁』 卷4〉

참새야 방향 없이 왜 이리 저리 나느냐, 한 해의 농사 아직 알 수 없는데. 이 홀아비 혼자 갈고 김매기 마쳤거늘, 밭 가운데 곡식을 다 먹어치워 어찌하려냐. 〈『익재난고』 권4〉

2) 관련 기록

(1) 沙里花 賦斂繁重 豪强奪攘 民困財傷 作此歌 托黃鳥啄粟以怨之 李齊賢作詩解之曰. 〈『高麗史』 卷71 樂志〉

사리화 세금을 과다하게 거두고 권세 있는 자들이 강제로 빼앗아 백성들은 곤궁에 빠지고 재산은 손실을 입었다. 이에 노래를 지어 참새가 곡식을 쪼아 먹는다는 말로써 원망하였다. 이제현이 시를 지어 그 노래를 이렇게 풀이하였다. 〈『고려사』 권71 악지〉

(2) 樂府有沙里花曲 蓋賦斂煩重 豪强攘奪 民困財傷 作此歌 托黃鳥啄粟以怨之 李齊賢作詩解之曰 黃雀何方來去飛 一年農事不曾知 鰥翁獨自耕耘了 耗盡田中禾黍爲. 〈『大東韻府群玉』 卷11〉

악부에 사리화곡 있는데, 세금을 과다하게 거두고 권세 있는 자들이 강제로 빼앗아 백성들은 곤궁에 빠지고 재산은 손실을 입었다. 이에 노래를 지어 참새가 곡식을 쪼아 먹는다는 말로써 원망하였다. 이제현이 그 노래를 이렇게 풀이하였다. '참새야 방향 없이 왜 이리 저리 나느냐, 한 해의 농사 아직 알 수 없는데. 이 홀아비 혼자 갈고 김매기 마쳤거늘, 밭 가운데 곡식을 다 먹어치워 어찌하려냐.'
〈『대동운부군옥』 권11〉

(3) 沙里花 (補) 賦斂繁重 豪强奪攘 民困財傷 作此歌 托黃鳥啄粟以怨之 李齊賢作詩解之曰 黃雀何方來去飛 一年農事不曾知 鰥翁獨自耕耘了 耗盡田中禾黍爲. 〈『增補文獻備考』 卷106 樂考〉

사리화 (보) 세금을 부과함이 번거롭고 무거우며 강호(强豪)가 약탈하므로 백성들이 고생하고 재물이 손상되어서 이 노래를 지어서 노랑새가 곡식을 쪼는데 가탁하여 원망한 것이다. 이제현이 그 노래를 이렇게 풀이하였다. '참새야 방향 없이 왜 이리 저리 나느냐, 한 해의 농사 아직 알 수 없는데. 이 홀아비 혼자 갈고 김매기 마쳤거늘, 밭 가운데 곡식을 다 먹어치워 어찌하려냐.' 〈『증보문헌비고』 권106 악고〉

(4) 黃鳥飛來啄我粱 田間耗盡一年粮 疾苦民情誰得識 寡鰥孤獨自悲傷.
〈『林下筆記』 卷38 海東樂府〉

참새가 날아와 우리기장 쪼아 먹어, 일 년 양식 다 없앴네. 병들고 고생하는 백성 심정 누가 알아 주리, 홀아비, 과부, 고아, 자식 없는 늙은이 절로 슬퍼지네. 〈『임하필기』 권38 해동악부〉

5. 소년행(少年行)[1]

1) 작품

脫却春衣掛一肩 呼朋友去入菜花田 東馳西走追胡蝶 昨日嬉遊尙宛然.
〈『益齋亂藁』 卷4〉

봄 옷 벗어서 한 어깨에 걸치고, 친구 불러 유채꽃밭에 든다. 동쪽 서쪽 나비 찾는 것, 어제의 놀이가 아직도 완연하구나. 〈『익재난고』 권4〉

2) 관련 기록

(1) 翩翩黃蝶舞簷榮 病眼初看忽自驚 尙畏寒威多凜冽 不知時序近淸明 深深未是花間見 栩栩翻疑夢裡成 肩上掛衣難再得 老衰寧免爲傷情 世家益齋小樂府一絶云 脫却春衣掛一肩 呼朋友去入菜花田 東馳西走追胡蝶 昨日嬉遊尙宛然. 〈『陽村集』 卷10 見蝶 二月二十九日〉

노랑나비 훨훨 처마 끝에 맴도니, 병든 눈 들어 처음 보고 깜짝 놀랐네. 쌀쌀한 찬바람 아직은 두렵기에, 시절이 청명인 줄 알지 못하였네. 정녕 꽃밭에서 본 것은 아닌데, 훨훨 나는 모습 꿈속인 듯 싶구나. 어깨에 봄옷 걸침 다시 얻기 어려우니, 늙은이 서러운 정 어이 면하랴. 익재 소악부의 한 구절에 '봄 옷 벗어서 한 어깨에 걸치고, 친구 불러 유채꽃 밭에 들다, 동쪽 좇고 서쪽 좇아 나비 찾는 것, 어젯날의

---

1) 소년행(양주동, 최정여), 소년춘유(서수생).

놀이가 아직도 완연하구나.' 하였다. 〈『양촌집』 권10 견접 2월 29일〉

6. 처용(處容)

1) 작품

新羅昔日處容翁 見說來從碧海中 貝齒赬脣歌夜月 鳶肩紫袖舞春風.
〈『益齋亂藁』 卷4〉

옛날 신라의 처용 늙은이, 푸른 바다에서 왔단 말 들었지. 흰 이 붉은 입술로 달밤에 노래하고, 제비 어깨 붉은 소매로 봄바람에 춤추네.
〈『익재난고』 권4〉

2) 관련 기록

※ 〈처용가〉 기록을 참고하시오.

7. 오관산(五冠山)

1) 작품

木頭雕作小唐鷄 筯子拈來壁上棲 此鳥膠膠報時節 慈顏始似日平西.
〈『益齋亂藁』 卷4〉

나무를 새겨서 작은 당계 만들어, 줄에 달아서 벽위에서 살게 했네. 이 새가 꼬끼오하고 시절을 알리거든, 어머니 얼굴 비로소 기우는 해처럼 되시길. 〈『익재난고』 권4〉

2) 관련 기록

(1) 金生戰藝先多士 同時輩流趨下風 晝錦煌煌歸古鄉 古鄉正在扶桑東 況

今君是重慶下 豈與一樣榮親同 料應州牧競來賀 奔會一境煩諸公 壽觴綵服迎鶴髮 五冠一曲奏琴工 玉腰臨顧問誰是 生之座主歐文忠

〈『及菴詩集』 卷1〉

김생이 과거를 보아 많은 선비들을 앞서니 동시대 사류들이 다투어 그 뒤를 따르네 눈부신 비단옷 입고 대낮에 고향에 돌아가니 고향은 바로 부상 동쪽에 있다네 게다가 당신은 지금 조부모와 부모가 모두 살아 계시니 어찌 부모만을 영화롭게 하는 일과 같겠는가 생각건대 고을의 수령들은 다투어 축하하러 올 것이고 온 경내에서 서둘러 모이느라 여러 분이 애쓰시리 또 장수를 비는 술잔과 색동옷으로 백발의 어른들을 맞아 거문고 악공에게 오관산곡을 타게 하리 묻노니 옥대 두르고 왕림한 이는 누구실까 김생의 좌주이신 구 문충이리라.

〈『급암시집』 권1〉

(2) 五冠山 孝子文忠所作也 忠居五冠山下 事母至孝 其居 距京都三十里 爲養祿仕 朝出暮歸 定省不少衰 嘆其母老 作是歌 李齊賢 作詩解之曰.

〈『高麗史』卷71 樂志〉

오관산(五冠山)은 효자인 문충(文忠)이 지은 것이다. 문충은 오관산 밑에 살면서 모친을 지극히 효성스럽게 섬겼다. 그의 집은 수도에서 30리가 떨어져 있었는데 모친을 봉양하기 위해 벼슬살이를 하느라고 아침에 나갔다가 저물어서야 돌아오고는 하였으나 아침저녁의 보살핌을 조금도 게을리 하지 않았다. 자기 모친이 늙은 것을 개탄하여 이 노래를 지었는데 이제현이 다음과 같은 시(詩)를 지어 이 노래의 뜻을 풀어냈다. 〈『고려사』권71 악지〉

(3) 一品以下大夫士公私宴樂 初盞及進俎 歌鹿鳴 用金剛城調 初味及二盞 五冠山 二味及三盞 歌關雎 用紫霞洞調 三味及四盞 侑食三絃 四味及五盞方等山 五味及六盞七月篇 用洛陽春調 庶人宴父母兄弟樂 初味及盞 五冠山 二味及盞 方等山 終味及盞 勸農歌.

〈『太宗實錄』卷3 2年 6月 5日(丁巳)〉

1품 이하 대부·사 공사연악(一品以下大夫士公私宴樂). 첫째 잔과 조(俎)를 올리면 녹명(鹿鳴)을 노래하되 금강성조(金剛城調)를 사용한다. 초미(初味)와 둘째 잔에는 오관산(五冠山)을 노래하고, 이미(二味)와 세째 잔에는 관저(關雎)를 노래하되 자하동조(紫霞洞調)를 사용하며, 삼미(三味)와 넷째 잔과 유식(侑食)에 이르러서는 삼현(三玄)을 연주하고, 사미(四味)와 다섯째 잔에는 방등산(方等山)을 연주하며, 오미(五味)와 여섯째 잔에는 칠월편(七月篇)을 노래하되 낙양춘조(洛陽春調)를 사용한다. 서인 연부모형제악(庶人宴父母兄弟樂) 초미(初味)와 잔이 오르면 오관산(五冠山)을 노래하고, 이미(二味)와 잔이 오르면 방등산(方等山)을 노래하고, 종미(終味)와 잔이 오르면 권농가(勸農歌)를 부른다. 〈『태종실록』권3 2년 6월 5일(정사)〉

(4) 賀李中樞貞幹年七十壽九十慈親(偰楯) 共羨高門積慶長 斑衣皓首奉萱堂 怡愉志篤晨昏念 煊赫恩承雨露香 映日玉杯浮瀲灎 過雲金縷雜峩洋 會須續製唐雞曲 萬古三韓樂府藏. 〈『東文選』卷17 七言律詩〉

중추 이정간이 70세에 모친(설순)의 90수연을 축하하며. 높은 댁의 오랜 적경을 모두 부러워하노니, 댕기 옷 흰 머리로 자당을 받드누나. 부드러운 얼굴로 조석 효도를 극진히 하고, 빛나는 임금 은혜는 우로의 향기를 받자왔네. 해 비춘 옥잔의 술은 철철 넘고, 지나는 구름에 금루곡[2]과 아양곡[3]이 섞이네. 이 자리에 마땅히 당계곡 이어지어, 만고 삼한 악부로 두고두고 전하리. 〈『동문선』 권17 칠언율시〉

(5) 文忠事高麗忠 家在五冠西 晨昏三十里 定省行不迷 田園此舊基 夕陽長荒藜 雲行二百年 樂府傳唐雞 家在五冠西 晨昏三十里 定省行不迷 田園此舊基 夕陽長荒藜 雲行二百年 樂府傳唐雞. 〈『秋江集』卷2〉

문충공(文忠公)이 고려에 벼슬하고 있을 적에, 집이 오관산(五冠山)의 서쪽에 있었네. 아침저녁으로 30리를 가서, 문안을 거르지 않았네. 나의 전원이 그 옛터인데, 석양에 거친 명아주가 길게 그림자를

2) 옛날 진청(秦靑)이 노래를 잘 불러서 가는 구름을 멈추게 했다는 고사가 있음.
3) 백아(伯牙)가 종자기(鍾子期) 앞에서 부른 곡.

드리우네. 200년이 지난 지금, 악부에 당 나라 투계부(鬪鷄賦)처럼 전해지네.
〈『추강집』 권2〉

(6) 昔文忠事母至孝 憫其衰邁 作木鷄歌 益齋詞曰 …… 至今樂譜傳之爲五冠山曲 後之製聲樂者 倘能採之 以被絃歌 庶幾與木鷄竝傳云.
〈『龍泉談寂記』 希樂堂稿 卷8〉

옛날 문충공(文忠公)이 어머니를 섬기는데 지극히 효성스러웠는데 어머니가 노쇠해짐을 근심하여 목계가(木鷄歌)를 지었다. 익재(益齋)의 가사(歌詞)에 …… 지금 악보가 전해져 오관산곡(五冠山曲)이 되었다. 뒷날 성악(聲樂)을 짓는 자가 능히 채집하여 현가(絃歌)에 올린다면 목계가와 함께 나란히 전해질 것이다.
〈『용천담적기』 희락당고 권8〉

(7) 五冠山 山頂有五小峯 團圓如冠因名 ○ 高麗人文忠未詳世系 事母至孝 居五冠山靈通寺洞 去京三十里 爲養祿仕 朝出暮返告面定省不少衰 歎其母老 作木雞歌 名曰五冠山曲 傳于樂譜 李齊賢詞曰 木頭雕作小唐雞 筋子拈來壁上棲 此鳥膠膠報時節 慈顔始似日平西 ○ 崔淑精詩 峩峩五冠山 靈秀入空碧 高標配日觀 萬古雄盤礴 長松蔭層巓 瑤草被岩壑 崖深瀉朝霞 壁絶盤巢鶴 五峯次低昻 冠佩列仲伯 中有古神檀 祀秩同五岳 緬懷山下人 令聞昭千億 平生忠孝心 永激頹靡俗 相思不可見 空歌木雞曲.
〈『新增東國輿地勝覽』 卷12 長湍都護府 山川〉

오관산(부 산꼭대기에 작은 봉우리 다섯이 둥그렇게 관처럼 생겼으므로 오관산이라 한다. ○ 고려사람 문충은 그 세계는 상세하지 않은데, 어머니를 지극한 효성으로 섬겼다. 오관산 영통사동에 살았는데 서울과 30리 떨어진 곳이다. 어머니의 봉양을 위해 녹사를 하여, 아침에 나갈 때나 저녁에 돌아올 때 반드시 고하고, 저녁에 잠자리를 보살피고, 새벽에 문안하는 것을 조금도 게을리 하지 않았다. 어머니가 늙는 것을 탄식하며 목계가를 지었는데, 오관산곡이라 하여 악보에 전한다. 이제현의 사에 '나무를 새겨서 작은 당계 만들어, 줄에 달아서 벽 위에서 살게 했네. 이 새가 꼬끼오하고 시절을 알리거든, 어머니 얼굴

비로소 기우는 해처럼 되시길.' 하였다. ○ 최숙정의 시에 '높고 높은 오관산, 신령스런 봉우리 푸른 공중에 솟았네. 높은 자세는 일관에 짝하여, 만고에 웅장하게 서리고 앉았구나. 큰 소나무는 층층으로 봉우리를 가렸고, 기이한 풀은 바위 구렁 덮었네. 골이 깊으니 아침 노을이 쏟아지고, 절벽이 높으니 나는 학이 둥우리에 깃드네. 다섯 봉우리 높고 낮으니, 관패가 백중으로 늘어섰네. 그 가운데 옛 신단이 있으니, 사질은 오악과 같네. 산 아래 있던 사람 생각하니, 아름다운 이름 천억 년에 빛나는 구나. 평생에 충효스러운 마음, 오래토록 퇴폐해 가는 풍속을 격려해 주네. 생각만 하고 볼 수는 없으니, 부질없는 목계곡만 부르네.' 〈『신증동국여지승람』 권12 장단도호부 산천〉

(8) 五冠山 孝子文忠所作也 忠居五冠山下 事母至孝 其居距京都三十里 爲養祿仕 朝出暮歸定省不少衰 歎其母老 作是歌 李齊賢作詩解之曰 …… 朝出五冠山 暮還五冠山 五冠因人顯 認作名區看 孝子昔在山中居 親老家貧不擇官 寸祿當負米 亦足具甘饌 山家落日倚門待 顚倒歸心自朝端 天街恩雨帶將來 注向淸溪作春瀾 靑衫換作斑衣舞 草心爭似葵誠丹 君曰汝有母奉養 日短未遑安 臣言恩最重資孝 事君亦一般 公私前後一誠殫 莫言忠孝雙全難 爲君歌木雞 遺響尙未殘 五冠山不磨 後人宜鐫肝.

〈『星湖先生全集』 卷8 五冠山〉

오관산 효자 문충이 지었다. 문충은 오관산 아래 살면서 어머니를 지극한 효성으로 섬겼다. 모시는 곳이 서울과 30리 떨어진 곳이었다. 봉양을 위해 녹사를 하면서, 아침에 나갈 때나 저녁에 돌아올 때 문안과 잠자리를 살폈다. 어머니가 늙는 것을 탄식하며 이 노래를 지었는데, 이제현이 그 노래를 이렇게 풀이하였다 …… 아침에 오관산을 나와서, 저녁에 오관산으로 돌아오네. 오관산은 사람 때문에 드러나, 이름 있는 구역으로 알려지게 되었네. 옛날 효자가 산 중에 살았는데, 어머니는 늙고 집은 가난해 관직을 고르지 않았네. 작은 녹봉으로 쌀을 지고와, 좋은 반찬 마련했네. 산촌에 해질 때 문기대어 기다리니. 한 없는 가고픈 마음 아침부터 일렁이네, 서울 거리엔 은혜의 비 오려하고, 맑은 시내 모인 물은 봄 물결 되었네. 푸른 도포 벗고 색동옷 입고 춤추니, 효도 마음 충성 마음 다투어 일어나네. 임금 말씀, "너에게 어머니 계시니, 봉양할 날 얼마 남지 않아 편하지 못하겠구나." 신하 말 "은혜 가장 중한 데, 효도와 임금님 섬김도 한가지입니다." 앞뒤의 공사(公私)를 한결 같이 정성 다하니, 충성 효도 둘 잘하기 어렵다 마오. 그대 위해 목계가 부르니, 그 노래 지금도 사라지지 않았네. 오관산 닳지 않으니, 후인들 가슴 속에 새기리라.

〈『성호선생전집』 권8 오관산〉

(9) 五冠山 高高上無極 水流雲過山不動 朝看暮看長凝碧 待到天荒地 老山始傾 木鷄亦應鳴膊膊. 〈『三溟遺稿』 卷2〉

오관산이여! 높고 높아 끝이 없구나. 물 흐르고 구름 지나도 산은 움직이지 않고, 아침에 보고 저녁에 봐도 언제나 푸르구나. 하늘이 황무해지고 땅이 늙은 뒤에야 산이 기우리니, 그 때는 나무로 만든 닭도 꼬끼오하고 우리라. 〈『삼명유고』 권2〉

(10) 丁東復丁東 伽倻別調十七終 四座試靜聽 此曲令人淚無從 五冠山中文孝子 母老家貧氣力痿 間關襆被去趨朝 京都距家三十里 出告反面無時已 身爲人子子道隳 木鷄不鳴徒名鷄 木鷄兮木鷄 安用汝鷄爲 親一去兮不顧養 親可返兮鷄可唱 哀哀木鷄兮竟如喑 枯魚銜索五內創.

〈『嶺南樂府』〉

딩동 다시 딩동, 가야금 별곡은 17조로 끝나네. 사방에 앉아 조용히 들으니, 이곡조 사람들에게 정처 없이 눈물 흘리게 하네. 오관산 속 문효자는, 어머니 늙고 집도 가난하여 기력도 쇠했는데, 험한 길에 복두 쓰고 조정으로 달리네. 서울에서 집까지 30리인데, 나갈 때 알리고 돌아와 뵙기를 그치지 않고도, 사람 자식 되어 자식도리 무너진다네. 나무 닭 울지 않은데 이름만 닭이라네. 나무 닭아 나무 닭아, 어찌 너를 닭이라 하랴? 어머니 한 번 가시면 봉양할 수 없고, 어머니 돌아오신다면 닭도 울리라. 슬픈 나무 닭아 마침내 신음 하듯하여, 마른고기 새끼 물고 오장 속이 상한 것 같네. 〈『영남악부』〉

(11) 五冠山 文忠事母至孝 居五冠山靈通寺洞 去京都三十里 爲養祿仕 朝

出暮還 告面定省不少衰 歎其母老 作木鷄歌 名曰五冠山曲 傳于樂譜 李齊賢作詩解之曰 木頭雕作小唐鷄 筋子拈來壁上栖 此鳥膠膠報時節 慈顔始似日平西.
〈『增補文獻備考』卷106 樂考〉

오관산 문충이 어머니를 지극히 효성으로 섬기면서 오관산 영통사동(靈通寺洞)에 살았는데, 서울에서 30리 거리이다. 봉양하기 위해 녹사하면서 아침에 나가고 저물어서 돌아오며 아침저녁 문안과 보살피기를 조금도 쇠함이 없었는데, 그 어머니의 늙음을 한탄하여 목계가(木鷄歌)를 지었다. 이름을 '오관산곡(五冠山曲)'이라고 하여 악보에 전한다. 이제현이 이렇게 풀이하였다. 나무를 새겨서 작은 당계 만들어, 줄에 달아서 벽 위에서 살게 했네. 이 새가 꼬끼오하고 시절을 알리거든, 어머니 얼굴 비로소 기우는 해처럼 되시길.
〈『증보문헌비고』 권106 악고〉

(12) 五冠山 文忠深隱五冠山 朝赴公堂趁暮還 老去悲傷西日薄 木鷄歌作慰慈顔.
〈『林下筆記』卷38 海東樂府〉

오관산 문충은 오관산 아래 깊이 숨어, 아침에 관청갔다 저녁에 돌아오네. 늙어가는 슬픔 저녁 해처럼, 목계노래 지어서 어머님 위로하네.
〈『임하필기』 권38 해동악부〉

(13) 文忠未詳世系 事母至孝 居五冠山靈通寺洞 去京都三十里 爲養祿仕 朝出夕返 告面定省不少衰 嘆其母老 作木鷄歌 名曰五冠山曲 傳于樂譜.
〈『新續孝子圖』卷1 文忠作歌〉

문충의 세계(世系)는 알지 못한다. 어머니를 지극한 효성으로 섬기면서 오관산 영통사동에 살았는데, 서울에서 30리 거리이다. 봉양하기 위해 녹사를 하면서 아침에 나가 저녁에 돌아와 문안과 잠자리 살피는데 조금도 게으름이 없었다. 그 어머니의 늙음을 한탄하여 목계가(木鷄歌)를 지었다. 오관산곡이라고도 하며, 악보에 전한다.
〈『신속효자도』 권1 문충작가〉

8. 구슬사(구슬詞)

1) 작품

縱然巖石落珠璣 纓縷固應無斷時 與郞千載相離別 一點丹心何改移.
〈『益齋亂藁』 卷4〉

비록 바위에 구슬이 떨어지더라도, 꿰미실은 끊어지지 않으리, 임과 천년 서로 이별한다더라도, 한 점 단심이야 바뀌리. 〈『익재난고』 권4〉

2) 관련 기록

※ 〈정석가〉와 〈서경별곡〉 기록을 참고하시오.

9. 정과정(鄭瓜亭)

1) 작품

憶君無日不霑衣 政似春山蜀子規 爲是爲非人莫問 只應殘月曉星知.
〈『益齋亂藁』 卷4〉

임 생각에 옷을 적시지 않은 적이 없으니, 봄 산의 뻐꾹새와도 같구나. 옳고 그른 것은 사람들이여 묻지 마소, 이지러진 달과 새벽 별만은 알고 있겠지.
〈『익재난고』 권4〉

2) 관련 기록

※ 〈정과정〉 기록을 참고하시오.

10. 수정사(水精寺)[4]

1) 작품

都近川頹制水坊 水精寺裏亦滄浪 上房此夜藏仙子 社主環爲黃帽郞.

〈『益齋亂藁』 卷4〉

도시 가까운 내 무너져 물막이 하였지만, 수정사 안에 물이 질펀했네. 상방에서는 이 밤 선자 숨겨 놓고, 사주가 오히려 황모랑이 되었다네.

〈『익재난고』 권4〉

2) 관련 기록

(1) 昨見郭翀龍 言及菴欲和小樂府 以其事一而語重 故未也 僕謂劉賓客作竹枝歌 皆其峽間男女相悅之辭 東坡則用二妃屈子懷王項羽事 綴爲長歌 夫豈襲前人乎 及菴取別曲之感於意者 翻爲新詞可也 作二篇挑之.

〈『益齋亂藁』 卷4〉

어제 곽충룡[5]이 급암이 소악부에 화답하려 해도 한가지 일에 거듭되

4) 수정사(양주동), 도근천(서수생).

5) 곽충룡에 관한 기록은 『익재집』 권4와 권9*, 『신증동국여지승람』 권19** 면천군 등에 보인다. 이 기록들로 보아 그는 면주 군수로 있을 때, 군자지(君子池)・구준대(衢罇臺)・치의당(緇衣堂)・강구정(康衢亭)을 지었던 것으로 보인다. 그리고 곽충룡은 원래 문신이지만 왜구가 침입하자 물리쳤다는 기록으로 보면 군사(軍事)에도 능한 것으로 보인다.

* 沔州池臺堂亭銘 (小註) 郭翀龍少卿作守時所開 君子池 (小註) 郭君種蓮其中 取濂溪說名之 <『益齋亂藁』 卷9>
면주의 지・대・당・정의 명 (소주) 소경(고려때의 관직. 태상시, 전중 서, 위위시, 태복시 등에 두었던 종 4 품 벼슬) 곽충룡이 (면주) 군수로 있을 때 지어놓은 것이다. 군자지 (小註) 곽군이 그 가운데 연을 심고, 염계의 애련설을 취하여 이름을 지은 것이다.

** 명환(名宦) 고려(高麗) 곽충룡원외(員外)로 있다가 지군사(知郡事)로 나왔다. 본래 서생으로 군사(軍事)를 익히지 않았는데 왜적이 돌연 습격해 오매, 전 군의 사람들이 달아나는 것을 충룡이 말에 올라 창을 비껴들고 용기를 내어 군중을 격려하니, 한 사람이 적군 백명을 당할 수 있게 되어 먼저 험요한 곳을 끊으니, 적이 형세가

는 말이 되어 그만 두었다 한다. 내가 이르기를 유빈객의 죽지사는 모두 기주나 협주사이의 남녀가 서로 좋아하는 말이고, 동파는 이비, 굴자, 회왕, 항우 등의 일을 가지고 긴 노래를 지었으니, 어찌 전대 사람들을 도습하겠는가? 급암도 별곡에서 감동한 뜻이 있다면 새로운 가조로 지어도 좋을 듯하다. 이에 두 편을 지어 인도하다.

〈『익재난고』 권4〉

(2) 近者有達官戲老妓鳳池蓮者曰 爾曹惟富沙門是從 士大夫召之 何來之遲也 答曰 今之士大夫 取富商之女爲二家 否則妾其婢子 我輩苟擇緇素何以度朝夕 座者有愧色 鮮于樞西湖曲云 西湖畵舫誰家女 貪得纏頭强歌舞 又曰 安得壯士擲千金 坐令桑濮歌行露 宋亡士族有以此自養者 故傷之也 耽羅此曲極爲鄙陋 然可以觀民風知時變也. 〈『益齋亂藁』 卷4〉

요사이 달관이 노기 봉지련을 희롱하는 자가 있어 말하기를, “너희가 부자(富者)의 승려만 따르고 사대부가 부르면 왜 늦게 오느냐?” 하니 대답하되, “오늘의 사대부는 부자 장사치의 딸을 취하여 둘째 집으로 삼거나, 그렇지 않으면 여종을 삼으니 우리가 승려만 굳이 택한다면 어떻게 조석을 지내겠는가.” 하니 좌중이 부끄러운 기색이 있었다. 선우추의 서호곡에, ‘서호의 호화로운 배 뉘 집 따님이기에, 서공을 탐내 애써 노래와 춤인가.’ 했고, 또 ‘어떻게 장사가 천금을 던져 길에서 상복가를 부르게 할까.’ 했다. 송나라가 망하자 사대부의 무리에서 이렇게 해서 살아간 사람이 있어서 스스로 상심한 것이다. 탐라의 이 노래가 극히 비루하지만 그러나 풍속과 시대변화를 볼 만하다.

〈『익재난고』 권4〉

(3) 水精寺 在都近川西岸 李齊賢解歌詩 都近川頹制水坊 水精寺裏亦滄浪 卽此寺古事. 〈『新增東國輿地勝覽』 卷38 濟州牧 佛宇〉

수정사 도근천 서쪽에 있다. 이제현이 이렇게 풀이하였다. ‘도시 가까운 내 무너져 물막이 하였지만, 수정사 안에도 물이 질펀했네.’ 하였는

불리하게 되어 물러갔다. 『목은시고』 권4, 권15 <문충주곽판사충룡위군(聞忠州郭判事狆龍爲軍)>, <기면주곽원외충룡(奇沔州郭員外狆龍)>.

데, 곧 이 절의 고사이다. 〈『신증동국여지승람』 권38 제주목 불우〉

11. 북풍선(北風船)[6]

1) 작품

從教壟麥倒離披 亦任丘麻生兩岐 滿載青甆兼白米 北風船子望來時.

〈『益齋亂藁』 卷4〉

언덕보리 거꾸로 어지럽게 하더라도, 언덕의 삼은 두편에서 살게 되지요. 청자와 흰 쌀을 가득 싣고, 북풍 따라 배들이 계절 따라 오네.

〈『익재난고』 권4〉

2) 관련 기록

(1) 耽羅 地狹民貧 往時 全羅之賈販甆器稻米者 時至而稀矣 今則官私牛馬蔽野而靡所耕墾 往來冠盖如梭而困於將迎 其民之不幸也 所以屢生變也.

〈『益齋亂藁』 卷4〉

탐라는 땅이 좁고 백성이 가난하여 지난날에는 전라도의 장사가 옹기와 쌀을 싣고 계절 따라 왔지만 그것도 드물었다. 지금은 관가나 사가의 마소가 들을 덮어 경작할 곳이 없고 오고 가는 관원이 잦아 영접송별에 시달려, 백성들이 불행하기 때문에 변고가 자주 일어난다.

〈『익재난고』 권4〉

12. 황룡사문(黃龍寺門)

1) 작품

6) 탐라요(양주동), 북풍선자(서수생)

情人相見意如存 須到黃龍佛寺門 氷雪容顏雖未覩 聲音彷彿尙能聞.

〈『及庵先生詩集』 卷3〉

정든 님 서로 보면 뜻이 맞겠지, 마침내 황룡사 불문 앞에 왔네. 얼음 같은 얼굴 모습 보지 못했지만, 닮은 음성 들을 수 있을 듯.

〈『급암선생시집』 권3〉

2) 관련 기록

(1) 伏蒙宗伯益齋公 錄示近所爲詩數篇 其折輩行 誘掖後進之意 深且切矣 雖以庸愚 寧不知感 然自惟拙澁 必不能攀和 因循至今惶悚間 公恕其逋慢之罪 再以小樂府二章示之 愈感愈悚 謹和成若干首 薰沐繕寫 拜呈左右.

〈『及庵先生詩集』 卷3〉

종백 익재공께서 근래 지으신 몇 편의 시를 보내셨다. 절배행은 후진을 이끄시는 뜻이 아주 간절하니 비록 어리석은 자이지만 어찌 감동되지 않겠는가! 그러나 졸렬하고 거친 처지라 하답을 할 수 없어 미루다 지금까지 되어 황송하던 차에 공께서 게으른 죄를 용서하시고, 다시 소악부 두 수를 보내시니 더욱 감동되고 더욱 송구스러워 삼가 약간 몇 수를 지어 정성으로 써서 바칩니다. 〈『급암선생시집』 권3〉

13. 인세사(人世事)

1) 작품

浮漚收拾水中央 瀉入麤踈經布囊 擔荷肩來其樣範 恰如人世事荒唐.

〈『及庵先生詩集』 卷3〉

바다 속 거품을 모두 거두어, 거친 베 자루에 쏟아 붓고, 어깨에 걸머지고 오는 그 모습, 흡사 인간 세상의 황당한 일인 듯. 〈『급암선생시집』 권3〉

14. 심야행(深夜行)

1) 작품

黑雲橋亦斷還危 銀漢潮生浪靜時 如此昏昏深夜裏 街頭泥滑欲何之.

〈『及庵先生詩集』 卷3〉

캄캄한 구름에 다리 끊겨 위태롭고, 은하수 조수이나 물결은 고요한 때. 이렇듯 어둑어둑 깊은 밤에, 길가에 질탕히 취해 어디 가려나.

〈『급암선생시집』 권3〉

15. 삼장(三藏)

1) 작품

三藏精廬去點燈 執吾纖手作頭僧 此言若出三門外 上座閑談是必應.

〈『及庵先生詩集』 卷3〉

삼장사(三藏寺)에 등불 켜려 갔더니, 내 가냘픈 손 잡는 저 높은 스님. 이 말이 삼문 밖으로 나간다면, 상좌의 쓸데없는 말이 틀림없으리.

〈『급암선생시집』 권3〉

2) 관련 기록

※ 〈쌍화점〉 기록을 참고하시오.

16. 사룡(蛇龍)

1) 작품

有蛇含龍尾 聞過太山岑 萬人各一語 斟酌在兩心. 〈『高麗史』卷71〉

뱀이 용의 꼬리를 물고서, 태산의 뫼 부리를 지나갔다고 들었다. 만 사람이 각각 한 마디씩 하여도 짐작하는 것은 두 마음에 달려 있다.

〈『고려사』 권71〉

2) 관련 기록

右二歌 忠烈王朝所作 王狎群小 好宴樂 倖臣吳祈金元祥 內僚石天補天卿等 務以聲色容悅 以管絃房太樂才人 爲不足 遣倖臣諸道 選官妓有姿色伎藝者 又選城中官婢 及女巫善歌舞者 籍置宮中衣羅綺戴馬鬃笠 別作一隊 稱爲男粧 教閱此歌 與群小日夜歌舞褻慢 無復君臣之禮 供億賜與之費 不可勝記. 〈『高麗史』卷71〉

위의 두 노래는(〈삼장〉, 〈사룡〉) 충렬왕조(忠烈王朝)에 지어진 노래다. 왕이 군소배(群小輩)를 친근히 하고 연락(宴樂)을 좋아했다. 행신(幸臣) 오기(吳祈)와 김원상(金元祥), 내료(內僚) 석천보(石天補)와 석천경(石天卿) 등이 성색(聲色)으로 왕을 기쁘게 해주기에 힘썼다. 관현방(管絃房)의 태악재인(太樂才人)으로도 부족하다 하여 여러 고을에 행신(幸臣)을 보내서 관기(官妓)로 자색과 기예(伎藝)가 있는 자를 고르고, 또 성중(城中)에 있는 관비(官婢)와 무당으로 가무(歌舞)를 잘하는 자를 골라다가 궁중에 등록해서 두어두고는 비단옷을 입히고 마종립(馬鬃笠)을 씌워서 따로 한 대(隊)를 만들어 남장(男粧)이라 칭하여 이 노래를 가르쳐 군소배들과 밤낮으로 가무를 하고 난잡하게 구니 군신 사이에 예가 전연 없어졌다. 그 뒤를 대어 상급(賞給) 등을 내려주고 하는 비용이 이루 기록할 수 없을 정도로 많았다. 〈『고려사』 권71〉

17. 안동자청(安東紫靑)

1) 작품

紅絲綠絲與青絲 安用諸般雜色爲 我欲染時隨意染 素絲於我最相宜.
〈『及庵先生詩集』 卷3〉

진홍 색실 초록 색실 푸른 실은, 어째서 이렇듯 잡스런 빛 되었나. 내가 물들이려면 내 마음대로 하기에, 흰 실이 내게는 가장 마땅해.
〈『급암선생시집』 권3〉

2) 관련기록

(1) 婦人以身事人 一失其身 人所賤惡 故作此歌 以絲之紅綠青白 反覆比之 以致取舍之決焉. 〈『高麗史』 卷71 樂志〉

부인은 자신의 몸으로 한 남편을 섬기는데, 한 번 몸가짐이 흐트러지면 남들이 모두 천하게 여기고 미워하게 되므로 이 노래를 짓게 되었다. 붉은색, 초록색, 청색, 흰색 실로 계속 그 사실을 비유하면서 깨끗한 처신을 다짐하는 노래다. 〈『고려사』 권71 악지〉

(2) 慣習都監啓 元興曲及安東紫青調 請於樂歌復用 元興在東北面和寧屬郡濱于大海 郡人隨海船行商而還 其妻迎見悅而歌之 紫青調亦婦人所作 言婦人以身事人 一失其身 人所賤惡 故以絲之紅綠青白反覆譬之 二曲雖皆載諸樂府 然廢而不用久矣 今見其詞 紫青調 婦人有貞靜自守不爲人所汚 元興曲 見夫之還喜而歌之 正與居士戀相爲表裡 皆足以有補於風教. 〈『世宗實錄』 卷54 13年 10月〉

관습도감에서 아뢰기를, "원흥곡과 안동자청조를 악가에서 다시 쓰기를 청합니다. 원흥은 동북면에 있는 화영의 속군으로 큰 바닷가에 있는데, 그 고을 사람이 해선을 따라 행상을 하다가 돌아오니, 그 아내가 맞아 보고 기뻐하여 노래했으며, 자청조도 또한 부인의 지은 바인데, 부인이 몸으로써 남편을 섬기다가 한번 그 몸을 더럽히게 되면 남편이 천하게 여기고 미워하는 바이므로, 실의 홍색・녹색・청색・백색으로써 되풀이하면서 이를 비유한 것인데, 두 곡조가 비록 모두 악부에 기재되어 있으나 폐지되어 쓰이지 않은 지가 오래 되었습니다.

지금 그 가사를 보니, 자청조는 부인이 정숙하여 스스로 지조를 지켜 남에게 더럽힘을 당하지 않았으며, 원흥곡은 남편이 돌아온 것을 보고 기뻐하여 이를 노래했으니, 꼭 거사연(居士戀)과 서로 표리가 될 만합니다. 모두 풍교에 도움이 있을 것입니다." 하겠다.

〈『세종실록』 권54 13년 10월〉

(3) 安東紫青 婦人以身事人 一失其身 人所賤怨 故作此歌以係之 紅綠青白 反覆比之 以致取舍之決焉. 〈『增補文獻備考』 卷106 樂考〉

안동자청(安東紫靑) 부인은 몸을 바쳐 사람을 섬기는데, 한번 그 몸을 잃으면 사람들에게 천함과 원망을 받기 때문에 이 노래를 지어서 표현하였다. 홍록청백(紅綠靑白)으로 되풀이해 비유하여 취하고 버리는 결단을 정하는 것이다. 〈『증보문헌비고』 권106 악고〉

(4) 安東紫青 以身事一福州娘 女誡漫成教義方 紅不綠兮青不白 遊辭反覆任行藏. 〈『林下筆記』 卷38 海東樂府〉

안동자청 몸바쳐 한 낭군 섬기는 복주의 여인, 여계를 이루어 옳은 방법 가르치네. 붉으면 못 푸르고 푸르면 못 희다고, 되풀이 비유해서 몸가짐 조심케 했네. 〈『임하필기』 권38 해동악부〉

18. 청지주(請蜘蛛)

1) 작품

再三珍重請蜘蛛 須越前街結網圍 得意背飛花上蝶 願令粘住省愆違.

〈『及庵先生詩集』 卷3〉

두세 번 정중하게 거미에게 청하노니, 꼭 저 앞거리 뛰어넘어 집을 지어라. 흥에 겨워 날아간 꽃 위의 나비, 그물에 걸리면 잘못을 뉘우치도록.

〈『급암선생시집』 권3〉

19. 답산가(踏山歌)

1) 작품

松城落後向何處 三冬日出有平壤 後代賢主開大井 漢江魚龍四海通.

〈『大東韻府群玉』 卷6〉

송성(松城)에 해진 뒤 어디로 가는가, 삼동(三冬)에 해 뜸은 한양에 있으리. 뒷날 어진 임금 큰 우물을 열어, 한강의 어룡(魚龍)이 사해(四海)로 통하리.

〈『대동운부군옥』 권6〉

2) 관련 기록

(1) 道詵作踏山歌云 …… 三冬日出者 仲冬日出巽 方指木覓在松京東南也 又曰 四海神魚朝漢江 國泰民安致太平 漢江之陽 基業長遠 實爲大明堂之地(勝覽) 漢陽一名南平壤.

〈『大東韻府群玉』 卷6〉

도선이 답산가(踏山歌)를 지었다 …… 삼동(三冬)에 해뜬다는 구절은 한겨울에 해가 서서히 떠오른다는 것으로, 목멱(木覓)이 개성의 동남쪽에 있음을 가리킨다. 또한 사해(四海)의 신령한 고기들이 한강에 조회한다는 구절은 나라가 태평하고 백성이 편안한 태평성대에 한양땅의 기업(基業)이 길고 오래여서 실로 대명당(大明堂)이라는 것이다. 한양은 일명 남평양(南平壤)이라고 한다.

〈『대동운부군옥』 권6〉

20. 한송정(寒松亭)

1) 작품

月白寒松夜 波安鏡浦秋 哀鳴來又去 有信一沙鷗. 〈『高麗史』 卷71 樂志〉

한송정(寒松亭) 달 밝은 밤, 잔잔한 경포(鏡浦)의 싸늘한 기운. 오락 가락 슬피 우는, 정든 갈매기. 〈『고려사』 권71 악지〉

2) 관련 기록

(1) 世傳 此歌書於琴底 流至江南 江南人未解其詞 光宗朝國人張晉公 奉使江南 江南人問之 晉公作詩解之曰. 〈『高麗史』 卷71 樂志〉

이 노래는 비파의 밑바닥에 쓰이어져 강남(江南)까지 흘러갔으나 강남 사람들은 가사의 뜻을 풀지 못했다. 광종 때 고려사람 장진공(張晋公)이 강남에 사신으로 갔는데 그 사람들이 가사의 뜻을 물어 보자 장진공은 시를 지어 노래의 뜻을 풀이하였다고 전해진다.

〈『고려사』 권71 악지〉

(2) 寒松亭曲 高麗張延祐興德縣人 顯宗朝踐歷華要 官至戶部尙書 又名晋山 其時樂府有寒松亭曲 嘗有人書此曲於琴底 琴漂流至江南 江南人未解其詞 光宗時晋山奉使江南(案似是吳越錢氏時) 江南人問其曲意 晉山作詩釋之曰 月白寒松夜 波安鏡浦秋 哀鳴來又去 有信一沙丘鳥 案此說 則高麗時別有國書以譯方言 如新羅吏讀 本朝訓音 而未可考也.

〈『靑莊館全書』 卷34〉

한송정곡 고려 장연우(張延祐)는 흥덕인(興德人)이다. 현종 때에 두로 요직을 거쳐 벼슬이 호부상서(戶部尙書)까지 이르렀으며, 또 다른 이름은 진산(晉山)이다. 그 당시의 악부에 한송정곡(寒松亭曲)이 있었는데, 어떤 사람이 그 곡을 비파의 밑바닥에 썼었다. 그 비파가 표류하여 강남에 이르자 강남 사람들은 그 가사를 해석하지 못하였다. 광종 때에 장진산(張晉山)이 강남에 사신으로 갔었는데, 〔이 때는 오월(吳越) 전씨(錢氏) 때인 듯하다.〕 강남 사람이 그 곡조의 뜻을 물으니, 장진산이 시를 지어 해석하기를, '한송정 깊은 밤에 달이 밝은데, 경포대 가을에 파도도 조용하네. 거기에 슬피 울며 오가는 것은, 오로지 신의 있는 갈매기라오.' 하였다. 이 말을 고찰하여 보면 고려 때에도 마치 신라의 이두(吏讀)와 조선의 훈음(訓音)처럼 별도로 우리나라 글이 있어서 지방 말을 번역한 것 같은데 고증할 수가 없다.

〈『청장관전서』 권34〉

(3) 寒松亭 在府東十五里 東臨大海 蒼松鬱然 亭畔有茶泉石竈石臼 卽述郞仙徒所遊處 ○ 樂府有寒松亭曲 世傳此曲書於瑟底 流至江南 江南人未解其詞 高麗光宗朝 國人張晉山奉使江南 江南人問之晉 晉山作詩解之曰 月白寒松夜 波安鏡浦秋 哀鳴來又去 有信一沙鷗.

〈『新增東國輿地勝覽』 卷44 江陵大都護府 樓亭〉

한송정 부 동쪽 15리에 있다. 동쪽으로 큰 바다에 임했고 소나무가 울창하다. 정자 곁에 차샘, 돌아궁이, 돌절구가 있는데, 곧 술랑선인이 노던 곳이다. ○ 악부에 한송정곡이 있다. 세상에 전해 오는 말에 이 곡이 비파 밑바닥에 쓰여서 떠내려가 강남에 이르렀는데, 강남 사람이 그 가사를 풀지 못하였다. 고려 광종때 우리 나라 사람 장진산이 강남에 사신으로 가자 강남 사람이 물으니 장진산이 시를 지어 풀이하였는데, 이러하였다. '한송정 달 밝은 밤, 경포의 가을 물결 잔잔하네. 슬피 울며 오가는 것은, 믿음 있는 모래 위 갈매기.'

〈『신증동국여지승람』 권44 강릉대도호부 누정〉

(4) 寒松亭 (補) 世傳此曲書於瑟底 流至江南 江南人未解其詞 高麗光宗朝 國人張晉山奉使江南 江南人問之晉 晋作詩解之曰 月白寒松夜 波安鏡浦秋 哀鳴來又去 有信一沙鷗. 〈『增補文獻備考』 卷106 樂考〉

한송정 (보) 세상에서 전하기를, 이 곡(曲)이 슬(瑟) 밑바닥에 쓰여서 떠내려가 강남에 이르렀는데, 강남 사람이 그 곡조를 풀지 못하였다. 고려 광종조(光宗朝)때 우리 나라 사람 장진산(張晉山)이 강남에 사신으로 가자 강남 사람이 물으니 장진산이 시를 지어 풀이하였는데, 이러하였다. '한송정 달 밝은 밤, 경포의 가을 물결 잔잔하네. 슬피 울며 오가는 것은, 믿음 있는 한 모래 갈매기.

〈『증보문헌비고』 권106 악고〉

(5) 寒松亭 曲終瑟漂到江南 翻調東臣張晋三 月白寒松秋鏡浦 沙鷗有信夢

難甘.　〈『林下筆記』 卷38 海東樂府〉

한송정 노래 끝나자 비파 강남까지 떠내려갔는데, 그 가사 해석한 이는 동국 사신 장진삼. 달 밝은 한송정 가을 깊은 경포에, 신의 있는 갈매기에 잠 못 이뤄.　〈『임하필기』 권38 해동악부〉

21. 동산곡(東山曲)

1) 작품

洞仙溪水千年色 岊嶽松風萬壑聲
東山曲是重輝四 中岳聲爲萬歲三 (見子山爲中岳其洞亦進樂)
一門簪履三韓會 八洞笙歌萬壽聲.　〈『補閑集』 卷下〉

동선(洞仙)의 계곡물은 천 년의 빛이고, 절령의 솔바람은 깊은 골짜기에 울리네
동산곡(東山曲)은 사방으로 퍼져 나가고, 중악동의 소리는 만세를 삼창하네 (견자산(見子山)을 중악이라고 부르는데 그 마을에서도 음악을 올렸다.)
한 가문이 귀한 벼슬하니 온나라 사람이 모여들고, 여덟 마을에서 울린 생황 소리는 만수를 기원하네.　〈『보한집』 권하〉

2) 관련 기록

(1) 毅廟幸西都時 白學士光臣 管記黃州 上歌謠云 …… 晉陽公孫女配東宮生男後 公宴宗室諸王 陳八洞樂觀之(舊京諸坊號十二洞 各有里樂 及遷都皆廢 晉陽公更爲八洞 閱其樂) 東山洞進歌謠云 …… 花山洞云.　〈『補閑集』 卷下〉

의종이 평양에 거동할 때 황주(黃州)에서 관기(管記) 벼슬을 하는 학사(學士) 백광신(白光臣)이 임금님께 이런 노래를 지어 올렸다 …… 진양공(晉陽公)의 손녀가 왕자에게 시집가서 사내 아이를 낳았다. 공

은 왕실의 여러 왕족에게 잔치를 베푼 자리에서 여덟 마을의 음악을 부르도록 해 관람케 했다. (옛 서울의 여러 마을을 나누어 12동(洞)으로 불렀고 동마다 그 마을의 음악이 있었는데 도읍을 옮긴 뒤로는 모두 없어졌다. 진양공이 다시 여덟 개의 동으로 나누어 음악을 모은 것이다.) 동산동(東山洞)에서는 이런 노래를 올렸다 …… 화산동(花山洞)에서 올린 노래는 이러하다. 〈『보한집』 권하〉

22. 보현찰(普賢刹)

1) 작품

何處是普賢刹 隨此盡同力殺. 〈『東國通鑑』卷25 毅宗 24年〉

보현찰이 어디 있나, 이곳에서 힘을 합쳐 모두 죽이네.
〈『동국통감』 권25 의종 24년〉

2) 관련 기록

(1) 王幸普賢院 武臣鄭仲夫 李義方 李高等作亂 殺扈從文官宦寺 遣兵 殺留都文官 以王還宮時 王荒淫不恤政事 承宣林宗植 起居注韓賴 又無遠度怙寵 傲物蔑視武士 衆怒益甚 丙子 王自延福亭 如興王寺 仲夫謂義方高曰 今則吾事可擧 然王若便還宮 可且隱忍 如又移幸普賢院 無失此機 翌日 王將行普賢院 至五門前 召侍臣行酒 酒酣 顧左右曰 壯哉 此地 可以肄兵 命武臣爲五兵手搏戱 蓋知武臣觖望 欲因以厚賜慰之也 賴恐武臣見寵 遂懷猜忌 大將軍李紹膺與一人相搏 紹膺不勝而走 賴遽前批其頰 卽墜階下 王與群臣撫掌大笑 宗植 李復基 亦罵紹膺 於是仲夫 金光美 梁肅陳俊等 失色相目 仲夫厲聲詰賴曰 紹膺 雖武夫 官爲三品 何辱之甚 王執仲夫手慰解之 高拔刀目仲夫 仲夫止之 至昏駕近普賢院 高與義方先行矯旨 集巡檢軍 王纔入院門 群臣將退 高等手殺宗植復基于門 左承宣金敦中知亂作在途 佯醉墜馬而逃 賴依所親宦官 潛匿御床下 王大驚 使宦者王光就禁之 仲夫曰 禍根韓賴 尙在王側 請出誅之 內侍裵允才入奏 賴挽

王衣不出 高又拔刀脅之 乃出卽殺之 指諭金錫才謂義方曰 高敢於御前拔刀耶 義方瞋目叱之 錫才不復言 於是承宣李世通 內侍李唐柱 御使雜端金起莘 祗候柳益謙 司天監金子期 太史令許子端等 凡扈從女官及大小臣僚宦寺皆遇害 積尸如山 初鄭李約曰 吾曹袒右去幞頭 否者皆殺之 故武人不去幞頭者亦多被殺 唯承宣盧永醇本兵家子 且與武臣相善故免 王大懼欲慰安其意賜劒諸將 武臣益驕橫 先是童謠云.

〈『東國通鑑』 卷25 毅宗 24年〉

의종이 보현원(普賢院)에 행차했을 때 무신 정중부, 이의방, 이고 등이 난을 일으켜 임금을 모시던 문신과 내시들을 죽이고 병사를 보내 개경에 머물렀던 문신들을 죽였다. 왕을 모시고 환궁할 때에도 왕은 주색에 빠져 정사를 돌보지 않았다. 승선인 임종식, 기거주, 한뢰는 또한 깊이 생각하는 바 없이 왕의 총애를 믿고 무인들을 업신여기고 멸시해서 여러 사람의 분노가 더욱 깊어졌다. 병자일에 왕이 연복정에서 홍왕사로 갔다. 정중부가 이의방과 이고에게 말하기를, "지금이야말로 일을 일으킬 만한 때다. 그러나 왕이 만약 환궁해 버린다면 또한 은인자중해야 할 것이다. 만일 다시 보현원으로 행차한다면 절대 기회를 잃지 말도록 하자." 하였다. 다음날 왕이 보현원으로 행차하는데 오문(五門)에 이르러 보좌하는 신하들을 불러 놓고 술을 마셨다. 술이 거나하게 취하자 좌우 신하들을 돌아 보면서, "훌륭하구나! 이곳은 병법을 익힐 만한 곳이로다!" 고 하면서 무신들에게 명령하여 오병(五兵) 수박희(手搏戲)를 하게 하였다. 이는 무신들이 서운해 하고 원망하는 것을 알고 그 일로 후사하여 위로하고자 한 것이다. 한뢰는 무신들이 왕의 총애를 받는 것을 두려워하여 시기심을 품었다. 대장군 이소응이 다른 사람과 겨룰 때 소응이 이기지 못하고 도망갔다. 한뢰가 급히 그 앞으로 가서 빰을 후리 쳐서 계단에 넘어뜨리자 왕과 여러 신하들이 손뼉을 치며 크게 웃었다. 임종식과 이복기도 이소응을 꾸짖었다. 이 때 정중부, 김광미, 양숙, 진준 등이 낯빛이 변하여 서로 눈짓하였다. 정중부가 엄하게 한뢰를 꾸짖어 말하기를, "이소응은 비록 무신이지만 삼품(三品)인데 어찌 이리 욕되게 하는가!" 하자, 왕이 정중부의 손을 잡고 위로하면서 달랬다. 이고는 칼을 들고 정중부에게 눈짓했으나 정중부는 그치도록 했다. 어두워질 무렵 왕이 보현원 근처에 다다랐을 때, 이고와 이의방이 앞질러 가서 왕의 명령을 위조하여 순검군을 모아 놓았다. 왕이 보현원 문에 막 들어가고 여러 신하들이 물러서려 하는데 이고 등이 임종식, 이복기를 문에서 죽였다. 좌승선 김돈중은 도중에 변란이 일어난 것을 알고 술에 취한 척 말에서 떨어져 도망갔다. 한뢰는 가까이 지내던 환관의 도움으로 왕의 침상 밑에 몰래 숨었는데 왕이 크게 놀라 환관 왕광취에게 막도록 했다. 정중부가 말하기를, "화의 근원은 한뢰에게 있는데 오히려 임금님 곁에 있습니다. 청컨대 내보내어 죽이도록 해야 합니다."하였다. 내시인 배윤재가 들어가 아뢰자 한뢰는 왕의 옷을 잡아당기며 나오지 않았다. 이고가 또한 칼을 빼들고 협박하자 나왔는데 바로 죽였다. 지유 김석재가 이의방에게 말하기를, "이고가 감히 어전에서 칼을 빼다니!" 하였는데, 이의방이 눈을 부릅뜨며 그를 꾸짖자 다시 대꾸하지 못했다. 이 때 승선인 이세통, 내시인 이당주, 어사인 잡단 김기신, 지후인 유익겸, 사천감인 김자기, 태사령인 허자단 등이 임금을 모시던 궁녀, 높고 낮은 신하와 내시들까지 모조리 죽여 시체가 산더미처럼 쌓였다. 처음에 정중부와 이의방, 이고는 "우리 편은 오른쪽 소매를 걷고 두건을 벗도록 하는데 그렇지 않은 자는 모조리 죽인다."는 약속을 했다. 따라서 무인인데도 두건을 벗지 않은 사람들이 많이 죽었다. 오직 승선인 노영순만은 병가(兵家)의 아들이고 무신들과 사이 좋게 지냈으므로 죽음을 면했다. 왕은 크게 두려워 하여 무신들의 뜻을 위무하기 위하여 모든 장수들에게 칼을 하사하였고 무신들은 더욱 교만해져 제멋대로 행하였다. 사건 전에 이런 동요가 퍼졌다.

〈『동국통감』 권25 의종 24년〉

(2) 當年普賢院 遺事問父老 百官沒魚腹 往事何草草 淸川蒲柳鄕 落月牛羊道 西風吹馬鬣 弔客空潦倒. 〈『秋江集』 卷2〉

당시에 보현원에 지난 일을 부로에게 물었네. 백관은 이미 고기밥이 되었고, 지난 일은 어찌 그리 초초한가. 청천은 부들과 버들이 무성하고, 낙월은 소와 양의 길이 되었네. 서풍이 말갈기에 부니 조문하는 나그네 부질없이 시들하네. 〈『추강집』 권2〉

(3) 高麗毅宗時童謠云 何處是普賢刹 隨此盡同力殺 未幾幸普賢寺遭武臣之變. 〈『增補文獻備考』卷11 象緯考11 童謠〉

고려 의종(毅宗) 때에 동요에 이르기를, '어느 곳이 보현사인가? 이곳에 따라가 모두 힘을 같이하여 죽는구나.' 라고 하더니, 얼마 안 되어 보현사에 거둥하였다가 무신들의 변란을 당하였다.
〈『증보문헌비고』 권11 상위고11 동요〉

23. 우후가(牛後歌)

1) 작품

應恨蛾眉馬前死 欲教返是名牛後 君不見 石崇騎牛迅若飛 綠珠艶質芝蘭秀 又不見 魏公騎牛行 讀書 雪兒妙唱雲霄透 自古綺羅人 例合居牛後 持此問牛後 得稱汝意否 嫣然含笑微俛首 一曲千金爲我壽. 〈『破閑集』卷上〉

아마도 미인이 말 앞에 죽은 것이 한스러워 소의 뒤〔牛後〕라고 이르고 싶었으려니. 석숭이 소를 타고 나는 듯이 달리던 걸 그대는 보지 못하였는가, 녹주의 고운 살결 지란보다 향기로웠다네. 그대는 또 위공이 소를 타고 가면서 독서하는 걸 보지 못했는가, 설아의 기묘한 노래 가락은 구름을 뚫고 퍼졌다네. 옛날부터 화려한 생활을 하는 여인들은 항상 우후에서 살았다네. 묻노라 우후야, 네 뜻에 맞는지. 웃으면서 다소곳이 머리 숙이고, 천금같은 노래가락 나에게 들려주네. 〈『파한집』 권상〉

2) 관련 기록

(1) 牛後教坊花原玉小字 色藝爲一時冠 黃壯元作牛後歌 其略云 …… 吾友者之云 只應天上隨牽牛 故以牛後爲名字 請僕同賦 劉壯元羲云 牛心只合供羲之. 〈『破閑集』卷上〉

우후(牛後)는 교방(教坊)의 기생 원옥(原玉)의 아명(兒名)이다. 아름다움과 재주가 당시의 제일이었다. 황장원(黃壯元)이 우후가(牛後

歌)를 지었는데 노래는 대략 이렇다. …… 나의 벗 기지(耆之)는, "너는 마땅히 하늘에 떠 있는 견우(牽牛)를 따라야 할 것이기에 우후로 이름한 것인가."라고 하면서 나에게도 같이 짓자고 했다. 나는 이렇게 노래했다. 유장원(劉壯元) 희(羲)는, '우심적(牛心炙)은 희지에게 대접하는 것이 좋으리.' 〈『파한집』 권상〉

(2) 續牛後歌與眉叟同賦 天宮織女有夫婿 尙隔迢迢銀漢水 相期七夕間何濶 獨宿空閨潸下淚 投梭不忍奔郭郞 豈識人間有羞恥 朱樓瓊閣更不思 卜居近住牛行里 祇緣天上隨牽牛 自稱牛後爲名字 那知異日繼牛後 往往宮中通小吏 神仙遺事疑有無 更問騎牛周柱史. 〈『西河集』 卷3〉

속우후가(續牛後歌)를 미수(眉叟)와 함께 지었다. 천궁의 직녀는 남편이 있으나, 멀리 은하수를 사이에 두고 있네. 칠석에 만날 기약 어찌 그리 멀기만 한가, 빈 방에 홀로 누워 가만히 눈물 흘리네. 차마 북을 던지고 곽랑에게 달려가지 못함이여, 그가 어찌 세상에 수치가 있음을 알겠는가. 화려한 누각 다시 생각지 않고, 우행리 근처에 와서 사네. 다만 천상에서 견우를 따랐기에, 스스로 우후라 이름을 지었네. 뒷날 우후를 이어, 왕왕 궁중에서 아전과 통정할 줄 어찌 알았으리. 신선의 옛 일은 있었던가 없었던가, 다시 소를 탄 노자[7]에게 묻노라.
〈『서하집』 권3〉

24. 복고가(腹鼓歌)

1) 작품

腹爲皮鼓手爲槌 登登終日聲相續. 〈『大東韻府君玉』 卷10〉

배는 북이 되고 손은 채가 되어, 종일토록 둥둥하고 소리 끊이지 않네.
〈『대동운부군옥』 권10〉

7) 노자의 벼슬이 주하사(柱下史)였고, 또 노자가 청우(靑牛)를 타고 함곡관(函谷關)을 지나갈 때 자기(紫氣)가 어렸다는 고사가 있다.

2) 관련 기록

(1) 李奎報作腹鼓歌. 〈『大東韻府君玉』 卷10〉

이규보가 복고가(腹鼓歌)를 지었다. 〈『대동운부군옥』 권10〉

25. 호목(瓠木)

1) 작품

瓠之木枝切之一水鐥 陋台木枝切之一水鐥 去兮去兮遠而去兮 彼山之巓遠而去兮 霜之不來磨鎌刈麻去兮. 〈『增補文獻備考』 卷11 象緯考11 童謠〉

박나무(瓠木) 가지 잘라 두레박 하나 만들자, 느티나무 가지 잘라 두레박 하나 만들자. 가자 가자 멀리 가자, 저 산 꼭대기까지 멀리 가자. 서리가 내리기 전에 낫 갈아 삼 베러 가자. 〈『증보문헌비고』 권11 상위고11 동요〉

2) 관련 기록

(1) 高宗三十六年十一月 有童謠云. 〈『增補文獻備考』 卷11 象緯考11 童謠〉

고종 36년 11월에 이런 동요가 있었다.
〈『증보문헌비고』 권11 상위고 11동요〉

26. 만수산(萬壽山)

1) 작품

萬壽山煙霧蔽 未幾 元世祖訃至. 〈『增補文獻備考』 卷11 象緯考11 童謠〉

만수산(萬壽山)에 연기 안개 자욱하다네, 얼마 안 있다가 원나라 세조(世

祖)의 부음 소식이 왔다. 〈『증보문헌비고』 권11 상위고11 동요〉

2) 관련 기록

(1) 忠烈王二十年正月 有童謠云. 〈『增補文獻備考』 卷11 象緯考11 童謠〉

충렬왕 20년 정월에 이런 동요 하나가 퍼졌다.
〈『증보문헌비고』 권11 상위고11 동요〉

27. 양화사(楊花詞)

1) 작품

待如晦淸風 飛揚到黃閣中. 〈『高麗史』 卷110 列傳23 韓宗愈〉

두여회(杜如晦)와 같은 재상이 있기를 기다려라, 그 때엔 나도 순풍에 날려 황각(黃閣)에 들어가리라. 〈『고려사』 권110 열전23 한종유〉

2) 관련 기록

(1) 韓宗愈 自幼瞻視異衆 性厚重 軀幹魁偉 望之儼然 知其公輔器 自莅仕九轉爲三重大匡 常典銓選 處事接物皆有餘裕 爲文章務去俗氣 尤致意於詩 又喜談笑 樽俎閒和氣油然可愛 其未達也 與一時名士相往還 群飮無虛日 號楊花徒 宗愈醉 輒起舞歌楊花辭曰 …… 識者皆異之.
〈『高麗史』 卷110 列傳23 韓宗愈〉

한종유는 어려서부터 눈매가 남다르고 성품이 듬직했다. 체격이 장대하여 보기에 위엄이 있어서 장차 높은 벼슬을 하여 중요한 지위에 오를 만한 인물로 인정되었다. 처음 벼슬을 한 때로부터 아홉 번 옮겨서 삼중대광(三重大匡)이 되었고 언제나 전선(銓選)을 책임지고 있었다. 일을 처리하거나 사람들과 교제를 할 때에 늘 여유가 있었으며 문장을 짓는 데 속된 기운을 없애도록 힘썼고 시에 더욱 뜻을 두었다. 또 한담을 즐겼으며 술을 마시는 자리에서는 화기에 넘쳐 친절하게 하였다. 그가 아직 높은 지위를 얻기 전에는 당시의 명사들과 서로 오가며 술 모임을 거른 날이 없었다. 세상에서는 그들을 양화도(楊花徒)라고 불렀다. 한종유는 술에 취할 때에는 일어서서 춤을 추며 양화사(楊花辭)를 불렀다 …… 아는 사람이 모두 이 가사를 이상하게 여겼다.

〈『고려사』 권110 열전23 한종유〉

(2) 楊花歌 高麗政承韓宗愈 少時放蕩不羈 結徒數十人 每於巫覡歌舞之處 刼掠醉飮 拍手歌楊花 時人謂之楊花徒. 〈『大東野乘』 卷1 慵齋叢話〉

양화가 고려 정승 한종유는 어렸을 때에 방탕하고 얽매이지 않아 수십 명씩 무리를 지어 무당들이 노래하고 춤추는 데에 가서 음식을 빼앗아 취하도록 포식하고 손뼉을 치며 양화사 노래를 부르니 그 때 사람들이 양화도라고 불렀다. 〈『대동야승』 권1 용재총화〉

(3) 楊花詞 漢陽府院君韓宗愈 未達也 與一時名士相往還 羣飮無虛日 醉則起 垂袖爲舞 歌楊花詞曰 待如晦淸風 飛揚到黃閣中 識者皆異之 性厚重喜談笑 樽俎間和氣油然可愛 處事接物 皆有餘裕 謚文節 麗日融融醺似酒 九街三月楊花春 楊花歷亂無意緖 拂樹穿林看更新 淸風東來忽捲起 飛入深宮惱殺人 何處狂歌醉仙徒 舞袖低回綠水濱 傍人借問何所求 笑而不答見天眞 從遊者誰盡詩豪 世人安能知席珍 楊花兮楊花去向 玉皇香案吹紛繽 夫人有志事竟成 乘雲上作淸都臣.

〈『星湖先生全集』 卷8 海東樂府〉

양화사 한성부원군(漢城府院君) 한종유(韓宗愈)가 현달(顯達)하지 못했을 때 당대의 명사(名士)들과 교류하면서 하루도 떼를 지어 술 마시지 않은 날이 없었고, 취하면 일어나 소매를 드리우고 춤추면서 양화사를 노래하며 말하기를, '두여회(杜如晦)와 같은 재상이 있기를 기다려라, 그 때엔 나도 날아서 황각 안에 이르리라.' 라고 하였는데, 식자들이 모두 기이하게 여겼다. 성품이 후중하고 담소를 좋아하여 술자리에 화기가 애애하였고, 일을 처리하거나 사람을 대할 때 모두 여유가 있었다. 시호는 문절(文節)이다. 고운 해 온화하여 술에 취한 듯 나른하니, 도성의 삼월은 버들 꽃 피는 봄이로다. 버들 꽃 어지러이 날려 아무 생각이 없으니, 나무를 헤치고 숲을 지나니 다시 새로워지네. 맑은 바람 동쪽으로부터 불어와 홀연히 먼지바람 일으키니, 깊은 궁중에 날아들어 사람을 몹시 번뇌하게 하네. 어디서 부르는 광가가 신선의 무리를 취하게 하는가, 푸른 물가에서 소매 드리우고 춤추며 배회하네. 곁에 있던 사람이 어디서 구했느냐 물으니, 웃고서 대답하지 않아 천진을 보이도다. 교류하는 자 누구인가 모두가 시호건만, 세상사람 어떻게 진유(眞儒)를 알아보리. 버들 꽃이여, 버들 꽃이여 어디로 날아가는가, 옥황상제의 향안에 어지럽게 불어대네. 사람이 뜻이 있으면 끝내 일이 이루어 지나니, 구름을 타고 올라가 천상의 신하가 되리.

〈『성호선생전집』 권8 해동악부〉

28. 묵책(墨冊)

1) 작품

用綜布作都目 政事眞墨冊 我欲油 今年麻子少 噫不得.

〈『增補文獻備考』卷11 象緯考11 童謠〉

가는 베로 만든 도목(都目), 썼다 지웠다, 정사(政事)는 정말 먹물책(墨冊)인가, 기름 발라 둘까 해도, 올해는 삼씨도 귀해 아! 얻지 못하네.

〈『증보문헌비고』 권11 상위고11 동요〉

2) 관련 기록

(1) 德陵初罷政房 文銓武選委之選摠部 而首亞相領之 庶幾有復古之望矣 而一二復心之臣 熟於銓選者 使以他官兼之 久而不易 於是頑純無耻輕薄冒進之徒 乘機而効尤 罔上以封己 使復古之美意 徒爲文具而已 此又可歎也 施及毅陵之季年日甚一日 紫泥之封 塗抹於宦寺之手 黑冊之訪流播於婦兒之口 傳曰 作法於凉 其弊猶貪 作法於貪 弊將若之何 其此之謂乎(兒輩用厚紙墨面油之 以習書字謂之黑冊 毅陵在奉子山離宮 以

病不喜見人 內外壅隔 用事者衆批目下 爭相塗抹竄定 朱與墨至不可辨 時人謂之 墨冊政事). 〈『櫟翁稗說』前集 1〉

충선왕 초년에 정방을 없애고 문무백관의 전형 선발을 선총부에 위임하여, 수상과 아상이 그 일을 주관하게 하니, 거의 옛 제도를 회복할 전망이 있었다. 그런데 전선에 익숙한 한두 심복에게 다른 벼슬을 겸직시켜 오래도록 바꾸지 아니하므로, 염치없는 우둔한 자나 승진에만 급급한 경박한 무리들이 기회를 타고 그 잘못을 답습하여 왕을 속이고 자기를 봉하게 하였다. 이리하여 옛 제도를 회복하려는 아름다운 뜻이 한갓 형식에 그칠 뿐이니, 이 또한 통탄할 일이다. 이 같은 일이 의종 말년에 이르러서는 나날이 더 심하여, 붉은 인을 찍어 봉함한 정안이 한낱 환관의 수중에서 멋대로 변경되기도 하였으니, 흑책정사라는 비방이 아녀자 입에까지 퍼졌다. 『좌전』에 "세금을 박하게 거두어들이도록 법을 만들어도 오히려 탐하는 폐단을 초래하는데, 세금을 탐욕스럽게 징수하도록 법을 만드니 그 폐단이 장차 얼마나 클 것인가." 하였으니, 그 말이 바로 이런 것을 두고 한 말이 아니랴! (아이들이 두꺼운 종이에다 먹칠을 하고 기름을 먹여서 글씨 연습하는 것을 흑책이라 한다. 의종이 봉자산 이궁에 있을 때, 병으로 사람 만나기를 좋아하지 아니하므로 안팎이 막혔었다. 일을 맡은 자들은 모든 비목이 내리면, 서로 다투어 뭉개고 지우고 하여, 주묵을 분별할 수 없게 되었다. 이것을 묵책정사라 하였다.) 〈『역옹패설』 전집 1〉

(2) 忠肅王時 童謠云 …… 及金之鏡等掌詮曹 用事者爭相塗抹 朱與墨相渾 謂之墨冊政事. 〈『增補文獻備考』卷11 象緯考11 童謠〉

충숙왕(忠肅王) 때 이런 동요가 있었다 …… 김지경(金之鏡) 등이 관리 임명을 맡아보고 있었는데 아부하거나 뇌물 주는 사람이 서로 몰려서 일일이 보아 주느라 도목책이 주묵(朱墨) 투성이가 되어 버렸다. 사람들이 이를 가리켜 묵책정사(墨冊政事)라 하였다.
〈『증보문헌비고』 권11 상위고11 동요〉

29. 자하동(紫霞洞)

1) 작품

家在松山紫霞洞 雲烟相接中和堂 喜聞今日耆英會 來獻一杯延壽漿 一杯可獲千年算 願君一杯復一杯 世上春秋都不管 池塘生春草 園柳徧鳴禽 三韓元老開宴中和堂 白髮戴花 手把金觴相勸酒 雖道風流勝神仙亦何傷 月留琴奏太平年 願公酩酊莫辭醉 人生無處似尊前 斷送百年無過酒 杯行到手莫留殘 殷勤爲公歌一曲 是何曲調萬年歡 此生無復見羲皇 願君努力日日飮 太平身世惟醉鄕 紫霞洞中和堂 管絃聲裏 滿座佳賓 皆是三韓國老 白髮戴花 手把金觴相勸酒 蓬萊仙人却是未風流云云〔俚語〕.
〈『高麗史』卷71 樂志〉

집은 송산의 자하동에 있고, 중화당(中和堂)엔 구름과 연기가 감도는데, 오늘 기영회(耆英會) 있다는 소식 듣고 기뻐 찾아와, 한 잔의 장명주(長命酒)를 드리옵니다. 한 잔이면 천년의 장수 얻게 되오니 한 잔 하고 또 한 잔 드시옵소서, 세상의 나이를 생각 마시고. 연못가엔 봄풀이 파릇하고, 정원의 버들가지에는 새 가득 지저귀는데, 삼한(三韓)의 원로들이 중화당에 잔치를 벌여, 백발에는 꽃을 꽂고, 손에는 금 술잔 잡아 서로 술을 권하니, 이 풍류 신선보다 낫다고 한들 무엇이 나쁘리오. 월류금(月留琴)으로 태평년(太平年) 타오니, 술 사양 하지 말고 취토록 마셔보세. 살아감에 술단지 앞보다 더 좋은 곳은 없고, 인생 백년을 보내는 데 술만한 게 없으니, 술잔이 돌아가거든 남기지 마시라. 은근히 공을 위해 한 곡을 부르나니, 이 곡조는 바야흐로 만년환(萬年歡)이라. 이 세상에 다시는 희황(羲皇)을 못 보려니, 힘껏 마셔야지 매일 매일 마셔야지, 태평 신세에는 오직 취향(醉鄕)뿐이라오. 자하동의 중화당에서 관현 소리 들려오고, 가득 앉은 귀한 손님 삼한(三韓)의 국로(國老)로다. 백발에 꽃을 꽂고 금 술잔 손에 잡아 서로 술을 권하니, 봉래산 선인들의 풍류도 이보다는 못하리라. 운운〔우리말〕.
〈『고려사』권71 악지〉

2) 관련 기록

(1) 侍中蔡洪哲所作也 洪哲居紫霞洞 扁其堂曰中和 日邀耆老 極歡乃罷 作

此歌令家婢歌之 詞皆仙語 盖托紫霞之仙 聞耆老會中和堂 來歌此詞也.
〈『高麗史』卷71 樂志〉

시중 채홍철이 지은 노래다. 채홍철은 자하동에 살았는데, 그의 집에 중화당(中和堂)이라는 편액(扁額)을 붙였다. 매일같이 원로들을 초대하여 마음껏 즐기고야 끝내곤 했다. 이 노래를 지어 자기 집 여종에게 노래 부르게 하였는데 가사가 모두 신선들의 말투로 되어 있다. 대개 자하선인이 중화당에서 기로회(耆老會)가 있다는 소문을 듣고 찾아와 이 가사로 노래를 부른다는 내용이다. 〈『고려사』 권71 악지〉

(2) 後元年(元至元六年) 春正月 順天君蔡洪哲卒 洪哲嘗守長興府 棄官閑居凡十四年 以琴書 劑和爲日用 忠宣王素知其名 召用之 遂至爲相 爲人精巧 於文章技藝 皆盡其能 尤好釋敎嘗於第北構旃檀園 施藥國中 人多賴之 又於第南作中和堂 邀國老八人 爲耆英會 作紫霞洞新曲 今樂府有譜. 〈『高麗史節要』卷25 忠惠王 庚辰〉

후원년(원나라 지원 6년) 봄 정월에 순천군(順天君) 채홍철이 졸하였다. 홍철은 일찍이 장흥부사(長興府使)로 있다가, 벼슬을 버리고 한가로이 은거한 것이 무려 14년 동안이었는데, 거문고와 책을 즐기며, 약을 조제하는 것을 일과로 삼았다. 충선왕이 평소부터 그 이름을 알고 불러서 등용하여, 드디어 재상에까지 이르렀다. 사람됨이 재주가 있어서 문장과 기예에 모두 능하였으며, 더욱 불교를 좋아하여 일찍이 자기 집의 북쪽에 전단원을 짓고, 온 나라에 약을 보시하니, 사람들이 많이 덕을 입었다. 또한 집의 남쪽에는 중화당을 지어서 국가의 원로 8명을 맞이하여 기영회(耆英會)라 하고, 자하동신곡(紫霞洞新曲)을 지었는데, 지금도 악부에 그 악보가 있다.
〈『고려사절요』 권25 충혜왕 경진〉

(3) 國王宴宗親兄弟樂 王坐殿 奏賀聖朝調 進俎 奏太平年 獻花 歌行葦 用金剛城調 進初度湯 歌關雎 進初盞 受寶籙呈才 進二度湯 歌麟趾 進二盞 夢金尺呈才 進三度湯 歌葛覃 用紫霞洞調 進三盞 五羊仙呈才 進四度湯及進四盞 抛毬樂呈才 進五度湯 歌臣工 進五盞 舞鼓呈才 進六度

湯及進六盞 文德曲 進七度湯及進七盞 歌南山有臺.

〈『太宗實錄』卷3 2年 6月 5日(丁巳)〉

국왕 연종친형제악(國王宴宗親兄弟樂). 왕이 전(殿)에 나앉으면 하성조조(賀聖朝調)를 연주한다. 조(俎)를 올리면 태평년(太平年)을 연주한다. 꽃을 올리면〔獻花〕 행위(行葦)를 노래하되, 금강성조(金剛城調)를 사용한다. 첫 번째 탕을 올리면 관저(關雎)를 노래하고, 첫째 잔을 올리면 수보록정재(受寶籙呈才)를 한다. 두 번째 탕을 올리면 인지(麟趾)를 노래하고, 둘째 잔을 올리면 몽금척정재(夢金尺呈才)를 한다. 세 번째 탕(湯)을 올리면 갈담(葛覃)을 노래하되 자하동조(紫霞洞調)를 사용한다. 셋째 잔을 올리면 오양선 정재(五羊仙呈才)를 하고, 네 번째 탕과 넷째 잔을 올리면 포구락 정재(抛毬樂呈才)를 하고, 다섯 번째 탕을 올리면 신공(臣工)을 노래하고, 다섯째 잔)을 올리면 무고정재(舞鼓呈才)를 한다. 여섯 번째 탕을 올리고, 여섯째 잔을 올리면 문덕곡(文德曲)을 노래한다. 일곱 번째 탕을 올리고, 일곱째 잔을 올리면 남산유대(南山有臺)를 노래한다.

〈『태종실록』권3 2년 6월 5일(정사)〉

(4) 耆老會餞金五宰江南之行 五宰盛設餚饌 大作樂盡歡而罷.

〈『牧隱詩藁』 卷30〉

기로들이 모여서 김오재(金五宰)가 강남으로 떠나는 것을 전별하였는데, 김오재가 안주와 음식을 성대하게 차리고서 풍악을 크게 베풀어 기쁨을 다하고 파하였다. 〈『목은시고』 권30〉

(5) 公於文章技藝醫藥音律 皆極其精 而尤深於釋敎 嘗於第北 置別院 養僧施藥 時呼活人堂 又於第南作堂 號中和 時邀國老爲耆英會 製新詞(新詞世稱紫霞洞別曲) 以被管絃 至今傳于樂府.

〈『陽村集』 卷35 東賢事略 蔡贊成諱洪哲〉

공은 문장·기예·의약·음률에 모두 정통하였고, 더욱이 불교에 조예가 깊어서 일찍이 집 북쪽에 따로 절을 지어서 스님을 살게 하고 의

약을 베푸니, 당시에 활인당이라 불렀다. 또 집 남쪽에다 집을 지어 중화라 호칭하고, 당시의 국로를 맞아 기영회를 만들고, 신사(세상에서는 자하동별곡이라 부른다)를 지어 관현악으로 연주하였는데, 지금 악부에 전한다. 〈『양촌집』 권35 동현사략 채찬성휘홍철〉

(6) 順天君蔡洪哲 …… 構旃檀園 養禪僧 又施藥 人多賴之 又於第南作中和堂 邀國老八人 爲耆英會 作紫霞洞新曲 今樂府有譜.

〈『東國通鑑』 卷44 忠惠王 後元年〉

순천군 채홍철이 …… 전단원을 짓고 선승을 보양하였고 또 의약을 베푸니 많은 사람들이 덕을 입었다. 또한 집의 남쪽에 중화당을 지어 나라의 원로 8인을 불러서 기영회를 만들고 자하동 신곡을 지었는데 지금도 그 악보가 있다. 〈『동국통감』 권44 충혜왕 후원년〉

(7) 高麗史 蔡洪哲字無悶 平康縣人 爲人精巧 於文章技藝 皆盡其能 尤好釋敎 嘗於第北 構旃檀園 常養禪僧 又施藥 國人多賴之 呼爲活人堂 忠宣嘗幸其第 施白金三十斤 又於第南作堂 號中和 時邀永嘉君權溥以下國老八人 爲耆英會製紫霞洞新曲 今樂府有譜(列傳) 紫霞洞曲 侍中蔡洪哲所作也 洪哲居紫霞洞 扁其堂曰中和 日邀耆老極歡乃罷 作此歌令家婢歌之. 〈『高麗古都徵』 卷1〉

고려사 채홍철(蔡洪哲)의 자(字)는 무민(無悶)이고 평강현(平康縣) 사람이다. 성품이 정교하고 문장과 기예에 모두 그 재능을 다하였으며, 특히 불교를 좋아하였다. 일찍이 집의 북쪽에 전단원(旃檀園)을 지어 항상 선승(禪僧)을 봉양하고 또 약을 베푸니, 나라 사람들이 그 덕을 많이 보아서 활인당(活人堂)이라고 불렀다. 충선왕이 일찍이 그 집에 가서 백금(白金) 30근을 내렸다. 또 집 남쪽에 당(堂)을 짓고 중화(中和)라고 이름지었다. 때때로 영가군(永嘉君) 권부(權溥) 이하 국노(國老) 8인을 맞이하여 기영회(耆英會)를 만들고 자하동신곡(紫霞洞新曲)을 지었는데, 지금 악부에 악보가 있다.(열전) 자하동곡(紫霞洞曲)은 시중(侍中) 채홍철(蔡洪哲)이 지은 것이다. 채홍철이 자하동에 살면서 그 당(堂)에 중화(中和)라는 편액을 걸고 날마다 기로(耆老)를 맞이하여 기쁨을 다하고서야 파하였고, 이 노래를 지어 계집종에게 부르게 하였다. 〈『고려고도징』 권1〉

(8) 又過內東小門 至內東大門 門乃沒於荊棘 而路出門傍矣 入其門 問行路人 投中華堂 洞口有石槽 有一老父自言 家在中華堂故基 掇出洞口 今已三十餘年 余請老父前導指故基 老父從之 又入一洞 左視王倫寺而有堂基 乃前朝侍中蔡公中庵先生所居 先生諱洪哲 倜儻爲一代風流宗 構一室所居上 日迎耆英設會 自作紫霞之曲 令女兒肄之 昏夜令入紫霞洞唱其曲 絲管俱起 隱然如天上聲 中庵誣其客 此後紫霞洞 舊有神仙 夜則又有此聲 諸客信之 一日 曲聲漸近 至於中華堂後 俄而直至堂前中庭 中庵下跪 諸客稽首 莫不俯伏而聽 以此世傳 此洞有神仙云 余等坐堂上小峰 紲馬下坐 談中華堂故事 老父曰 此蔡政丞時仙人所駐之峰也 伶人會箏奏紫霞洞之曲 諸客皆喜. 〈『秋江集』卷6 松京錄〉

또 내동소문(內東小門)을 지나 내동대문(內東大門)에 이르니, 문은 가시덩굴 속에 묻혀 있고 길이 문 옆으로 나 있었다. 그 문으로 들어가 길가는 사람에게 물어 중화당에 투숙하였다. 동구에 돌로 된 구유가 있었는데 어떤 노부가 스스로 말하기를, 집이 중화당 옛터에 있었는데 수습하여 동구로 나온지가 지금 이미 30여 년이 되었다고 하였다. 내가 노부에게 길을 인도해 주기를 청하니 노부가 따라 왔다. 또 한 동(洞)을 들어가니 왼쪽으로 왕륜사(王輪寺)가 보이고 당(堂)의 터가 있었는데 바로 전조(前朝)의 시중이었던 채공(蔡公) 중암선생(中庵先生)이 살던 곳이다. 선생의 휘(諱)는 홍철(洪哲)인데, 우뚝하게 당대에 풍류의 종장(宗匠)이었다. 살던 곳 위에 집을 한 채 짓고서 날마다 기영(耆英)을 맞아 모임을 열고, 스스로 자하곡(紫霞曲)을 지어 여아(女兒)를 시켜 익히게 하였다. 어두운 밤에 자하동에 들어가 그 노래를 부르게 하고 관악기와 현악기를 모두 연주하니 은연히 마치 천상의 소리 같았다. 중암이 객들에게 거짓말하기를, "이 뒤쪽 자하동에 옛날에 신선이 있었는데 밤이 되면 또 이 소리가 들릴 것이다."라고 하니 객들이 믿었다. 어느 날 노래 소리가 점점 가까워져 중화당 뒤에 이르렀고, 조금 뒤에 곧바로 당 앞의 뜰 가운데까지 이르자 중암이 내려가 무릎을 꿇으니 객들이 머리를 조아리고 부복하여 듣지 않는 이가 없었다. 이 때문에 세상에 이 동에 신선이 있다고 전한다. 우리들이 당 위에 있는 작은 봉우리에 앉아 있다가 말을 매고 내려와 앉아 중화당의 고사를 이야기 하니, 노부가 말하기를, "이 곳이 바로 채정승(蔡政丞) 때 신선이 말을 세웠던 봉우리입니다."라고 하였다. 악공 회령(會寧)이 자하동곡을 연주하니 객들이 모두 기뻐하였다.

〈『추강집』 권6 송경록〉

(9) 高麗侍中蔡洪哲作 淸平樂 · 水龍吟 · 金殿樂 履霜曲 五冠山 紫霞洞.

〈『樂學便考』 卷8〉

고려시중 채홍철이 청평악 · 수룡음 · 금전악 · 이상곡 · 오관산 · 자하동을 지었다. 〈『악학편고』 권8〉

(10) 風俗之不如古者多矣 古者設華筵然後用樂 先備纏頭然後請妓 饌品有制 樂奏眞勺慢機紫霞洞橫殺門等曲 傳小杯酬酢 淺斟低唱 不至呼呶伐德. 〈『大東野乘』 卷1 慵齋叢話〉

풍속이 옛날과 같지 않은 것이 많다. 옛적에는 잔치를 베푼 뒤에 음악을 연주하였으며, 먼저 전두를 갖춘 뒤에 기생을 청하였다. 반찬에도 규제가 있었으며, 음악은 진작만기 자하동 횡살문 등의 곡을 연주하게하고, 조그마한 잔을 돌려 서로 술을 주고받으나 술은 조금씩 따르고, 낮은 소리로 노래를 불렀으되 떠들고 주정하는 데에까지는 이르지 않았다. 〈『대동야승』 권1 용재총화〉

(11) 紫霞洞裏艸霏霏 不見宮姬並馬歸 爲是辛王行樂地 至今猶有燕雙飛 紫霞洞 輿地勝覽 紫霞洞在松岳山下 洞府幽阻 溪水淸漣 最爲絶勝.

〈「二十一都懷古詩」 高麗〉

자하동 안에 풀이 무성하니, 궁희도 보이지 않고 말도 돌아갔네. 이 곳이 신왕이 행락하던 곳이니, 지금도 제비가 쌍으로 나네. 자하동. 여지승람에 자하동은 송악산 아래 있는데, 동부(洞府)가 고즈넉하고 계곡 물이 맑아 가장 절승(絶勝)이다. 〈「이십일도회고시」 고려〉

(12) 紫霞洞 蔡洪哲構中和堂於紫霞洞 自製此曲 托紫霞仙人來壽之詞 其詞曰 家在松山紫霞洞 雲烟相對中和堂 喜聞今日耆英會 來獻一杯延壽漿 一名紫霞曲 洪哲曉音律製歌詞 令歌婢唱之 其譜秘不傳 人未有知之者 一日置酒中和堂 邀諸耆老 酒半忽聞洞中細樂聲 洪哲設綵雲梯 令女樂自屋上乘梯而降 似若自天而下 遂列坐樽前 唱紫霞洞曲 盖托紫霞仙人 聞耆英會中和堂 來歌此詞也 權菊齋溥 嘗於夜宴作詩云 露洗銀河添月色 酒盈金盞却天寒 紫泉一曲人如玉 紅燭燒殘夜未闌.

〈『增補文獻備考』卷106 樂考〉

자하동 채홍철이 자하동에 중화당을 짓고 스스로 이 곡을 지었다. 자하선인(紫霞仙人)이 와서 축수하는 말을 가탁한 것인데, 그 가사는 이러하다. '집은 송악산 자하동에 있는데, 구름과 안개가 중화당에 서로 대했네. 오늘날 늙은이 모임을 듣고 기뻐하여, 장수하는 술 한 잔을 올립니다.' 일명 자하곡이다. 채홍철이 음률을 알아서 가사를 지어 노래하는 여종으로 하여금 창(唱)하게 하였는데, 그 악보는 비밀히 하여 사람에게 전하지 아니하니 아는 자가 없었다. 하루는 중화당에 술을 설치하고 여러 늙은이를 맞이하여 술이 반쯤 취하자 갑자기 동중(洞中)에서 가는 풍악소리가 들리더니, 채홍철이 채색 구름 사닥다리를 마련하여 여악(女樂)으로 하여금 지붕에서 사닥다리를 타고 내려오게 하니, 마치 하늘에서 내려오는 것 같았다. 드디어 술통 앞에 벌여 앉아서 자하동 곡을 창하니, 대개 자하 선인이 중화당에 기영회가 있음을 듣고 와서 이 가사를 노래함을 가탁한 것이다. 국재(菊齋) 권부(權溥)가 일찍이 밤 잔치 때 시를 지었는데, 이러하였다. '이슬이 은하를 씻어 달빛을 더했는데, 술이 금 술잔 가득하니 추위를 물리치네. 자하동 한 곡조에 사람은 옥 같은데, 붉은 촛불 타다 남고 밤은 늦지 아니했네.' 〈『증보문헌비고』 권106 악고〉

(13) 紫霞洞 在松岳山下 洞府幽阻 溪水淸漣 最爲勝絶 …… ○ 高麗蔡洪哲構中和堂於洞 邀國老開耆英會 自製紫霞洞曲 盖托紫霞仙人來壽之詞曰 家在松山紫霞洞 雲烟相接中和堂 喜聞今日耆英會 來獻一盃延壽漿云云 至今樂府傳其譜焉.

〈『新增東國輿地勝覽』卷4 開城府上 山天〉

자하동 송악산 아래에 있는데, 동부가 그윽하고 막혀 있으며, 시냇물이 맑고 잔잔하여 첫째 꼽는 승지이다 …… ○ 고려 채홍철이 이 동에 중화당을 짓고, 국가 원로들을 초청하여 기영회를 열며 스스로 자하동곡을 지으니 대개 자하선인이 와서 헌수하는 의미를 붙인 것인데, 그 가사에 '집은 송악산 자하동에 있는데, 구름과 안개가 중화당에 서로 대했네. 오늘날 늙은이 모임을 듣고 기뻐하여, 장수(長壽)하는 술 한 잔을 올립니다.' 하였다. 지금도 악부에 이 곡조가 전하여진다. 〈『신증동국여지승람』 권4 개성부상 산천〉

(14) 紫霞曲 紅燭燒殘夜未央 自天仙樂中和堂 松山春日耆英會 一曲紫霞發秘章 蔡洪哲構中和堂於紫霞洞 自製此曲 托紫霞仙人來壽之詞 其詞曰 家在松山紫霞洞 雲烟相對中和堂 喜聞今日耆英會 來獻一杯延壽漿 其譜秘不傳 人未有知之者 一日置酒中和堂 邀諸耆老 酒半忽聞 洞中細樂聲 洪哲設綵雲梯 令女樂自屋上乘梯而降 似若自天而下.
〈『林下筆記』 卷38 海東樂府〉

자하곡 붉은 촛불 다 타가고 밤은 아직 멀었는데, 중화당에는 신선음악 들리네. 봄날 송산엔 원로님 모였는데, 자하곡 한번타서 숨은 문장 발하리라. 채홍철이 중화당을 자하동에 짓고 직접 자하곡을 지었는데 자하선인이 와서 축수하는 말을 빌렸다. 그 가사에, '집은 송악산 자하동에 있는데, 구름과 안개가 중화당에 서로 대했네. 오늘날 늙은이 모임을 듣고 기뻐하여, 장수하는 술 한 잔을 올립니다.' 하였다. 이 악보는 비장하고 남에게 전하지 않아서 아는 사람이 없었다. 그러다가 하루는 중화당에 술을 차려놓고 여러 노인들을 맞아 술이 반쯤 거나하게 취했을 때, 동 안에서 가는 음악소리가 들렸다. 홍철이 채색된 구름사다리를 마련하여 여악으로 하여금 지붕에서 사다리를 타고 내려오게 하니, 마치 하늘에서 내려오는 것과 같았다.
〈『임하필기』 권38 해동악부〉

30. 아야가(阿也歌)

1) 작품

阿也麻古之那 從今去 何時來至是 岳陽亡故之難 今日去何時還.

〈『高麗史』卷36 世家36 忠惠王〉

아아! 망가져라 이제 가면 언제 오나. 악양에서 죽는 괴로움이여 오늘 가면 언제나 돌아오려나. 〈『고려사』 권36 세가36 충혜왕〉

2) 관련 기록

(1) 忠惠王 五年 戊辰 宰相會百官及國老 欲署名呈省書 國老多不至 事竟未就 王傳車疾驅艱楚萬狀 未至揭陽 丙子薨于元岳陽縣 或云遇鴆或云食橘而殂 國人聞之 莫有悲之者 小民至有欣躍 以爲復見更生之日 初宮中及道路 歌曰 …… 人解之曰. 〈『高麗史』卷36 世家36 忠惠王〉

충혜왕 5년 무진(戊辰)일 재상들이 백관들과 국로들을 소집하여 원나라 중서성에 제출할 편지에 서명을 받으려고 하였으나 국로들의 대부분이 모이지 않았기 때문에 결국 이루지 못하였다. 왕은 전거(傳車)에 실려서 급히 달려가는 도중에 천신만고를 거치며 게양(揭陽)까지 가지 못하고 병자일에 악양현(岳陽縣)에서 죽었다. 혹은 독살되었다거나, 혹은 귤에 중독되어 죽었다고도 하는데 나라 사람들이 이 소식을 듣고도 슬퍼하는 사람이 아무도 없었다. 가난한 백성들은 심지어 기뻐 날뛰며 이제 다시 갱생할 날을 보게 되었다고까지 말하였다. 일찍이 궁궐과 항간에 이런 노래 하나가 퍼졌다 …… 이 때 사람들이 이 노래를 해석하기를 이렇게 하였다.

〈『고려사』 권36 세가36 충혜왕〉

(2) 春正月 …… 王傳車疾驅 艱楚萬狀 未至揭陽 丙子薨于岳陽縣 或云遇鴆 或云飮橘而殂 國人聞之 莫有悲之者 小民至有欣躍以爲復見更生之日 其民不見德如此 初宮中及道路歌曰 阿也麻古之那 從今去何時來至

是 人解之曰 岳陽亡故之難 今日去何時還.

〈『高麗史節要』 卷25 忠惠王5年〉

봄 정월에 …… 왕이 역의 수레로 달리니 고생이 이루 말할 수 없었는데, 게양현까지 이르지 못하고, 병자일에 악양현(岳陽縣)에서 훙(薨)하였다. 독살 당하였다고도 하고, 귤을 먹고 운명하였다고도 한다. 나라 사람들이 이 소식을 듣고 슬퍼하는 사람은 아무도 없었고, 소민들은 기뻐 날뛰면서, "이제는 다시 살 수 있는 날을 보겠다." 고까지 하였다. 백성들에게 덕택이 미치지 않음이 이와 같았다. 처음에 궁중과 길거리에 노래가 유행하기를, '아야마고지나가 이제 가면 언제 오리.' 라 하였는데, 이때에 이르러 사람들이 해석하기를, "악양에서 죽는 어려움이여, 오늘 가면 어느 때에 돌아올 것인가." 하였다.

〈『고려사절요』 권25 충혜왕5년〉

(3) 王薨于元岳陽縣 …… 國人聞之 莫有悲之者 …… 其民不見德如此 初宮中及道路歌曰 …… 人解之曰 岳陽亡故之難 今日去何時還.

〈『東國通鑑』 卷45 忠惠王5年〉

왕이 원나라 악양현에서 죽었다 …… 나라 사람들이 그 소식을 듣고도 아무도 슬퍼하지 않았다 …… 백성들이 왕의 덕을 입지 못한 것이 이와 같았다. 처음에 궁중과 도로에서 노래하기를 …… 사람들이 그것을 풀이하기를, '악양에서 죽는 괴로움이여, 오늘 가면 언제나 돌아오려나.' 하였다. 〈『동국통감』 권45 충혜왕5년〉

(4) 忠惠王時童謠云 阿也麻古之那 從今去何時來 未幾王被竄于元未 至揭陽薨于岳陽 至是 解之者曰 岳陽亡故之難 今日何時來.

〈『增補文獻備考』 卷11 象緯考11 童謠〉

충혜왕 때에 동요에 이르기를, "아야마고지나, 이제 가면 어느 때 오리!" 라고 하였는데, 얼마 안 되어 임금이 원나라에 불려갔을 때, 게양(揭揚)에 이르지 못하고, 악양에서 작고하였으므로, 이에 이를 해석하는 자가 말하기를, "악양망고지난(岳陽亡故之難)이라, 오늘 가면

어느 때 오리!" 라고 하였다. 〈『증보문헌비고』 권11 상위고11 동요〉

(5) 阿也麻(原注評曰 雖無此謠其能免乎)岳陽去何時還 畏吾書遮路截留誠亦難 狗彘必不食其餘 禽犢之行言可辱 院使雖呼反見縛 行路艱辛自持袱 自取之禍何須說 阿也麻當時宮中歌未闋. 〈『海東樂府』〉

아야마! (원주평에, "비록 이런 속요가 없었더라도 화를 면할 수 있었겠는가" 라고 했다.) 악양길 이제가면 언제나 돌아올꼬? 외오서! 길을 막고 붙들기도 참으로 어렵네. 개 돼지도 그가 남긴 것 먹지 않으리니, 금수같은 행실 말하기도 더럽네. 고원사(高院使)를 불렀으나 도리어 결박당해, 가는 길 어려워라 보따리 스스로 들었네. 스스로 부른 화를 말해서 무엇하리. 아야마! 그때 궁중에선 노래 끊이지 않았다네.
〈『해동악부』〉

(6) 阿也麻 忠惠王四年 元遣大卿朶赤等來 王率百官郊迎 聽詔于征東省 朶赤等蹴王縛之 卽掖王載一馬馳去 王請少留 朶赤等拔劍脅之 元以檻車流王于揭陽縣 帝諭王曰 爾爲人上 而剝民已甚 雖以爾血啖天下之狗 猶爲不足 然朕不嗜殺 是用流爾揭陽 爾無我怨 往哉 揭陽去燕京二萬餘里 傳車疾驅 艱楚萬狀 未至揭陽 丙子薨于岳陽縣 或云遇鴆 或云食橘而殂 國人聞之 莫有悲之者 小民至有欣躍 以爲復見更生之日 其民不見德如此 初宮中及道路歌曰 阿也麻古之那 從今去 何時來 至是人解之曰 岳陽亡故之難 今日去何時還 千乘侯兮一馬馱 黼黻衣兮徽纆繫 一行人兮杖劍隨 百官走兮萬卒廢 君穢德兮禽犢行 龍失勢兮螻螘制 血宜食兮天下犬 身遠投兮海之揭 臨逝川兮東歸海 傃日出兮沾衣袂 追顯戮兮受陰誅 罄山竹兮罪難貫 秋風嫋兮橘柚黃 洞庭浪兮魂骨瘞 阿也麻兮善暗謎 果巷言兮若符契 嗟一躬兮百凶聚 竊獨怪夫謚忠惠.
〈『星湖先生全集』 卷8 海東樂府〉

아야마 충혜왕 4년 원나라에서 대경·타적 등을 파견하자 왕이 백관들을 거느리고 교외에 나가 맞이하여 정동성에서 천자의 조서를 들었다. 타적 등이 왕을 차고 묶고는 바로 왕을 말에 태워 좌우에 끼고 내달려 떠났다. 왕은 잠시 머물기를 원했으나 타적 등은 검을 뽑아 위협

하였다. 원나라는 죄수용 수레로 왕을 태워 게양현에 유배시켰다. 원나라 천자가 충혜왕에게, "너는 임금이 되어 백성을 괴롭힌 것이 이미 심하니 비록 너의 피를 천하의 개들에게 먹인다고 하더라도 부족할 것이다. 그러나 나는 살인을 즐기지 않으므로 너를 게양현에 유배시키니 너는 나를 원망하지 말라. 가라." 하였다. 게양현은 연경으로부터 이만여리 떨어져 있었다. 빠르게 모는 수레에 실려 가니 그 고통과 괴로움이 여간 아니었다. 게양현에 이르기도 전인 병자년에 악양현에서 죽었다. 어떤 이는 독살되었다고 하고 어떤 이는 귤을 먹고 죽었다고도 하였다. 나라 사람들이 그 소식을 듣고도 아무도 슬퍼하지 않았다. 백성들 중에서 기뻐서 뛰는 사람까지도 있었다. 다시 태어난 날로 여기는 자도 있었다. 백성들이 임금의 덕을 입지 못한 것이 이와 같았다. 처음에 궁중과 길에서 노래하기를, "아아! 망가져라. 이제 가면 언제 오나." 하였는데 이에 이르러 사람들이 풀이하기를, "악양에서 죽는 괴로움이여! 오늘 가면 언제 돌아오려나." 하였다. 천승의 임금이 말 한 필에 실려 가니, 보불 문장 입은 몸이 오라에 묶였구나. 일행이 검을 들고 뒤따르니, 백관은 달아나고 그 많은 군졸 없어졌네. 금수 같은 행실을 하니, 임금의 덕 더러워 용이 위세를 잃고 개미와 땅강아지에게 제압당하는구나. 그의 핏덩이 천하의 개들에게 먹이는 것이 마땅하고, 몸은 멀리 바다건너 게양에 유배되었네. 흘러가는 냇물을 보니 동으로 흘러 바다로 돌아가고, 떠오르는 해를 보고 옷소매를 적시누나. 처형은 면했으나 남몰래 죽임을 당했으니, 산죽을 다 세어도 죄를 용서하기 어렵네. 가을바람 소슬하고 귤은 누렇게 익었는데, 동정의 물결에 시신을 묻었구나. 아야마 노래를 알 수 없더니, 거리의 속어가 부절처럼 맞았구나. 아, 한 몸에 온갖 흉이 모였건만, 괴이타, 시호가 충혜라니. 〈『성호선생전집』 권8 해동악부〉

(7) 阿也麻古之那 慶華主 顔如酡 畏兀兒 書奈何 沙箇里 莫亂譁 撥皮子 威勢多 阿也麻古之那 高院使 瞋且訶 兩耳風 一匹騾 從今去 莫思家.

〈『嶺南樂府』〉

아야마고지나 경화공주는 얼굴이 빨개졌네. 외올아, 편지 어찌하오. 사개마을 어지러이 떠들지 말라. 옷 벗기는 자 위세도 당당하다. 아야마고지나. 고원사는 눈 부릅뜨고 꾸짖네. 두 귀엔 바람 스치고 한 필 노새 타네. 이제가면 집 생각은 하지 마소. 〈『영남악부』〉

31. 우대후(牛大吼)

1) 작품

牛大吼 龍離海 淺水弄清波 古聞其言 今見其驗.

〈『高麗史』 卷39 世家39 恭愍王2〉

소가 크게 우니 용은 바다를 떠나, 얕은 물에 물살이나 일으키며 노는구나! 옛적에 이 말을 들었는데 지금 그 실상을 보는구나!

〈『고려사』 권39 세가39 공민왕2〉

2) 관련 기록

(1) 恭愍王十年十二月乙未 幸暎湖樓 遂乘舟遊賞 仍射於湖邊 按廉使享王 觀者如堵 或有反袂興嗟者 或誦讖而嘆曰 忽有一南寇 深入臥牛峯 又云.

〈『高麗史』 卷39 世家39 恭愍王2〉

공민왕 10년 12월 을미(乙未)일 왕이 영호루(暎湖樓)에 가서 배를 타고 호숫가에서 활을 쏘며 놀았다. 안렴사(按廉使)가 왕을 위하여 연회를 베풀었는데 구경꾼이 굉장히 많았다. 그 중 어떤 사람은 소매를 걷어 올리며 한탄했고 어떤 사람은 비결 주문을 외우면서 이렇게 탄식하였다. "갑자기 왜구가 와우봉(臥牛峰) 깊숙히 들어가누나." 또 이와 같이 노래하기도 했다. 〈『고려사』 권39 세가39 공민왕2〉

(2) 恭愍時 童謠云 牛大吼 龍離海 淺水弄清波 又云忽有一南寇 深入臥牛峰 及幸丑王避紅巾亂 南奔安東 幸暎湖樓 至是人曰 昔聞其語 今見其驗.

〈『增補文獻備考』 卷11 象緯考〉

공민왕 때에 동요에 이르기를, '소가 크게 울고 용이 바다를 떠나니, 얕은 물이 청파(淸波)를 희롱한다.' 라고 하고, 또 이르기를 '문득 한 남쪽의 도적이 있어, 깊이 와우봉(臥牛峰)에 들어간다.' 라고 하더니, 신축년에 임금이 홍건적의 난을 피하여 남쪽으로 안동까지 달아나 영호루에 거둥하였는데, 이에 사람들이 말하기를, "예전에 그런 말을 들었는데, 이제 그 증험을 보았다." 고 하였다.

〈『증보문헌비고』 권11 상위고〉

32. 헌가요(獻歌謠)

1) 작품

臣等伏覩 主上殿下芟夷宿慝 刑政修擧 爰擇吉日親行告廟之禮 典章文物一遵古初 臣於此時幸蒙聖恩獲在學官 領幼學生員等俯伏道左以獻頌.

〈『高麗史』 卷43 世家43 恭愍王6〉

신 등이 엎드려 생각하건대, 전하께서는 오랜 원수들을 다 없애 버리고 형정(刑政)을 바로 세웠으며, 길일(吉日)을 택하여 친히 태묘에 고하는 예를 행하시니, 제도와 문물이 모두 옛적과 같게 되었습니다. 저희들은 이때에 다행히 전하의 은혜를 입어 학관(學官)의 자리에 있게 되었습니다. 유학(幼學)과 생원들을 인솔하고 길가에 엎드려 송(頌)을 올립니다.

〈『고려사』 권43 세가43 공민왕6〉

2) 관련 기록

(1) 恭愍王二十年十月 乙未 親享太廟 受群君臣賀 還次崇仁門內 成均學官率生員十二徒 生徒獻歌謠曰 …… 頌曰 皇祖肇祀垂五百年 我后受之匪懈益虔 祗肅廟社敬供于天 昇平旣極禍生奸權 上曰嗚呼大統予傳 予懼宗社旣墜以顚夙夜兢惕 若涉春氷 賴祖宗靈大憖克淸神怡人懌 朝野以寧 曰爾廷臣戒爾齋明 予入室祼 以祀以享 味爽濯盥有嚴 法服登于廟廷 洞洞屬屬顧瞻堂宇聖容有慽 承是俎豆苾芬黍稷 琴瑟柷敔樂旣具作 奠

幣獻罊拜俯降陟 執事有恪左右奔走 禮儀卒度無有悔懼 工祝致告錫我純嘏 純嘏伊何 黃耉眉壽子孫千億克昌 厥後禮旣成矣 受群臣賀有覺其庭冠冕巍峨 闔廟旋車日尙未晡 旗常旌纛旆旆旟旟 老幼士女踴躍歡呼推恩慶賞 巫歌史書 臣拜稽首 君王至仁奉養母后睦于族親 臣拜稽首 君王聖神 惟君子用無邇憸人 萬有千歲父母斯民 敎坊亦獻歌謠.

〈『高麗史』卷43 世家43 恭愍王6〉

공민왕 20년 10월 을미일 왕이 친히 태묘(大廟)에 제사하고 뭇신하들의 하례를 받았다. 돌아오는 길에 숭인문(崇仁門) 안에 머물렀다. 성균관 학관이 생원들과 12도(徒) 생도들을 인솔하고 가요를 올렸는데 그 가요는 다음과 같다 …… 송하기를, “황조(皇祖)께서 나라를 세운지 거의 5백 년이 되었고, 전하께서 이를 이어받아 해이함이 없이 더욱 각근히 하셨다. 종묘 사직과 하늘을 공손히 받드셨다. 세상은 이미 태평한 시대를 이루었는데 간특한 권신이 난리를 일으켰다.” 임금님 말씀하기를, “아, 내가 왕위를 계승한 후 종묘와 사직이 혹이나 넘어질까 두려워, 자나 깨나 조심스럽고 걱정이 되어 마치 봄얼음을 밟는 듯하더니, 선조 신령의 덕으로 원흉이 숙청되어 신령과 사람이 모두 기뻐하며 조정과 민간이 다 편안케 되었다. 조정 신하들은 재계(齋戒)에 조심하라. 나는 태묘에 들어가서 강신하고 제사하리라.” 하셨다. 새벽 일찍 세수 관대하고 태묘 뜰에 올랐도다. 조심조심 발을 옮겨 당우를 바라보시는 임금님 얼굴에 슬픈 빛 어리었다. 조(俎)와 두(豆)며 향기 풍기는 서직(黍稷)이로다. 금슬, 축어 등 주악이 모두 시작된 다음 전폐(奠幣) 헌가하고 절하며 엎드리고 오르며 내리도다. 집사들도 경건한 태도로 좌우로 분주하다. 제례가 법에 맞았으니 뉘우칠 것도 두려울 것도 없으며, 제사가 끝났으니 큰 복을 내려 주리라. 큰 복이란 무엇인가. 길이길이 장수하고 아들 손자 많이 두는 것이니라. 전례가 끝나자 뭇 신하들의 축복을 받으니, 넓고 바른 태묘 뜰에 관(冠)과 면(冕)이 가득 찼더라. 태묘의 문을 닫고 수레를 돌리니 해는 아직 저물지 않았으며, 각종 깃발은 펄펄 날리고 남녀노소는 기뻐 뛰며 환호를 올린다. 은혜를 넓혀 경사의 상을 내리니 무당은 노래하고 사관은 기록한다. 나는 머리 숙여 아뢰노라. 우리 임금은 지극히 인자하시어 어머니를 효양하고 친척 간에 화목하시다고. 나는 또

머리 숙여 아뢰노라. 우리 임금 신성하여 군자만을 들어 쓰고 간악한 자는 멀리하여 만백성의 부모로서 천 년 만 년 사시라고. 교방(敎坊)도 노래를 지어 올렸다. 〈『고려사』 권43 세가43 공민왕6〉

33. 풍입송(風入松)

1) 작품

海東天子當今帝佛 補天助敷化來理世恩深遐邇古今稀 外國躬趁盡歸依 四境寧淸罷槍旗 盛德堯湯難比 且樂大平時 是處笙簫聲鼎沸 幷闐樂音家家喜 祈祝焚香抽玉穗 惟我聖壽萬歲永 同山嶽天際 四海昇平有德咸勝堯時 邊庭無一事將軍寶劒休更揮 南蠻北狄自來朝 百寶獻我天墀 金階玉殿呼萬歲 願我主長登寶位 對此大平時節絃管歌謠聲美 主聖臣賢邂逅河淸海宴 梨園弟子奏霓裳白玉簫我皇前 仙樂盈庭皆應律 君臣共醉大平筵帝意多懽 是此日銀漏莫催頻傳文武官寮拜賀共祝皇齡 天臨玉輦迴 金闕碧閣繞祥烟 繽紛花黛列千行 笙歌寥亮盡神仙 爭唱還宮樂詞爲報聖壽萬歲. 〈『高麗史』卷71 樂志〉

해동(海東)의 천자는 지금의 제불(帝佛)이시라, 하늘을 보좌하여 교화 펴는 일 도우러 오셔, 세상 다스리시는 데 은혜 깊으시니, 원근과 고금에 그 유례 드물다. 외국에서는 직접 찾아와 모두 귀순하니 사방 변경은 편안하고 깨끗하여 창이니 군기(軍旗)는 없어지고, 대단하신 덕은 요임금이나 탕왕(湯王)으로도 견주기가 어렵다. 잠시 태평시절을 즐기는 거라, 이곳에는 생황과 퉁소 소리 물이 끓듯이 하고 풍류소리 대단하다. 집집마다 기뻐 비느라 향을 피우고 옥수(玉穗) 뽑아낸다. 오직 우리 임금님 성수만세(聖壽萬歲), 영원토록 저 산봉우리와 하늘 끝 같이 끝없이 사시어라. 사해는 승평하고 덕이 있어 요임금 때보다 낫다. 변경과 조정에는 한 가지 사고도 없고, 장군은 보검을 다시 휘두르지 않게 되었다. 남만과 북적이 스스로 내조(來朝)하여 백가지 보물을 우리 천자의 지대(址臺)에 바치고, 금계(金階)·옥전(玉殿)에서 만세 외치어 우리 임금님 오래오래 보위(寶位)에 올라 계시기를 원한다. 이 태평시절에 관현과 가요의 소리가 아름답다. 임금님 성스러우시고 신하 현량(賢良)한데, 황하수 맑아지고 바다 편안한 때를 만났도다. 이원제자(梨園弟子)들 예상우의곡(霓裳羽衣曲)을 백옥소(白玉簫) 곁들여 우리 임금님 앞에서 아뢴다. 신선의 음악이 뜰에 가득 찼는데 모두 음률에 맞는다. 군신이 함께 태평잔치에 취하니 임금의 마음은 기뻐지신다. 이날 은누각(銀漏刻)은 재촉하듯 자주 전하지 말지라. 문무 관료들 배하(拜賀)하고 함께 임금님의 장수를 빈다. 천자께서 옥련(玉輦)타고 돌아가시니 금빛 궁궐 푸른 누각엔 상서로운 연기 감돌고, 어지럽게 꽃으로 꾸미고 눈썹그린 미희(美姬)들 천 줄이나 늘어서, 생가(笙歌) 맑고 명랑하여 모두 신선들인데, 다투어 환궁악사(還宮樂詞) 창하여 성수만세(聖壽萬歲) 아뢴다. 〈『고려사』 권71 악지〉

2) 관련 기록

(1) 風入松有頌禱之意 夜深詞言君臣相樂之意 皆於終宴而歌之也 然未知何時所作. 〈『高麗史』 卷71 樂志〉

풍입송(風入松)은 송축하는 뜻이 있고, 야심사(夜深詞)는 군신이 서로 즐기는 뜻이 있는데, 다 연회를 끝내고 노래하는 것들이다. 그러나 어느 때에 지은 것인지는 모른다. 〈『고려사』 권71 악지〉

(2) 國王宴使臣樂 王與使臣坐定 進茶 唐樂奏賀聖朝令 進初盞及進俎 歌鹿鳴 用中腔調 獻花 歌皇皇者華 用轉花枝調 進二盞及進初度湯 歌四牡 用金殿樂調 進三盞 五羊仙呈才 進二度湯 歌魚麗 用夏雲峰調 進四盞 蓮花臺呈才 進三度湯 水龍吟 進五盞 抛毬樂呈才 進四度湯 金盞子 進六盞 牙伯呈才 進五度湯 憶吹簫 進七盞 舞鼓呈才 進六度湯 歌臣工 用水龍吟調 進八盞 歌鹿鳴 進七度湯及九盞 歌皇皇者華 進八度湯及十盞 歌南有嘉魚 用洛陽春調 進九度湯及十一盞 歌南山有臺 用風入松調 或洛陽春調. 〈『太宗實錄』卷3 2年 6月 5日(丁巳)〉

국왕 연사신악(國王宴使臣樂) 왕과 사신이 좌정(坐定)하면 다(茶)를 올린다. 당악(唐樂)이 하성조령(賀聖朝令)을 연주한다. 첫 잔을 올리고 조(俎)를 올릴 때 이르러 녹명(鹿鳴)을 노래하되 중강조(中腔調)를 쓴다. 헌화(獻花)하면 황황자화(皇皇者華)를 노래하되 전화지조(轉花枝調)를 쓴다. 둘째 잔을 올리고, 첫 번째 탕을 올릴 때 이르러서는 사모(四牡)를 노래하되 금전악조(金殿樂調)를 사용한다. 셋째 잔을 올리면 오양선 정재(五羊仙呈才)를 하고, 두 번째 탕을 올리면 어리(魚麗)를 노래하되 하운봉조(夏雲峯調)를 사용한다. 넷째 잔을 올리면 연화대정재(蓮花臺呈才)를 하고, 세 번째 탕을 올리면 수룡음(水龍吟)을 노래하며, 다섯째 잔을 올리면 포구락정재(抛毬樂呈才)를 하고, 네 번째 탕을 올리면 금잔자(金盞子)를 읊고, 여섯째 잔을 올리면 아박정재(牙拍呈才)를 하고, 다섯 번째 탕을 올리면 억취소(憶吹簫)를 부르며, 일곱째 잔을 올리면 무고정재(舞鼓呈才)를 하고, 여섯 번째 탕을 올리면 신공(臣工)을 노래하되 수룡음조(水龍吟調)를 사용한다. 여덟째 잔을 올리면 녹명(鹿鳴)을 노래하고, 일곱 번째 탕을 올리고 아홉째 잔에 이르면, 황황자화(皇皇者華)를 노래하며, 여덟 번째 탕을 올리고 열째 잔에 이르면, 남유가어(南有嘉魚)를 노래하되 낙양춘조(洛陽春調)를 사용하며, 아홉 번째 탕을 올리고 열한 번째 잔에 이르면 남산유대(南山有臺)를 노래하되 풍입송조(風入松調)나 낙양춘조(洛陽春調)를 사용한다.

〈『태종실록』권3 2년 6월 5일(정사)〉

(3) 禮曹啓 上護軍朴堧上言條件 與詳定所同議 一樂必有號 曲必有名 皆加美稱 以章懿德 今文昭殿新製樂章 其節奏則初獻 用唐樂中腔令 亞獻用鄕樂風入松調. 〈『世宗實錄』卷62 15年 12月 21日(庚午)〉

예조에서 아뢰기를, 상호군 박연(朴堧)이 상언(上言)한 조항(條項)을 상정소(詳定所)와 더불어 같이 의논하였습니다. 1. 음악에는 반드시 칭호(稱號)가 있고, 곡(曲)에는 반드시 이름이 있어서, 다 아름다운 이름을 붙여서 훌륭한 덕(德)을 나타내는 것인데, 지금 문소전(文昭殿)의 제례(祭禮)에 새로 악장을 제작하여, 그 절주(節奏)는, 초헌(初獻) 때에는 당악(唐樂) 중강령(中腔令)을 쓰고, 아헌(亞獻) 때에는 향악(鄕樂) 풍입송조(風入松調)를 사용하게 되었습니다.

〈『세종실록』권62 15년 12월 21일(경오)〉

(4) 傳曰 以紅綃造小旗 畫歌詞名物 如鳳凰吟則畫鳳 如風入松則畫松 若立其旗 當作其樂. 〈『燕山君日記』 卷63 12年 7月 17日(甲午)〉

전교하기를, "붉은 비단으로 작은 기(旗)를 만들어 가사(歌辭)와 명물(名物)을 그리되, 봉황음(鳳凰吟) 같은 것은 봉(鳳)을 그리고 풍입송(風入松) 같은 것은 소나무를 그리도록 하여 만약 그 기를 세울 때에는 그 풍악을 울려야 한다."

〈『연산군일기』 권63 12년 7월 17일(갑오)〉

(5) 南取琴調弄 女曰 可彈風入松 南操絃轉社舒舒而彈 女亦隨而低唱 聲如貫珠.

〈『慵齋叢話』 卷10〉

남자가 거문고를 갖고 곡조를 탈 때, 여자가 말하기를 "풍입송을 타십시오."하니 남자가 괘를 옮겨 줄을 고르고 나서 천천히 연주하니 그 소리가 아주 오묘하였다. 여자도 곡조를 따라서 낮은 목소리로 노래를 부르니, 그 목소리가 마치 구슬이 구르는 듯했다.

〈『용재총화』 권10〉

(6) 거믄고 시욹 언저 풍입송風入松 이야고야.

〈『義城本 松江歌辭』 星山別曲〉

(7) 伏 더위 薰蒸ᄒᆞᆫ 날에 淸溪를 ᄎᆞᄌᆞ 가셔, 옷 버서 남게 걸고 風入松 노릐ᄒᆞ며, 玉水에 一身 塵垢를 蕩滌홈이 엇더리.

〈『周氏本 海東歌謠』, 482번〉

(8) 宮苑老柯葉葉鬆 仁風習習露華濃 布陽盛德如松茂 蒼翠千年秋又冬.

〈『林下筆記』 卷38 「海東樂府」〉

궁원의 노송가지 잎들 무성한데, 산들산들 부는 동풍 맞이하였네. 온화한 성덕 무성한 소나무와 같이, 가을 겨울 안 가리고 천년을 푸르리.

〈『임하필기』 권38 「해동악부」〉

34. 야심사(夜深詞)

1) 작품

風光暖風光暖 向春天上元嘉節 設華筵燈殘月落下群仙宮漏促水涓涓花盈瓶酒盈觴 君臣君臣共醉大平年 懽醉夜深雞唱曉人心甚厚留連 待人難待人難何處在深閉洞房 待人難長夜不寐君不到 羅幃繡幕是仙間.

〈『高麗史』 卷71 樂志〉

날씨가 따뜻하다, 날씨가 따뜻하다, 봄철로 다가가는 상원가절(上元佳節)에 화려한 잔치 차린다. 등불은 꺼져가고 달은 가라앉는데 신선들 떼지어 내려온다. 궁궐의 누각 재촉하여 졸졸 흐르는데, 꽃은 병에 가득차고 술은 잔에 가득찼다. 군신이, 군신이 함께 태평세월에 취한다. 기뻐 취하고 밤은 깊어 닭이 새벽을 노래하는데, 사람의 마음 심히 후해 못 떠나 한다. 사람 기다리기란 어려운 거라, 사람 기다리기란 어려운 거라, 어디에 있는가, 깊숙이 동방(洞房) 속에 갇혀있다. 사람 기다리기란 어려운 거라, 긴 밤 잠 못 이루는데 임은 오지 않는 거라. 깁방장 수장막(繡帳幕)은 신선이 거처하는 곳이라.

〈『고려사』 권71 악지〉

2) 관련 기록

(1) 風入松有頌禱之意 夜深詞言君臣相樂之意 皆於終宴而歌之也 然未知何時所作.

〈『高麗史』 卷71 樂志〉

풍입송(風入松)은 송축하는 뜻이 있고, 야심사(夜深詞)는 군신이 서로 즐기는 뜻이 있는데, 다 연회를 끝내고 노래하는 것들이다. 그러나 어느 때에 지은 것인지는 모른다. 〈『고려사』 권71 악지〉

(2) 風雲一代畫堂深 玉淚丁東月上林 旨酒盈盈皆我有 肆筵讌樂嘉賓心.

〈『林下筆記』 卷38 「海東樂府」〉

임금과 신하 화려한 집에서 서로 즐기는데, 옥루 물 뚝뚝 떨어지고 달은 높이 솟았네. 동이에 철철 넘는 좋은 술 많이 확보하고, 잔치를 베풀어 손님들 마음 즐겁게 하네. 〈『임하필기』 권38 「해동악부」〉

(3) 容謝尙存傾國手 哀絃彈出夜深詞 聲聲似怨年華暮 奈爾浮生與老期.
〈『稗官雜記』 卷4〉

얼굴은 늙었어도 천하제일의 솜씨를 지니고 있어 애절한 거문고 줄 야심사를 퉁겨 낸다 소리소리 연광의 저묾을 원망하는 듯 너의 부생 늙음과의 약속을 어이하리. 〈『패관잡기』 권4〉

35. 관음찬(觀音讚)

1) 작품

圓通敎主觀世音菩薩 補陀大師觀世音菩薩 聞聲濟苦觀世音菩薩 拔苦與樂觀世音菩薩 大慈大悲觀世音菩薩 三十二應觀世音菩薩 十四無畏觀世音菩薩 救苦衆生觀世音菩薩 不取正覺觀世音菩薩 千手千眼觀世音菩薩 手持魚囊觀世音菩薩 頂戴彌陀觀世音菩薩

白花ㅣ 芬其萼ᄒᆞ고 香雲이 彩其光ᄒᆞ니 圓通觀世音이 承佛遊十方이샷다 權相百福嚴ᄒᆞ시고 威神이 巍莫測이시니 一心若稱名ᄒᆞᅀᆞ오면 千殃이 卽殄滅ᄒᆞᄂᆞ니라 慈雲이 布世界ᄒᆞ고 凉雨ㅣ 灑昏塵ᄒᆞᄂᆞ니 悲願이何曾休ㅣ시리오 功德으로 濟天人이샷다 四生이 多怨害ᄒᆞ야 八苦ㅣ相煎迫이어늘 尋聲而濟苦ᄒᆞ시며 應念而與樂ᄒᆞ시ᄂᆞ니라 無作自在力과 妙應三十二와 無畏ᄂᆞᆯ 施衆生ᄒᆞ시니 法界普添利ᄒᆞᄂᆞ니라 始終三慧入ᄒᆞ시고 乃獲二殊勝ᄒᆞ시니 金剛三摩地를 菩薩이獨能證ᄒᆞ시니라 不思議妙德이여 名偏百億界ᄒᆞ시니 淨聖無邊澤이 流波及斯世시니라. 〈『樂學軌範』 卷5 鶴蓮花臺處容舞合設〉

모든 곳에 두루 통하는 관세음보살 보타락가산에서 현신하고 법문하신 관세음보살 출가 수행자 제고 선신(善神) 관세음보살 중생에게 즐거움을 주시는 관세음보살 중생을 사랑하고 아끼는 관세음보살 서른두 가지 응신(應身)을 이룬 관세음보살 열네 가지 두려움을 물리치고자 관세음보살 중생의 고통을 구제하는 관세음보살 성불을 맹세하신 관세음보살 천 개의 손과 천 개의 눈을 가진 관세음보살 물고기 알주머니를 지닌 관세음보살 이마 위에 아미타불 모시는 관세음보살 모든 꽃이 그 꽃받침부터 향기가 일어나고 만발한 꽃은 그 빛으로 색을 더하니 두루 통한 관세음이 부처를 이어 모든 곳에 계시도다 백 가지의 복을 빈틈없이 고루 나타내시고 영묘한 힘은 헤아릴 수 없으니 한 가지 마음으로 부처님을 부르면 재앙은 곧 없앨 것이라 하느니라 은혜가 온 세상에 내리고 서늘한 비는 혼탁한 티끌마저 없애나니 빠져린 소원을 어찌 그만두시리오 공덕으로 모든 사람을 구제하셨도다 태어나는 생명들에는 원수와 해함이 많아 여덟 가지 고통이 서로 절박하거늘 가르침을 찾아 괴로움 구제하시며 염원에 응답해 즐거움을 주시느니라 인위적이지 않은 묘한 스스로의 힘과 서른두 가지의 현묘하게 현신(現身)함과 두려움을 없애는 것을 중생에게 베푸시니 불교 세계에 널리 복을 더하느니라 늘 세 가지 지혜가 들어와 이내 두 가지 마음을 바로잡음이 뛰어나시니 깨달음을 보살이 홀로 능히 증험(證驗)하시니라 헤아릴 수 없는 신묘한 덕이여 이름이 백억 계에 두루 미치시니

관세음의 정성(淨聖) 끝없는 은택이 이 세계 흘러 널리 퍼지시니라.

〈『악학궤범』 권5 학연화대처용무합설〉

2) 관련 기록

(1) 處容之戱 肇自新羅憲康王時 有神人出自海中 始現於開雲浦 來入王都 其爲人奇偉倜儻 好歌舞 益齋詩所謂 貝齒赬顔歌夜月 鳶肩紫袖舞春風 者也 初使一人黑布紗帽而舞 其後有五方處容 世宗以其曲折 改撰歌詞 名曰鳳凰吟 遂爲廟廷正樂 世祖遂增其制 大合樂而奏之 初倣僧徒供佛 群妓齊唱靈山會相佛菩薩 自外廷回匝而入 伶人各執樂器 雙鶴人五 處容假面十人 皆隨行縵唱三回 入就位而聲漸促 撞大鼓 伶妓搖身動足 良久乃罷 於是作蓮花臺戱 先是設香山池塘 周挿彩花高丈餘 左右亦有畵燈籠 而流蘇掩暎於其間 池前東西 置大蓮萼 有小妓入其中 樂奏步虛子 雙鶴隨曲節翺翔而舞 就啄蓮萼 雙小妓排萼而出 或相向或相背 跳躍而舞 是謂動動也 於是雙鶴退處容入 初奏縵機處容成列而立 有時彎袖而舞 次奏中機 處容五人 各分五方而立 拂袖而舞 次奏促機繼爲神房曲 婆娑亂舞 終奏北殿 處容退列于位 於是有妓一人 唱南無阿彌陀佛 群從

而和之 又唱觀音贊三周 回匝而出 每於除夜前一日夜 分入昌慶昌德兩宮殿庭 昌慶用妓樂 昌德用歌童 達曙奏樂 各賜伶妓布物 爲闢邪也.

〈『大東野乘』 卷1 慵齋叢話〉

처용희는 신라의 헌강왕 때부터 시작되었다. 신인이 바다에서 나와 개운포에 나타났다가 왕도로 돌아왔는데, 그 사람됨이 기결하고 비범하여 노래와 춤추기를 좋아하였다. 익재의 시에 "흰 이 붉은 입술로 달밤에 노래하고, 제비 어깨 붉은 소매로 봄바람에 춤추네" 한 것이 이것이다. 처음에는 한 사람으로 하여금 검은 베옷에 사모를 쓰고 춤추게 하였는데, 그 뒤에 오방처용이 있게 되었다. 세종이 그 곡을 참작하여 가사를 개찬하여 봉황음이라 이름하고, 마침내 묘정의 정악으로 삼았으며, 세조가 그 제를 늘여 크게 악을 합주하게 하였다. 처음에 승도가 불공하는 것을 모방하여 기생들이 영산회상불보살을 제창하고, 외정에서 돌아 들어오면 영인들이 각각 악기를 잡는데, 쌍학인 다섯, 처용의 가면 10명이 모두 따라가면서 느리게 세 번 노래하고, 자리에 들어가 소리를 점점 돋구다가 큰 북을 두드리고 영인과 기생이 한참동안 몸을 흔들며 발을 움직이다가 멈추면 이 때에 연화대놀이를 한다. 먼저 향산과 지당을 마련하고 주위에 한 길이 넘는 높이의 채화를 꽂는다. 또 좌우에 그림을 그린 등롱이 있는데, 그 사이에서 다섯 색으로 만든 술이 어른거리며, 지당 앞 동쪽과 서쪽에 큰 연꽃 받침을 놓는데 소기가 그 속에 들어있다. 보허자를 주악하면 쌍학이 곡조에 따라 빙글빙글 춤추면서 연꽃 받침을 쪼면 두 소기가 그 꽃받침을 헤치고 나와 서로 마주 보기도 하고 서로 등지기도 하며 족도하면서 춤을 추는데, 이를 동동이라고 한다. 이리하여 쌍학은 물러가고 처용이 들어온다. 처음에 만기를 연주하면 처용이 열을 지어 서서 때때로 소매를 당기어 춤을 추고, 다음에 중기를 연주하면 처용 다섯 사람이 각각 오방으로 나누어 서서 소매를 떨치고 춤을 추며, 그 다음에 촉기를 연주하는데, 신방곡에 따라 너울너울 어지러이 춤을 추고, 끝으로 북전을 연주하면 처용이 물러가 자리에 열지어 선다. 이 때에 기생 한 사람이 '나무아미타불'을 창하면, 여러 사람이 따라서 화창하고, 또 관음찬을 세 번 창하면서 빙돌아 나선다. 매양 섣달 그믐날 밤이면 창경궁과 창덕궁 양 궁전 뜰로 나뉘어 들어간다. 창경궁에서는 기악을 쓰고, 창덕궁에서는 가동을 쓴다. 새벽에 이르도록 주악하고 영인과 기녀에게 각각 포물을 하사하여 사귀를 물러나게 한다.

〈『대동야승』 권1 용재총화〉

(2) 謹按鳳凰吟外 又有處容歌觀音讚 然本自高麗 流傳至今 但列於樂府而已 非聖朝之所常用 故二篇削之不錄.

〈『增補文獻備考』 卷103 樂學軌範 鄕樂呈才歌詞 鳳凰吟〉

신이 삼가 살펴보건대, 봉황음 외에도 처용가 관음찬이 있으나 본래 고려에서 유전하여 지금에 이르렀는데, 악부에만 열기하였을 뿐 성조에서 항상 쓰는 것이 아니기 때문에 두 편을 삭제하고 기록하지 아니합니다. 〈『증보문헌비고』 권103 악학궤범 향악정재가사 봉황음〉

(3) 魚叔權曰 凡俗樂例於進豊呈等 內宴皆奏之 今謂雙花店一曲亦不可奏 況於觀音讚乎 所謂觀音讚 不知昉於何時 必高麗之世有能文阿彌者所撰也 每篇有阿彌陀佛南無阿彌陀佛之語 又其全篇專頌佛道 豈可以此道內殿之曲乎 自始迄今若干年經 幾名臣碩輔侍從諫諍 而不曾有論列而革之者 可歎也已. 〈『增補文獻備考 卷107 樂考〉

어숙권이 말하기를, "무릇 진풍정(進豊呈) 등에 나열된 속악은 내연(內宴)에서 모두 연주하는 것들이다. 지금은 쌍화점 일곡은 또한 연주할 수 없으니 하물며 관음찬임에랴. 이른바 관음찬은 어느 때부터 비롯되었는지 알 수 없으나 아마도 고려때 글에 능한 스님이 지은 것일 것이다. 매 편에 아미타불 나무아미타불이라는 말이 있고, 또 그 전편이 불도만을 찬미하는 노래인데 어찌 이러한 노래를 내전에서 쓸 수 있겠는가. 지금까지 여러 해가 지났는데 명신(名臣) 석보(碩輔) 시종(侍從)들이 간하여 다투지만, 일찍이 시비를 가려서 고치는 자가 없으니 안타깝다." 고 하였다. 〈『증보문헌비고 권107 악고〉

(4) 魚叔權曰 凡俗樂 例於進豊呈等內宴 皆奏之 雙花店一曲 亦不可 況於觀音讚乎. 〈『練藜室記述』 卷12 別集 音樂〉

어숙권이 말하기를, 무릇 속악은 으레 진풍정과 같은 내연에 모두 주악하였는데, 쌍화점의 한 곡도 불가하거늘, 하물며 관음찬이야 더욱 주악할 수 없는 것이다. 〈『연려실기술』 권12 별집 음악〉

(5) 佛氏南無阿彌陀 編編如是誦維摩 雙花店曲猶難奏 況復深嚴念呪歌.
〈『林下筆記』 卷38 海東樂府 觀音讚〉

불씨의 나무아미타불을 반복하며, 편편이 이처럼 유마경을 외우네, 쌍화점의 가곡도 연주하기 어렵거늘, 더구나 내전에서 관음찬을 연주할 수 있으랴. 〈『임하필기』제38권 해동악부 관음찬〉

36. 사해지가(四海之歌)

1) 작품

龍虎雄姿鐵石腸 欲將忠義輔君王 只緣鳴盡弓藏耳 不是淮陰背漢皇.
〈『破閑集』 卷中〉

용호같은 웅자와 철석같은 간장으로, 충의 다해 군왕을 보필코자 하였소만, 새가 다 잡혀서 활이 숨어 버린 거지, 회음후(淮陰侯)가 한황(漢皇)을 배반한 것은 아니라오. 〈『파한집』 권중〉

2) 관련 기록

(1) 尙書金子儀骯髒有奇節 嘗戰藝春官 上夢見有人擢弟 名曰昌 及開糊封公在第二人 名晶 上駭異之 立朝勁諤有諍臣風 性嗜酒 醉則起舞 輒唱四海之歌 其所言皆國朝綱紀也 當時語曰 寧逢虎兕 不逢金公醉 方出按江南 上臨軒戒之曰 卿文章之節不愧古人 但飮酒多過差耳 三杯之後愼勿屬口 由是歷遍所轄州郡 嘗惺惺然不飮 行過山中精藍 訪舊知老衲 握手話懷 及別貰酒欲餞之 出門踞苔石上乃曰 頃出都有朝旨 禁臣飮酒不過三爵 宜持爾應供鐵鉢來 三酌而去 其鉢可受一斗餘 豪邁皆類此 嘗悲

拓相國南遷一絶.　〈『破閑集』 卷中〉

상서(尙書) 김자의(金子儀)는 성품이 꿋꿋하여 독특한 절도가 있는 사람이다. 일찍이 춘관(春官)에서 재능과 기예를 시합하기로 한 적이 있었다. 임금의 꿈에 한 사람이 급제를 하였는데 이름이 창(昌)이었다. 시합날 봉해 놓은 이름을 펴보니 김자의가 차석으로 그의 이름이 정(晶)이어서 임금이 놀라고 이상하게 여겼다. 조정에 들어가서도 꿋꿋한 직언으로 쟁신(諍臣)의 풍모가 있었다. 천성이 술을 좋아해 취하면 일어나 춤을 추며 문득 사해가(四海歌)를 불렀는데 그 노랫말은 조정의 기강에 관한 것이었다. 그래서 당시에 "차라리 호랑이를 만났으면 만났지 술 취한 김자의는 만나지 않겠다."는 말이 있었다. 마침 강남(江南) 안찰사로 부임할 때 임금이 초헌에 나와 경계하기를, "경은 문장과 지절(志節)이 고인에 부끄럽지 않으나 다만 술이 너무 지나치니 석 잔을 마신 뒤에는 더 입에 대지 말라."고 하였다. 이로 말미암아 관할하는 주군(州郡)을 지날 때에도 정신을 차리고 술을 마시지 않았다. 지나가는 길에 산중의 절간에서 친했던 늙은 스님을 찾아 손을 잡고 정회를 나누다가 헤어짐에 스님이 술을 빌어 전송하고자 했다. 절문을 나와 이끼 바위에 걸터앉아 김자의는 "서울을 떠나옴에 임금님 말씀이 계셔 술 석 잔 이상을 마시지 못하게 하였으니 스님은 부디 쇠 바리때를 가져 다가 주십시오."하여 술 석 잔을 마시고 떠났는데 그 바리때는 술 한 말 이상이 넘게 들어가는 것으로 그의 호매(豪邁)하기가 대개 이와 같았다. 일찍이 상국(相國)이 남쪽으로 귀양가는 것을 슬피 여겨 이런 시를 지었다.　〈『파한집』 권중〉

(2) 寧逢虎兕(金子儀 性耆酒 醉則起舞 輒唱四海之歌 其所言 皆國家紀剛也 當時語曰 寧逢虎兕 不逢金公醉〔破閒〕).

〈『大東韻府群玉』 卷9 紙21版〉

차라리 범이나 무소를 만나는게 낫다. 〔김자의는 천성이 술을 좋아하였고, 취하면 일어나 춤을 추고 사해가(四海歌)를 부르곤 하였는데, 하는 말이 모두 국가의 기강에 관한 말이었다. 당시의 말에, "차라리 범이나 무소를 만날 지언정 취한 김공은 만나지 않는다."라고 하였

다.『파한집(破閒集)』] 〈『대동운부군옥』 권9 지21판〉

37. 서경성(西京城)

1) 작품

西京城外火色 安州城外烟光 往來其間李元帥 願言救濟黔蒼.

〈『大東野乘』 卷53 東閣雜記上〉

서경성(西京城) 밖에는 불빛이요, 안주성(安州城) 밖에는 연기 빛일세 그 사이를 왕래하는 이원수(李元帥)여, 원컨대 백성을 구제하소서.

〈『대동야승』 권53 동각잡기상〉

2) 관련 기록

(1) 威化回軍之前 潛邸里有童謠 …… 未幾有回軍之擧.

〈『大東野乘』 卷53 東閣雜記上〉

위화도 회군전 살던 마을에 동요가 있었다 …… 회군의 일이 있을 기미가 없었다. 〈『대동야승』 권53 동각잡기상〉

(2) 又童謠云 西京城外火色 安州城外烟光 往來其間李元帥 願言救濟黔蒼 至威化島回軍時 其言乃驗. 〈『增補文獻備考』 卷11 象緯考11 童謠〉

또 동요에 이르기를, '서경성(西京城) 밖에는 불빛이요, 안주성(安州城) 밖에는 연기 빛일세. 그 사이를 왕래하는 이원수(李元帥)여, 원컨대, 백성을 구제하소서.' 라고 하였는데 위화도 회군의 때에 이르니 그 징험이 있었다. 〈『증보문헌비고』 권11 상위고11 동요〉

Ⅲ. 가사 부전 작품

1. 장단(長湍)

1) 관련 기록

(1) 太祖巡省民風 補助不給 與民同樂 民思其德 久而不妄 後王遊長湍 工人歌祖聖之德 因而頌禱 而規戒之. 〈『高麗史』卷71 樂志〉

고려 태조는 각지를 순행하며 민간의 풍속을 살펴 부족한 것은 보급하고 백성들과 더불어 같이 즐겼다. 백성들은 그 덕을 사모하여 오래 되어도 잊지 않았다. 그 후 후대의 왕이 장단(長湍)에 갔을 때 악공이 태조의 덕을 노래하고 송축하며 후대의 왕을 경계하는 노래를 불렀다. 〈『고려사』 권71 악지〉

(2) 太祖獵于長湍, 乘五明赤馬, 行高嶺上, 嶺下有絶壁, 有二獐自左而走下, 太祖直馳下, 鞭馬不已, 從者皆失色。 太祖射前獐, 正中而斃, 急回馬而止, 去絶壁數步, 人皆驚服。 太祖笑謂左右曰: "非我, 莫能止之" 〈『太祖實錄』 卷1〉

태조가 장단(長湍)에서 사냥하는데 오명적마(五明赤馬)를 타고 높은 고개 위로 가니, 고개 밑에 절벽(絶壁)이 있는데 노루 두 마리가 왼쪽으로 달려 내려오는지라, 태조가 바로 달려 내려가면서 말을 채찍질하기를 그치지 아니하니, 따라간 사람들이 모두 놀라서 얼굴빛이 변하였다. 태조가 앞의 노루를 쏘아 바로 맞혀서 죽이고, 급히 말을 돌려서 멈추니, 절벽과 거리가 수보(數步)이므로, 사람들이 모두 놀라서 탄복하였다. 태조는 웃으며 좌우(左右)의 사람에게 일렀다. "내가 아니면 능히 멈추게 할 수 없다." 〈『태조실록』 권1〉

(3) 王太祖 嘗遊幸長湍石壁 巡省民風 補助不給 與民同樂 民思其德 民間尙傳歌曲 後王遊長湍 工人歌祖聖之德 因以頌禱而規戒之.

〈『大東韻府群玉』 卷4〉

태조가 장단의 석벽을 찾아가서 백성들의 풍속을 돌보고 살피면서 부족한 것을 도와주며 백성과 함께 즐거움을 누렸다. 백성들은 그 덕을 사모하였기에 민간에는 여전히 곡조가 전하였다. 후왕이 장단에 행차하였을 때, 악인(樂人)이 성스런 조상의 덕을 노래하여 송축하고 후왕을 경계하였다. 〈『대동운부군옥』 권4〉

(4) 長湍曲 太祖巡省民 補助不給 與民同樂 民思其德 久而不忘 後王遊長湍 工人歌聖祖之德 因以頌禱而規戒之 青木山高鏡讖懸 操鷄搏鴨開王國 臨湍之水淸漣漪 厥民于于先被澤 春秋一遊一豫間 黃童白叟鼓舞而來逆 前王不忘重於戱 小民樂樂利利兮靡終極 綿綿垂統聖繼聖 五載一巡遵前躅 蒼生苦樂駐輦訪 懷惠遺民紀往昔 君不見先王行有旅賁規 下民亦解箴聖德 皇祖有訓不愆忘 此意須三復 大寶雖尊易墮失 此意不可易 兆民廣土那可忽 此意須乾惕 深淵苦臨處若蹈 此意可以傳世百 權輿不承從悖亂 往往昏君多敗績 願將此意鐫寶座 用替九重金鑑錄.

〈『星湖先生全集』 卷7　海東樂府 長湍曲〉

장단곡 태조가 백성들을 돌보고 살피면서 부족한 것을 도와주며 백성들과 즐거움을 함께 했다. 백성들은 그 덕을 사모하여 오래되어도 잊지 않았다. 후왕이 장단에 행차하였을 때, 악공이 성스런 조상의 덕을 노래하여 송축하고 후왕을 경계하였다. 청목산 높이 솟아 거울 참언 걸렸으니, 신라 치고 고구려 쳐서 왕국을 연다네. 맑게 출렁이는 장단의 물에 임하시니, 그 백성들 넉넉하게 먼저 은택을 입었네. 봄가을로 한 번씩 순행(順行)을 하실 적에, 어린이와 늙은이 춤추며 와서 맞이하네. 전왕의 은혜 잊지 않고 거듭 기뻐하니, 백성들 즐거워하고 이로워함이 끝이 없네. 면면히 이은 왕통 성인이 거듭 나니, 오년에 한번 순수하여 전왕의 법은 따르도다. 어가를 멈추어 창생의 고락 물으시니, 은혜 입은 유민들 옛일을 기억하네. 그대는 보지 않았는가, 선왕의 행차에 법도가 있어, 백성들도 성덕에 경계할 줄 아는 것을. 황조께서 남긴 훈계 잊지 말지니, 이 뜻을 모쪼록 명심하시라. 대보가 존귀하나 실추하기 쉽나니, 이 뜻을 바꿀 수 없다네. 억조 백성 넓은 땅을 어찌 소홀히 하리, 이 뜻을 모쪼록 척념(惕念)하시라. 깊은 못을 내려다보듯 물에 빠질 듯 조심할지니, 이 뜻이 가히 백세를 전하리. 처음 뜻 잊지 못하면 패란이 뒤따르리니, 지난날 어리석은 임금들 실패한 이 많다네. 바라건대 이 뜻을 보좌에 새겨, 구중의 금감록을 대신하소서. 〈『성호선생전집』 권7 해동악부 장단곡〉

(5) 長湍 (補)太祖嘗巡省長湍 補助不給 民思其德而頌禱之.
〈『增補文獻備考』 卷106 樂考〉

장단(長湍) (보) 태조가 일찍이 장단을 순행하여 백성의 생활을 보살피며 부족한 것을 보조해 주니, 백성들이 그 덕을 생각하여 송축한 것이다. 〈『증보문헌비고』 권106 악고〉

2. 금강성(金剛城)

1) 관련 기록

(1) 契丹聖宗 侵入開京 焚燒宮闕 顯宗收復開京 築羅城 國人喜而歌之 或曰 避蒙兵入都江華 復還開京 作是歌也 金剛城 言其城堅如金之剛也.
〈『高麗史』 卷71 樂志〉

거란(契丹)의 성종(聖宗)이 개성에 침입해서 궁궐을 불태웠다. 그 후 고려의 현종이 개성을 수복하고 나성(羅城)을 구축하자 나라 사람들이 기뻐서 부른 노래다. 혹은 말하기를, "고종(高宗)이 몽고 군사를 피하여 강화(江華)에 들어가서 도읍하다가 뒤에 개경으로 돌아와서 이 노래를 지었으니, 그 성의 튼튼함이 쇠의 강함과 같음을 말한 것이다.' 라고 한다." 〈『고려사』 권71 악지〉

(2) 一品以下大夫士公私宴樂 初盞及進俎 歌鹿鳴 用金剛城調 初味及二盞五冠山 二味及三盞 歌關雎 用紫霞洞調 三味及四盞 侑食三絃 四味及五盞方等山 五味及六盞七月篇 用洛陽春調 庶人宴父母兄弟樂 初味及

盞 五冠山 二味及盞 方等山 終味及盞 勸農歌.

〈『太宗實錄』卷3 2年 6月 5日(丁巳)〉

1품 이하 대부·사 공사연악(一品以下大夫士公私宴樂) 첫째 잔과 조(俎)를 올리면 녹명(鹿鳴)을 노래하되 금강성조(金剛城調)를 사용한다. 초미(初味)와 둘째 잔에는 오관산(五冠山)을 노래하고, 이미(二味)와 셋째 잔에는 관저(關雎)를 노래하되 자하동조(紫霞洞調)를 사용하며, 삼미(三味)와 넷째 잔과 유식(侑食)에 이르러서는 삼현(三玄)을 연주하고, 사미(四味)와 다섯째 잔에는 방등산(方等山)을 연주하며, 오미(五味)와 여섯째 잔에는 칠월편(七月篇)을 노래하되 낙양춘조(洛陽春調)를 사용한다. 서인 연부모형제악(庶人宴父母兄弟樂) 초미(初味)와 잔이 오르면 오관산(五冠山)을 노래하고, 이미(二味)와 잔이 오르면 방등산(方等山)을 노래하고, 종미(終味)와 잔이 오르면 권농가(勸農歌)를 부른다.

〈『태종실록』권3 2년 6월 5일(정사)〉

(3) 金剛城曲 契丹聖宗侵入開京 焚燒宮闕 顯宗收復開京 築羅城 國人喜而歌之 …… 詞俚不錄. 〈『高麗古都徵』 卷1〉

금강성곡 거란의 성종이 개경을 침입하여 궁궐을 불태웠다. 현종이 개경을 수복하여 나성을 쌓으니 백성들이 기뻐하여 그것을 노래하였다 …… 가사가 우리말이라 기록하지 않는다. 〈『고려고도징』 권1〉

(4) 樂府有金剛城歌 遼兵入開京 焚燒宮闕 顯宗收復開京 築羅城 國人喜而歌之 或曰 高宗避蒙兵 入都江華 後還開京 作是歌 言其城堅如金之剛也.

〈『大東韻府群玉』 卷7〉

악부에 금강성이라는 노래가 있다. 요의 군사가 개경에 들어와서 궁궐을 불태웠는데, 현종(顯宗)이 수복(收復)하여 나성(羅城)을 쌓자 나라 사람이 기뻐하여 노래한 것이다. 혹은 말하기를, "고종(高宗)이 몽고 군사를 피하여 강화(江華)에 들어가서 도읍하다가 뒤에 개경으로 돌아와서 이 노래를 지었으니, 그 성의 튼튼함이 쇠의 강함과 같음

을 말한 것이다." 라고 한다. 〈『대동운부군옥』 권7〉

(5) 金剛城 契丹聖宗 侵入開京 焚燒宮闕 顯宗收復開京 築羅城 國人喜而歌之 或曰避蒙兵 入都江華 復還開京 作是歌也 金剛城 言其城堅如金之剛也 城之高不可踰 城之堅不可開 昔無城胡虜入 宗祊燬滅隨烟灰 今有城渙王居 翠華遠自天際廻 居民具安堵 淚滴髑髏堆 螺蚌尙有閉 禦敵寧無具 獸角上齊雲 埤垷輝朝晷 人言金剛固 金剛亦何有 上德輶如毛 天險鬼神守 人和作屛翰 築斯徒勤劬 金剛若可恃 爽鳩必恒久 君看運訖五百年聖世 千千萬萬垂裕後. 〈『星湖先生全集』卷7 海東樂府 金剛城〉

금강성 거란 성종이 개경을 침입하여 궁궐을 불태웠는데, 현종(顯宗)이 수복(收復)하여 나성(羅城)을 쌓자 나라 사람이 기뻐하여 노래한 것이다. 혹은 말하기를, "고종(高宗)이 몽고 군사를 피하여 강화(江華)에 들어가서 도읍하다가 뒤에 개경으로 돌아와서 이 노래를 지었으니, 그 성의 튼튼함이 쇠의 강함과 같음을 말한 것이다." 라고 한다. 성이 높아 넘을 수 없고, 성이 견고해 열 수가 없네. 옛날에 성이 없어 오랑캐가 들어와, 종묘가 불에 타 재가 되었었지. 지금은 성이 있고 훌륭한 임금 계시어, 임금의 깃발이 멀리 하늘가에서 돌아오셨네. 백성들 모두 안도의 한숨을 쉬는데, 해골 더미 위로 눈물이 떨어지네. 소라와 조개도 닫을 것이 있거늘, 적을 막는데 어찌 도구가 없으랴. 수각은 위로 구름에 닿아 있고, 성가퀴에는 아침 햇살이 빛나네. 사람들은 금강이 견고하다 말하지만, 금강이 또한 무슨 소용 있으랴. 상의 덕이 털처럼 가벼우면, 천험의 요새를 귀신이 지킨다네. 인화가 나라의 울타리가 되거늘, 부질없이 성을 쌓느라 고생하네. 금강을 만약 믿을 수 있다면, 상구 씨가 반드시 항구하였으리라. 그대는 보라, 악운이 다하고 오백년 성세가 되어, 천년만년 영원히 후손을 편안케 하리라.

〈『성호선생전집』 권7 해동악부 금강성〉

(6) 金剛城 (補) 遼兵入開京 燒宮闕 顯宗收復 築羅城 國人喜而歌之 或曰高宗避蒙兵 入都江華 後還開京 作是歌 言其城堅如金之剛也.

〈『增補文獻備考』 卷106 樂考〉

금강성(金剛城) (보) 요의 군사가 개경에 들어와서 궁궐을 불태웠는데, 현종(顯宗)이 수복(收復)하여 나성(羅城)을 쌓자 나라 사람이 기뻐하여 노래한 것이다. 혹은 말하기를, "고종(高宗)이 몽고 군사를 피하여 강화(江華)에 들어가서 도읍하다가 뒤에 개경으로 돌아와서 이 노래를 지었으니, 그 성의 튼튼함이 쇠의 강함과 같음을 말한 것이다."라고 한다. 〈『증보문헌비고』 권106 악고〉

(7) 金剛城 遼兵犯境燒王宮 敵退羅城復築祟 氿都歸後歌聲咽 甎甓堅剛金鐵同. 〈『林下筆記』 卷38 海東樂府〉

금강성 거란군이 침범하여 궁궐 불태웠네, 적병이 물러가자 나성을 다시 구축하였네. 강도에서 돌아온 뒤에 노랫소리 목 메이니, 성이 쇠처럼 견고하네. 〈『임하필기』 권38 해동악부〉

3. 수성명(壽星明)

1) 관련 기록

(1) 庚子十五年九月癸丑 宴群臣於長樂殿 親製壽星明詞 使樂工歌之.
〈『高麗史節要』 卷8 睿宗 15年 9月〉

경자(庚子) 15년 9월 계축(癸丑)일에 장락전(長樂殿)에서 여러 신하를 위한 연회를 열었다. 연회에서 임금은 친히 수성명(壽星明)의 가사를 지어 악공에게 노래 부르도록 했다.
〈『고려사절요』 권8 예종 15년 9월〉

4. 악장오수(樂章五首)

1) 관련 기록

(1) 毅宗二十四年閏五月庚寅 御大觀殿受朝賀 仍宴文武常參官以上 王親製樂章五首 命工歌之 結彩棚陳百戱 至夜乃罷 賜赴宴官馬各一疋 是夜又與韓賴李復基曲宴便殿 特賜紅鞓犀帶 以示寵異. 〈『高麗古都徵』 卷2〉

의종 24년 윤 5월 경인(庚寅)일에 의종이 대관전(大觀殿)에서 신하들의 하례를 받은 뒤 상참관(常參官) 이상의 문신 무신을 불러 연회를 열었다. 왕이 친히 악장 다섯 수(樂章五首)를 지어 악공에게 부르게 하고 화려한 무대를 만들어 갖가지 놀이를 벌여 밤이 되어서야 그만두었다. 부연관(赴宴官)에게 말을 각각 한 필씩 하사하였다. 밤에는 또 한뢰(韓賴), 이복기(李復基)와 같이 편전(便殿)에서 간단한 연회를 열었는데 특별히 붉은 가죽 띠와 서대(犀帶)를 하사하여 총애함을 보였다. 〈『고려고도징』 권2〉

5. 입룡요(立龍謠)

1) 관련 기록

(1) 尹鱗瞻 攻西京通陽門 杜景升 攻大同門 破之 城中大潰 擒位寵 斬之 因其黨十餘人 餘皆慰撫 居民 按堵如故 謁太祖眞殿 函位寵首 遣兵馬副使蔡祥正 來告捷 梟位寵首于市 又送位寵妻孥 及俘獲百餘人 先是 鱗瞻 忽聞西京城上 讙譟 問之云 城上人 呼立龍而賀之 鱗瞻曰 位寵 將死矣 去人與頭 豈可生乎 遣樞密院副使李文著 大將軍宋慶寶 往西京 奬諭諸將. 〈『高麗史節要』 卷12 明宗 6年〉

윤인첨(尹鱗瞻)이 서경의 통양문(通陽門)을 공격하고 두경승(杜景升)은 대동문(大同門)을 공격하여 깨뜨리자 성안에 있던 반란군이 크게 무너졌다. 위총(位寵)을 붙잡아 베고 그의 무리 십여 명은 가두었으며 나머지는 다 위로하고 무마시키자 주민들은 예전과 같이 안심하였다. 태조의 진전(眞殿)에 배알하고 위총의 머리를 함(函)에 넣어 병마부사 채상정(蔡祥正)을 보내 승첩을 보고하였다. 위총의 머리를 시가에 효시(梟示)하고, 또 위총의 처자와 포로 1백여 명을 보내 왔다. 이렇게 되기 전에 윤인첨이 문득 서경성 위에서 떠들썩하게 지껄이는 소리를 듣고 물으니, "성 위의 사람들이 '입룡(立龍)'이라고 소리치며 축하합니다."고 대답하였다. 인첨이 말하기를, "위총이 장차 죽을 것이다. 사람과 머리를 떼어 버렸으니 어찌 살 수 있겠는가?" 하였다. 추밀원부사 이문저(李文著)와 대장군 송경보(宋慶寶)를 서경에 보내어 여러 장수들을 표창하고 타이르게 하였다.

〈『고려사절요』 권12 명종 6년〉

6. 태평곡(大平曲)

1) 관련 기록

(1) 金元祥 忠烈朝登第 稍遷注簿 有妓謫仙來 得幸於王 元祥與內侍朴允材俱爲妓同里閈 相往來 元祥製新調大平曲 令妓習 一日內宴歌之 王妬且變色曰 此非能文者不能 誰所爲耶 對曰 妾兄弟元祥 允材所製 王喜曰有才如此不可不用 以元祥爲通禮門祗候 允材爲權務.

〈『高麗史』 卷125 列傳38 金元祥〉

김원상(金元祥)은 충렬왕 때 급제한 뒤 벼슬이 조금 높아져서 주부(注簿) 벼슬을 하고 있었다. 이 때 적선(謫仙)이란 기녀가 와서 왕의 사랑을 받았는데, 김원상과 내시 박윤재는 모두 적선과 같은 동네 사람으로 서로 왕래하였다. 김원상은 신조(新調)인 태평곡(大平曲)을 지어 적선에게 가르쳐 주었다. 하루는 적선이 궁내 연회에서 그 노래를 부르자 왕이 듣고서 질투로 낯빛이 달라지면서, "이 노래는 글을 잘 아는 사람이 아니면 짓지 못할 터인데 누가 지은 것이냐?" 라고 물었다. 이에 적선이 "저의 오라비 김원상과 박윤재가 지은 것입니다." 라고 대답하자 왕은 기쁜 낯으로 말하기를, "이 같은 인재가 있으니 쓰지 않을 수 없다." 라고 하고서 김원상을 통례문지후(通禮門祗候)로, 박윤재를 권무관(權務官)으로 임명하였다.

〈『고려사』 권125 열전38 김원상〉

(2) 以注簿金元祥 爲通禮門祗候 內侍朴允材 爲權務梁州 妓謫仙來者 得幸於王 元祥 允材 與妓同里閈 相往來 元祥製新調 曰大平曲 令妓習之 一日內宴 歌其詞 王妬 變色曰 此非能文者不能 誰爲之耶 妓對曰 妾之兄弟元祥 允材所製也 王喜曰 有才如此 不可不用 遂除之.

〈『高麗史節要』 卷21〉

주부 김원상을 통례문지후로, 내시 박윤재를 권무양주로 삼았다. 적선래라는 기생이 왕의 총애를 받았는데, 원상과 윤재는 그 기생과 한 마을에 살았기 때문에 서로 왕래하고 있었다. 원상이 새 가사를 지어 태평곡(太平曲)이라 이르고 기생으로 하여금 이를 연습하게 하였다. 어느 날 내연(內宴)에서 그 가사를 노래하니, 왕이 질투하여 안색이 바뀌면서 말하기를, "이것은 글을 잘하는 자가 아니면 지을 수 없다. 누가 지었느냐." 하였다. 기생이 대답하기를, "첩의 형제인 원상과 윤재가 지은 것입니다." 하니, 왕이 기뻐하며 이르기를, "이런 재사(才士)를 쓰지 않을 수 없다." 하고, 마침내 임명한 것이다.

〈『고려사절요』 권21 〉

7. 쌍연곡(雙燕曲)

1) 관련 기록

(1) 戊辰 王 以羊二百頭 酒二百 上壽于帝 己巳 又詣闕 設扶頭宴 帝 命唱高麗歌 王 令大將軍宋邦英 宋英等 歌雙燕曲 前王 執檀板 王 起舞獻壽帝與后悅. 〈『高麗史』 世家 卷31 忠烈王 26年(1300) 6月〉

무진(戊辰)에 왕이 양(羊) 200두(頭)와 주(酒) 200합을 황제께 상수(上壽)하고 기사(己巳)에 또 궐(闕)에 나아가 부두연(扶頭宴)을 베푸는데 황제가 고려가(高麗歌)를 부르라 명령하거늘 왕이 대장군(大將軍) 송방영(宋邦英), 송영(宋英) 등으로 쌍연곡(雙燕曲)을 부르게 하였는데 전왕(충선왕)은 단판(檀板)을 잡고 왕은 일어나 춤을 추며 축배를 올리니 황제와 황후가 더불어 기뻐하였다.

〈『고려사』 세가 권31 충렬왕 26연(1300) 6월〉

(2) 瑞 性英敏豪邁 父夢大星墮其家 遂生瑞故 小字星來 忠烈朝 中第 臨軒唱名 賜犀帶 忠宣爲世子時 宴西原侯 瑞與金光佐 車元年 皆以善歌 與焉 光佐以黍離 栢舟 間歌雙燕曲 閔漬以何彼矣 補之 自是 內殿有宴 必歌此曲 瑞與光佐 元年 俱寵幸 二人賤者 不足道 瑞以相門儒士 與之爲伍 時議鄙之 除直寶文署 累歷華要 至右承旨 及仁規以趙妃事 被逮留元 瑞從之 一日 車駕出 瑞率諸弟謁道左 帝顧問嘉之 尋許仁規還 累遷同知密直 入賀千秋節 帝授懷遠大將軍高麗國副元帥 賜三珠虎符 瑞女適元寵相也兒吉尼 故有是命 及還 王亦拜檢校成事 加壁上三韓三重大匡大司憲 封平壤君 瑞與都元帥金深 上官 用行省丞相儀仗 人譏犯禮 忠宣五年 以三司使 卒 謚莊敏 子宏 千 千祐.

〈『高麗史』 卷105 列傳 18〉

조서(趙瑞)는 성품(性品)이 영민(英敏)하고 호매(豪邁)하였는데 그 부(父)가 큰 별이 그 집에 떨어지는 꿈을 꾸고 드디어 조서를 낳은 고로 소자(小字)를 성래(星來)라 하였다. 충선왕조(忠宣王朝)에 과거 급제하여 헌(軒)에 임(臨)하여 이름을 부르고 서대(犀帶)를 사(賜)하였다. 충선왕(忠宣王)이 세자(世子)가 되었을 때 서원후(西原侯)를 향연하는데 조서(趙瑞)가 김광좌(金光佐), 차원년(車元年)과 더불어 모두 노래를 잘함으로써 참여하게 되었는데 김광좌(金光佐)는 서리(黍離) 백주(栢舟)로써 간간히 쌍연곡(雙燕曲)을 노래하였고 민지(閔漬)는 하피농의로서 이를 보조(補助)하니 이로부터 내전(內殿)에 연회가 있으면 반드시 이 곡(曲)을 노래하였다. 조서는 김광좌(金光佐) 차원년(車元年)과 더불어 총행(寵幸)이 있었으나 두 사람은 천(賤)한 자라 족히 말할 것은 없지만 조서(趙瑞)는 상문(相門)의 유사(儒士)로서 이들와 더불어 짝이 되니 여론이 이를 비천(鄙賤)히 여겼다. 직 보문서(直寶文署)에 제배(除拜)되고 요직(要職)에 누력(累歷)하여 우승지(右承旨)에 이르렀다. 조인규가 조비(趙妃)의 일로서 잡혀 원(元)에 머무르매 조서가 수종(隨從)하였다. 어느 날 거가(車駕)가 출어(出御)하는데 조서가 여러 동생을 거느리고 길에서 알현(謁見)하니 제(帝)가 돌아보아 묻고 이를 가상히 여기고 이어 조인규의 환국(還國)을 허락하였다. 누천(累遷)하여 동지밀직(同知密直)이 되어 들어가 천추절(千秋節)을 축하하니 제(帝)가 회원대장군 고려국 부원수를 제수하고 3주 호부(三珠虎符)를 내리니 조서의 딸이 원(元)의 총상(寵相)인 야아길니(也兒吉尼)에게 시집갔으므로 이 명(命)이 있었다. 돌아옴에 미쳐 왕도 또한 검교 찬성사(檢校贊成事)에 제배(除拜)하고 벽상삼한삼중대광 사헌(壁上三韓三重大匡司憲)을 더하여 평양군(平壤君)을 봉(封)하였다. 조서가 도원수(都元帥) 김심(金深)과 더불어 관(官)에 오르매 행성 승상(行省丞相)의 의장(儀仗)을 사용하니 사람들이 그 범례(犯禮)함을 기롱하였다. 충선왕(忠宣王) 5년에 삼사사(三司使)로서 죽으니 장민(莊敏)이라 시(諡)하였다. 아들은 조광, 조천이, 조천우이다.

〈『고려사』 권105 열전 18〉

(3) 王以羊二百豆酒二百榼 上壽于帝 翌日又詣闕 設扶頭宴 帝令唱高麗歌 王令大將軍宋邦英宋英等 歌雙燕曲 前王執檀板 王起舞獻壽 帝與后悅.

〈『東國通鑑』 卷40 忠烈王 26年〉

충렬왕이 양 2백 마리와 술 2백 통으로 원나라 왕의 만수무강을 빌고, 이튿날은 대궐에 나아가 부두연(扶頭宴)을 열었다. 원나라 왕이 고려 노래를 부르라고 하자 충렬왕이 대장군 송방영(宋邦英)과 송영(宋英) 등에게 쌍연곡(雙燕曲)을 부르도록 했다. 이에 충선왕이 단판(檀板)으로 박자를 맞추고 충렬왕이 일어나 춤을 추며 장수를 비니 원나라 왕과 왕비가 기뻐했다. 〈『동국통감』 권40 충렬왕 26년〉

(4) 高麗歌 忠烈王朝元 上壽于帝 帝命唱高麗歌 王使宋英等歌雙燕曲 仍起舞(麗史). 〈『大東韻府群玉』 卷6 1版〉

고려가(高麗歌) 충렬왕이 원 나라에 가서 황제에게 축수(祝壽)하자 황제가 고려가를 부르라고 명하였다. 왕이 송영(宋英) 등을 시켜 쌍연곡(雙燕曲)을 부르게 하고 이어 일어나 춤을 추었다.

(『고려사』)〈『대동운부군옥』 권6 1판〉

(5) 雙燕 忠烈王朝元 帝命唱高麗歌 王奏雙燕曲.
〈『大東韻府群玉』 卷1 6版〉

쌍연(雙燕) 충렬왕이 원 나라에 갔을 때 황제가 고려가(高麗歌)를 부르라고 명하자 왕이 쌍연곡(雙燕曲)을 아뢰었다.
(『고려사』) 〈『대동운부군옥』 권1 6판〉

(6) 雙燕曲 忠烈王二十六年 王與元公主如元宴 元帝令從臣 歌雙燕曲 王起舞 因辭新築宮樓 江南江北草如執 春燕雙飛到玉欄 休把香泥新築壘 一簾踈雨杏花寒.
〈『海東竹枝』 上編 高麗〉

쌍연곡(雙燕曲) 충렬왕 26년에 왕이 원 나라 공주와 함께 원 나라의 잔치에 갔다. 원 나라 황제가 종신(從臣)에게 쌍연곡을 부르게 하니 왕이 일어나 춤을 추고 인하여 신축한 궁루(宮樓)를 사양하였다. 강남과 강북의 풀 비단 같으니, 봄 제비 쌍으로 날아 옥난간에 이르네. 향기로운 진흙 가져다 새로 보루를 쌓지 마라, 발 너머 성긴 비에 살구꽃이 차구나.
〈『해동죽지』 상편 고려〉

8. 헌가요(獻歌謠)

1) 관련 기록

(1) 忠烈王三十年六月丙戌 王詣國學 忽憐林元從之 七管諸生 具冠服 迎謁於道 獻歌謠 王入大成殿謁聖 命密直使李混 作入學頌 林元作愛日箴以示諸生.
〈『高麗史』 卷32 世家32 忠烈王 5年〉

충렬왕 30년 6월 병술(丙戌)일 왕이 국학(國學)에 갔을 때 홀련(忽憐)과 임원(林元)이 왕을 수행했다. 7관(七管)의 여러 학생들이 의관을 격식대로 갖추고 길가에 나와서 영접하며 가요(歌謠)를 지어 올렸다. 왕이 대성전에 들어가서 공자의 영정에 절하고 밀직사(密直使) 이혼(李混)에게 입학송(入學頌)을 짓게 하고 임원에게는 애일잠(愛

日箴)을 짓도록 해서 여러 학생들에게 보여 주었다.
〈『고려사』 권32 세가32 충렬왕 5년〉

9. 원흥(元興)

1) 관련 기록

(1) 元興鎭 東北面和寧府屬邑 濱于大海 邑人船商而還 其妻悅而歌之.
〈『高麗史』 卷71 樂志〉

원흥진(元興鎭)은 동북 방면에 있는 화녕부(和寧府)의 속읍(屬邑)으로, 큰 바닷가에 자리잡고 있다. 읍 사람이 배를 타고 장사 다니다가 돌아오자 그 아내가 기뻐서 이 노래를 불렀다. 〈『고려사』 권71 악지〉

(2) 慣習都監啓 元興曲及安東紫靑調 請於樂歌復用 元興在東比面和寧屬郡濱于大海 郡人隨海船行商而還 其妻迎見悅而歌之 紫靑調亦婦人所作 言婦人以身事人 一失其身 人所賤惡 故以經之紅綠靑白反覆譬之 二曲雖皆載諸樂府 然廢而不用久矣 今見其詞 紫靑調 婦人有貞靜自守不爲人所汚 元興曲 見夫之還喜而歌之 正與居士戀相爲表裡 皆足以有補於風敎.
〈『世宗實錄』 卷 54 13年 10月〉

관습도감에서 아뢰기를, “원흥곡(元興曲)과 안동자청조(安東紫靑調)를 악가에서 다시 쓰기를 청합니다. 원흥은 동북면에 있는 화영의 속군으로 큰 바닷가에 있는데, 그 고을 사람이 해선을 따라 행상을 하다가 돌아오니, 그 아내가 맞아 보고 기뻐하여 노래했으며, 자청조도 또한 부인의 지은 바인데, 부인이 몸으로써 남편을 섬기다가 한번 그 몸을 더럽히게 되면 사람들이 천하게 여기고 미워하는 바이므로, 실의 홍색·녹색·청색·백색으로써 되풀이하면서 이를 비유한 것인데, 두 곡조가 비록 모두 악부에 기재되어 있으나 폐지되어 쓰이지 않은 지가 오래 되었습니다. 지금 그 가사를 보니, 자청조는 부인이 정숙하여 스스로 지조를 지켜 남에게 더럽히지 않았으며, 원흥곡은 남편이 돌아온 것을 보고 기뻐하여 이를 노래했으니, 꼭 거사연(居士戀)과 서로 표리가 될 만합니다. 모두 풍교에 도움이 있을 것입니다.

〈『세종실록』 권 54 13년 10월〉

(3) 元興 (補) 東北面和寧府屬邑 邑人漁于大海 乘商船而還 其妻悅而歌之.

〈『增補文獻備考』 卷106 樂考〉

원홍 (보) 원홍은 동북면(東北面) 화령부(和寧府) 오늘날의 함경도 영흥군(永興郡)에 속한 고을인데 고을 사람이 큰 바다에 고기잡이 갔다가 상선(商船)을 타고 돌아오니 그 아내가 기뻐하여 노래한 것이다.

〈『증보문헌비고』 권106 악고〉

10. 학생헌가요 (學生獻歌謠)

1) 관련 기록

(1) 忠宣王五年 六月甲戌 上王及王次西普通寺 百官出迎 是日二王宿是寺 上王召幸故大護軍鄭子羽妻崔氏 丙子入京 張樂雜戲 學生獻歌謠 上王命止之 以待公主. 〈『高麗史節要』 卷23 忠宣王 5年〉

충선왕 5년 6월 갑술(甲戌)일에 충선왕과 충숙왕이 서보통사(西普通寺)에 행차했다. 모든 벼슬아치들이 나와 영접하였고 두 왕은 절에서 묵었다. 충선왕은 고(故) 대호군(大護軍) 정자우(鄭子羽)의 아내 최씨를 불러 같이 잤다. 병자(丙子)일에 서울에 들어와 풍악을 베풀고 온갖 유희를 다했다. 학생이 가요를 올렸지만 충선왕이 중지시키고 공주를 모시게 했다. 〈『고려사절요』 권23 충선왕5년〉

11. 동백목 (冬柏木)

1) 관련 기록

(1) 忠肅王朝 蔡洪哲 以罪流遠島 思德陵 作此歌 王聞之 卽日召還 或曰 古有此歌 洪哲就加正焉 以寓己意. 〈『高麗史』卷71 樂志〉

충숙왕 때에 채홍철이 죄를 지어 먼 섬으로 귀양 가게 되었다. 그가 귀양지에서 덕릉(德陵: 충숙왕)을 사모하여 이 노래를 짓자 왕이 듣고 그 날로 소환하였다. 그런데 어떤 사람은, "옛날부터 이 노래가 있었는데 채홍철이 가사를 수정 첨가하여 자기의 뜻을 붙였다"고 한다. 〈『고려사』 권71 악지〉

(2) 冬栢木 蔡洪哲 以罪流遠島 思德陵 作是歌 以寓己意 王聞之 卽日召還. 〈『增補文獻備考』卷106 樂考〉

동백목 채홍철(蔡洪哲)이 죄로써 먼 섬에 유배되어 덕릉(충선왕)을 생각하여 이 노래를 지어 자기의 뜻을 부쳤는데 왕이 듣고 즉시 불러 돌아오게 하였다. 〈『증보문헌비고』 권106 악고〉

(3) 冬栢木 鯨浪千里復萬重 逐臣望美海山峯 德陵冬栢青無盡 玉守瓊樓感遠蹤 蔡弘哲流遠島思德陵 作是歌 王聞而召之. 〈『林下筆記』卷38 海東樂府〉

동백목 파도 속 외딴 섬 천 리 만 리나 되는데, 쫓겨난 신하 그곳에서 임금 사모하였네. 덕릉의 동백 한없이 푸르니, 임금님 이에 감동하여 은혜를 베풀었네. 채홍철이 죄를 짓고 먼 섬으로 유배되었는데, 그곳에서 덕릉을 사모하여 이 노래를 지었더니, 왕이 이 노래를 듣고 즉시 불러들였다. 〈『임하필기』 권38 해동악부〉

12. 장생포(長生浦)

1) 관련 기록

(1) 侍中柳濯 出鎭全羅 有威惠 軍士愛畏之 及倭寇順天府長生浦 濯赴援

賊望見而懼 卽引去 軍士大說 作是歌. 〈『高麗史』卷71 樂志〉

시중(侍中) 유탁(柳濯)은 전라도의 요지를 지키는 임무를 맡고 있었는데, 엄하게 다스리며 은혜를 베풀어 군사들이 마음으로 따르면서도 절도를 지켰다. 왜적이 순천부(順天府)의 장생포(長生浦)를 침범하자 유탁이 구원하러 갔는데, 왜적이 바라보고는 두려워 즉시 철수해 버렸다. 군사들이 그것을 매우 기뻐하여 이 노래를 지었다.

〈『고려사』 권71 악지〉

(2) 倭寇萬德社 殺掠而去 濯以輕騎追捕 悉還其 終濯在鎭 寇不復犯 自製長生浦等曲 傳樂府. 〈『高麗史』卷111 列傳24 柳濯〉

왜(倭)가 만덕사를 침구(侵寇)하여 살략(殺掠)하고 가매 유탁(柳濯)이 경기(輕騎)로서 추포(追捕)하여 모두 그 포로(捕虜)된 자를 탈환(奪還)하였더니 유탁(柳濯)이 진(鎭)에 있을 때까지는 왜구(倭寇)가 다시 범(犯)하지 못하였다. 스스로 장생포(長生浦) 등의 곡을 지어 악부에 전하였다. 〈『고려사』 권111 열전24 유탁〉

(3) 其鎭全羅也 倭寇侵萬德社 殺掠而去 公以輕騎追及捕獲 悉還其俘 終公之鎭 寇不復犯 自製長生浦等曲 至今傳于樂部.

〈『陽村集』卷39 2章 柳濯神道碑銘〉

전라도에 나갔을 때에는 왜적이 만덕사(萬德社)에 침구하여 사람을 죽이고 재물을 빼앗아 갔는데 공이 경기(輕騎)로 뒤쫓아 잡아서 그 노획물을 모두 탈환해 오므로 공이 있는 동안 왜적이 다시 침범하지 못하였다. 스스로 장생포 등을 작곡(作曲)하여 지금까지 악부(樂部)에 전해지고 있다. 〈『양촌집』 권39 2장 유탁신도비명〉

(4) 長生浦 侍中柳濯 出鎭全羅 有威惠 …… 行過八馬碑 言至長生浦 古人不可見 但有逝水流如注 氓俗蚩蚩指不明 只今徵信史一部 太守當年文武才 惠如冬日威如虎 聲名洋溢扶桑海 殊俗亦能知畏慕 琵琶形局黑齒塵 滄波萬頃隨風波 民安若山有所恃 父母孔邇必禦侮 令出黃堂旗脚動

兵氣凝成鐵城固 雷霆震驚小醜逃 禦敵不殺乃神武 川原有喜色 婦孺皆呼舞 不聞人外竅 但見民安堵 熙熙樂樂果誰力 試看長生浦上土 長生浦長生浦 君子作頌傳今古. 〈『星湖先生全集』卷8 海東樂府〉

장생포 시중 유탁이 전라도의 요지를 지키는 임무를 맡아 외직으로 나갔을 때 위엄과 은혜가 있었다. …… 행차가 팔마비를 지나니, 장생포에 이르렀다하네. 고인은 볼 수 없고, 가는 물만 쏟아 붓 듯 흐르네. 백성들 어리석어 가리키는 것 분명치 않으니, 지금 믿을 수 있는 것은 역사책 한 권 뿐이네. 당시에 태수는 문무를 겸비하여, 은혜는 겨울날의 해와 같고 위엄은 범과 같았네. 명성이 동해까지 넘치니, 풍속이 다른 왜구들도 두려워하고 사모할 줄 알았네. 비파 모양 오랑캐 땅, 너른 바다에 바람 따라 파도가 이네. 백성은 태산같이 믿어 편히 지내고, 부모 같은 분 가까이 있어 반드시 적을 막으리라 여겼네. 황당에서 명령을 내면 깃발이 펄럭이고, 병사들 사기 뭉쳐 철성처럼 견고하네. 벽력같은 호령에 놀라 왜구들 도망하고, 적을 막고 죽이지 않으니 이것이 바로 신무로다. 산천은 기뻐하는 기색이 있고, 아낙과 아이들 모두 환호하고 춤추네. 적이 밖에서 엿본다는 말 들리지 않고, 백성이 편안한 모습만 보이네. 백성들 화락하고 즐거워함은 누구의 힘인가, 저 장생포 가의 토지를 보라. 장생포여, 장생포여, 군자가 노래를 지어 고금에 전하네. 〈『성호선생전집』 권8 해동악부〉

(5) 長生浦 侍中柳濯鎭全羅 有威德 及倭寇長生浦 被濯救急 賊懼去 浦人大悅 作此云 長生浦浦聲 殷如雷殷如雷 侍中號令 動河魁天吳走 顚倒長鯨不敢傲 浦聲震處何人譟. 〈『東埜集』〉

장생포 시중 유탁이 전라도를 지키는 임무를 맡았을 때 위엄과 덕이 있었다. 왜구가 장생포를 침범하자 유탁이 급하게 구하였다. 적이 두려워하며 도망가자 장생포 사람들이 크게 기뻐하며 이 노래를 불렀다. 장생포의 파도 소리, 우레처럼 울리네, 우레처럼 울리네. 시중의 호령 떨어지니, 하괴도 달아나고 천오도 달아나네. 거꾸러진 큰 고래 감히 거만하지 못하니, 파도 소리 크게 울리는 곳에 누가 감히 떠드리. 〈『동야집』〉

(6) 長省曲 (生輿地勝覽作省) 高麗志曰 …… 軍士愛畏之 及倭寇順川府長省浦 濯赴援 賊望見而惧 卽引去 軍士大悅 作是歌 輿地勝覽曰 長省浦在府東六十里 高麗時倭入寇 至是浦 柳濯將兵擊之 賊望見引去 軍士大悅作歌 長省浦 卉服聚寇莫來 柳子胸中甲兵以萬數 賊歸破我軍歸來競歌鼓 君不見東土至今安 前有侍中後忠武. 〈『江南樂府』〉

장생곡〔(생(生)) 자가 『여지승람』에는 생(省) 자로 되어 있다.〕『고려지』에 이르기를, "…… 군사들이 그를 좋아하고 두려워했다. 왜구가 순천부 장생포에 와서 노략질하였는데 유탁이 달려가 구원하였다. 적들이 멀리서 바라보고 두려워하여 즉시 달아나니, 군사들이 크게 기뻐하여 이 노래를 지었다." 하였다. 여지승람에 이르기를, "장생포는 부 동쪽 60리에 있다. 고려 때 왜구가 침범하여 이 포에 이르자 유탁이 병사를 이끌고 가서 물리쳤다. 왜적들이 멀리서 보고 물러가니, 군사들이 크게 기뻐하여 노래를 지었다." 하였다. 장생포여, 섬 오랑캐들 노략질하러 오지 못하도다. 유자의 가슴 속에 일만의 갑병이 있으니, 왜적을 무찌르고 우리 군사들 돌아와 다투어 노래하였네. 그대는 보지 못했는가 동토가 지금까지 편안한 것은, 앞에 시중이 있었고 뒤에는 충무공이 있어서임을. 〈『강남악부』〉

(7) 長生浦 柳濯破倭寇於萬德社 悉還俘獲 寇不復犯濯 自製長生浦曲 傳于樂府. 〈『增補文獻備考』 卷106 樂考〉

장생포 유탁(柳濯)이 만덕사(萬德社)에서 왜구를 쳐부수고 포로를 모두 돌아오게 하니 왜구가 다시 침범하지 못하였는데 유탁이 스스로 장생포곡을 지었다. 악부에 전한다. 〈『증보문헌비고』 권106 악고〉

(8) 在府東六十里 高麗時倭入寇 至是浦 柳濯將兵擊之 賊望見而引去 軍士大悅作歌. 〈『東國輿地勝覽』 卷40 順天府長省浦〉

부 동쪽 60리에 있다. 고려 때에 왜구가 장생포를 침입하자 유탁이 병사를 이끌고 그들은 물리치니, 도적이 그것을 보고 물러났다. 이에 군사들이 기뻐하여 이 노래를 지었다.
〈『동국여지승람』 권40 순천부장성포〉

2) 현대역 및 해시

(1) 임기중(1975)

百丈波 치는 물결 萬隻軍艦 내닫는다
북치듯 放砲소레 天地神도 고교해라
國旗가 솟앗던 곳에 勝戰歌가 들려라

波浪을 멍에한다 梯陣치며 나는蒙衝
旗幟가 으리하니 雷霆같은 서슬이라
그림자 비쳐만해도 敵兵얼씬 업고나

長生浦 저믄 날에 투구베고 잠을 잔다
巡슈守 號슈소레 벌떡 일어 槍을 들자
새벽달 구는 물결에 배가 지끈하더라

13. 총석정(叢石亭)

1) 관련 기록

(1) 叢石亭 奇轍所作也 轍以元順帝中宮之弟 仕爲平章 奉使東還 至江陵 登此亭覽四仙之迹 臨望大海 作是歌也. 〈『高麗史』卷71 樂志〉

총석정(叢石亭)은 기철(奇轍)이 지은 노래다. 기철은 원나라 순제(順帝) 황후의 친동생으로 원나라에서 평장사(平章事) 벼슬을 하다가 사명(使命)을 받들고 고려로 오게 되었다. 오는 도중 강릉에 이르러 이 정자에 올라 네 신선의 발자취를 구경하고 망망대해를 바라보면서 이 노래를 지었다. 〈『고려사』 권71 악지〉

(2) 叢石亭 見石 ○ 樂府有叢石亭歌 奇轍所作也 轍以奇皇后之弟 仕元爲平章奉使東還 至江陵 登此亭 覽四仙之跡 臨望大海 作是歌.
〈『大東韻府群玉』〉

총석정 오른편에 보인다 ○ 악부에 총석정가가 있는데 기철이 지은 것이다. 기철은 황후의 동생이어서 원나라에서 벼슬하여 평장사가 되어 황제의 조칙을 받아 동쪽으로 오다가 강릉에 이르러 이 정자에 올라 사선의 흔적과 넓은 바다를 바라보며 이 노래를 지었다.

〈『대동운부군옥』〉

(3) 叢石亭 奇轍所作也 轍以元順帝中宮之弟 仕爲平章 奉使東還 至江陵 登此亭 覽四仙之跡 臨望大海 作是歌也 英英白雲橫八極 鸞鶴冲霄共遊衍 彼哉壤蟲徒區區 企而望之妄希羨 伊昔羣仙住東海 彩霞飛盡餘叢石 叢石嵯嵯出溟波 長煙近接蓬壺岳 何物癡狂奇氏子 絲入中華錦還鄕 扶桑浴日駐節看 水神代羞爭走藏 胎性五疾舍榮衛 安期羨門何由見 願將滄浪萬丈水 一注淨洗腥羶面 侏亻離作歌 汚雲根 畢竟流臭非流芳 師涓靡靡何可論 聽說赤族終罹殃.　〈『星湖先生全集』卷8 海東樂府〉

총석정 기철이 지은 것이다. 기철은 원나라 순제의 황후 동생으로 원나라에 벼슬하여 평장사가 되어 원나라 황제의 사령을 받들고 동쪽으로 돌아오다가 강릉에 이르러 이 정자에 올라 사선의 흔적과 넓은 바다를 바라보며 이 노래를 지었다. 아름다운 흰 구름 곳곳에 걸려있는데, 난새, 학새 하늘에 떠 함께 노니네. 저! 작은 벌레 같은 돌 각각 다른데, 두 발 모아 바라보니 선망의 망념 드네. 저 옛 신선들 동해에 살았는데, 채색 노을 다 나니 돌무더기만 남았네. 돌무더기 가파른데 바다물결 일고, 아득한 안개는 신선산과 근접했네. 어리석고 미친 듯한 기(奇) 씨의 아들이, 베옷입고 중국같다 비단옷 입고 돌아왔네. 해 뜨는 바다 절모 멈추고 바라보니, 물귀신도 부끄러운 듯 달아나며 숨네. 온갖병 타고나 마음 생기 없어 졌는데, 어찌 옛 선인 선망하여 무슨 까닭으로 보려 하는가? 바라건대 깊고 깊은 바다물결, 맑은 물 대어 비린내 나는 얼굴 씻었으면, 오랑캐말로 노래지어 돌을 더럽혀, 필경 냄새 풍기나 명예롭지 못하네. 악관이 없는데 어찌 논할까? 일족 멸하고 끝내 재앙 입었다는 말 들었네.　〈『성호선생전집』 권8 해동악부〉

(4) 叢石亭 奇轍所作也 轍以皇后之弟 仕元爲平章 奉使東還 至江陵 登此亭 覽四仙之跡 臨望大海 作此歌.　〈『增補文獻備考』卷106 樂考〉

총석정 기철(奇轍)이 지은 것이다. 기철은 황후의 동생으로 원나라에 벼슬하여 평장(平章)이 되었다. 사신이 되어 갔다가 돌아와서 강릉에 이르러, 이 정자에 올라서 사선(四仙)의 자취를 보고 큰 바다를 바라보면서 이 노래를 지었다. 〈『증보문헌비고』 권106 악고〉

(5) 叢石亭 在郡北十八里 數十石柱叢立海中 皆六面形 如削玉者 凡四處亭在海涯臨叢石 故因名焉. 〈『新增東國輿地勝覽』 卷45 通川 樓亭〉

총석정 군 북쪽 18리에 있다. 수십 개의 돌기둥이 바다 가운데 모여 섰는데 모두가 여섯 모이며 형상이 옥을 깎은 것 같은 것이 무릇 네 곳이다. 정자가 바닷가에 있어 총석에 임하였기 때문에 그렇게 이름한 것이다. 〈『신증동국여지승람』 권45 통천 누정〉

(6) 叢石亭歌 大海東頭誰作歌 元朝天使臨瀛過 四仙蹤跡惟綿邈 音響留餘竟碧波. 〈『林下筆記』 卷38 海東樂府〉

총석정가 큰 바다 동쪽머리에 누가 노래 지었는가, 원나라 사신이 강릉을 지나다 지었다네. 사선(四仙)의 발자취 아득도 한데, 소리는 남은 듯 푸른 물결 이네. 〈『임하필기』 권38 해동악부〉

14. 도침가(擣砧歌)

1) 관련 기록

(1) 高麗辛禑性狂騃 嘗遊山中 遇一樵童 織蔓艸爲笠 以松子爲頂 以橡子爲纓 禑見而愛之 脫所御頂帽珊瑚纓易之 童佇立路隅 愰怖罔措 禑着樵童笠 踊躍歡喜 策鞭馳馬 觀童子貌甚不懌 猶懼其還奪 吾家有老姑年過九十 嘗言少時在松都 見禑面白而服赤 着白衣騎馬而行 軍士數人持木杖前導 大小第宅無不歷入 佳人處子逢則淫穢 故家家作樻櫝 聞禑出遊 則婦人爭入避之 一日禑到蓬原君鄭良生宅 自歌擣砧 問諸異人曰 此誰家 答曰鄭大夫宅也 禑卽馳馬走曰 此人可畏 此人可畏.

〈『大東野乘』 卷1 慵齋叢話〉

고려 말 신우는 성품이 광폭하고 어리석었다. 산중에 놀러갔다가 한 초동을 만났는데 넝쿨풀로 짠 삿갓을 썼는데 솔방울로 삿갓머리를 하고 도토리로 갓끈을 만들었는데 신우가 그 모습을 사랑하여 자신이 쓰고 있던 모자를 벗어 산호로 만든 갓끈으로 바꾸어 주었다. 동자는 길 모퉁이에서 우두커니 서 있었는데 두렵고 어리둥절하였다. 신우는 초동의 초립을 쓰고 뛸 듯 기뻐하며 채찍을 가하여 말을 달렸다. 동자의 얼굴을 보니 매우 기뻐하지 않고 오히려 돌아와 다시 빼앗을까 두려워하는 듯 했다. 우리 집안에 구십이 넘은 할머님이 계시는데 언젠가 이런 이야기를 한 적이 있었다. "내가 어려서 개성에서 살았을 때 신우(辛禑)를 보았는데 그는 뽀얀 피부에 불그스름한 눈을 가졌단다. 흰 옷을 입고 말을 타고 다니는데 몽둥이를 든 군사 몇 명이 길을 안내하였지. 개성에서는 크고 작고 간에 들어가 보지 않은 집이 없었고 아름다운 여자나 처녀를 만나면 강간하여 더럽히는 바람에 집집마다 뒤주를 만들어 두고 신우가 놀러 나왔다는 말만 들으면 부인들은 앞다투어 숨어 버렸단다. 하루는 신우가 봉원군(蓬原君) 정양생(鄭良生)의 집에 함부로 들어가 도침가[8])를 부르면서 마을 사람들에게 누구 집이냐고 물어 보았는데 정대부 댁이라고 대답하자 신우는 즉시 말을 잡아타고 달아나면서, '그 사람은 무섭다. 그 사람은 무서워.'라 하였다.

〈『대동야승』 권1 용재총화〉

15. 궁수분(窮獸奔)

1) 관련 기록

(1) 庚申秋 我太祖追擊倭寇于智異山大破之 自是賊不敢登陸作耗 民賴以安 鄭道傳作此篇以進之. 〈『增補文獻備考 卷106 樂考〉

경신(庚申)년 가을 우리 태조께서 지리산까지 들어온 왜구를 크게 격파하시자 그 때부터 적들은 감히 육지에 올라와 난리를 피우지 못하

8) 다듬이질 노래.

게 되었다. 백성들은 믿음직하다 여겨 안심하였으며 정도전은 이 노래를 지어 올렸다. 〈『증보문헌비고』 권106 아고〉

16. 목자득국(木子得國)

1) 관련 기록

(1) 辛禑戊辰十四年五月乙未 於是回軍 渡鴨綠江 太祖乘白馬 御彤弓白羽箭 立於岸遲軍畢渡 軍中望見相謂曰 古今來世 安有如此人乎 時霖潦數日水不漲 師旣渡大水驟至 全島墊沒 人皆神之 時童謠有木子得國之語 軍民無老少歌之. 〈『高麗史』 卷137 列傳50 辛禑 5年〉

신우 무진 14년 5월 을미. 이때 군대를 돌이켜 압록강을 건넜다. 태조는 흰 말을 타고 붉은 활에 백우전을 차고, 강 언덕 위에 서서 전체 군졸들이 다 건너 올 때까지 기다리고 있었다. 군사들은 태조를 바라보고 서로 말하기를, "옛날이나 장래에도 저런 분은 없을 것이다." 라고 하였다. 그때 장맛비가 수일 간 퍼부었어도 강물이 불지 않더니, 군사들이 다 건넌 후에 큰물이 갑자기 이르렀으므로, 주둔하고 있던 섬이 전부 물속에 잠겨 버렸다. 사람들이 모두 이것을 신기하게 여겼다. 당시 동요에, "목자(木子)가 나라 얻네." 라는 말이 있었는데, 병사와 백성이 노소를 가리지 않고 이 노래를 불렀다.
〈『고려사』 권137 열전50 신우 5년〉

(2) 麗末有異人來獻書云 得之智異山巖石中 有木子更正三韓之語 與檀君世建木得子之說同 時又有木子得國之歌. 〈『大東韻府群玉』 卷9 42版〉

고려 말에 이인(異人)이 와서 책을 바치면서 말하기를, 지리산 암석 안에서 얻었다고 하였는데, 그 내용에 '목자(木子)가 다시 삼한을 바로잡는다.'는 말이 있어 단군 시대에 '나무를 세워 아들을 얻었다.'는 말과 같았다. 당시에 또 '목자가 나라를 얻는다.'는 노래가 있었다.
〈『대동운부군옥』 권9 42판〉

(3) 木子得國謠 我太祖康獻大王辛禑時爲侍中 禑與崔瑩決策攻遼 召瑩及我太祖曰 寡人欲攻遼陽 卿等宜盡力 太祖曰 今者出師有四不可 以小逆大一不可 夏月發兵二不可 擧國遠征倭乘其虛三不可 時方暑雨弓弩膠解大軍疾疫四不可 太祖退謂瑩曰 明日宜以此言復啓 瑩曰 諾 夜瑩復入啓願毋納他言 明日禑召太祖曰 業已興 師不可中止 卿不見李子松耶 太祖對曰 子松雖死 美名垂於後世 臣等雖生 已失計矣 何用哉 禑不聽 太祖退而涕泣曰 生民之禍 自此始矣 左右都統使遣人告崔瑩曰 軍多餓死 水深難以行軍 瑩不以爲意 太祖諭諸將曰 若犯上國之境 獲罪天子 宗社生民之禍立至矣 盍與卿等見王親陳禍福 除君側之惡以安生靈乎 諸將曰東方社稷安危在公一身 敢不惟命 於是回軍 渡鴨綠江 太祖乘白馬 御彤弓白羽箭 軍中望見相謂曰 古今來世 安有如此人乎 時童謠有木子得國之語 軍民無老少歌之 太祖由崇仁門入 都人男女持酒漿迎勞 太祖建黃龍大旗 使吹大螺一通 瑩每征討 諸將不用螺 獨太祖於馬前吹螺 故都人聞螺皆喜 禑與寧妃及瑩在八角殿 瑩不肯出 郭忠輔等直入殿中索瑩 禑執瑩手泣別 瑩再拜隨忠輔出 太祖謂瑩曰 若此事變 非吾本心逆大義 非惟國家未寧 人民勞困寃怨至天 故不得已焉 好去好去相對而泣 遂流瑩于高峯縣 先是童謠曰 西京城外火色 安州城外煙光 往來其間李元帥 願言救濟黔蒼 平壤城中夜火 安州城外炎煙 黃龍旗白羽箭 大螺一聲來軍前 種穄田中草黃玄 木子得國今宜然. 〈『洛下生文集』 海東樂府〉

목자득국요 우리 태조 강헌대왕은 신우 때 시중이었다. 신우는 최영과 더불어 요동을 공격하기로 정책을 결정하고, 최영과 우리 태조를 불러 말하기를 “과인이 요양을 공격하기를 원하니, 경들은 마땅히 힘을 다하시오” 하였다. 태조가 말하기를 “지금 군사를 내는 데 네 가지 불가함이 있으니, 작은 나라가 큰 나라를 치는 것이 첫 번째 불가함이요, 여름철에 군사를 일으키는 것은 두 번째 불가함이요, 왜구가 빈틈을 노려 올 염려가 있으니 세 번째 불가함이요, 장마가 들면 활이 풀리고 질병이 퍼질 염려가 있는 것이 네 번째 불가함입니다.” 태조가 물러 나와 최영에게 이르기를 “내일 마땅히 이 말을 다시 올립시다.” 최영이 말하기를 “좋습니다.” 하였다. 밤에 최영이 다시 들어가 원컨데 다른 말을 듣지 말라고 아뢰었다. 다음날 신우가 태조를 불러 이르기를 “일이 이미 시작되었으니 군사를 멈출 수 없다. (그리고) 그대는 이자송(의 일)[9]을 알지 못 하는가." 하였다. 태조가 대하여 이르기를 "이자송은 비록 죽었으나 그 이름이 후세에 드리웠고, 신등은 비록 살아있을 뿐 기회를 잃었을 따름이니, 어찌 하겠습니까" 하였다. 신우가 듣지 않자 태조는 물러나 울며 말하기를 "백성의 화가 여기서 비롯했구나" 하였다. 좌우도통사가 사람을 보내 최영에게 고하기를 "군사 중에 아사자가 많고, 물이 깊어 행군하기 어렵습니다" 하였다. (그러나) 최영은 듣지 않았다. 태조가 여러 장수에게 깨우쳐 말하기를 "만약 상국(明)의 국경을 범한다면 천자의 죄를 입어 종사와 백성에게 화가 이를 것이다. 어찌 그대들과 더불어 왕을 뵙고 화복을 아뢰고 임금 곁에 있는 악을 제거하여 백성을 편안케 하지 않으리오." 하였다. 여러 장군들이 말하기를 "우리나라의 사직의 안위가 그대 몸에 있으니 어찌 천명을 생각하지 않으리오." 하였다. 이에 군대를 돌이켜 압록강을 건넜다. 태조는 흰 말을 타고 동궁과 백우전을 매고 군사들은 태조를 바라보고 서로 말하기를, "옛날이나 장래에도 저런 분은 없을 것이다." 라고 하였다. 당시 동요에, "목자(木子)가 나라 얻네." 라는 말이 있었는데, 병사와 백성이 노소를 가리지 않고 이 노래를 불렀다. 태조가 숭인문 안으로 들어가니 도성 사람들이 술과 장물을 가지고 맞이하였다. 태조는 황룡 새긴 깃발을 세우니 큰 소라 나팔을 불렀다. 최영이 정벌할 때 여러 장군들이 나팔을 불지 않고 오직 태조의 말 앞에서만 나팔을 불렀기 때문에 도성 사람들은 나팔 소리를 들으면 기뻐하였다. 신우와 영비 그리고 최영이 팔각전에 있었는데 최영은 나오질 않았다. 곽충보등이 팔각전 안으로 들어가 최영을 묶었다. 신우가 최영의 손을 집고 이별의 눈물을 흘렸다. 최영은 재배하고 곽충보를 따라 나왔다. 태조가 최영에게 이르기를, "이 일은 본디 대의를 거스리고자 한 것이 아니라 국가가 안녕치 못할뿐더러 백성들이 고통과 원망이 하늘에 이르렀으니 어쩔 수가 없었오." 하였다. "잘 가시오, 잘 가시오" 하며 서로 울었다. 마침내 최영이 고봉현에 유배되었다. 일찍이 동요가 있었다. 서경성(西京城) 밖에는 불빛이요, 안주성(安州城) 밖에는 연기 빛일세, 그 사이를 왕래하는 이원수(李元帥)여, 원컨대,

9) 청양(青陽) 사람으로 1358년 양광 전라도찰리사를 거쳐 1362년 전법판서(典法判書) 때 원나라에 가서 홍건적(紅巾賊)의 평정을 전하였다. 이후 1388년 요동(遼東) 정벌을 반대하여 임견미(林堅味) 일파로 몰려 살해되었다.

백성을 구제하소서. 평양성 가운덴 밤 불이 타오르고, 안주성 밖엔 불꽃 연기이네. 황룡 새긴 깃발과 흰 깃털 단 화살, 큰 소라 나팔소리 군대 앞에 이르네. 기장 심은 밭의 풀은 누르고 거무스레한데, 이 씨(李氏)가 나라를 얻는다더니 지금 정말 그렇구나.

〈『낙하생문집』 해동악부〉

(4) 太祖潛邸時 有人踵門 獻異書云 得之智異山巖石中 書有木子乘猪 下復正三韓境等語 使人迎之 則已去矣 尋之不得 高麗書雲觀所藏秘記 有建木得子之說 又有王氏滅李氏興之語 終高麗之季 秘以不發.

〈『大東野乘』 卷53 東閣雜記上〉

태조가 왕위에 오르기 이전 개인 저택에 있을 때, 어떤 이가 문에 이르러 특이한 책을 바치면서, "지리산 암굴에서 얻었는데 책에 '목자가 돼지를 타고 아래로 삼한의 경계를 다시 바르게 하리라.' 라는 말이 있었다." 고 하여 사람을 시켜 맞이하도록 하였으나 이미 떠나고 없었다. 찾고자 하였으나 찾지 못했다. 고려 서운관이 소장하고 있던 비기에 '건목자의 설과 왕 씨가 멸하고 이 씨가 흥한다.' 는 등의 말이 있었는데 고려가 망할 때까지 감추어져 나타나지 않았다.

〈『대동야승』 권53 동각잡기상〉

(5) 辛禑二十一年犯遼 童謠有木子得國之語 軍民無老少皆歌云 又童謠云 西京城外火色 安州城外煙光 往來其間李元帥 願言救濟黔蒼.

〈『增補文獻備考』 卷11 象緯考11 童謠〉

우왕(禑王) 21년에 요동(遼東)을 침범할 때, 동요에, '목자(木子)가 나라를 차지한다.' 라는 말이 있으니, 군민(軍民)들이 노소(老少) 없이 모두 노래하였다. 또 동요에 이르기를, '서경성(西京城) 밖에는 불빛이요, 안주성(安州城) 밖에는 연기 빛일세. 그 사이를 왕래하는 이 원수(李元帥)여, 원컨대 백성을 구제하소서.' 라고 하였다.

〈『증보문헌비고』 권11 상위고11 동요〉

17. 서경(西京)

1) 관련 기록

※ 〈서경별곡〉을 참고하시오.

18. 대동강(大洞江)

1) 관련 기록

(1) 周武王 封殷太師箕子于朝鮮 施八條之教 以興禮俗朝野無事 人民歡悅 以大洞江比黃河 永明嶺比嵩山 頌禱其君 此入高麗以後所作也.
〈『高麗史』卷71 樂志〉

주(周)나라 무왕(武王)이 은(殷)나라 태사(太師)였던 기자(箕子)를 조선에 봉했다. 기자는 여덟 조목의 가르침을 베풀어 예의를 숭상하는 풍속을 일으켰으므로 조정이 무사하고 백성들이 편안하게 살았다. 백성들은 기뻐하여 대동강을 황하(黃河)에 비기고 영명령(永明嶺)을 숭산(嵩山)에 비겨서 임금을 찬양했다. 그런데 이 노래는 고려가 세워진 이후에 지어진 것이다. 〈『고려사』 권71 악지〉

(2) 黃河歌 樂志 周武王封箕子于朝鮮 人民懽悅 以大洞江比黃河水 頌禱之 父子狎居而無等 崇我以五品 男婦野合而不分 惎我以쫌飮 料卉而扉幹 易之以白衿 刺地食而胥欿 助之以阡陌 始知有禮義廉恥歸爾之極 黃河淸千祀兮樂無極.
〈『圓嶠集選』卷1 東國樂府〉

황하가(黃河歌) 악지(樂志)에 주(周) 나라 무왕(武王)이 기자(箕子)를 조선에 봉하니 인민들이 기뻐하여 대동강을 황하에 비하여 기리고 축수하였다. 부자가 친압하여 차등이 없었는데, 우리를 오륜으로 높이 올렸고, 남녀가 야합하여 분별이 없었는데, 우리에게 혼인을 가르쳤네. 풀을 엮어 입고 빨지 않았는데, 흰 옷으로 바꾸어 주었네. 따비로 농사지어 먹고 서로 빼앗았는데, 농사법을 가르쳐 도와주었네. 비로소 예의염치가 있음을 알아 법도로 돌아갔으니, 천 년을 푸른 황하여 즐거움 끝이 없도다. 〈『원교집선』 권1 동국악부〉

(3) 大洞江 周武王封殷太師箕子于朝鮮 施八條之敎 以興禮俗朝野無事 人民歡悅 以大洞江比黃河 永明嶺比嵩山 頌禱其君 此入高麗以後所作也 浿江河似一淸河 聖人來闢檀王都 先將九法敍彝倫 一派東漸畫井區 山無盜賊女貞信 八條歷落民風敷 君不聞夫子當時歎麟踣 乘桴欲居胡爲乎 彈丸一區鯷壑外 至今民俗猶驩虞 江流自在去朝宗 休氣榮光日昭蘇 惟餘白馬走西路 觸眼禾黍令人吁 汀洲鷗鷺櫓軋鴉 釣船齊唱西京謳 嗚呼至人之化如海涵 微斯吾其左衽徒. 〈『星湖先生全集』卷7 海東樂府〉

대동강 주 무왕이 은나라의 태사였던 기자를 조선에 봉하였다. 기자는 팔조의 가르침을 베풀어 예속을 일으켜 조야에 일이 없었다. 백성들이 기뻐하며 대동강을 황하에, 영명령을 숭산에 견주어 임금을 송동하였다. 이 곡은 고려가 들어선 이후에 지어진 것이다. 대동강은 어찌하여 하수(河水)처럼 맑은가, 성인이 오시어 단군(檀君)의 도읍지를 열었네. 먼저 홍범구주(洪範九疇)로 인륜을 펴고, 은나라 한 갈래 동으로 와서 정전법을 시행하였네. 산에는 도적 없고 여인은 곧고 미더우니, 팔조의 법 훌륭하여 백성의 풍속 개화되었네. 그대는 듣지 못했는가 공부자(孔夫子)께서 당시에 기린 죽은 것 탄식하여, 뗏목 타고 와서 사시려 한 것이 무슨 이유인지를. 조그만한 지역 조선 땅이 지금까지도 백성의 풍속이 요순시대와 같은가. 조종은 떠났으나 강물은 그대로 흘러, 아름다운 기운과 영광 날로 생기가 돋네. 오직 남아 있는 백마 타고 서쪽 길을 달리니, 눈에 보이는 벼와 기장이 사람을 한탄하게 하네. 물가엔 갈매기와 백로, 노젓는 소리 삐걱대는데, 낚시배들 모두가 서경의 노래 부르네. 아, 지인의 교화는 바다와 같으니, 이분이 없었다면 우리는 오랑캐가 되었으리라.

〈『성호선생전집』 권7 해동악부〉

(4) 大洞江曲 箕子施八條之敎 以興禮俗 朝野無事 人民歡悅 以大洞江比黃河 永明嶺比嵩山 此曲今亦不傳 …… (補) 箕子東來 禮樂俱從 則必有樂

律之可言 而史無所傳 其人民之歌咏 有黃河嵩山之曲 而文獻無徵 惜哉.
〈『增補文獻備考』 卷106 樂考17〉

대동강곡 기자가 8조의 가르침을 베풀어서 예의를 숭상하는 풍속을 이룩하니, 조야(朝野)에 일이 없었다. 인민이 기뻐하여 대동강을 황하(黃河)에 비하고 영명령(永明嶺)을 숭산(嵩山)에 견준 것인데, 이 곡도 지금 전하지 아니한다. …… (보) 기자가 동방에 올 적에 예악이 함께 따라 왔으면 반드시 악률을 말한 데가 있었을 것인데도 역사에 전한 바가 없고, 인민의 노래에 황하·숭산의 곡이 있는데도 문헌에 징거(徵據)가 없으니, 애석하다. 〈『증보문헌비고』 권106 악고 17〉

(5) 箕子樂 箕子東來人五千 八條設教遺風傳 大洞江曲 西京曲 文獻猶二樂篇 箕子樂無徵 獨傳大洞江曲 施八條之教 民以大洞江比黃河 永明嶺比嵩山 西京曲 民習於禮讓 尊君親相而作此歌.
〈『林下筆記』 卷38 海東樂府〉

기자악 기자가 동쪽으로 5천명의 사람들과 와서 8조를 세워 가르친 유풍이 전한다. 대동강곡과 서경곡은 문헌에 오직 이 두악의 편명만 있다. 기자악은 증명할 수 없고 오직 대동강곡만 전한다. 8조의 가르침을 베풀었을 때, 백성들이 대동강을 황하에 견주고 영명령을 숭산에 견주었다고 한다. 서경곡은 백성들이 예양을 익혀 임금을 높이고 서로 친하게 되어 이 노래를 지었다. 〈『임하필기』 권38 해동악부〉

19. 양주(楊州)

1) 관련 기록

(1) 楊州卽高麗漢陽府 北據華山 南臨漢水 土地平衍 富庶繁華 非他州比 州人男女 方春好遊 相樂而歌之也. 〈『高麗史』 卷71 樂志〉

양주는 고려의 한양부(漢陽府)다. 북으로는 화산(華山)에 기대고 남으로는 한강에 임해서 토지가 평탄하고 물산이 풍부한데 시가(市街)가 번화한 것이 다른 고을에 견줄 바가 아니었다. 이 고을 사람들은 놀기 좋은 봄이 오면 서로 즐기며 이 노래를 불렀다.
〈『고려사』 권71 악지〉

(2) 楊州 楊州北據華山 南臨漢水 富庶繁華 非他州比 州人男女 方春好辰相樂而歌之. 〈『增補文獻備考』 卷106 樂考〉

양주 양주는 북쪽으로 화산에 의거하고 남쪽으로 한강에 임하여서 부유하고 번화함이 다른 고을에 비할 바가 아니다. 고을 사람 남녀들이 봄날 좋은 때에 서로 즐기면서 이 노래를 불렀던 것이다.
〈『증보문헌비고』 권106 악고〉

(3) 楊州曲 運會楊州最富殷 背華臨漢柳之分 方春時節花心暖 男女相歡坌集雲 楊州北距華山 南臨漢水. 〈『林下筆記』 卷38 海東樂府〉

'양주곡 터 좋은 양주는 가장 물자가 풍부한 고을, 화산에 의거하고 한강에 임하여 번화하네. 따스한 봄 울긋불긋 꽃피는 시절 되면, 남녀가 구름처럼 모여 서로 즐기누나.' 양주는 북쪽으로 화산에 의거하고 남쪽으로 한강에 임하였다. 〈『임하필기』 권38 해동악부〉

20. 월정화(月精花)

1) 관련 기록

(1) 月精花 晉州妓也 司錄魏齊萬惑之 令夫人憂恚而死 邑人哀之 追言夫人在時 不相親愛 以刺其狂惑也. 〈『高麗史』 卷71 樂志〉

월정화는 진주(晉州) 기생이다. 사록(司錄) 벼슬을 하던 위제만(魏齊萬)이 그녀한테 매료되는 바람에, 그의 부인이 그만 분해서 죽고 말았다. 진주 사람들이 그 부인을 불쌍히 여겨 노래 불렀는데, 부인이 살아

있을 때에 아껴주지 않고 여색에 미쳐 버린 위제만을 풍자한 것이다.
〈『고려사』 권71 악지〉

(2) 月精花 晋州名妓 司錄魏齊萬惑之 令夫人憂恚而死 邑人哀之 作月精花歌 追言夫人在時不相親愛 以刺其狂惑也.
〈『大東韻府群玉』 卷6 下平聲 麻 20版〉

월정화(月精花)는 진주(晉州)의 명기(名妓)이다. 사록(司錄) 위제만(魏齊萬)이 기생에게 빠져서 부인으로 하여금 울분으로 죽게 하니, 고을 사람들이 슬퍼하여 월정화가를 지어 부인이 살아 있을 때 서로 친애하지 못한 것을 말하여 그 광혹함을 풍자하였다.
〈『대동운부군옥』 권6 하평성 마 20판〉

(3) 月精花 (補) 月精花 晋州名妓 司錄魏齊萬惑之 令夫人憂患而死 邑人哀之作此歌 追言夫人在時 不相親愛 以刺其狂惑也.
〈『增補文獻備考』 卷106 樂考〉

월정화 (보) 월정화는 진주(晉州)의 이름난 기생인데, 사록(司錄) 위제만(魏齊萬)이 미혹되어 그 부인으로 하여금 근심하다가 죽게 만들자, 고을 사람이 슬퍼하여 이 노래를 지어, 부인이 살았을 때에 서로 사랑하지 아니한 것을 추념하여 말하고 그 미친 듯이 미혹됨을 풍자하였다. 〈『증보문헌비고』 권106 악고〉

(4) 月精花 晋陽妓女月精花 鍾愛三生魏氏家 能使槽堂恚而死 官人狂惑邑人嗟. 〈『林下筆記』 卷38 海東樂府〉

월정화 진주의 기생 월정화는 위제만에게 사랑 듬뿍 받았네. 조강지처를 화나서 죽게 하였으니, 벼슬아친 미혹되고 고을 사람은 슬퍼했네.
〈『임하필기』 권38 해동악부〉

21. 정산(定山)

1) 관련 기록

(1) 定山 公州屬縣 縣人作是歌 以樛木錯節比之 頌禱福祿也.

〈『高麗史』 卷71 樂志〉

정산은 공주(公州)에 속한 현(縣)이다. 그 고을 사람들이 노래를 지었는데 규목착절에 비유하여 임금의 복록(福祿)을 찬양한 것이다.

〈『고려사』 권71 악지〉

(2) 樂府有定山歌 縣人所作 以樛木錯節比之 頌禱其福祿也.

〈『大東韻府群玉』 卷11〉

악부(樂府)에 정산가(定山歌)가 있는데 고을 사람이 지은 것이다. 늘어진 가지와 단단한 뿌리에 비유하여 그 복록을 기리고 축수하였다.

〈『대동운부군옥』 권11〉

(3) 定山 (補) 縣人所作 以樛木錯節比之 頌禱其福祿也.

〈『增補文獻備考』 卷106 樂考〉

정산 (보) 고을 사람이 지은 것인데, 늘어진 나무의 가지와 마디가 한데 얽혀 있는 것으로 비유하여 그 복록(福祿)을 송축한 것이다.

〈『증보문헌비고』 권106 악고〉

2) 현전 추정 가사

(1) 강헌규(1998)

올해에도 운수 대통하기
늘어진 가지에 칡넝쿨 엉기듯기
福祿이 重重하소서

올해에도 운수 대통하기
육칠월 이슬비에 외가지 맺듯기
子孫이 津津하소서

팔자가 착 나뭇가지 늘어지듯기
오뉴월에 칡넝쿨 뻗어 가듯기
福祿이 重重하소서.

찬 이슬 밭에 오이 가지 붓듯기
궁글궁글 백사장에 수박 붓듯기
福祿이 重重하소서.

22. 송산(松山)

1) 관련 기록

(1) 松山 開京之鎭也 自太祖都開京 累世相承 國祚延長 歌之所由作也.
〈『高麗史』卷71 樂志〉

송악산은 개성의 진산(鎭山)이다. 태조(太祖)가 개성에 서울을 정한 후로부터 대대로 왕위를 계승하고 나라의 운명이 길이 늘어났다. 이 연유를 노래로 지은 것이다. 〈『고려사』 권71 악지〉

(2) 松山 (補) 松山開京之鎭也 自太祖都開京 累世相承 國祚廷長 此樂之所由作也. 〈『增補文獻備考』卷106 樂考〉

송산 (보) 송산은 개경의 진산(鎭山)이다. 태조로부터 개경에 도읍하여 여러 대를 서로 이어서 나라의 복이 길게 뻗쳤으니 이 때문에 악(樂)이 만들어진 것이다. 〈『증보문헌비고』 권106 악고〉

(3) 松山歌 巖巖松岳開西京 累世相承王業成 如何晩葉荒淫辭 不念三韓入一枰 松山開京之鎭也. 〈『林下筆記』卷38 海東樂府〉

송산가 '우뚝한 송악산 서경을 형성하였으니, 여러대를 계승하여 왕업을 이루었네. 그런데 어째서 말엽에 황음을 일삼아, 삼한을 통일하던 것을 생각지 않았네.' 송산은 개경의 진산이다.

〈『임하필기』 권38 해동악부〉

23. 예성강(禮成江)

1) 관련 기록

(1) 昔有唐商賀頭綱 善棋 嘗至禮成江 見一美婦人 欲以棋賭之 與其夫棋 佯不勝 輸物倍 其夫利之 以妻注 頭綱一擧賭之 載舟而去 其夫悔恨 作是歌 世傳婦人去時 粧束甚固 頭綱欲亂之 不得 舟至海中 旋回不行 卜之曰 節婦所感 不還其婦 舟必敗 舟人懼 勸頭綱還之 婦人亦作歌 後篇是也. 〈『高麗史』卷71 樂志〉

옛날에 당나라 상인 하두강(賀頭綱)이 있었는데 바둑을 잘 두었다. 한 번은 예성강에 갔다가 아름다운 부인을 만났다. 부인을 바둑으로 도박에 걸어서 빼앗으려고 그녀의 남편과 내기 바둑을 두었다. 처음에는 거짓으로 져주고서 물건을 갑절로 치러주었다. 남편은 재물이 욕심나서 마침내 자기 아내를 걸었다. 두강은 단번에 이겨 그의 아내를 빼앗아 배에 싣고 가버렸다. 남편이 회한에 차서 이 노래를 지었다. 세상에 전해지기를 부인이 떠나갈 때 옷매무시를 되게 조여서 하두강이 건드리려고 했으나 건드리지 못했다. 배가 바다에 접어들자 뱅뱅 돌고 가지 않았다. 점을 쳤더니 '절개 있는 부인이 하늘을 감동시킨 탓이다. 부인을 돌려보내지 않으면 반드시 파선하리라.'하는 괘가 나왔다. 뱃사람들이 두려워 하두강에게 권해서 그녀를 돌려보냈다. 부인 역시 노래를 지었는데 후편이 바로 그것이라고 한다.

〈『고려사』 권71 악지〉

(2) 其婦乃歌禮成江一闋 至今猶傳于湖海間. 〈「遊松都錄」〉

그 부인이 예성강 노래 한 곡을 마쳤다. (그 노래가) 지금도 강호에 전한다. 〈「유송도록」〉

(3) 禮成江曲 昔有唐商賀頭綱 善棋 嘗至禮成江 見一美婦人 欲以棋賭之 與其夫棋 佯不勝輸物倍 其夫利之 以妻注 頭綱一擧賭之 載舟而去 其夫悔恨作是歌 …… 有歌兩篇 詞俚不錄. 〈『高麗古都徵』 卷1〉

예성강곡(禮成江曲) 옛날 중국의 상인 하두강(賀頭綱)이 바둑을 잘 두었다. 일찍이 예성강에 이르니 한 아리따운 부인을 보고 바둑으로 내기를 하여 차지하려고 그 남편과 바둑을 두었는데, 거짓으로 못 이기는 척하여 물건을 배로 주니 그 남편이 이롭게 여겨 자기 처를 내기로 걸었다. 하두강이 한 번에 따서 배에 싣고 가버리니 그 남편이 뉘우치고 이 노래를 지었다 …… 노래가 두 편이 있는데 가사가 우리말이라 기록하지 않는다. 〈『고려고도징』 권1〉

(4) 禮成江曲 唐商賀頭綱 善棋者 至江上 見一美婦 欲賭之 與夫棋 佯不勝 倍輸物 其夫利之 以妻注 頭綱一擧賭之 載之舟而去 其夫悔作是歌 婦人去時裝束甚固 頭綱欲亂之不得 舟至海中 盤旋不行 卜之曰 節婦所感 頭綱還之 婦亦作歌 江花有露啼新淚 江風吹花婦別浦 淸溪白石已隔雲 舞蝶歌蜂空繞樹 及水門鎖巫山雲 朝雲簿簿那成雨 最是碁局中不平 海日蒼茫起烟霧 禮成江水流如駛 載送誰家紅玉春 重重結束嫁時衣 此心知者惟波臣 妾顔花紅有妖艶 妾心玉白無緇磷 笑矣乎秋家少婦 胡爲溺死羞良人. 〈『杏隱文集』 卷13〉

예성강곡(禮成江曲) 중국의 상인 하두강(賀頭綱)은 바둑을 잘 두는 자다. 강가에 이르러 한 아리따운 부인을 보고 내기를 하여 차지하려고 그 남편과 바둑을 두었는데, 거짓으로 못이기는척하여 물건을 배로 주니 그 남편이 이롭게 여겨 자기 처를 내기로 걸었다. 하두강이 한 번에 따서 배에 싣고 가버리니 그 남편이 뉘우쳐서 이 노래를 지었다. 부인이 떠날 때 옷매무새를 매우 단단히 하여 하두강이 음란한 짓을 하려 했으나 실패하였다. 배가 바다 가운데 이르러 머뭇거리며 앞으로 나아가지 않자 점을 쳐보니 절부(節婦)에 감동하여 그런 것이라고 하였다. 하두강이 부인을 돌려보내니 부인이 또한 노래를 지었다. 강가의 꽃에 이슬 맺히니 새 눈물 떨어지고, 강바람 꽃에 불 때 부인은 포구를 이별하네. 맑은 계곡 흰 돌은 이미 구름 너머이고, 춤추는 나비 노래하는 벌은 부질없이 나무만 맴도네. 물에 이르니 무산의 구름이 쇄를 채우고, 아침 구름 얇디얇으니 어찌 비를 내리리. 가장 억울한 일은 바둑판에서 불평등함이요, 바다의 해 창망히 연무를 일으키네. 예성강물 살처럼 흐르는데, 어느 집의 아리따운 부인을 실어 보내는가. 시집갈 때 입던 옷 거듭거듭 묶어 입으니, 이 마음 아는 자는 오직 수신(水神) 뿐이네. 첩의 얼굴은 꽃처럼 붉어 요염하지만, 첩은 마음은 백옥과 같아 변치 않도다. 우습도다 추 씨 집의 젊은 부인이여, 어찌하여 물에 빠져 죽어 남편을 부끄럽게 하는가.

〈『행은문집』 권13〉

(5) 高麗史樂志有禮成江曲 初唐商賀頭綱善棋 嘗至禮成江 見一美婦人 欲以棋賭之 與其夫棋 佯不勝輸物倍 其夫利之 以妻注 頭綱一擧賭之 載船而去 其夫悔作是歌 婦人去時 粧束甚固 頭綱欲辭之 不得 舟至海中旋回不行 卜之曰節婦所感 頭綱還之 婦亦作歌 李奎報詩 江岸人稀白鷺飛 漁翁日暮得魚歸 輕雲薄薄那成甫 海氣干天偶作霏 李穀詩 何海東流想禹功 南檣北楫遠相通 何人睡足連江雨 有客愁深盡日風 一葉簸掀冥海裏 群山出沒有無中 敢希魯國乘桴叟 擬向磻溪問釣翁 高麗鄭誧詩 風靜長江綠潑油 征帆一一集潮頭 蒿師放火鳴鼉鼓 知是東南賈客舟 白髮漁翁竹一竿 扁舟終日戰風灘 渠心只愛魚呑餌 爭信傍觀膽亦寒 青山如畫滿蓬窓 細雨如絲灑石矼 已是夜闌淸不寐 舟人更唱禮成江 十日秋霖江面肥 殘雲更作雨霏霏 夜來樓下濤聲壯 淸曉人家水半扉.

〈『新增東國輿地勝覽』 卷4 開城府上 山川〉

『고려사』 악지에 예성강곡이 있다. 처음 중국 상인 하두강이 바둑을 잘 두었다. 일찍이 강 위에서 한 아름다운 부인을 보고 내기로 빼앗으려 하여, 그 남편과 바둑을 두어 거짓으로 지고 물건을 배나 많이 주니, 그 남편이 이롭게 여겨 처를 걸었다. 두강이 단번에 이겨 그의 아내를 빼앗아 배에 태우고 가버렸다. 그 남편이 뉘우쳐 이 노래를 지었다. 부인이 갈 때에 몸에 옷 단속을 매우 견고하게 하니, 두강이 범하지 못하였다. 배가 바다 가운데에 이르러 돌면서 가지 않아 점을 치니, '절부의 감동으로 그러한 것이다.' 하였다. 두강이 부녀를 돌려 보내니, 부녀 역시 노래를 지었다. 이규보의 시에, '강 언덕에 사람은 드물고 백로만 나는데, 날 저무니 어옹이 고기 잡아 돌아가네. 가벼운 구름 엷으니 어찌 비가 되랴. 바다 기운 하늘에 올라가 우연히 이슬비 되는 것이' 하였다. 이곡의 시에, '하해가 동쪽으로 흐르게 한 우 임금의 공 생각하니, 남북 쪽에서 오가는 배들 멀리 서로 통한다네. 어느 사람, 강에 뿌리는 비에 졸고만 있나, 손의 수심은 종일 부는 바람에 깊어만 가누나. 한 조각배는 아득한 저 바다에 키질하는데, 많은 산들 보일락 말락 나고 들고 하누나. 노나라의 뗏목 타고 오려는 늙은이야 감히 바라리, 반계로 가서 낚시질하는 늙은이나 찾아볼거나.' 하였다. 고려 정포의 시에, '바람 고요한 긴 강이 기름을 뿌린 듯 푸른데, 가는 돛 하나하나 조수 머리에 모여드네. 사공이 불을 놓고 타고를 울리니, 동남쪽에서 온 장사배임을 알겠네.' 하였고, '백발 어옹이 낚싯대 하나 들고, 조각배 위에서 종일토록 바람 치는 여울과 싸우고 있네. 그의 마음은 고기가 미끼 먹기만 기다리니, 방관하는 이 간담이 역시 서늘한 줄 어이 알리. 그림 같은 청산이 배 창안에 들어 가득한데, 가는 비 실 같이 돌다리에 뿌리네. 밤 벌써 깊었지만 맑은 후에 잠 못 이루는데, 뱃사람들은 다시 예성강곡을 부르네.' 하였다. '열흘 동안 가을 장마에 강물이 불었는데, 잔잔한 구름 다시 비 되어 부슬부슬 뿌리네. 밤사이 누아래에 파도 소리 거세더니, 새벽이 되자 인가들 사립문 절반이나 물에 잠겼네.' 하였다. 〈『신증동국여지승람』 권4 개성부상 산천〉

(6) 禮成江 唐商賭婦禮成江 一局輸贏傾貨缺 婦去婦來江上月 頭綱驚膽落蓬窓. 〈『林下筆記』 卷38 海東樂府〉

예성강 중국 상인이 예성강에서 부인을 걸게 하여, 한 판을 지고 이기며 가산을 기울였네. 부인이 오가는 강 위의 밝은 달빛에, 하두강 낙담하여 뱃전에 푹 쓰러졌네. 〈『임하필기』 권38 해동악부〉

24. 영선악(迎仙樂)

1) 관련 기록

(1) 祀圜丘社稷 享太廟先農文宣王廟 亞終獻及送神竝交奏鄕樂 冊王妃 王太子 王子 王姬 王太子加元服 賓就幕歇 引賓主 去靴笏 出就位 竝奏迎仙樂. 〈『高麗史』 卷71 樂志〉

원구 사직(社稷)에 제사할 때와 태묘(太廟), 선농(先農), 문선왕묘(文宣王廟)에 제향할 때, 아헌(亞獻), 종헌(終獻), 송신(送神)에 모두 향악을 번갈아 연주한다. 왕비, 왕태자, 왕자, 왕녀를 책봉할 때와 왕태자에게 관례〔加元服〕시키는 의식에서 손님이 나가서 휴식할 때와 빈주(賓主)를 인도하여 신과 홀을 제거하고 나와서 정한 위치에 섰을 때에는 모두 영선악(迎仙樂)을 연주한다. 〈『고려사』 권71 악지〉

(2) 冊王妃 王太子 王姬 及王太子加元服時 竝奏此樂.
〈『增補文獻備考 卷106 樂考〉

왕비, 왕태자, 왕녀를 책봉할 때와 왕태자에게 관례시키는 의식에서 모두 이 음악을 연주한다. 〈『증보문헌비고 권106 악고〉

25. 무애(無㝵)

1) 관련 기록

(1) 曉旣失戒生聰 已後易俗服 自號小姓居士 偶得優人舞弄大瓠 其狀瑰奇 因其形製爲道具 以華嚴經一切無碍人 一道出生死 命名曰無碍 仍作歌流于世 嘗持此 千村萬落且歌且舞 化詠而歸 使桑樞瓮牖玃猴之輩 皆識佛陀之號 咸作南無之稱 曉之化大矣哉. 〈『三國遺事』 卷4 元曉不覊〉

원효가 이미 실계하여 설총을 낳은 후로는 속복을 바꿔 입고 스스로

소성거사라 하였다. 우연히 광대를 만나 큰박을 무롱(舞弄)하였는데, 그 형상이 기괴하였다. 그 형상대로 한 도구를 만들어 이름을 화엄경의 일체무애인(一切無碍人)은 한결 같이 생사를 벗어난다는 것으로써 '무애'라 명명하여 노래를 지어 세상에 퍼뜨리었다. 일찍이 이를 가지고 수많은 촌락을 돌아다니며 노래하고 춤추어 화영하고 돌아왔으므로 가난하고 무지몽매한 무리들까지도 모두 불타의 호를 알게 하여 누구나 염불을 할 줄 알았으니 원효의 법화가 크도다.

〈『삼국유사』 권4 원효불기〉

(2) 無㝵之戲 出自西域 其歌詞 多用佛家語 且雜以方言 難於編錄 姑存節奏 以備當時所用之樂. 〈『高麗史』 卷71 樂志〉

무애(無㝵)라는 놀이는 서역에서 나왔다. 그 가사는 불가의 말이 많이 씌어져있고 또 방언이 섞여 있어 그것을 짜 넣기가 어렵다. 잠시 그 절주(節奏)만을 남겨두어 당시 사용하던 음악의 하나로 갖추어둔다.

〈『고려사』 권71 악지〉

(3) 昔元曉大聖 混迹屠沽中 嘗撫玩曲項葫蘆 歌舞於市 名之曰無㝵 是後好事者 綴金鈴於上 垂彩帛於下以爲飾 拊擊進退 皆中音節 乃摘取經論偈頌 號曰無㝵歌 至於田翁亦效之以爲戲 無㝵智國嘗題云 此物久將無用用 昔人還以不名名 近有山人貫休作偈云 揮雙袖所以斷二障 擧三足所以□三界 皆以眞理比之 僕亦見其舞作讚 腹若秋蟬 頸如夏鼈 其曲可以從人 其虛可以容物 不見窒於密石 勿見笑於葵壺 韓湘以之藏世界 莊叟以之泛江湖 孰爲之名小性居士 孰爲之讚隴西駝李. 〈『破閑集』 卷下〉

옛날에 대성 원효가 천민들 속에 섞여 지내면서 일찍이 목이 굽은 호로를 어루만지며 저자에서 노래하고 춤추었는데 이것을 무애(無㝵)라고 이름하였다. 그 뒤에 호사가가 위에 쇠방울을 달고 아래에 채색비단을 드리워 꾸미고 두드리며 앞으로 갔다 뒤로 물러났다 하였는데 모두 음절에 맞았다. 이에 경론(經論)과 게송(偈頌)을 뽑고서 이름을 무애가(無㝵歌)라고 하였다. 전옹(田翁)에 이르러 또 이를 본따서 희곡(戲曲)을 만들었다. 무애지국(無㝵智國)이 일찍이 이에 제(題)하기를, '이 물건은 오랫동안 무용을 용으로 삼았고, 옛사람은 도리어 이름 없음을 이름으로 삼았다.' 하였다. 근래에 승려 관휴(貫休)가 게송을 지었는데, '두 소매를 휘두르는 것은 이장을 끊으려 함이요, 세 다리를 드는 것은 삼계를 □하려 함이네.' 라고 하였는데 모두 진리(眞理)로 비유하였다. 나도 그 춤을 보고 찬(讚)을 지었다. '배는 가을의 매미 같고, 목은 여름의 자라 같네. 그 구부러짐은 사람을 따를 만하고, 그 비어 있음은 물건을 담을 만하네. 밀석에 막힘을 당하지 않고, 규호에 비웃음을 당하지 않네. 한상은[10] 거기에 세계를 담았고, 장자는 그것을 강호에 띄웠네. 누가 그것을 소성거사[11]라고 이름하는가, 누가 그것에 대해 농서타리를[12] 찬하는가.' 〈『파한집』 권하〉

(4) 僧覺圓 信珠 信賢等 作無㝵戲 婦女等稱布施 解衣與之.

〈『世宗實錄』 卷64 16年 4月〉

중 각원(覺圓)·신주(信珠)·신현(信賢) 등이 무애희를 시작하자 부녀자들이 시주라 하여 옷을 벗어 주기도 하였다.

〈『세종실록』 권64 16년 4월〉

(5) 四月初十日 大夫人上寺時 尼僧七八及兩班婦女十餘等 詣檜巖寺 士男士女雜處於法堂中 有三僧指無㝵作戲 婦女等各出衣服布帛以贈之.

〈『世宗實錄』 卷64 16年 5月〉

4월 10일에 대부인이 절에 올라갈 때 이승(尼僧) 7, 8인과 양반(兩班)의 부녀 10여인 등이 회암사에 나아갔사온데, 남자와 여자가 법당(法堂)에 섞이어 거처하였고, 세 중이 무애희를 놀리니, 부녀들이 각각 의복과 포백을 내 주었다. 〈『세종실록』 권46 16년 5월〉

---

10) 한유(韓愈)의 조카임.

11) 소갈머리가 좁은 사람이라는 뜻임.

12) 농서타리는 후위(後魏)의 문제(文帝)가 국중(國中)의 사대성(四大姓)을 정할 때 농서(隴西)의 이 씨(李氏)가 대성(大姓)이었는데 끼지 못할까 염려하여 명타(明駝)를 타고 밤길을 두 배로 빨리 달려갔으나 낙양에 도착해 보니 이미 사대성이 정해진 뒤였다. 그래서 이 씨(李氏)를 타리(駝李)라고 한다.

(6) 且無㝵呈才 其歌辭專用佛家之語 足爲誕妄 况年前昌盛亦欺之 今後凡諸賜樂 乞罷無㝵呈才 復用蓮化臺 去其微臣詞 則鄕唐樂俱全 而臣下用樂節次有序矣. 〈『世宗實錄』卷65 16年 8月〉

또 무애정재(無㝵呈才)는 오로지 불가의 말을 써서 매우 허탄하고 황망하며, 더구나, 연전에 창성(昌盛)도 속였으니, 금후로는 무릇 모든 사악(賜樂)에 무애정재를 그만두고 다시 연화대를 쓰되, 미신사(微臣詞)만을 빼내면, 향악(鄕樂)과 당악(唐樂)이 모두 온전하고, 신하의 악(樂)을 쓰는 절차에 차서가 있게 될 것입니다.

〈『세종실록』 권65 16년 8월〉

(7) 舞隊樂官及妓衣冠行次 如前儀 妓二人先出向北 分左右立 斂手足蹈而拜俛伏擧頭 唱無㝵詞 訖仍跪 諸妓從而和之 鄕樂奏其曲 兩妓俟樂終一腔 執無㝵擧袖坐而舞 樂終二腔 起舞足蹈而進 樂終三腔 弄無㝵 終樂節次 齊行進退而舞 俟樂徹 兩妓如前斂手足蹈而拜 俛伏興退.

〈『樂學軌範』卷3 高麗史樂志 俗樂呈才〉

무대, 악관 및 기의 의관과 행차는 앞의 의례와 같다. 기 두사람이 먼저 나가 북쪽을 향해 좌우로 갈라서서 염수하여 족도하고는 절을 하고 부복했다가 머리를 들고 무애의 가사를 창한다. 끝나면 그대로 꿇어앉아 있고, 여러 기들은 그것에 따라 화창하고, 향악은 그 곡을 연주한다. 두 기는 악이 한 가락 끝나기를 기다려 무애를 잡고는 소매를 치켜들고 앉아서 춤을 추고, 악 두 가락이 끝나면 일어나서 춤추고 족도하면서 앞으로 나아가고, 악 세 가락이 끝나면 무애를 희롱하며 악의 절차에 따라 나란히 앞으로 나갔다 뒤로 물러났다 하면서 춤을 춘다. 악이 끝나는 것을 기다려 두 기는 앞서와 같이 염수하여 족도하고는 절을 하고 부복했다가 일어나서 물러난다.

〈『악학궤범』 권3 고려사악지 속악정재〉

(8) 無㝵 金鈴垂彩帛爲粧 進退中音拊擊揚 元曉葫蘆游在市 佛言無碍出西方 元曉嘗撫玩曲項葫蘆 歌舞於市 名曰 無㝵.

〈『林下筆記』卷38 海東樂府〉

무애 '쇠방울 달고 비단으로 곱게 장식하여, 두드리며 음절에 맞게 춤 동작을 했네. 원효의 호로병박 저자에서 울려 댔는데, 부처의 말씀 막힘없다는 것 서역에서 나왔네.' 원효가 일찍이 목이 굽은 호리병박을 어루만지며 저자에서 노래 부르며 춤추니 이것을 무애라 이름 하였다.

〈『임하필기』 권38 해동악부〉

Ⅳ. 고려사악지(高麗史樂志) · 악서(樂書)

◆ 작품별 문헌 수록 비교

문헌 / 작품	소악부	고려사 악지	악학궤범 (성종24 1493)	시용향악보 (중종?)	금합자보 (명종16, 1572)	악장가사 (효종· 숙종)	악학편고 (숙종 · 영조)	대악 후보 (1759)	가집 (1934)
동동		작품소개	전문					악보	전문
정읍		작품소개	전문					악보	전문
처용가	한역	익재 소악부	전문			전문	전문		전문
정과정	한역	익재 소악부	전문					전문	전문
정석가	한역			1장	1장	전문	전문		전문
청산별곡				1장		전문	전문		전문
서경별곡	한역			1장		전문	전문	1장	전문
사모곡				<엇노리>	전문	전문	전문		전문 <사모가>
쌍화점	한역	<삼장> (한시)		<쌍화곡> (한시)		전문	전문	1장:전문 2·3장: 전절	전문
이상곡						전문	전문	전문	전문
가시리				<귀호곡> (1장)		전문	전문		전문
만전춘별사						전문	전문	악보	전문
유구곡				<비두로기>					
상저가				전문					
나례가				전문					
성황반				전문					
내당				전문					
대왕반				전문					
삼성대왕				전문					
군마대왕				전문					
대국1,2,3				전문					
구천				전문					
별대왕				전문					

1. 『고려사』 악지 속악

〈『高麗史』卷71 樂志 俗樂〉

俗樂○高麗俗樂考諸樂譜載之 其動動及西京以下二十四篇皆用俚語

속악(俗樂) ○ 고려의 속악은 여러 악보를 참고해서 실었다. 그 중에서 동동(動動) 및 서경(西京) 이하의 24편은 다 이어(俚語)를 쓰고 있다.

樂器○玄琴〔絃六〕琵琶〔絃五〕伽倻琴〔絃十二〕大琴〔孔十三〕杖鼓牙拍〔六枚〕無㝵〔有粧飾〕舞鼓嵇琴〔絃二〕觱篥〔孔七〕中笒〔孔十三〕小笒〔孔七〕拍〔六枚〕

악기(樂器) ○ 현금(玄琴, 絃이 여섯)・가야금(絃이 열둘)・대금(大琴, 구멍이 열셋)・장고(杖鼓)・아박(牙拍, 六枚)・무애(無㝵, 장식이 있음)・무고(舞鼓)・해금(嵇琴, 絃이 둘)・필률(觱篥, 구멍이 일곱)・중금(中笒, 구멍이 열셋)・소금(小笒, 구멍이 일곱)・박(拍, 六枚)

舞鼓○舞隊〔皀衫〕率樂官及妓〔樂官朱衣妓丹粧〕立于 南樂官重行而坐 樂官二人奉鼓及臺置於殿中 諸妓歌井邑詞鄕樂奏其曲 妓二人先出分左右立於鼓之南向北拜訖跪斂手起舞 俟樂一成兩妓執鼓槌起舞分左右俠鼓一進一退 訖繞鼓或面或背周旋而舞 以槌擊鼓從樂節次與杖鼓相應 樂終而止 樂徹兩妓如前俛伏興退 ○舞鼓侍中李混謫宦寧海 乃得海上浮査 制爲舞鼓 其聲宏壯 其舞變轉 翩翩然雙蝶繞花 矯矯然二龍爭珠. 最樂部之奇者也

무고(舞鼓) ○ 무대(舞隊, 검은 장삼)가 악관과 기(악관은 붉은 옷, 기는 화장을 한다)를 거느리고 남쪽에 선다. 악관들은 두 줄로 앉는다. 악관 두 사람이 고(鼓)와 대(臺)를 받들어다가 전(殿) 복판에 놓는다. 여러 기들은 정읍사(井邑詞)를 부르는데, 향악(鄕樂)에서 그 곡을 연주한다. 기 두 사람이 먼저 나가 좌우로 갈라 고(鼓)의 남쪽에 서서 북쪽을 향해 큰절을 하고, 끝나면 꿇어앉아 손은 여몄다가 춤추기 시작한다. 음악의 한 단락이 끝나는 것을 기다려 두 기가 북채를 잡고 춤추기 시작하여 북을 가운데 끼고 좌우로 갈라져 한 번 앞으로 나갔다 한 번 뒤로 물러났다 하고, 그것이 끝나면 북의 주위를 돌고, 혹은 마주보고 혹은 등지고 하여 빙글빙글 돌며 춤춘다. 채로 북을 쳐 음악의 절차를 따라 장고와 맞춰나가는데, 음악이 끝나면 멎는다. 음악이 다 끝나면 두 기가 앞서와 같이 부복했다가 일어나서 물러간다. ○ 무고(舞鼓)의 유래는 이러하다. 시중(侍中) 이혼(李混)이 영해에 유배되어 갔을 때 바닷가에서 부사(浮査)를 얻어 그것으로 무고(舞

鼓)를 만들었는데, 그 소리가 굉장했다. 그 춤은 즐겁게 돌아가는 것으로, 펄렁펄렁 한 상의 나비가 꽃을 감도는 것 같고, 용감스럽게 두 마리의 용이 구슬을 다투는 것 같다. 악부(樂部)에서는 가장 기묘(奇妙)한 것이다.

動動○舞隊樂官及妓衣冠行次如前儀 妓二人先出向北分左右立斂手足蹈而拜 俛伏興跪 奉牙拍唱動動詞起句〔或無執拍〕 諸妓從而和之 鄕樂奏其曲 兩妓跪揷牙拍於帶間俟樂終一腔起而立 樂終二腔斂手舞蹈. 樂終三腔 抽拍一進一退 一面一背從樂節次或左或右或膝或臂 相拍舞蹈 俟樂徹兩妓如前斂手足蹈而拜俛伏興退 ○動動之戲 其歌詞多有頌禱之詞 盖效仙語而爲之 然詞俚不載

동동(動動) ○ 무대(舞隊)·악관 및 기, 그리고 의관(衣冠)과 행차(行次)는 앞의 의례와 같다. 기 둘이 먼저 나가 북쪽을 향해 좌우로 갈라서 손을 여미어 족도(足蹈)하고는 큰 절을 하고 부복한다. 일어나 아박(牙拍)을 받들어들고 동동사(動動詞)의 첫 귀를 창한다.(혹 아박을 잡지 않기도 한다) 여러 기들은 그것에 따라 화창(和唱)하고, 향악은 그 곡을 연주한다. 두 기는 꿇어앉아서 아박을 띠 사이에 꽂고 음악 한 가락이 끝나기를 기다려 일어나 서고, 음악 두 가락이 끝나면 손을 여미어 무도(舞蹈)하고, 음악 세 가락이 끝나면 아박을 뽑아가지고 한 번 앞으로 나갔다 한 번 뒤로 물러난다. 한 번 마주보고 한 번 등지고 하여 음악의 절차에 따라서 왼쪽으로 혹은 오른쪽으로, 혹은 무릎에 혹은 팔에 아박을 치며 무도한다. 음악이 끝나기를 기다려 두 기(妓)는 앞서와 같이 손을 여미어 족도(足蹈)하고는 큰절을 하고 부복했다가 일어나서 물러난다. ○ 동동(動動)이라는 놀이는, 그 가사에 송축하는 말이 많이 들어 있는데, 대체로 신선(神仙)의 말을 본따서 지은 것이다. 그러나 가사가 이속(俚俗)해서 기재하지 않는다.

無㝵○舞隊樂官及妓衣冠行次如前儀 妓二人先出向北分左右立 斂手足蹈而拜 俛伏擧頭 唱無㝵詞 訖仍跪 諸妓從而和之 鄕樂奏其曲. 兩妓俟樂終一腔 執無㝵擧袖坐而舞 樂終二腔起舞足蹈而進 樂終三腔弄無㝵從樂節次齊行進退而舞 俟樂徹兩妓如前斂手足蹈而拜俛伏興退○無㝵之戲出自西域其歌詞多用佛家語 且雜以方言 難於編錄. 姑存節奏以備當時所用之樂

무애(無㝵) ○ 무대·악관 및 기 그리고 의관과 행차는 앞의 의례와 같다. 기 두 사람이 먼저 나가 북쪽을 향해 좌우로 갈라서서 손을 여미어 족도하고는 큰절을 하고 부복했다가 머리를 들고 무애사(無㝵詞)를 창하고 끝나면 그대로 꿇어앉는다. 여러 기들은 그것에 따라 화창(和唱)하고, 향악은 그 곡을 연주한다. 두 기는 음악 한 가락이 끝나기를 기다려 무애(無㝵)를 잡아 소매를 치켜들고 앉아서 춤울 추고, 음악 두 가락이 끝나면 일어나서 춤추고 족도하면서 앞으로 나가고, 음악 세 가락이 끝나면 무애를 희롱하며 음악의 절차에 따라 나란히 앞으로 나갔다 뒤로 물러났다 하면서 춤을 춘다. 음악이 끝나는 것을 기다려 두 기는 앞서와 같이 손을 여미어 족도하고는 큰절을 하고 부복했다가 일어나서 물러난다. ○ 무애(無㝵)라는 놀이는 서역(西域)에서 나왔다. 그 가사는 불가(佛家)의 말이 많이 씌어져있고 또 방언이 섞여 있어 그것을 짜넣기가 어렵다. 다만 그 절주(節奏)만을 남겨두어 당시 사용하던 음악의 하나로 갖추어둔다.

西京○西京古朝鮮卽箕子所封之地 其民習於禮讓 知尊君親上之義 作此歌 言仁恩充暢以及草木雖折敗之柳亦有生意也

서경(西京) ○ 서경 고조선(古朝鮮)은 즉 기자(箕子)를 봉했던 땅으로, 그곳의 백성들은 예양(禮讓)을 배워 임금을 존경하고 웃사람을 받드는 의리를 알아이 노래를 지었다. 군장(君長)의 가득찬 인애(仁愛)와 은혜는 초목에까지 미치어 꺾인 버들까지도 살아나게 할 수 있다는 것을 말했다.

大同江○周武王封殷太師箕子于朝鮮 施八條之教以興禮俗 朝野無事 人民懽悅以大同江比黃河 永明嶺比嵩山 頌禱其君 此入高麗以後所作也

대동강(大同江) ○ 주(周)나라의 무왕(武王)이 은(殷)나라의 태사(太師)였던 기자(箕子)를 조선에 봉했는데 기자는 팔조(條)의 가르침을 베풀어 예의를 숭상하는 풍속을 일으키니 조야(朝野)에 일이 없었다. 백성들은 기뻐하여 대동강을 황하(黃河)에, 영명령(永明領)을 숭산(崇山)에 각각 비유해서 그들의 임금을 송축했다. 이 노래는 고려로 들어온 이후에 지어진 것이다.

五冠山○五冠山孝子文忠所作也 忠居五冠山下 事母至孝 其居距京都三十里 爲養祿仕 朝出暮歸定省不少衰 嘆其母老作是歌 李齊賢作詩解之曰 木頭雕作小唐雞筋子拈來壁上栖 此鳥膠膠報時節 慈顏始似日平西

오관산(五冠山) ○ 오관산(五冠山)은 효자(孝子)인 문충(文忠)이 지은 것이다. 충(忠)은 오관산 밑에 살면서 모친을 지극히 효성스레 섬겼다. 그의 집은 수도에서 30리나 떨어져 있었는데, 모친을 봉양하기 위해 벼슬살이를 하느라고 아침에 나갔다가 저물어서야 돌아오곤 하였으나 아침 저녁의 보살핌을 조금도 게을리하지 않았다. 자기 모친이 늙은 것을 개탄하여 이 노래를 지었는데, 이제현(李齊賢)은 시를 지어 이 노래를 풀이하였다. 나무토막으로 자그마한 당닭을 깎아 줄에 달아서 벽에 앉히고 이 새가 꼬끼오 하고 때를 알리면, 어머님 얼굴은 비로소 서쪽으로 기우는 해처럼 늙으시어라.

楊州○楊州卽高麗漢陽府 北據華山 南臨漢水 土地平衍 富庶繁華 非他州比 州人男女 方春好遊 相樂而歌之也

양주(楊州) ○ 양주는 곧 고려의 한양부(漢陽府)로, 북으로는 화산에 기대어 있고, 남으로는 한강에 임해있으며, 토지가 평탄하고, 생산이 풍부하고, 시가(市街)가 번화한 것이 다른 고을에 댈 것이 아니다. 양주 사람들은 남녀가 봄이 되면 놀기를 좋아하였는데, 서로 이 노래를 부르며 즐거워하였던 것이다.

月精花○月精花晉州妓也 司錄魏齊萬惑之 令夫人憂恚而死 邑人哀之 追言夫人在時 不相親愛 以刺其狂惑也

월정화(月精花) ○ 월정화는 진주(晉州) 기생이었다. 사록(司錄) 벼슬을 하던 위제만(魏齊萬)이 그 기생한테 미혹되어 부인을 근심과 분노로 죽게 만들었다. 진주읍 사람들은 이를 슬퍼하여, 부인이 살아있을 때 친애하지 않은 일을 떠올려 위제만의 광혹(狂惑)함을 풍자(諷刺)한 것이다.

長湍○太祖巡省民風 補助不給 與民同樂 民思其德久而不忘 後王遊長湍 工人歌祖聖之德 因以頌禱而規戒之

장단(長湍) ○ 태조는 민간의 풍속을 순찰하고 부족한 것을 보급하여 백성들과 즐거움을 같이 했다. 백성들은 그 덕을 사모하고 오래되어도 잊지 않았으니 후대(後代)의 왕이 장단에 갔을때 악공이 태조의 덕을 노래하고 그 후대의 왕을 송축하며 또 그를 경계한 것이다.

定山○定山公州屬縣 縣人作是歌 以樛木錯節 比之頌禱福祿也

정산(定山) ○ 정산은 공주(公州)의 속현(屬縣)이다. 현인(縣人)들은 이 노래를 지어 굽은 나무의 얽힌 마디를 복록(福祿)을 송축하는 것에 비유했다.

伐谷鳥○伐谷鳥之善鳴者也 睿宗欲聞己過及時政得失 廣開言路 猶恐群下不言 作此歌以諷諭之也

벌곡조(伐谷鳥) ○ 벌곡조는 잘 우는 새이다. 예종(睿宗)은 자기의 과오(過誤)와 시정(時政)의 득실(得失)을 듣고 싶어서 상언(上言)하는 길을 넓게 열어놓았다. 그래도 아래 사람들이 상언하지 않을까하여 이 노래를 지어 비유해서 타이른 것이다.

元興○元興鎭東北面和寧府屬邑 濱于大海 邑人船商而還 其妻悅而歌之

원흥(元興) ○ 원흥진(元興鎭)은 동북 방면에 있는 화녕부(和寧府)의 속읍(屬邑)으로, 큰 바닷가에 자리잡고 있다. 읍인이 배로 장사하러 나갔다가 돌아오면 그 아내들은 기뻐서 이 노래를 불렀다.

金剛城○契丹聖宗 侵入開京 焚燒宮闕 顯宗收復開京 築羅城 國人喜而歌之 或曰 避蒙兵 入都江華 復還開京 作是歌也 金剛城 言其城堅如金之剛也

금강성(金剛城) ○ 거란(契丹)의 성종(聖宗)이 개성(開城)에 침입해서 궁궐을 불태웠다. 고려의 현종(顯宗)이 개성을 수복하고 나성(羅城)을 구축하자 나라사람들이 기뻐서 부른 노래이다. 어떤 사람들은 말하기를, 몽고병을 피해 강화(江華)로 천도했다가 다시 개성으로 돌아와서 이 노래를 지었다고도 한다. 금강성이라고 한 것은 그 성의 견고하기가 쇠같이 굳음을 말한 것이다.

長生浦○侍中柳濯 出鎭全羅有威惠 軍士愛畏之 及倭寇順天府長生浦 濯赴援 賊望見而懼 卽引去 軍士大說作是歌

장생포(長生浦) ○ 시중(侍中) 유탁(柳濯)이 전라도에 나가서 진수(鎭守)할 때 위엄과 은혜가 겸비하여 군사들은 그를 아끼고 두려워하였다. 왜적이 순천부(順天府)의 장생포(長生浦)를 침범하자 유탁은 구원하러 갔는데, 왜적이 그를 바라보고는 두려워하여 곧 철수해 버렸다. 군사들이 매우 기뻐하여 이 노래를 지었다.

叢石亭○叢石亭奇轍所作也 轍以元順帝中宮之弟 仕爲平章 奉使東還 至江陵登此亭 覽四仙之迹 臨望大海作是歌也

총석정(叢石亭) ○ 총석정은 기철(奇轍)이 지은 것이다. 철은 원나라 순제(順帝) 중궁(中宮)의 동생이다. 평장(平章)벼슬을 하다가 사명(使命)을 받들고 동쪽 고려로 돌아왔는데 강릉에 이르러 이 정자(亭子)에 올라가 사선(四仙)의 유적을 구경하고 큰 바다를 가까이 내다보면서 이 노래를 지었다.

居士戀○行役者之妻作是歌 托鵲蟢以冀其歸也 李齊賢作詩解之曰 鵲兒籬際噪花枝 蟢子床頭引網絲 余美歸來應未遠 精神早已報人知

거사련(居士戀) ○ 객지에 나간 사람의 아내가 이 노래를 지어 까치와 갈거미에 부쳐서 그가 돌아오기를 바란 것이다. 이제현(李齊賢)이 시를 지어 이 노래를 풀이하였다. 까치는 울타리 꽃가지에서 시끄럽게 울고 갈거미는 침상 머리에서 그물실을 뽑아낸다. 내 낭군 돌아오실 날 틀림없이 멀지 않은 지라 정신이 이미 사람에게 알려주었네.

處容○新羅憲康王遊鶴城 還至開雲浦 忽有一人 奇形詭服 詣王前 歌舞讚德 從王入京 自號處容 每月夜 歌舞於市 竟不知其所在 時以爲神人 後人異之 作是歌 李齊賢作詩解之曰 新羅昔日處容翁 見說來從碧海中 貝齒頳唇歌夜月 鳶肩紫袖舞春風

처용(處容) ○ 신라 헌강왕(憲康王)이 학성(鶴城)에 갔다가 돌아오는데 개운포(開雲浦)에 이르렀을때 홀연히 한 사람이 기이한 모습과 괴상한 복색을 하고 왕 앞에 나와 노래와 춤으로 덕을 찬미하고는 왕을 따라 서울로 들어왔다. 그는 스스로 처용이라 부르고 언제나 달밤이면 시중(市中)에서 노래부르고 춤추고 하였으나 끝내 그가 있는 곳을 알지 못했다. 당시 그를 신인(神人)이라고 생각했고 후세 사람들이 그 일을 기이하게 여겨 이 노래를 지었다. 이제현(李齊賢)이 시를 지어 이 노래를 풀이하였다. 옛날 신라의 처용옹(處容翁)은 푸른 바다 가운데서 왔다고 일컬어왔다. 자개 이빨에 붉은 입술로 달밤에 노래했고 솔개 어깨에 자주 소매로 봄바람 속에서 춤을 추었다.

沙里花○賦斂繁重 豪强奪攘 民困財傷 作此歌 托黃鳥啄粟以怨之 李齊賢作詩解之曰 黃雀何方來去飛 一年農事不曾知 鰥翁獨自耕芸了 耗盡田中禾黍爲

사리화(沙里花) ○ 부세(賦稅)가 번중(繁重)하고 권력자들이 빼앗아가니 백성들은 고달파지고 재산은 해를 입어, 이 노래를 지어 참새가 곡식을 쪼아먹는 것에 부쳐서 그 일을 원망했다. 이제현이 시를 지어 이 노래를 풀이하였다. 참새는 어느 쪽에서 왔다가 날아가는가, 한해동안 농사지은 일 아랑곳없이. 홀아비 늙은이가 혼자 손으로 갈고 매고 했는데, 밭 가운데 벼와 수수를 다 없애버리다니.

長巖○平章事杜英哲 嘗流長巖 與一老人相善 及召還 老人戒其苟進 英哲諾之 後位至平章事 果又陷罪貶過之 老人送之 作是歌以譏之 李齊賢作詩解之曰 拘拘有雀爾奚爲 觸着網羅黃口兒 眼孔元來在何許 可憐觸網雀兒癡

장암(長巖) ○ 평장사(平章事) 두영철(杜英哲)이 한때 장암에 유배되어 한 노인과 사이좋게 지냈다. 그가 소환되게 되자 노인은 그에게 구차스럽게 영달하는 일을 경계하니, 영철은 그 말에 따르겠다고 응낙했다. 그 후 벼슬이 평장사(平章事)에 까지 이르렀는데, 과연 또 죄에 빠져 그곳을 지나게 되었다. 노인이 전송하며 이 노래를 지어 그를 꾸짖었다. 이제현이 시를 지어 이 노래를 풀이하였다. 구구한 참새야 너는 무엇하려고, 그물에 걸린 누런 부리의 새끼인가, 눈은 원래 어디에 두고서, 가련하구나 그물에 걸린 참새의 어리석음이여.

濟危寶○婦人以罪 徒役濟危寶 恨其手爲人所執 無以雪之 作是歌以自怨 李齊賢作詩解之曰 浣沙溪上傍垂楊 執手論心白馬郎 縱有連簷三月雨 指頭何忍洗餘香

제위보(濟危寶) ○ 부인이 죄 때문에 제위보에서 도역(徒役)살이를 했다. 그녀는 자기 손이 남에게 잡힌 바 되고 그것으로 인한 치욕을 씻을 길이 없는 것을 한스럽게 여겨 이 노래를 지어 혼자서 원망했다. 이제현이 시를 지어 이 노래를 풀이하였다. 빨래하는 시냇가 수양버들 곁에서, 손을 잡고 마음 속 말하던 흰말 탄 사나이, 비록 처마를 연잇게 하는 석달 동안 계속되는 비가 내린다 해도, 손가락에 남은 향내를 차마 어떻게 씻어버릴 수 있으리요.

安東紫青○婦人以身事人 一失其身 人所賤惡 故作此歌 以絲之紅綠青白 反覆比之 以致取舍之決焉

안동자청(安東紫青) ○ 부인이 몸으로 사람을 섬기다가 한번 몸가짐을 실수하면 사람들에게 천시와 미움을 받게된다. 그렇기 때문에 이 노래를 지어 실의 빨강・초록・파랑・흰색으로 되풀이 비유해서 취사(取捨)의 결정을 한 것이다.

松山○松山開京之鎭也 自太祖都開京 累世相承 國祚延長 歌之所由作也

송산(松山) ○ 송산은 개성의 진산이다. 태조가 개성에 도읍해서부터 여러 대가 계승하여 국조(國祚)를 연장했다. 이 노래는 그래서 지어진 것이다.

禮成江〔歌有兩篇〕○昔有唐商賀頭綱善棋 嘗至禮成江 見一美婦人 欲以棋賭之與其夫棋 佯不勝 輸物倍 其夫利之 以妻注 頭綱一擧賭之 載舟而去 其夫悔恨 作是歌 世傳婦人去時 粧束甚固 頭綱欲亂之不得 舟至海中旋回不行 卜之曰 節婦所感 不還其婦 舟必敗 舟人懼 勸頭綱還之 婦人亦作歌 後篇是也

예성강(禮成江 노래는 두편이 있다) ○ 옛날에 당나라 상인인 하두강(賀頭綱)이란 자가 있었는데 바둑을 잘 두었다. 그가 한번은 예성강에 갔다가 아름다운 부인(婦人)을 하나 보고는 그녀를 바둑에 걸어서 빼앗으려고 그녀의 남편과 바둑을 두어 거짓으로 이기지 않고 물건은 갑절을 치뤄주었다. 그녀의 남편은 이롭다고 생각하고 아내를 걸었다. 두강은 단번에 이기어 그녀을 빼앗아가지고 배에 신고 가버렸다. 그 남편이 회한(悔恨)에 차서 이 노래를 지었다. 세상에 전해지기는, 그 부인이 떠나갈 때에 몸을 되게 죄어매서 두강이 그녀를 건드리려고 했으나 건드리지 못했다는 것이다. 배가 바다 가운데에 이르자 뱅뱅 돌고 가지 않으므로 점을 쳤더니 이르기를, "절부(節婦)에 감동되었으니, 그 여인을 돌려보내지 않으면 반드시 파선하리라" 하였다. 뱃사람들이 두려워 두강에게 권해서 그녀를 돌려보내주었다. 그 부인 역시 노래를 지으니, 후편이 그것이다.

冬栢木○忠肅王朝 蔡洪哲以罪流遠島 思德陵作此歌 王聞之 卽日召還 或曰 古有此歌 洪哲就加正焉 以寓己意

동백목(冬栢木) ○ 충숙왕조(忠肅王朝)에 채홍철(蔡洪哲)이 죄로 먼 섬에 유배되어 갔는데, 덕릉(德陵)을 사모하여 이 노래를 지었다. 왕이 그 이야기를 듣고 그 날로 소환했다. 어떤 사람은 말하기를, 옛부터 이 노래가 있었는데, 홍철이 그 노래, 즉 가사를 고치어 자기의 뜻을 붙였다고도 한다.

寒松亭○世傳此歌書於瑟底 流至江南 江南人未解其詞 光宗朝 國人張晉公 奉使江南 江南人問之 晉公作詩解之曰 月白寒松夜 波安鏡浦秋 哀鳴來又去 有信一沙鷗

한송정(寒松亭) ○ 세상에 전해지기는 이 노래는 슬(瑟) 밑바닥에 씌어져 강남(江南)에까지 흘러갔으나 강남 사람들은 그 가사의 뜻을 풀지 못했다. 광종조(光宗朝)에 국인(國人) 장진공(張晉公)이 사명을 받들고 강남에 갔는데 강남 사람들이 그에게 가사의 뜻을 물었다. 진공은 시를 지어 노래의 뜻을 풀이하였다. 한송정(寒松亭) 달 밝은 밤, 잔잔한 경포(鏡浦)의 싸늘한 기운. 오락 가락 슬피 우는, 정든 갈매기.

鄭瓜亭○鄭瓜亭 內侍郎中鄭敍所作也 敍自號瓜亭 聯昏外戚 有寵於仁宗 及毅宗卽位 放歸其鄕東萊曰 今日之行 迫於朝議也 不久當召還 敍在東萊 日久召命不至 乃撫琴而歌之 詞極悽惋 李齊賢作詩解之曰 憶君無日不霑衣 政似春山蜀子規 爲是爲非人莫問 只應殘月曉星知.

정과정(鄭瓜亭) ○ 정과정은 내시낭중(內侍郎中) 정서(鄭敍)가 지은 것이다. 서는 과정(瓜亭)이라 자호(子號)했고, 외척(外戚)과 혼인을 맺어 인종(仁宗)의 총애를 받았다. 의종(毅宗)이 즉위하자 그의 고향인 동래(東萊)로 돌려보내면서 이르기를, "오늘 가게 된 것은 조정(朝廷)의 의논에 몰려서이다. 머지않아 소환하게 될 것이다." 서는 동래에 오래 머물러 있었으나 소환명령이 오지 않았다. 그래서 거문고를 잡고 이 노래를 불렀는데, 가사가 극히 처비(悽悲)하다. 이제현이

시를 지어 이 노래의 뜻을 풀이하였다. 임금을 생각하여 어느 날이고 옷을 적시지 않은 적이 없으니, 봄철 산의 뻐꾹새와도 같다. 옳고 그른 것은 사람들이여 묻지 마라. 넘어가는 달과 새벽별만은 알고 있을 것이다.

風入松○海東天子當今帝佛補天助敷化來理世恩深遐邇古今稀外國躬趍盡歸依四境寧淸罷槍旗盛德堯湯難比　且樂大平時是處笙簫聲鼎沸幷闐樂音家家喜祈祝焚香抽玉穗惟我聖壽萬歲永同山嶽天際　四海昇平有德咸勝堯時邊庭無一事將軍寶劒休更揮　南蠻北狄自來朝百寶獻我天墀金階玉殿呼萬歲願我主長登寶位對此大平時節絃管歌謠聲美　主聖臣賢邂逅河淸海宴　梨園弟子奏霓裳白玉簫我皇前仙樂盈庭皆應律君臣共醉大平筵帝意多懽是此日銀漏莫催頻傳　文武官寮拜賀共祝皇齡　天臨玉輦迴金闕碧閣繞祥烟繽紛花黛列千行笙歌寥亮盡神仙爭唱還宮樂詞爲報聖壽萬歲

풍입송(風入松) ○ 해동(海東)의 천자(天子)는 지금의 제불(帝佛)이시라, 하늘을 보좌하여 교화(敎化) 펴는 일 도우러 오셔, 세상 다스리시는 데 은혜 깊으시니, 원근(遠近)과 고금(古今)에 그 유례 드물다. 외국에서는 직접 찾아와 모두 귀순하니 사방 변경은 편안하고 깨끗하여 창이니 군기(軍旗)는 없어지고, 대단하신 덕은 요임금이나 탕왕(湯王)으로도 견주기가 어렵다. 잠시 태평시절을 즐기는 거라, 이곳에는 생황과 퉁소 소리 물 끓는 듯하고 풍류소리 대단하다. 집집마다 기뻐 비느라 향을 피우고 옥수(玉穗) 뽑아낸다. 오직 우리 임금님 성수만세(聖壽萬歲), 영원토록 저 산봉우리와 하늘 끝 같이 끝없이 사시어라. 사해(四海)는 승평(昇平)하고 덕이 있어 요임금 때보다 낫다. 변경과 조정에는 한 가지 사고도 없고, 장군은 보검을 다시 휘두르지 않게 되었다. 남만(南蠻)과 북적(北狄)이 스스로 내조(來朝)하여 백가지 보물을 우리 천자(天子)의 지대(墀臺)에 바치고, 금계(金階)·옥전(玉殿)에서 만세 외치어 우리 임금님 오래오래 보위(寶位)에 올라 계시기를 원한다. 이 태평시절에 관현(管絃)과 가요(歌謠)의 소리가 아름답다. 임금님 성스러우시고 신하 현량(賢良)한데, 황하수 맑아지고 바다 편안한 때를 만났도다. 이원제자(梨園弟子)들 예상우의곡(霓裳羽衣曲)을 백옥소(白玉簫) 곁들여 우리 임금님 앞에서 아뢴다. 신선의 음악이 뜰에 가득 찼는데 모두 음률에 맞는다. 군신(君臣)이 함께 태평잔치에 취하니 임금의 마음은 기뻐지신다. 이날 은누각(銀漏刻)은 재촉하듯 자주 전하지 말지라. 문무관료(文武官僚)들 배하(拜賀)하고 함께 임금님의 장수를 빈다. 천자께서 옥련(玉輦)타고 돌아가시니 금빛 궁궐 푸른 누각엔 상서로운 연기 감돌고, 어지럽게 꽃으로 꾸미고 눈썹그린 미희(美姬)들 천(千)줄이나 늘어서, 생가(笙歌) 맑고 명랑하여 모두 신선들인데, 다투어 환궁악사(還宮樂詞) 창(唱)하여 성수만세(聖壽萬歲) 아뢴다.

夜深詞○風光暖風光暖向春天上元嘉節設華筵燈殘月落下群仙宮漏促水涓涓花盈瓶酒盈觴君臣君臣共醉大平年懽醉夜深雞唱曉人心甚厚留連待人難待人難何處在深閉洞房待人難長夜不寐君不到羅幃繡幕是仙間○風入松有頌禱之意夜深詞言君臣相樂之意皆於終宴而歌之也. 然未知何時所作

야심사(夜深詞) ○ 날씨가 따뜻하다, 날씨가 따뜻하다, 봄철로 다가가는 상원가절(上元佳節)에 화려한 잔치 차린다. 등불은 꺼져가고 달은 가라앉는데 신선들 떼 지어 내려온다. 궁궐의 누각 재촉하여 졸졸 흐르는데, 꽃은 병에 가득차고 술은 잔에 가득 찼다. 군신(君臣)이 군신이 함께 태평세월에 취한다. 기뻐 취하고 밤은 깊어 닭이 새벽을 노래하는데, 사람의 마음 심히 후해 못 떠나 한다. 사람 기다리기란 어려운 거라, 사람 기다리기란 어려운 거라, 어디에 있는가, 깊숙이 동방(洞房) 속에 갇혀있다. 사람 기다리기란 어려운 거라, 긴 밤 잠 못 이루는데 임은 오지 않는 거라. 깁방장 수장막(繡帳幕)은 신선이 거처하는 곳이라. ○ 풍입송(風入松)은 송축하는 뜻이 있고, 야심사(夜深詞)는 군신이 서로 즐기는 뜻이 있는데, 다 연회를 끝내고 노래하는 것들이다. 그러나 어느 때에 지은 것인지는 모른다.

翰林別曲○元淳文〔兪元淳〕仁老詩〔李仁老〕公老四六〔李公老〕李正言〔李奎報〕陳翰林〔陳澕〕雙韻走筆冲基對策〔劉冲基〕光鈞經義〔閔光鈞〕良鏡詩賦〔金良鏡〕偉試場景何如　琴學士〔琴儀〕玉笋門生云云〔俚語凡歌詞中以俚語不載者倣此〕唐漢書莊老子韓柳文集李杜集蘭臺集白樂天集毛詩尙書周易春秋周戴禮記云云〔俚語〕太平廣記四百餘卷偉歷覽景何如　眞卿書飛白書行書草書篆籒書蝌蚪書虞世南書羊鬚筆鼠鬚筆云云〔俚語〕吳生劉生兩先生偉走筆景何如　黃金酒柏子酒松酒醴酒竹葉酒梨花酒五加皮酒鸚鵡盞琥珀杯云云〔俚語〕劉伶陶潛兩仙翁云云〔俚語〕紅牡丹白牡丹丁紅牡丹紅芍藥白芍藥丁紅芍藥御榴玉梅黃紫薔薇芷芝冬柏偉間發景何如　合竹桃花云云〔俚語〕偉相映景何如　阿陽琴文卓笛宗武中笒帶御香玉肌香雙伽耶琴金善琵琶宗智嵇琴薛原杖鼓偉過夜景何如　一枝紅云云〔語俚〕蓬萊山方丈山瀛州三山此三山紅樓閣婥妁仙子綠髮額子錦繡帳裏珠簾半捲偉登望五湖景何如　綠楊綠竹栽亭畔偉囀黃鶯景何如　唐唐唐唐楸子皀莢木云云〔俚語〕削玉纖纖云云〔俚語〕偉携手同遊景何如○此曲高宗時翰林諸儒所作

한림별곡(翰林別曲) ○ 원순(元淳)의 문장(兪元淳), 인로(仁老)의 시(李仁老), 공로(公老)의 四六(李公老) 이정언(李正言, 李奎報)과 진한림(陳翰林, 陳華)이 쌍운(雙韻)으로 붓을 달렸다. 충기(冲基)의 대책(對策, 劉冲基), 광균(光鈞)의 경의(經義, 閔光鈞), 양경(良鏡)의 시부(詩賦, 金良鏡) 아아, 시장(試場),

그 정경이 어떠하겠나. 금학사(琴學士, 琴儀)·옥순문생(玉笋門生) 운운 (무릇 歌詞 중에 俚語이기 때문에 記載하지 않는 것은 이와 같이 표시한다.)

당서(唐書)와 한서(漢書), 장자(莊子)와 노자(老子), 한유(韓愈)와 유종원(柳宗元)의 문집, 이백(李白)과 두보(杜甫)의 시집, 난대집(蘭臺集), 백낙천집(白樂天集) 모시(毛詩)·상서(尙書)·주역(周易)·춘추(春秋)·주례(周禮)·예기(禮記) 운운(俚語) 태평광기(太平廣記) 四백여 권, 아아, 두루 읽으면 그 정경이 어떠하겠나.

안진경(顔眞卿)의 글씨, 비백서(飛白書), 행서(行書)·초서(草書) 전·주서(篆·籒書)·과두(蝌蚪書) 오세남의 글씨, 양수필(羊鬚筆)·서수필(鼠鬚筆) 운운(俚語) 오생(吳生)과 유생(劉生) 두 선생 아아, 붓을 달려 써내면 그 정경 어떠하겠나.

황금주(黃金酒)·백자주(柏子酒)·송주(松酒)·예주(醴酒)·죽엽주(竹葉酒)·이화주(梨花酒)·오가피주(五加皮酒) 앵무잔(鸚鵡盞)·호박배(琥珀杯) 운운(俚語) 유령(劉伶)과 도잠(陶潛) 두 신선노인 운운(俚語)

붉은 모란·흰 모란·진홍모란 붉은 함박꽃·희 함박꽃·진홍 함박꽃 어류(御榴)·옥매(玉梅), 노랑과 자주 장미, 지지(芷芝) 동백꽃 아아, 한가하게 피어 있으면 그 정경 어떠하겠나. 합죽도화(合竹桃花) 운운(俚語) 서로 비추면 그 정경 어떠하겠나.

아양(阿陽)의 금(琴), 문탁(文卓)의 적(笛), 종무(宗武)의 중금(中笒) 대어향(帶御香)과 옥기향(玉肌香)의 쌍가야금 김선(金善)의 비파, 종지(宗智)의 해금, 설원(薛原)의 장고 아아, 밤새 연주하면 그 정경 어떠하겠나.

일지홍(一枝紅) 운운(俚語) 봉래산(蓬萊山)·방장산(方丈山)·영주(瀛州)의 세 산, 이 세 산에 붉은 누각(樓閣) 아리따운 신선아가씨 싱싱한 머리·이마, 비단 수방장 안에 구슬발 반쯤 말아 올린다. 아아, 높은 데 올라 五호(湖)를 바라보면 그 정경 어떠하겠나. 푸른 버들과 푸른 대가 정자 가에 심어져 있다. 아아, 꾀꼬리 우짖으면 그 정경 어떠하겠나.

당당당당 추자(楸子), 조협(皁莢) 운운(俚語) 옥을 깎은 듯 보드랍더니 운운(俚語) 아아, 손잡고 함께 노닐면 그 정경 어떠하겠나. ○ 이 곡은 고종(高宗) 때 한림원(翰林院)의 여러 선비들이 지은 것이다.

三藏○三藏寺裏點燈去 有社主兮執吾手 倘此言兮出寺外 謂上座兮是汝語

삼장(三藏) ○ 삼장사(三藏寺) 안에 등불을 켜러 갔더니, 사주(寺主)가 있어 내 손을 잡았다. 이 말이 절간 밖으로 새어 나간다면 상좌(上座)에게 네가 한 말이라고 이르겠노라.

蛇龍○有蛇含龍尾 聞過太山岑 萬人各一語 斟酌在兩心 ○右二歌 忠烈王朝所作 王狎群小 好宴樂 倖臣吳祈金元祥 內僚石天補天卿等 務以聲色容悅 以管絃房太樂才人 爲不足 遣倖臣諸道 選官妓有姿色伎藝者 又選城中官婢 及女巫善歌舞者 籍置宮中衣羅綺戴馬鬃笠 別作一隊 稱爲男粧 教閱此歌 與群小日夜歌舞褻慢 無復君臣之禮 供億賜與之費 不可勝記

사룡(蛇龍) ○ 뱀이 용의 꼬리를 물고서, 태산의 묏부리를 지나갔다고 들었다. 만 사람이 각각 한 마디씩 하여도 짐작하는 것은 두 마음에 달려 있다. ○ 위의 두 노래는 충렬왕조(忠烈王朝)에 지어진 노래다. 왕이 군소배(群小輩)를 친근히 하고 연락(宴樂)을 좋아했다. 행신(幸臣) 오기(吳祈)와 김원상(金元祥), 내료(內僚) 석천보(石天補)와 석천경(石天卿) 등이 성색(聲色)으로 왕을 기쁘게 해주기에 힘썼다. 관현방(管絃房)의 태악재인(太樂才人)으로도 부족하다 하여 여러 고을에 행신(幸臣)을 보내서 관기(官妓)로 자색과 기예(伎藝)가 있는 자를 고르고, 또 성중(城中)에 있는 관비(官婢)와 무당으로 가무(歌舞)를 잘하는 자를 골라다가 궁중에 등록해서 두어두고는 비단옷을 입히고 마종립(馬鬃笠)을 씌워서 따로 한 대(隊)를 만들어 남장(男粧)이라 칭하여 이 노래를 가르쳐 군소배들과 밤낮으로 가무를 하고 난잡하게 구니 군신 사이에 예가 전연 없어졌다. 그 뒤를 대어 상급(賞給) 등을 내려주고 하는 비용이 이루 기록할 수 없을 정도로 많았다.

紫霞洞○家在松山紫霞洞 雲烟相接中和堂 喜聞今日耆英會 來獻一杯延壽漿 一杯可獲千年算願君一杯復一杯 世上春秋都不管 池塘生春草 園柳徧鳴禽 三韓元老開宴中和堂 白髮戴花 手把金觴 相勸酒 雖道風流勝神仙 亦何傷 月留琴奏太平年 願公酩酊莫辭 醉人生無處似尊前 斷送百年無過酒 杯行到手莫留殘 殷勤爲公歌一曲 是何曲調萬年懽 此生無復見羲皇 願君努力日日飲 太平身世惟醉鄉 紫霞洞中和堂 管絃聲裏滿座佳賓 皆是三韓國老 白髮戴花 手把金觴 相勸酒 蓬萊仙人 却是未風流云云〔俚語〕○侍中蔡洪哲所作也 洪哲居紫霞洞 扁其堂曰中和 日邀耆老 極懽乃罷 作此歌 令家婢歌之 詞皆仙語 盖托紫霞之仙聞耆老會中和堂來歌此詞也

자하동(紫霞洞) ○ 집은 송산(松山)의 자하동에 있는데, 그을음과 연기 서로 닿은 중화당(中和堂), 오늘 원로(元老)님네 모였다는 소식 기뻐서 찾아와 한 잔의 장명주(長命酒)를 드리옵니다. 한 잔이면 천년의 장수 얻게 되오니, 한 잔 하고 또 한 잔 드시옵소서. 세상의 봄 가을 지나가는 것일랑 도시 상관 마시고, 못 둔덕에는 봄풀이 돋아났고 정원의 버들에는 우는 새 가득하다. 삼한(三韓)의 원로들이 중화당에 잔치를 벌여, 백발에 꽃을 꽂고 손에는 쇠 술잔 잡아 서로 술을 권하니, 비록 풍류스러움 신선보다 낫다고 한들 무엇이 나쁘리요, 월류금(月留

琴)으로 태평년(太平年) 연주하니, 공(公)들이여 많이 드시고 취하는 것 사양하지 마옵소서. 인생에는 술단지 앞처럼 좋은 곳은 없고, 인생 백년을 보내는 데 술만한 게 없으니, 술잔이 손에 돌아가거든 남기지 마시라. 정중히 공(公)들을 위해 한 곡을 부르겠는데, 그것은 무슨 곡인가, 만년환(萬年歡)이라. 이생엔 다시는 희황(羲皇)을 만나보지 못할 것이니, 임들이여 힘을 내어 매일 매일 마시옵소서. 태평 신세는 오직 취향(醉鄕) 뿐이니 자하동의 중화당, 관현(管絃) 소리 가운데 귀한 손들 가득하니 모두 삼한(三韓)의 국로(國老)들, 백발에 꽃을 꽂고 손에는 쇠술잔 잡아 서로 술을 권하니, 봉래산(蓬萊山) 선인(仙人)들의 풍류도 이에 미치지 못한다. 운운 (俚語)

2. 악학궤범

〈봉좌문고본(蓬左文庫本) 『악학궤범(樂學軌範)』, 권(卷)5 시용향악정재도의(時用鄕樂呈才圖儀).〉

동동(動動) 〈아박(牙拍)〉

德으란 곰비예 받즙고 福으란 림비예 받즙고 德이여 福이라호늘 나수라 오소이다 아으 動動다리

正月ㅅ 나릿 므른 아으 어져 녹져 ᄒᆞ논ᄃᆡ 누릿 가온ᄃᆡ 나곤 몸하 ᄒᆞ올로 녈셔 아으 動動다리

二月ㅅ 보로매 아으 노피 현 燈ㅅ블 다호라 萬人 비취실 즈ᅀᅵ샷다 아으 動動다리

三月 나며 開ᄒᆞᆫ 아으 滿春 ᄃᆞᆯ욋고지여 ᄂᆞᄆᆡ 브롤 즈슬 디녀 나샷다 아으 動動다리

四月 아니 니저 아으 오실셔 곳고리새여 므슴다 錄事니믄 녯나롤 닛고신뎌 아으 動動다리

五月 五日애 아으 수릿날 아춤 藥은 즈믄힐 長存ᄒᆞ샬 藥이라 받즙노이다 아으 動動다리

六月ㅅ 보로매 아으 별해 ᄇᆞ룐 빗 다호라 도라보실 니믈 젹곰 좃니노이다 아으 動動다리

七月ㅅ 보로매 아으 百種 排ᄒᆞ야 두고 니믈 ᄒᆞᆫᄃᆡ 녀가져 願을 비숩노이다 아으 動動다리

八月ㅅ 보로믄 아으 嘉俳나리마론 니믈 뫼셔 녀곤 오늘낤 嘉俳샷다 아으 動動

다리

九月 九日애 아으 藥이라 먹논 黃花고지 안해 드니 새셔 가만ᄒᆞ애라 아으 動動다리

十月애 아으 져미연 ᄇᆞᄅᆞᆺ 다호라 것거 ᄇᆞ리신 後에 디니실 ᄒᆞᆫ부니 업스샷다 아으 動動다리

十一月ㅅ 봉당 자리예 아으 汗衫 두퍼 누워 슬ᄒᆞᆯᄉᆞ라온뎌 고우닐 스싀옴 녈셔 아으 動動다리

十二月ㅅ 분디남ᄀᆞ로 갓곤 아으 나ᅀᆞᆯ盤잇 져다호라 니믜 알ᄑᆡ 드러 얼이노니 소니 가재다 므ᄅᆞᅀᆞᆸ노이다 이으 動動다리

정읍(井邑) 〈무고(舞鼓)〉

前腔 ᄃᆞᆯ하 노피곰 도ᄃᆞ샤 어긔야 머리곰 비취오시라 어긔야 어강됴리 小葉 아으 다롱디리 後腔 全져재 녀러신고요 어긔야 즌ᄃᆡᄅᆞᆯ 드ᄃᆡ욜셰라 어긔야 어강됴리 過編 어느이다 노코시라 金善調 어긔야 내 가논 ᄃᆡ 졈그ᄅᆞᆯ셰라 어긔야 어강됴리 小葉 아으 다롱디리

처용가(處容歌)

前腔 新羅盛代 昭盛代 天下太平 羅侯德 處容아바 以是人生애 相不語ᄒᆞ시란ᄃᆡ 以是人生애 相不語ᄒᆞ시란ᄃᆡ 附葉 三災八難이 一時消滅ᄒᆞ샷다 中葉 어와 아븨 즈ᅀᅵ여 處容아븨 즈ᅀᅵ여 附葉 滿頭揷花 계오샤 기울어신 머리예 小葉 아으 壽命長願ᄒᆞ샤 넙거신 니마해 後腔 山象이슷 깅어신 눈섭에 愛人相見ᄒᆞ샤 오ᅀᆞᆯ어신 누네 附葉 風入盈庭ᄒᆞ샤 우글어신 귀예 中葉 紅桃花ᄀᆞ티 븕거신 모야해 附葉 五香 마ᄐᆞ샤 웅긔어신 고해 小葉 아으 千金 머그샤 어위어신 이베 大葉 白玉琉璃ᄀᆞ티 ᄒᆡ여신 닛바래 人讚福盛ᄒᆞ샤 미나거신 ᄐᆞᆨ애 七寶 계우샤 숙거신 엇게예 吉慶 계우샤 늘의너신 ᄉᆞ맷길헤 附葉 설믜 모도와 有德ᄒᆞ신 가ᄉᆞ매 中葉 福智俱足ᄒᆞ샤 브르거신 ᄇᆡ예 紅鞓 계우샤 굽거신 허리예 附葉 同樂大平ᄒᆞ샤 길어신 허튀에 小葉 아으 界面 도ᄅᆞ샤 넙거신 바래 前腔 누고 지ᅀᅥ 셰니오 누고 지ᅀᅥ 셰니오 바늘도 실도 어ᄡᅵ 바늘도 실도 어ᄡᅵ 附葉 處容아비ᄅᆞᆯ 누고 지ᅀᅥ 셰니오 中葉 마아만 마아만ᄒᆞ니여 附葉 十二諸國이 모다 지ᅀᅥ 셰온 小葉 아으 處容아비ᄅᆞᆯ 마아만ᄒᆞ니여 後腔 머자 외야자 綠李야 ᄲᆞᆯ리나 내 신고ᄒᆞᆯ ᄆᆡ야라 附葉 아니옷 ᄆᆡ시면 나리어다 머즌말 中葉 東京 ᄇᆞᆯᄀᆞᆫ ᄃᆞ래 새도록 노니다가 附葉 드러 내자리ᄅᆞᆯ 보니 가ᄅᆞ리 네히로새라 小葉 아으 둘흔 내해어니와 둘흔 뉘해어니오 大葉 이런 저긔 處容아비옷 보시면 熱病神이ᅀᅡ 膾ㅅ가시로다 千金을 주리여 處容아바 七寶를 주리여 處

容아바 附葉 千金 七寶 말오 熱病神를 날자바 주쇼셔 中葉 山이여 미히여 千里外예 附葉 處容아비를 어여려거져 小葉 아으 熱病大神의 發願이샷다

〈학연화대처용무합설(鶴蓮花臺處容舞合設)〉

정과정(鄭瓜亭)

前腔 내님믈 그리ᅀᆞ와 우니다니 中腔 山 졉동새 난 이슷ᄒᆞ요이다 後腔 아니시며 거츠르신돌 아으 附葉 殘月曉星이 아ᄅᆞ시리이다 大葉 넉시라도 님은 ᄒᆞᆫᄃᆡ 녀져라 아으 附葉 벼기더시니 뉘러시니잇가 二葉 過도 허믈도 千萬 업소이다 三葉 물힛마리신뎌 四葉 ᄉᆞᆯ읏븐뎌 아으 附葉 니미 나를 ᄒᆞ마 니ᄌᆞ시니잇가 五葉 아소 님하 도람 드르샤 괴오쇼셔

〈학연화대처용무합설(鶴蓮花臺處容舞合設)〉

3. 시용향악보

〈『時用鄕樂譜』〉

납씨가(納氏歌) 평조(平調) ○歌詞只錄第一章其餘見歌詞册他樂倣此

納氏恃雄强ᄒᆞ야 入冠[13]東北方ᄒᆞ더니 縱傲誇以力ᄒᆞ니 鋒銳라 不可當이로다

유림가(儒林歌) 평조(平調)

五百年이 도라 黃河ㅅ 므리 몰가 聖主ㅣ 重興ᄒᆞ시니 萬民의 咸樂이샷다 五百年이 도라 沂水ㅅ 므리 몰가 聖主ㅣ 重興ᄒᆞ시니 百穀이 豊登ᄒᆞ샷다 我窮且樂아 窮且窮且樂아 浴乎沂風乎舞雩詠而歸호리라 我窮且樂아 窮且窮且樂아

횡살문(橫殺門)

錦城絲管이 日紛紛ᄒᆞ니 半入江風半入雲이로다 此曲이 只應天上有ㅣ니 人間애 能得幾時聞고 아으 大平曲調를 奏明君ᄒᆞ습노이다

---

13) 구(寇)의 오기(誤記).

사모곡(思母曲) 속칭(俗稱) 엇노리 ○계면조(界面調)

호ᄆᆡ도 늘히어신마ᄅᆞᄂᆞᆫ 낟ᄀᆞ티 들리도 어ᄡᅳ새라 아바님도 어ᅀᅵ어신마ᄅᆞᄂᆞᆫ 위 덩더둥셩 어마님ᄀᆞ티 괴시리 어뻬라 아소 님하 어마님ᄀᆞ티 괴시리 어뻬라

서경별곡(西京別曲) 평조(平調)

西京이 아즐가 西京이 셔울히 마르는 위 두어렁셩 두어렁셩 다링디러리

쌍화곡(雙花曲) 속칭(俗稱) 쌍화점(雙花店)○평조(平調)

寶殿之傍 雙花薦芳 來瑞我王 馥馥其香 燁燁其光 久矣其祥 於穆我王 俾熾而昌 維序不忘 率由舊章 無怠無荒 綱紀四方 君明臣良 魚水一堂 做戒靡遑 庶事斯康 和氣滂洋 嘉瑞以彰 嘉瑞以彰 福履穰穰 地久天長 聖壽無彊[14]

나례가(儺禮歌) 평조(平調)

羅令公宅 儺禮日이 廣大도 金線이샤ᅀᆞ이다 궁에ᅀᅡ 山ㅅ굿볏겻더신ᄃᆞᆫ 鬼衣도 金線이리라 리라리러나 리라리라리

정석가(鄭石歌) 평조(平調) 계면조(界面調) 통용(通用)

딩아 돌하 當今에 겨샤이다 딩아 돌하 當今에 겨샤이다 先王盛代예 노니ᅀᆞ와지이다

청산별곡(靑山別曲) 평조(平調)

살어리 살어리라짜 靑山의 살어리라짜 멀위랑 ᄃᆞ래라 빠먹고 靑山의 살어리랏다 얄리얄리 얄라 얄라성 얄라

---

14) 보전의 곁에, 쌍화가 향을 풍기네. 우리 왕에게 와서 상서가 되니, 향긋한 그 향기로다. 찬란한 그 빛이여, 진실로 상서롭도다. 아! 거룩하신 우리 왕이여, 성대히 번창하게 하셨도다. 통서[統序]를 잊지 않고, 옛 법을 따라, 게으르지도 않고 황음하지도 않아, 사방에 기강을 세우도다. 임금은 밝고 신하는 어질어, 물고기와 물이 한 집에 있도다. 경계하고 서두르지 않으니, 모든 일이 이에 편안하도다. 온화한 기운 넘쳐서, 좋은 단서 드러나네. 좋은 단서 드러나니, 복록이 풍성하도다. 땅은 구원하고 하늘은 장구하니, 성수가 한량없도다.

유구곡(維鳩曲) 속칭(俗稱) 비두로기 ○평조(平調)

비두로기 새는 비두로기 새는 우루믈 우루딕 버곡댱이아 난 됴해 버곡댱이아 난 됴해

귀호곡(歸乎曲) 속칭(俗稱) 가시리 ○평조(平調)

가시리 가시리이꼬 나는 ㅂ리고 가시리이꼬 나는 위 증즐가 大平盛代

생가요량(笙歌寥亮) 평조(平調)

笙歌寥亮呈玉庭爲報聖壽萬年萬萬壽玉殿階前排筵會今宵秋日到神仙[15]

상저가(相杵歌) 평조(平調)

듥긔동 방해나 디히 히얘 게우즌 바비나 지서 히얘 아바님 어마님끠 받줍고 히야해 남거시든 내 머고리 히야해 히야해

풍입송(風入松) 평조(平調)

聖明天子當今帝神補天助敷化來理世欣아 恩深遐邇古今稀外國躬趍盡歸依야 四境寧清罷槍旗聖德堯湯難比야 且樂大平時是處笙簫聲아 鼎沸야 并閭樂音家家喜祈祝焚香抽玉穗아 惟我聖壽萬歲야 永同山嶽天際야 四海昇平有德咸勝堯時야 邊庭無一事將軍아 寶劍休更揮야 梯山船海自來朝百寶獻我天墀야 金階玉殿呼萬歲願我主長登寶位야 對此大平時節아 紘管歌謠聲美야 主聖아 臣賢아 邂逅河淸海晏아 梨園弟子奏霓裳白玉簫我皇前아 仙樂盈庭皆應律君臣共醉大平筵帝意多懽是此日銀漏莫催頻傳아 文아 武아 官寮拜賀共祝皇岭아 天臨玉輦迴金闕碧閣繞아 祥煙아 繽紛花黛列千行笙歌寥亮盡神仙爭唱還宮樂詞아 爲報聖壽萬歲야 爲報聖壽萬歲야

야심사(夜深詞) 평조(平調)

風光暖風光暖向春天上元佳節設華筵燈殘月落下群仙宮漏促水涓涓나 宮漏促水涓涓나

---

15) 생황(笙簧) 소리 맑고 낭랑하게 궁전 뜰에 들리어, 임금의 수(壽) 만년을 아뢰네, 만만수를. 옥전(玉殿) 금계(金階)에서 연회를 베푸니, 오늘 같은 가을밤에 신선이 내려오도다.

성황반(城隍飯) 계면조(界面調)

東方애 持國天王님하 南方애 廣目天子天王님하 南無西方애 增長天王님하 北方山의사 毗沙門天王님하 다리러 다로리 로마하 디렁디리 대리러 로마하 도람다리러 다로링 디러리 다리렁 디러리 內外예 黃四目天王님하

내당(內堂) 계면조(界面調)

山水淸涼 소리와 淸涼애사 두스리믈어디새라 道場애사 오시ᄂᆞ니 ᄒᆞᆫ 남종과 두 남종과 열 세 남종 주셔쌔라 바회예 나ᄅᆞ새라 다로럼 다리러 열 세 남종이 다 여위실더드런 니믈 뫼셔 술와지 聖人無上兩山大勒하 다로럼 다리러

대왕반(大王飯) ᄀᆞᄅᆞ와디 평조(平調) 내당(內堂) ᄀᆞᄅᆞ와디 악동(樂同)

八位城隍 여듧 位런 놀오쉬오 믓ᄌᆞᆺ가ᄉᆞ리 쟝화새라 當時예 黑牧丹고리 坊廂애 ᄀᆞ드가리 노니실 大王하 디러렁다리 다리러디러리

잡처용(雜處容) 평조(平調)

中門안해 셔겨신 雙處容아바 大王이 殿座를 ᄒᆞ시란ᄃᆡ 太宗大王이 殿座 外門바끠 둥덩다리러로마 太宗를ᄒᆞ시란ᄃᆡ 아으 寶錢七寶지여 살언간만 다롱다로리대렁디러리 아으 디렁디러리 다로리[16]

삼성대왕(三城大王) 평조(平調)

瘴ᄀᆞᅀᆞ실가 三城大王 일ᄋᆞᅀᆞ실가 三城大王 瘴이라 難이라 쇼셰란ᄃᆡ 瘴難을 져차쇼셔 다롱다리 三城大王 다롱다리 三城大王 녜라와 괴쇼셔

군마대왕(軍馬大王) 평조(平調)

리러루 러리러루 런러리루 러루 러리러루 리러루리 러리로 로리 로라리 러리

---

16) 중문(中門) 안에 서 계신 두 명의 처용아비여, 세종대왕이 정전(正殿)에 앉으시려 하신대, 태종대왕이 외문(外門) 밖에서, 둥덩다리러로마. 태종대왕께 말하건대, 아 보전칠보(寶錢七寶)를 쥐어야 살아가련만. 다롱다로리대렁디러리 아으 디렁디러리 다로리.

러 리러루 런러리루 러루 러리러루 리러루리 려리로

대국일(大國一) 평조(平調)

술도 됴터라 드로라 고기도 됴터라 드로라 엇더다 別大王 들러신디 四百瘴難을 아니 져차실가 얄리얄리얄라 얄라셩얄라

대국이(大國二) 평조(平調)

오부샹셔 비샹셔 슈여天子 天子大王 景象여 보허리허 天子大王 오시논 나래 ᄉᆞ랑大王인돌 아니 오시려 兩分이 오시논 나래 命엣 福을 져미쇼셔 얄리얄리얄라 얄라셩얄라

대국삼(大國三) 평조(平調)

大國도 小國이로다 小國도 大國이로다 小盤의 다ᄆᆞ샨 紅牧丹 섯디여 노니져 얄리얄리얄라 얄라셩얄라

구천(九天) 평조(平調)

리로 리런나 로리라 리로런나 로라리 리리로리런 나오리런나 나리런나 로런나 로라리 로리런나

별대왕(別大王) 평조(平調)

노런나 오리나리라리로런나 니리리런나 나리나리런나 로로런나 리런나 로로런나 리런나

4. 악장가사

〈봉좌문고본『악장가사(樂章歌詞)』가사(歌詞) 상(上)〉

여민락(與民樂)

히동륙룡비막비텬소부고셩동부海東六龍飛莫非天所扶古聖同符
○근심지목풍역블올유쟉기화유분기실根深之木風亦不杌有灼其華有蕡其實

○원원지슈한역블갈류ᄉᆞ위쳔우히필달源遠之水旱亦不渴流斯爲川于海必達
○셕쥬대왕우빈ᄉᆞ의우빈ᄉᆞ의됴조비긔昔周大王于豳斯依于豳斯依造丕基
○금아시조경흥시턱경흥시턱됴ᄀᆡ홍업今我始祖慶興是宅慶興是宅肇開鴻業
○뎍인여쳐뎍인우침기산지쳔실유텬심狄人與處狄人于侵岐山之遷實維天心
○야인여쳐야인블례덕원지ᄉᆞ실시텬계野人與處野人不禮德源之徙實是天啓
○쳔세믁뎡한슈양류인ᄀᆡ국복년무강千歲墨定漢水陽累仁開國卜年無疆
○ᄌᆞᄌᆞ손손셩신슈계경텬근민내익영셰子子孫孫聖神雖繼敬天勤民乃益永世
○오호 ᄉᆞ왕감ᄎᆞ락표유뎐황조기시嗚呼嗣王監此洛表游畋皇祖其恃17)

보허자(步虛子)

벽연롱효히파한강샹수봉한패환셩니이향표락인간미강졀오운단완연공지가화셔미일쇼파쥬안구듕요궐망듕삼축요텬만만ᄌᆡᄃᆡ남산碧烟籠曉海波閑江上數峯寒佩環聲裏異香飄落人間弭絳節五雲端尾宛然共指嘉禾瑞微一笑破朱顔九重嶢闕望中三祝遙天萬萬載對南山18)

감군은(感君恩)

ᄉᆞ히四海 바닷 기픠ᄂᆞᆫ 닫줄로 자히리어니와 님의 덕턱德澤 기픠난 어ᄂᆡ 줄로 자히리잇고 향복무강享福無疆ᄒᆞ샤 만셰萬歲ᄅᆞᆯ 누리소셔 향복무강享福無疆ᄒᆞ샤

---

17) 해동(海東)의 여섯 용이 나시어 하시는 일마다 하늘의 복을 받으시니, 중국의 옛 성왕(聖王)과 꼭 같으시니, 뿌리가 깊은 나무는 바람에 움직이지 아니하므로, 꽃이 좋고 열매 많으니, 샘이 깊은 물은 가뭄에도 그치지 아니하므로, 내를 이루어 바다에 가느니, 주나라의 대왕이신 고공단보께서 빈곡에 사시면서 제왕의 기틀을 닦으시니, 우리 시조이신 목조께서 경흥에 사시면서 왕업의 기틀을 닦으시니, 오랑캐 사이에 가시니 오랑캐가 침범하거늘, 기산(岐山)으로 옮기신 것은 하늘의 뜻이시니, 오랑캐 사이에 가시니 오랑캐가 침범하거늘, 덕원(德源)으로 옮기신 것도 하늘의 뜻이시니, 천 세 전에 미리 정하신 한강 북쪽에 여러 대를 거쳐 어진 임금이 나라를 열어 왕조가 끝이 없으시니, 자자손손 성신(聖神)이 이으시어도 하늘을 공경하고 백성을 부지런히 섬겨야 더욱 굳건할 것입니다, 임금이여 아소서. 낙수(落水)에 사냥을 가 있으면서 조상만 믿으시겠습니까

18) 푸른 안개 새벽 하늘에 자욱한데 바다 물결 한가롭고, 강가의 두어 개 산봉우리 차갑구나, 옥고리 소리 가운데, 기이한 향기 인간 세상에서 날리고, 신선 수레 오색 구름 속에서 멈추는 구나, 미(尾), 완연하게 함께 이삭이 많이 달린 좋은 벼의 상서로움 가리키고, 한 차례 웃어 붉은 얼굴 웃음 띄우네, 구중 높은 궁궐 바라보는 가운데 높은 하늘 향해서 세 차례 축수하기를, 만만년 두고두고 남산 맞보고 솟아 있을지어다

만셰萬歲ᄅᆞᆯ 누리쇼셔 일간명월一竿明月 역군은亦君恩이샷다

○태산泰山이 놉다컨마ᄅᆞᄂᆞᆫ 하ᄅᆞᆯ해 몯 밋거니와 님의 놉ᄑᆞ샨 은恩과 덕德과ᄂᆞᆫ 하ᄂᆞᆯ ᄀᆞ티 노ᄑᆞ샷다 향복무강享福無强하샤 만셰萬歲ᄅᆞᆯ 누리쇼셔 향복무강享福無强ᄒᆞ샤 만셰萬歲ᄅᆞᆯ 누리쇼셔 일간명월一竿明月이 역군은亦君恩이샷다

○ᄉᆞᄒᆡ四海 넙다ᄒᆞᆫ 바다 ᄒᆞᆫ 쥬즙舟楫이면 건너리어니와 님의 너브샨 은ᄐᆡᆨ恩澤을 ᄎᆞᄉᆡᆼ此生애 갑소오릿가 향복무강享福無强ᄒᆞ샤 만셰萬歲ᄅᆞᆯ 누리쇼셔 향복무강享福無强ᄒᆞ샤 만셰萬歲ᄅᆞᆯ 누리쇼셔 일간명월一竿明月이 역군은亦君恩이샷다

○일편단심一片丹心ᄲᅮᆫ을 하ᄂᆞᆯ하 아ᄅᆞ쇼셔 ᄇᆡᆨ골미분白骨糜粉인ᄃᆞᆯ 단심丹心이ᄯᆞᆫ 가ᄉᆡ리잇가 향복무강享福無强ᄒᆞ샤 만셰萬歲ᄅᆞᆯ 누리쇼셔 향복무강享福無强ᄒᆞ샤 만셰萬歲ᄅᆞᆯ 누리쇼셔 일간명월一竿明月이 역군은亦君恩이샷다

정석가(鄭石歌)

딩아 돌하 당금當今에 계샹이다 딩아 돌하 당금當今에 계샹이다 션왕셩ᄃᆡ先王聖代예 노니ᄋᆞ와지이다

○삭삭기 셰몰애 별헤 나ᄂᆞᆫ 삭삭기 셰몰애 별헤 나ᄂᆞᆫ 구은 밤 닷 되를 심고이다

○그 바미 우미 도다 삭나거시아 그 바미 우미 도다 삭나거시아 유덕有德ᄒᆞ신 님믈 여ᄒᆡᄋᆞ외지이다

○옥玉으로 련蓮ㅅ고즐 사교이다 옥玉으로 련蓮ㅅ고즐 사교이다 바회 우희 졉듀接柱ᄒᆞ요이다

○그 고지 삼동三同이 퓌거시아 그 고지 삼동三同이 퓌거시아 유덕有德ᄒᆞ신 님 여ᄒᆡᄋᆞ와지이다

○므쇠로 텰릭을 ᄆᆞᆯ아 나ᄂᆞᆫ 므쇠로 텰릭을 ᄆᆞᆯ아 나ᄂᆞᆫ 텰ᄉᆞ鐵絲로 주롬 바고이다

○그 오시 다 헐어시아 그 오시 다 헐어시아 유덕有德ᄒᆞ신 님 여ᄒᆡᄋᆞ와지이다

○므쇠로 한쇼를 디여다가 므쇠로 한쇼를 디여다가 텰슈산鐵樹山에 노호이다

○그 쇠 텰초鐵草를 머거아 그 쇠 텰초鐵草를 머거아 유덕有德ᄒᆞ신 님 여ᄒᆡᄋᆞ와지이다

○구스리 바회예 디신ᄃᆞᆯ구스리 바회예 디신ᄃᆞᆯ 긴힛ᄃᆞᆫ 그츠리잇가

○즈믄 ᄒᆡᄅᆞᆯ 외오곰 녀신ᄃᆞᆯ 즈믄 ᄒᆡᄅᆞᆯ 외오곰 녀신ᄃᆞᆯ 신信잇ᄃᆞᆫ 그츠리잇가

청산별곡(靑山別曲)

살어리 살어리랏다 청산靑山애 살어리랏다 멀위랑 ᄃᆞ래랑 먹고 청산靑山애 살

어리랏다 얄리얄리 얄랑셩 알라리 얄라

○우러라 우러라 새여 자고 니러 우러라 새여 널라와 시름한 나도 자고 니러 우니로라 얄리얄리 얄라셩 얄라리 얄라

○가던 새 가던 새 본다 믈아래 가던 새 본다 잉무든 장글란 가지고 믈아래 가던 새 본다 얄리얄리 얄라셩 얄라리 얄리

○이링공 뎌링공 ᄒᆞ야 나즈란 디내와손뎌 오리도 가리도 업슨 바므란 ᄯᅩ 엇디 호리라 얄리얄리 얄라셩 얄라리 얄라

○어듸라 더디던 돌코 누리라 마치던 돌코 믜리도 괴리도 업시 마자셔 우니노라 얄리얄리 얄라셩 얄라리 얄라

○살어리 살어리랏다 바ᄅᆞ래 살어리랏다 ᄂᆞᄆᆞ자기 구조개랑 먹고 바ᄅᆞ래 살어리랏다 얄리얄리 얄라셩 얄라리 얄라

○가다가 가다가 드로라 에졍지 가다가 드로라 사ᄉᆞ미 짒대예 올아셔 ᄒᆡ금奚琴을 혀거를 드로라 얄리얄리 얄라셩 얄리리 얄라

○가다니 ᄇᆡ브른 도ᄀᆡ 설진 강수를 비조라 조롱곳 누로기 ᄆᆡ와 잡ᄉᆞ와니 내 엇디ᄒᆞ리잇고 얄리얄리 얄라셩 얄라리 얄라

서경별곡(西京別曲)

셔경西京이 아즐가 셔경西京이 셔울히 마르는 위 두어렁셩 두어렁셩 다링디리
○닷곤 ᄃᆡ 아즐가 닷곤 ᄃᆡ 쇼셩경 고외마른 위 두어렁셩 두어렁셩 다링디리
○여ᄒᆡ므론 아즐가 여ᄒᆡ므논 질삼뵈 ᄇᆞ리시고 위 두어렁셩 두어렁셩 다링디리
○괴시란ᄃᆡ 아즐가 괴시란ᄃᆡ 우러곰 좃니노이다 위 두어렁셩 두어렁셩 다링디리
○구스리 아즐가 구스리 바회예 디신ᄃᆞᆯ 위 두어렁셩 두어렁셩 다링디리
○긴히ᄯᆞᆫ 아즐가 긴힛ᄯᆞᆫ 그츠리잇가 나ᄂᆞᆫ 위 두어렁셩 두어렁셩 다링디리
○즈믄 ᄒᆡ를 아즐가 즈믄 ᄒᆡ를 외오곰 녀신ᄃᆞᆯ 위 두이렁셩 두어렁셩 다링디리
○신信잇ᄃᆞᆫ 아즐가 신信잇ᄃᆞᆫ 그츠리잇가 나ᄂᆞᆫ 위 두어렁셩 두어렁셩 다링디리
○대동강大同江 아즐가 대동강大同江 너븐디 몰라셔 위 두어렁셩 두어렁셩 다링디리
○ᄇᆡ 내여 아즐가 ᄇᆡ 내여 노ᄒᆞᆫ다 샤공아 위 두어렁셩 두어렁셩 다링디리
○네 가시 아즐가 네 가시 럼난디 몰라셔 위 두어렁셩 두어렁셩 다링디리
○녈 ᄇᆡ예 아즐가 녈 ᄇᆡ예 연즌다 샤공아 위 두어렁셩 두어렁셩 다링디리
○대동강大同江 아즐가 대동강大同江 건넌편 고즐여 위 두어렁셩 두어렁셩 다링디리
○ᄇᆡ타들면 아즐가 ᄇᆡ타들면 것고리이다 나ᄂᆞᆫ 위 두어렁셩 두어렁셩 다링디리

사모곡(思母曲)

호ᄆᆡ도 ᄂᆞᆯ히언마ᄅᆞᄂᆞᆫ 낟ᄀᆞ티 들리도 업스니이다 아바님도 어이어신마ᄅᆞᄂᆞᆫ 위 덩더둥셩 어마님ᄀᆞ티 괴시리 업세라 아소 님하 어마님ᄀᆞ티 괴시리 업세라

능엄찬(楞嚴讚)

셰계즁ᄉᆡᆼ世界衆生이 미실본각슈파튝랑迷失本覺隨波逐浪이어를
여ᄅᆡᄋᆡ민如來哀憫ᄒᆞ샤 시슈ᄒᆡᆼ로始修行路ㅣ 무비일대ᄉᆞ無非一大師ㅣ시니
아난존자阿難尊者ㅣ 진ᄌᆞ방변眞慈方便으로 부위말ᄒᆞᆨ副爲末學이어시ᄂᆞᆯ
관셰음원통觀世音圓通을 문슈文殊ㅣ 독션獨善이샷다
남무셕기셰존南無釋伽世尊하 죠ᄎᆞ금회심照此今悔心ᄒᆞ쇼셔
시방불모무샹보인十方佛母無上寶印으로 유연有緣을 ᄀᆡ도開通ᄒᆞ시ᄂᆞ니
약규슈증쟈若有隨證者ㅣ어든 마풍魔風이 블득취不得吹케ᄒᆞ쇼셔
션ᄌᆡ善哉라 호법護法ᄒᆞ신 텬룡귀신天龍鬼神이여샷다[19]

영산회상(靈山會相)

령산회샹불보살靈山會相佛普薩
ᄃᆡ슈만셰가代壽萬歲歌
벽ᄒᆡ신인숭ᄌᆞ연碧海神人乘紫烟
분조뎡무슉렴젼分曺呈舞繡簾前
삽화두듕회션완捕花頭重迴旋緩
공헌군왕슈만년共獻君王壽萬年[20]

---

19) 세계 중생이 혼미하여 본각을 잃고서 물결따라 헤매거늘, 여래께서 불쌍히 여기시어 비로 행할 길을 닦으시니 하나의 큰 스승 아님이 없도다, 아난존자가 참으로 자애로운 방편으로 보좌하여 후학(後學)이 되시거늘, 관세음의 원통을 문수보살이 홀로 잘 수행하였도다, 나무석가세존이시여 이 후회하는 마음을 비춰보소서, 시방불의 위 없는 보인으로 연기법을 열어 통하게 하시나니, 만약 따라서 증험하는 자가 있거든 마귀의 바람이 불지 못하게 하소서, 좋도다 법을 보호하시는 천룡귀신이시도다.

20) 영산회상불보살은 <수만세가>로 대체 되었다.
바다에 사는 신선이 보랏빛 안개를 타고 와서, 비단 휘장 앞에 나뉘어 서서 춤을 드립니다, 꽃을 꽂은 머리 무거워서 천천히 돌면서, 삼가 임금님의 만수무강을 드리옵니다.

쌍화점(雙花店)

雙花店솽화뎜에 雙花솽화사라 가고신딘 回回휘휘아비 내손모글 쥐여이다 이 말ᄉᆞ미 이 店뎜 밧긔 나명들명 다로러거디러 죠고맛감 삿기광대 네 마리라 호리라 더러둥셩 다리러디러 다리러디러 다로러거디러 다로러 긔 자리예 나도 자라 가리라 위위 다로러거디러 다로러 긔 잔ᄃᆡᄀᆞ티 덦거츠니 업다
○三藏寺삼장ᄉᆞ애 브를혀라 가고신딘 그 뎔 社主샤쥬ㅣ 내손모글 쥐여이다 이 말ᄉᆞ미 이 뎔밧긔 나명들명 다로러거디러 죠고맛간 삿기 上座샹좌ㅣ 네 마리라 호리라 더러둥셩 다리러디러 다리러디러 다로러거디러 다로러 긔 자리예 나도 자라 가리라 위위 다로러거디러 다로러 긔 잔ᄃᆡᄀᆞ티 덦거츠니 업다
○드레우므레 므를길라 가고신딘 우믓龍룡이 내손모글 쥐여이다 이 말ᄉᆞ미 이 우믈밧끠 나명들명 다로러거디러 죠고맛간 드레바가 네 마리라 호리라 더러둥셩 다리러디러 다리러디러 다로러거디러 다로러 긔 자리예 나도 자라가리라 위위 다로러거디러 다로러 긔 잔ᄃᆡᄀᆞ티 덦거츠니 업다
○술풀지븨 수를사라 가고신딘 그 짓아비 내손모글 쥐여이다 이 말ᄉᆞ미 이집밧끠 나명들명 다로러거디러 죠고맛간 싀구바가 네 마리라 호리라 더러둥셩 다리러디러 다리러디러 다로러거디러 다도러 긔 자리예 나도 자라가리라 위위 다로러거디러 다로러 긔 잔ᄃᆡᄀᆞ티 덦거츠니 업다

이상곡(履霜曲)

비오다가 개야 아 눈 하 디신나래 서린 석석사리 조분 곱도신 길헤 다롱디우셔 마득사리 마두너즈세 너우지 잠짜간 내니믈 너겨 깃둔 열명길헤 자라오리잇가 죵죵 벽력霹靂 싱함타무간生陷墮無間 고대셔 싀여딜 내 모미 죵 벽력霹靂 아 싱함타무간生陷墮無間 고대셔 싀여딜 내 모미 내님 두숩고 년뫼를 거로리 이러쳐 뎌러쳐 이러쳐 뎌러쳐 긔약期約이잇가 아소 님하 ᄒᆞᆫᄃᆡ 녀젓 긔약期約이이다

가시리

가시리 가시리잇고 나ᄂᆞᆫ ᄇᆞ리고 가시리잇고 나ᄂᆞᆫ 위 증즐가 대평셩ᄃᆡ大平盛代
○날러ᄂᆞᆫ 엇디 살라 ᄒᆞ고 ᄇᆞ리고 가시리잇고 나ᄂᆞᆫ 위 증즐가 대평셩ᄃᆡ大平盛代
○잡ᄉᆞ와 두어리마ᄂᆞᄂᆞᆫ 선ᄒᆞ면 아니 올셰라 위 증즐가 대평셩ᄃᆡ大平盛代
○셜온님 보내ᄋᆞᆸ노니 나ᄂᆞᆫ 가시ᄂᆞᆫ ᄃᆞᆺ 도셔 오쇼셔 나ᄂᆞᆫ 위 증즐가 대평셩ᄃᆡ大平盛代

유림가(儒林歌)

오ᄇᆡᆨ년五百年이 도라 황ᄒᆡ黃河ㅅᄆᆞ리ᄆᆞᆯ가 셩쥬聖主ㅣ 듕흥重興ᄒᆞ시니 만민萬民의 함락咸樂이로다 오ᄇᆡᆨ년五百年이 도라 긔슈沂水ㅅᄆᆞ리ᄆᆞᆯ가 셩쥬聖主ㅣ 듕흥重興ᄒᆞ시니 ᄇᆡᆨ곡百穀이 풍등豊登ᄒᆞ샷다 葉 아궁챠락我窮且樂아 궁챠궁챠락窮且窮且樂아 욕호긔풍호무우영이귀浴乎沂風乎舞雩詠而歸호리라 아궁챠락我窮且樂아 궁챠궁챠락窮且窮且樂아

○오ᄇᆡᆨ년五百年이 도라 ᄉᆞ슈泗水ㅅᄆᆞ리ᄆᆞᆯ가 셩쥬聖主ㅣ 듕흥重興ᄒᆞ시니 텬하天下ㅣ 대평大平ᄒᆞ샷다 오ᄇᆡᆨ년五百年이 도라 한슈漢水ㅅᄆᆞ리ᄆᆞᆯ가 셩쥬聖主ㅣ 듕흥重興ᄒᆞ시니 간과干戈ㅣ 식정息靜ᄒᆞ샷다 葉 아궁챠락我窮且樂아 궁챠궁챠락窮且窮且樂아 욕호긔풍호무우영이귀浴乎沂風乎舞雩詠而歸호리라 아궁챠락我窮且樂아 궁챠궁챠락窮且窮且樂아

○오ᄇᆡᆨ년五百年이 도라 ᄉᆞᄒᆡ四海ㅅᄆᆞ리ᄆᆞᆯ가 셩쥬聖主ㅣ 듕흥重興ᄒᆞ시니 민지부모民之父母ㅣ샷다 계림桂林마ᄃᆡᆺ 학鶴이 각션지卻詵枝예 안재라 텬샹강ᄅᆡ天上降來ᄒᆞ시니 인간봉ᄅᆡ人間蓬萊샷다 葉 아궁챠락我窮且樂아 궁챠궁챠락窮且窮且樂아 욕호긔풍호무우영이귀浴乎沂風乎舞雩詠而歸호리라 아궁챠락我窮且樂아 궁챠궁챠락窮且窮且樂아

○단혈구포丹穴九包ㅅ봉鳳이 구듕궁궐九重宮闕에 안재라 남덕ᄅᆡ의覽德來儀ᄒᆞ시니 듕흥셩쥐重興聖主샷다 됴양벽오朝陽碧梧ㅅ봉鳳이 당금當今에 우루믈 우러 셩문우텬聲聞于天ᄒᆞ시니 문티대평文治大平ᄒᆞ샷다 葉 아궁챠락我窮且樂아 궁챠궁챠락窮且窮且樂아 욕호긔풍호무우영이귀浴乎沂風乎舞雩詠而歸호리라 아궁챠락我窮且樂아 궁챠궁챠락窮且窮且樂아

○쥬리삼쳔ᄀᆡᆨ珠履三千客과 쳥금칠십도青衿七十徒와 묘의천ᄌᆡ후杳矣千載後에 긔무기인豈無其人이리오 황각삼십년黃閣三十年과 쳥풍일만고清風一萬古와 아여방여두我與房與杜로 죵시여일終始如一호리라 葉 아궁챠락我窮且樂아 궁챠궁챠락窮且窮且樂아 욕호긔풍호무우영이귀浴乎沂風乎舞雩詠而歸호리라 아궁챠락我窮且樂아 궁챠궁챠락窮且窮且樂아

○심연형셜탑十年螢雪榻애 ᄇᆡᆨ의일서ᄉᆡᆼ白衣一書生이여 잠등룡방후暫登龍榜後에 각뎌쳥운脚底青雲이로다 봉셩쳔고ᄃᆡ鳳城千古地예 ᄒᆞᆨ교學校를 비排ᄒᆞ야이다 년년삼월모年年三月暮애 나리라 장원랑壯元郎이여 葉 아궁챠락我窮且樂아 궁챠궁챠락窮且窮且樂아 욕호긔풍호무우영이귀浴乎沂風乎舞雩詠而歸호리라 아궁챠락我窮且樂아 궁챠궁챠락窮且窮且樂아[21]

---

21) 500년이 돌아 황하(黃河)가 맑아, 성군이 중흥하시니 온 백성의 기쁨이로다. 500년이 돌아 기수(沂水)가 맑아, 성군이 중흥하시니 농사가 잘되었도다. (엽) 아궁차

신도가(新都歌)

녜ᄂᆞᆫ 양쥬楊州ㅣ ᄭᅩ올히여 디위예 신도형승新都形勝이샷다 ᄀᆡ국셩왕開國聖王이 셩ᄃᆡ聖代를 니르어샷다 잣다온뎌 당금경當今景 잣다온뎌 셩슈만년聖壽萬年ᄒᆞ샤 만민萬民의 함락咸樂이샷다 아으 다롱다리 알ᄑᆞᆫ 한강슈漢江水여 뒤ᄒᆞᆫ 삼각산三角山이여 덕듕德重ᄒᆞ신 강산江山즈으메 만셰萬歲를 누리쇼셔[22]

풍입송(風入松)

셩명텬ᄌᆞ聖明天子 당금뎨當今帝 신보텬조神補天助 부회ᄅᆡ敷化來 리셰흔理世欣나 은심하이恩深遐邇 고금희古今稀 외국궁추진귀의外國躬趍盡歸依야 ᄉᆞ경령쳥파창긔四境寧淸罷槍旗 셩덕외탕란비盛德堯湯難比야 챠락대平시且樂大平時 시쳐싱쇼셩是處笙簫聲아 뎡비鼎沸야 병뎐락음騈闐樂音 가가희家家喜 긔축분향祈

락아 궁차궁차락아 기수에서 목욕하고, 언덕에서 바람 쐬고, 시를 읊조리며 돌아오리라. 아궁차락아 궁차궁차락아
500년이 돌아 사수(泗水)가 맑아, 성군이 중흥하시니 천하가 태평하도다. 500년이 돌아 한수(漢水)가 맑아, 성군이 중흥하시니 전쟁이 없도다. (엽) 아궁차락아 궁차궁차락아 기수에서 목욕하고, 언덕에서 바람 쐬고, 시를 읊조리며 돌아오리라. 아궁차락아 궁차궁차락아
500년이 돌아 사해(四海)가 맑아, 성군이 중흥하시니 백성의 부모이시로다. 계수나무 꼭대기의 학이 가지 많은 틈새에 앉았도다. 하늘에서 내려오 니 인간 세상의 봉래로다. (엽) 아궁차락아 궁차궁차락아 기수에서 목욕하고, 언덕에서 바람 쐬고, 시를 읊조리며 돌아오리라. 아궁차락아 궁차궁차락아
단혈구포의 봉황이 구중궁궐에 앉았도다. 덕을 받아 오시는 모습은 중흥 성주이시로다. 아침햇살 벽오동의 봉황이 지금 울음을 울어, 성음(聲音)이 하늘로부터 들리니 덕치로 태평하시로다. (엽) 아궁차락아 궁차궁차락아 기수에서 목욕하고, 언덕에서 바람 쐬고, 시를 읊조리며 돌아오리라. 아궁차락아 궁차궁차락아
귀한 3,000명의 손님과 학생 70명, 아득한 천년 후에도 어찌 사람이 없으리오. 재상의 30년과 맑은 바람 1만 년, 나는 어진 재상이었던 방교와 두여회와 함께 변치 않겠노라. (엽) 아궁차락아 궁차궁차락아 기수에서 목욕하고, 언덕에서 바람 쐬고, 시를 읊조리며 돌아오리라. 아궁차락아 궁차궁차락아
10년 공부에 가난한 서생이여, 조만간 과거에 급제하면 청운의 꿈을 이루리라. 봉황성의 오랜 곳에 학교들이 늘어 있으니, 해마다 3월 말이면 배출되는 장원이여. (엽) 아궁차락아 궁차궁차락아 기수에서 목욕하고, 언덕에서 바람 쐬고, 시를 읊조리며 돌아오리라. 아궁차락아 궁차궁차락아

22) 옛날에는 양주 고을이여, 이 경계에 새 도읍의 좋은 경치로다. 개국성왕이 태평성대를 이룩하셨도다. 도성답도다. 지금의 경치, 참으로 도성답도다. 임금이 만수무강하셔야 온 백성의 기쁨이로다. 아으 다롱다리 앞은 한강수요, 뒤는 삼각산이라, 많은 덕을 쌓으신 이 강산에서 만세를 누리소서.

祝焚香 튜옥슈抽玉穗아 유이셩슈만셰惟我聖壽萬歲야 영동산악텬졔永同山嶽天際야 ᄉᆞᄒᆡ승평四海昇平 유덕함승요시有德咸勝堯時야 변뎡무일ᄉᆞ邊庭無一事 쟝군將軍아 보검휴ᄀᆡᆼ휘寶劍休更揮야 뎨산항ᄒᆡᄌᆞᄅᆡ됴梯山航海自來朝 ᄇᆡᆨ보헌아텬디百寶獻我天墀야 금계옥뎐호만셰金階玉殿呼萬歲 원아쥬댱등보위願我主長登寶位야 ᄃᆡᄎᆞ대평시졀對此大平時節아 현관가요셩미絃管歌謠聲美야 쥬셩主聖아 신현臣賢아 ᄒᆡ후하쳥ᄒᆡ안邂逅河淸海晏아 리원뎨ᄌᆞ梨園弟子 주여샹ᄇᆡᆨ옥쇼奏霓裳白玉簫아황젼我皇前아 션악영뎡ᄀᆡ응률仙樂盈庭皆應律 군신공취대평연君臣共醉大平筵뎨의다환시ᄎᆞ일帝意多懽是此日 은루막최빙뎐銀漏莫催頻傳아 문文아 무武아 관료비하공축황령官僚拜賀共祝皇岭아 텬림옥련회天臨玉輦迴 금궐벽각요金闕碧閣繞아 샹연祥烟아 빙분화ᄃᆡ렬쳔항繽粉花戴列千行 ᄉᆡᆼ가료량진신션笙歌寥亮盡神仙징창환궁악ᄉᆞ爭唱還宮樂詞아 위보셩슈만셰爲報聖壽萬歲아 위보셩수만셰爲報聖壽萬歲아

야심사(夜深詞)

풍광난風光暖 풍광난風光暖 향츈텬回春天 샹원가졀上元佳節 셜화연設華筵 등잔월락하군션燈殘月落下群仙 궁루촉슈연연宮漏促水涓涓아 궁루촉슈연연宮漏促水涓涓아
○화영병쥬영샹花盈甁酒盈觴 군신君臣아 군신공취대평년君臣共醉大平年 환취야심계챵효懽醉夜深鷄唱曉 인심심후류련人心甚厚留連아 인심심후류련人心甚厚留連아
○ᄃᆡ인란待人難 ᄃᆡ인란待人難 하쳐ᄌᆡ何處在 심폐동방ᄃᆡ인란深閉洞房待人難 댱야불ᄆᆡ군불도長夜不寐君不到 나위슈막시션간羅幃繡幕是仙間 나위슈막시션간羅幃繡幕是仙間

한림별곡(翰林別曲) 高宗時諸 儒所作

원슌문元淳文 인노시仁老詩 공노ᄉᆞ륙公老四六 니졍언李正言 딘한림陳翰林 ᄊᆞᆼ운주필雙韻走筆 튱긔ᄃᆡᄎᆡᆨ沖基對策 광균경의光鈞經義 량경시부良鏡詩賦 위 시댱試場ㅅ 경景 긔 엇더ᄒᆞ니잇고 (葉) 금ᄒᆞᆨᄉᆞ琴學士의 옥슌문ᄉᆡᆼ玉笋門生 금ᄒᆞᆨᄉᆞ琴學士의 옥슌문ᄉᆡᆼ玉笋門生 위 날조차 몃부니잇고
○당한셔唐漢書 장로ᄌᆞ莊老子 ᄒᆞᆫ류문집韓柳文集 니두집李杜集 난ᄃᆡ집蘭臺集 ᄇᆡᆨ락텬집白樂天集 모시샹셔毛詩尙書 쥬역츈츄周易春秋 주ᄃᆡ례긔周戴禮記 위 주註조쳐 내외옰 경景 긔 엇더ᄒᆞ니잇고 (葉) 태평광긔大平廣記 ᄉᆞᄇᆡᆨ여권四百餘卷 대평광긔大平廣記 ᄉᆞᄇᆡᆨ여권四百餘卷 위 력남歷覽ㅅ 경景 긔 엇더ᄒᆞ니잇고

○진경셔眞卿書 비빅셔飛白書 힝셔초셔行書草書 뎐뉴셔篆籒書 과두셔蝌蚪書 우시남셔虞書南書 양슈필羊鬚筆 셔슈필鼠鬚筆 빗기 드러 위 딕논 경景 긔 엇더ᄒᆞ니잇고 (葉) 오싱류싱吳生劉生 량션싱兩先生의 오싱류싱吳生劉生 량션싱兩先生의 위 주필走筆ㅅ 경景 긔 엇더ᄒᆞ니잇고
○황금쥬黃金酒 빅ᄌᆞ쥬栢子酒 숑쥬례쥬松酒醴酒 듀엽쥬竹葉酒 리화쥬梨花酒 오가피쥬五加皮酒 잉무잔鸚鵡盞 호박비琥珀盃예 ᄀᆞ득 브어 위 권상勸上ㅅ 경景 긔 엇더ᄒᆞ니잇고 (葉) 류령도좀劉伶陶潛 량션옹兩仙翁의 류령도좀劉伶陶潛 량션옹兩仙翁의 위 취醉ᄒᆞᆫ 경景 긔 엇더ᄒᆞ니잇고
○홍모단紅牧丹 빅모단白牧丹 뎡홍므딘丁紅牧丹 홍쟈약紅芍藥 빅쟈약白芍藥 뎡홍쟈약丁紅芍藥 어류옥미御柳玉梅 황ᄌᆞ장미黃梅紫薔薇 지지동빅芷芝冬柏 위 간발間發ㅅ 경景 긔 엇더ᄒᆞ니잇고 (葉) 합듁도화合竹桃花 고온두분 합듁도화合竹桃花 고온두분 위 샹영相暎ㅅ 경景 긔 엇더ᄒᆞ니잇고
○아양금阿陽琴 문탁뎍文卓笛 종무듕금宗武中琴 디어항帶御香 옥긔항玉肌香 솽개야雙伽倻ㅅ고 금션비파金善琵琶 종디히금宗智嵆琴 셜원댱고薛原杖鼓 위 과야過夜ㅅ 경景 긔 엇더ᄒᆞ니잇고 (葉) 일지홍一枝紅의 빗근 뎍취笛吹 일지홍一枝紅의 빗근 뎍취笛吹 위 듣고아 좀드러지라
○봉릐산蓬萊山 방댱산方丈山 영쥬삼산瀛洲三山 ᄎᆞ삼산此三山 홍류각紅樓閣 쟈약션ᄌᆞ婥妁仙子 록발익ᄌᆞ綠髮額子 금슈댱리錦繡帳裏 쥬렴반권珠簾半捲 위 등망오호登望五湖ㅅ 경景 긔 엇더ᄒᆞ니잇고 (葉) 록양록듁綠楊綠竹 직뎡반栽亭畔애 록양록듁綠楊綠竹 직뎡반栽亭畔애 위 뎐황잉囀黃鸚 반갑두셰라
○당당당唐唐唐 당츄ᄌᆞ唐楸子 조협皂莢남긔 홍紅실로 홍紅글위 믹요이다 혀고시라 밀오시라 뎡쇼년鄭少年하 위 내가논딕 놈 갈셰라 (葉) 샤옥셤셤削玉纖纖 솽슈雙手ㅅ길헤 샤옥셤셤削玉纖纖 솽슈雙手ㅅ길헤 위 휴슈동유携手同遊ㅅ 경景 긔 엇더ᄒᆞ니잇고

처용가(處容歌)

신라셩디新羅聖代 쇼셩디昭聖代 텬하대평天下太平 라후덕羅候德 쳐용處容아바 이시인싱以是人生애 샹블어常不語ᄒᆞ시란디 이시인싱以是人生애 샹블어常不語ᄒᆞ시란디 삼지팔란三災八難이 일시쇼멸一時消滅ᄒᆞ샷다 어와 아븨 즈이여 쳐용處容아븨 즈이여 만두삽화滿頭揷花 계우샤 기울어신 머리예 아으 슈명댱원壽命長遠ᄒᆞ샤 넙거신 니마해 산샹山象이슷 깅어신 눈섭에 익인샹견愛人相見ᄒᆞ샤 오올어신 누네 풍입영뎡風入盈庭ᄒᆞ샤 우글어신 귀예 홍도화紅桃花ᄀᆞ티 븕거신 모야해 오향五香 마ᄐᆞ샤 웅긔어신 고해 아으 쳔금千金 머그샤 어위어신 이베 빅옥

류리白玉琉璃ᄀᆞ티 희어신 닛바래 인친복셩人讚福盛ᄒᆞ샤 미나거신 ᄐᆞ개 칠보七寶계우샤 숙거신 엇게예 길경吉慶 계우샤 늘의어신 ᄉᆞ맷길헤 설ᄆᆡ 모도와 유덕有德ᄒᆞ신 가ᄉᆞ매 복디구죡福智俱足ᄒᆞ샤 브르거신 비예 홍뎡紅鞓 계우샤 굽거신 허리예 동락대평同樂大平ᄒᆞ샤 길어신 허튀예 아으 계면界面 도ᄅᆞ샤 넙거신 바래 누고 지어 셰니오 누고 지어 셰니오 바롤도 실도 업시 바롤도 실도 업시 졔용處容아비를 누고 지어 셰니오 마아만 마아만ᄒᆞ니여 십이졔국十二諸國이 모다 지어 셰욘 아으 졔용處容아비를 마아만ᄒᆞ니여 머자 외야자 록리綠李여 ᄲᆞᆯ리나 내 ᄉᆡᆫ고ᄒᆞᆯ ᄆᆡ여라 아니옷 ᄆᆡ시면 나리어다 머즌말 동경東京 ᄇᆞᆯ근 ᄃᆞ래 새도록 노니다가 드러 내자리를 보니 가ᄅᆞ리 네히로새라 아으 둘흔 내해어니와 둘흔 뉘해어니오 이런 저긔 쳬용處容아비옷 보시면 열병대신熱病大神이아 회膾ㅅ가시로다 쳔금千金을 주리여 쳐용處容아바 칠보七寶를 주리여 쳬용處容아바 쳔금칠보千金七寶도 마오 열병신熱病神을 날자바 주쇼셔 산山이여 ᄆᆡ히여 쳔리외千里外예 쳐용處容아비를 어여녀거져 아으 열병대신熱病大神의 發願이샷다

右新羅憲康王遊鶴城還至開雲浦有一人奇形詭服詣王前歌舞讚德從王入京自號處容　每日夜歌舞於市竟不知其所在　後人異之作詩 新羅昔日處容翁見說來從碧海中貝齒赤赬唇歌夜月鳶肩紫袖舞春風[23]

어부가(漁父歌)

셜빙어옹雪鬢漁翁이 듀포간住浦間ᄒᆞ야셔 ᄌᆞ언거슈自言居水ㅣ 승거산勝居山이라 ᄒᆞᄂᆞ다 비떠라 비떠라 조됴早潮ㅣ ᄌᆞ락纔落거를 만됴晩潮ㅣ ᄅᆡ來ᄒᆞᄂᆞ다 지곡총 지곡총 어ᄉᆞ와 어ᄉᆞ와 일간명월一竿明月이 역군은亦君恩이샷다

청고엽샹靑菰葉上애 량풍涼風이 ᄀᆡ起커를 홍료화변紅蓼花邊에 ᄇᆡᆨ로白鷺ㅣ 한閑ᄒᆞᄂᆞ다 닫 드러라 동뎡호리洞庭湖裏예 가귀풍駕歸風호리라 지곡총 지곡총 어ᄉᆞ와 어ᄉᆞ와 일ᄉᆡᆼ죵젹一生蹤跡이 ᄌᆡ창랑在滄浪ᄒᆞ두다

진일범쥬연리거盡日泛舟煙裏去ᄒᆞ고 유시쇼도有時搖棹ᄒᆞ야 월듕환月中還ᄒᆞ놋다 이어라 이어라 아심슈쳐ᄌᆞ망긔我心隨處自忘機호라 지곡총 지곡총 어ᄉᆞ와 어

23) 신라 헌강왕이 학성에 갔다가 개운포로 돌아왔을 때 한 사람이 기이한 몸짓과 괴상한 복색을 하고 왕 앞에 나와 노래와 춤으로 덕으로 찬미하고 왕을 따라 서울로 갔다. 그는 자기를 처용이라 부르고 늘 달밤이면 시중에서 노래 부르고 춤추고 하였으나 끝내 그가 있는 곳을 알지 못했다. 후세 사람이 그 일을 기이하게 여겨 이 시를 지었다.
"옛날 신라의 처용 늙은이, 푸른 바다에서 왔단 말 들었지. 흰 이 붉은 입술로 달밤에 노래하고, 제비 어깨 붉은 소매로 봄바람에 춤추네."

ᄉᆞ와 일강풍월一江風月이 딘어션趁漁船ᄒᆞ두다

만ᄉᆞ萬事를 무심일됴간無心一釣間ᄒᆞ요니 삼공三公으로도 블환ᄎᆞ강산不換此江山이로다 돋 ᄃᆞ라라 돋 ᄃᆞ라라 범급帆急ᄒᆞ니 젼산前山이 홀후산忽後山이로다 지곡총 지곡총 어ᄉᆞ와 어ᄉᆞ와 ᄉᆡᆼ릭生來예 일가一舸로 딘슈신趁雖身호라

동풍셔일東風西日에 초강심楚江深ᄒᆞ니 일편틔긔一片苔磯오 만류음萬柳陰이로다 이퍼라 이퍼라 녹평신셰綠萍身世오 빅구심白鷗心이로다 지곡총 지곡총 어ᄉᆞ와 어ᄉᆞ와 격안어촌隔岸漁村이 량삼가兩三家ㅣ로다

일쳑로어一尺鱸魚를 진됴득新釣得ᄒᆞ야 호ᄋᆞ춰화뎍화긴呼兒吹火荻花間호라 비 셰여라 비 셰여라 야박진호夜泊秦淮ᄒᆞ야 근쥬가近酒家호라 지곡총 지곡총 어ᄉᆞ와 어ᄉᆞ와 일표一瓢애 댱취長醉ᄒᆞ야 임가빙任家貧호라

릭범강구落帆江口에 월황혼月黃昏커를 쇼뎜小店애 무등욕폐문無燈欲閉門이로다 돗 디여라 돗 디여라 류됴柳條애 쳔득금린귀穿得錦鱗歸로다 지곡총 지곡총 어ᄉᆞ와 어ᄉᆞ와 야됴류향월듕간夜潮留向月中看호리라

야졍슈한어블식夜靜水寒魚不食이어를 만션공직월명귀滿船空載月明歸ᄒᆞ노라 비 미여라 비 미여라 됴파귀릭釣罷歸來네 계단봉繫短蓬호리라 지곡촉 지곡총 어ᄉᆞ와 어ᄉᆞ와 계주유유거년흔繫舟唯有去年痕이로다

극포텬공졔일애極浦天空際一涯ᄒᆞ니 편범片帆이 비과벽류리飛過碧琉璃로다 아외여라 아외여라 범급帆急ᄒᆞ니 젼산前山이 홀후산忽後山이로다 지곡총 지곡총 어ᄉᆞ와 어ᄉᆞ와 풍류미필진셔시風流亦必載西施니라

일ᄌᆞ디간샹됴쥬一自持竿上釣舟ᄒᆞ요므로 셰간명리진유유世間名利盡悠悠ㅣ로다 이퍼라 이퍼라 도화류슈궐어비桃花流水鱖魚肥ᄒᆞ두다 지곡총 지곡총 어ᄉᆞ와 어ᄉᆞ와 관애일셩산슈록款乃一聲山水綠ᄒᆞ두다

강샹만릭감화쳐江山晚來堪畵處에 어옹피득일사귀漁翁披得一蓑歸로다 돗 더러라 돗 더러라 댱깅풍급랑화다長江風急浪花多ᄒᆞ두다 지곡총 지곡촉 어ᄉᆞ와 어ᄉᆞ와 샤풍셰우블슈귀斜風細雨不須歸니라

탁영가파뎡쥬졍濯纓歌罷汀洲靜커를 듁경싀문유미관竹徑柴門猶未關이로다 셔ᄉᆞ라 셔ᄉᆞ라 계쥬유유거년흔繫舟猶有去年痕이로다 지곡총 지곡총 어ᄉᆞ와 어ᄉᆞ와 명월청풍일됴쥬明月淸風一釣舟ㅣ로다24)

---

24) 귀밑머리 하얀 어부 물가에 살면서, 어촌의 삶이 산중보다 낫다고 하네, 배 띄어라 배 띄어라, 썰물이 나가자 늦물 밀려오는구나, 지국총 지국총 어사와 어사와, 달밤에 낚시하는 여유도 임금의 은혜로다
푸른 줄 풀잎에 시원한 바람 불어 일어나니, 붉은 여뀌 꽃핀 물가에 백로는 한가롭네, 닫 들어라, 동정호의 바람 타고 돌아오니, 지국총 지국총 어사와 어사와, 한 생애에 발자취가 강호에 있구나

만전춘(滿殿春) 별사(別詞)

어름 우희 댓닙자리 보와 님과 나와 어러 주글만뎡 어름 우희 댓닙자리 보와 님과 나와 어러 주글만뎡 졍情둔 오ᄂᆞᆳ범 더듸 새오시라 더듸 새오시라

○경경耿耿 고침샹孤枕上애 어느 ᄌᆞ미 오리오 셔창西窓을 여러ᄒᆞ니 도화桃花ㅣ 발發ᄒᆞ두다 도화桃花ᄂᆞᆫ 시름업서 쇼츈풍笑春風ᄒᆞᄂᆞ다 쇼츈풍笑春風ᄒᆞᄂᆞ다

○넉시라도 님을 ᄒᆞᆫᄃᆡ 녀닛경景 너기다니 넉시라도 님을 ᄒᆞᆫᄃᆡ 녀닛경景 너기다니 벼기더시니 뉘러시니잇가 뉘러시니잇가

진종일 이내에 배 띄우고, 때때로 노를 저어 달빛 아래 돌아오도다, 이어라 이어라, 내 마음 어느 곳에나 내 맡겨 세상사를 잊었으니, 지국총 지국총 어사와 어사와, 강 위의 바람과 달은 고깃배를 따르네

온갖 일에 무심한 낚싯대 하나, 높은 벼슬로도 이 강산 바꾸지 않으리로다, 돛 달아라 돛 달아라, 돛단배 급히 가니 앞 산을 건 듯 지나 뒷 산이 가까오네, 지국총 지국총 어사와 어사와, 한 생애 배 한 척으로 이 몸을 맡겼도다

동풍 불어오는 해질녘에 초강은 더욱 깊고, 한 조각 이끼 낀 낚시터에 만 가닥 버들가지 그늘지네, 이퍼라 이퍼라, 푸른 부평초같은 신세는 백구의 마음과 함께로다, 지국총 지국총 어사와 어사와, 강 건너 어촌에는 두 세집만 있을 뿐이네

한 자 되는 농어를 새로 낚아서, 아이 불러 물 억새 꽃 사이에 불을 지피네, 배 세워라 배 세워라, 밤에 진회에 정박하니 술집이 가깝구나, 지국총 지국총 어사와 어사와, 표주박 술에 취하니 가난함도 잊었도다

강 입구에 돛을 내리니 달빛 어스름한 황혼이로다, 작은 주점에는 불 꺼지고 문 닫으려하네 돛 대어라 돛 대어라, 버드나무 가지에 쏘가리 꿰어 돌아오네, 지국총 지국총 어사와 어사와 밤 물에 머물면서 달을 향하여 바라보네

밤은 고요하고 물은 찬데 물고기 물지 않으니, 배에 가득 달빛만 싣고 돌아오는구나, 배 매어라 배 매어라, 낚시질을 파하고 돌아와 짧은 쑥대에 배를 매어 두거늘, 지국총 지국총 어사와 어사와, 지난해 배 매 놓은 자국만 남아 있구나

저 먼 포구는 하늘 끝 아련히 물가에 닿아 있고, 조각배는 파란 유리같은 물결 위를 나는 듯 하네, 아외려라 아외려라, 돛단배 급히 가니 앞 산을 건 듯 지나 뒷 산이 가까오네, 지국총 지국총 어사와 어사와, 풍류에 반드시 서시를 태우지 않아도 좋도다

낚싯대 하나 들고 고깃배에 오른 뒤로, 세간의 부귀 공명 멀리하였도다, 이퍼라 이퍼라, 복사꽃 흐르는 물에 쏘가리 살찌는데, 지국총 지국총 어사와 어사와, 뱃전 두드리는 뱃노래 가락 속에 산수는 푸르러 가는구나

저물 녘 강산이 그림처럼 찾아오니, 늙은 어부는 도롱이 걸치고 돌아가네, 돛 내려라 돛 내려라, 긴 강에 바람불어 물결이 많이 일어나니, 지국총 지국총 어사와 어사와, 비낀 바람 가는 비에 돌아갈 필요 없구나

<탁영가> 그치자 강변이 고요하거늘, 대나무 길 사립문은 아직까지 열려 있구나, 서사라 서사라, 배 묶은 자리에 지난해 흔적 남았는데, 지국총 지국총 어사와 어사와, 밝은 달과 맑은 바람만이 가득한 고깃배로다

○올하 올하 아련 비올하 여흘란 어듸 두고 소해 자라온다 소콧 얼면 여흘도 됴ᄒᆞ니 여흘도 됴ᄒᆞ니
○남산南山애 자리 보와 옥산玉山을 벼여 누어 금슈산錦繡山 니블 안해 샤향麝香 각시를 아나 누어 님산南山애 자리 보와 옥산玉山을 벼어 누어 금슈산錦繡山 니블 안해 샤향麝香 각시를 아나 누어 약藥든 가숨을 맛초ᄋᆞᆸ사이다 맛초ᄋᆞᆸ사이다
○아소 님하 원ᄃᆡ평싱遠代平生애 여힐 술 모ᄅᆞᄋᆞᆸ새

화산별곡(華山別曲)

화산람華山南 한슈븍漢水北 됴션승디朝鮮勝地 빅옥경白玉經 황금궐黃金闕 평이동달平夷洞達 봉티룡샹鳳峙龍翔 텬작형셰天作形勢 경위음양經緯陰陽 위 도읍都邑ㅅ 경景 긔 엇더ᄒᆞ니잇고 (葉) 태조태종太祖太宗 창업이모創業貽謀 태조태종太祖太宗 창업이모創業貽謀 위 디슈持守ㅅ 딩景 긔 엇더ᄒᆞ니잇고
○납슈션納受禪 샹풍명上稟命 광명정대光明正大 금초졀禁草竊 통샹고通商賈 회복왜방懷服倭邦 션계션술善繼善述 텬디교태天地交泰 ᄉᆞ경령일四境寧一 위 대평太平ㅅ 경景 긔 엇더ᄒᆞ니잇고 지셩튱효至誠忠孝 목린이도睦隣以道 지셩튱효至誠忠孝 목린이도睦隣以道 위 량득兩得ㅅ 경景 긔 엇더ᄒᆞ니잇고
○존경외存敬畏 계일욕戒逸欲 궁힝인의躬行仁義 기경연開經筵 람경ᄉᆞ覽經史 ᄒᆞᆨ관텬인學貫天人 티뎐집현置殿集賢 ᄉᆞ시강ᄒᆞᆨ四時講學 츈츄졔술春秋製述 위 우문右文ㅅ 경景 긔 엇더ᄒᆞ니잇고 (葉) 텬죵지셩天縱之聖 ᄒᆞᆨ문지미學文之美 텬죵지셩天縱之聖 ᄒᆞᆨ문지미學文之美 위 고금古今ㅅ 경景에 몃부니앗고
○훈병셔訓兵書 교딘법敎陣法 이습좌작以習坐作 순시령順時令 턱한광擇閑曠 블폐수슈不廢蒐狩 만긔뢰무萬騎雷騖 살블진믈殺不盡物 락블극반樂不極盤 위 강무講武ㅅ 경景 긔 엇더ᄒᆞ니잇고 (葉) 댱려각고長慮却顧 안블망위安不忘危 댱려각고長慮却顧 안블망위安不忘危 위 예비預備ㅅ 경景 긔 엇더ᄒᆞ니잇고
○구텬지懼天災 민안궁憫人窮 극근ᄉᆞᄉᆞ克謹祀事 진튱딕進忠直 퇴간샤退奸邪 흠휼형벌欽恤刑罰 고고론금考古論今 슉야도티夙夜圖治 일신일일日愼一日 위 무일無逸ㅅ 경景 긔 엇더ᄒᆞ니잇고 (葉) 텬싱셩쥬天生聖主 이혜동인以惠東人 텬싱셩쥬天生聖主 이혜동인以惠東人 위 쳔셰千歲를 누리쇼셔
○경회루慶會樓 광연루廣延樓 최외창힐崔嵬敞割 즙연분輯煙氛 납호긔納灝氣 유목텬표遊目天表 강산풍월江山風月 경개만쳔景槪萬千 션턍올연宣暢鬱堙 위 등남登覽ㅅ 경景 긔 엇더ᄒᆞ니잇고 (葉) 봉릐방댱蓬萊方丈 영쥬삼산瀛洲三山 봉릐방댱蓬萊方丈 영쥬삼산瀛洲三山 위 어듸가 어드리잇고
○지어자止於慈 지어효止於孝 텬셩동환天性同歡 지어인止於仁 지어경止於敬 명

량상득明良相得 션텬하우先天下憂 후텬하락後天下樂 락이블요樂而不淫 위 시연侍宴ㅅ 경景 긔 엇더ᄒᆞ니잇고 (葉) 텬싱셩쥬天生聖主 부모동인父母東人 텬싱셩쥬天生聖主 부모동인父母東人 위 만셰萬歲를 누리쇼셔

○권롱상勸農桑 후민싱厚民生 비양방본培養邦本 슝례양崇禮讓 샹튱신尙忠信 고결민심固結民心 덕턱지극德澤之充 풍화지흡風化之洽 숑셩양일頌聲洋溢 위 댱티長治ㅅ 경景 긔 엇더ᄒᆞ니잇고 (葉) 화산한슈華山漢水 됴션왕업朝鮮王業 화산한슈華山漢水 됴션왕업朝鮮王業 위 병구幷久ㅅ 경景 긔 엇더ᄒᆞ니잇고[25]

---

25) 화산(華山)의 남쪽, 한수(漢水)의 북쪽은 조선의 뛰어난 곳, 백옥경, 황금 궁궐은 평평하고 훤하게 통하는 곳, 봉황이 솟고 용이 날듯, 하늘이 만든 형세는 풍수지리에 알맞은 곳,
아아, 도읍의 광경 그 어떠합니까.
(엽) 태조 태종께서 창업하고 계책을 물려주셨으니, 태조 태종께서 창업하고 계책을 물려주셨으니,
아아, 지키는 모습 어떠합니까.
세종께서 선양(禪讓)받아 천명을 받들어 광명정대하게 하시도다.
도적을 금하시고 장사를 통하게 하시고 일본을 회유하고 굴복시키매,
조상의 뜻을 계승하고 천지가 조화롭고 사방은 평화로우니,
아아, 태평한 광경 그 어떠합니까.
(엽) 지성으로 충효하시고 도리로써 인국과 교류하니, 지성으로 충효하시고 도리로써 인국과 교류하니,
아아, 두 가지 모두 얻으신 모습 그 어떠합니까.
경외심을 보존하고 욕심을 경계해 인의를 몸소 실천하시도다.
경연을 열고 경서와 사서를 보시니 학문은 천도와 인도에 통달하셨으며,
집현전을 두어 때때로 강학하고 봄가을에는 글을 짓게 하시니,
아아, 문을 숭상하시는 광경 어떠합니까.
(엽) 하늘이 내신 성군이여 도달한 학문이 아름다우시니, 하늘이 내신 성군이여 도달한 학문이 아름다우시니,
아아, 예나 지금의 모습 그 어떠합니까.
병서에 맞게 훈련시키고, 진법을 가르치며, 제식 훈련 또한 익히게 하시며,
때에 맞게 넓은 빈터 택해 봄가을 사냥하시였도다.
많은 말들 우렛소리 내며 달리나, 모두 죽이지는 아니하며, 즐거움도 절제하시니,
아아, 무예 익히는 광경 그 어떠합니까.
(엽) 염려하시되 돌아보지 않으시고, 편안할 때 위태로움을 생각하시니, 염려하시되 돌아보지 않으시고, 편안할 때 위태로움을 생각하시니,
아아, 준비하는 모습 그 어떠합니까.
하늘의 재앙 두려워하시고, 백성의 궁함을 딱히 여겨, 제사를 정성스럽게 모셨도다. 충신을 등용하고, 간신을 물리치며, 형벌을 내림에 신중히 하시도다. 옛것을 상고해 현재 일을 의논하고, 밤낮으로 정사에 힘쓰고 삼가시니, 아아, 게으름 없는 광경 그 어떠합니까. (엽) 하늘이 성군을 내어 백성들에게 은혜를 내리시니, 하

오륜가(五倫歌)

판음양判陰陽 위고하位高下 텬존디비天尊地卑 ᄉᆡᆼ만믈生萬物 후려민厚黎民 ᄃᆡ작셩현代作聖賢 인의례디仁義禮智 산강오샹三綱五常 병이지덕秉彛之德 위 만고류ᄒᆡᆼ萬古流行ㅅ 경景 긔 엇더ᄒᆞ니잇고 (葉) 복희신롱伏羲神農 황뎨요슌皇帝堯舜 복희신롱伏羲神農 황뎨요슌皇帝堯舜 위 님극立極ㅅ 경景 긔 엇더ᄒᆞ니잇고

○부위텬父爲天 모위디母爲地 ᄉᆡᆼ아구로生我劬勞 양이유養以乳 교이의敎以義 욕보홍은欲報鴻恩 읍듁슌ᄉᆡᆼ泣竹笋生 고빙어약扣氷魚躍 지셩감신至誠感神 위 양로養老ㅅ 경景 긔 엇더ᄒᆞ니잇고 (葉) 증숨민ᄌᆞ曾參閔子 량션ᄉᆡᆼ兩先生의 증숨민ᄌᆞ曾參閔子 량션ᄉᆡᆼ兩先生의 위 뎡셩定省ㅅ 경景 긔 엇더ᄒᆞ니잇고

○납간군納諫君 진튱신盡忠臣 거인유의居仁有義 샹문덕尙文德 도무공韜武功 민득기소民得其所 경뎐착경耕田鑿井 함포고복含飽鼓腹 대평셩ᄃᆡ大平盛代 위 복당우復唐虞ㅅ 경景 긔 엇더ᄒᆞ니잇고 (葉) 긔린필지麒麟必至 봉황ᄅᆡ의鳳凰來儀 긔린필지麒麟必至 봉황ᄅᆡ의鳳凰來儀 위 샹셔祥瑞ㅅ 경景 긔 엇더ᄒᆞ니잇고

○남유실男有室 려유가女有家 텬뎡기비天定其配 납ᄉᆡᆼ안納雙雁 합이셩合二姓 문뎡궐샹文定厥祥 졍셔호합情勢好合 여고슬금如鼓瑟琴 부챵부슈夫唱婦隨 위 화락和樂ㅅ 경景 긔 엇더ᄒᆞ니잇고 (葉) ᄇᆡᆨ년히로百年偕老 ᄉᆞ즉동혈死則同穴 ᄇᆡᆨ년히로百年偕老 ᄉᆞ즉동혈死則同穴 위 언약言約ㅅ 경景 긔 엇더ᄒᆞ니잇고

○형급뎨兄及弟 식상호式相好 무샹유의無相猶矣 격우장鬩于墻 외어모外禦侮 ᄉᆞᄉᆡᆼ샹구死生相救 형공뎨슌兄恭弟順 딜연유셔秩然有序 화락차담和樂且湛 위 양의

늘이 성군을 내어 백성들에게 은혜를 내리시니, 아아, 천세를 누리소서.

경회루(慶會樓) 광연루(廣延樓) 높이 솟아 넓고 훤하도다. 막힌 것을 없애고 맑은 기운 서려 있어 하늘 밖으로 눈빛 따라 바라보니, 강, 산, 바람, 달의 경치가 수시로 변하니, 막힌 속이 풀어지는도다. 아아, 올라 바라보는 광경 어떠합니까. (엽) 봉래(蓬萊) 방장(方丈) 영주(瀛洲) 삼산, 봉래 방장 영주 삼산, 아아, 어느 곳에서 찾을 수 있으리오.

자애에 이르고, 효에 이르니, 부자의 도를 천성으로 함께 즐겼도다. 임금은 인에 이르고 신하는 공경에 이르니 밝은 임금과 어진 신하 서로 만났도다. 천하의 근심으로 먼저 하시고 천하의 즐거움을 뒤에 하시나, 즐김에 음란함이 없으시니, 아아, 잔치하는 광경 그 어떠합니까. (엽) 하늘이 성군을 내시어 백성의 부모 되게 하시니, 하늘이 성군을 내시어 백성의 부모 되게 하시니, 아아, 만세를 누리소서.

농사와 양잠을 권장하시고, 백성의 삶을 두텁게 하시어 나라 근본을 북돋우시며, 예양을 높이고, 충신을 숭상하시어 백성의 마음을 굳게 묶으시니, 덕택이 빛나고 풍화가 무젖어 칭송의 소리 넘쳐 나도다. 아아, 길이 다스림의 광경 그 어떠합니까. (엽) 화산 한수 조선 왕업, 화산 한수 조선 왕업, 아아, 함께 오래할 모습 그 어떠합니까.

讓義ㅅ 景 긔 엇더ᄒᆞ니잇고 (葉) ᄇᆡᆨ이슉졔伯夷叔齊 량셩인兩聖人의 ᄇᆡᆨ이슉졔伯夷叔齊 량셩인兩聖人의 위 샹양相讓ㅅ 경景 긔 엇더ᄒᆞ니잇고

○익우삼益友三 손우삼損友三 ᄐᆡᆨ기션죵擇其善從 보기덕補其德 ᄎᆡᆨ기션責其善 무망고구無忘故舊 유쥬셔아有酒湑我 무쥬고아無酒沽我 쥰쥰무아蹲蹲舞我 위 표셩表誠ㅅ 경景 긔 엇더ᄒᆞ니잇고 (葉) 안평듕晏平仲의 션여인교善與人交 안평듕晏平仲의 션여인교善與人交 위 구이경지久而敬之ㅅ 경景 긔 엇더ᄒᆞ니잇고[26]

---

26) 음과 양이 나뉘고, 위와 아래가 자리 잡히니 하늘은 높고 땅은 낮도다. 만물을 내고, 백성들을 두텁게 하기 위해 대대로 성현을 내셨도다. 인의예지, 삼강오륜, 떳떳하게 타고난 덕, 아아, 만고에 흘러가는 광경 그 어떠합니까. (엽) 복희(伏羲) 신농(神農) 황제(黃帝) 요순(堯舜), 복희 신농 황제 요순, 아아, 법칙을 세운 모습 그 어떠합니까.
아버지는 하늘이요, 어머니는 땅과 같으니 나를 낳고 기르느라 고생하셨도다. 젖 먹여 기르시고, 의리로 가르치셨으니 은혜를 갚으려 하네. 맹종(孟宗)이 대밭에서 눈물 흘리니 죽순이 나고, 왕상(王祥)이 얼음을 두드리니 물고기가 올랐으니 지극한 정성으로 신을 감동시켰네. 아아, 늙은 부모 봉양하는 광경 그 어떠합니까. (엽) 증삼(曾參) 민자(閔子) 두 선생의, 증삼 민자 두 선생의, 아아, 저녁 잠자리와 새벽 문안하는 모습 그 어떠합니까.
간언 듣는 임금, 충성 다하는 신하는 인과 의에 살도다. 문덕을 숭상하고, 무기를 감추어 두니 백성이 그 처할 곳을 얻었도다. 밭 갈아 밥 먹고, 우물 파서 물 먹는, 배불리 먹고 배 두드리는 태평성대에, 아아, 요순시절을 회복한 광경 그 어떠합니까. (엽) 기린이 반드시 오고 봉황이 늠름하게 오니, 기린이 반드시 오고 봉황이 늠름하게 오니, 아아, 상서로운 모습 그 어떠합니까.
남자는 장가를 가서 아내를 얻고, 여자는 시집을 가니 이는 하늘이 배필을 정한 것이로다. 쌍 기러기 들고, 두 성이 합하매 길한 날을 택하니, 부부의 정이 마치 거문고와 비파를 타는 듯하고 부부가 서로 따르도다. 아아, 화락한 광경 그 어떠합니까. (엽) 평생 함께할지니, 평생 함께할지니, 아아, 언약하는 모습 그 어떠합니까.
형과 아우는 서로 아끼고 시기함이 없으며, 안에서 싸울지언정 밖에서는 업신여김 막고 생사 간에 서로 구해 주도다. 형은 아우에게 공손하고, 아우는 형에게 순종해, 질서가 있으니 화락하도다. 아아, 사양하는 광경 그 어떠합니까. (엽) 백이(伯夷) 숙제(叔齊) 두 성인의, 백이 숙제 두 성인의, 아아, 서로 양보하는 모습 그 어떠합니까.
좋은 벗 셋, 해로운 벗 셋이 있으니 착한 이를 택할지니, 그 덕으로 나를 보충하고, 그 선으로 나를 책하매 오랜 벗을 잊지 아니하네. 술 있으면 걸러 오고, 없으면 술 사다가 술 마시고 춤을 추니, 아아, 정성을 드러내는 광경 그 어떠합니까. (엽) 안평중(晏平仲)의 좋은 사귐, 안평중의 좋은 사귐, 아아, 오래도록 공경하는 모습 그 어떠합니까.

연형제곡(宴兄弟曲)

부싱아父生我 모륙아母育我 동긔련지同氣連枝 면강보免襁褓 탹반란著斑斕 듁마희희竹馬嬉戱 식필동안食必同案 유필공방遊必共方 무일블히無日不偕 위 샹ᄋᆡ相愛ㅅ 경景 긔 엇더ᄒᆞ니잇고 (葉) 량디량능良知良能 텬부ᄉᆞ연天賦使然 량디량능良知良能 텬부ᄉᆞ연天賦使然 위 솔셩率性ㅅ 경景 긔 엇더ᄒᆞ니잇고
○취외부就外傅 ᄒᆞᆨ유의學幼儀 효ᄒᆡᄉᆞ리曉解事理 혹셔ᄌᆞ或書字 혹ᄃᆡ구或對句 호샹즉효互相則效 아일ᄉᆞ매我日斯邁 이월ᄉᆞ졍而月斯征 됴익도습朝益暮習 위 샹면相勉ㅅ 경景 긔 엇더ᄒᆞ니잇고 (葉) 듕양블듕中養不中 ᄌᆡ양블ᄌᆡ才養不才 듕양블듕中養不中 ᄌᆡ양블ᄌᆡ才養不才 위 진덕進德ㅅ 경景 긔 엇더ᄒᆞ니잇고
○가샹톄歌上棣 영힝위詠行葦 돈기우ᄋᆡ敦其友愛 숑각궁誦角弓 관갈류觀葛藟 계기쇠박戒其衰薄 긔무타인豈無他人 블여동부不如同父 텬싱우익天生羽翼 위 후륜厚倫ㅅ 경景 긔 엇더ᄒᆞ니잇고 (葉) ᄇᆡᆨ년우락百年憂樂 슈족샹슈手足相須 ᄇᆡᆨ년우락百年憂樂 슈족샹슈手足相須 위 영호永好ㅅ 경景 긔 엇더ᄒᆞ니잇고
○유대덕有大德 리대위履大位 승룡어텬乘龍御天 포겸공抱兼恭 근명분謹名分 격슈신직格守臣職 댱침대피長枕大被 이비본근以庇本根 유일계신惟日戒愼 위 량젼兩全ㅅ 경景 긔 엇더ᄒᆞ니잇고 (葉) 텬존디비天尊地卑 졍의교통情意交通 텬존디비天尊地卑 졍의교통情意交通 위 무간無間ㅅ 경景 긔 엇더ᄒᆞ니잇고
○ᄋᆡ지심愛之深 경지지敬之至 통우신명通于神明 시우가始于家 시어졍始于政 민흥어인民興於仁 풍슌쇽미風淳俗美 훈위대화熏爲大和 산샹티셔産祥致瑞 위 태티泰治ㅅ 경景 긔 엇더ᄒᆞ니잇고 (葉) 슌덕소감順德所感 만복ᄅᆡ슝萬福來崇 슌덕소감順德所感 만복ᄅᆡ슝萬福來崇 위 슈챵壽昌ㅅ 경景 긔 엇더ᄒᆞ니잇고[27]

---

27) 아버님 날 낳으시고, 어머님 날 기르시니 형제는 한 가지라. 강보를 면하고, 알록달록한 옷을 입고, 대나무 말 타고 놀며, 같은 밥상에서 밥 먹고, 같은 곳에서 놀며, 날마다 함께 지내지 않은 날이 없도다. 아아, 서로 사랑하는 광경 그 어떠합니까. (엽) 타고난 지혜와 능력은 하늘이 주는 것, 타고난 지혜와 능력은 하늘이 주는 것, 아아, 본성을 따르는 모습 그 어떠합니까.
스승님께 나아가 어려서부터 예의를 배우니 사리를 깨달아 알게 되도다.
혹은 글자로 혹은 대구로 서로 즉시 본받는 보람이 있으니, 너와 내가 날로 힘쓰고, 달로 노력하며, 아침에 배우고 저녁에는 복습하도다. 아아, 서로 힘쓰는 광경 그 어떠합니까. (엽) 바른 자는 바르지 못한 자를 기르고, 재주 있는 자는 재주 없는 자를 기르니, 바른 자는 바르지 못한 자를 기르고, 재주 있는 자는 재주 없는 자를 기르니, 아아, 덕으로 나아가는 모습 그 어떠합니까.
상체(常棣)를 노래하고, 행위(行葦)를 읊으면서 그 우애를 돈독히 하고, 각궁(角弓)을 외우고, 갈류(葛藟)를 읽으면서 형제애의 엷어짐을 경계하나니, 어찌 다른 사람들이 없겠는가마는 아버님을 같이한 형제만은 못한 것이니, 형제는 하늘이 내린

상대별곡(霜臺別曲)

화산람華山南 한슈븍漢水北 쳔년승ᄃᆡ千年勝地 광통교廣通橋 운죵개雲鍾街 건나드러 락락댱숑落落長松 뎡뎡고ᄇᆡᆨ亭亭古栢 츄샹오부秋霜烏府 위 만고청풍萬古淸風ㅅ 경景 긔 엇더ᄒᆞ니잇고 (葉) 영웅호걸英雄豪傑 일시인ᄌᆡ一時人才 영웅호걸英雄豪傑 일시인ᄌᆡ一時人才 위 날조차 몃분니잇고

○계긔명鷄旣鳴 텬욕효天欲曉 ᄌᆞᄆᆡᆨ댱뎨紫陌長堤 대ᄉᆞ헌大司憲 로집의老執義 ᄃᆡ댱어ᄉᆞ臺長御史 가학참난駕鶴驂鸞 젼아후옹前阿後擁 벽뎨자우辟除左右 위 샹ᄃᆡ上臺ㅅ 경景 긔 엇더ᄒᆞ니잇고 (葉) ᄉᆡᆨᄉᆡᆨᄒᆞᆫ뎌 풍헌소ᄉᆞ風憲所司 ᄉᆡᆨᄉᆡᆨᄒᆞᆫ뎌 풍헌소ᄉᆞ風憲所司 위 진긔퇴강振起頹綱ㅅ 경景 긔 엇더ᄒᆞ니잇고

○각방ᄇᆡ各房拜 례필후禮畢後 대텽졔좌大廳齊坐 정기도正其通 명기의明其義 참쟉고금參酌古今 시졍득실時政得失 민간니해民間利害 구폐됴됴救弊條條 위 징샹狀ㅅ 경景 긔 엇더ᄒᆞ니잇고 (葉) 군명신딕君明臣直 대평셩ᄃᆡ大平盛代 군명신딕君明臣直 대평셩ᄃᆡ大平盛代 위 죵간여류從諫如流ㅅ 경景 긔 엇더ᄒᆞ니잇고

○원의후圓議後 공ᄉᆞ필公事畢 방슈유ᄉᆞ房主有司 탈의관脫衣冠 호션ᄉᆡᆼ呼先生 셧거안자 ᄑᆡᆼ룡포봉烹龍炮鳳 황금례쥬黃金醴酒 만루ᄃᆡ잔滿鏤臺盞 위 권샹勸上ㅅ 경景 긔 엇더ᄒᆞ니잇고 (葉) 즐거온뎌 션ᄉᆡᆼ감찰先生監察 즐거온뎌 션ᄉᆡᆼ감찰先生監察 위 취醉ᄒᆞᆫ 경景 긔 엇더ᄒᆞ니잇고

○초ᄐᆡᆨ셩음楚澤醒吟이아 녀는 됴ᄒᆞ녀 록문댱왕鹿門長往이아 너는 됴ᄒᆞ녀 명량샹우明良相遇 하쳥셩ᄃᆡ河淸盛代예 춍마회집驄馬會集이아 난 됴하이다[28]

날개처럼 서로가 돕는구나. 아아, 천륜을 두텁게 하는 광경 그 어떠합니까. (엽) 평생의 근심과 기쁨을 수족처럼 서로 의지하고 나누니, 평생의 근심과 기쁨을 수족처럼 서로 의지하고 나누니, 아아, 오래도록 좋아하는 모습 그 어떠합니까.

세종은 큰 덕으로 왕위에 오르고, 용을 타고 하늘에 오르듯 임금이 되셨도다. 양녕 효령대군도 공경하며, 삼가 명분에 맞게 행하매 신하로서 직분을 바로 지키셨도다. 큰 베개 같이 베고, 이불을 같이 덮듯 형제는 근원을 감싸 주며 날로 경계하고 삼가니, 아아, 둘 모두 온전한 광경 그 어떠합니까. (엽) 하늘은 높고 땅은 낮으나 정과 뜻은 서로 통하니, 하늘은 높고 땅은 낮으나 정과 뜻은 서로 통하니, 아아, 틈 없는 모습 그 어떠합니까.

임금의 사랑은 깊고, 신하의 공경함은 지극하매 천지신명과 통했도다. 다스림이 집안에서 비롯되고, 정사에서 비롯되어 백성의 인(仁)을 일으키게 되었나니, 풍속이 순박하고 아름다워 조화를 이루게 되니 상서로움이 이르렀도다. 아아, 태평하게 다스려지는 광경 그 어떠합니까. (엽) 덕으로 순종해 느끼는 바라 만복이 찾아오니, 덕으로 순종해 느끼는 바라 만복이 찾아오니, 아아, 임금의 만수무강과 국가의 창성한 모습 그 어떠합니까.

28) 화산의 남쪽, 한강의 북쪽은 천년 동안 내려온 명승지에, 광통교를 지나 운종가로

5. 금합자보

〈『금합자보(琴合字譜)』〉

정석가(鄭石歌)

딩아 돌하 當今에 겨사이다 딩아 돌하 當今에 겨사이다 先王聖代예 노니ᄋᆞ와지이다

사모곡(思母曲) 계면조(界面調)

호ᄆᆡ도 ᄂᆞᆯ히어신 마ᄅᆞᄂᆞᆫ 낟ᄀᆞ티 들리도 어ᄡᅳ새라 아바님도 어ᅀᅵ어신 마ᄅᆞᄂᆞᆫ 위 덩더둥셩 어마님ᄀᆞ티 괴시리 어뻬라 아소 님하 어마님ᄀᆞ티 괴시리 어뻬라

들어가면, 낙락장송 우거지고, 오래되고 우뚝하게 자란 잣나무에 에워싸인 서릿발 같은 사헌부가 있도다. 아아, 오랜 세월 동안 변함없이 청렴결백한 맑은 바람 부는 광경 그 어떠합니까. 영웅호걸이며 당대의 인재여, 영웅호걸이며 당대의 인재여, 아아, 나를 포함해서 모두 몇 분입니까.
닭이 울어 날 밝을 때, 도성의 긴 제방의 죽 뻗은 길로, 대사헌과 늙은 집의 그리고 대장 어사가, 학 무늬 가마와 난새 무늬 수레를 타고 가는데, 앞에서는 잡인을 막아 꾸짖고 뒤에서는 옹위해 좌우를 물리치는구나. 아아, 사헌부에 등청하는 광경 그 어떠합니까. 엄숙하도다 사헌부의 관리여, 엄숙하도다 사헌부의 관리여, 아아, 쇠퇴한 기강을 떨쳐 일으키는 모습 그 어떠합니까.
각방 소속된 관원들이 대사헌에게 재배한 이후 대청에 모여 앉아, 법도를 바로잡고, 의리를 밝히며, 고금을 사례를 검토하고 참작해, 시정의 득실과 백성의 이해의 폐단을 바로잡는 일을 구해 주네. 아아, 문서 올리는 광경 그 어떠합니까. 임금이 밝고 신하가 곧은 태평성대에, 임금이 밝고 신하가 곧은 태평성대에, 아아, 임금이 물 흐르듯 간언을 따르는 모습 그 어떠합니까.
의논 후 공무가 끝나면 방주감찰과 유사는, 의관 벗고 서로 선생이라 부르며 섞어 앉아, 진귀한 음식을 놓고 좋은 술을 화려한 술잔에 가득 부어,아아, 권해 올리는 광경 그 어떠합니까. 즐겁도다 선생 감찰이여, 즐겁도다 선생 감찰이여, 아아, 취하는 모습 그 어떠합니까.
초나라 연못가에서 술 깬 채 읊조리는 굴원(屈原) 같은 삶이 너는 좋으냐, 녹문산에 일생 동안 숨어 지내는 방덕공(龐德公) 같은 삶이 너는 좋으냐, 현명한 임금과 어진 신하가 서로 만나는 태평성대에, 청총마(靑驄馬) 타고 모인 잔치가 나는 좋구나.

6. 악학편고

〈『악학편고(樂學便考)』 권(卷)4 속악장(俗樂章) 상(上)29)〉

정석가(鄭石歌) 육장(六章)

딩아 돌하 당금當今에 계샹이다 딩아 돌하 당금當今에 계샹이다 선왕셩ᄃᆡ先王聖代예 노니ᄋᆞ와지이다

삭삭기 셰몰애 별헤 나ᄂᆞᆫ 삭삭기 셰몰애 별헤 나ᄂᆞᆫ구은 밤 닷 되를 심고이다 ○그 밤이 움이 도다 삭나거시아 그 밤이 움이 도다 삭나거시아 유덕有德ᄒᆞ신 님믈 여ᄒᆡᄋᆞ와지이다

옥玉으로 연蓮고즐 사교이다 옥玉으로 연蓮고즐 사교이다 바회 우희 접쥬接柱ᄒᆞ요이다 ○그 고지 삼동三同이 퓌거시아 그 고지 삼동三同이 퓌거시아 유덕有德ᄒᆞ신 님 여ᄒᆡᄋᆞ와지이다

므쇠로 텰릭을 ᄆᆞᆯ아 나ᄂᆞᆫ 므쇠로 텰릭을 ᄆᆞᆯ아 나ᄂᆞᆫ 쳘ᄉᆞ鐵絲로 주롬 박오이다 ○그 오시 다 헐어시아 그 오시 다 헐어시아 유덕有德ᄒᆞ신 님 여ᄒᆡᄋᆞ와지이다

므쇠로 한쇼를 디어다가 므쇠로 한쇼를 디어다가 쳘슈산鐵樹山애 노호이다 ○그 쇠 쳘초鐵草를 머거아 그 쇠 쳘초鐵草를 머거아 유덕有德ᄒᆞ신 님 여ᄒᆡᄋᆞ와지이다

구스리 바회예 디신ᄃᆞᆯ 구스리 바회예 디신ᄃᆞᆯ 긴힛ᄃᆞᆫ 그츠리잇가 ○즈믄 ᄒᆡ롤 외오곰 녀신ᄃᆞᆯ 즈믄 ᄒᆡ롤 외오곰 녀신ᄃᆞᆯ 신信잇ᄃᆞᆫ 그츠리잇가

청산별곡(靑山別曲) 팔곡(八曲)

살어리 살어리랏다 靑山애 살어리랏다 멀위랑 ᄃᆞ래랑 먹고 청산靑山애 살어리랏다 얄리얄리 얄랑셩 야라리 얄라

우러라 우러라 새여 사고 니러 우러라 새여 널라와 시름한 나도 자고 니러 우니노라 얄리얄리셩 얄라리 얄라

가던 새 가던 새 본다 믈아래 가던 새 본다 잉무든 장글란 가지고 믈아래 가던 새 본다 얄리얄리셩 얄라리 얄라

---

29) 속악장 상의 고려시대 작품 목차는 다음과 같다. 獻仙桃 五羊山 抛毬樂 步虛子 靈山會相 風入松 夜深詞 翰林別曲 鄭石歌 靑山別曲 西京別曲 雙花店 履霜曲 嘉時理 儒林歌 處容歌 思母曲 池園春 大洞江去 水調歌頭 玉漏遲 菩薩蠻 江神子 鷓鴣天 浣溪紗 蝶戀花 人月園 滿江紅 木蘭花慢 洞仙歌 巫山一段雲.

이링공 뎌링공 ᄒᆞ야 이즈란 지내와 손뎌 오리도 가리도 업슨 바므란 ᄯᅩ 엇지호리라 얄리얄리 얄라셩 얄라리 얄라
어듸라 더디던 돌코 누리라 마치던 돌코 믜리도 괴리도 업시 마자셔 우니노라 얄리얄리 얄라셩 얄라리 얄라
살어리 살어리랏다 발ᄅᆞ래 살러리랏다 ᄂᆞᄆᆞ자기 구조개랑 먹고 비ᄅᆞ래 살러리랏다 얄리얄리 얄라셩 얄라리 얄라
가다가 가다가 도로라 에졍지 가다가 도로라 사ᄉᆞ미 지마대예 올아셔 해금奚琴을 혜거를 드로라 얄리얄리 얄라셩 얄라리 얄라
가다니 비브른 도긔 설진 강수를 비조라 조롱곳 누로기 믜와 잡ᄉᆞ와니 내 엇지ᄒᆞ리잇고 얄리얄리 얄라셩 얄리 얄라

서경별곡(西京別曲) 십사곡(十四曲)

西京이 아즐가 西京이 셔울히 마르는 偉 두어렁셩 두어렁셩 다링디리
닷곤듸 아즐가 닷곤듸 쇼셩경 고외마른 偉 두어렁셩 두어렁셩 다링지리
어히므른 아즐가 여히므논 질삼뵈 ㅂ리고 偉 두어렁셩 두어렁셩 다링디리
괴시란듸 아즐가 괴시란듸 우러곰 좃니노이다 偉 두어렁셩 두어렁셩 다링디리
구슬리 아즐가 구스리 바회예 디신돌 偉 두어렁셩 두어렁셩 다링디리
긴히쏜 아즐가 긴힛쏜 그츠리잇가 나는 偉 두어렁셩 두어렁셩 다링디리
즈믄 히를 아즐가 즈믄 히를 외오곰 녀신돌 偉 두어렁셩 두어렁셩 다링디리
信잇돈 아즐가 信잇돈 그츠리잇가 나는 偉 두어렁셩 두어렁셩 다링디리
大同江 아즐가 대동강大同江 너블디 몰라셔 偉 두어렁셩 두어렁셩 달링디라
비 내여 아즐가 빅 내여 노혼다 샤공아 偉 두어렁셩 두어렁셩 달링디리
네 가시 아즐가 네 가시 럼난디 몰라셔 偉 두어렁셩 두어렁셩 달링디리
녈 비예 아즐가 녕 비예 년즌다 샤공아 偉 두어렁셩 두어렁셩 달링디리
大同江 아즐가 大同江 건넌편 고즐여 偉 두어렁셩 두어렁셩 달링디리
빅타들면 이즐가 빅타들면 것고리이다 나는 偉 두어렁셩 두어렁셩 달링디리

쌍화점(双花店) 사곡(四曲)

샹화점双花店에 샹화双花 사라 가고신던 회회回回아비 내 손목을 주여이다 이 말솜미 이 店밧긔 나명들명 다로러거디러 죠고맛맛감 삿기 광대 네 마리라 호리라 더러둥셴 다리러디러 다리러디러 다로러 긔 자리예 나도 자라 가리라 偉 偉 다로러 거디러 다로러 긔 잔디ᄀᆞ티 더마거초니업다
삼장사三藏寺애 브를 혀라 가고신던 그 뎔 ᄉᆞ쥬社主ㅣ 내 손목을 주여이다 이

말숨이 그 뎔밧긔 니명들명 다로러거디러 죠고맛간 삿기 샹좌上座ㅣ 네 마리라 호리라 더러둥셩 다리러디러 다리러디러 다리러거디러 다로러 긔 자리예 나도 자라 가리라 偉 偉 다로러거디러 다로러 긔 잔ᄃᆡᄀᆞ티 덦거츠니 업다

드레우므레 므를 길러 가고신뒷 우뭇룡龍이 내 손모글 주여이다 니 말숨미 이 우믈밧긔 나명들명 다로러거디러 죠고맛간 들레바가 네 마리라 호리라 더러둥셩 다리러디러 다리러디러 다로러거디러 다로러 긔 차리예 나도 라차가리라 偉 偉 다로러거지러 다로러 긔 찬ᄃᆡᄀᆞ티 덥거츠니 업다

술풀집의 술를 사라 가고신뒨 그 짓 아비 내 손모글 주여이다 이 말ᄉᆞ미 이 집밧긔 니명들명 다로러거러디 죠고맛간 싀구바가 네 마리라 호리라 더러둥셩 다리러디러 다리러다리러 다로러거디러 다로러 긔 잣리예 나도 자라 가리라 偉 偉 다로러거디러 다로러 긔 잣ᄃᆡᄀᆞ티 덦거츠니 업다

이상곡(履霜曲)

비오다가 내야 아 눈 하 디신나래 서린 석석사리 조븐 곱도신 길헤 다롱미우셔 마득사리 마두너즈세 너우지 잠짜간 내니믈 너겨 깃둔 열명길헤 자리오리잇가 죵죵 霹靂 生陷墮無間 고대셔 싀여딜 내 모미 죵霹靂 아 生陷墮無間 고대셔 싀여딜 모미 내님 두ᄋᆞᆸ고 년뫼ᄅᆞᆯ 거로리 이러쳐 뎌러쳐 이러쳐 뎌러쳐 期約이잇가 아소 님하 ᄒᆞᆫᄃᆡ 여덧 期이어라

가시리(嘉時理)

가시리 가시리잇고 나ᄂᆞᆫ ᄇᆞ리고 가시리잇고 나ᄂᆞᆫ 偉 증즐가 太平盛代
날러는 엇디 사라 ᄒᆞ고 ᄇᆞ리고 가시리잇고 나ᄂᆞᆫ 偉 증즐가 太平盛代
잡ᄉᆞ와 두어리마ᄂᆞᄂᆞᆫ 선ᄒᆞ면 아니 올셰라 偉 증즐가 太平盛代
셜온님 보내ᄉᆞᆸᄂᆞ니 나ᄂᆞᆫ 가시ᄂᆞᆫ ᄃᆞᆺ 도셔 오쇼셔 나ᄂᆞᆫ 偉 증즐가 太平盛代

사모곡(思母曲) 自步虛子至此今之樂院行用刊布30)

호ᄆᆡ도 놀리언마ᄅᆞᄂᆞᆫ 남ᄀᆞ티 들리도 업스니이다 아바님도 어이어신마ᄅᆞᄂᆞᆫ 偉 덩더둥셩 어마님ᄀᆞ티 괴시리 업세라 아소 님하 어마님ᄀᆞ티 괴시리 업세라

---

30) 보허자부터 이 노래까지(사모곡-註)는 장악원에서 간행한 것(악장가사-註)을 대본으로 하였다.

처용가(處容歌)

신라新羅聖代 昭盛代 天下太平 羅侯德 處容아바 以是人生애 常不語ᄒᆞ시란ᄃᆡ 以是人生애 常不語ᄒᆞ시란ᄃᆡ 三災八難이 一時消滅ᄒᆞ샷다 어와 아븨 즈이여 處容아븨 즈이여 滿頭揷花 계우샤 기울어신 머리예 아으 壽命長遠ᄒᆞ샤 넙거신 니마해 山象이슷 깅어신 눈섭에 愛人相見ᄒᆞ샤 오올어신 눈네 風入盈庭ᄒᆞ샤 우글어신 귀예 紅桃花ᄀᆞ티 븕거신 모아해 五香 마ᄐᆞ샤 웅긔어신 고해 아으 千金 머그샤 어위어신 이베 白玉琉璃ᄀᆞ티 히어신 닛바대 人讚福盛ᄒᆞ샤 미나거신 ᄐᆞ개 七宝 계우샤 숙거신 엇게예 吉慶 계우샤 늘어신 ᄉᆞ매길헤 설메 모도와 有德ᄒᆞ신 가슴애 福智俱足ᄒᆞ샤 브르거 ᄇᆡ예 紅鞓 계우샤 굽거신 허리예 同樂大平ᄒᆞ샤 길어신 허튀예 아으 界面 도ᄅᆞ샤 넙거신 바래 누고 지어 셰니오 누고 지어 셰니오 바롤도 실도 업시 바롤도 실도 업시 處容아비를 누고 지어 셰니오 마아만 마아만ᄒᆞ니여 十二諸国이 모다 지어 셰욘 아으 處容아비를 마아만ᄒᆞ니여 머자 외야자 綠李아 셸리 나 내 싓고홀 ᄆᆡ야라 아니옷 ᄆᆡ시면 나리어다 어즌말 東京 볼근 ᄃᆞ래 새도록 노니다가 드러 내자리를 보니 가ᄅᆞ리 네히로새라 아으 둘흔 내해어니오 이런 저긔 處容아비옷 보시면 熱病大神이아 膾ㅅ가시로다 千金을 주리여 處容아바 七宝을 주리여 處容아바 千金七宝寶 마오 熱病神를 날자바 주쇼셔 山이여 ᄆᆡ히여 千里外예 處容아비를 어여녀거져 아으 熱容大神의 發願이샷다

만전춘(滿殿春)[31]오장(五章) 윤회(尹淮) 찬(撰)

어름 우희 댓닙자리 보와 닙과 나와 어러 주글만졍 어름 우희 댓닙자리 보와 닙과 나와 어러 주글만뎡 情둔 오ᄂᆞᆶ범 더듸 새오시라 더듸 새오시라

耿耿孤枕上애 어느 ᄌᆞ미 오리오 西窓을 여러ᄒᆞ니 桃花ㅣ 發ᄒᆞ두다 桃花ᄂᆞᆫ 시름업서 笑春風ᄒᆞᄂᆞ다 笑春風ᄒᆞᄂᆞ다

넉시라도 님을 ᄒᆞᆫᄃᆡ 녀닛景 너기다니 넉시라도 님을 ᄒᆞᆫᄃᆡ 녀닛景 너기다니 벼기더시니 뉘러시니잇가 뉘러시니잇가

올하 올하 아련 비올하 여흘안 어듸 두고 소해 자라온다 소콧 열면 겨흘도 됴ᄒᆞ니 여흘도 됴ᄒᆞ니

南山애 자리 보와 玉山을 벼여 누어 錦繡山 니블 인해 麝香 각시를 아나 누어 南山애 자리 보와 玉山을 벼여 누어 錦繡山 니블 안해 麝香 각시를 아나 누어 藥든 가슴을 맛초옵사이다 맛초옵시이다 ○아소 님하 遠代平生애 여힐 술 모ᄅᆞ옵새

---

31) <『악학편고』 권4 속악장 상 아조(我朝)>

7. 대악후보

〈『대악후보(大樂後譜)』 권5 · 6 · 7 시용향악보(時用鄕樂譜)[32]〉

진작일(眞勺 一)[33]

내님믈 그리ᄋᆞ와 우니다니 山 졉동새 난 이슷ᄒᆞ요이다 아니시며 거츠르신둘 아으 (附) 殘月曉星이 아ᄅᆞ시이다 (大餘音) (大葉) 넉시라도 니믄 ᄒᆞᆫᄃᆡ 녀져라 아으 (二附) 벼기더시니 뉘러시니잇가 過도 허믈도 千萬 업소이다 믈힛마리신뎌 술웃븐뎌 아으 니미 나ᄅᆞᆯ ᄒᆞ마 니ᄌᆞ시니잇가 아소 님하 도람 드르샤 괴요쇼셔

이상곡(履霜曲)

비오다가 개야 아 눈하 디신 나래 서린 석식사리 조븐 곱도신 길헤 다롱디리우셔 마득사리 마득 넌즈세 너우지 잠ᄯᅡ간 내니믈 너겨 깃둔 열명길혀 자라오리잇가 죵죵 霹靂生陷墮無間 고대셔 싀여딜 내 모미 죵 霹靂 아 生陷墮無間 고대셔 싀여딜 내 모미 내님 두ᄋᆞᆸ고 년뫼ᄅᆞᆯ 거로리 이러쳐 뎌러쳐 이러쳐 뎌려쳐 期約이잇가 아소 님하 ᄒᆞᆫᄃᆡ 녀졋 期約이다

서경별곡(西京別曲)

西京이 아즐가 西京이 셔울히마는 위 두어렁셩 두어렁셩 다링디러리 (권5)
셔경이 아즐가 西京이 서울히마는 위 두어렁셩 두어렁셩 다링디려리 (권6)

쌍화점(雙花店)

샹화뎜에 샹화사라 가고신ᄃᆡ 휘휘아비 내 손목을 주여이다 이 말솜이 이 뎜밧ᄭᅴ 나명들명 다로러니 죠고맛감 삿기 광대 네 마리라 호리라 더러둥셩 다로러 긔 자리예 나도 자라 가리리 위 위 다로러 거디러 거다롱디 다로러 긔 잔ᄃᆡᄀᆞ ᄉᆞ치 덥거츠니업다

---

32) 권5 · 6 · 7에 수록 작품 목차는 다음과 같다. 眞勺 1 2 3 4 履霜曲 滿殿春 納氏歌 橫殺門 感君恩 西京別曲(이상 5권) 慢大葉 感君恩 翰林別曲 西京別曲 雙花店 步虛子 靈山會相 (이상 6권) 北殿 動動 井邑 紫霞洞(이상 7권). 이 가운데 가사가 없는 노래는 진작 4, 만전춘, 횡살문, 만대엽, 북전, 동동, 정읍, 자하동.

33) 眞勺 2와 3은 가사 동일, 眞勺 4는 가사 없음.

삼장ᄉᆞ애 블을 혀라 가고신ᄃᆡ 그 뎔 샤쥬 내 손목을 주여이다 이 말ᄉᆞᆷ이 이 뎔 밧긔 나명들명 삿기 샹재 네 말이라 호리라
드레우믈의 믈을 길라 가고신ᄃᆡ 우믈농이 내여ㅇ다

8. 가집

동동 動動

德으란 ᄇᆡ에 받ᄌᆞᆸ고 福으란 림ᄇᆡ에 받ᄌᆞᆸ고 德이며 福이라호ᄂᆞᆯ 나ᄋᆞ라 오소이다 아으 動動다리
正月ㅅ 나릿므□ 이으 어져 녹져ᄒᆞ논대 누릿 가온ᄃᆡ 나곤 몸하 ᄒᆞ올노 녈셔 아으 動動다리
二月ㅅ 보로매 아오 노피 현 燈ㅅ블 다호라 萬人 비취실 즈이샷다 아오 動動다리
三月 나며 開ᄒᆞᆫ 아으 滿春 ᄃᆞᆯ욋고지여 ᄂᆞ미 브롤□□ 디녀 나샷다 아으 動動다리
四月 아니 니져 아오 오실셔 곳고리새여 므슴다 錄事니ᄆᆞᆫ 녯 나ᄅᆞᆯ 닛고신져 아으 動動다리
五月 五日애 아으 수□날 아ᄎᆞᆷ 藥은 즈믄 ᄒᆡ 長存ᄒᆞ살 藥이라 받ᄌᆞᆸ노이다 아으 動動다리
六月ㅅ 보로매 아으 별해 ᄇᆞ룐 빗 다호라 도리보실 니믈 적곰 좃니노이다 아으 動動다리
七月ㅅ 보로매 아으 百種排ᄒᆞ야 두고 니믈 ᄒᆞᆫᄃᆡ 녀가져 願을 비ᄋᆞᆸ노이다 아으 動動다리
八月ㅅ 보로만 아으 嘉俳니리마ᄅᆞᆫ 니믈 뫼셔 녀곤 오ᄂᆞᆯ낤 嘉俳샷다 아으 動動다리
九月 九日애 아으 藥이라 먹논 黃花고지 안해 드니 새셔 가만ᄒᆞ애라 아으 動動다리
十月애 아으 져미연 ᄇᆞ롯 다호라 것거 ᄇᆞ리신 後에 디니실 ᄒᆞᆫ 부니 업스샷다 아으 動動다리
十一月ㅅ 봉당자리에 아으 汗衫 두퍼 누워 슬훌ᄉᆞ라온뎌 고우닐 스싀옴 녈셔 아으 動動다리
十二月ㅅ 분디남□로 갓곤 아으 나올 盤잇 져 다호라 니믜 알픽 드러 얼이노니 소니 가재다 므ᄅᆞᄋᆞᆸ노이다 아으 動動다리

봉황음 鳳凰吟

(前腔) 山河千里國에 佳氣鬱葱葱ᄒᆞ샷다 金殿九重에 明日月하시니 群臣千載예 會雲龍이샷다 熙熙庶俗온 春臺上이어늘 濟濟群生온 壽域中이샷다 (附葉) 濟濟群生온 壽域中이샷다 (中葉) 高厚無私ᄒᆞ샤 美貺臻ᄒᆞ시니 祝堯皆是 大平人이샷다 (附葉) 祝堯皆是 大平人이샷다 (小葉) 熾而昌하시니 禮樂光華ㅣ 邁漢唐이샷다

(後腔) 金枝秀出 千年聖ᄒᆞ시니 緜瓞增降 萬歲基샷다 邦家累慶이 超前古ᄒᆞ시니 天地同和ㅣ 卽此時샷다 (附葉) 天地同和ㅣ 卽此時샷다 (中葉) 豫遊淸曉애 玉輿來ᄒᆞ시니 人頌南山ᄒᆞ야 薦壽杯샷다 (附葉) 人頌南山ᄒᆞ야 薦壽杯샷다 (小葉) 配子□ᄒᆞ시니 十二瓊樓ㅣ 帶五城이샷다 (大葉) 道與乾坤合 恩隨雨露新이샷다 千箱登黍稌 庶彙荷陶鈞이샷다 帝錫元符ᄒᆞ야 揚瑞命ᄒᆞ시니 滄溟重潤ᄒᆞ고 月重輪이샷다 (附葉) 滄溟重潤ᄒᆞ고 月重輪이샷다 (中葉) 風流楊柳에 舞輕□ᄒᆞ니 自是豊年에 有笑聲이샷다 (附葉) 自是豊年에 有笑聲이샷다 (小葉) 克配天하시니 聖子神孫이 億萬年이쇼셔[34)]

삼진작 三眞勺

(前腔) □님을 그리스와 우니다니 (中腔) 山졉동새 난 이□ᄒᆞ요이다 (後腔) 아니시며 거츠□신달 아오 (附葉) 殘月曉星이 아□시리이다 (大葉) 넉시라도 님은 ᄒᆞᆫᄃᆡ 녀져라 아으 (附葉) 버기더시니 뉘□시니잇가 (二葉) □도 허믈도 千萬 업소이다 (三葉) 몰힛미러신뎌 (四葉) □웃부뎌 이으 (附葉) 니미 나□ ᄒᆞ마 니

34) 산과 강 천 리 이 나라에 아름다운 기운 울창하도다 아홉 겹 궁궐에는 해와 달이 밝았으니 많은 천년 만에 어진 임금을 만났도다 화평한 세상은 봄 동산에 있거늘 많고 많은 백성들은 즐거운 곳에 살고 있도다 많고 많은 백성들은 즐거운 곳에 살고 있도다 하늘과 땅이 사심 없이 좋은 복을 내리시니 성군을 축복하는 모든 이들 태평성대의 사람이로다 성군을 축복하는 모든 이들 태평성대의 사람이로다 문물이 성대하고 창성하니 예악의 빛남은 한당(漢唐)보다 뛰어나도다 임금의 자손 빼어나 천년 동안 성업(聖業)을 이어 가시니 자손이 번성해 융성하니 만년의 기틀이로다 나라의 많은 경사 옛날보다 뛰어나니 천지가 화락함이 바로 이때로다 천지가 화락함이 바로 이때로다 즐기는 이른 아침에 임금의 수레 오시니 사람들이 남산처럼 변함없이 장수하기를 기원하며 술잔을 올리도다 서울에 걸맞게 구슬 누각 12루(樓)에 5성(城)을 두었도다 도는 건곤(乾坤)과 합해 (임금의) 은혜는 비와 이슬처럼 새롭도다 많은 창고에 곡식을 쌓였고 백성들은 성덕의 은택을 입었도다 하늘이 신표를 내려 상서로운 명을 날리시니 바다는 물이 불고 달은 더욱 밝았도다 바다는 물이 불고 달은 더욱 밝았도다 바람 따라 버들나무 가볍게 춤을 추니 이로부터 풍년 들어 웃음소리 들리리로다 이로부터 풍년 들어 웃음소리 들리리로다 하늘에 짝하시니 성자 자손이 억만년을 누리소서

□시니앗가 (五葉) 아소□하 도람 드르샤 □오쇼셔

북전 北展

(前腔) 山河千里北에 宮殿에 五雲高ㅣ로다나 (中腔) 輝輝瑞日은 明螭陛어늘 冉冉香烟은 繞袞袍ㅣ로다□는

(後腔) 積德百年에 興禮樂ᄒᆞ시니 垂衣一代 煥文章이로다 (附葉) 雍熙至治어 邁虞唐이로다 (大葉) 慶雲深處어 仰重瞳ᄒᆞ니 나는 一曲南薰에 解慍風이로다나 (附葉) 鳳凰이 來舞ᄒᆞ니 九成中이로다 (二葉) 大有年ᄒᆞ니 禾稼ㅣ 與雲連이로다 (三葉) 紅腐之粟이오 貴朽錢이로다 (四葉) 陰陽이 順軌ᄒᆞ야 雨露均하니 (附葉) 萬家烟火ㅣ 太平民이로다 (五葉) □五晨ᄒᆞ시니 聖壽無彊ᄒᆞ샤 千萬春이쇼[35]

관음찬 觀音讚

白花ㅣ 芬其蕚ᄒᆞ고 香雲이 彩其光하니 圓通觀世音이 承佛遊十方이샷다 □相百福□하시고 威神이 巍莫側이시니 一心若稱名ᄒᆞᄋᆞ오면 千殃이 卽殄滅ᄒᆞᄂᆞ니라 慈雲이 布世界ᄒᆞ고 凉雨ㅣ 洒昏塵ᄒᆞᄂᆞ니 悲願이 何曾休ㅣ시□오 功德으로 濟天人이샷다 四生多怨害하야 □若ㅣ相煎迫이어늘 尋聲而濟苦ᄒᆞ시며 應念而興樂하시ᄂᆞ니라 無作自在力과 妙應三十二와 無畏늘 施衆生ᄒᆞ시니 法界普添利하ᄂᆞ니라 始終三慧入ᄒᆞ시고 乃獲二殊勝ᄒᆞ시니 金剛三摩地를 菩薩이 獨能證하시니라 不思議妙德이여 名徧百億界ᄒᆞ시니 淨聖無邊澤이 流波及斯世시니라[36]

---

35) 산과 강 천 리가 장대한 곳에 궁궐은 오색구름 속에 어렸도다 밝은 아침 햇살은 대궐 섬돌에 빛나거늘 향로의 연기는 곤룡포를 둘렀도다 백년 쌓은 덕에 예악을 홍기하시니 태평성대에 빛나는 문화로다 밝고 빛나는 정치여 요순과 닮았도다 경사스러운 구름 깊은 곳에 성군을 바라보나니 한 곡의 남훈가에 [백성의] 고통과 괴로움이 풀리도다 봉황이 와서 춤을 추니 노랫소리[구성(九成)]훌륭하도다 풍년이 왔으니 오곡이 구름처럼 풍성하도다 썩어 남을 곡식이요 흔해 녹슬 돈이로다 음과 양이 이법(理法)에 순응해 비를 알아서 내리니 모든 집에서 [끼니마다] 밥 짓는 연기로구나 태평성대의 백성이로다 모든 것을 위무하시니 만수무강하시어 천만 년을 누리소서

36) 모든 곳에 두루 통하는 관세음보살 보타락가산에서 현신하고 법문하신 관세음보살 출가 수행자 제고 선신(善神) 관세음보살 중생에게 즐거움을 주시는 관세음보살 중생을 사랑하고 아끼는 관세음보살 서른두 가지 응신(應身)을 이룬 관세음보살 열네 가지 두려움을 물리치고자 관세음보살 중생의 고통을 구제하는 관세음보살 성불을 맹세하신 관세음보살 천 개의 손과 천 개의 눈을 가진 관세음보살 물고기 알주머니를 지닌 관세음보살 이마 위에 아미타불 모시는 관세음보살 모든 꽃이 그 꽃받침부터 향기가 일어나고 만발한 꽃은 그 빛으로 색을 더하니 두

정읍 井邑

前腔 둘하 노□곰 도드샤 어긔야 머리곰 비취오시라 어□야 어강됴리 小葉 아으다□디리 後腔 全져재 녀러신고요 어긔야 즌 뒤□ 드□□셰라 이긔야 어강됴리 過篇 어느이다 노□시라 金善調 어긔야 내 가논대 졈그□셰라 □긔야 어강됴리 小葉 아으 다□디리

납씨가 納氏歌 [illegible] 納氏歌靖東方曲皆用（以下樂章歌詞)

納氏 恃雄强ᄒᆞ야 入冠 東北方ᄒᆞ더니 縱傲誇以力ᄒᆞ니 鋒銳라 不可當이로다 我后ㅣ 倍勇氣ᄒᆞ샤 一射애 斃偏裨ᄒᆞ시고 二射애 及魁戎ᄒᆞ시다 裹槍不可救ㅣ라 追奔星火馳ᄒᆞ더니 風聲이 固可畏어늘 鶴唳도 亦堪疑로다 卓矣 黃敢當ᄒᆞ니 東方이 永無虞ㅣ로다 功成이 在此擧ᄒᆞ시니 垂之千萬秋ㅣ샷다

정동방곡 靖東方曲

緊東方 阻海陲 彼狡童 竊天機하니이다
□□□偉 東王德盛
肆狂謀 興戎師 禍之極 靖者誰어니오 偉 東王德盛
天相德 回義旗 罪其魁 逆其夷하샷다 □偉 東王德盛
皇乃懌 覃天施 軍以國 俾我知하샷다 □偉 東王德盛 懌當爲嘉
於民社 有攸歸 千萬世 傳無期하쇼셔 □偉 東王德盛

감군은 感君恩

四海 바닷 기픠난 닫둘로 지히리어니와 님의 德澤 기픠난 어내 줄노 자히리잇

루 통한 관세음이 부처를 이어 모든 곳에 계시도다 백 가지의 복을 빈틈없이 고루 나타내시고 영묘한 힘은 헤아릴 수 없으니 한 가지 마음으로 부처님을 부르면 재앙은 곧 없앨 것이라 하느니라 은혜가 온 세상에 내리고 서늘한 비는 혼탁한 티끌마저 없애나니 뻐저린 소원을 어찌 그만두시리오 공덕으로 모든 사람을 구제하셨도다 태어나는 생명들에는 원수와 해함이 많아 여덟 가지 고통이 서로 절박하거늘 가르침을 찾아 괴로움 구제하시며 염원에 응답해 즐거움을 주시느니라 인위적이지 않은 묘한 스스로의 힘과 서른두 가지의 현묘하게 현신(現身)함과 두려움을 없애는 것을 중생에게 베푸시니 불교 세계에 널리 복을 더하느니라 늘 세 가지 지혜가 들어와 이내 두 가지 마음을 바로잡음이 뛰어나시니 깨달음을 보살이 홀로 능히 증험(證驗)하시니라 헤아릴 수 없는 신묘한 덕이여 이름이 억계에 두루 미치시니 관세음의 정성(淨聖) 끝없는 은택이 이 세계 흘러 널리 퍼지시니라

고 享福無彊하샤 萬歲랄 누리소셔 享福無彊하사 萬歲롤 누리쇼셔 一竿明月 亦君恩이샷다 泰山이 놉다컨마ᄅᆞᄂᆞᆫ 하ᄫᆞᆯ해 몯 밋거니와 님의 놉ᄑᆞ샨 恩과 德과ᄂᆞᆫ 하ᄂᆞᆯᄀᆞ티 노ᄑᆞ샷다 享福無强하샤 萬歲ᄂᆞᆯ 누리쇼셔 享福無强ᄒᆞ샤 萬歲ᄂᆞᆯ 누리소셔 一竿明月이 亦君恩이샷다 四海 넙다ᄒᆞᆫ 바다 ᄒᆞᆫ 舟楫이면 건너리어니와 님의 너브샨 恩澤을 此生애 갑ᄉᆞ오릿가 享福無强ᄒᆞ샤 萬歲롤 누리쇼셔 享福無强ᄒᆞ샤 萬歲롤 누리쇼셔 一竿明月이 亦君恩이샷다

一片丹心뿐을 하ᄂᆞᆯ하 아□쇼셔 白骨糜粉인ᄃᆞᆯ 丹心이ᄯᆞᆫ 가ᄉᆡ리잇가 享福無强ᄒᆞ샤 萬歲롤 누리쇼셔 享福無强ᄒᆞ샤 萬歲롤 누리쇼셔 一竿明月이 亦君恩이샷다

정석가 鄭石歌

딩아 돌하 當今에 계샹이다 딩이 놀하 當今에 계샹이다 先王聖代예 노니ᄋᆞ와지이다

삭삭기 셰몰애 별헤 나ᄂᆞᆫ 삭삭기 셰몰애 별헤 나ᄂᆞᆫ 구은 밤 닷 되를 심고이다

그 바미 우미 도다 삭 나거시아 그 바미 도다 우미 도다 삭 나거시아 有德ᄒᆞ신 님믈 여ᄒᆡ지이다

玉으로 蓮ㅅ 고즐 사교이다 玉으로 蓮ㅅ 고즐 사교이다 바희 우희 接柱ᄒᆞ요이다

그 고지 三同이 퓌거시아 그 고지 三同이 퓌거시아 遺德ᄒᆞ신 님 여ᄒᆡ아와지이다

므쇠로 텰릭을 몰아 나ᄂᆞᆫ 므쇠로 텰릭을 몰아 나ᄂᆞᆫ 鐵絲로 주롬 바고이다

그 오시 다 헐어시아 그 오시 다 헐어시아 有德ᄒᆞ신 님 여ᄒᆡ아와지이다

므쇠로 한쇼를 디여다가 므쇠로 한쇼를 디어다가 鐵樹山애 노호이다

그 쇠 鐵草를 머거아 그 쇠 鐵草를 머거아 有德ᄒᆞ시 님 여ᄒᆡᄋᆞ와지이다

구스리 바회예 디신ᄃᆞᆯ 구스리 바회예 디신ᄃᆞᆯ 긴 힛ᄃᆞᆫ 그츠리잇가

즈믄 ᄒᆡ롤 외오곰 녀신ᄃᆞᆯ 즈믄 ᄒᆡ롤 외오곰 녀신ᄃᆞᆯ 信잇ᄃᆞᆫ 그츠리잇가

청산별곡 靑山別曲

살어리 살어리랏다 靑山애 살어리랏다 멀위랑 ᄃᆞ래□랑 먹고 靑山애 살어리랏다 얄리얄리 얄랑셩 와라리얄라

우러라 우러라 새여 자고 니러 우러라 새여 널라와 시름 ᄒᆞᆫ 나도 자고 니러 우니로라 얄리얄리 알라셩 얄리리 얄라 가던 새 가던 새 본다 블 아래 가던 새 본다 잉 무든 장글란 가지고 믈 아래 가던 새 본다 얄리 얄라셩 얄라리 알라

이렁공 뎌렁공 ᄒᆞ야 나즈란 디내와손뎌 오 리도 가 리도 업손 바므란 또 엇지 호리라 얄리얄리 얄라셩 얄라리 얄라 어듸라 더디더 돌코 누리라 마치던 돌코 믜리도 괴리도 업시 마자셔 우니노라 알리얄리 얄라셩 알라리 얄라

살어리 살어리랏다 바ᄅᆞ래 살어리랏다 ᄂᆞᄆᆞ자기 구조개랑 먹고 바라래 살어리랏다 얄리 얄라셩 얄라리 얄라

가다가 가다가 드로라 에졍지 가다가 드로라 사ᄉᆞ미 짒대예 올아셔 奚琴을 혀거를 드로라 얄리얄리 알라셩 얄라리 얄라 가다니 ᄇᆡ브른 도긔 □진 강수를 비조□ 조롱곳 누로기 ᄆᆡ와 잡ᄉᆞ와니 내 엇디 ᄒᆞ리잇고 얄리얄리 얄라셩 알라리 얄라

서경별곡 西京別曲

西京이 아즐가 西京이 셔울히 마르는 위 두어렁셩 두어렁셩 다링디리
닷곤ᄃᆡ 아즐가 닷ᄃᆡ 쇼셩경 고외마□ 위 두어렁셩 두어렁셩 다링디리
여ᄒᆡ므론 아즐가 여ᄒᆡ므논 질삼뵈 ᄇᆞ리시고 의 두어렁셩 두어렁셩 다링디리
괴시란ᄃᆡ 아즐가 괴시란ᄃᆡ 우러곰 좃니노이다 위 두어렁셩 두어렁셩 다링디리
구스리 아즐가 구스리 바회예 디신ᄃᆞᆯ □ 두어렁셩 두어렁셩 두어렁셩 다링디리
기히ᄯᆞᆫ 아즐가 긴힛ᄯᆞᆫ 그□리잇가 나ᄂᆞᆫ 위 두어렁셩 두이렁셩 다링디리
즈믄 ᄒᆡ를 아즐가 즈믄 ᄒᆡ를 외오곰 녀신ᄃᆞᆯ 위 두어렁셩 두어렁셩 다링디리
信잇ᄃᆞᆫ 아즐가 信잇ᄃᆞᆫ 그츠리잇가 나ᄂᆞᆫ 위 두어렁셩 두어렁셩 다링디리
大洞江 아즐가 大洞江 너븐디 몰라셔 위 두어렁셩 두어렁셩 다링디리
ᄇᆡ 내여 아즐가 ᄇᆡ 내여 노ᄒᆞᆫ다 샤공아 위 두어렁셩 두어렁셩 다링디리
네 가시 아즐가 네 가시 럼난디 몰라셔 위 두어렁셩 두어렁셩 다링디리
녈 ᄇᆡ에 아즐가 녈 ᄇᆡ에 연□다 사공아 위 두어렁셩 두어렁셩 다링디리
大洞江 아즐가 大洞江 건넌편 고즐여 위 두어렁셩 두어렁셩 다링디리
ᄇᆡ 타들면 아즐가 ᄇᆡ 타들면 것고리이다 나ᄂᆞᆫ 위 두어렁셩 두어렁셩 다링디리

사모곡 思母歌

호ᄆᆡ도 ᄂᆞᆯ히언 마ᄅᆞᄂᆞᆫ 낟ᄀᆞ티 들리도 업스니이다 아바님도 어이어신 마ᄅᆞᄂᆞᆫ 위 덩더등셩 어마님ᄀᆞ티 괴시 리 업세라 아스 님하 어마닙ᄀᆞ티 괴시 리 업세라

능엄찬 楞嚴讚

世界衆生이 迷失本覺隨波逐浪이어를 如來哀憫ᄒᆞ샤 始修行路ㅣ 無非一大師ㅣ시니 阿難尊者ㅣ 眞慈方便으로 副爲末學이어시ᄂᆞᆯ 觀世音圓通을 文殊ㅣ 獨善이샷다 南無釋伽世尊하 照此今悔心ᄒᆞ쇼셔 十方佛母無上寶印으로 有緣을 開通ᄒᆞ시ᄂᆞ니 若有隨證者ㅣ어든 魔風이 不得吹케 ᄒᆞ쇼셔 善哉라 護法ᄒᆞ신 天龍鬼神이엿샷다

영산회상 靈山會相

靈山會相佛普薩 代壽萬歲歌 碧海神人乘紫烟 分曺呈舞繡簾前 捕花頭重迴旋緩 共獻君王壽萬年

쌍화점 雙花店

雙花店에 雙花 사라 가고신ᄃᆡ 回回아바 내 손모글 쥬여이다 이 말솜미 이 店밧□ 나명들명 다로러거디러 죠고맛감 삿기 광대 네 마리라 호리라 더러셩 다리러디러 다리러디러 다로러거디러 다로러 거 자리에 나도 자라 가리라 위위 다□러거디러 나로러 긔 잔 ᄃᆡ ᄀᆞ리 덦거츠니 업다

三藏寺애 블혀리 가고신ᄃᆡᆫ 그 뎔 社主ㅣ 내 손모글 주여이다 이 말사미 이 뎔 밧긔 나명들명 다로러거디러 죠고맛간 삿기 上座ㅣ 네 마리라 호리라 더러둥셩 다리러디러 다리러디러 다로러거디러 다로러 긔 자리예 나드 자라 가리라 위위 다로러 거디러 다로러 긔 잔 ᄃᆡ ᄀᆞ티 덦거츠니 업다

드레 우므레 므를 길라 가고신ᄃᆡᆫ 우뭇 龍이 내 손모글 주여이다 이 말사미 이 우믈 밧끠 나명들명 다로러거디러 죠고맛간 드레바가 네 마리라 호리라 더러둥셩 디리러디러 다리러디러 다로러거디러 다로러 긔 자리예 나도 자라 가리라 위위 다로러 거디러 다로러 긔 잔 ᄃᆡ ᄀᆞ타 덦거츠니 업다

술 폴 지븨 수를 사라 가고신ᄃᆡᆫ 그 짓아비 내 손므글 주여이다 이 말ᄉᆞ미 이 집 빗끠 나명들명 다로러거디러 죠고맛간 싀구비가 네 마리라 호리라 더러둥셩 다리러디러 다리러디러 다로러거디러 다도러 긔 자리예 나도 자라 가리라 위위 다로러 거디러 다로러 긔 잔 ᄃᆡ ᄀᆞ티 덦거츠니 업다

이상곡 履霜曲

비 오다가 개야 아 눈하 디신 나래 서린 석석 사리 조븐 곱도신 길헤 다롱디우셔 마득사리 마득너즈세 너우시 잠 ᄧᅡ간 내 니믈 너겨 깃ᄃᆞᆫ 열명길헤 자라 오리잇가 죵죵 霹靂生陷墮無間 고대셔 싀여딜 내 모미 딜 내모미 죵 霹靂 아 生陷墮無間 고대셔 싀여딜 내 모미 내 님 두압고 년 뫼롤 거로리 이러쳐 뎌러쳐 期約이잇가 아소 님하 ᄒᆞᆫ ᄃᆡ 녀졋 期約이 이다

가시리

가시리 가시리 잇고 나ᄂᆞᆫ ᄇᆞ리고 가시리 잇고 나ᄂᆞᆫ 위증즐가 大平盛代
날러ᄂᆞᆫ 엇디 살라ᄒᆞ고 ᄇᆞ리고 가시리 잇고 나ᄂᆞᆫ 위증즐가 大平盛代

잡ᄉᆞ와 이리마는ᄂᆞᆫ 션ᄒᆞ면 아니올셰라 위증즐가 大平盛代
셜은 님 보내ᄋᆞᆸ노니 나ᄂᆞᆫ 가시ᄂᆞᆫᄃᆞᆺ 도셔 오쇼셔 나ᄂᆞᆫ 위증즐가 大平盛代

유림가 儒林歌

五百年이 도라 黃河ㅅ 므리 ᄆᆞᆰ가 聖主ㅣ 重興ᄒᆞ시니 萬民의 咸樂이로다 五百年이 도라 沂水ㅅ 므리 ᄆᆞᆰ가 聖主ㅣ 重興ᄒᆞ시니 百穀이 豊登ᄒᆞ샷다 (葉) 我窮且樂아 窮且窮且樂아 浴乎沂風乎舞雩詠而歸호리라 我窮且樂아 窮且窮且樂아

五百年이 도라 泗水ㅅ 므리 ᄆᆞᆰ가 聖主ㅣ 重興ᄒᆞ시니 天下ㅣ 大平ᄒᆞ샷다 漢水ㅅ 므리 ᄆᆞᆰ가 聖主ㅣ 重興ᄒᆞ시니 干戈ㅣ 息靜ᄒᆞ샷다 (葉) 我窮且樂아 浴乎沂風乎舞雩詠而歸호리라 我窮且樂아 窮且窮且樂아

五百年이 도라 四海ㅅ 므리 ᄆᆞᆰ가 聖主ㅣ 重興ᄒᆞ시니 民之父母ㅣ샷다 桂林마ᄃᆡᆺ 鶴이 郄詵枝예 안재라 天上降來ᄒᆞ시니 人間蓬萊샷다 (葉) 我窮且樂아 窮且窮且樂아 浴乎沂風乎舞雩詠而歸호리라 我窮且樂아 窮且窮且樂아

丹穴九包ㅅ 鳳이 九重宮闕에 안재라 覽德來儀ᄒᆞ시니 重興聖主샷다 朝陽碧梧ㅅ 鳳이 當今에 우루믈 우러 聲聞于天ᄒᆞ시니 文治大平ᄒᆞ샷다 (葉) 我窮且樂아 窮且窮且樂아 浴乎沂風乎舞雩詠而歸호리라 我窮且樂아 窮且窮且樂아

珠履三千客과 靑衿七十徒와 杳矣千載後에 豈無其人이리요 黃閣三十年과 淸風一萬古와 我與房與杜로 終始如一호리라 (葉) 我窮且樂아 窮且窮且樂아 浴乎沂風乎舞雩詠而歸호리라 我窮且樂아 窮且窮且樂아

十年螢雪榻애 白衣一書生이여 暫登龍榜後에 脚底靑雲이로다 鳳城千古地예 學校를 排ᄒᆞ야이다 年年三月暮애 나리라 壯元郎이여 (葉) 我窮且樂아 窮且窮且樂아 浴乎沂風乎舞雩詠而歸호리라 我窮且樂아 窮且窮且樂아

신도가 新都歌

녜ᄂᆞᆫ 楊洲ㅣ ᄀᆞ올히여 디위예 新都形勝이샷다 開國聖王이 聖代를 니르어샷다 잣다온뎌 當今景 잣다온뎌 聖壽萬年ᄒᆞ샤 萬民의 咸樂이샷다 아으 다롱다리 알폰 漢江水여 뒤흔 三角山이여 德重ᄒᆞ신 江山 즈으메 萬歲를 누리쇼셔

풍입송 風入松

聖明天子當今帝 神補天助敦化來 理世欣나 恩深遐通 古今稀 外國躬趍盡歸依야 四境寧淸罷槍旗 盛德堯湯難比야 且樂大平時 是處笙簫聲아 鼎沸야 騈闐樂音家家喜 析祝焚香抽玉憓아 惟我聖壽萬歲야 氷同山嶽天際야 四海昇平 有德咸勝堯時야 邊庭無一事 將軍아 寶劒休更揮야 梯山航海自來朝 百寶獻我天墀야 金階玉殿呼萬歲 願我主長登寶位야 對此大平時節아 絃管歌謠聲美야 主聖아 臣賢아 邂逅河淸海

晏아 梨園弟子 奏霓裳白玉簫 我皇前아 仙樂盈庭皆應律 君臣共醉大平筵 帝意多懽是此日 銀漏莫催頻傳아 文아 武아 官僚 拜賀共祝皇岭아 天臨玉輦迴 金闕碧閣繞아 祥烟아 繽粉花戴列千行 笙歌寥亮盡神仙 爭唱還宮樂詞아 爲報聖壽萬歲아 爲報聖壽萬歲아

야심사 夜深詞

風光暖 風光暖 回春天 上元佳節 設華筵 燈殘月落下群仙 宮漏促水涓涓아 宮漏促水涓涓아 花盈瓶酒盈觴 君臣아 君臣共醉大平年 懽醉夜深鷄唱曉 人心甚厚留連아 人心甚厚留連아 待人難 待人難 何處在 深閉洞房待人難 長夜不寐君不到 羅幃繡幕是仙間 羅幃繡幕是仙間

한림별곡 翰林別曲 高宗時 諸儒 所作

元淳文 仁老詩 公老四六 李正言 陳翰林 雙韻走筆 沖基對策 光鈞經義 良鏡詩賦 위 試場ㅅ景 긔 엇더ᄒᆞ니잇고 (葉) 琴學士의 玉笋門生 琴學士의 玉笋門生 위 날조차 몃부니잇고

唐漢書 莊老子 韓柳文集 李杜集 蘭臺集 白樂天集 毛詩尙書 周易春 周戴禮記 위 註조쳐 내외읈 景 긔 엇더ᄒᆞ니잇고 (葉) 大平廣記 四百餘卷 大平廣記 四百餘卷 위 歷覽ㅅ景 긔 엇더ᄒᆞ니잇고

眞卿書 飛白書 行書草書 篆籒書 □□書 虞書南書 羊鬚筆 鼠鬚筆 빗기 드러 위 딕논 景 긔 엇더ᄒᆞ니잇고 (葉) 吳生劉生 兩先生의 吳生劉生 兩先生의 위 走筆ㅅ景 긔 엇더ᄒᆞ니잇고

黃金酒 栢子酒 松酒醴酒 竹葉酒 梨花酒 五加皮酒 鸚鵡盞 琥珀盃예 ᄀᆞ득 브머 위 勸上ㅅ景 긔 엇더ᄒᆞ니잇고 (葉) 劉伶陶潛 兩仙翁의 劉伶陶潛 兩仙翁의 위 醉혼景 긔 엇더ᄒᆞ니잇고

紅牡丹 白牡丹 丁紅牡丹 紅芍藥 白芍藥 丁紅芍藥 御柳玉梅 黃梅紫薔薇 芷芝冬柏 위 間發ㅅ景 긔 엇더ᄒᆞ니잇고 (葉) 合竹桃花 고온두분 合竹桃花 고온두분 위 相暎ㅅ景 긔 엇더ᄒᆞ니잇고

阿陽琴 文卓笛 宗武中琴 帶御香 玉肌香 雙伽倻ㅅ고 金善琵琶 宗智嵇琴 薛原杖鼓 위 過夜ㅅ景 긔 엇더ᄒᆞ니잇고 (葉) 一枝紅의 빗근 笛吹 一枝紅의 빗근 笛吹 위 듣고아 숌드러지라

蓬萊山 方丈山 瀛洲 三山 此三山 紅樓閣 婥妁仙子 綠髮額子 錦繡帳裏 珠簾半捲 위 登望五湖ㅅ景 긔 엇더하니잇고 (葉) 綠楊綠竹 栽亭畔애 綠楊綠竹 栽亭畔애 위 囀黃鸝 반갑두셰라

唐唐唐 唐楸子 皀莢남긔 紅실로 紅글위 믹오이다 혀고시라 밀으시라 鄭少年하 위 내가논딕 놈 갈셰라 (葉) 削玉纖纖 雙手ㅅ길헤 削玉纖纖 雙手ㅅ길헤 위 携手同遊ㅅ景 긔 엇더하니잇고

처용가 處容歌

新羅盛代 昭盛代 天下大平 羅侯德 處容아바 以是人生애 常不語ᄒᆞ시란대 以是人生애 常不語ᄒᆞ시란대 三災八難이 一時消滅ᄒᆞ샷다 어와 아븨 즈이여 處容아븨 즈이여 滿頭揷花 계우샤 기울어신 머리예 아으 壽命長遠ᄒᆞ샤 넙거신 니마해 山象 이슷 깅어신 눈섭에 愛人相見ᄒᆞ샤 오올어신 누네 風入盈庭ᄒᆞ샤 우글어신 귀예 紅桃花ᄀᆞ티 븕거신 모야해 五香 마ᄐᆞ샤 웅긔어신 고해 아으 千金 머그샤 어위어신 이베 白玉琉璃ᄀᆞ티 희어신 닛바래 人讚福盛ᄒᆞ샤 미나거신 ᄐᆞ개 七寶 계우샤 숙거신 엇게예 吉慶 계우샤 늘의너신 ᄉᆞ맷길헤 설믜 모도와 有德ᄒᆞ신 가ᄉᆞ매 福智具足ᄒᆞ샤 브르거신 비예 紅鞓 계우샤 굽거신 허리예 同樂大平ᄒᆞ샤 길어신 허튀예 아으 界面 도ᄅᆞ샤 넙거신 바래 누고 지이 셰나오 누고 지어 셰니오 바롤도 실도 업시 바롤도 실도 업시 處容아비를 누고 긔어 셰니오 마아만 마아만ᄒᆞ니여 十二諸國이 모다 지어 셰욘 아으 處容아비를 마아만ᄒᆞ니여 머자 외야자 綠李여 샐리 나 내 신고홀 믹여라 아니옷 믹시면 나리어다 머즌 말 東京 볼근 ᄃᆞ래 새도록 노니다가 드러 내 자리를 보니 가ᄅᆞ리 네히로새라 아으 둘흔 내해어니와 둘흔 뉘해어니오 이런 전기 處容아비옷 보시면 熱病大神이아 膾ㅅ가시로다 千金을 주리여 處容아바 七寶를 주리여 處容아바 千金 七寶도 마오 熱病神을 날 자바 주쇼셔 山이여 믹히여 千里外에 處容아비를 어여녀거져 아으 熱病大神의 發願이샷다

石新羅憲康王遊鶴城還至開雲浦 有一人奇形□服詣王前歌舞讚德從王入京自號處容 每日歌舞於市竟不知其所在 後人異之作詩 新羅昔日處容翁 見說來從碧海中 貝齒赤脣歌夜月 鳶肩紫袖舞春風

어부가 漁父歌

雪鬢漁翁이 住浦間ᄒᆞ야셔 自言居水ㅣ 勝居山이라 ᄒᆞᄂᆞ다 빈 떠라 빈 떠라 早潮ㅣ 纔落거를 晩潮ㅣ 來ᄒᆞᄂᆞ다 지곡총 지곡총 어사와 어ᄉᆞ와 一竿 明月이 亦君恩이샷다

靑菰葉上애 凉風이 起커를 紅蓼花邊에 白鷺ㅣ 閑ᄒᆞᄂᆞ다 닫 드러라 洞庭湖裏예 駕歸風호리라 지곡총 지곡총 어ᄉᆞ와 어ᄉᆞ와 一生 蹤跡이 在滄浪ᄒᆞ두다

盡日泛舟煙裏去ᄒᆞ고 有時搖棹ᄒᆞ야 月中還ᄒᆞᄂᆞᆺ다 이어라 이어라 我心隨處自忘

機호라 지곡총 지곡총 어ᄉᆞ와 어ᄉᆞ와 一江 風月이 趁漁船ᄒᆞ두다

萬事를 無心一釣竿ᄒᆞ요니 三公으로도 不換此江山이로다 돋 ᄃᆞ라라 돋 ᄃᆞ라라 帆急ᄒᆞ니 前山이 忽後山이로다 지곡총 지곡총 어ᄉᆞ와 어ᄉᆞ와 生來에 一舸로 趁雖身호라

東風 西日예 楚江深ᄒᆞ니 一片苔磯오 萬柳陰이로다 이러라 綠萍身世오 白鷗心이로다 지곡총 지곡총 어ᄉᆞ와 어ᄉᆞ와 隔岸漁村이 兩三家ㅣ로다

一尺鱸魚를 新釣得ᄒᆞ야 呼兒吹火荻花間호라 비 졔여라 비 졔여라 夜泊秦淮ᄒᆞ야 近酒家호라 지곡총 지곡총 어ᄉᆞ와 어ᄉᆞ와 一瓢애 長醉ᄒᆞ야 任家貧호라

落帆江口에 月黃昏커를 小店애 無燈欲閉門이로다 돗 디여라 돗 지여라 柳條애 穿得錦鱗歸로다 지곡총 지곡총 어ᄉᆞ와 어ᄉᆞ와 夜潮留向月中看호리라

夜靜水寒魚不食이어를 滿船空載月明歸ᄒᆞ노라 비 미여라 비 미여라 釣罷歸來에 繫短蓬호리라 지곡총 지곡총 어ᄉᆞ와 어ᄉᆞ와 繫舟唯有去年痕이로다

極浦天空際一涯ᄒᆞ니 片帆이 飛過碧琉璃로다 아의여라 아의여라 帆急ᄒᆞ니 前山이 忽後山이로다 지곡총 지곡총 어ᄉᆞ와 어ᄉᆞ와 風流亦必載西施니라

一自持竿上釣舟ᄒᆞ요므로 世間名利盡悠悠ㅣ로다 이퍼라 이퍼라 桃花流水鱖魚肥ᄒᆞ두다 지곡총 지곡총 어ᄉᆞ와 어ᄉᆞ와 款乃一聲山水綠ᄒᆞ두다

江山晚來堪畵處애 漁翁披得一蓑歸로다 돗 더러라 돗 더러러라 長江風急浪花多ᄒᆞ두다 지곡총 지곡총 어ᄉᆞ와 어ᄉᆞ와 斜風細雨不須歸니라

濯纓歌汀洲靜커를 竹徑柴門猶未關이로다 셔ᄉᆞ라 셔ᄉᆞ라 繫舟猶有去年痕이로다 지곡총 지곡총 어ᄉᆞ와 어ᄉᆞ와 明月淸風一釣舟ㅣ로다

만전춘(滿殿春) 별사(別詞)

어름 우희 댓닙자리 보와 님과 나와 어러주글만뎡 어름 우희 댓닙자리 보와 님과 나와 어러주글만뎡 情 둔 오ᄂᆞᆳ범 더듸 새오시라 더듸 새오시라

耿耿孤枕上애 어느 ᄌᆞ미 오리오 西窓을 여러ᄒᆞ니 桃花ㅣ 發ᄒᆞ두다 桃花는 시름 업서 笑春風ᄒᆞᄂᆞ다

넉시라도 님을 ᄒᆞᆫᄃᆡ 녀닛景 너기다니 넉시라도 님을 ᄒᆞᆫᄃᆡ 녀닛景 녀기다니 벼기더시니 뉘시니잇가 뉘러시니잇가

올하 올하 아련 비올하 여흘란 어듸 두고 소해 자라 온다 소콧 얼며 여흘도 됴ᄒᆞ니 여흘도 됴ᄒᆞ니

南山애 자리 보아 玉山을 벼어 누어 錦繡山 니블 안해 麝香각시를 아나 누어 南山애 자리 보아 玉山을 벼혀 누어 錦繡山 니블 안해 麝香각시를 아나 누어 藥든 가슴을 맛초ᅀᆞᆸ사이다 맛초ᅀᆞᆸ사이다

아소 님하 遠代平生애 여힐 술 모ᄅᆞᄋᆞᆸ세

화산별곡 華山別曲

華山南 漢水北 朝鮮勝地 白玉京 黃金闕 平夷洞達 鳳峙龍翔 天作形勢 經緯陰陽 위 都邑ㅅ景 긔 엇더ᄒᆞ니잇고 (葉) 太祖太宗 創業貽謀 太祖太宗 創業貽謀 위 持守ㅅ景 긔 엇더ᄒᆞ니잇고

納受禪 上稟命 光明正大 禁草竊 通商賈 懷服倭邦 善繼善述 天地交泰 四境寧一 위 太平ㅅ景 긔 엇더ᄒᆞ니잇고 至誠忠孝 睦隣以道 至誠忠孝 睦隣以道 위 兩得ㅅ景 긔 엇더ᄒᆞ니잇고

存敬畏 戒逸欲 躬行仁義 開經筵 覽經史 學貫天人 置殿集賢 四時講學 春秋製述 위 右文ㅅ景 긔 엇더ᄒᆞ니잇고 (葉) 天縱之聖 學文之美 天縱之聖 學文之美 위 古今ㅅ景에 몃 부니잇고

訓兵書 敎陣法 以習坐作 順時令 擇閑曠 不廢蒐狩 萬騎雷驁 殺不盡物 樂不極盤 위 講武ㅅ景 긔 엇더ᄒᆞ니잇고 (葉) 長慮却顧 安不忘危 長慮却顧 安不忘危 위 預備ㅅ景 긔 엇더ᄒᆞ니잇고

懼天災 憫人窮 克謹祀事 進忠直 退奸邪 欽恤刑罰 考古論今 夙夜圖治 日愼一日 위 無逸ㅅ景 긔 엇더ᄒᆞ니잇고 天生聖主 以惠東人 天生聖主 以惠東人 위 千歲를 누리소셔

慶會樓 □□□ 崔嵬敞割 輯煙위气 納灝氣 遊□天表 江山風月 景槪萬千 □□□ 登覽ㅅ景 긔 엇더ᄒᆞ니잇고 (葉) 蓬萊方丈 瀛洲三山 蓬萊方丈 瀛洲三山 위 □□□ □□ 드리잇고

止於慈 止於孝 天性同歡 止於仁 止於敬 明良相得 先天下憂 後天下樂 樂而不淫 위 侍宴ㅅ景 긔 엇더ᄒᆞ니잇고 (葉) 天生聖主 父母東人 天生聖主 父母東人 위 萬歲를 누리소셔

勸農桑 厚民生 培養邦本 崇禮讓 尙忠信 固結民心 德澤之充 風化之洽 頌聲洋溢 위 長浴ㅅ景 긔 엇더ᄒᆞ니잇고 (葉) 華山漢水 朝鮮王業 華山漢水 朝鮮王業 위 幷久ㅅ景 긔 엇더ᄒᆞ니잇고

오륜가 五倫歌

判陰陽 位高下 天尊地卑 生萬物 厚黎民 代作聖賢 仁義禮智 三綱五常 秉彝之德 위 萬古流行ㅅ景 긔 엇더ᄒᆞ니잇고 (葉) 伏羲神農 皇帝堯舜 伏羲神農 皇帝堯舜 위 立極ㅅ景 긔 엇더ᄒᆞ니잇고

父爲天 母爲地 生我歸勞 養以乳 敎以義 欲報鴻恩 泣竹筍生 叩氷魚躍 至誠感神 위 養老ㅅ景 긔 엇더ᄒᆞ니잇고 (葉) 曾參閔子 兩先生의 曾參閔子 兩先生의 위 定省ㅅ景 긔 엇더ᄒᆞ니잇고

納諫君 盡忠臣 居仁有義 尙文德 韜武功 民得其所 耕田鑿井 含飽鼓腹 大平盛代 위 復唐虞ㅅ景 긔 엇더ᄒᆞ니잇고 (葉) 麒麟必至 鳳凰來儀麒麟必至 鳳凰來儀 위 祥瑞ㅅ景 긔 엇더ᄒᆞ니잇고

男有室 女有家 天定其配 納雙雁 合二姓 文定厥祥 情勢好合 如鼓瑟琴 夫唱婦隨 위 和樂ㅅ景 긔 엇더ᄒᆞ니잇고 (葉) 百年偕老 死則同穴 百年偕老 死則同穴 위 言約ㅅ景 긔 엇더ᄒᆞ니잇고

兄及弟 式相好 無相猶矣 鬩于墻 外禦侮 死生相救 兄恭弟順 秩然有序 和樂且湛 위 讓義ㅅ景 긔 엇더ᄒᆞ니잇고 (葉) 伯夷叔齊 兩聖人의 伯夷叔齊 兩聖人의 위 相讓ㅅ景 긔 엇더ᄒᆞ니잇고

益友三 損友三 擇其善從 補其德 責其善 忘故舊 有酒湑我 無酒沽我 蹲蹲舞我 위 表誠ㅅ景 긔 엇더ᄒᆞ니잇고 (葉) 晏平仲의 善與人交 晏平仲의 善與人交 위 久而敬之ㅅ景 긔 엇더ᄒᆞ니잇고

연형제곡 宴兄弟曲

父生我 母育我 同氣連枝 免襁褓 著斑欄 竹馬嬉戱 食必同案 遊必共方 無日不偕 위 相愛ㅅ景 긔 엇더ᄒᆞ니잇고 (葉) 良智良能 天賦使然 良知良能 天賦使然 위 率性ㅅ景 긔 엇더ᄒᆞ니잇고

就外傅 學幼儀 曉解事理 或書字 或對句 互相則效 我日斯邁 而月斯征 朝益暮習 위 相勉ㅅ景 긔 엇더ᄒᆞ니잇고 (葉) 中養不中 才養不才 中養不中 才養不才 위 進德ㅅ景 긔 엇더ᄒᆞ니잇고

歌上棣 詠行常 敦其友愛 誦角弓 觀葛藟 戒其衰薄 豈無他人 不如同父 天生羽翼 위 厚倫ㅅ景 긔 엇더ᄒᆞ니잇고 (葉) 百年憂樂 手足□相須 百年憂樂 手足相須 위 永好ㅅ景 긔 엇더ᄒᆞ니잇고

有大德 履大位 乘龍御天 抱秉恭 謹名分 恪守臣職 長枕大被 以庇本根 惟日戒愼 위 兩全ㅅ景 긔 엇더ᄒᆞ니잇고 (葉) 天尊地卑 情意通 天尊地卑 情意交通 위 無間ㅅ景 긔 엇더ᄒᆞ니잇고

愛之深 敬之至 通于神明 始于家 始于政 民興於仁 風淳俗美 熏爲大和 □祥致瑞 위 泰治ㅅ景 긔 엇더ᄒᆞ니잇고 (葉) 順德所感 萬福來崇 順德所感 萬福來崇 위 壽昌ㅅ景 긔 엇더ᄒᆞ니잇고

상대별곡 霜臺別曲

華山南 漢水北 千年勝地 廣通橋 雲鍾街 건나드러 落落長松 亭亭古栢 秋霜烏府 위 萬古淸風ㅅ景 긔 엇더ᄒᆞ니잇고 (葉) 英雄豪傑 一時人才 英雄豪傑 一時人才 위 날됴차 몃분니잇고

鷄旣鳴 天欲曉 紫陌長堤 大司憲 老執義 臺長御史 駕鶴驂鸞 前阿後擁 辟除左右 위 上臺ㅅ景 긔 엇더ᄒᆞ니잇고 (葉) 싁싁ᄒᆞᆫ뎌 風憲所司 싁싁ᄒᆞᆫ뎌 風憲所司 위 振起頹綱ㅅ景 긔 엇더ᄒᆞ니잇고

各房拜 禮畢後 大廳齊坐 正其通 明其義 參酌古今 時政得失 民間利害 救弊條條 위 狀□ㅅ景 긔 엇더ᄒᆞ니잇고 (葉) 君明臣直 大平盛代 君明臣直 大平盛代 위 從諫如流ㅅ景 긔 엇더ᄒᆞ니잇고

圓議後 公事畢 房主有司 脫衣冠 呼先生 섯거안자 烹龍炮鳳 黃金醴酒 滿鏤臺盞 위 勸上ㅅ景 긔 엇더ᄒᆞ니잇고 (葉) 즐거온뎌 先生監察 즐거온뎌 先生監察 위 醉飽景 긔 엇더ᄒᆞ니잇고

楚澤醒吟이아 녀는 됴ᄒᆞ녀 鹿門長往이아 너는 됴ᄒᆞ녀 明良相遇 河淸盛代예 驄馬會集이아 난 됴하이다

Ⅴ. 외국어 번역

1. 정읍

1) 영어(English)

(1) Peter H. Lee, Song of Chŏngŭp[37)]

O moon, rise high,
And shine far and wide.
Ŏgiya ŏgangdyori
Aŭ tarongdiri
Are you at the marketplace?
Ah, may you not step onto wet ground.
Ŏgiya ŏgangdyori
Leave everything, whatever it is.
Ah, may darkness not overtake him.
Ŏgiya ŏgangdyori
Aŭ tarongdiri

(2) Kevin O'Rourke, Chŏngŭpsa[38)]

Moon,
rise high, rise high in the sky,
shine, shine, far and wide.
O-gi-ya o-gang-jo-ri
i-gi-ya ta-rong-di-ri.
Is my man in the marketplace?

---

37) THE COLUMBIA ANTHOLOGY OF TRADITIONAL KOREAN POETRY, COLUMBIA UNIVERSITY PRESS, 2002.

38) THE BOOK OF Korean Poetry SONGS OF SHILLA AND KORYŎ, University of Iowa Press, 2006.

I fear he's mired in a sticky space.
O-gi-ya o-gang-jo-ri.
Unburden yourself of all your gear!
Nought but night awaits me here.
O-gi-ya o-gang-jo-ri
i-gi-ya ta-rong-di-ri.

2) 스페인어(Spanish)

(1) 고혜선, Canto de Jeongeup[39]

¡Oh, Luna! sube más alto y alto
y lanza tus rayos a lo lejos.
Oguiya ogang dyori
au darong diri
¿Estarás tú ahora en el mercado?
Ten cuidado, no pises la humedad.
Oguiya ogang dyori.
Todo lo que tienes lo dejarás allí.
Ah, cuidado con el camino oscuro.
Oguiya ogang dyori
au darong diri

3) 베트남어(Vietnamese)

(1) Khanh, Tinh ấp từ[40]

Trâng trên cao chiếu sáng.
Xin chiếu sáng xa xa.
(Điệp khúc) Ơ-ki-ya ơ-kang-tyo-ri a-ư ta-rong-ti-ri

39) Cantos clásicos de Corea, poesía Hiperión, 2011. 이하 고혜선 번역은 이 책을 따른다.
40) Văn học cổ điển Hàn Quốc, NHÀ XUẤT BẢN VĂN NGHỆ, 2009.

Cháng bán rong ở chợ.
Sợ dẫm bẫy thú hoang.
(Điệp khúc) Ơ-ki-ya ơ-kang-tyo-ri a-ư ta-rong-ti-ri

Trăng chiếu sáng muôn nơi.
Sợ chàng đi về tối.
(Điệp khúc) Ơ-ki-ya ơ-kang-tyo-ri a-ư ta-rong-ti-ri

2. 동동

1) 영어(English)

(1) Peter H. Lee, ODE ON THE SEASONS[41]

With virtue in one hand
And happiness in the other,
Come, come you gods,
With virtue and happiness.

The river in January
Now freezes, now melts.
Born into this word,
I live alone.

You burn like a lantern
In the February moon.
Your bright figure
Shines upon the world.

In the beginning of March

41) Poems from Korea, GEORGE ALLEN & UNWIN LTD, 1974.

Plums are in full bloom.
Others envy
Your magnigicent figure!

In April the orioles
Come singing on time.
But you, my clerk,
Forget bygone days.

On the feast of the irises
I brew healing herbs.
I offer you this drink—
May you live a thousand years.

On a June day I am like
A comb cast from a cliff.
Once I followed you,
I thought you looked after me.

For the feast of the dead,
I prepare dainties of land and sea,
And pray in this mid-year day,
That we may be always together.

This is the full moon
Of the mid-autumn festival.
This will be the festive day
If only I am with you.

On the double ninth,
We eat yellow flowers.
O fragrance of chrysanthemums,

The year's end draws near.

In October
I'm like a sliced berry.
Once the branch is broken,
Who will cherish it?

On a long November night
I lie on a dirt floor
With only a sheet to cover me.
O troubled heart, a night without you.

In December I am like
Chopsticks carved from pepperwood
Placed neatly before you:
An unknown guest holds them.

(2) Peter H. Lee, ODE ON THE SEASONS42)

With virtue in one hand
And happiness n the other,
Come, come you gods,
With virtue and happiness.

The river in January
Now freezes, now melts.
The changing skies.
I live alone.

You burn like a lantern
In the February moon.

---

42) AHTHOLOGY OF KOREAN LITERATURE, University of Hawaii Press, 1990.

Burn like the bright lantern
That shines upon the world.

In the last day of March
Plums are in full bloom.
O magnificent blossoms,
How I envy you!

In April the orioles
Come singing on time.
But you, my clerk,
You forget bygone days.

On the feast of the irises
I brew healing herbs.
I offer you this drink—
May you live a thousand years.

On a June day I am like
A comb cast from a cliff.
Once I followed you,
I thought you were mine.

For the feast of the dead,
I prepare dainties of land and sea,
And pray in this midyear day,
That we may be always together.

Under the full moon
Of the midautumn festival
I am lucky to be near you
On the day of the Harvest Moon.

O season of chrysanthemums
In the ninth day of the ninth moon,
Drunk from wine, drunk from flowers,
Take care, love, be well and strong.

In frosty October
You are handsome as the laden tree.
But once the tree is cut down,
What will become of my love?

On a long November night
I lie on a dirt floor
With only a sheet to cover me.
O troubled heart, night without you.

In December I carve for you
Chopsticks from pepperwood:
An unknown guest holds them.
O bitter December!

(3) Peter H. Lee, Ode to the Seasons(2002)

Virtue in a rear cup,
Happiness in a front cup,
Come to offer
Virtue and happiness!
Aŭ tongdong tari

The river in January aŭ
Now freezes, now melts.
Born into this world,
I live alone.
Aŭ tongdong tari

You are like a lofty lantern aŭ
High up in the air.
In mid-February,
Your figure shines upon the world.
Aŭ tongdong tari

In March aŭ
Plums bloom in late spring.
Others envy
Your magnificent figure!
Aŭ tongdong tari

In April without forgetting aŭ
Orioles, you've come.
But you, my clerk,
Forget bygone days.
Aŭ tongdong tari

On the feast of irises aŭ
I brew healing herbs
And offer you this drink—
May you live a thousand years.
Aŭ tongdong tari

On a mid-June day aŭ
I'm like a comb cast from a cliff!
Even for a moment I'll follow you
Who will look after me.
Aŭ tongdong tari

In mid-July aŭ
On the feast of the dead,

I prepare dainties of land and sea
And pray that we may be together.
Aŭ tongdong tari

This is the full moon, aŭ
Of the mid-autumn festival.
This will be the festive day
If only I am with you.
Aŭ tongdong tari

On the double ninth aŭ
We eat yellow flowers.
O fragrance of chrysanthemums,
The season's change is late.
Aŭ tongdong tari

In October aŭ
I'm like a sliced berry.
Once the branch is broken,
Who will cherish it?
Aŭ tongdong tari

On a November night aŭ
I lie on a dirt floor
With only a sheet to cover me.
O lonely life, night without you.
Aŭ tongdong tari

In December I am like aŭ
Chopsticks carved from pepperwood
Placed neatly before you:
An unknown guest holds them.

Aŭ tongdong tari

(4) Kevin O'Rourke, Tong-dong(2006)

Virtue I offer to the spirits,
blessings I offer to my love.
Come and offer
virtue and blessings.
Ah, ah tong-dong-da-ri.

First month streams
freeze and thaw by turn.
Born into the world,
I'm doomed to live alone.
Ah, ah tong-dong-da-ri.

Second month, full moon:
lantern
brightly hung on high,
you shine on all the people.
Ah, ah tong-dong-da-ri.

Third month, last days; already
azaleas fill the mountain:
born with a beauty
the world will envy.
Ah, ah tong-dong-da-ri.

Fourth month: the orioles
never forget to visit.
Why, why, my ranking love,
do you forget the days of old?
Ah, ah tong-dong-da-ri.

Fifth month, fifth day:
I offer you
Tano morning medicaments:
may you live a thousand years.
Ah, ah tong-dong-da-ri.

Sixth month, full moon.
I follow a while
the comb cast from the cliff,
in the hope my live will look back.
Ah, ah tong-dong-da-ri.

Seventh month, full moon:
I lay out offerings for the dead.
I offer my prayer:
may my love and I go together.
Ah, ah tong-dong-da-ri.

Eight month, full moon:
it is the Ch'usŏk Harvest Festival.
Only with my love
is it a festive day for me.
Ah, ah tong-dong-da-ri.

Ninth month, ninth day:
the yellow chrysanthemums bloom within:
they are for medicinal purposes;
time makes everything indistinct.
Ah, ah tong-dong-da-ri.

Tenth month.
A lime tree chopped in pieces.

My love will not treasure
a cut tree.
Ah, ah tong-dong-da-ri.

Eleventh month: I lie
on a dirt floor, hemp my bedcover.
Burning sorrow is my lot,
divided from my lovely love.
Ah, ah tong-dong-da-ri.

Twelfth month. Chopsticks
cut from pepperwood, laid on a tray,
at an angle for my love.
A stranger puts them to his lips.
Ah, ah tong-dong-da-ri.

2) 스페인어(Spanish)

(1) 고혜선, Doce meses(Dong dong)

La virtud en la copa posterior,
la suerte en la copa anterior.
Hermanos, brintos
toda la virtud y toda la suerte.
Au, dong dong dari.

El afectuoso río del mes de enero,
ah, congelando y descongelando;
yo, el solitario de este mundo,
vivo solo y sin compañía.
Au, dong dong dari.

En el plenilunio de febrero,

ah, tú serás un gran farol
encendido allá en lo más alto.
Iluminarás el mundo entero.
Au, dong dong dari.

A principios de marzo florecen,
ah, azaleas de primavera.
Nacieron tan hermosas y ufanas
que todos las miran con envidia.
Au, dong dong dari.

En el mes de abril, muy puntual,
ah, la oropéndola retorna.
Pero, ¿por qué se olvida del pasado
este señor funcionario puntual?
Au, dong dong dari.

El quinto día del mes de mayo,
ah, mañana del día de Dano,
yo le regalo la medicina
para que viva miles de años.
Au, dong dong dari.

Décimo quinto día de junio,
ah, soy un peine abandonando en el precipicio.
Caminaré detrás de mi amor
aunque sea por breves momentos.
Au, dong dong dari.

Décimo quinto día de julio,
ah, con la mesa llena de platos
doy muchas gracias y rezo a dios

para permanecer con mi amor.
Au, dong dong dari.

Décimo quinto día de agosto,
ah, con el plenilunio mayor
será de luna llena y grande
estando junto a mi amor.
Au, dong dong dari.

El noveno día de septiembre,
ah, llevando el crisantemo a casa,
con la flor que cura todo mal,
la casa queda en completa paz.
Au, dong dong dari.

El mes de octubre se parece,
ah, al tilo desmenuzado.
Convertido en pequeños trozos
no hay nadie que pueda guardarlo.
Au, dong dong dari.

En noviembre bajé al duro piso,
ah, me eché cubierto con camisa.
¡Cuán profunda es la tristeza!
¡Vivir solo al morir mi amor!
Au, dong dong dari.

Las ramitas de árbol de diciembre,
ideales palillos de la mesa.
Para mi amor los coloco en la mesa,
mas el huésped se los lleva a la boca.
Au, dong dong dari.

3) 프랑스어(French)

(1) 안옥성, Tongdong[43]

Que la vertu soit offerte à l'Esprit!
Que la bonheur soit offerte au Génie!
Vertu! Bonheur!
Venez les offrir!
Aŭ tongdongdari!

En janvier, l'eau du ruisseau, ah!
Gèle puis dégèle,
Toi, née au milieu du monde,
Tu vis seule toujours.
Aŭ tongdongdari!

Au quinzième jour de février, ah!
Vous ressemblez à la lampe suspendue très haut,
Haute figure qui ryonnez sur le monde!
Aŭ tongdongdari!

Éclos en mars, ah!
Tel les fleurs d'azalée au coeur du printemps
Vous naquîtes avec une allure
Que chacun vous envie
Aŭ tongdongdari!

Sans oublier avril, ah!
Vous êtes revenu, loriot!
Comment, vous, mon seigneur,
Avez-vous pu oublier nos jours passés?

---

43) Le Saule aux dix mille rameaux, Langue et Monde, 2005.

Aŭ tongdongdari!

Au cinquième jour de mai, ah!
Cette médecine préparée au matin du Jour de la Roue!
Ce breuvage qui vous fera vivre dix mille ans
Voici, je vous le présente!
Aŭ tongdongdari!

Au quinzième jour de juin, ah!
Je suis comme un peigne jeté dans les rochers!
Si jamais mon bien-aimé se retournait pour me jeter un regard
Je le suivrais, ne serait-ce qu'un instant.
Aŭ tongdongdari!

Au quinzième jour de jjuillet, ah!
J'ai déposé les mets de la fête des Morts!
Je fais le voeu
Que mon bien-aimé et moi nous vivions ensemble.
Aŭ tongdongdari!

Au quinzième jour du huitième mois, ah!
c'est le jour de la fête de la Pleine Lune!
Mais cen'est que lorsque je servirai mon bien-aimé
Que ce sera vraiment la fête de la Pleine Lune.
Aŭ tongdongdari!

Au neuvième jour du neuvième mois, ah!
herbes médicinales, les fleurs du chrysanthème
Emplissent la maison!
L'année va bientôt s'achever.
Aŭ tongdongdari!

Au dixième mois, ah!
Je ressemble au tilleul abattu.
La branche coupée, jetée,
Nul ne la gardera.
Aŭ tongdongdari!

Au onzième mois, couchée dans une pauvre entrée,
Ah! un simple cache-coeur me couvre.
La tristesse revient
Je vis seule, séparée de mon bien-aimé.
Aŭ tongdongdari!

Au douzième mois, fait de bois de poivrier
Ah! Je ressemble aux baguettes sur la table de votre repas.
Devant mon amour je les pose soigneusement
Las! Un visiteur les a prises...
Aŭ tongdongdari!

4) 러시아어(Russian)

(1) 안나 아흐마토바, ТОН-ДОН[44]

За спиною доблести держа,
Счастие держа перед собою,
Доблести и счастие мое,
Боги, мне, явившись, принесите.

В первую луну вода в реке,
Ай , то замерзает, то растает.
Появилась я на этот свет
Одинокая и всем чужая.

---

44) Корей ская классическая поэзия, 1956.

Ай , тон-дон-дари!

В день пятнадцатый луны второй ,
Ай , в ночи фонарики сверкают,
Это аруга моего лицо
Ярким светом озаряет толпы.
Ай , тон-дон-дари!

Все под третьей расцвело луной .
Ай , как слива зацветает поздно.
Всем на зависть расцветаешь ты,
Мой любимый , позднею весною.
Ай , тон-дон-дари!

Помня кто четвертую луну,
Ай , летит к нам иволга обратно.
Отчего же мильлй писарь мой
Прошлое забыл и забыта.
Ай , тон-дон-дари!

В пятую луну на пятый день,
Ай , все этот целительные травы,
Вьшьешь — проживёшь ты сотоню лет!
Поднести бы, да кому, те травы.
Ай , тон-дон-дари!

В день пятнадцатый луны шестой ,
Ай , народ кидает гребни в воду.
Гребень — я: у друга побыла,
Да недолго, — брошена под берег.
Ай , тон-дон-дари!

В день пятнадцатый луны сдельной ,
Ай , плодыя разложить пред Буддой ,
Стану Будду я просить-молнть,
Чтощбы с мнлым ввек не расставаться.
Ай , тон-дон-дари!

День пятнадцатый луны восьмой ,
Ай , денёк искусных бабьих пожниц
Ну, а я к любимому пой ду,
Это будет тоже иожниц праздник.
Ай , тон-дон-дари!

Девять лун прошло. Девятый день.
Ай , домой несу я хризантемы
Жёлтые – они целебней трав.
Знак дурной : то окончаиье года,
Ай , тон-дон-дари!

И пришла десятая луна,
Ай , я стала персиком с надрезом,
Ой , надрезом, бросили меня;
Кто тсперь возьмет меня такую!
Ай , тон-надрезомдон-дари!

Лун одиннадцать. Я на полу,
Ай , лежу, прикрытая рубашкой ,
Что осталось? плакать, тосковать,
Думу думать о любимом друге.
Ай , тон-дон-дари!

Лун двеиадцать. Стала пунди я –
Ай , застольной палочкой стала,

Две такие другу б подарить,
А глянешь, другой *их взял без *спроса.
Ай , тон-дон-дари!

(2) Лучше. Р. Концевич, ТОН-ДОН[45]

За спиною доблести держа,
Счастье держа перед собою,
Доблести и счастье мое,
Боги, мне, явившись, принесите.

В первую луну вода в реке,
Ай , то замерзает, то растает.
Появилась я на этот свет
Одинокая и всем чужая.
Ай , мон-*он-*api!

В день пятнадцатый луны второй ,
Ай , в ночи фонарики сверкают,
Это аруга моего лицо
Ярким светом озаряет толпы.
Ай , мон-*он-*api!

Все под третьей расцвело луной .
Ай , как слива зацветает поздно.
Всем на зависть расцветаешь ты,
Мой любимый , позднею весною.
Ай , мон-*он-*api!

В пятую луну на пятый день,
Ай , все пьют целительные травы,

45) Корей ская классическая поэзия, 2012.

Выпьешь — проживёшь ты сотню лет!
Поднести бы, да кому, те травы.
Ай , мон-*он-*ари!

В день пятнадцатый луны шестой ,
Ай , народ кидает гребни в воду.
Гребень — я: у друга побыла,
Да недолго, — брошена под берег.
Ай , мон-*он-*ари!

В день пятнадцатый луны седьмой ,
Ай , плоды я разложить пред буддой ,
Стану Будду я просить-молнть,
Чтобы с милым ввек не расставаться.
Ай , мон-*он-*ари!

День пятнадцатый луны восьмой ,
Ай , денёк искусных бабьих ножниц,
Ну, а я к любимому пой ду,
Это будет тоже ножниц праздник.
Ай , мон-*он-*ари!

Девять лун прошло. Девятый день.
Ай , домой несу я хризантемы
Желтые — они целебней трав.
Знак дурной : то окончаиье года.
Ай , мон-*он-*ари!

И пришла десятая луна,
Ай , я стала персиком с надрезом,
Ой , надрезав, бросили меня;
Кто теперь возьмет меня такую!

Ай , мон-*он-*api!

Лун одиннадцать, — я на полу,
Ай , лежу, прикрытая рубашкой ,
Что осталось? Плакать, тосковать,
Думу думать о любимом друге.
Ай , мон-*он-*api!

Лун двенадцать, — стала пун*и я —
Ай , застольной палочкой я стала,
Две такие другу б подарить,
А глядишь, другой их взял без спроса.
Ай , мон-*он-*api!

3. 처용가

1) 영어(English)

(1) Peter H. Lee, SONG OF CH'OYONG: A CHORAL DANCE FOR EXORCISING DEMONS46)

(Prologue)In the reign of Silla, calm and bright,
Lived Ch'ŏyong, son of the Dragon King,
Inheritor of the virtues of Rahu.
With him the great and mysterious,
We the living never had a word.
He disperse the three calamities, the eight difficulties.
(First Chorus)O his handsome mask, noble bearing,
Head, slightly inclining, adorned with flowers,
The broad brow that manifests longevity,

---

46) Poems from Korea, GEORGE ALLEN & UNWIN LTD, 1974.

Long eyebrows, like those of a brave elephant;
Perfect eyes, clear and kindly;
Happy ears, garden of excellence;
Pink face of peach blossoms;
And having smelt five incenses, his high nose.
Indulgent mouth, as though drunk on fortune,
Teeth, like white jade or porcelain,
Chin, slightly curved, happily,
Shoulders, stooped under the Seven Treasures,
Sleeves, hanging down flooded with joy,
His breast, endowed with wisdom and wit,
Stomach, full with the good and lucky.
Pink sash about his narrow waist,
Legs that walked through the world at ease,
And his feet, to what a tune they danced!
(Second Chorus)Who has made, who has made,
Without a needle, without thread,
Who has created Prince Ch'ŏyong?
Many have created him, built him,
Twelve kingdoms put him together.
Many have created Prince Ch'ŏyong.
(Demon)Crab apples, green plums, come,
Come out to tie my sandals.
If you do not, I will curse you.
(Second Chorus)Having caroused far into the night
In the moonlit capital,
I return home and in my bed,
Behold, four legs.

Two have been mane;
Whose are the other two?
(People)Think now, Ch'ŏyong sees you,

O demon, he will cut you to pieces.

What shall we offer you, Prince Ch'ŏyong,
Thousands of gold pieces, the seven treasures?
(Ch'ŏyong)Not the gold, nor the treasures,
Catch me the demon, catch him.
(Demon)Over the field, over the water,
Avoid Ch'ŏyong, far away.

(2) Peter H. Lee, Song of Ch'ŏyong(2002)

In the glorious reign of Silla, calm and bright,
We owe this peaceful era to the grace Of Rāhu.
Father Ch'ŏyong,
If he never tlaks to us,
If he never talks to us,
Three calamities and eight difficulties
Will vanish all at once.
O his bearing,
Ch'ŏyong's bearing,
Head, inclining under adorned flowers,
Oh, the brow that manifests longevity,
Thick eyebrows, imbued with the mountain spirit,
Eyes perfect from having gazed lovingly at humans,
Dented ears, gardens full of music,
Face pink as peach blossoms.
Deeply set nose that smelled the five incenses,
O indulgent mouth, having received a thousand gold pieces,
Teeth like white jade or glass,
Chin, slightly curved, praised for good fortune,
Shoulders, stooped under the seven jewels,
Sleeves, hanging down, flooded with overpowering blessings,
Breast, endowed with wisdom and virtue,

Stomach, full with happiness and wisdom,
Waist, bent with the striking pink sash,
O long legs, because he enjoys peace with others,
And his feet, wide from visiting his clients!
Who has made, who has made,
Without a needle, without thread,
Without a needle, without thread,
Who has fashioned Father Ch'ŏyong?
Many, many have created him,
How great, how imposing!
Twelve kingdoms put him together.
Oh, many have made Father Ch'ŏyong.

Cherries, crab apples, green plums
Come out to tie my sandals,
If you do not, I'll curse you.

Having caroused far into the night
In the moonlit capital,
I return home and in my bed
Behold four legs.
Oh, two were mine;
Whose are the other two?

Think now, if Ch'ŏyong sees you,
O demon of pestilence, he'll cut you to pieces.

Shall we offer you thousands of gold pieces,
Father Ch'ŏyong?

Shall we offer you the seven jewels,
Father Ch'ŏyong?

Not the gold, nor the jewels,
Catch me that demon, catch him.

Over the mountains, over the fields,
Avoid Ch'ŏyong far away.

Oh, that was the plea of the demon.

(3) Kevin O'Rourke, Ch'ŏng ka(2006)

In the glory days of Shilla
when peace, by Rehu's favor, prevailed in heaven and earth,
Father Ch'ŏyong—
  he said not a word,
  he said not a word—
dispelled in cluster the three calamities, the eight disasters.

Ah, the mien of the man, the mien of Father Ch'ŏyong:
head crowned with flowers,
inclined with the greatest difficulty;
ah, long-lived, broad-browed;
eyebrows thick as mountain foliage;
eyes gentle, full
when trained on someone he loves;
ears crinkly when wind fills the yard;
face pink as pink peach blossoms;
nose high from the five-scent tree;
broad lips worth a thousand pieces of gold;
teeth white as glassy jade;
jutting jaw, praise of many, badge of blessings;
shoulders weighed by ch'ilbo treasures,
sleeves hanging loose in joy and celebration;
noble breast, repository of wisdom;

belly full, replete with blessings and knowledge;
hips swaying to rhythms of delight;
long legs share his joy and peace,
broad feet match the dance.

Who made this image of Father Ch'ŏyong?
No needle or thread, no needle or thread,
who made this image of Father Ch'ŏyong?
Many, many people,
the twelve kingdoms combined
to create Father Ch'ŏyong;
yes, many, many people.

The fever spots its victims—cherry, plum, wild pear.
Come quickly; tie my sandal straps; prepare to leave this place.
Straps untied, an imprecation may out.
I reveled late into the night
in Kyŏngju
under the bright moon,
came home and discovered
four legs in my bed.
Ah, two are mine, but whose are the other two?
Fever Spirit,
if Father Ch'ŏyong spots you here,
for certain you are doomed.
Father Ch'ŏyong, treasure and a thousand pieces of gold,
Father Ch'ŏyong, treasure and a thousand pieces of gold,
is that what we require? Not so:
forget the gold, forget the treasure,
drive the Fever Spirit out.
Through mountain and field, for a thousand li,

I must avoid Father Ch'ŏyong.
Ah, this is the prayer of the Fever Spirit!

2) 스페인어(Spanish)

(1) 고혜선, Canto a Cheoyong

Gracias a los dioses hay paz en el mundo,
paz y prosperidad en Silla.
Señor Cheoyong,
si la gente ya no se queja,
si la gente ya no se queja,
todos, todos los desastres
desaparecerán de una vez.
Ah, figura de mi señor,
figura de mi Cheoyong,
de cabeza ladeada
por el peso de las flores en su cabeza.
Ah, frente ancha,
signo de longevidad.
Cejas densas,
idénticas a los montes.
Ojos mansos
hacia los seres muy queridos.
Orejas dobladas
por el fuerte ventarrón.
Rostro rojo
como la flor del ciruelo.
Nariz agrandada
por fragancia especial.
Ah, boca ancha
por tener demasiado oro.
Dientes blancos

cual granos de jade blanco.
Mandíbula resaltada
por loas a su buena suerte.
Hombros caídos
por demasiados adornos.
Mangas alargadas
por tantos hechos alegres.
Pecho henchido
por cobijar inteligencia.
Vientre resaltado
por tanta suerte y sapiencia.
Cintura doblada
por pesada faja roja.
Piernas alargadas
por gozar la era de paz.
Ah, pies anchos
que giran según el ritmo.
¿Quién talló? ¿Quién erigió?
¿Quién talló? ¿Quién erigió?
Sin hilo, sin aguja.
Sin hilo, sin aguja.
¿Quién talló? ¿Quién erigió
a este gran señor Cheoyong?
Tantos Cheyong erigidos.
Todos, toditos los pueblos
lo hicieron y lo erigieron.
Ah, tantos Cheoyong erigidos.
Cerezos, peras y guindas
salid para atar mis botas.
Si no, caeréis del caballo feo.
Bajo el plenilunio de Seúl
me divierto hasta muy de noche;

vuelvo a casa y veo en mi cama
cuatro pies.
Dos son míos;
pero, ¿de quién son los otros dos?
Esos dbían ser míos;
mas ¿qué hacer, ya me quitaron?
Si en este momento
Cheoyong pudiera ver
a ese dios de la peste,
lo rompería en pedazos.
Oye, Cheoyong,
¿quieres oro?
Oye, Cheoyong,
¿quieres joyas?
Ni oro ni joyas,
sólo atrapa al dios de la peste y dámelo.
Irse ya
allá muy lejos
por montes y campos,
ah, es el único deseo
del dios de la peste.

3) 러시아어(Russian)

(1) 안나 아흐마토바, ЧХОЕНГА(1956)

Торжественный зачин
В священные годы Силла, в славные годы Силла,
Благоденствие в Поднебесной — по доброте Рахура! — О отец наш Чхоён!
Если б, как ты, обиды терпеливо сносили люди,
Если б, как ты, обиды терпеливо сносили люди —
Три бедствия, восемь напастей

Сгинули б навсегда!

Славословие Чхоёну
Лук и образ отца, ли образ отца Чхоёна!
Голова утопает в цветах и склонилась от тяжести этой .
О, как лоб твой велик! — это знак твоего долголетия;
Длинные брови твои, как мохнатые брови шансяна;
Широки твои очи, слива ты на любимую смотришь;
Глубоки твои уши, затем что все сльшишь на свете,
И румяней твой лик, чем на солнце согревший ся персик.
Ты в раздутые ноздри все пять ароматов вдыхаешь.
И разверсты уста, словно рот твой червонцами полон;
Белоснежные зубы твои, как глазурь или белая яшма;
Подбородок вперед выдается, затем что ты счастлив и славен,
Рамена твои никнут под грузом волшебных сокровищ;
Руки кротко легла, совершивших благие деянья.
Грудь в морщинках являет премудрость свою и отвагу;
Лоно полно твое — ведь владеешь ты всем в преизбытке.
Перетянуты чресла твои яркоалой повязкой ;
Ноги длинны твои, благоденствия мира участник,
И ступни широки оттого, что весь мир исходили.

Вопрошение

А и кто такого создал?
А и кто такого создал?
Без иголки и без ниток,
Без иголки и без ниток.
Создал кто отца Чхоёна?
Страшного такого создал?
Все роды — числом двенадцать —
Сотворили нам Чхоёна.

Призыв беса лихорадки

Вейчжи, Мот и Нонни!
Мне обувь завяжите, —
А то проклятье вам!

Песня Чхоёна

По столице под луною
До рассвета прогулял я,
В дом придя, взглянул на ложе,
Вижу там две пары ног.
Две ноги жены любимой .
Ну а две дяугие— чьи?

Подхват песни

Вот тебя Чхоён увидит
И, как мясо, искрошит.

Возглас беса лихорадки

Обещаю Чхоёну десять тысяч золотых,
Обещаю Чхоёну семь сокровищ подарить.

Возглас Чхоёна

Не надо мне тысячи золотых,
Не надо семи сокровищ!
Пой май те не лихоманку.

Восклицание беса лихорадки

О, горы, о долы! За тысячу ли
Запрячьте меня от Чхоёна! —
Так изрек он, умоляя, —
бес великий лихорадки.

(2) Лучше. Р. Концевич, ПЕСНЯ ЧХОЁНА (ЧХОЁНГА)(2012)

Торжественный зачин
В священные годы Силла, в славные годы Силла,
Благоденствие в Поднебесной — по доброте Рахура! — О отец наш Чхоён!
Если б, как ты, обиды терпеливо сносили люди,
Если б, как ты, обиды терпеливо сносили люди —
Три бедствия, восемь напастей
Сгинули б навсегда!

Славословие Чхоёну
Лук и образ отца, ли образ отца Чхоёна!
Голова утопает в цветах и склонилась от тяжести этой .
О, как лоб твой велик! — это знак твоего долголетия;
Длинные брови твои, как мохнатые брови шаньсяна;
Широки твои очи, слива ты на любимую смотришь;
Глубоки твои уши, затем что все слышишь на свете,
И румяней твой лик, чем на солнце согревший ся персик.
Ты в раздутые ноздри все пять ароматов вдыхаешь.
И разверсты уста, словно рот твой червонцами полон;
Белоснежные зубы твои, как глазурь или белая яшма;
Подбородок вперед выдается, затем что ты счастлив и славен,
Рамена твои никнут под грузом волшебных сокровищ;
Руки кротко легла, совершивших благие деянья.
Грудь в морщинках являет премудрость свою и отвагу;
Лоно полно твое — ведь владеешь ты всем в преизбытке.

Перетянуты чресла твои яркой повязкой ;
Ноги длинны твои, благоденствия мира участник,
И ступни широки оттого, что весь мир исходили.

Вопрошение

А и кто такого создал?
А и кто такого создал?
Без иголки и без ниток,
Без иголки и без ниток.
Создал кто отца Чхоёна?
Страшного такого создал?
Все роды — числом двенадцать —
Сотворили нам Чхоёна.

Призыв беса лихорадки

Ве́чжи, Мот и Нонни!
Мне обувь завяжите, —
А то проклятье вам!

Песня Чхоёна

По столице под луною
До рассвета прогулял я,
В дом придя, взглянул на ложе,
Вижу там две пары ног.
Две ноги жены любимой .
Ну а две дяугие— чьи?

Подхват песни

Вот тебя Чхоён увидит
И, как мясо, искрошит.

Возглас беса лихорадки

Обещаю Чхоёну десять тысяч золотых,
Обещаю Чхоёну семь сокровищ подарить.

Возглас Чхоёна

Не надо мне тысячи золотых,
Не надо семи сокровищ!
Пой май те не лихоманку.

Восклицание беса лихорадки

О, горы, о долы! За тысячу ли
Запрячьте меня от Чхоёна! –
Так изрек он, умоляя, –
бес великий лихорадки.

4. 정과정

1) 영어(English)

(1) 김우창, Complaint[47)]

That I should weep for my love
I am like a mountain cuckoo.
O, how cold is your denial!

47) Korea Journal 6-4, Korean National Commission for Unesco, Seoul, 1966.

But the crescent moon would know
and the morning star would witness.
How I wished I might be with you
Even as a ghost of the nether world!
Who was it that vowed an unchangning love?
I haven't sinned nor failed in my love.
O, don't believe slandering rumors.
Have you forgotten me already?
Hear what I have to say and love, O, Lord!

(2) Peter H. Lee, REGRET(1974)

My mind that has thought of you and wept
Is like a bird in a lonely hollow.
The waning moon will know, and morning stars,
That their slanders were untrue and vain.
Your soul, my Lord, be there where mine drifts.
Who has opposed, insisted shamelessly?
I have committed no sin against you.
Alas, all that they told of me was slander.
Have you already wholly forgotten me?
Show favor to me, I entreat you, Lord, I pray.

(3) 이승길, THE ARBOR OF JEONG GWHA[48)]

As I wander with a burning heart of love and weeping eyes So a cuckoo dwelling in the woods with a calling does.
The false words of the slanderers by which I'm to be from you asunder,
O, ye must know it, the morning moon and Lucifer!
Who could divide into two one of our souls?
Who could find in my love anything false or of dross?

---

48) The Anthology of Korean Poetry, The Literature and Life, Seoul, 1988.

I see it damaged our love in the past,
And thou knowst not how faithfully I have loved.
So, avert your care of it and let your love be again got.

(4) Peter H, Lee, Regret(2002)

I who have yearned for you and wept
Am like a bird in the hills.
Ah, that their false words were wrong,
May my soul be there where yours resides, ah!
Who opposed you?
I've committed no errors or crime.
They are all lies.
How sad, ah!
Have you already forgotten me?
Listen to me, O lord, show me favor.

(5) Kevin O'Rourke, Chŏng Kwajŏng Kok(2006)

In tears I long for my love:
the mountain cuckoo shares my grief.
Only the remnant moon and the stars at first light
know these charges are false.
Would that my soul at least could be with my love.
Who was the transgressor?
Neither blame nor fault accrues, you said.
Words to console.
My heart constricts. Ah, ah,
have you forgotten me already, love?
Love, turn to me, listen to me. Love me.

2) 스페인어(Spanish)

(1) 고혜선, Alegato de Jeonggwajeong

Vivo llorando y añorando al Señor,
me parezco al cuclillo de la montaña.
Solamente lo saben la Luna y Venus.
Ay, es calumnia, todo es mentira.
Aun muerto quiero estar contigo en espíritu.
¿Quién quería mancillarme?
Yo no tengo culpa ni error.
Son calumnias y mentiras de la gente.
Ay, ¡qué tristeza!
Mi señor, ¿ya te olvidaste de mí?
Ah, Señor, escucha bien, juzga bien.

3) 러시아어(Russian)

(1) Лучше. Р. Концевич, ПЕСНЯ ЧОН ГВАДЖОНА(2012)

О государе печалясь, плачу я.
Кукушка в горах и я — мы сходны тоской .
Ведал ли кто, что я потерплю наговор!
Правда открыта лишь закатной луне да рассветной звезде!
С государем душа моя, даже если умру!
Чей же наверное столь безжалостен и жесток?
Ни проступка нет, ни малой ошибки за мной !
Возведенную злобно напраслину я терплю!
Ты забыл обо мне, государь?
Жалобу выслушай , снова меня возлюби!

5. 정석가

1) 영어(English)

(1) 김우창, Song(1966)

On the cliff face of bone-dry sand,
On the cliff face of bone-dry sand
Plant five bushels of roasted chestnuts.
When the chestnuts bud forth,
When the chestnuts bud forth,
Let me be parted from my good lord.
Cut a coat of iron plates,
Cut a coat of iron plates,
And stitch it with iron thread
When it wears out to rags,
When it wears out to rags,
Let me be parted from my good lord.

Carve a lotus out of jade,
Carve a lotus out of jade,
And graft it on a stump of rock.
When it flowers at the dead of winter,
When it flowers at the dead of winter,
Let me be parted from my good lord.
Cast in iron a broad-shouldered ox,
Cast in iron a broad-shouldered ox,
And pasture him among the iron trees.
When the ox has eaten up the iron leaves,
When the ox has eaten up the iron leaves,
Let me be parted from my good lord.

(2) Peter H. Lee, SONG OF THE GONG(1974)

The King reigns; ring the gong.
In this age, calm and lucky,
Let us, let us live and love.

In a sand dune, fine and plain,

Let us plant roasted chestnuts, five pints.
When the chestnuts shoot and sprout,
Then we'll part from the virtuous lord.

Let us carve a lotus out of jade,
And graft the lotus in the stone.
When it blossoms in the coldest day,
Then we'll part from the virtuous lord.

Let us make an iron suit of armor,
Stitch the pleats with iron thread.
When it has been worn and is spoilt,
Then we'll part from the virtuous lord.

Let us make an iron ox, and put him
To graze among the iron trees.
When he has grazed all the iron grass,
Then we'll part from the virtuous lord.

Were the pearls to fall on the rock,
Would the thread be broken?
If I parted from you for a thousand years,
Would my heart be changed?

(3) Peter H. Lee, SONG OF THE GONG(1990)

Ring the gong, strike the chimes!
In this age, calm and plenty,
Let us live and enjoy.

On a brittle sandy cliff,
Let us plant roasted chestnuts, five pints.
When the chestnuts shoot and sprout,

Then we'll part from our virtuous lord.

Let us carve a lotus out of jade,
And graft the lotus in the stone.
When it blossoms in the coldest day,
Then we'll part from our virtuous lord.

Let us make an iron suit of armor,
Stitch the pleats with iron thread.
When it has been worn and is spoilt,
Then we'll part from our virtuous lord.

Let us make an iron ox, and put him
To graze among the iron trees.
When he has grazed on all the iron grass,
The we'll part from our virtuous lord.

Were the pearls to fall on the rocks,
Would the thread be broken?
If I parted from you for a thousand years,
Would my heart be changed?

(4) Peter H. Lee, Song of the Gong and Chimes(2002)

Ring the gong, strike the chimes!
Ring the gong, strike the chimes!
Let's enjoy this age of peace.

On a brittle sandy cliff,
On a brittle sandy cliff,
Let's plant roasted chestnuts, five pints.

When the chestnuts shoot and sprout,

When the chestnuts shoot and sprout,
Then we′ll part from the virtuous lord.

Let′s carve a lotus out of jade,
Let′s carve a lotus out of jade,
And graft the lotus in the stone.

When it blossoms in the winter,
When it blossoms in the winter,
Then we′ll part from the virtuous lord.

Let′s make an iron suit of armor,
Let′s make an iron suit of armor,
Stich the pleats with iron thread.

When it has been worn and torn,
When it has been worn and torn,
Then we′ll part from the virtuous lord.

Let′s make an iron ox and put him,
Let′s make an iron ox and put him,
To graze among the iron trees.

When he grazes the iron grass,
When he grazes the iron grass,
Then we′ll part from the virtuous lord.

Were the pearls to fall on the rock,
Were the pearls to fall on the rock,
Would the thread be broken?

If I parted from you for a thousand years,

If I parted from you for a thousand years,
Would my heart be changed?

(5) Kevin O'Rourke, Chŏngsŏk Ka(2006)

My gong-stone is here,
my gong-stone is here.
Peaceful times under King Sŏn, a time to play.

Upon a cliff of fine crunchy sand,
upon a cliff of fine crunchy sand,
five bowls of roasted chestnuts I'll plant.
The night they germinate and sprout,
the night they germinate and sprout,
I'll leave my fine, upstanding love.

I'll carve a lotus grom a lump of jade,
I'll carve a lotus grom a lump of jade,
I'll have it set down roots in rock.
When the lotus blooms three hundred stalks,
when the lotus blooms three hundred stalks,
I'll leave my fine, upstanding love.

I'll make a suit of mail,
I'll make a suit of mail,
I'll stitch the folds with iron thread.
When the suit is worn threadbare,
when the suit is worn threadbare,
I'll leave my fine, upstanding love.

I'll make a cow of iron,
I'll make a cow of iron,
I'll put it on an iron-treed mountain.

When the cow eats iron grass,
when the cow eats iron grass,
I'll leave my fine, upstanding love.

Pearls fall upon the rock,
pearls fall upon the rock,
will the string, the pearl-string snap?
Left alone for a thousand years,
left alone for a thousand years,
will my trust, my love-trust snap?

2) 스페인어(Spanish)

(1) 고혜선, Canto de Jeongseok

Jeong y seok, ya que ahora están aquí.
Jeong y seok, ya que ahora están aquí.
quiero que vivamos en paz.

En la duna de arenilla fina.
En la duna de arenilla fina
sepulto castañitas asadas.
Cuando se revienten las castañas.
Cuando se revienten las castañas
a mi amado lo sepultaré.

Con jades hago lores de loto.
Con jades hago lores de loto
y las pego encima de la roca.
El día que florezcan tres flores.
El día que florezcan tres flores
a mi amado lo sepultaré.

Con la tela de hierro a la medida.
Con la tela de hierro a la medida
coso mi ropa de muchos pliegues.
Cuando se desgaste mi vestido.
Cuando se desgaste mi vestido
a mi amado lo sepultaré.

Fundiendo el hierro, esculpo el toro.
Fundiendo el hierro, esculpo el toro.
En el monte de hierro dejo el toro.
Cuando el toro paste el césped de hierro.
Cuando el toro paste el césped de hierro
a mi amado lo sepultaré.
Aunque a la roca caigan collares.
Aunque a la roca caigan collares,
¿acaso el hilo se romperá?
Aunque sola viviera mil años.
Aunque sola viviera mil años
¿acaso mi fe perecerá?

6. 청산별곡

1) 영어(English)

(1) 김우창, Song of the Green Mountain(1966)

I'll go and live,
Live in the green mountain.
On wild grapes and berries I will live.

Sing, O, sing birds,
In sleeping and on waking, sing your song.

I sing, too, I more sorrowful than you.

I see a bird,
a bird flying under the water
with a moss-grown knife in his breast.

A day I lived off
But what can I do with this coming night
When nobody will come nor go.

Who threw it, this stone?
I am hit in my heart and cry,
Though I have long forgotten both hate and love.

I'll go and live,
Live by the wide seashore.
On sea-weeds and clams I will live.

I hear, I hear
On my way the kitchen
A deer playing a cither perched on the pole.

Can I go off indeed?
Wine in the pot-vellied jar,
The sweet smell of leavening wine holds me back.

(2) Peter H. Lee, SONG OF GREEN MOUNTAIN(1974)

Let us live in the green mountain,
With wild grapes and wild thyme,
Let us live in the green mountain.

With cry and moan

The birds fly overhand.
Tremendous sorrow nests in me
And cries and moans after I wake.

The birds fly over,
My plow is blunt.
The birds fly crying
Across the water.

I have spent the day.
But in this deserted place
Where no man comes or goes
How an I to pass the night?

At what place is this stone thrown?
At what person is this stone thrown?
Here where no man loves or hates,
What if I stumble on the stone!

Let us live by the loud sea,
With seaweeds and cowries,
Let us live by the neighing sea.

While you are turning the corner,
While you are going to a kitchen,
Listen to the stag fiddling,
Perched on a bamboo pole.

On the way to the sea I brew
Strong wine in a round jar.
A gourd-shaped leaven chases me and
Begs me to stay here; what now?

(3) 이승길, ODE TO BLUE MOUNTAIN(1988)

Dwell! Thou dwell! On the blue mountains thou dwell!
Eating nuts and grapes on the blue mountains thou dwell!
        Yally Yally! Yalla sung! Yallaly Yalla!

Weep! Weep! Bird! Rise from the bed! Weep! Bird!
I too weeping rub on the world with more cares out of my bed!
        Yally Yally! Yalla sung! Yallaly Yalla!

I see the bird going on the road. I see the bird going down to the water.
With his rusty kit I see the bird going down t the water.
        Yally Yally! Yalla sung! Yallaly Yalla!

While I can get on in the day light
Let me count the ways how I can live alone in the dark of night.
        Yally Yally! Yalla sung! Yallaly Yalla!

Tell me where and to whom the stone has been used to cast;
Struck by it I live weeping who has none to love and hate.
        Yally Yally! Yalla sung! Yallaly Yalla!

Dwell! Thou dwell! By the sea thou dwell!
Eating seaweeds and oysters by the sea thou dwell!
        Yally Yally! Yalla sung! Yallaly Yalla!

Going midway on the road I hear. Passing by a lone kitchen I hear.
A deer on a pole playing a fiddle I hear.
        Yally Yally! Yalla sung! Yallaly Yalla!

For Godsake stay and drew a strong wine enough for a big vat.
  Indulged by gourd-shaped yeast how can I from it escaped?
      Yally Yally! Yalla sung! Yallaly Yalla!

(4) Peter H. Lee, SONG OF GREEN MOUNTAIN(1990)

Let us live, let us live,
Let's live in the green mountain,
With wild grapes and thyme,
Let's live in the green mountain.

Cry, cry birds,
You cry after you wake.
I've more sorrow than you
And cry after I wake.

I see the birds passing,
I see the passing birds on the water.
With a mossy plow
I see the passing bird on the water.

I have spent the day
This way and that.
But where no mand comes or goes,
How an I to pass the night?

At what place is this stone thrown?
At what person is this stone thrown?
Here where no man loves of hates,
I cry being hit by a stone.

Let us live, let us live,
Let us live by the loud sea,

With seaweeds and oysters and clams,
Let's live by the sea.

Turning the coner of the kitchen,
I have heard,
I have heard the stag fiddling,
Perched on a bamboo pole.

I've seen strong wine brewing
In a round jar.
A gourd-shaped leaven seizes me.
What shall I do now?

(5) Peter H. Lee, Song of Green Mountain(2002)

Let's live, let's live,
Let's live on the green mountain!
With wild grapeds and thyme,
Let's live on the green mountain!
Yalli yalli allasyŏng yallari yalla

Cry, cry, birds,
Cry after you wake.
I've more sorrow than you
And cry after I wake.
Yalli yalli allasyŏng yallari yalla

I see the bird passing, bird passing,
I see the passing bird beyond the waters.
With a mossy plow
I see the passing bird beyond the waters.
Yalli yalli allasyŏng yallari yalla

I've spent the day
This way and that.
Buth where no man comes or goes,
How am I to pass the night?
Yalli yalli allasyŏng yallari yalla

Let's live, let's live
Let's live by the sea!
With seaweed, oysters, and clams,
Let's live by the sea!
Yalli yalli allasyŏng yallari yalla

I've listened as I went, went,
Turning an isolated kitchen I've listened.
I've listened to the stag fidding
Perched on a bamboo pole.
Yalli yalli allasyŏng yallari yalla

I have brewed strong wine
In a round-bellied jar.
A gourdlike leaven seizes me.
What shall I do now?
Yalli yalli allasyŏng yallari yalla

(6) DAVID R. McCANN, Song of Green Mountains[49)]

I shall live, I shall live I say,
        I shall live in the green mountains.
I shall eat wild grapes and berries
        and live, I say, in the green mountiains.

---

49) EARLY KOREAN LITERATURE SELECTIONS AND INTRODUCTIONS, COLMBIA UNIVERSITY, 2000.

Yalli yalli yallangsŏng, yallari yalla.

Did you see the bird that flew away?
Did you see the bird that flew off to the east?
Taking the old rusty plough,
did you see that bird that flew off to the east?

Yalli yalli yallangsŏng, yallari yalla.

Doing this and doing that,
and now the day has gone by.
With no one who comes and no one who goes,
what shall I do to get through the night?

Yalli yalli yallangsŏng, yallari yalla.

Where was the stone thrown,
who was it meant for?
With no one to hate, no one to regret,
I was hit and I cry.

Yalli yalli yallangsŏng, yallari yalla.

I shall live, I shall live I say,
I shall live by the sea.
I shall eat oysters and clams and the seaweeds
and live, I say, by the sea.

Yalli yalli yallangsŏng, yallari yalla.

I shall go, I shall go and listen;
I shall pass the last cooking place and listen.

Where the deer has climbed the bamboo pole,
	I shall listen as it plays the haegŭm.

	Yalli yalli yallangsŏng, yallari yalla.

Where I go, there in a fat jar
	the young wine is brewing.
When the strong smell of yeast cakes
	shaped like gourd flowers seizes me,
	what shall I do then?

	Yalli yalli yallangsŏng, yallari yalla.

(6) Kevin O'Rourke, Ch'ŏngsan Pyŏlgok(2006)

I long, I long,
for mountains green I long.
I long to eat wild grapes and berries,
for mountains green I long.
Yal-li-yal-li yal-lang-shyŏng yla-la-ri yal-la.

Birds of the air, cry, cry;
cry when you rise from your nests!
I have more cares than any bird:
I cry when I rise from my bed.
Yal-li-yal-li yal-lang-shyŏng yla-la-ri yal-la.

Did you see the bird flying?
Did you see it in the water?
My hand is on a moss-flecked plough.
Did you see that bird in the water?
Yal-li-yal-li yal-lang-shyŏng yla-la-ri yal-la.

I pass the day
at this and that,
but how do I pass the night
where no one comes or goes?
Yal-li-yal-li yal-lang-shyŏng yla-la-ri yal-la.

Where was that wtone thrown?
At whom was that stone airmed?
With no one to hate and no one to love,
it hurts to be struck, I cry!
Yal-li-yal-li yal-lang-shyŏng yla-la-ri yal-la.

I long, I long,
for the briny sea I long.
To eat fresh kelp, oysters, and crabs
for the briny sea I long.
Yal-li-yal-li yal-lang-shyŏng yla-la-ri yal-la.

I hear wherever I go,
I hear in my favorite places,
I hear the deer on the bamboo pole
playing the Chinese fiddle.
Yal-li-yal-li yal-lang-shyŏng yla-la-ri yal-la.

In a pot-bellied jar wherever I go
I brew a stock of strong raw wine.
The gourd flower yeast makes a potent drink;
what if I toss it all right down?
Yal-li-yal-li yal-lang-shyŏng yla-la-ri yal-la.

2) 스페인어(Spanish)

(1) 고혜선, Adiós en el monte verde

Quiero vivir en el monte verde,
quiero vivir en el monte verde.
Comiendo frutos silvestres
quiero vivir en el monte verde.
Yali yali yalashong yalari yala.

Llora, llora, pajarito,
llora, pájaro, al despertar.
Con más problemas que tú,
vivo llorando al espertarme.
Yali yali yalashong yalari yala.

Veo volar al pajarito,
lo veo volar bajo el agua.
Con el arado oxidado
lo veo volar bajo el agua.
Yali yali yalashong yalari yala.

Con éste y otros trabajos
paso el día entero.
Mas ¿cómo pasar la noche
si nadie viene ni se va?
Yali yali yalashong yalari yala.

¿Hacia dónde iba la piedra,
contra quién iba la piedra?
Sin a quién querer u odiar,
lapidado, estoy llorando.
Yali yali yalashong yalari yala.

Quiero vivir en el mar,

quiero vivir en el mar.
Comiendo mariscos y algas,
quiero vivir en el mar.
Yali yali yalashong yalari yala.

Oigo música al andar,
la oigo al pasar por la cocina.
Oigo la música del venado
colgado encima del palo.
Yali yali yalashong yalari yala.

En el jarrón del camino
fermenta el fuerte licor.
¿Qué hago yo? Su levadura
picante no me deja ir.
Yali yali yalashong yalari yala.

3) 프랑스어(French)

(1) 안옥성, Chant des vertes montagnes

Je veux vivre, je veux vivre
Je veux vivre dans les vertes montagnes
Je me nourrirai de raisins et de groseilles sauvages
Je veux vivre dans les vertes montagnes
Yalli yalli yallangsyŏng yallari yalla!

Pleure, pleure, oiseau!
Au réveil, pleure, oiseau!
Moi plus que toi soucieux
Au réveil je pleure aussi
Yalli yalli yallangsyŏng yallari yalla!

Je vois un oiseau passer
Je vois un oiseau passer sur le ruisseau
Une vieille bêche à la main
Je vois un oiseau passer sur le ruisseau
Yalli yalli yallangsyŏng yallari yalla!

Comme ci comme ça, le temps s'écoule
J'ai passé la journée
Mais comment vivrai-je cette nuit
Où personne ne vient ni ne va?
Yalli yalli yallangsyŏng yallari yalla!

Où cette pierre a-t-elle été envoyée?
Sur qui a-t-elle été lancée?
Sans personne à aimer, sans personne à haïr
Je pleure d'avoir été frappé par les cailloux
Yalli yalli yallangsyŏng yallari yalla!

Je veux vivre, je veux vivre
Je veux vivre près de la mer
Me nourrissant d'algues et d'huîtres
Je veux vivre près de la mer
Yalli yalli yallangsyŏng yallari yalla!

Tout en allant, en allant, écoute
Écoute en allant dans la plaine
Écoute le cerf monté sur une perche
Jouer du violon
Yalli yalli yallangsyŏng yallari yalla!

Tout en allant, dans une jarre pansue
Fais-toi de l'alcool fort!

La louche, comme la levure la pique,
M'agrippe—dois-je me laisser faire?
Yalli yalli yallangsyŏng yallari yalla!

4) 베트남어

(1) Khanh, Thanh sơn biệt khúc

Ta về sống giữa núi xanh
Với thụy hương và hoa dại
Ta về sống giữa núi xanh
Với những tiếng kêu than
Trên đầu chim bay rợp
Trong ta, sầu xây tổ
Kêu than chỗ ta nằm
Chim bay qua
Lưỡi cày không còn sắc
Chim kêu xao xác
Ngang sông chiều tà
Một ngày trôi đi
Ở nơi hoang vắng
Và khi đêm về
Lại càng im lặng
Hòn đá bèn vào đâu?
Vào ai hòn đá ném?
Không ai thù ai oán
Vấp vào đá thi sao?
Ta sống bên hải triều
Vói rong xanh vỏ ốc.
Bên sóng biển hơ reo
Khi ta ra hiên nhà
Khi ta vào trong bếp
Nghe chim hót không xa

Đậu trên sừng nai hót
Trên đường về với biển
Ta cất rượu trong vầu
Bầu rượu reo thành tiếng
Xin tri kỷ cùng nhau.

5) 러시아어(Russian)

(1) 안나 아흐마토바, ЗЕЛЕНЫЕ ГОРЫ(1956)

Лучше жить, эх, лучше жить
На горах зеленых жить,
Лучше, ягодой питаясь,
На горах зеленых жить.
Ялли, ялли, яллянсон,
Ялляри, ялля.

Пташка, пташка, распевай !
Пой , проснувшись, распевай !
А меня гнетут заботы,
И, проснувшись, плачу я.
Ялли, ялли, яллянсон,
Ялляри, ялля.

Я гляжу на птиц летящих,
Птиц, летящих над рекой .
Я, неся свою мотыгу,
Вижу стаю над рекой .
Ялли, ялли, яллянсон,
Ялляри, ялля.

Так в трудах разнообразных
Провожу я день за днем;

Только ночи долго длятся,
Одиночество томит.
Ялли, ялли, яллянсон,
Ялляри, ялля.

Кем же брошен этот камень?
И в кого был брошен камень?
Камень на меня упал.
Плачу я, хоть невиновен.
Ялли, ялли, яллянсон,
Ялляри, ялля.

Лучше жить, эх, лучше жить,
У морского берега жить;
Буду, рыбою питаясь,
У морского берега жить.
Ялли, ялли, яллянсон,
Ялляри, ялля.

Буду там бросить и слушать,
Буду, эх, бросить и слушать,
Как, на мачту сев, бревно
Нами правит, буду слушать.
Ялли, ялли, яллянсон,
Ялляри, ялля.

Я варю в пустом жанр
Беселящее питье.
Пусть вино покрепче будет,
Как мне жить, не знаю сам.
Ялли, ялли, яллянсон,
Ялляри, ялля.

(2) Лучше. Р. Концевич, В ЗЕЛЕНЫХ ГОРАХ БУДУ ЖИТ (2012)

Теперь я буду жить в горах,
Я буду жить в горах зеленых!
Есть стану дикую хурму
И буду жить в горах зеленых!
Вот так!
Вот так...

Ты плачешь, птица,надо мной ?
Плачь, птица! Плачь с утра до ночи!
И я печален, как и ты,
И я с утра до ночи плачу!
Вот так!
Вот так...

Летает птица над водой ,
Смотрю я, как она летает.
Бреду с мотыгою в руках,
Смотрю я, как кружится птица.
Вот так!
Вот так...

Так провожу я долгий день –
За делом и порой без дела.
Никто не едет, не идет...
Что принесет мне ночь глухая?
Вот так!
Вот так...

Куда ты, камень, брошен был?
И для кого предназначался?

Ведь я ни с кем не враждовал,
А принял твой удар — и плачу!
Вот так!
Вот так...

Теперь у моря буду жить,
Теперь я буду жить у моря.
Одних улиток стану есть
И буду жить всегда у моря!
Вот так!
Вот так...

Послушай-ка, любезный друг!
Послушай, что тебе скажу я:
На нашем корабле большом
Бревно гнилое вместо мачты!
Вот так!
Вот так...

Кувшин-горлянку я возьму,
Возьму-ка я кувшин пузатый
И стану пить свое вино!
И стану пить!.. А как иначе?
Вот так!
Вот так...

7. 서경별곡

1) 영어(English)

(1) 김우창, Song of Sogyong(1966)

Sŏgyŏng is the city I love;
Sŏgyŏng, a city of beautiful streets.
But I'll leave weaving and go with my love
If only he pledges his love to me;
I'll go with him though with tears in my eyes,
How would I live, parted from him?

Beads may be shattered on the rocks
But the thread would not break
For thousand years we may go apart
But faith would not break.

O, ferryman, you bring your ferry boat.
O, wide, is the Taedong River!
You send your wife across the river,
Little suspecting your wife ever so fickle;
She will certainly pick another flower
Once she crosses the Taedong river.

(2) Peter H. Lee, SONG OF P'YŎNGYANG(1974)

Although P'yŏngyang is my home and capital,
And the walls have all been repaired,
If I must part from you, be left behind,
I'll stop spinning, and stop weaving,
Follow my own love with salt tears.

Were the pearls to fall on the rock,
Would the thread be broken?
If I parted from you for a thousand years,
Would my heart be changed?

Not knowing the Taedong that flows on,

You pushed the boat off, O boatman.
Not knowing the sorrow that kills me,
You had him board the ferry, boatman.
Once he has crossed that awesome water,
He will pluck some other flower.

(3) Peter H. Lee, SONG OF P'YONGYANG(1990)

Althought P'yongyang is my capital,
And the walls have all been repaired,
If I must part from you,
I'll stop spinnig and weaving
And follow my love with tears.

Were the pearls to fall on the rocks,
Would the thread be broken?
If I parted from you for a thousand years,
Would my heart be changed?

Not knowing how wide the Taedong River is
You pushed the boat off, boatman!
Not knowing how loose your wife is
You had my love board the ferry, boatman.
Once he has crossed that Taedong River,
He will pluck some other flower.

(4) Peter H. Lee, Song of P′yŏngyang(2002)

P′yŏngyang ajŭlkka
Although P′yŏngyang is my capital
Wi tuŏrŏngsyŏng tuŏrŏngsyŏng taringdiri

I love ajŭlkka

Although I love the repaired city,
Wi tuŏrŏngsyŏng tuŏrŏngsyŏng taringdiri

Instead of parting ajŭlkka
Instead of parting I'd rather stop spinning
Wi tuŏrŏngsyŏng tuŏrŏngsyŏng taringdiri

If you love me ajŭlkka
If you love me I'll follow you with tears
Wi tuŏrŏngsyŏng tuŏrŏngsyŏng taringdiri

Pearls ajŭlkka
Were the pearls to fail on the rock
Wi tuŏrŏngsyŏng tuŏrŏngsyŏng taringdiri

Would the thread ajŭlkka
Would the thread be broken?
Wi tuŏrŏngsyŏng tuŏrŏngsyŏng taringdiri

A thousand years ajŭlkka
If I parted from you a thousand years
Wi tuŏrŏngsyŏng tuŏrŏngsyŏng taringdiri

Would my heart ajŭlkka
Would my heart be changed?
Wi tuŏrŏngsyŏng tuŏrŏngsyŏng taringdiri

Taedong River ajŭlkka
Not knowing how wide the river is
Wi tuŏrŏngsyŏng tuŏrŏngsyŏng taringdiri

You pushed the boat off ajŭlkka

You pushed the boat off, boatman!
Wi tuŏrŏngsyŏng tuŏrŏngsyŏng taringdiri

Your own wife ajŭlkka
Not knowing how loose your wife is
Wi tuŏrŏngsyŏng tuŏrŏngsyŏng taringdiri

You board the ferry ajŭlkka
You had my love board the ferry, boatman!
Wi tuŏrŏngsyŏng tuŏrŏngsyŏng taringdiri

Taedong River ajŭlkka
The flower beyond the Taedong River
Wi tuŏrŏngsyŏng tuŏrŏngsyŏng taringdiri

When he has crossed the shore ajŭlkka
When he has crossed he will pluck another flower!
Wi tuŏrŏngsyŏng tuŏrŏngsyŏng taringdiri

Song of P′yŏngyang Without Refrain

Although P′yŏngyang is my capital
Although I love the rapaired city,
Instead of parting I′d rather stop spinning
If you love me I′ll follow you with tears.

Were the pearls to fail on the rock,
Would the thread be broken?
If I parted from you a thousand years,
Would my heart be changed?

Not knowing how wide the river is,

You pushed the boat off, boatman.
Not knowing how loose your wife is
You had my love board the ferry, boatman.

The flower beyond the Taedong River,
When he has crossed the shore
When he has crossed he will pluck another flower!

(5) Kevin O'Rourke, Sŏgyŏng Pyŏlgok(2006)

P'yŏngyang,
P'yŏngyang, our first town.
Wi-ta-ring-di-ri.

Peaceful,
peaceful, the rebuilt fort.
Wi-ta-ring-di-ri.

I choose,
I choose, to leave the loom.
Wi-ta-ring-di-ri.

Love me,
love me, I'll follow in tears.
Wi-ta-ring-di-ri.

The pearls,
the pearls, they drop on the rock.
Wi-ta-ring-di-ri.

The string,
the string, will the pearl-string snap?
Wi-ta-ring-di-ri.

Alone,
alone, for a thousand years.
Wi-ta-ring-di-ri.

My faith,
my faith, will it disintegrate?
Wi-ta-ring-di-ri.

How broad,
how broad, the Taedong River!
Wi-ta-ring-di-ri.

Boatman,
boatman, why do you sail?
Wi-ta-ring-di-ri.

Your wife,
your wife, don't you know what she craves?
Wi-ta-ring-di-ri.

You don't
you don't, so you take my man.
Wi-ta-ring-di-ri.

Across,
across, sweet flowers bloom.
Wi-ta-ring-di-ri.

If he goes,
if he goes, he'll pluck those buds.
Wi-ta-ring-di-ri.

2) 스페인어(Spanish)

(1) 고혜선, Adiós a Seogyeong

Seogyeong, azulga,
Seogyeong era capital.
Wi duoryongshong duoryongshong daringdiri.

Ciudad nueva, azulga,
aunque me gusta la ciudad nueva.
Wi duoryongshong duoryongshong daringdiri.

Separarme, no, azulga,
prefiero abandonar el hilado.
Wi duoryongshong duoryongshong daringdiri.

Si me amas, azulga,
si me amas, te seguiré aun llorando.
Wi duoryongshong duoryongshong daringdiri.

Collares, azulga,
aunque caigan collares a la roca.
Wi duoryongshong duoryongshong daringdiri.

El hilo, azulga,
¿acaso el hilo se romperá?
Wi duoryongshong duoryongshong daringdiri.

Mil años, azulga,
mil años viviendo separados.
Wi duoryongshong duoryongshong daringdiri.

La fe, azulga,

¿acaso la fe se morirá?
Wi duoryongshong duoryongshong daringdiri.

Daedonggang, azulga,
por no saber cuán ancho es Daedonggang.
Wi duoryongshong duoryongshong daringdiri.

El barco, azulga,
barquero ¿le brindaste tu barco?
Wi duoryongshong duoryongshong daringdiri.

Tu mujer, azulga,
tú no sabes lo ardiente que es ella.
Wi duoryongshong duoryongshong daringdiri.

Al barco, azulga,
barquero, ¿lo permitiste subir?
Wi duoryongshong duoryongshong daringdiri.

Daedonggang, azulga,
flor de la otra ribera del río.
Wi duoryongshong duoryongshong daringdiri.

Arribando, azulga,
al bajar, cortarás esa flor.
Wi duoryongshong duoryongshong daringdiri.

3) 러시아어(Russian)

(1) 안나 아흐마토바, СОГЕН ПЕЛЬГОК(1956)

Поет девушка, которую бросил любимый . Он покидает Согён, где остаётся его возлюбленная. А она, стоя на берегу реки Тэдо нган, покоторой уезжает неверный юноша, слагает песню.

I

Девушка готова бросить все, уехать вместе с милым, чтобы то лько не разлучаться с ним.

Город Согён – ачжилька,
Город Согён – столица.
Ви, туоронсон, таринтири!

Этот нарядный город –
Малый Сонгён люблю я.
Ви, туоронсон, таринтири!

Лучше, чем разлучиться
С тобою, Согён я брошу.
Ви, туоронсон, таринтири!

Если меня ты любишь,
Пой ду за тобой повсюду.
Ви, туоронсон, таринтири!

II

Девушка понимает, что это неосуществимо, и тогда душу ее ох ватывает другое чувство: пусть он уезжает, но она останется в ечно верна милому.

Жемчуг, упоав, ачжилька,
Вдребезги разобьётся.
Ви, туоронсон, таринтири!

Но не порвется нитка,
На которой жемчуг нанизан
Ви, туоронсон, таринтири!

Будь тысячу лет, ачжилька,
Без меня одинок на свете.
Ви, туоронсон, таринтири!

Верность тебе, мой милый ,
Верность моя нетленна.
Ви, туоронсон, таринтири!

III

Но нет! Верность верностью, а лодка уже готова отчалить. И тогда девушка, в отчаянии, пытается удержать возлюбленного. Но обращается она не к нему, а к лодочники:

Зачем, не зная, ачжилька,
Какой Тэдонган широкий ...
Ви, туоронсон, таринтири!

Зачем ты спускаешь лодку.
Спускаешь лёгкую лодку?
Ви, туоронсон, таринтири!

Зачем ты, гребец, ачжилька,
Не зная, как я печалюсь...
Ви, туоронсон, таринтири!

Зачем же ты в эту лодку
Скажешь милого друга?

Ви, туоронсон, таринтири!

IV

Но все напрасно! Вот-вот уплывёт лодка.
И песня разрешается последним чувством — рев ностью.

Ты за Тэдонган, ачжилька,
Ты за Тэдонган стремишься,
Ви, туоронсон, таринтири!

Когда на лодке уедешь,
Ты там веселиться будешь,
Ви, туоронсон, таринтири!

(2) Лучше. Р. Концевич, В ГОРОДЕ СОГЁНЕ(2012)

В городе Согёне,
В городе столичном...
Ох!

В городе нарядном
Разве я останусь?

В городе Согёне,
В городе столичном...
Ох!

Ткать холсты я брошу,
Если милый любит!

В городе Согёне,
В городе столичном...

Ох!

Если я любима,
За тобой пой ду я!

В городе Согёне,
В городе столичном...
Ох!

Если ожерелье
И уронят наземь...

В городе Согёне,
В городе столичном...
Ох!

Разве непременно
Нить должна порваться?

В городе Согёне,
В городе столичном...
Ох!

Если ты уедешь
Даже на столетье...

В городе Согёне,
В городе столичном...
Ох!

Разве моя верность,
Словно нить, порвется?

В городе Согёне,
В городе столичном...
Ох!

Тэдонган широкий !
Тэдонган глубокий !

В городе Согёне,
В городе столичном...
Ох!

Для чего спускает
Лодку перевозчик?

В городе Согёне,
В городе столичном...
Ох!

Верно, он не знает
О моей печали!

В городе Согёне,
В городе столичном...
Ох!

Для чего причалил
И тебя сажает?

В городе Согёне,
В городе столичном...
Ох!

Там, за Тэдонганом,
Там цветы прекрасны...

В городе Согёне,
В городе столичном...
Ох!

Если ты, любимый ,
От меня уедешь...

В городе Согёне,
В городе столичном...
Ох!

Там, за Тэдонганом,
Рвать цветы ты станешь!

В городе Согёне,
В городе столичном...
Ох!

8. 사모곡

1) 영어(English)

(1) Peter H. Lee, MATERNAL LOVE(1974)

Spade too is an edged tool;
But in sharpness sickle certainly wins.
Father is father of man;
But in love the mother surely surpasses.
Yes, his indeed cannot be more than hers.

(2) 양경주, SONG OF MOTHER'S LOVE[50)]

Anonymous
Translated by Yang Kyoung Zoo

Though a hoe is also an edged tool,
It cannot cut better than a sickle.

Though a father is one of our parents,
He cannot love us like a mother.

Oh, my lover! Oh, my lover!
You too cannot love me like a mother.

(3) Maternal love(2002)

Hoe too is an edged tool,
But in sharpness sickle certainly wins.
Father too is a parent,
Wi tŏngdŏ tungsyŏng
But in love mother surely surpasses.
O love, his indeed cannot be more than hers.

(4) Kevin O'Rourke, Samo Kok(2006)

A hoe is an edged tool,
but it doesn't cut like a sickle.
A father is a parent,
wi-tŏng-do-tung-schŏng,
but no one loves like a mother.
Believe me, love,
no one loves like a mother.

---

50) The Anthology of Korean Poetry, The Literature and Life Co., Seoul, 1988.

2) 스페인어(Spanish)

(1) 고혜선, A la madre

La azada corta muy bien;
pero no más que la hoz.
El padre es un gran papá.
Wi dungdo dungshong.
Mas no ama como mamá.
Ah, mi amor, nadie puede amarnos como mamá.

9. 쌍화점

1) 영어(English)

(1) 김우창, The Bakery(1966)

At the bakery I did only ask for dumplings
But the old Turk grasped my hands.
You little impish doll hold your tongue
Lest words be out of this shop.
Tralala Tralaladdy.

Yes, yes, I'll be with him in his bed
But how triste the bed of pleasure
When you wake up on it

To the Samjang temple I went to light the candles
But the holy abbot grasped my hands.
You little candleboy hold your tongue
Lest words be out of the temple.
Tralala Tralaladdy.

Yes, yes, I'll be with him in his bed
But how triste the bed of pleasure
When you wake up on it.

At the well of the village I only drew the water
But the dragon of the well grasped my hands.
You little bucket hold your tongue
Lest words be out of the well.
Tralala Tralaladdy.

Yes, yes, I'll be with him in his bed
But how triste the bed of pleasure
When you wake up on it.

At the tavern I did only ask for wine
But the tavern-keeper grasped my hands.
You little gourd hold your tongue
Lest words be out of the tavern.
Tralala Tralaladdy.

Yes, yes, I'll be with him in his bed
But how triste the bed of pleasure
When you wake up on it.

(2) Peter H. Lee, THE TURKISH BAKERY(1974)

I go to the Turkish shop, buy a bun,
An old Turk grasps me by the hand.
If this story is spread abroad,
You alone are to blame, little doll on the shelf.
I will go, yes, go to his bower;
A narrow place, sultry and dark.

I go to the Samjang Temple, light the lantern,
A chief priest grasps me by the hand.
If this story is spread abroad,
You alone are to blame, little altar boy.
I will go, yes, go to his bower;
A narrow place, sultry and dark.

I go to the village well, draw the water,
A dragon within grasps me by the hand.
If this story is spread abroad,
You alone are to blame, O pitcher.
I will go, yes, go to his bower;
A narrow place, sultry and dark.

I go to the tavera, buy the wine,
An innkeeper grasps me by the hand.
If this story is spread abroad,
You alone are to blame, O wing jug.
I will go, yes, go to his bower;
A narrow place, sultry and dark.

(3) 이승길, BUN-SHOP(1988)

To the bun-shop to buy buns when I went
A mongol caught me by the wrist.
If goes out of this shop the report
Darorer-Kerdirer! a small and young buffoon, I'll blame you for it.
Darorer-Kerdirer! Darorer-Kerdirer! Darorer-Kerdirer! Darorer-Kerdirer!
To the place I will repair to have a good night.
Wyi! Whi! Darorer-Kerdirer!
There will be no place in a mess no more than that.

The Samjang Temple to burn the candale I went
The chief priest caught me by the wrist.
If goes out of this temple the report
Darorer-Kerdirer! a small and young monk, I'll blame you for it.
Darorer-Kerdirer! Darorer-Kerdirer! Darorer-Kerdirer!
Darorer-Kerdirer!
Darorer!
To the place I will repair to have a good night.
Wyi! Whi! Darorer-Kerdirer! Darorer!
There will be no place in a mess no more than that.

When I went to a well to draw water with a bucket
A dragon caught me under it with the wrist.
If goes out of this well the report
Darorer-Kerdirer! a small bucket, I'll blame you for it.

Darorer-Kerdirer! Darorer-Kerdirer! Darorer-Kerdirer!
Darorer-Kerdirer!
Darorer!
To the place I will repair to have a good night.
Wyi! Whi! Darorer-Kerdirer! Darorer!
There will be no place in a mess no more than that.

To a wine-shop to get wine when I went
The shop-keeper caught me by the wrist.
If goes out of this house the report
Darorer-Kerdirer! a small gourd, I'll blame you for it.

(4) Peter H. Lee, THE TURKISH BAKERY(1990)

I go to the Turkish shop, buy a bun,
An old Turk grasps me by hand.

If this story is spread abroad,
You alone are to blame, little actor.
I will go, yes, go to his bower:
A narrow place, sultry and dark.

I go to the Samjang Temple, light the lantern,
A chief priest grasps me by the hand.
If this story is spread abroad,
You alone are to blame, little altar boy.
I will go, yes, go to his bower:
A narrow place, sultry and dark.

I go to the village well, draw the water,
A dragon within grasps me by the hand.
If this story is spread abroad,
You alone are the blame, O scooper.
I will go, yes, go to his bower:
A narrow place, sultry and dark.

I go to the tavern, buy the wine,
An innkeeper grasps me by the hand.
If this story is spread abroad,
You alone are to blame, O wine jug.
I will go, yes, go to his bower:
A narrow place, sultry and dark.

(5) Peter H. Lee, The Turkish Bakery(2002)

I go to the Turkish shop, buy a bun,
An old Turk grasps me by the hand.
If this story is spread abroad,
tarorŏ kŏdirŏ You alone are to blame, little actor!
Tŏrŏ tungsyŏng tarirŏdirŏ tarirŏdirŏ tarorŏgŏdirŏ tarorŏ

I too will go to his bed:
Wi wi tarorŏ kŏdirŏ tarorŏ
A narrow place, sultry and dark.

I go to Samjang Temple to light the lantern,
A chief pries grasps me by the hand.
If this story is spread abroad,
You alone are to blame, little altar boy!
I too will go to his bed:
A narrow place, sultry and dark.

I go to the well to daw water,
A dragon withing grasps me by the hand.
If this story is spread abroad,
You alone are to blame, dipper!
I too will go to his bed:
A narrow place, sultry and dark.

I go to the tavern to buy the wine,
An innkeeper grasps me by the hand.
If this story is spread abroad,
You alone are to blame, wine jug!
I too will go to his bed:
A narrow place, sultry and dark.

(6) Kevin O'Rourke, Ssnghwa Chŏm(2006)

As I was buying dumplings in the mandu shop
the playboy Turk took me by the wrist.
Should word ta-ri-ro go beyond the shop,
I'll say you made it up, my little player friend.
Ta-ri-ro-di-ro ta-ri-ro-di-ro ta-ri-ro-di-ro-ri-ro.
Yes, I'll sleep in your privy quarters, I said;

but doom piled high where I lay.

As I was lighting a lantern in Samjang Temple
the head monk took me by the wrist.
Should word ta-ri-ro go beyond the temple,
I'll say you made it up, my little novice friend.
Ta-ri-ro-di-ro ta-ri-ro-di-ro ta-ri-ro-di-ro-ri-ro.
Yes, I'll sleep in your privy quarters, I said;
but doom piled high where I lay.

As I was drawing water at the village well
the dragon within took me by the wrist.
Should word ta-ri-ro go beyond the well,
I'll say you made it up, my little bucket friend.
Ta-ri-ro-di-ro ta-ri-ro-di-ro ta-ri-ro-di-ro-ri-ro.
Yes, I'll sleep in your privy quarters, I said;
but doom piled high where I lay.

As I was buying wine in the vintner's house,
the master of the house took me by the wrist.
Should word ta-ri-ro go beyond this house,
I'll say you made it up, my little dipper friend.
Ta-ri-ro-di-ro ta-ri-ro-di-ro ta-ri-ro-di-ro-ri-ro.
Yes, I'll sleep in your privy quarters, I said;
but doom piled high where I lay.

2) 스페인어(Spanish)

(1) 고혜선, Tienda de empanadas

Fuie a la tienda para comprar empanadas,
el dueño musulmán me tomó la mano.
Si esto se sabe más allá de la tienda

diré daroro godiro, chico, es por tu culpa.
Doro dungshong, dariro diro, dariro diro, daroro godiro, daroro.
A ese lecho yo también iré a dormir.
Wi, wi, daroro godiro, daroro.
Imposible hallar otro lecho en desorden.

Fui al templo Samjangsa a encender el farol,
el monje principal me tomó la mano.
Si esto se sabe más allá del templo,
diré daroro godiro, chico, es por tu culpa.
Doro dungshong, dariro diro, dariro diro, daroro godiro, daroro.
A ese lecho yo también iré a dormir.
Wi, wi, daroro godiro, daroro.
Imposible hallar otro lecho en desorden.

Fui a la represa para sacar el agua,
el dragón del pozo me tomó la mano.
Si esto se sabe más allá del pozo,
diré daroro godiro, chico, es por tu culpa.
Doro dungshong, dariro diro, dariro diro, daroro godiro, daroro.
A ese lecho yo también iré a dormir.
Wi, wi, daroro godiro, daroro.
Imposible hallar otro lecho en desorden.

Fui a la taberna para comprar licor,
el dueño de la tienda me tomó la mano.
Si esto se sabe más allá de la tienda,
diré daroro godiro, chico, es por tu culpa.
Doro dungshong, dariro diro, dariro diro, daroro godiro,

daroro.
A ese lecho yo también iré a dormir.
Wi, wi, daroro godiro, daroro.
Imposible hallar otro lecho en desorden.

3) 베트남어

(1) Khanh, Tây kinh biệt khúc

Tây kinh, tây kinh là Seoul
Em yêu Seoul, kinh thành nhỏ bé
Thà em ngừng đẹt, xin đừng biệt ly
Nếu chàng nói yêu, em sẽ vừa khóc vừa tìm
Nếu ngọc rơi trên đá
Sợi chi có đứt không?
Nếu ngàn nâm em đợi
Niềm tin có còn không?
Em không biết Đại Đồng Giang rộng thế
Sao người lái đò đưa thuyền ra đi?
Nếu biết vợ người sẽ phản bội
Người có chở sang sông?
Chàng sang sông, tình em tan vỡ.

10. 이상곡

1) 영어(English)

(1) Peter H. Lee, WINTER NIGHT(1974)

The sleet falls thick and fast;
Do you come, false love, who made me
Lie awake for half the night?
Are you crossing the pass

Where the wind cries in the bushes?

Fires of hell or thunderbolts
Will soon consume my body.
Fires of hell or thunderbolts
Will soon consume my body.

On what wild mountain shall I seek you?
I will do anything, anything you say,
The this and the that, whatever you ask of me.
I will follow you anywhere, I swear.

(2) 이승길, TO MY FEET ON REME(1988)

It rained, stopped a bit and again much snow I've had.
On a narrow crooked way shrouded with woods snow-capped,
Dilongdewseo Madduksal Maduneozeushae Neowoozi
On my mind I have my love who's bereaved of sleep.
I doubt if he'd walk along the wretched lane to sleep.
Like a thunderbolt when the fire of hell falls often
Down on my body, then I an to die soon.
So, how is it able for me to go to another mount but his?
This way? Or that way?
This way? Or that way? Was that our promise?
No; bear in mind by it we shall be it in one place.

(3) Peter H. Lee, WINTER NIGHT(1990)

After a rain comes a thick snow.
Do you come, who made me
Lie awake half the night,
Through a pass in the wood,
Through a path to sleep at dawn?

Fires of hell or thunderbolts
Will soon consume my body.
Fires of hell of thunderbolts
Will soon consume my body.

Would I seek another in your place?
I've made no vows,
Not this, not that,
But to go wherever with you!

(4) Peter H. Lee, Threading Frost(2002)

After a rain, ah, comes a thick snow.
Do you come, who made me
Tarong tiusyŏ maddŭksari madunŏjŭse nŏuji
Lie awake half the night,
Through a pass in the tangled wood,
Through an awful path to sleep?

At times thunderbolts, ah,
My body will fall in to the Avîci hell
And perish at once—
At times thunderbolts, ah,
My body will fall into the Avîci hell
And perish at once—
Would I walke on a different mountain path?

Let's do this or that,
Is your pledge this or that?
Ah, love, living with you is my vow.

(5) Kevin O'Rourke, Isang Kok(2006)

It rained and faired, then the snow flew thick,
and the frost along the narrow winding track was like a forest
f trees.
I think of the one who steals my sleep:
no chance he'll dare this road to sleep with me
With every thunder crash, I stand on hell's doorstep,
a body bound for death.
With every thunder crash, I stand on hell's doorstep,
a body bound for death.
Shall I abjure one love, walk another mountain?
Did we pledge variety,
a little this and a little that?
No, indeed, love. We pledged to go together.

2) 스페인어(Spanish)

(1) 고혜선, Canto a la escarcha

Escampa después de llover: ¡Ah!, nieva que nieva
en la angosta senda que circunda el frondoso bosque.
Darong disusho, maduk sari, maduno zuse, nouzi.
¿Cómo irme a dormir a ese temible sendero,
ausente mi amado, que me quitó el dulce sueño?

Retumban lejanos truenos; ah, mi pobre cuerpo
al morir sucumbirá en el profundo infierno.
Retumban lejanos truenos; ah, mi pobre cuerpo
al morir sucumbirá en el profundo infierno.
¿Se irá por otro sendero dejando el amor?

¿Qué hacer? ¿Qué hacer?
¿Qué hacer? ¿Qué hacer? ¿Cuál es nuestro destino?
Ah, mi amor, iremos juntos, es nuestro destino.

3) 프랑스어(French)

(1) 안옥성, En foulant le givre

Le jour où la pluie cesse, tombe la neige abondante
Sur le sentier sinueux dans le bois d'arbustes touffus, enchevêtrés,
Tarongdiusyŏ madŭksari madunŏjŭse nŏuji
Je pense à mon amour qui m'a privée de sommeil.
Viendrais-tu dormir par un chemin si menaçant, si effrayant?
Mon corps tombant à l'instant
Aux enfer—foudre et tonnerre!
Mon corps tombant à l'instant
Aux enfer—foudre et tonnerre!
Te laissant, irai-je marcher dans une autre montagne?
Tantôt ceci, tantôt cela?
Tantôt ceci, tantôt cela? Quelle est ta promesse?
Oh, bien-aimé! Moi je promets que nous vivrons ensemble.

11. 가시리

1) 영어(English)

(1) Peter H. Lee, WILL YOU GO?(1974)

And will you go away?
Will you thus forsake me,
Leave me, and go away?

How can you leave me so
That loved you every day,
How can you leave me so?

I could cling to you, stop you,
But fear you would never return,
Scared by me salt tears.

Go, then, I'll let you go.
But return soon, soon return,
As easily as you leave me now.

(2) Peter H. Lee, WILL YOU GO?(1990)

Will you go away?
Will you forsake me and go?

How can I live if you
Forsake me and go away?

I could stop you but fear
You would be annoyed and never return.

Go, than, I'll let you go.
But return as soon as you leave.

(3) DAVID R. McCANN, Would You Go?(2000)

Would you go, would you go, would you?
Would you just go and leave me?
　　oh what a time of great peace.

Then how, oh how shall I live
if you just go and leave me?
　　oh what a time of great peace.

Though I might try to hold you,

still, if you are sad, might you return?
oh what a time of great peace.

Though I must send you away,
why don't you just come back and stay?
oh what a time of great peace.

(4) Peter H. Lee, Will You Go?(2002)

Will you go away?
Will you forsake me and go?
wi chŭngjulka O age of great peace and plenty!

How can you tell me to live on
And forsake me and go away?
O age of great peace and plenty!

I could stop you but fear
You would be annoyed and never return.
O age of great peace and plenty!

I'll let you go, wretched love,
But return as soon as you leave.
O age of great peace and plenty!

(5) Kevin O'Rourke, Kashiri(2006)

Must you go, must you go,
must you leave me so?
Ah, chung-jul-ga, the times are good now.

How can you leave
with a trite "Fare thee well"?

Ah, chung-jul-ga, the times are good now.

I should stop you, I know,
but you'd resent it so, you'd never return.
Ah, chung-jul-ga, the times are good now.

So go, my brooding love,
go, but come right home.
Ah, chung-jul-ga, the times are good now.

2) 스페인어(Spanish)

(1) 고혜선, Te vas

Ya te vas, mi amor, ya te vas.
Me abandonas y te vas.
Wi zungzulga. Pas en el mundo.

Sin ti, ¿cómo podré vivir?
Me abandonas y te vas.
Wi zungzulga. Pas en el mundo.

Quiero dentenerte, mi amor.
Pero temo que no regreses.
Wi zungzulga. Pas en el mundo.

Con dolor te dejo partir.
Volverás tal como te vas.
Wi zungzulga. Pas en el mundo.

(2) 민용태, ¿TE IRÁS?[51]

---

51) Flor y oro de la poesia coreana, ALDUS, 2001.

¿Te irás, de veras
te irás, dejándome sola?
Wi chungchulga, paz y prisperidad.

Si me dejas así sola
¿cómo viviré yo?
Wi chungchulga, paz y prisperidad.

Quisiera asirte par que no te vayas, pero
¿qué haré, si no regresas, enojado por mi maner de ser?
Wi chungchulga, paz y prisperidad.

Aunque llori por dentro, te dejo ir;
Vuelve tan pronto como llegues.
Wi chungchulga, paz y prisperidad.

3) 프랑스어(French)

(1) 안옥성, Allez-vous partir?

Aleez-vous partir, allez-vous partir?
Vous m'abandonnez, allez-vous partir?
Wi chŭngjŭlga t'aep'yŏngsŏngdae!

Comment pourrais-je vivre?
Vous m'abandonnez, allez-vous partir?
Wi chŭngjŭlga t'aep'yŏngsŏngdae!

Je pourrais m'accrocher à vous pour vous garder
Mais j'ai peur que, fâché par mon acharnement, jamais vous ne reveniez!
Wi chŭngjŭlga t'aep'yŏngsŏngdae!

Bien-aimé, peiné vous aussi, je vous laisse partir,
Mais revenez, aussi vite que vous êtes parti!
Wi chŭngjŭlga t'aep'yŏngsŏngdae!

12. 만전춘 별사

1) 영어(English)

(1) Peter H. Lee, SPRING OVERFLOWS THE PAVILION(1974)

Were I to build a bamboo hut on the ice,
Were I to die of cold with him on the ice,
O night, run slow, till our love is spent.

When I lie alone, restless, vigilant,
Only peach blossoms wave over the west window.
You have no grief, welcome the spring breeze.

I have believed those who vowed to each other:
"My soul will follow yours forever."
Who, who persuaded me this was true?

"O duck, beautiful duck, why do you come
To the swamp, instead of the shoal?"
"If the swamp freezes, the shoal will do."

A bed on Mt. South, a jade pillow, gold brocade,
And beside me a girl sweeter than musk,
Let us press our hearts together, our magic hearts.

(2) 이승길, THE SONG OF MID-SPRING AT

ARBOUR(1988)

On ice at the sight of a blade of a bamboo,
On it even if we'd be cold to death two,
On ice at the sight of a blade of a bamboo,
On it even if we'd be cold to death two,
Pray, Dawn, don't call on us early so.

On a single moonlit pillow how can I get sleep?
Thro' an ope west window the peach-blossoms at me peep.
She gives two brave smiles to spring wind.

Pray, hold your tongue, She is only by soul loved.
Pray, hold your tongue, She is only by soul loved.
Alas, who is that would our two souls separate?

Oh, dear! Ducks! Ducks! Young and beautiful goodsanders!
Why you'll be here for the night without regard for your rapids?
Even this will do for you in the case that into ice this turns.

At the sight of a sear on Mt. Nam on Mt. Oc with our heads rested,
Holding my musky daring in a bedding of embroidered brocade,
At the sight of a sear on Mt. Nam on Mt. Oc with our heads rested,
Holding my musky daring in a bedding of embroidered brocade,
May I have my heart on which your heart bearing medicine is grafted!
Oh, my love! Let my heart not felt the sorrow of parting with you for good.

(3) Peter H. Lee, SPRING OVERFLOWS THE PAVILION(1990)

Were I to build a bamboo hut on the ice,
Were I to die of cold with him on the ice,
O night, run slow, till our love is spent.

When I lie alone, restless, vigilant,
Only peach blossoms wave over the west window.
You have no grief, welcome the spring breeze.

I have believed those who vowed to each other:
"My soul will follow yours forever."
Who, who persuaded me this was true?

"O durk, beautiful durk, why do you come
To the swamp, instead of the shoal?"
"If the swamp freezes, the shoal will do."

A bed on Mount South, a jade pillow, gold brocade,
And beside me a girl sweeter than musk,
Let us press our hearts together.

O love, let's be forever together.

(4) Peter H. Lee, Spring Overflows the Pavilion(2002)

Were I to build a bamboo hut on the ice
And die of cold with him on the ice,
Were I to build a bamboo hut on the ice
And die of cold with him on the ice,
O night of our love, run slow, run slow.

When I lie alone, restless,
How can I fall asleep?
Only peach blossoms wave over the west window.
Ungrieved, you scorn the spring breeze,
Scorn the spring breeze.

I have cherished those who vowed,
"May my soul be with yours."
I have cherished those who vowed,
"May my soul be with yours."
Who, who persuaded me this was true?

"O duck, O duck,
O gentle duck,
Why do you come
To the swamp, instead of the shoal?"
"If the swamp freezes, the shoal will do, the shoal will do."

A bed on Mount South,
With Mount Jade as pillow
Mount Brocade as quilt,
And beside me a girl sweeter than musk,
Let's press our magic hearts, Press our magic hearts!

O love, let us be forever together!

(5) Kevin O'Rourke, Manjŏn Ch'un(2006)

The bed I make is bamboo leaves: I spread them on the ice.
Though my love and I should freeze unto death,
slowly, slowly, pass this night
in love's enduring gentleness.

I toss and turn in my lonely bed;
I cannot get to sleep.
I open the east window: peach blossoms are in bloom.
Care free, the blossoms scoff at the spring breeze:
  at the spring breeze they scoff.

My spirit one with that of my love!
I thought this was for other.
My spirit one with that of my love!
I thought this was for others.
Who was the transgressor? Who?

"Duck, duck,
my lovely duck,
do you forego the shallows and come to the marsh to sleep?"
"If the marsh freezes, the shallows, will suffice,
  the shallows will suffice."

I spread my bed on South Mountain,
pillow my head on Jade Mountain.
Beneath my Brocade Mountain quilt I lie
with a musk sweet girl in my arms.
I spread my bed on South Mountain,
pillow my head on Jade Mountain.
Beneath my Brocade Mountain quilt I lie
with a musk sweet girl in my arms,
breast pressed to fragrant breast,
breast to breast.
Ah, ah, love, let us be true to each other forever.

2) 스페인어(Spanish)

(1) 고혜선, Manjeonchun de despedida

Qué importa morir tú y yo tendidos juntos
en un lecho de bambú sobre el hielo.
Qué importa morir tú y yo tendidos juntos
en un lecho de bambú sobre el hielo.
Que esta noche de amor pase lenta, pase lenta.

Sin ti en el lecho siento la soledad,
imposible conciliar el dulce sueño.
Abriendo la ventana que da al oeste
contemplo abiertas las flores del cerezo,
riéndose dle viento primaveral, del viento primaveral.

Soñaba juntarme con mi amor
aunque sólo con el espíritu.
Soñaba juntarme con mi amor
aunque sólo con el espíritu.
¿Quién insistió tanto? ¿Quién insistió tanto?

Patito, patito,
patito querido,
¿por qué dejas el arroyo
y vienes al lago a dormir?
Si el lago se hiela, feliz arroyo, feliz arroyo.

En un lugar de la montaña sureña
en la cabecera del monte de jade,
bajo la florida frazada de seda
estoy junto a una mujer fragante.
Juntando y rejuntando nuestros gragantes pechos.

Ah, amor mío, vivamos siempre sin despedida.

3) 프랑스어(French)

(1) 안옥성, Du printemps plein le pavillon

Même si je devais sur la blace préparer un lit de feuilles de bambou,
〔même si mon amour et moi devions mourir de froid,
Même si je devais sur la blace préparer un lit de feuilles de bambou,
〔même si mon amour et moi devions mourir de froid,
Oh! Que l'aube de cette nuit d'amour ne selève que lentement, lentement!

Sur l'oreiller solitaire, comment pourrais-je m'endormir?
Quand j'ouvre la fenêtre de l'ouest, les fleurs de pêcher en pleine floraison,
Les fleurs de pêcher insouciantes, sourient à la brise du printemps,
〔sourient à la brise du printemps.

J'ai pensé: «Qu'au moins mon âme vive avec mon amour!»
J'ai pensé: «Qu'au moins mon âme vive avec mon amour!»
Celui qui l'avait affirmé, qui est-il? qui est-il?

Oh, canard, canard! Pauvre petit canard!
Pourquoi as-tu laissé les sables du fleuve? Et viens-tu dormir dans le marais?
Si le marécage gèle, les sables nous iront, les sables nous iront.
Le mont du sud pour lit, le mont de jade pour oreiller,
Dans la couverture de soie brodée, jeune femme au parfum de musc
〔—étreignons-la, allongeons-nous!

Le mont du sud pour lit, le mont de jade pour oreiller,
Dans la couverture de soie brodée, jeune femme au parfum de musc
〔—étreignons-la, allongeons-nous!
Enlaçons-nous! Enlaçons-nous! Contre ta poitrine qui cache un remède!
Oh! Bien-aimée!
Toute notre longue vie, ignorons à jamais la séparation.

13. 나례가

1) 영어(English)

(1) 이승길, THE SONG OF AN EXORCISM(1988)

If, my Lord, I exorcise thy house of a fiend,
A clown's garments will be changed into ones of brocade.
If a mountain-exorcism is there undergone
Will even a demon's tattered coat be so done.
Lilalile Nalila Lilali

(2) Kevin O'Rourke, Narye Ka(2006)

On the day of the exorcism in Lord Nayŏng's hall,
the clowns dress in striped cloth of gold.
When there's a performance of the mountain kut,
even the demons are arrayed in striped cloth of gold.
Ri-ra-ri-ro na-ri-ra ri-ra-ri.

2) 스페인어(Spanish)

(1) 고혜선, Canto de Narye

El día de Narye en casa del señor Na
hasta el chamán viste ropa de hilos de oro.
En la montaña se celebra un ritual,
hasta el chamán viste ropa de hilos de oro.
Rirariro narira rirari.

14. 유구곡

1) 영어(English)

(1) Peter H. Lee, Song of the Pigeon(2002)

The pigeon
The pigeon
Can coo,
But I like
The cuckoo better
I like
The cuckoo better.

(2) Kevin O'Rourke, Yugu Kok(2006)

The pigeon,
the pigeon
has a doleful coo;
the cuckoo,
the cuckoo
is the bird
I woo.

2) 스페인어(Spanish)

(1) 고혜선, Paloma

Palomita,
Palomita;
aunque cantes,
prefiero más
al cuclillo.
Prefiero más
al cuclillo.

15. 상저가

1) 영어(English)

(1) 양경주, SONG OF THE RICE POUNDERS(1988)

Kungdokung, kungdokung,
Let's pound rice in a mortar, heah,
Let's cook the coarse grain, heah,
Serve our parents with it, heah,
The remainder we will have, heah, heah.

(2) Peter H. Lee, Song of the Pestle(2002)

Let's mill grain with a rattle hiyae
Let's cook coarse rice hiyae
And offer it to father and mother hiyahae
If any remains I'll eat it hiyahae..

(3) Kevin O'Rourke, Sangjŏ Ka(2006)

Tŏli-kŏ-dong the mill grinds.
I'll cook a pot of yellow coarse rice
and offer it to my dad and mum.
If there's and left I'll eat it myself.

Hi-ya-hae hi-ya-hae.

2) 스페인어(Spanish)

(1) 고혜선, Molino de mazo

Moliendo a mazazos, kung kung, dale.
Cocinando arroz aguado, dale.
Sirviendo a padre y a madre, dale.
Si sobra, como yo también, dale.

16. 성황반

1) 스페인어(Spanish)

(1) 고혜선, Ofrenda al dios Seonghwang

¡Oh rey del este, Jigukcheonwang!
¡Oh rey del sur, Gwangmokcheonjacheonwang!
¡Oh rey del oeste, Jeungjangcheonwang!
¡Oh rey del norte, Bisamuncheonwang!
Dariro darori romaha.
Dirongdiri daeriro romaha.
Doram dariro daroma dirori.
Dariring dirori.
¡Oh, dentro y fuera, los cuatro devas!

17. 내당

1) 스페인어(Spanish)

(1) 고혜선, Recinto interior

Agua cristalina de la montaña.
Hasta dos leguas llega su arrullo.
Hasta el lugar de las labores.
Y lavan las ropas uno, dos
y trece siervos.
Y las tienden sobre la roca.
Darorom dariro.
Cuando se mueran los trece siervos,
te irás con el Amado.
Ah, ¡todos los Budas en las montañas!
Darorom dariro.

18. 대왕반

1) 영어(English)

(1) Kevin O'Rourke, Taewang Pan(2006)

The eight protector gods,
the eight protector gods
amuse themselves and rest by turns;
amorous pursuits spectacular!
My Lord is at play:
women numerous as the black peonies
that fill the capital.
Ti-ro-rong-ta-ri ta-ri-ro-ti-ro-ri.

2) 스페인어(Spanish)

(1) 고혜선, Ofrenda al grandioso dios

Ocho dioses Seonghwang se deleitan y descansan.
La orilla del río con hermosasa hierbas.

En ese tiempo las peonías negras
llenan el recinto cercano al castillo.
Oh, nuestro grandioso dios se va a divertir.
Dirorongdari dariro dirori.

19. 삼성대왕

1) 스페인어(Spanish)

(1) 고혜선, El gran rey Samsung

Samsungdaewang, ¿nos curarás la fiebre,?
Samsungdaewang, ¿nos quitarás desgracias?
Ahuyenta las fiebres y las desgracias.
Darongdiri, Samsungdaewang.
Darongdiri, Samsungdaewang.
Ámanos más, mucho más que antes.

20. 대국

1) 스페인어(Spanish)

(1) 고혜선, País grande

El licor está bueno, sírvete.
La carne está buena, sírvete.
Como Byoldaewang nos visita,
ahuyentará todos los males.
Yali yali yala yalasheong yala.

Ese rey nombra sus vasallos.

gran imagen, cintura de viga.
El día cuando el gran rey venga
también vendrá el gran rey del amor.
Cuando lleguen juntos los dos
que nos concedan la buena suerte.
Yali yali yala yalasheong yala.

El país grande es el país pequeño.
El país pequeño es el país grande.
Como peonías en la bandeja
deseo divertirme entre ellos.
Yali yali yala yalasheong yala.

21. 한림별곡

1) 스페인어(Spanish)

(1) 고혜선, Balada de los Académicos de Hanlim

Ah, ¿qué tal el lugar de examen con todos ellos,
prosa de Wonsun, poesía de Inro, caligrafía de Gongro,
hermosa oración de Gyubo y Jin, respuesta de Chunggi,
interpretación de Gwanggyun, poesía y prosa de Yanggyeong?
Discípulos de Geumui como cogollos de bambú.
Discípulos de Geumui como cogollos de bambú.
ah, ¡cuántos somos!, incluyéndome.

Ah, ¿qué tal el estudio de todos los libros y la memorización (hasta de las notas,
historias de Tnag y Han, Lao Tze y Chang Tze, libros de Hon (yue y Liuzhongyuan,
poesías de Li Bai y Du Fu, poesía de Ban Go, libros de Bai Ju

Yi,
Shî Jîng, Shû Jîng, Yì Jîng, Chûng Qi, grandes y pequeñas
[ceremonias?
Más de 400 libros de Taiping Guangji,
más de 400 libros de Taiping Guangji.
Ah, ¡qué lectura de todos esos libros!

Ah ¿qué tal el escribir con fuerza
con los pinceles hechos de barbas de carnero y ratón
como las caligrafías de Yan Zhenqing, ChoiYung, como de xing-shu y cao-shu y estilos de caligrafías antiguas?
Los compañeros Oh y Yu.
Los compañeros Oh y Yu.
Ah, ¡qué destreza en mover los pinceles!

Ah ¿qué tal la escena ofreciendo
licores de crisantemo amarillo, de piñones, de pino,
licores de hojas de bambú, de flor de pera y de ogapi
llenos en copas de picos de loro y de ámbar?
Los dos grandes maestros Tao-Yan Ming y Yuan Chi.
Los dos grandes maestros Tao-Yan Ming y Yuan Chi.
Ah, ¡quisiera verlos borrachos!

Ah ¿qué tal als flores
peonía china rosada, peonía china blanca, peonía china escarlata,
peonía rosada, peonía blanca, peonía escarlata,
flores de albaricoque y de granadilla, rosas amarilla y roja,
[y camelias?
Los dos amigos íntimos mirándose como bambú y flor de
[durazno.

Los dos amigos íntimos mirándose como bambú y flor de
〔durazno.
Ah, ¡qué escena tan hermosa!

Ah, ¿qué tal pasar la noche con música
de gomungo de Ayang, flauta de Muntak, flauta de Junggeum,
dúo de gayageum de Daeohyang y Okgihyang,
laúd de Kim Son, haegeum de Jongji, janggo de Seolwon?
La flauta de Iljihong,
La flauta de Iljihong.
Ah, ¡quisiera dormir después de oírlo!

Ah, ¿qué tal subir al quiosco de la cima de las tres montañas
:Bongnaesan, Bangjangsan, Younjusna, 〔sagradas
alzando hasta la mitad la cortina de seda del palanquín,
y mirar los paisajes de cinco lagos desde allí?
En la meseta de la cima donde crecen verdes bambú y sauce,
donde crecen verdes el bambú y el sauce.
Ah, ¡qué bello el canto de la oropéndola!

Ah, en el árbol de catalpa ovata
amarro el columpio rojo con soga roja.
Empuja y tira, chico.
Temo que otros vayan a donde voy yo.
Dos manos suaves como jade.
Dos manos suaves como jade.
Ah, ¡qué deleite verlos tomados de las manos!

Ⅵ. 고려속요 연구 목록

1. 작품 및 분야별

1) 정읍

이헌목, 「정읍사 일고」, 『정양』 22, 양정중학, 1949.
김형규, 「정읍사 주석」, 『서울대 논문집』 2, 서울대학교, 1955.
장사훈, 「정읍사편고」, 『덕성학보』 1, 덕성여대, 1958.
장사훈, 「정읍사의 음악적 고찰」, 『자유문학』 4권6호, 한국자유문학자협회, 1959.
정병욱, 「망부석의 비곡－정읍사」, 『자유문학』 5권 10호, 1960.
장지영, 「옛노래 읽기－정읍」, 『한글』 109, 1960.
지헌영, 「정읍사의 연구」, 『고대 아세아연구』 7호, 1961.
이종출, 「정읍사 해독의 재구적 시론」, 『도남 조윤제박사회갑기념논문집』, 1964.
최정여, 「정읍사재고」, 『계명논총』 3, 계명대출판부, 1966.
강귀수, 「정읍사 연구」, 『공주사대논문집』 4, 공주사대, 1966.
박성의, 「정읍사에 대한 제설고」, 『건대문호』 5, 건국대, 1969.
이희승, 「〈정읍사〉 해석에 대한 의문점」, 『백제문화』 2, 1971.
김형기, 「정읍사 풀이에 따른 가설」, 『한국언어문학』 11, 1973.
김형기, 「〈정읍사〉의 '고요'에 대한 의문」, 『숭전어문학』 4, 숭전대, 1975.
조재훈, 「정읍사고」, 『백제문화』 공주사대 백제문화연구소, 1977.
허소라, 「정읍사 주제고」, 『국어국문학』 20, 전북대, 1979.
지헌영, 「정읍사의 연구」, 『고려가요연구』, 정음사, 1979.
김쾌덕, 「정읍사 소고」, 『박지홍선생 회갑기념논문집』, 1982.
이사라, 「정읍사의 정서구조」, 김대행 편, 『고려시가의 정서』, 개문사, 1985.
양태순, 「정읍사는 백제노래인가」, 『한국문학사의 쟁점』, 집문당, 1986.
송재주, 「정읍사」, 『고전시가론』 합동교재공사, 1989.
지헌영, 「정읍사의 연구」, 『향가여요의 제문제』, 태학사, 1991.
임형택, 「〈정읍사〉론」, 『한국고전시가작품론』, 집문당, 1992.
남한권, 「고등학교의 고려가요 교육에 관한 고찰 : 「정읍사」, 「청산별곡」, 「한림별곡」 을 중심으로」, 충남대 교육대학원 석사학위논문, 1993.
최용수, 「정읍사」, 『고려가요연구』, 계명문화사, 1993.
김형기, 「〈정읍사〉 풀이에 대한 가설」, 『한국언어문학』 11, 한국언어문학회, 1993.
임주탁, 「정읍의 창작 시기」, 『한국시가연구』 1, 한국시가학회, 1997.

김완진, 「정읍사의 해석에 대하여」, 『국어학』 31, 국어학회, 1998.
유동석, 「〈정읍사〉연구」, 『부산대 한국민족문화』 13, 1999.
조연숙, 「고려속요에 나타난 여성화자의 의식－〈동동〉과 〈정읍사〉를 중심으로」, 『숙명어문논집』 3, 숙명여대, 2000.
김영운, 「정읍의 후공전과 금선조에 대한 음악적 고찰」, 『정읍문화』 9집, 2000.
박진태, 「〈정읍사〉의 확산과 지역 축제로의 회귀」, 『고전문학과 교육』 10, 한국고전문학교육학회, 2005. 8.
임미선, 「정읍(井邑)의 창작시기와 전승과정」, 『한국음악연구』 42, 한국국악학회, 2007.
고창수, 「〈정읍사〉 어구 분석의 몇 논점」, 『漢城語文學』 27, 한성대학교 한성어문학회, 2008.
하경숙, 「〈정읍사〉의 후대적 전승과 변용 양상」, 『東洋古典硏究(The study of the Eastern Classic)』 47, 東洋古典學會, 2012.
김명준, 「〈정읍(井邑)〉 전승사에서 "정읍"의 장소성에 대한 인식 변화 양상」, 『韓國詩歌硏究』 34, 한국시가학회, 2013.
김진희, 「열두 달 노래의 시간적 구조와 고려가요 〈동동(動動)〉」, 『韓國詩歌硏究』 40, 한국시가학회, 2016.
김영운, 「정읍(井邑)과 수제천(壽齊天)의 제문제」, 『한국음악연구』 60, 한국국악학회, 2016.
송화섭, 「백제 가요 정읍사의 역사적 배경지 고찰」, 『호남문화연구』 60, 전남대학교 호남학연구원, 2016.

2) 동동

고영진, 「고려가사 동동 해설 고구」, 『국문학보』 1, 제주대, 1956.
이혜구, 「고려의 동동과 돈황곡12월사상」, 『숙대신문』 1959.10.30.
서재극, 「麗謠주석의 문제점 분석－동동·청산별곡을 중심으로－」, 『어문학』 19, 한국어문학회, 1968.
최원기, 「동동에 대한 고찰」, 『논문집』 8, 부산공전, 1969.
이태호, 「월령체가의 내용적 연구」, 건국대 석사학위논문, 1970.
이상보, 「월령체가에 대한 연구」, 『명지어문학』 4, 1970.
박준규, 「월령체가 논고」, 『한국언어문학』 8·9합집, 1971.
최진원, 「동동고(Ⅰ)」, 『대동문화연구』 8, 성균관대, 1971.
이현수, 「〈동동〉가 연구」, 동국대 석사학위논문, 1972.
이현수, 「고려가요 동동가 연구」, 『동악어문논집』 8, 동국대, 1972.

임기중, 「여요 〈동동〉 연구」, 서울대 교육대학원 석사학위논문, 1972.
김익중, 「고려가요 청산별곡·동동산고」, 『동성논총』 2, 동성중·고등학교, 1972.
임기중, 「고려가요 동동고」, 『무애 양주동박사 고희기념논문집』, 1973.
서재극, 「노래 동동에서 본 고려어」, 『고려시대의 언어와 문학』, 형설출판사, 1975.
최진원, 「동동고(Ⅱ)」, 『대동문화연구』 10, 성균관대, 1975.
임기중, 「속 고려가요 동동고」, 『한국학연구』 1, 동국대, 1976.
이응백, 「동동 구월령 어석고」, 『국어국문학』 77, 국어국문학회, 1978.
임기중, 「고려가요 동동고」, 『고려가요연구』, 정음사, 1979.
최진원, 「동동고」, 『국문학과 자연』, 성대 출판부, 1981.
임기중, 「동동의 해석」, 『고려가요연구』, 새문사, 1982.
김열규, 「서정적 맥락 속의 동동 정월요」, 『고려시대의 가요문학』, 새문사, 1982.
임동권, 「동동의 해석」, 『고려시대의 가요문학』, 새문사, 1982.
최진원, 「동동고(Ⅴ)」, 『대동문화연구』 15, 성균관대, 1982.
이혜화, 「이론을 중심으로 한 동동론」, 『한성어문학』 2, 한성대, 1983.
조재윤, 「동동어석에 대하여」, 『배재어문학』 2, 배재대, 1984.
최진원, 「동동고(Ⅳ)」, 『고전시가론』, 새문사, 1984.
이경민, 「동동 연구」, 전남대 석사학위논문, 1984.
고혜경, 「동동의 정서적 경과」, 『고려시가의 정서』, 개문사, 1985.
서승옥, 「순환구조로 본 동동」, 『고려시가의 정서』, 개문사, 1985.
최진원, 「동동고」, 『향가여요연구』, 이우출판사, 1985.
김선주, 「動動解」, 『향란어문』 15, 성신여대, 1986.
정희남, 「동동의 연구」, 연세대 교육대학원 석사학위논문, 1986.
이화성, 「동동 연구」, 경남대 석사학위논문, 1987.
정홍교, 「악학궤범에 실린 동동의 가사에 대한 문헌 사료적 고찰」, 『조선어문』, 1987.
조윤미, 「동동에 나타난 화자의 성격 연구－달거리 민요와의 비교를 통해서」, 『연구논집』 15, 이화여대 대학원, 1987.
박혜숙, 「동동의 님에 대한 일고찰」, 『국문학연구』 10, 효성여대, 1987.
김수중, 「고려가요에 대한 민속학적 연구;속요 〈동동〉을 중심으로, 조선대 석사학위논문」, 1988.
최미정, 「죽은 님을 위한 노래－동동」, 『문학한글』 2, 한글학회, 1988.
송재주, 「동동」, 『고전시가론』 합동교재공사, 1989.
이계양, 「동동에 나타난 시간양상」, 『인문과학연구』 10, 조선대, 1989.
강귀수, 「동동 연구」, 『한국언어문학논총』, 호사문화사, 1989.
박노준, 「동동의 한 이해」, 『고려가요의 연구』, 새문사, 1990.
윤영옥, 「동동」, 『고려시가의 연구』, 영남대출판부, 1991.

임기중, 「동동과 십이월상사」, 『고전시가의 실증적 연구』, 동국대 출판부, 1992.
최미정, 「〈동동〉의 풀이와 짜임」, 『한국고전시가작품론』, 집문당, 1992.
이명휘, 「고려속요 〈動動〉 연구」, 관동대 석사학위논문, 1993.
최용수, 「동동」, 『고려가요연구』, 계명문화사, 1993.
최재남, 「상부가로서 〈동동〉의 상실체험」, 『경남어문논집』 6, 경남대, 1993.
윤경수, 「고려가요 동동의 신연구」, 『향가·여요의 현대성 연구』 집문당, 1993.
허남춘, 「동동과 예악사상」, 『고려가요의 현황과 전망』(전국학술심포지움), 성균관대학교, 1995. ; 「〈동동〉과 예악사상」, 『高麗歌謠 硏究의 現況과 展望』, 집문당, 1996.
김치환, 「〈動動〉연구」, 호남대 석사학위논문, 1995
서성자, 「동동 연구」, 연세대 석사학위논문, 1995.
김봉규, 「고려노래 〈동동〉연구－3월, 9월령을 중심으로」, 『경상어문』 2, 경상대, 1996.
서은아, 「높임법을 통한 〈동동〉의 월구조」, 『우리말 역사연구』, 박이정, 1996.
김봉규, 「고려노래 〈동동〉연구 2－10월, 11월, 12월령을 중심으로」, 『경상어문』 3, 경상대, 1997.
주원종, 「〈동동〉의 제의가적 연구」, 한남대 교육대학원, 1999.
조연숙, 「고려속요에 나타난 여성화자의 의식－〈동동〉과 〈정읍사〉를 중심으로」, 『숙명어문논집』 3, 숙명여대, 2000.
김봉규, 「고려노래 〈동동〉연구 3－6, 7, 8월령을 중심으로」, 『경상어문』 5·6, 경상대, 2000.
변경택, 「〈동동〉의 원형비평적 연구」, 경성대 석사학위논문, 2001.
서형석, 「〈동동〉의 이미지 연구」, 경성대 교육대학원 석사학위논문, 2006. 2.
최정삼, 「〈동동〉의 지역 축제 연출 가능성과 그 개발 방안」, 『고시가연구』 18, 한국고시가문학회, 2006.
오연경, 「고려속가 〈동동〉의 교육방법 연구」, 인천교육대학교 석사학위논문, 2006.
김세종, 「한국 음악 속의 〈동동〉」, 『고시가연구』 19, 한국고시가문학회, 2007.
여기현, 「〈동동〉의 서정성 -그 수용과 향유의 과정」, 『陶南學報』 22, 도남학회, 2007.
황병익, 「〈동동〉 '새셔가만하애라'와 〈한림별곡〉 '명쇼년(鄭少年)'의 의미 재론」, 『정신문화연구』 30, 한국학중앙연구원, 2007.
김세종, 「해양음악으로 본 〈동동〉의 고려악부 유입과 음악사적 의미」, 『고시가연구』 22, 한국고시가문학회, 2008.
양희찬, 「고려가요 〈(동동)動動〉의 미적(美的) 짜임과 성격(性格)」, 『한국고시가문화연구』 22, 한국고시가문학회, 2008.
이영태, 「〈동동〉의 송도와 선어」, 『민족문학사연구』 36, 민족문학사학회, 2008.

홍소희, 「고려가요의 여성화자와 대안적 여성상 : 〈동동〉의 여성을 중심으로」, 아주대학교 교육대학원 석사학위논문, 2008.
노경식, 『정읍사』, 연극과인간, 2009.
이영태, 「〈동동〉 화자의 심리」, 『민족문학사연구』39, 민족문학사연구소, 2009.
임재욱, 「11,12월 노래에 나타난 〈동동(動動)〉 화자의 정서적 변화」, 『古典文學硏究』 36, 韓國古典文學會, 2009.
양세희, 「옛말 문법교육을 통한 고려가요 〈동동(動動)〉의 효과적 이해 방안 모색」, 『한국어문교육』 9, 고려대학교 한국어문교육연구소, 2011.
장유진, 「고려속요 〈동동〉의 교수 학습방법 연구」, 고려대학교대학원 석사학위논문, 2011.
양세희, 「옛말 문법교육을 통한 고려가요 〈동동(動動)〉의 효과적 이해 방안 모색 , 『한국어문교육』 9, 고려대학교 한국어문교육연구소, 2011.
박가율, 「e-러닝 환경에서의 고전시가 스마트 교육 : 고려속요 〈동동〉을 중심으로 한 스마트 수업 모형」, 부경대학교 교육대학원 석사학위논문, 2014.
박재민, 「〈동동(動動)〉의 어석과 문학적 향방 -12월령을 중심으로」, 『泮矯語文硏究』 36, 반교어문학회, 2014.
신재홍, 「동동의 선어(仙語) 및 난해구 재해석」, 『한국고전연구』 29, 한국고전연구학회, 2014.
이정선, 「문학:〈동동(動動)〉의 한 해석 -12월령을 중심으로」, 『溫知論叢』 40, 온지학회, 2014.
구슬기, 「〈동동〉의 음악분석 연구」, 영남대학교대학원 석사학위논문, 2015.
김진희, 「열두달 노래의 시간적 구조와 고려가요 〈동동(動動)〉」, 『韓國詩歌硏究』 40, 한국시가학회, 2016.

3) 처용가

송석하, 「처용무 · 나례 · 산대극의 관계를 논함」, 『진단학보』 2, 1935.
김영수, 「처용무와 처용가」, 『불교학보』 2, 동국대, 1964.
김학주, 「종구의 연변과 처용」, 『아세아연구』 20(8-4), 고려대, 1965.
서정범, 「삼신어 처용가고」, 『아세아여성연구』 9, 숙명여대, 1970.
여증동, 「고려처용노래 연구」, 『고려시대의 언어와 문학』, 형설출판사, 1975.
전규태, 「고려가사신고」, 『고려시대의 언어와 문학』, 한국어문학회, 1975.
조동일, 「처용가무의 연극사적 이해」, 『연극평론』 15, 연극평론사, 1975.
김상억, 「처용가고」, 『국어국문학』 72.73, 국어국문학회, 1976.
이두현, 「처용가무」, 『향가연구』, 민중서관, 1977.

여증동, 「고려처용노래연구」, 『고려가요연구』, 정음사, 1979.
박진태, 「처용가무에 대한 연극학적 연구」, 『국어국문학』 88, 1982.
이명구, 「처용가 연구」, 『고려시대의 가요문학』, 새문사, 1982.
김순진, 「고려처용가와 신명」, 『고려시가의 정서』, 개문사, 1985.
이창식, 「처용전승의 형성과 그 수용양상」, 『시원 김기동박사 회갑기념논문집』, 1986.
허남춘, 「고려속요와 민속－처용가 만전춘별사를 중심으로」, 『성대문학』 25, 성균관대학교 국어국문학과, 1987.
박창원, 「처용가의 재검토」, 『우해 이병선박사 화갑기념논총』, 1987.
이창식, 「처용전승의 특질과 변화」, 『새국어교육』, 1988.
최용수, 「처용가고」, 『영남어문학』 16, 영남어문학회, 1989.
김영수, 「처용가 연구 재고」, 『신라문화연구』 7, 동국대, 1990.
박노준, 「고려처용가의 형성 과정」, 『고려가요의 연구』, 새문사, 1990.
박진태, 「〈처용가〉의 제의적 고조와 기능」, 『임하 최진원박사 정년기념논총』, 1991.
윤영옥, 「처용가」, 『고려시가의 연구』, 영남대출판부, 1991.
서대석, 「고려 〈처용가〉의 무가적 검토」, 『한국고전시가작품론』, 집문당, 1992.
이태문, 「무가계 고려속요의 역사성과 사회성」, 『고려가요의 문학사회학』, 경운출판사, 1993.
강헌규, 「처용의 어의고」, 『한국언어문학 고전문학편』 제3권(『한국언어문학』 20), 1993.
윤경수, 「처용가의 현대적 고찰」, 『향가·여요의 현대성 연구』, 집문당, 1993.
최용수, 「처용가고」, 『고려가요연구』, 계명문화사, 1993.
이민홍, 「처용가무의 예악사상적 접근」, 『고려가요의 현황과 전망』(전국학술심포지움), 성균관대학교, 1995.
김수경, 「고려 처용가의 전승과정 연구」, 이화여대 박사학위논문, 1995.
박찬수, 「고려조의 〈처용〉에 대한 인식과 연행양상에 대하여」, 『어문연구』 27, 어문연구회, 1995.
정운채, 「고려 〈처용가〉의 〈처용랑망해사〉조 재해석과 벽사진경의 원리」, 『고전문학연구』 13, 1998.
공남식, 「처용가의 변이 과정 연구」, 연세대 교육대학원, 2000.
손양미, 「고려 「처용가」의 구조와 그 의미」, 경북대 석사학위논문, 2003.
하태석, 「처용 형상의 변용 양상」, 『어문연구』 47집, 민족어문학회, 2003.
허혜정, 「「처용가」를 통해 본 달의 에로티즘 연구」, 『동서비교문학저널』 11, 한국동서비교문학학회, 2004.
임주탁, 「고려 〈처용가〉의 새로운 분석과 해석」, 『한국문학논총』 40, 한국문학회, 2005.

김정란, 「처용가 다시 읽기 - 열린 해석을 위한 하나의 시론(詩論)」, 『한국프랑스문화학회 학술발표논문집』, 한국프랑스문화학회, 2007.

김정란, 「처용가 다시 읽기」, 『한국프랑스문화학회 학술발표논문집』, 한국프랑스문화학회, 2007.

고대건, 「한국시가문학에 나타난 '넋두리'의 의미와 기능 연구 : 향가 〈처용가〉와 김소월의 〈진달래꽃〉을 중심으로」, 아주대학교대학원 석사학위논문, 2008.

박지영, 「처용가의 현대적 변용과 창작 교육」, 아주대학교대학원 석사학위논문, 2008.

강헌규, 「신라 〈처용가〉의 새로운 고찰」, 『한글』, 한글학회, 2008.

허혜정, 『처용가와 현대의 문화산업』, 글누림, 2008.

이윤선, 「향가 〈처용가〉 와 고려 〈처용가〉 의 인물 변이 양상과 그 의미」, 『문학과언어』 31, 한국문화융합학회, 2009.

신현규, 「고려속요 '처용가'의 미학적 접근 가능성 연구」, 『문학과언어』 32, 한국문화융합학회, 2010.

윤성현, 「처용 변용을 통해 본 시인의 세계인식 태도」, 『열상고전연구』 31, 열상고전연구회, 2010.

허혜정, 「일반논문 : '처용'이라는 화두와 '벽사'의 언어 -김춘수의 무의미시론에 대한 새로운 해독」, 『현대문학의 연구』 42, 한국문학연구학회, 2010.

김명준, 「고려 처용가(處容歌)의 무가적(巫歌的) 성격에 대한 재고(再考)」, 『韓國詩歌研究』 28, 한국시가학회, 2010.

임종경, 「〈처용가〉의 현대문학화 과정 연구:시화와 소설화를 중심으로」, 안동대학교대학원 석사학위논문, 2011.

황병익, 「역신(疫神)의 정체와 신라 〈처용가〉 의 의미 고찰」, 『정신문화연구』 34, 한국학중앙연구원, 2011.

박상영, 「고려 〈처용가(處容歌)〉의 담론 특성과 그 미학적 함의」, 『古典文學研究』 41, 한국고전문학회, 2012.

송태윤, 「고려가요 처용가의 텍스트성 연구」, 『韓民族語文學』 62, 한민족어문학회, 2012.

박상영, 「고려 〈처용가(處容歌)〉의 담론 특성과 그 미학적 함의」, 『古典文學研究』 41, 한국고전문학회, 2012.

송태윤, 「고려가요 처용가의 텍스트성 연구」, 『韓民族語文學』 62, 한민족어문학회, 2012

유동석, 「고려가요 〈처용가〉연구 -'마아만ㅎ、니여'의 어석을 중심으로」, 『韓民族語文學』62, 한민족어문학회, 2012.

이창석, 「고려가요 〈처용가(處容歌)〉의 통합교과적 교수학습방안 연구」, 전남대학교 교육대학원 석사학위논문, 2013.

길태숙, 「외국인을 위한 한국어교육의 문학교재로서의 〈동동〉의 가치」, 『열상고전연구』 40, 열상고전연구회, 2014.
김문주, 「〈처용가〉의 현대적 변용을 통한 창의성 교육 방안 연구」, 동국대학교 교육대학원 석사학위논문, 2014.
이혜선, 「처용설화의 소설화 원리를 활용한 서사창작교육」, 한양대학교대학원 석사학위논문, 2014.
조영주, 「신라 〈처용가〉와 고려 〈처용가〉의 내용과 기능의 차이」, 『溫知論叢』 41, 온지학회, 2014.
정영재, 「교육연극을 활용한 고전시가 교육 방안 연구 : 〈처용가〉를 중심으로」, 이화여자대학교 교육대학원 석사학위논문, 2014.
박경우, 「말뭉치 검색 시스템을 활용한 고려속요의 문학적 수용- 〈처용가〉와 〈만전춘〉을 중심으로」, 『한국문학과 예술』 16, 숭실대학교 한국문학과예술연구소, 2015.
김지연, 「'처용'을 통해 본 한국 벽사전승의 원형적 상징성 연구」, 『한어문교육』 35, 한국언어문학교육학회, 2016.
서철원, 「처용가무의 전승 및 연행 과정에 나타난 오방처용의 성격」, 『韓國詩歌研究』 41, 한국시가학회, 2016.
박일용, 「역신의 상징적 의미와 〈처용가〉의 감동 기제」, 『古典文學研究』 49, 한국고전문학회, 2016.
박일용, 「고려 〈처용가〉 미석명(未釋明)구절의 역사,신화적 의미」, 『고전문학과 교육』 35, 한국고전문학교육학회, 2017.
『고려가요연구』, 정음사, 1979.

4) 정과정

조윤제, 「고려시가 진작의 시가 명칭성」, 『신흥통권』 6, 신흥사, 1937.
이가원, 「정과정곡의 연구」, 『성균』 4, 성균관대, 1953.
임광, 「정과정곡 소고」, 『국문학』 1, 고려대, 1956.
서재극, 「정과정의 신석시도」, 『어문학』 6, 한국어문학회, 1960.
강길운, 「鄭瓜亭의 노래 新釋」, 『現代文學』 6, 1960.
최정여, 「삼진작고」, 『청대춘추』 10, 청주대, 1963.
정병인, 「여요 정과정곡을 찾아서」, 『국제대학논집』 2, 국제대, 1963.
이동림, 「말힛마려신뎌 고」, 『성심어문논집』 1, 1966.
권영철, 「정과정곡 신연구」, 『효대논문집』, 1968.
권영철, 「〈정과정가〉 신연구」, 경북대 박사학위논문, 1974.

김택규, 「정과정의 발상」, 『어문학』 30, 영남어문학회, 1974.
전규태, 「고려가사신고-〈정과정〉과 〈처용가〉를 중심으로」, 『고려시대의 언어와 문학』, 한국어문학회, 1975.
김선풍, 「정서론」, 『한국문학작가론』, 형설출판사, 1977.
이어령・정병욱, 「정과정곡」, 『고전의 바다』, 현암사, 1977.
서재극, 「정과정 노래와 살읏븐뎌」,과학사, 1978.
최기호, 「정과정곡 '아니시며' 연구」, 『연세어문학』 13, 1980.
정재호, 「정과정에 대하여」, 『고려시대의 가요문학』, 새문사, 1982.
신경숙, 「정과정 연구」, 『한성어문학』 1, 한성대, 1982.
김쾌덕, 「정과정곡 소고」, 『국어국문학』 20, 부산대, 1983.
김쾌덕, 「정과정곡의 연군대상」, 『한국문학논총』 5, 한국문학회, 1984.
이경희, 「정과정의 정서와 공간」, 『고려시가의 정서』, 개문사, 1985.
정상진, 「정과정곡 연구」, 성균관대 교육대학원 석사학위논문, 1989.
유해춘, 「정과정가의 의미와 형상화」, 『문학과 언어』 11, 문학과 언어연구회, 1990.
박노준, 「〈정과정곡〉의 역사적 배경, 『고려가요의 연구』, 새문사, 1990.
윤영옥, 「정과정」, 『고려시가의 연구』, 영남대 출판부, 1991.
양태순, 「정과정(진작) 연구」, 서울대 박사학위논문, 1991.
양태순, 「〈정과정〉의 종합적 고찰」, 『한국고전시가작품론』, 집문당, 1992.
최용수, 「정과정」, 『고려가요연구』, 계명문화사, 1993.
김영길, 「고려가요 정과정・사모곡의 연구」, 관동대 교육대학원 석사학위논문, 1995.
양태순, 「음악적 측면에서 본 고려가요-정과정을 중심으로」, 『高麗歌謠 硏究의 現況과 展望』, 집문당, 1996.
이정선, 「〈鄭瓜亭〉의 編詞와 문학적 해석」, 『한양어문연구』 14, 1996.
정무룡, 『정과정 연구』, 신지서원, 1996.
김봉모, 「정과정의 어학적 해석」, 『과정문학의 재조명』, 파전한국학당, 1997.
정무룡, 『정과정』, 경성대출판부, 1998.
이형대, 「〈원가〉와 〈정과정〉의 시적 인식과 정서」, 『한성어문학』 18, 한성대, 1999.
유동석, 「고려가요 〈정과정〉의 노랫말에 대한 새 해석」, 『한국문학논총』 26, 한국문학회, 2000.
양태순, 「정과정(진작)과 성황반에 대하여」, 『음악학논총』, 민속원, 2000.
김명준, 「정과정과 향가의 거리」, 『우리문학연구』 14, 우리문학회, 2001.
여기현, 「〈정과정〉의 향유 양상과 '접동새'의 문학적 변용」, 『반교어문연구』 27, 반교어문학회, 2009.
윤덕진, 「〈정과정(鄭瓜亭)〉의 성립 과정 -악곡 구조와 가사 배열을 통하여 봄」, 『한국고시가문화연구』 34, 한국고시가문화학회, 2014.

5) 정석가

이상보, 「정석가 연구」, 『한국언어문학』 1, 한국언어문학회, 1963.
조종업, 「정석에 대하여」. 『한국언어문학』 11, 한국언어문학회, 1973.
조종업, 「정석가에 대하여」, 『국문학자료논문집』 1, 대제각, 1973.
이상보, 「정석가에 대하여」, 『한국고시가』, 형설출판사, 1975.
이명구, 「딩하 돌하 당금예 계샹이다」, 『문학사상』 102, 1981.
김상억, 「정석가고」, 『고려시대의 가요문학』, 새문사, 1982.
윤철중, 「정석가연구」, 『상명여대교수논문집』 10, 1982.
박진태, 「만전춘별사와 정석가의 구조」, 『인문과학연구』, 대구대, 1983.
이규호, 「정석가식 표현과 시간의식」, 『국어국문학』 92, 국어국문학회, 1984.
이어령, 「소멸속의 영원-정석가」, 『고전을 읽는 법』, 갑인출판사, 1985.
황인교, 「의미구조를 통해 본 정석가의 구조」, 『고려시가의 정서』, 개문사, 1985.
이사라, 「정석가의 정서구조」, 『고려시가의 정서』, 개문사, 1985.
신은경, 「서경별곡과 정석가의 공통삽입가요에 대한 일고찰」, 『국어국문학』 96, 1986.
최용수, 「정석가고(1)」, 『영남어문학』 14, 1987.
최용수, 「정석가고(2)」, 『深齋 河㮚瑱先生 華甲紀念文集』, 1987.
박노준, 「정석가의 민요적 양상과 송도가로의 전이 양상」, 『고전문학연구』 4, 1988.
윤영옥, 「정석가」, 『고려시가의 연구』, 영남대출판부, 1991.
정양완, 「〈정석가〉에 대하여」, 『한국고전시가작품론』, 집문당, 1992.
이등용, 「'딩아돌ᄒᆞ'의 어휘적 의미」, 『성대문학』 28, 성균관대 국어국문학과, 1992.
최승영, 「정석가 연구」, 『청람어문학』, 1993.
최용수, 「정석가」, 『고려가요연구』, 계명문화사, 1993.
김미영, 「정석가의 의사소통 구조에 관한 연구」, 『연세어문학』 26, 1994.
임주탁, 「〈정석가〉의 문학적 성격」, 『고전문학연구』 11, 1996.
윤철중, 「정석가 고」, 『高麗歌謠 硏究의 現況과 展望』, 집문당, 1996.
이대규, 「고려가요 〈정석가〉의 해석」, 『부산대 국어국문학』 35, 1998.
손종흠, 「〈정석가〉의 '삼동'에 대하여」, 『한국시가연구』 4, 1998.
박재민, 「「정석가」발생시기 재고」, 『한국시가연구』 14, 한국시가학회, 2003. 8.
임주탁, 「〈정석가〉의 함의와 생성 문맥」, 『한국문학논총』 35, 한국문학회, 2003.
유종국, 「〈鄭石歌〉의 編詞에 對한 樣式批評的 考察」, 『국어문학』 43, 국어문학회, 2007.
박재민, 「〈정석가(鄭石歌)〉 주석(註釋) 재고(再考)와 문학적(文學的) 향방(向方)(2) -'딩아 돌하'를 중심(中心)으로-」, 『古典文學硏究』 41, 한국고전문학회, 2012.

조하연, 「정석가(鄭石歌)의 구조와 상상력」, 『先淸語文』 40, 서울대학교 국어교육과, 2012.
이정선, 「〈정석가(鄭石歌)〉의 소재의 의미와 구조로 본 사랑과 그 한계」, 『嶺南學』 29, 경북대학교 영남문화연구원, 2016.
서영숙, 「고려 속요에 나타난 민요적 표현과 슬픔의 치유방식 -〈만전춘별사〉, 〈오관산〉, 〈정석가〉를 중심으로」, 『문학치료연구』 42, 한국문학치료학회, 2017.

6) 청산별곡

김태준, 「고가청산별곡」, 『한글』 2, 1934.
안병준, 「청산별곡 소고-시대상을 중심으로-」, 『국문학』 1, 공주사대, 1949.
장지영, 「옛 노래 읽기(청산별곡)」, 『한글』 108, 한글학회, 1955.
고창식, 「청산별곡 해석에 대한 관견」, 『국어교육』 3, 국어교육연구회, 1962.
전기한, 「청산별곡고」, 『경희문선』 경희대, 1962.
서수생, 「청산별곡소고」, 『경북사대 교육연구』 1, 1963.
최원기, 「여요청산별곡에 대한 새로운 고찰」, 『연구논문집』 2, 부산교육발전위원회, 1963.
박종서, 「Pathos적 생의 비애와 체념-청산별곡 시론의 조소」, 『성대어문』 10, 성균관대, 1964.
정병욱, 「청산별곡의 일고찰」. 『도남회갑기념논문집』, 1965.
전상억, 「청산별곡 연구」, 『국어국문학』 30, 국어국문학회, 1965.
김인환, 「異解 청산별곡」, 『교양』 2, 고려대 교양학부, 1965.
김상억, 「청산별곡연구」, 『국어국문학』 30, 국어국문학회, 1965.
김완진, 「청산별곡의 '사슴'에 대하여」, 『낙산어문』 1, 서울대, 1966.
서재극, 「麗謠주석의 문제점 분석-동동·청산별곡을 중심으로-」, 『어문학』 19, 한국어문학회, 1968.
김형기, 「청산별곡의 살어리랏다에 대하여」, 『어문연구』 7, 충남대, 1971.
김완진, 「청산별곡 결연에 대한 일고찰」, 『장암 지헌영선생 화갑기념논총』, 1971.
김형기, 「청산별곡의 성격에 대하여」, 『어문연구』 8, 충남대, 1972.
김익중, 「고려가요 청산별곡·동동산고」, 『동성논총』 2, 동성중·고등학교, 1972.
성현경, 「청산별곡고」, 『국어국문학』 58-60합집, 국어국문학회, 1972.
이인모, 「청산별곡 내용의 재검토」, 『고대교양』 2, 고려대 교양학부, 1972.
송병학, 「시험적 변형문법의 문학적 응용 : 청산별곡 결연부의 해석을 중심으로」, 『어문연구』 8, 충남대, 1972.
이인모, 「청산별곡 내용의 재검토」, 『국어국문학』 61, 국어국문학회, 1973.

김영수, 「한국고전시가에서의 청산의 모습－청산별곡에의 접근을 위하여－」, 『선청어문』 5, 서울대사범대학, 1974.
권기호, 「청산별곡과 선시」, 『동양문화연구』 2, 경북대, 1975.
이승명, 「청산별곡 연구」, 『고려시대의 언어와 문학』, 형설출판사, 1975.
정병욱, 「청산별곡」의 분석, 『한국고전시가론』, 신구문화사, 1975.
김완진, 「청산별곡에 대하여」, 『고전문학을 찾아서』, 문학과지성사, 1976.
이어령・정병욱 대담, 「청산별곡」, 『한국일보』, 1976(8.21.).
송정헌, 「청산별곡연구」, 『논문집』 15, 충북대, 1977.
최원기, 「남녀화답창에서 본 청산별곡의 연구」, 『부산공전논문집』 2, 1979.
강영선, 「청산별곡의 신연구」, 고려대 교육대학원 석사학위논문, 1980.
박영환, 「청산별곡의 재분석」, 『논문집』 11, 육군제3사관학교, 1980.
윤강원, 『청산별곡 연구』, 대유공전 출판부, 1981.
송재주, 「청산별곡의 '에졍지'에 대하여」, 『국어교육』 39・40, 한국국어교육연구회, 1981.
윤호병, 「청산별곡연구」, 『육사논문집』 21, 1981.
김동욱, 「청산별곡에 대하여」, 『고려시대의 가요연구』, 새문사, 1982.
박영환, 「청산별곡의 연구」, 『어문논집』 23, 고려대, 1982.
장혜원, 「청산별곡 '에졍지'의 신해석」, 『어문교육논집』 6, 부산대, 1982.
김재용, 「청산별곡의 재검토」, 『서강어문』 2, 서강어문학회, 1982.
신동욱, 「청산별곡과 평민적 삶의식」, 『고려시대의 가요문학』, 새문사, 1982.
서재극, 「청산별곡의 잡ᄉᆞ와니」, 『여성문제연구』 12, 효성여대, 1983.
이우영, 「청산별곡의 새로운 해석」, 『현대시학』 174, 1983.
박종철, 「청산별곡 연구」, 전남대 교육대학원석사학위논문, 1983.
이동근, 「청산별곡의 재고」, 『관악어문연구』 9, 서울대 국문과, 1984.
정병헌, 「청산별곡의 이미지 연구 서설」, 『국어교육』 49・50, 한국국어교육연구회, 1984.
장성진, 「청산별곡의 의미구조」, 『문학과 언어』 5, 문학과언어연구회, 1984.
김쾌덕, 「청산별곡에서의 청산의 의미」, 『부산한글』, 한글학회 부산지회, 1984.
박진태, 「청산별곡과 서경별곡의 구조」, 『국어교육』 46・47, 한국국어교육연구회, 1985.
이봉원, 「청산별곡 소고」, 『덕성어문학』 2, 덕성여대, 1985.
임동승, 「청산별곡에 나타난 한」, 『국어국문학』 1, 군산대, 1985.
박노준, 「청산별곡의 재조명」, 『한국학논집』 7, 한양대, 1985.
이등룡, 「청산별곡 후렴구의 어휘적 의미연구」, 『대동문화연구』 19, 성균관대 대동문화연구소, 1985.
이호석, 「청산별곡 연구」, 경남대 교육대학원 석사학위논문, 1985.

김복희, 「청산별곡의 신화적 의미」, 『고려시가의 정서』, 개문사, 1985.
박병욱, 「청산별곡의 신연구」, 경기대 석사학위논문, 1986.
전형대, 「청산별곡의 성격」, 『한국문학사의 쟁점』, 집문당, 1986.
문성식, 「청산별곡연구」, 경희대 교육대학원 석사학위논문, 1986.
송태호, 「청산별곡 연구」, 원광대 석사학위논문, 1987.
이성주, 「사회학적으로 본 청산별곡」, 『관동대 논문집』 16, 1988.
최용수, 「청산별곡고」, 『어문학』 49, 한국어문학회, 1988.
김종오, 「청산별곡 해석에 문제 있다」, 『월간 광장』 177, 1988.
강헌규, 「청산별곡 신석」, 『논문집』 26, 공주사대, 1988.
성호경, 「청산별곡의 '에정지'에 대하여」, 『영남국어교육』 창간호, 영남대 국어교육과, 1988.
이관순, 「청산별곡의 극가적 요소 고찰」, 『홍익어문』 8, 홍익대, 1989.
박병욱, 「청산별곡의 언어유희적 해석」, 『경기어문학』 8, 경기대 국어국문학회, 1990.
권용주, 「청산별곡 연구」, 세종대 석사학위논문, 1990.
김쾌덕, 「청산별곡의 내용과 상징성」, 『한국문학논총』 11, 한국문학회, 1990.
권재선, 「청산별곡 어석고」, 『한국사회사업대학논문집』 7, 1977.
윤영옥, 「청산별곡」, 『고려시가의 연구』, 영남대출판부, 1991.
박상규, 「알타이 제어에서 본 〈청산별곡〉의 신고찰」, 『중앙민속학』 3, 중앙대, 1991.
이영미, 「청산별곡의 의미 분석」, 『원천어문』 5, 아주대, 1991.
김용채, 「청산별곡에 대하여」, 연세대 석사학위논문, 1991.
김명호, 「〈청산별곡〉의 속악적 이중성」, 『한국고전시가작품론』, 집문당, 1992.
남한권, 「고등학교의 고려가요 교육에 관한 고찰 : 「정읍사」, 「청산별곡」, 「한림별곡」을 중심으로」, 충남대 교육대학원 석사학위논문, 1993.
최용수, 「청산별곡」, 『고려가요연구』, 계명문화사, 1993.
김시업, 「청산별곡의 민요적 성격에 대하여」, 『고려가요의 현황과 전망(전국학술심포지움)』, 성균관대학교, 1995.
강명혜, 「현실안주의노래로서의 〈靑山別曲〉」, 『溫知論叢』 3, 온지학회, 1997.
김봉규, 「청산별곡의 에정지에 대해서」, 『경상어문』 3, 경상대, 1997.
김상철, 「청산별곡 고-시적화자의 이동 경로 고찰을 통한 접근」, 『한국학연구』 8, 인하대, 1997.
유연석·임재빈, 「〈靑山別曲〉의 構造와 內容」, 『순천대과학과교육』 6, 1998.
강헌규, 「청산별곡 결련의 '누로기'에 대한 재론 삼론」, 『한국어문교육』 7, 1999.
강헌규, 「청산별곡 결련의 재고찰」, 『한어문교육』 8, 2000.
정기철, 「청산별곡 5·6연의 뒤바뀜 문제에 대하여」, 『한국언어문학』 45, 2000.

전병민, 「청산별곡 연구」, 서원대 교육대학원 석사학위논문, 2000.
고정의, 「청산별곡의 '가던새'에 대하여」, 『울산어문논집』 15집, 2001.
강명혜, 「고전 시가 교육의 문제점과 학습자 활동 중심의 교수 학습 모형 일고찰-〈청산별곡〉을 중심으로」, 『어문학보』 23집, 강원대학교 사범대학 국어교육과, 2001.
김혜영, 「「청산별곡」의 감상 지도 방안 모색」, 연세대 교육대학원 석사학위논문, 2003.
임주탁, 「〈청산별곡〉의 독법과 해석」, 『한국시가연구』13집, 한국시가학회, 2003.
장제선, 「「청산별곡」의 작품 특성과 학습 지도 방안 연구」, 성균관대 교육대학원 석사학위논문, 2003.
이복규, 「고려가요 난해어구 해독을 위한 민속적 관견-「청산별곡」과 「쌍화점」의 일부 어구를 중심으로」, 『국제어문』 30, 국제어문학회, 2004. 4.
정재호, 「〈청산별곡〉의 새로운 이해 모색」, 『국어국문학』 139, 국어국문학회, 2005.
최정윤, 「〈청산별곡〉의 의미와 향유 의식」, 『한국문학이론과 비평』 33, 한국문학이론과 비평학회, 2006.
강지영, 「구성주의 관점의 〈청산별곡〉 감상 지도 방안」, 아주대학교 교육대학원 석사학위논문, 2007.
박효정, 「소통적 의미구성 모형 개발과 적용-〈청산별곡〉의 교수-학습 방법 중심으로」, 경북대학교 교육대학원 석사학위논문, 2007.
정재호, 「〈청산별곡〉론 서설」, 『고전과 해석』, 고전문학한문학연구학회, 2007.
고유리, 「〈청산별곡〉의 문학적 특징과 교육 방안」, 청주대학교 교육대학원 석사학위논문, 2008.
강희경, 「〈청산별곡〉 교육방안 연구」, 세명대학교 교육대학원 석사학위논문, 2008.
민찬, 「〈청산별곡〉 3연의 새와 학무」, 『한국언어문학』 66, 한국언어문학회, 2008.
이경은, 「〈青山別曲〉의 교수-학습 방안 연구」, 성균관대학교 교육대학원 석사학위논문, 2008.
서철원, 「〈청산별곡〉의 구성 방식과 향가의 속요의 전통」, 『비평문학』 38, 한국비평문학회, 2010.
이선희, 「교육연극을 활용한 〈청산별곡〉 지도 방안 연구」, 부경대학교 교육대학원 석사학위논문, 2010.
황병익, 「〈청산별곡(青山別曲)〉 8연의 의미 재론」, 『민족문화논총』 47, 영남대학교 민족문화연구소, 2010.
김수연, 「〈청산별곡〉 교수법 연구 : 10학년 국어교과서를 중심으로」, 성신여자대학교 교육대학원 석사학위논문, 2012.
서문혜미, 「스토리텔링을 활용한 고려가요의 교육 방법 연구 : 〈청산별곡〉을 중심으로」, 영남대학교 교육대학원 석사학위논문, 2012.
이순희, 「〈靑山別曲〉의 교수 · 학습 방안 연구」, 한국교원교육대학교 석사학위논문, 2012.
이종호, 「〈청산별곡〉의 문학 교육적 가치와 교육방안」, 인하대학교 교육대학원 석사학위논문, 2012.
정경란, 「고려 청산별곡(靑山別曲)의 현대적 습용(襲用)」, 『고조선단군학』 26, 고조선단군학회, 2012.
최혜영, 「이러닝을 통한 〈청산별곡〉교수·학습 방안 연구」, 부경대학교 교육대학원 석사학위논문, 2012.
박정아, 「멀티미디어를 활용한 〈청산별곡〉의 교수-학습 전략」, 전남대학교 교육대학원 석사학위논문, 2013.
이강빈, 「고려가요 교육 방안 연구 : 〈청산별곡〉을 중심으로」, 부산대학교 교육대학원 석사학위논문, 2013.
이상희, 「'공간' 이동을 중심으로 한 '청산별곡'의 교수 학습 방안」, 연세대학교 교육대학원 석사학위논문, 2013.
이혜미, 「〈청산별곡〉의 교과서 수록 양상 변천 연구」, 한양대학교 교육대학원 석사학위논문, 2013.
최기호, 「〈악장가사〉 등에 나타난 고려시대 우리말의 아름다움과 가치 - 청산별곡을 중심으로-」, 『나라사랑』 122, 외솔회, 2013.
정유경, 「Co-op Co-op 모형을 활용한 〈청산별곡〉의 교수-학습 방법 연구」, 경북대학교 교육대학원 석사학위논문, 2015.

7) 서경별곡

양주동, 「서경별곡 평설」, 『여요전주』, 을유문화사, 1947.
장사훈, 「서경별곡」, 『한글』 111, 한글학회, 1955.
양주동, 「고가요의 이미지와 구성미－찬기파랑가・서경별곡－」, 『새교육』 138(18－4), 대한교육연합회, 1966.
서재극, 「서경별곡의 '네가시럼난디' 재고」, 『어문학』 27, 한국어문학회, 1972.
여증동, 「서경별곡 고구」, 『청계김사엽박사송수기념논총』, 학문사, 1973.
정병욱·이어령 대담, 「서경별곡」, 한국일보, 1976.9.10 (재수록) 『고전의 바다』, 현암사, 1977).
김화련, 「서경별곡에 나타난 체념의 미학」, 『국어국문학』 11, 부산대, 1979.
전기한, 「서경별곡의 구조에 관한 연구」, 인하대 석사학위논문, 1980.
권재선, 「서경별곡 어석」, 『영남어문학』 7, 영남어문학회, 1980.

김옥순, 「서경별곡에 관한 비교문학적 접근」, 『이화어문논집』 5집, 1982.
전규태, 「서경별곡 연구」, 『고려시대의 가요문학』, 새문사, 1982.
천소영, 「서경별곡 해석 재고」, 『홍익어문』 3, 홍익대 사범대, 1984.
김충실, 「서경별곡에 나타난 이별의 정서」, 『고려시가의 정서』, 개문사, 1985.
박진태, 「청산별곡과 서경별곡의 구조」, 『국어교육』 46・47, 한국국어교육연구회, 1985.
최용수, 「서경별곡고」 『어문학』 48, 한국어문학회, 1986.
신은경, 「서경별곡과 정석가의 공통삽입가요에 대한 일고찰」, 『국어국문학』 96, 1986.
정양, 「서경별곡고」, 『하남천이두선생 화갑기념논총』, 원광대, 1989.
김창룡, 「서경별곡연구」, 『동방학지』 69집, 연세대, 1990.
박노준, 「〈서경별곡〉의 구조와 화자의 태도」, 『고려가요의 연구』, 새문사, 1990.
윤영옥, 「서경별곡」, 『고려시가의 연구』, 영남대 출판부, 1991.
박혜숙, 「서경별곡 연구의 쟁점」, 『한국고전시가작품론』, 집문당, 1992.
한만수, 「서경별곡의 욕망 간접화 현상과 사회적 의미」, 『고려가요의 문학사회학』, 경운출판사, 1993
유효석, 「서경별곡의 편사의식」, 『고려가요연구의 현황과 전망』, 집문당, 1996.
김미영, 「서경별곡의 구조 연구」, 『연세어문학』 28, 연세대, 1996.
강명혜, 「頌祝・戀君의 노래로서의 〈西京別曲〉」, 『한국서정문학론』, 태학사, 1997.
유동석, 「고려가요 〈서경별곡〉에 대한 새풀이」, 『한국민족문화』 14, 부산대, 1999.
김명준, 「서경별곡의 긴밀한 구조와 그 의미」, 『한국시가연구』 8, 한국시가학회, 2000.
임주탁, 「〈서경별곡〉의 텍스트 독법과 생성 문맥」, 『한국민족문화』 19・20집, 부산대 한국민족문화연구소, 2002. 10.
양태순, 「〈서경별곡〉의 종합적 고찰」, 『국어국문학』 139, 국어국문학회, 2005. 5.
이현주, 「〈서경별곡〉의 창작배경과 연군가적 성격 연구」, 부경대학교대학원 석사학위논문, 2007.
박보라, 「전문가 협력학습 모형을 활용한 고려속요 교수-학습 방법 : '서경별곡'을 중심으로」, 경북대학교 교육대학원 석사학위논문, 2008.
임재욱, 「〈서경별곡(西京別曲)〉에 나오는 '대동강(大同江)'과 '배'의 상징성」, 『韓國詩歌研究』24, 한국시가학회, 2008.
이정선, 「〈서경별곡(西京別曲)〉의 창작 배경을 통해 본 신(新)해석」, 『韓國詩歌研究』 27, 한국시가학회, 2009.
김창원, 「고려시대 '평양'이라는 공간의 탄생과 고려가요의 서정 - 「서경별곡」을 중심으로 하여」, 『국제어문』 47, 국제어문학회, 2009.
김효은, 「고려가요의 장르적 특징을 활용한 교수 학습 방법 : 〈가시리〉와 〈서경별곡〉

을 중심으로」, 연세대학교교육대학원 석사학위논문, 2011.
송태윤, 「고려가요 서경별곡의 텍스트성 연구」, 『한국언어문학』 82, 한국언어문학회, 2012.
윤나경, 「스토리텔링을 활용한 고려속요 교육방안 연구 : 〈가시리〉 와 〈서경별곡〉을 중심으로」, 연세대학교 교육대학원 석사학위논문, 2012.

8) 사모곡

송숙이, 「사모곡의 문학적 가치」, 『국어국문학연구논문집』 4, 효성여대, 1957.
송숙이, 「사모곡의 문학적 가치」, 『국어국문학연구』 1, 청구대, 1957.
김광순, 「목주가에 관한 몇가지 문제」, 『교육대학원논문집』 3, 경북대, 1971.
이종출, 「사모곡신고」,『무애 양주동박사 고희기념논문집』, 1973.
이종출, 「사모곡신고」, 『한국언어문학』 11, 한국언어문학회, 1973.
강헌규, 「고려가요 사모곡 신고」, 『국어국문학』 84, 국어국문학회, 1980.
이종출, 「사모곡신고」,『한국시가연구』, 태학사, 1983.
최호철, 「〈사모곡〉 '괴시리'의 해석재고」, 『한국어학신연구』, 1990.
윤영옥, 「사모곡」, 『고려시가의 연구』, 영남대출판부, 1991.
신동익, 「사모곡 소고」, 『한국고전시가작품론』, 집문당, 1992.
최용수, 「사모곡」, 『고려가요연구』, 계명문화사, 1993.
김영길, 「고려가요 정과정·사모곡의 연구」, 관동대 교육대학원 석사학위논문, 1995.
임주탁, 「향가 전통에서 본 〈사모곡〉의 주제」, 『한국민족문화』 21집, 부산대 한국민족문화연구소, 2003. 4.

9) 쌍화점

황성록, 「가명 쌍화점의 원의소고」, 『효원』 1, 부산여대, 1957.
정병욱, 「쌍화점고」, 『문리대학보』 17(10-1), 서울대, 1962.
윤경수, 「쌍화점에 나타난 인간자세」, 『현대문학』 98(9-2), 현대문학사, 1963.
이혜구, 「쌍화점-대악후보와 시용향악보의 비교-」, 『음대학보』 2, 서울대, 1964.
이혜구, 「쌍화점」, 『한국음악서설』, 서울대 출판부, 1967.
여증동, 「쌍화점 고구(其一)-발원적 고찰을 중심으로-」, 『어문학』 19, 한국어문학회, 1968.
여증동, 「쌍화점 고구(其二)-대본해석을 중심으로 〈충렬왕조〉-」, 『국어국문학』 47, 국어국문학회, 1970.

여증동, 「쌍화점 연구」, 경북대 석사학위논문, 1971.
여증동, 「쌍화점 고구(其三)－대본해석을 중심으로－」, 『국어국문학』 53, 1971.
이혜구, 「쌍화점－대악후보와 시용향악보외의 비교연구」, 『한국음악논집』, 계문당, 1976.
정병욱, 「쌍화점고」, 『한국고전시가론』, 신구문화사, 1977.
송정헌, 「쌍화점연구」, 『충북대논문집』 16, 1978.
권명희, 「쌍화점고찰－작자구명을 중심으로－」, 『어문논집』 14, 중앙대, 1979.
송정헌, 「쌍화점연구」, 『충북대논문집』 17, 1979.
송정헌, 「쌍화점의 우물용에 대한 연구」, 『충북대 논문집』 20, 1980.
김쾌덕, 「쌍화점 소고」, 『한국문학논총』 4, 한국문학회, 1981.
여증동, 「쌍화점 노래연구」, 『고려시대의 가요문학』, 새문사, 1982.
김진악, 「쌍화점의 골계미론」, 『배재어문학』 2, 배재대, 1984.
여운필, 「쌍화점 연구」, 『국어국문학』 92, 1984.
이계양, 「쌍화점의 형식에 대한 고찰」, 조선대 석사학위논문, 1984.
이덕우, 「쌍화점 논정」, 한양대 교육대학원 석사학위논문, 1984.
최동국, 「쌍화점의 성격 연구」, 『문학과 언어』 5, 문학과 언어연구회, 1984.
여증동, 「쌍화점 고구」, 『향가여요연구』, 이우출판사, 1985.
김대행, 「쌍화점과 반전의 의미」, 『고려시가의 정서』, 개문사, 1985.
이정란, 「쌍화점과 사회의식의 근동 구조」, 『연구논집』 14, 이화여대, 1986.
최미정, 「쌍화점의 해석」, 『한국문학사의 쟁점』, 집문당, 1986.
최용수, 「삼장・사룡고」 영남어문학 13, 영남어문학회, 1986.
박노준, 「쌍화점고」, 『한국학논집』 11, 한양대, 1987.
김열규, 「〈상화점〉이란 혼탁한 욕정의 홍판」, 『동양문학』 2, 동양문학사, 1988.
김진악, 「쌍화점의 골계 문학성 연구」, 『동서어문연구』, 배재대, 1988.
박노준, 「쌍화점에 관한 몇 문제」, 『한글새소식』 186, 한글학회, 1988.
강명혜, 「〈雙花店〉연구－구조를 중심으로－」, 『어문학보』 11, 강원대학교 국어교육과, 1988.
이성주, 「쌍화점에 나타난 평민의식 구조」, 『세종어문연구』 5·6, 세종문화연구소, 1989.
송재주, 「쌍화점」, 『고전시가요론』, 합동교재공사, 1989.
박노준, 「쌍화점의 재조명」, 『고려가요의 연구』, 새문사, 1990.
정병헌, 「쌍화점과 장소」, 『벽사이우성교수정년기념논문집』, 여강출판사, 1990.
허남춘, 「쌍화점의 우물용과 삿기광대」, 『반교어문연구』 2, 반교어문연구회, 1990.
김석회, 「쌍화점의 발생 및 수용에 관한 전승사적 고찰」, 『어문논집』 6・7집, 충남대, 1990.
윤영옥, 「쌍화점」, 『고려시가의 연구』, 영남대출판부, 1991.

윤경수, 「쌍화점에 나타난 인간상에 관한 연구-중요의 모랄로 제시」, 『외대론총』, 부산외대, 1992.
강석중, 「〈쌍화점〉 소고」, 『한국고전시가작품론』, 집문당, 1992.
최용수, 「쌍화점」, 『고려가요연구』, 계명문화사, 1993.
윤경수, 「쌍화점에 나타난 인간상에 관한 연구」, 『향가· 여요의 현대성 연구』, 집문당, 1993.
김상철, 「쌍화점과 한역된 삼장」, 『인하어문연구』 창간호, 인하대, 1994.
정운채, 「〈삼장〉 및 〈쌍화점〉과 〈서동요〉의 관련 양상」, 『고전문학연구』 10, 1995.
정운채, 「〈쌍화점〉과 〈쌍화곡〉의 편향과 강호가도의 논의 재고」, 『高麗歌謠 硏究의 現況과 展望』, 집문당, 1996.
강명혜, 「豊饒의 노래로서의 〈雙花店〉-〈쌍화점〉연구Ⅱ-」, 『고전문학연구』 11, 한국고전문학회, 1996.
조기봉, 「쌍화점 고」, 『어문연구』 29, 1997.
최규성, 「고려 속요를 통해 본 고려후기의 사회상 : 쌍화점에 대한 분석을 중심으로」, 『사학연구』 61집, 2000.
김기영, 「「쌍화점」의 내외 공간과 화자의 이중성 고찰」, 『어문연구』 43, 어문연구학회, 2003. 12.
이복규, 「고려가요 난해어구 해독을 위한 민속적 관견-「청산별곡」과 「쌍화점」의 일부 어구를 중심으로」, 『국제어문』 30, 국제어문학회, 2004. 4.
고정희, 「〈쌍화점〉의 후대적 변용과 문학치료적 함의」, 『문학치료연구』 5, 한국문학치료학회, 2006.
김명준, 「〈쌍화점〉형성에 관여한 외래적 요소」, 『동서비교문학저널』 14, 한국동서비교문학회, 2006.
윤주경, 「쌍화점의 생성・변개에 대한 연구」, 계명대학교 교육대학원 석사학위논문, 2009.
이정선, 「〈쌍화점(雙花店)〉의 구조를 통해 본 성적(性的) 욕망과 그 의미」, 『대동문화연구』 71, 성균관대학교 대동문화연구원, 2010.
최은숙, 「〈쌍화점〉 관련 텍스트에 나타난 소문의 구성 양상과 기능」, 『東洋古典硏究(The study of the Eastern Classic)』 39, 東洋古典學會, 2010.
임현석, 「고려가요 〈쌍화점〉의 연구」, 조선대학교대학원 석사학위논문, 2011.
하경숙, 「문화 : 고려가요 〈쌍화점〉의 후대전승과 현대적 변용」, 『溫知論叢』 31, 온지학회, 2012.
고혜선, 「고려 '쌍화'와 '삼사(samsa)'의 관련성 연구」, 『동양학』 55, 단국대학교 동양학연구소, 2014.
최범영, 「〈쌍화점〉의 역사학: 충렬왕을 위한 변론」, 『전통문화논총』 13, 한국전통문화학교, 2014.

최선경·김태숙, 「고전시가의 문화 콘텐츠 소재로의 활용 사례 분석 - 고려가요 〈쌍화점〉의 영화화를 중심으로」, 『열상고전연구』 48, 열상고전연구회, 2015.

10) 이상곡

이임수, 「이상곡에 대한 문학적 접근」, 『어문학』 41, 한국어문학회, 1980.
장효현, 「이상곡 어석의 재고」, 『어문논집』 22, 1981.
장효현, 「이상곡의 생성에 대한 고찰」, 『국어국문학』 92, 1984.
나정순, 「이상곡과 정서의 보편성」, 『고려시가의 정서』, 개문사, 1985.
하희정, 「이상곡에 나타난 욕망의 구조」, 『연구논집』 14, 이화여대, 1986.
최용수, 「이상곡고」, 『영남어문학』 15, 영남어문학회, 1988.
박노준, 「이상곡과 윤리성의 문제」, 『한국학논집』 14, 한양대, 1988.
김창룡, 「이상곡의 비교문학적 고찰」, 『민족문화』 5, 한성대, 1990.
윤영옥, 「이상곡」, 『고려시가의 연구』, 영남대출판부, 1991.
김창룡, 「〈이상곡〉의 비교문학적 고찰」, 『우리옛문학론』, 새문사, 1991.
정기호, 「〈이상곡〉 이해를 위한 몇가지 문제」, 『한국고전시가작품론』, 집문당, 1992.
최용수, 「이상곡」, 『고려가요연구』, 계명문화사, 1993.
최미정, 「〈이상곡〉의 종합적 고찰」, 『高麗歌謠 硏究의 現況과 展望』, 집문당, 1996.
박한진, 「〈이상곡〉 고찰」, 한양대 석사학위논문, 1998.
김무헌, 「이상곡의 교육 연구」, 『한남대 교육연구』 8집, 2000.
임국현, 「종교적 신성의 체험과 이상곡의 님」, 『한국문학논총』 28집, 한국문학회, 2001.
강헌규, 「〈이상곡〉 新考」, 『인문과학』 36, 성균관대 인문과학연구소, 2005. 8.
조용호, 「〈履霜曲〉의 의미와 淫辭的 성격」, 『동방학지』 148, 연세대학교 국학연구원, 2009.
신재홍, 「이상곡의 분절과 해석 : 향가와 관련하여」, 『국어교육』 41, 한국어교육학회, 2013.

11) 가시리

양주동, 「가시리 평설」, 『여요전주』, 을유문화사, 1947.
尹五榮, 「가시리」와 唐律과의 詩格」, 『自由文學』 5, 1960.
윤재근, 「가시리 표현의 재고」, 『문화비평』 12(4-1), 아한학회, 1972.

강헌규, 「가시리 신석을 위한 어문학적 고찰 -가시리 평설에의 의의를 중심으로-」, 『국어국문학』 62·63 합병호, 국어국문학회, 1972.
윤재근, 「가시리 표현의 재고」, 『국문학자료논문집』 1, 대제각, 1973.
강헌규, 「가시리 신석을 위한 어문학적 연구 -가시리 평설에의 의의를 중심으로-」, 『논문집』 10, 공주교대, 1973.
김대숙, 「이별의 표현양상과 정서」, 『고려시가의 정서』, 개문사, 1985.
정혜원, 「〈가시리〉 소고」, 『한국고전시가작품론』, 집문당, 1992.
이유진, 「고전시가 지도의 한 방향-〈가시리〉를 중심으로」, 『서울교대초등국어교육』 8, 1998.
김금남, 「〈원사〉와 관련된 〈가시리〉 생성동인」, 『어문론집』 40, 중앙어문학회, 2009.
이정선, 「 〈가시리〉 의 편사(編詞)와 문학적 해석」, 『한국언어문화』 41, 한국언어문화학회, 2010.
김유미·이승하, 「한국 대중가요에 나타난 〈가시리〉 연구」, 『대중서사연구』 24, 대중서사학회, 2010.
김효은, 「고려가요의 장르적 특징을 활용한 교수 학습 방법 : 〈가시리〉와 〈서경별곡〉을 중심으로」, 연세대학교 교육대학원 석사학위논문, 2011.
우상영, 「중세국어 문법과 고전시가의 통합교육 모형 연구 : 〈세종어제 훈민정음〉 서문과 〈가시리〉를 중심으로」, 한남대학교 교육대학원 석사학위논문, 2013.
임재욱, 「고려가요 〈가시리〉 와 『增補古琴譜』 소재 시조 〈가시리〉 의 비교」, 『語文學』 122, 한국어문학회, 2013.
김진희, 「한국시가의 전통과 〈가시리〉」, 『열상고전연구』 44, 열상고전연구회, 2015.
고선미, 「고려속요 〈가시리〉 의 현대적 변용 양상」, 『구보학보』 16, 구보학회, 2017.
문숙희, 「가시리에 대한 음악적 고찰」, 『국문학연구』 35, 국문학회, 2017.
윤나경, 「스토리텔링을 활용한 고려속요 교육방안 연구 : 〈가시리〉 와 〈서경별곡〉을 중심으로」, 연세대학교 교육대학원 석사학위논문, 2012.
임주탁, 「고려가요의 텍스트와 맥락 - 〈가시리〉와 〈쌍화점〉을 중심으로」, 『국문학연구』 35, 국문학회, 2017.
진미나, 「상호텍스트를 활용한 한국 문학교육 방안 연구 : 고려속가 〈가시리〉를 중심으로 」, 부산외국어대학교대학원 석사학위논문, 2017.

12) 만전춘별사

김태준, 「고려가사의 일종—만전춘별사에 대하여」, 『조선일보』 1934.2.20.
장사훈, 「만전춘 형식고」, 『예술원논문집』 2, 예술원, 1963.

여증동, 「만전춘별사 가극론 시고」, 『진주교대 논문집』 1, 1967.
여증동, 「만전춘별사 연구」, 『어문학』 33, 한국어문학회, 1975.
성현경, 「만전춘별사의 구조」, 『고려시대의 언어와 문학』, 형설출판사, 1975.
장사훈, 「만전춘 형식고」, 『고려가요연구』, 정음사, 1979.
이임수, 「여요 만전춘의 문학적 복원」, 『문학과 언어』 2, 문학과 언어연구회, 1981.
성현자, 「만전춘별사에 나타난 기부 모티브에 관한 연구」, 『동방학지』 33, 연세대, 1982.
전규태, 「만전춘별사고」, 『고려시대의 가요문학』, 새문사, 1982.
곽동훈, 「만전춘별사의 구조연구」 『배달말』 7, 배달말학회, 1982.
박진태, 「만전춘별사와 정석가의 구조」, 『인문과학연구』, 대구대, 1983.
성현경, 「만전춘별사의 구조」, 『향가여요연구』, 이우출판사, 1985.
현혜경, 「만전춘별사에 나타난 화합과 단절」, 『고려시가의 정서』, 개문사, 1985.
오정란, 「만전춘 해석의 재고」, 『어문논집』 26, 고려대, 1986.
박노준, 「만전춘별사의 제명과 작품의 구조적 이해」, 『문학한글』 1, 한글학회, 1987.
권재선, 「만전춘별사의 가사 고찰」, 『深齋 하성진선생 회갑기념문집』, 1987.
이성주, 「사회학적으로 본 만전춘별사」, 『세종어문학』, 1989.
강명혜, 「얼음과 녹음을 통한 소망의 미학-만전춘 구조를 중심으로」, 『이정정연찬 선생 회갑기념논총』, 1989.
윤영옥, 「만전춘별사」, 『고려시가의 연구』, 영남대 출판부, 1991.
김쾌덕, 「만전춘별사의 민요적 성격」, 『어문교육논집』 12, 부산대 국어교육과, 1992.
성현경, 「〈만전춘별사〉 재론」, 『한국고전시가작품론』, 집문당, 1992.
윤성현, 「만전춘별사를 다시 생각함-서정적 자아를 주로 하여」, 『연세어문학』 24, 1992.
최용수, 「만전춘별사」, 『고려가요연구』, 계명문화사, 1993.
장영우, 「만전춘별사의 일탈과 허위 의식」, 『고려가요의 문학사회학』, 경운출판사, 1993.
장성진, 「만전춘 형식에 대하여」, 『사림어문연구』 10, 창원대, 1994.
조연숙, 「만전춘별사에 나타난 시공의식」, 『어문논집』 5, 숙명여대, 1995.
윤영옥, 「〈만전춘〉 별사의 재음미」, 『高麗歌謠 硏究의 現況과 展望』, 집문당, 1996.
조기봉, 「〈만전춘별사〉의 문학사회학적 고찰」, 『어문연구』 31, 어문연구학회, 1999.
이정택, 「만전춘별사에 관한 어문학적 연구」, 『인문논총』 7, 서울여대, 2000.
황병익, 「「滿殿春別詞」 5聯의 語彙 再考」, 『한국시가연구』 16, 한국시가학회, 2005.
김성문, 「〈滿殿春別詞〉의 詩的 文脈과 情緖 表出樣相 硏究」, 『우리문학연구』 21, 우리문학회, 2007.

강명혜, 「〈만전춘별사(滿殿春別詞)〉의 스토리텔링화」, 『온지논총』 18, 2008.
여기현, 「시가 속 '오리〔鴨〕'의 변용 -〈만전춘〉의 재해석을 위하여」, 『반교어문연구』 25, 반교어문학회, 2008.
전한성, 「이미지(Image) 활용을 통한 고전시교육의 내용구성연구 - 만전춘별사(滿殿春別詞)를 중심으로」, 『국어교육』 126, 한국어교육학회, 2008.

14) 유구곡

권영철, 「유구곡고」, 『어문학』 3, 한국어문학회, 1958.
권영철, 「유구곡고」, 『고려시대의 가요문학』, 새문사, 1982.
박노준, 「유구곡과 예종의 사상적 번민」, 『한국학논집』 8, 한양대, 1985.
서재극, 「'둙'·'비두로기'의 어형」, 『한글』 196, 한글학회, 1987.
성호경, 「유구곡과 상저가의 시형」, 『어문학』 52, 한국어문학회, 1991.
이동근, 「〈유구곡〉 재고」,『한국고전시가작품론』, 집문당, 1992.
최용수, 「유구곡」, 『고려가요연구』, 계명문화사, 1993.
장영창, 「유구곡과 정과정의 갈등과 극복」, 『고려가요의 문학사회학』, 경운출판사, 1993.
윤성현, 「유구곡의 구조와 미학의 본질」, 『한국시가연구』 3, 한국시가학회, 1998.
엄국현, 「고려궁정잔치노래 「비두로기」의 작품분석과 장르적 성격」, 『한국문학논총』 35, 한국문학회, 2003.
여기현, 「시가 속 비둘기의 변용 : 〈유구곡(維鳩曲)〉 재해석을 위하여」, 『반교어문연구』 23, 반교어문학회, 2007.
임주탁, 「維鳩曲의 해석과 伐谷鳥 · 布穀歌와의 관계」, 『한국문학논총』 49, 2008.

15) 상저가

강전섭, 「고전의 복원에 대하여-상저가를 예로 한-」, 『한국언어문학』 5, 한국언어문학회, 1968.
김갑기, 「고려가요 '상저가'고」, 『동악어문논집』 11, 동국대, 1978.
김갑기, 「고려가요 '상저가'고」, 『한국시가연구』, 태학사, 1983.
이규호, 「방아 노래의 문학적 수용 양상」, 『한국시가의 재조명, 형설출판사, 1984.
장지영, 「옛 노래 읽기(상저가)」, 『한글』 110, 1989.
윤영옥, 「상저가」, 『고려시가의 연구』, 영남대출판부, 1991.
성호경, 「유구곡과 상저가의 시형」, 『어문학』 52, 한국어문학회, 1991.

조해숙, 「〈상저가〉의 의미 분석」, 『한국고전시가작품론』, 집문당, 1992.
최용수, 「상저가」, 『고려가요연구』, 계명문화사, 1993.

13) 나례가, 16) 성황반, 17) 내당, 18) 대왕반, 19) 삼성대왕, 20) 대국1, 2, 3

이병기, 「시용향악보의 한 고찰」, 『한글』 113, 1955.
정재호, 「시용향악보의 삼성대왕소고」, 『국어국문학논문집』 4・5집, 동국대, 1964.
박성의, 「시용향악보 소재의 가요고」, 『국어국문학』 53, 국어국문학회, 1971.
김동욱, 「시용향악보가사의 배경적 연구」, 『한국가요의 연구』, 을유문화사, 1976.
임재해, 「시용향악보 소재 무가류 시가 연구」, 『영남어문학』 9, 영남어문학회, 1982.
권재선, 「시용향악보 내당가사의 어석」 『영남어문학』 14, 영남어문학회, 1987
이임수, 「무가계 노래의 장르문제」, 『여가연구』, 형설출판사, 1988.
박경신, 「〈대국〉의 쟁점과 작품이해의 기본방향」, 『한국고전시가작품론』, 집문당, 1992.
박경신, 「대국과 별상굿 무가」, 『울산어문논집』 8, 울산대, 1992.
이태문, 「무가계 고려속요의 역사성과 사회성」, 『고려가요의 문학사회학』, 경운출판사, 1993.
박경신, 「〈대국〉과 별상굿 무가」, 『高麗歌謠 硏究의 現況과 展望』, 집문당, 1996.
정형기, 「시용향악보 소재 〈나례가〉의 성격고찰」, 『한국민속학연구』, 민속원, 1997.
양태순, 「정과정(진작)과 성황반에 대하여」, 『음악학논총』, 민속원, 2000.
황경숙, 「궁중 나례가 연구」, 『우암어문논집』 10, 우암어문학회, 2000.
하태석, 「무가계 속악가사의 성격 연구」, 『어문논집』 43, 민족어문학회, 2001.
변지선, 「『時用鄕樂譜』 소재 〈삼성대왕〉 연구」, 『Journal of Korean Culture』 15, 한국어문학국제학술포럼, 2010.
김명준, 『時用鄕樂譜』, 지식을만드는지식, 2011.
나정순, 「『시용향악보』 소재 〈성황반〉 〈나례가〉의 무불 습합적 성격과 연원」, 『大東文化研究』 87, 성균관대학교 대동문화연구원, 2014.
서영대, 「고려 말, 조선 초의 三聖信仰 연구」, 『한국학연구』 43, 인하대학교 한국학연구소, 2017.

21) 한림별곡

안확, 「조선의 문맥」, 『학지광』 6, 1915.

안확, 「조선가요사의 관념」, 『예문』18－1, 경도제대, 1927.
안확, 「여조시대의 가요」, 『현대평론』1－4, 1927.
안확, 「조선가시의 苗脉」, 『별건곤』4－7, 1929.
김태준, 「별곡의 연구」, 『동아일보』, 1932.1.15부터 13회.
양주동, 「한림별곡」, 『여요전주』, 을유문화사, 1947.
이명구, 「경기체가의 형성과정 소고」, 『논문집』 5, 성균관대, 1960.
김동욱, 「한림별곡의 성립연대」, 『80주년 기념논문집』, 연세대, 1965.
김형규, 「한림별곡」, 『고가요주석』, 일조각, 1965.
전규태, 「한림별곡」, 『고려가요』, 정음사, 1968.
이명구, 「한림별곡 형식의 검토」, 『고려가요의 연구』, 신아사, 1974.
김동욱, 「한림별곡의 성립연대」, 『한국가요의 연구』, 선명문화사, 1975.
금기창, 「한림별곡에 관한 연구」, 『한국어문논총』, 형설출판사, 1976.
윤영옥, 「한림별곡 소고」, 『조윤제선생고희기념논문집』, 1976.
최장수, 「한림별곡」, 『고시가해설』, 세운문화사, 1977.
신동일, 「한림별곡 연구서설 : 작자 및 제작년대를 중심으로」, 『육사 논문집』 19, 1979.
김중렬, 「경기체가의 형성에 미친 한시의 영향」, 『한성대 논문집』 4, 1980.
김창규, 「한림별곡 평석시고」, 『대구교대 국어교육논지』 7, 1980.
박병채, 「한림별곡」, 『고려가요어석연구』, 이우출판사, 1980.
김동욱, 「한림별곡의 성립연대」, 『고려시대의 가요문학』, 새문사, 1982.
김선기, 「한림별곡의 형성과정에 대하여」, 『논문집』 9－2, 충남대, 1982.
양희철, 「한림별곡과 한시계의 형성대비」, 『서강어문』 2, 서강어문학회, 1982.
김창규, 「한림별곡의 배경적 고찰 : 이규보의 『동국이상국집』을 통하여」, 『대구교대 국어교육논지』 10, 1983.
김선기, 「한림별곡의 작자와 창착연대에 관한 고찰」, 『어문연구』 12, 충남대, 1983.
김선기, 「한림별곡의 문학적 특성」, 『학림』 2, 충남대, 1983.
박성규, 「한림별곡 연구」, 『한문학논집』 2, 단국대, 1984.
호승희, 「한림별곡의 시적 구조와 정서」, 『고려시가의 정서』, 개문사, 1985.
박노준, 「한림별곡의 선험적 세계」, 『한국학논집』 9, 한양대, 1986.
정기호, 「高麗時代 詩歌의 硏究」, 단국대 박사학위논문, 1986.
지준모, 「한림별곡 추의」, 『석하권영철박사 화갑기념국문학연구논총』, 효성여대 출판부, 1988.
성호경, 「翰林別曲의 創作時期 論辨;高麗 高宗代 創作說을 否定함」, 『한국학보』 56, 1989.
김태안, 「退溪의 文學에 관한 一試攷」, 『안동대 퇴계학』 1, 1989.
김정주, 「翰林別曲에 나타난 社會性 考察」, 『조선대 인문과학연구』 12, 1990.

양태순,「한림별곡의 기원 재고」,『벽사이우성선생 정년퇴직기념 국어국문학 논총』, 1990.
박병욱,「한림별곡의 연구: 작법과 해석을 중심으로」,『경기대 경기어문학』 9, 1991.
손종흔,「翰林別曲硏究」,『한국방송통신대논문집』 14, 1992.
박경주,「한림별곡의 연행방식과 향유층」,『한국고전시가작품론』, 집문당, 1992.
여운필,「한림별곡 창작배경 연구」,『수련어문논집』 19, 부산여대, 1992.
남한권,「고등학교의 고려가요 교육에 관한 고찰 :「정읍사」,「청산별곡」,「한림별곡」을 중심으로」, 충남대 교육대학원 석사학위논문, 1993.
이진,「退溪 性理學의 詩文學的 變容樣相 연구」, 동국대 박사학위논문, 1993.
임희란,「〈한림별곡〉 연구 : 도교사상의 침윤상을 중심으로」, 동덕여대 석사학위논문, 1994.
박경주,「한시체 가요로서 본 한림별곡의 창작방식」,『이상익교수회갑기념논총』, 집문당, 1994.
강진순,「경기체가의 정서변화 양상」,『경남어문논집』 7·8, 1995.
김윤석,「한림별곡의 발생 배경 고찰」,『한국언어문학』 35, 1995.
박노준,「한림별곡과 관동별곡과의 거리」,『고려가요의 현황과 전망』, 집문당, 1996.
이성주,「翰林別曲 考究」,『관대논문집 인문사회과학』 24, 1996.
박판수,「〈翰林別曲〉과 '高麗 巫樂'과의 관련 양상 연구 : 음악적인 접근을 중심으로」,『서울사대 선청어문』 24, 1996.
박판수,「『時用鄕樂譜』소재 〈三城大王〉과 〈儺禮歌〉선율 연구 :〈翰林別曲〉과의 비교에 기하여」, 서울대 대학원, 석사학위논문, 1996.
김창규,『韓國 翰林詩 評釋 : 景幾體歌』, 국학자료원, 1996.
여운필,「翰林別曲의 創作時期 再論」,『부산여대 수련어문논집』 23, 1997.
이화형,「〈翰林別曲〉의 문학적 성격 고찰 : 작자층의 내면의식의 변이 양상을 중심으로」,『한국시가연구』 2, 1997.
최선경,「경기체가의 장르와 주제의식」,『한국고전시가사』, 집문당, 1997.
김선기,「〈翰林別曲〉의 誇示性 考察」,『한국언어문학』 41, 1998.
조흥욱,「한림별곡의 형식적 특징」,『고시가연구』 5, 1998.
김성언,「고려·조선 시대 館閣의 발달과 館閣 풍속 연구」,『동양한문학연구』 12, 1998.
김창규,「翰林詩 形式論」,『대구교대논문집』 34, 1999.
김선기,「高麗史의 解說文 : 此曲(翰林別曲)高宗時翰林諸儒所作은 僞作인가」,『어문연구』 32, 어문연구학회, 1999.
김선기,「翰林別曲 제8장의 解釋的 考察」,『충남대인문학연구』 27, 2000.

최용수, 「〈한림별곡〉 연구의 현황과 전망」, 『한민족어문학』 37, 2000.
임주탁, 「朝鮮初期 時用 樂歌·樂詞에 含蓄된 思想 : 〈新都歌〉와 〈翰林別曲〉類를 中心으로」, 『한국시가연구』 7, 2000.
김선기, 「翰林別曲의 出現에 대한 綜合的 考察」, 『어문연구』 33, 어문연구학회, 2000.
허남춘, 「「한림별곡」과 조선조 경기체가의 향방」, 『한국시가연구』 17, 한국시가학회, 2005. 2.
박경주, 「경기체가의 형식미와 창작 원리 및 그 문학교육적 활용 시안 연구 : 고려시대 작품을 중심으로」, 『고전문학과 교육』 18, 한국고전문학교육학회, 2009.
변유유, 「〈한림별곡〉에 미친 송사의 영향」, 『한민족어문학』 55, 한민족어문학회, 2009.
이다현, 「경기체가 · 악장의 갈래 특성을 고려한 교육 방향 모색 : 〈한림별곡〉, 〈용비어천가〉를 중심으로」, 성균관대학교 교육대학원 석사학위논문, 2009.
류속영, 「16세기 경기체가 후절의 분리 독립 양상에 대한 고찰」, 『고전문학과 교육』 20, 한국고전문학교육학회, 2010.
변유유, 「경기체가 연구- 송사와의 비교를 중심으로」, 경상대학교대학원 박사학위논문, 2010.

○ 소악부

서수생, 「익재소악부의 연구」, 『경북대논문집』 5, 1962.
이종찬, 「소악부 시고」, 『동악어문연구』 1, 동국대, 1965.
성호주, 「속악가사의 한역에 대한 고찰」, 『한국문학논총』 6·7, 한국문학회, 1974.
이우성, 「고려말기의 소악부」, 『한국한문학연구』 1, 1976.
정혜원, 「고려한역시가고」, 『관악어문연구』 5, 1980.
박노춘, 「고려의 두 소악부」, 『국어국문학』 84, 1980.
최미정, 「고려가요와 역해 악부」, 『우전신호열선생 고희기념논총』, 창작과비평사, 1983.
성호경, 「익재 소악부와 급암 소악부의 제작시기에 대하여」, 『한국학보』 61, 1990.
박혜숙, 「고려말 소악부의 양식적 특성과 형성경위」, 『한국한문학연구』 14, 1991.
김영숙, 『한국영사악부연구』, 경산대학교 출판부, 1998.
김미영, 「소악부의 국문학사적 가치에 대한 연구」, 공주대 석사학위논문, 2001.
한교경, 「고려속요의 문화콘텐츠 활용을 위한 서사구조와 정서기호 연구 : 『익재난고』〈소악부〉 분석을 중심으로」, 성균관대학교대학원 박사학위논문, 2011.
강재현, 「귤산(橘山) 이유원(李裕元) 소악부(小樂府)와 19세기(世紀) 사대부(士大

夫) 시조(時調) 향유(享有)의 특성(特性) 고찰(考察)」, 『인문학연구』 85, 충남대학교 인문과학연구소, 2011.
어강석, 「고려말 소악부 창작과 고려가요의 정서」, 『국문학연구』 34, 국문학회, 2017.

○ 가사부전가요 및 기타

임기중, 「〈장생포〉에 대하여」, 『국어국문학』 68·69, 1975.
차주환, 「풍입송과 야심사에 관한 고찰」, 『고려당악연구』, 동화출판사, 1983.
성호경, 「고려시가 〈후전진작〉의 복원을 위한 모색」, 『국어국문학』 90, 1983.
양태순, 「후전진작 북전에 대하여」, 『서원대 논문집』 23, 1989.
곽권용, 「가사부전 고려속요 연구」, 충북대 석사학위논문, 1991.
전인평, 「풍입송의 형식과 장단」, 『정신문화연구』 17권1호, 정신문화연구원, 1994.

○ 고려사악지·악서(樂書)

동방학연구소, 『시용향악보』, 연대출판부, 1954.
김동욱, 「시용향악보가사의 배경적 연구」, 『진단학보』 17, 진단학회, 1955.
이병기, 「시용향악보의 한 고찰」, 『한글』 113, 1955.
김용섭 역, 「종묘악장 역주」, 『국어국문학』 22, 국어국문학회, 1960.
차주환, 「고려사악지 당악고」, 『진단학보』 23, 진단학회, 1962.
이병기, 「시용향악보의 한 고찰」, 『가람문선』, 신구문화사, 1966.
김지용, 「속악가사 해제」, 『국어국문학』 36·37 합병호, 국어국문학회, 1967.
김지용, 「악학궤범 해설」, 『인문과학자료총서』, 연세대인문과학연구소, 1968.
김광순, 「악장가사 연구」, 『국어교육연구』 2, 경북대 국어교육연구회, 1971.
박준규, 「아속가사 연구」, 『호남문화연구』 7, 전남대 호남문화연구소, 1975.
권영철, 「악학편고에 대하여」, 『도남 조윤제박사 고희기념논총』, 형설출판사, 1976.
김동욱, 「시용향악보가사의 배경적 연구」, 『한국가요의 연구』, 을유문화사, 1976.
송방송, 「악학궤범의 문헌적 연구」, 『민족문화연구』 16, 고려대민족문화연구소, 1982.
김현숙, 「정간보법에 의한 여요의 행구분 고찰-시용향악보를 중심으로」, 『어문교육논집』 9, 부산대학교 사범대학 국어교육과, 1986.
정기호, 「고려 악장가사의 연구」, 『인문과학연구소논문집』 13, 인하대학교, 1987.
이임수, 「고려사악지의 편찬의식」, 『석하권영철박사 화갑기념 국문학연구논총』, 1988.

김수업, 「악장가사와 가사 상」, 『배달말』 13, 1988.
강전섭, 「판본 악장가사에 대한 관견」, 『한국언어문학』 14, 1993.
황준연, 「시용향악보 향악곡의 연대」, 『한국시가연구』 4, 1998.
김선기, 「고려사악지의 속악가사에 관한 종합적 고찰」, 『한국시가연구』 8, 한국시가학회, 2000.
성기옥, 「〈악학궤범〉과 성종대 속악 논의의 행방」, 『시가사와 예술사의 관련 양상』, 보고사, 2000.
진단학회 편, 『악학궤범』, 일조각, 2001.
이범직, 「악학궤범의 예악론」, 『악학궤범』, 일조각, 2001.
송방송, 「악학궤범의 음악사학적 조명」, 『악학궤범』, 일조각, 2001.
이현희, 「악학궤범의 국어학적 고찰」, 『악학궤범』, 일조각, 2001.
성기옥, 「악학궤범의 시문학 사료적 가치」, 『악학궤범』, 일조각, 2001.
김명준, 「악장가사의 성립과 소재 작품의 전승양상 연구」, 고려대 박사학위논문, 2003. 6.
김명준, 『악장가사 연구』, 다운샘, 2004.
김명준, 『악장가사 주해』, 다운샘, 2004.
정소연, 「『악장가사』 소재 작품의 표기방식원리 연구(1)」, 『어문학』103, 한국어문학회, 2009.
김명준, 『악장가사』, 지식을만드는지식, 2011.
김명준, 『시용향악보』, 지식을만드는지식, 2011.
신현규, 『고려사 악지 : 아악·당악·속악』, 學古房, 2011.
김명준, 『악학궤범』, 지식을만드는지식, 2013.
김혜은, 「〈고려사〉「악지」〈속악〉조(條)에 실린 노랫말 기사(記寫) 방식 고찰」, 『한국고시가문화연구』32, 한국고시가문학회, 2013.
장지연, 「〈고려사(高麗史)〉「악지(樂志)」 속악(俗樂) 편집의 특징과 정치성 」, 『국문학연구』 35, 국문학회, 2017.

2. 연도별

1925 김소원, 「고려시가」, 『불교』 8, 불교사, 1925.
1927 안확, 『조선시가의 묘맥』, 별건곤, 1927.
1927 안확, 「麗朝시대의 가요」, 『현대평론』4(1-4), 현대평론사, 1927.
1932 김태준, 「별곡의 연구」, 『동아일보』, 1932(11월 15일 이후 13회 연재).
1932 호암, 「백제의 가요」, 『규우』 12, 중앙고보, 1932.
1933 김태준, 「별곡편」, 『조선일보』 1933. 1. 6-7.
1933 이은상, 「고려시대의 여류문학」, 『신가정』 1권 2호, 신동아사, 1933.
1934 김태준, 「고가청산별곡」, 『한글』 2, 1934.
1934 김태준, 「고려가사의 일종-만전춘별사에 대하여」, 『조선일보』 1934. 2. 20.
1935 송석하, 「처용무 · 나례 · 산대극의 관계를 논함」, 『진단학보』 2, 1935.
1936 백양환, 「옥산신사와 고려가」, 『조광』 2-10, 조선일보사, 1936.
1937 조윤제, 『조선시가사강』, 박문출판사, 1937.
1937 조윤제, 「고려시가 진작의 시가명칭성」, 『신흥』 6, 신흥사, 1937.
1939 김태준 편, 『고려가사』, 학예사, 1939.
1939 김태준, 「고려가사 시비-양주동씨에게 일언함-」, 『조선일보』, 1939(6.14-6.17).
1939 김태준, 「고려가사 이야기」, 『한글』 7-6, 조선어학회, 1939.
1939 양주동, 「여요 향가의 주석 기타」, 『조선일보』 1939(3.17).
1940 양주동, 「고가요의 어학적 연구」, 『동아일보』, 1940(2.8-2.20).
1947 양주동, 「서경별곡 평설」, 『여요전주』, 을유문화사, 1947.
1947 양주동, 『여요전주』, 을유문화사, 1947(1961).
1947 지헌영, 『향가여요신석』, 정음사, 1947.
1948 조윤제, 『한국시가의 연구』, 을유문화사, 1947.
1949 강귀수, 「작품과 시대사상-여요를 이해하기 위한 서론-」, 『국문학』 1, 공주사대, 1949.
1949 고정옥, 『조선민요연구』, 수선사, 1949.
1949 안병준, 「청산별곡 소고-시대상을 중심으로-」, 『국문학』 1, 공주사대, 1949.
1949 양주동, 「고가전차의」, 『학풍』 2-2, 을유문화사, 1949.
1949 이헌목, 「정읍사 일고」, 『정양』 22, 양정중학, 1949.
1949 조상국, 「고려가사의 성격분석」, 『국문학』 1, 공주사대, 1949.
1949 양주동, 「고가금석 〈시조와 여요〉」, 『백민』 5-3, 백민문화사, 1949.
1953 이가원, 「곡의 연구」, 『성균』 4, 성균관대, 1953.
1954 김동욱, 「사뇌가산고-여대사뇌가-」, 『국어국문학』 9, 국어국문학회, 1954.
1954 김사엽, 『국문학사』, 정음사, 1954.

1954 동방학연구소, 『시용향악보』, 연대출판부, 1954.
1954 이능우, 「여요장르의 질량 계정」, 『국어국문학』 11, 국어국문학회, 1954.
1955 김동욱, 「시용향악보가사의 배경적 연구」, 『진단학보』 17, 진단학회, 1955.
1955 김형규, 「정읍사 주석」, 『서울대 논문집』 2, 서울대학교, 1955.
1955 김형규, 『고가주석』, 백영사, 1955.
1955 박욱규, 「향가・여요의 형태와 차사」, 『문리대학보』, 충남대, 1955.
1955 이능우, 『입문을 위한 국문학개론』, 이문당, 1955.
1955 이병기, 「시용향악보의 한 고찰」, 『한글』 113, 1955.
1955 장사훈, 「서경별곡」, 『한글』 111, 한글학회, 1955.
1955 장지영, 「옛 노래 읽기(청산별곡)」, 『한글』 108, 한글학회, 1955.
1955 장지영, 「옛노래 읽기－청산별곡－」, 『한글』 108, 한글학회, 1955.
1955 정병욱, 「별곡의 역사적 형태고」, 『사상계』 3권 1호, 1955.
1956 고영진, 「고려가사 동동 해설 고구」, 『국문학보』 1, 제주대, 1956.
1956 김기동, 「한국시가의 장르적 발전에 대하여」, 『현대문학』 25, 1956.
1956 이능우, 「고려시가의 성격 고구」, 『국어국문학』 14, 국어국문학회, 1956.
1956 이명구, 「고려속요론」, 『성대어문』 2, 성균관대, 1956.
1956 이영근, 「고려가요의 낭만성」, 『국어문학』 11(5－1), 전북대, 1956.
1956 임광, 「정과정 소고」, 『국문학』 1, 고려대, 1956.
1957 송숙이, 「사모곡의 문학적 가치」, 『국어국문학연구』 1, 청구대, 1957.
1957 송숙이, 「사모곡의 문학적 가치」, 『국어국문학연구논문집』 4, 효성여대, 1957.
1957 이병기・백철, 『국문학전사』, 신구문화사, 1957.
1957 정진권, 「고려가요논강」, 『사대학보』 3－1, 서울대사대, 1957.
1957 최학선, 「고려가요연구－그 형식적 고찰을 위한 시고－」, 『여요시고』, 1957.
1957 황성록, 「가명 쌍화점의 원의소고」, 『효원』 1, 부산여대, 1957.
1957 황희영, 「한국시가 여음고」, 『국어국문학』 18, 국어국문학회, 1957.
1958 권영철, 「유구곡고」, 『어문학』 3, 한국어문학회, 1958.
1958 양주동, 「고가전차의」, 『인문과학』 2, 연세대, 1958.
1958 장사훈, 「정읍사편고」, 『덕성학보』 1, 덕성여대, 1958.
1958 주탁, 「고려가요의 감상(상・하)」 『사상계』 58・59, 사상계사, 1958.
1958 최학선, 「여요시고」, 서울대 석사학위논문, 1958.
1959 김형규, 「고가주해의」, 『사상계』 71(7－6), 사상계사, 1959.
1959 신명수, 「시가문학에 나타난 '엇디ᄒᆞ니잇고'형 연구」, 『국어국문학연구논문집』 8, 효성여대, 1959.
1959 이혜구, 「고려의 동동과 돈황곡12월사상」, 『숙대신문』 1959.10.30.
1959 장사훈, 「정읍사의 음악적 고찰」, 『자유문학』 4권6호, 한국자유문학자협회, 1959.

1959 홍기문, 『고가요집』, 국립문학예술서적출판사(평양), 1959.
1960 강길운, 「정과정의 노래 신석」, 『현대문학』 68(6-8), 현대문학사, 1960.
1960 김용섭 역, 「종묘악장 역주」, 『국어국문학』 22, 국어국문학회, 1960
1960 남광우, 「고가요에 나타난 난해어에 대하여 : 여요를 중심으로」, 『한글』 126, 1960.
1960 서재극, 「정과정곡 신석시도-주로 '몰힛'을 중심으로-」, 『어문학』 6, 1960.
1960 신정숙, 「고려가요에 나타난 여성의 모습」, 『문호』 1, 건국대, 1960.
1960 안병희, 「여요 二題」, 『한글』 127, 한글학회, 1960.
1960 尹五榮, 「「가시리」와 唐律과의 詩格」, 『自由文學』 5, 1960.
1960 李明九, 「麗謠의 그려낸 世界」, 『文藝』 2, 1960.
1960 장지영, 「옛노래 읽기-정읍」, 『한글』 109, 1960.
1960 鄭炳昱, 「望夫石의 悲曲 : 井邑詞」, 『自由文學』 5, 1960.
1960 정병욱, 「망부석의 비곡-정읍사」, 『자유문학』 5권 10호, 1960.
1960 최철, 「고려가요의 후렴 연구」, 『문우』 1-1, 연세대, 1960.
1961 金東旭, 「處容歌 硏究」, 『東方學志』 5, 1961.
1961 김동욱, 『한국가요의 연구』, 을유문화사, 1961.
1961 朴智弘, 「古代歌謠와 그 形態 : 國文學史의 硏究 」, 『自由文學』 6, 1961.
1961 박지홍, 「주석 고려가요-고전문학특집-」, 『현대문학』 75(7-3), 1961.
1961 윤오영, 「麗謠산필」, 『현대문학』 75(5-3), 현대문학사, 1961.
1961 지헌영, 「정읍사의 연구」, 『고대 아세아연구』 7호, 1961.
1961 진동혁, 「시가여음고」, 고려대 대학원, 1961.
1962 고창식, 「청산별곡 해석에 대한 관견」, 『국어교육』 3, 국어교육연구회, 1962.
1962 閔泳福, 「社稷思想과 詩歌에 對한 小考」, 『語文論集(中大)』 2, 1962.
1962 박노춘, 「별곡명칭의 일소고」, 『문호』 2, 건국대, 1962.
1962 徐首生, 「高麗歌謠의 硏究 : 益齊小樂府에 限하여」, 『論文集(慶北大)』 5, 1962.
1962 전기한, 「청산별곡고」, 『경희문선』 경희대, 1962.
1962 정병욱, 「쌍화점고」, 『문리대학보』 17(10-1), 서울대, 1962.
1962 차주환, 「고려사악지 당악고」, 『진단학보』 23, 진단학회, 1962.
1962 최용진, 「고려가요 소고」, 『한양』 1-1, 한양사, 1962.
1963 박준규, 「한국고시가의 여음 연구」, 「전남대논문집』 8, 1963.
1963 서수생, 「청산별곡소고」, 『경북사대 교육연구』 1, 1963.
1963 양주동, 「popular songs of koryo dynasty」, 『Korea journal』 3권 1호, 유네스코 한국위원회, 1963.
1963 윤경수, 「쌍화점에 나타난 인간자세」, 『현대문학』 98(9-2), 현대문학사, 1963.
1963 이상보, 「정석가 연구」, 『한국언어문학』 1, 한국언어문학회, 1963.
1963 장사훈, 「만전춘 형식고」, 『예술원논문집』 2, 예술원, 1963.

1963 전규태, 「한국애정시가고－옛 사랑의 노래를 찾아서－」, 『자유문학』 69·70, 한국자유문학자협회, 1963.
1963 정병인, 「麗謠 정과정곡을 찾아서」, 『국제대학논지』 2, 국제대, 1963.
1963 조종업, 「고려시론연구」, 『어문연구』, 충남대, 1963.
1963 최동원, 「고속가 시론」, 『국어국문학』 4, 부산대, 1963.
1963 최원기, 「여요청산별곡에 대한 새로운 고찰」, 『연구논문집』 2, 부산교육발전위원회, 1963.
1963 최정여, 「고려의 속악가사 논고」, 『논문집』 4, 청주대, 1963.
1963 최정여, 「삼진작고」, 『청대춘추』 10, 청주대, 1963.
1964 김동욱, 『국문학개론』, 민중서관, 1964.
1964 김승재, 「고려속가고」, 『국문학』 8, 고려대, 1964.
1964 김영수, 「처용무와 처용가」, 『불교학보』 2, 동국대, 1964.
1964 박종서, 「Pathos적 생의 비애와 체념－청산별곡 시론의 조소」, 『성대어문』 10, 성균관대, 1964.
1964 박준규, 「고려 예종과 그의 풍류」, 『국문학보』 4, 전남대, 1964.
1964 양주동, 「고려시대의 시가」, 『한국예술총람(개관편)』, 예술원, 1964.
1964 윤영옥, 「고려속요고」, 『국어국문학연구』 8, 청구대, 1964.
1964 이명구, 「여요의 형태적 분류 시론」, 『도남 조윤제박사 회갑기념논문집』, 1964.
1964 이종출, 「정읍사 해독의 재구적 시론」, 『도남 조윤제박사회갑기념논문집』, 1964.
1964 이혜구, 「쌍화점－대악후보와 시용향악보의 비교－」, 『음대학보』 2, 서울대, 1964.
1964 정영택, 「고려가요의 민요적 성격」, 『국문학보』 2, 제주대, 1964.
1964 정재호, 「시용향악보의 삼성대왕소고」, 『국어국문학논문집』 4·5집, 동국대, 1964.
1965 강귀수, 「麗謠의 배경적 성격의 연구」, 『논문집』 3, 공주사대, 1965.
1965 김근수, 『교주여요』, 프린트판, 1965.
1965 김상억, 「청산별곡연구」, 『국어국문학』 30, 국어국문학회, 1965.
1965 김인환, 「異解 청산별곡」, 『교양』 2, 고려대 교양학부, 1965.
1965 김학주, 「종구의 연변과 처용」, 『아세아연구』 20(8－4), 고려대, 1965.
1965 박준규, 「고려속악 31편에 대하여」, 『한국언어문학』, 3, 한국언어문학회, 1965.
1965 양주동, 「고려가요－주로 문학적 음미－」, 『한양』 4－2, 한양사, 1965.
1965 윤귀섭, 「고려속요와 송사와의 비교 시론」, 『성대어문』 11, 성균관대, 1965.
1965 이종찬, 「소악부시고」, 『동악어문논집』 1, 동국대 동악어문연구회, 1965.
1965 최정여, 「고려의 속악가사 연구」, 『청구대논문집』 4, 1965.

1965 정병욱, 「청산별곡의 일고찰」, 『도남회갑기념논문집』, 1965.
1966 강귀수, 「정읍사 연구」, 『공주사대논문집』 4, 공주사대, 1966.
1966 김상억, 「고려가사 연구-작품론적 고찰을 위한 전단작업」, 『논문집』 5·6, 청주대, 1966·1967.
1966 김상억, 「고려가사연구」 1, 『청주대논문집』 5, 1966.
1966 김완진, 「청산별곡의 '사슴'에 대하여」, 『낙산어문』 1, 서울대, 1966.
1966 김형규, 「고전 해석의 문제점」, 『이하윤선생화갑기념논문집』, 1966.
1966 양주동, 「고가요의 이미지와 구성미-찬기파랑가, 서경별곡-」, 『새교육』 138(18-4), 대한교육연합회, 1966.
1966 유창균, 「한국시가형식의 기조」, 『대구대논문집』 6, 1966.
1966 이능우, 「고려가요의 율독을 위한 형식 고찰」, 『국어국문학』 31, 국어국문학회, 1966.
1966 이동림, 「말힛마려신뎌 고」, 『성심어문논집』 1, 1966.
1966 이병기, 「시용향악보의 한 고찰」, 『가람문선』, 신구문화사, 1966.
1966 최정여, 「정읍사재고」, 『계명논총』 3, 계명대출판부, 1966.
1967 김석하, 「고려가사의 운율적 정형성」, 『국문학논집』 1, 단국대, 1967.
1967 김지용, 「속악가사 해제」, 『국어국문학』 36·37 합병호, 국어국문학회, 1967.
1967 박병채, 「고대 국어의 격형연구(속)」, 『인문논집』 8, 고려대, 1967.
1967 여증동, 「만전춘 별사 가극론 시고」, 『진주교대 논문집』 1, 1967.
1967 이혜구, 「쌍화점」, 『한국음악서설』, 서울대 출판부, 1967.
1967 장홍재, 「고려시문학연구-문학사적 의의 및 위치 특질 중심론-」, 『문리학보』 4, 경희대, 1967.
1967 정병욱, 「한국시가문학사(상)-고대시가, 향가, 여요-」, 『한국문화사대계』 V, 고려대 민족문화연구소, 1967.
1967 조희웅, 「한국고전시가 Metaphor논고」, 『문리대학보』 22(13-12), 서울대, 1967.
1967 진동혁, 「민요여음고」, 『국어국문학』 36, 국어국문학회, 1967.
1968 강전섭, 「고전의 복원에 대하여-상저가를 예로 한-」, 『한국언어문학』 5, 한국언어문학회, 1968.
1968 권영철, 「정과정곡 신연구」, 『효대논문집』, 1968.
1968 김상선, 「한국시가의 형태적 고찰(II)-고려노래의 경우-」, 『논문집』 13, 중앙대, 1968.
1968 김열규, 「한문학과 그 비극적인 것」, 『동방학지』 9, 1968.
1968 김종우, 「고대문학의 현실성 고구」, 『국어국문학』 7-8합집, 부산대, 1968.
1968 김지용, 「악학궤범 해설」, 『악학궤범』-인문과학자료총서 2-, 연세대인문과학연구소, 1968.

1968 김형규, 『고가요주석』, 일조각, 1968.
1968 박병채, 『고려가요 어석연구』, 선명문화사, 1968.(『(새로고친) 고려가요의 어석연구』, 국학자료원, 1994).
1968 서재극, 「麗謠주석의 문제점 분석－동동・청산별곡을 중심으로－」, 『어문학』 19, 한국어문학회, 1968.
1968 여증동, 「쌍화점 고구(其一)－발원적 고찰을 중심으로－」, 『어문학』 19, 한국어문학회, 1968.
1968 전규태, 『논주 고려가요』, 정음사, 1968.
1969 김상억, 「고려가사 원전상 투어 '나는' 해석에 대하여」, 『국어국문학』 46, 1969.
1969 박성의, 「정읍사에 대한 제설고」, 『건대문호』 5, 건국대, 1969.
1969 양주동, 「고려전제강 및 차의－차자・고어・고문법에 있어서의 약간의 창견과 의문개소」, 『논문집』 3, 명지대, 1969.
1969 전규태, 「고려가요의 분석적 연구－속요의 특징적 고찰을 중심으로－」, 『언어와 문학』2, 한국어문학연구회, 1969.
1969 진동혁, 「고려가요 여음고」, 『논문집』 4, 수도여사대, 1969.
1969 최원기, 「동동에 대한 고찰」, 『논문집』 8, 부산공전, 1969.
1969 황희영, 『운율연구』, 형설출판사, 1969.
1970 金善豊, 「高麗歌謠의 形態考 : 幾體歌를 중심으로」, 『새국어교육』 14・15, 1970.
1970 김선풍, 「고려가요의 형태적 고찰(1)－속요의 압운을 중심으로－」, 『어문논집』 12, 고려대, 1970.
1970 박성의, 「고려가요 연구(상)」, 『민족문화연구』 4, 고려대 민족문화연구소, 1970.
1970 서정범, 「삼신어 처용가고」, 『아세아여성연구』 9, 숙명여대, 1970.
1970 양염규, 「空(공)과 가사」, 『法施』 36, 1970.
1970 여증동, 「쌍화점 고구(其二)－대본해석을 중심으로 〈충렬왕조〉－」, 『국어국문학』 47, 국어국문학회, 1970.
1970 유목상, 「여요에 나타난 인칭대명사 '내, 네'의 격해석에 대하여」, 『논문집』 17, 중앙대, 1970.
1970 이상보, 「월령체가에 대한 연구」, 『명지어문학』 4, 1970.
1970 이태호, 「월령체가의 내용적 연구」, 건국대 석사학위논문, 1970.
1970 전재호, 「고전주해의 방향」, 『어문학』 22, 1970.
1971 김광순, 「목주가에 관한 몇가지 문제」, 『교육대학원논문집』 3, 경북대, 1971.
1971 김광순, 「악장가사 연구」, 『국어교육연구』 2, 경북대 국어교육연구회, 1971.
1971 김수열, 「고려가요 소론」, 『한국어문학연구』 11, 이화여대, 1971.
1971 김열규, 『한국문학과 그 비극적인 것』, 일조각, 1971.
1971 김완진, 「청산별곡 결연에 대한 일고찰」, 『장암 지헌영선생 화갑기념논총』, 1971.

1971 김준영, 「고려의 문학」, 『한국고전문학사』, 금강출판사, 1971.
1971 김형기, 「청산별곡의 살어리랏다에 대하여」, 『어문연구』 7, 충남대, 1971.
1971 박성의, 「고려가요 연구(하), 『민족문화연구』 5, 고려대 민족문화연구소, 1971.
1971 박성의, 「시용향악보 소재의 가요고」, 『국어국문학』 53, 국어국문학회, 1971.
1971 박준규, 「월령체가 논고」, 『한국언어문학』 8·9합집, 1971.
1971 여증동, 「쌍화점 고구(其三)-대본해석을 중심으로-」, 『국어국문학』 53, 1971.
1971 여증동, 「쌍화점 연구」, 경북대 석사학위논문, 1971.
1971 이태극, 「고대시가에 나타난 무격관」, 『대한민국예술논문집』 10, 1971.
1971 이희승, 「〈정읍사〉 해석에 대한 의문점」, 『백제문화』 2, 1971.
1971 조재훈, 「백제가요의 연구」, 『백제문화』 5, 공주사대, 1971.
1971 최진원, 「동동고(Ⅰ)」, 『대동문화연구』 8, 성균관대, 1971.
1972 강헌규, 「가시리 신석을 위한 어문학적 고찰-가시리 평설에의 의의를 중심으로-」, 『국어국문학』 62·63 합병호, 국어국문학회, 1972.
1972 권영철, 「쌍벽가 연구」, 『상산 이재수박사 환력기념논문집』, 1972.
1972 김상억, 「고려가사 연구(3)」, 『논문집』 7, 청주대, 1972.
1972 김선풍, 「고려가요의 분장형태고」, 『국어국문학』 55-57 합병호, 국어국문학회, 1972.
1972 김열규, 「향가·여요연구의 과거 및 전망」, 『국어국문학』 58-60 합병호, 1972.
1972 김익중, 「고려가요 청산별곡·동동산고」, 『동성논총』 2, 동성중·고등학교, 1972.
1972 김형기, 「청산별곡의 성격에 대하여」, 『어문연구』 8, 충남대, 1972.
1972 서재극, 「서경별곡의 '네가시럼난디' 재고」, 『어문학』 27, 한국어문학회, 1972.
1972 성현경, 「청산별곡고」, 『국어국문학』 58-60합집, 국어국문학회, 1972.
1972 송병학, 「시험적 변형문법의 문학적 응용 : 청산별곡 결연부의 해석을 중심으로」, 『어문연구』 8, 충남대, 1972.
1972 윤재근, 「가시리 표현의 재고」, 『문화비평』 12(4-1), 아한학회, 1972.
1972 이용훈, 「의식구조의 시적 표현」, 『해양대논문집』 6, 한국해양대, 1972.
1972 이인모, 「청산별곡 내용의 재검토」, 『고대교양』 2, 1972.
1972 이현수, 「〈동동〉가 연구」, 동국대 석사학위논문, 1972.
1972 이현수, 「고려가요 동동가 연구」, 『동악어문논집』 8, 동국대, 1972.
1972 임기중, 「여요 〈동동〉 연구」, 서울대 교육대학원 석사학위논문, 1972.
1972 정동화, 「고려시가의 수사기교 연구시고」, 『기헌 손낙범 선생 회갑기념논문집』, 1972.
1972 정병욱, 「역대 한국시가의 형태적 특징에 관한 연구」, 『문교부 연구보고서』(어문학계2), 1972.
1973 강헌규, 「가시리 신석을 위한 어문학적 연구-가시리 평설에의 의의를 중심으로-」, 『논문집』 10, 공주교대, 1973.

1973 김상억, 「고려가사운율과 그 해석에 대하여」, 『한국언어문학』 11, 1973.
1973 김선풍, 「고려가요의 음보·자수율고-특히 속요를 중심으로-」, 『논문집』 2, 관동대, 1973.
1973 김재원, 「한국고대시가의 형태고-별곡과 향가 비교를 중심으로-」, 『한국어문학연구』 13, 이화여대, 1973.
1973 김택규, 「고가의 가락과 사설에 대하여」, 『김사엽박사회갑기념논문집』, 1973.
1973 김형기, 「정읍사 풀이에 따른 가설」, 『한국언어문학』 11, 1973.
1973 여증동, 「서경별곡 고구」, 『청계김사엽박사송수기념논총』, 학문사, 1973.
1973 윤재근, 「가시리 표현의 재고」, 『국문학자료논문집』 1, 대제각, 1973.
1973 윤형덕, 「여대 시화성립의 배경적 연구」,『논문집』 6, 충주공업고등전문학교, 1973.
1973 이인모, 「청산별곡 내용의 재검토」, 『국어국문학』 61, 국어국문학회, 1973.
1973 이종출, 「사모곡신고」, 『한국언어문학』 11, 한국언어문학회, 1973.
1973 임기중, 「고려가요 동동고」, 『무애 양주동박사 고희기념논문집』, 1973.
1973 조종업, 「정석가에 대하여」, 『국문학자료논문집』 1, 대제각, 1973.
1973 조종업, 「정석에 대하여」, 『한국언어문학』 11, 한국언어문학회, 1973.
1973 채남주, 「속요 속에 표출된 민족정서-주로 애정가요와 이별가요를 통하여-」, 『연세어문학』 4, 연세대, 1973.
1974 권영철, 「〈정과정가〉 신연구」, 경북대 박사학위논문, 1974.
1974 김상억, 「고려가사 연구(4)」, 『논문집』 9, 청주대, 1974.
1974 김영수, 「한국고전시가에서의 청산의 모습-청산별곡에의 접근을 위하여-」, 『선청어문』 5, 서울대 사범대학, 1974 .
1974 김택규, 「정과정의 발상」, 『어문학』 30, 한국어문학회, 1974.
1974 박성의, 『한국가요문학론과 사』, 집문당, 1974.
1974 박요순, 「고려가요에 나타난 여심 특질과 그 원인고」, 『숭전어문학』 3, 숭전대, 1974.
1974 서재극, 「여요 해석에 따른 몇가지 문제」, 『국어국문학』 64, 국어국문학회, 1974.
1974 성호주, 「속악가사의 한역에 대한 고찰」, 『한국문학논총』 6·7, 한국문학회, 1974.
1974 이국자, 「고대시가어의 이미지 연구-향가와 여요 이해의 두 방향-」, 이화여대 석사학위논문, 1974
1974 이명구, 「고려가요의 연구」, 서울대 박사학위논문, 1974.
1974 이명구, 「속요의 형태적 고찰」, 『고려가요의 연구』, 신아사, 1974.
1974 이명구, 『고려가요의 연구』, 신아사, 1974.
1974 이환용, 「고려속가의 형태 연구」, 『한국언어문학』 12, 한국언어문학회, 1974.

1974 전규태, 「고려가요의 배경고」, 『인문과학』 32, 연세대 인문과학연구소, 1974.
1974 전규태, 「고려속요의 연구」, 건국대 박사학위논문, 1974.
1975 권기호, 「청산별곡과 선시」, 『동양문화연구』 2, 경북대, 1975.
1975 김동욱, 「고려조 문학의 개관과 그 문제점」, 『고려시대의 언어와 문학』, 형설출판사, 1975.
1975 김상억, 「고려가사문학사상고」, 『고려시대의 언어와 문학』, 형설출판사, 1975.
1975 金完鎭, 「文學作品의 解釋과 文法 : 高麗歌謠에서의 尊敬의 接尾辭 '－시－'(1)의 境遇」, 『學術院論文集(人文·社會科學篇)』 14, 1975 (『문학과 언어』, 탑출판사, 1978).
1975 김준영, 「경기체가와 속가의 성격과 계통에 관한 고찰」, 『한국언어문학』 13, 1975.
1975 김택규, 「별곡의 구조」, 『고려시대의 언어와 문학』, 형설출판사, 1975.
1975 김형기, 「〈정읍사〉의 '고요'에 대한 의문」, 『숭전어문학』 4, 숭전대, 1975.
1975 남광우, 「고려가요 어석상의 문제점」, 『고려시대의 언어와 문학』, 1975.
1975 박준규, 「아속가사 연구」, 『호남문화연구』 7, 전남대 호남문화연구소, 1975.
1975 서수생, 「회고와 전망」, 『고려시대의 언어와 문학』, 형설출판사, 1975.
1975 서재극, 「노래 동동에서 본 고려어」, 『고려시대의 언어와 문학』, 형설출판사, 1975.
1975 성현경, 「만전춘별사의 구조」, 『고려시대의 언어와 문학』, 형설출판사, 1975.
1975 양주동 편, 『한국고전문학전집 : 향가,고려가요』, 세인문화사, 1975.
1975 여증동, 「고려처용노래연구」, 『고려시대의 언어와 문학』, 형설출판사, 1975.
1975 여증동, 「만전춘별사 연구」, 『어문학』 33, 한국어문학회, 1975.
1975 이기백, 「여요에 쓰인 조사에 대하여」, 『고려시대의 언어와 문학』, 형설출판사, 1975.
1975 이상보, 「정석가에 대하여」, 『한국고시가』, 형설출판사, 1975.
1975 이승명, 「청산별곡 연구」, 『고려시대의 언어와 문학』, 형설출판사, 1975.
1975 이종출, 「고려속요의 형태적 고구」, 『국어교육연구』1, 조선대, 1975
1975 임기중, 「〈장생포〉에 대하여」, 『국어국문학』 68·69, 1975.
1975 전규태, 「고려가사신고－〈정과정〉과 〈처용가〉를 중심으로」, 『고려시대의 언어와 문학』, 형설출판사, 1975.
1975 全圭泰, 「高麗歌謠에 나타난 抒情 : 韓國的 抒情의 再發見〈特輯〉」, 『心象』 17, 1975.
1975 전규태, 「고려속요의 형태고」, 『교육과학』 8, 연세대 교육대학원, 1975.
1975 정병욱, 「청산별곡」의 분석, 『한국고전시가론』, 신구문화사, 1975.
1975 조동일, 「처용가무의 연극사적 이해」, 『연극평론』 15, 연극평론사, 1975.
1975 최원기, 「한국문학상에 나타난 남녀화답창(Ⅱ)－고려시대의 남녀화답창－」,

『논문집』 15, 부산공전, 1975.
1975 최진원, 「동동고(Ⅱ)」, 『대동문화연구』 10, 성균관대, 1975.
1975 한국어문학회 편, 『고려시대의 언어와 문학』, 형설출판사, 1975.
1976 구중서, 「한국문학사 저변 연구－고려속요와 전통의 계승－」, 『창작과 비평』 39, (11－1), 창작과 비평사 , 1976.
1976 권영철, 「악학편고에 대하여」, 『도남 조윤제박사 고희기념논총』, 형설출판사, 1976.
1976 김동욱, 「시용향악보가사의 배경적 연구」, 『한국가요의 연구』, 을유문화사, 1976.
1976 김상억, 「처용가고」, 『국어국문학』 72.73, 국어국문학회, 1976.
1976 김완진, 「청산별곡에 대하여」, 『고전문학을 찾아서』, 문학과지성사, 1976.
1976 김일근, 「고려시대 문학과 불교사상」, 『한국문학』 30, 한국문학사, 1976.
1976 신동욱, 「한국서정시에 있어서 현실의 이해」, 『민족문화연구』 10, 고려대 민족문화연구소, 1976.
1976 여증동, 「악에 대한 연구(1)－으뜸꼴의 뜻매김을 중심으로－」, 『우촌 강복수박사 회갑기념논문집』, 1976.
1976 이우성, 「고려말기의 소악부－고려속요와 사대부문학－」, 『한국한문학연구』 1, 한국한문학연구회, 1976.
1976 이혜구, 「쌍화점－대악후보와 시용향악보외의 비교연구」, 『한국음악논집』, 계문당, 1976.
1976 임기중, 「속 고려가요 동동고」, 『한국학연구』 1, 동국대, 1976.
1976 전규태, 「고전문학연구의 문예학적 접근－고려가요를 중심하여－」, 『한국어문논총』, 형설출판사, 1976.
1976 전규태, 『고려속요의 연구』, 정음사, 1976.
1976 정동화, 「여음고－음운분석을 중심으로－」, 『선청어문』, 서울대 국어교육과, 1976.
1976 정병욱 · 이어령 대담, 「서경별곡」, 한국일보, 1976.9.10 (재수록, 『고전의 바다』, 현암사, 1977).
1977 권재선, 「청산별곡 어석고」, 『한국사회사업대학논문집』 7, 1977.
1977 김선풍, 「정서론」, 『한국문학작가론』, 형설출판사, 1977.
1977 김쾌덕, 「정과정곡의 연구」, 부산대 교육대학원 석사학위논문, 1977.
1977 송정헌, 「청산별곡연구」, 『논문집』 15, 충북대, 1977.
1977 오상태, 「고려가요의 비유구조」, 『영남어문학』 4, 영남어문학회, 1977.
1977 이두현, 「처용가무」, 『향가연구』, 민중서관, 1977.
1977 이혜구, 「고려의 사악과 향악」, 『한국학』, 서울대 동아문화연구소, 1977.
1977 정기호, 「고려가요의 형태 연구」, 동국대 석사학위논문, 1977.
1977 정병욱, 「별곡론」, 『한국고전시가론』, 신구문화사, 1977.

1977 정병욱, 「쌍화점고」, 『한국고전시가론』, 신구문화사, 1977.
1977 정병욱, 「악기의 구음으로 본 별곡의 여음구」, 『관악어문연구』 2, 서울대, 1977.
1977 정병욱, 『한국고전시가론』, 신구문화사, 1977.
1977 정병욱・이어령, 『고전의 바다』, 현암사, 1977.
1977 조재훈, 「정읍사고」, 『백제문화』 공주사대 백제문화연구소, 1977.
1978 김갑기, 「고려가요 '상저가'고」, 『동악어문논집』 11, 동국대, 1978.
1978 김윤식, 「국학연구비판」, 『한국문학사상사비판』, 일지사, 1978.
1978 서재극, 「정과정 노래와 살읏븐뎌」,과학사, 1978.
1978 송정헌, 「쌍화점연구」, 『충북대논문집』 16, 1978.
1978 이응백, 「동동 구월령 어석고」, 『국어국문학』 77, 국어국문학회, 1978.
1978 정기호, 「고려속요의 형태론적 연구」, 『동악어문논집』 11, 1978.
1978 진동혁, 「고려시대의 부전가요고」, 『논문집』 7, 수도여사대, 1978.
1979 권명희, 「쌍화점고찰-작자구명을 중심으로-」, 『어문논집』 14, 중앙대, 1979.
1979 김상선, 『한국시가 형태론』, 일조각, 1979.
1979 김선풍, 「고려가요의 형태적 고찰」, 『고려가요연구』, 정음사, 1979.
1979 김선희, 『향가・고려가요』, 양우당, 1979.
1979 김수업, 「고려노래의 연구(1)-가락에 대하여-」, 『배달말』 4, 배달말학회, 1979.
1979 김준영, 「경기체가와 속가의 성격과 계통에 관한 연구」, 『고려가요 연구』, 정음사, 1979.
1979 김화련, 「서경별곡에 나타난 체념의 미학」, 『국어국문학』 11, 부산대, 1979.
1979 박준규, 「고려속악 31편에 대하여」, 『고려가요 연구』, 정음사, 1979.
1979 박춘규, 「여대속요의 여음 연구」, 『어문논집』 14, 중앙대, 1979.
1979 송정헌, 「쌍화점연구」, 『충북대논문집』 17, 1979.
1979 여중동, 「고려처용노래연구」, 『고려가요연구』, 정음사, 1979.
1979 이능우, 「고려가요의 성격」, 『고려가요연구』, 정음사, 1979.
1979 이병기, 「시용향악보의 한 고찰」, 『고려가요 연구』, 정음사, 1979.
1979 이용훈, 「여요의 의식지향에 대한 일고찰」, 『논문집』 14, 해양대, 1979.
1979 이종출, 「고려속요의 형태적 고찰」, 『고려가요 연구』, 정음사, 1979.
1979 임기중, 「고려가요 동동고」, 『고려가요연구』, 정음사, 1979.
1979 장사훈, 「만전춘 형식고」, 『고려가요연구』, 정음사, 1979.
1979 전규태, 「고려가요의 내면적 연구」, 『고려가요연구』, 정음사, 1979.
1979 지헌영, 「정읍사의 연구」, 『고려가요연구』, 정음사, 1979.
1979 최원기, 「남녀화답창에서 본 청산별곡의 연구」, 『부산공전논문집』 2, 1979.
1979 최정여, 「고려속악가사 논고」, 『고려가요 연구』, 정음사, 1979.
1979 허소라, 「정읍사 주제고」, 『국어국문학』 20, 전북대, 1979.

1980 강영선, 「청산별곡의 신연구」, 고려대 교육대학원 석사학위논문, 1980.
1980 강헌규, 「고려가요 사모곡 신고」, 『국어국문학』 84, 국어국문학회, 1980.
1980 권재선, 「서경별곡 어석」, 『영남어문학』 7, 영남어문학회, 1980.
1980 김갑기, 「고려가요 계통문제」, 『한국문학연구』 3, 동국대, 1980.
1980 김광순, 「별곡」, 『한국문학개설』(한국문학편찬위원회), 형설출판사, 1980.
1980 김선풍, 「고려가요의 형태적 고찰」, 『국어국문학』 84, 국어국문학회, 1980.
1980 김일렬, 「애정시가의 시가사적 위치와 그 작품세계」, 『국어국문학』 84, 국어국문학회, 1980.
1980 김준영, 「한일의 고대 속악가사에 대한 고찰」, 『인문논총』 8, 전북대, 1980.
1980 김지용, 「문학을 통해 본 고려여인의 의식구조」, 『청파문학』 13, 숙명여대 국문과, 1980.
1980 김학성, 『한국고전시가의 연구』, 원광대출판국, 1980.
1980 박노춘, 「고려의 두 소악부」, 『국어국문학』 84, 국어국문학회, 1980.
1980 박영환, 「청산별곡의 재분석」, 『논문집』 11, 육군제3사관학교, 1980.
1980 송정헌, 「쌍화점의 우물용에 대한 연구」, 『충북대 논문집』 20, 1980.
1980 안정숙, 「한국 고시가의 여음 연구」, 『국어국문학』 6, 원광대 , 1980.
1980 윤영옥, 「고려시가 그 위화의 시」, 『영남어문학』 7, 영남어문학회, 1980.
1980 이상훈, 「고려가요에 나타난 서민의식연구」, 연세대 교육대학원 석사학위논문, 1980.
1980 이임수, 「고대시가의 정형의식」, 『문학과 언어』 1, 문학과 언어연구회, 1980.
1980 이임수, 「이상곡에 대한 문학적 접근」, 『어문학』 41, 한국어문학회, 1980.
1980 전기한, 「서경별곡의 구조에 관한 연구」, 인하대 석사학위논문, 1980.
1980 정재호, 「고려가요 여음의 기능」, 『국어국문학』 84, 국어국문학회, 1980.
1980 정재호, 「한국시가 여음의 기능고」, 『교육논총』 10, 고려대 교육대학원 1980.
1980 정혜원, 「고려한역시가고」, 『관악어문연구』5 , 서울대, 1980.
1980 최기호, 「정과정곡 '아니시며' 연구」, 『연세어문학』 13, 1980.
1980 함석봉, 「고려속요의 연구」, 인하대 교육대학원 석사학위논문, 1980.
1981 김대행, 「고려가요의 율격」, 『고려시대의 가요문학』, 새문사, 1981.
1981 김치홍, 「고려시가문학사의 정립을 위한 일고찰」, 『명지어문학』 12·13 합병호, 1981.
1981 김쾌덕, 「쌍화점 소고」, 『한국문학논총』 4, 한국문학회, 1981.
1981 박욱규, 「고려가요에 나타난 미의식고」, 전남대 석사학위논문, 1981.
1981 서재극, 「고려 노래 되새김질」, 『한국시가연구』, 형설출판사, 1981.
1981 서재극, 「고려노래 되새김질」, 『백강서수생박사 환갑기념논총 한국시가연구』, 형설출판사, 1981.
1981 송재주, 「청산별곡의 '에정지'에 대하여」, 『국어교육』 39-40, 한국국어교육연

구회, 1981.
1981 여증동, 「고려노래 연구에 있어서 잘못 들어선 점에 대하여」, 『한국시가연구』, 형설출판사, 1981.
1981 윤강원, 『청산별곡 연구』, 대유공전 출판부, 1981.
1981 윤호병, 「청산별곡연구」, 『육사논문집』 21, 1981.
1981 이광훈, 「고려속악가사 여음고」, 전북대 교육대학원 석사학위논문, 1981.
1981 이돈균, 「고려가요의 형태 연구」, 『국어교육논총』, 조선대 교육대학원, 1981.
1981 이명구, 「딩하 돌하 당금예 계샹이다」, 『문학사상』 102, 1981.
1981 이은숙, 「김소월 시에서 본 고려가요와의 맥락 연구」, 효성여대 석사학위논문, 1981.
1981 이임수, 「여요 만전춘의 문학적 복원」, 『문학과 언어』 2, 문학과 언어연구회, 1981.
1981 장효현, 「이상곡 어석의 재고」, 『어문논집』 22, 1981.
1981 조성환, 「여대의 가사 연구－작품에 나타난 여성상을 중심으로－」, 『논문집』 2, 군산대, 1981.
1981 최진원, 「동동고」, 『국문학과 자연』, 성대 출판부, 1981.
1981 황재군, 「고려속요의 주제와 릴리시즘」, 『명지어문학』 12・13, 명지대, 1981.
1981 황재군, 「속요에 투영된 고려여인의 의식」, 『국어국문학』 86, 1981.
1982 곽동훈, 「만전춘별사의 구조연구」 『배달말』 7, 배달말학회, 1982.
1982 권영철, 「유구곡고」, 『고려시대의 가요문학』, 새문사, 1982.
1982 김기동, 『향가・고려가요』, 양우당, 1982.
1982 김동욱, 「〈도이장가〉의 문헌・민속학적 고찰」, 『고려시대의 가요문학』, 새문사, 1982.
1982 김동욱, 「청산별곡에 대하여」, 『고려시대의 가요연구』, 새문사, 1982.
1982 김명호, 「고려가요의 전반적 성격」, 『백영정병욱선생 환갑기념논총』, 신구문화사, 1982.
1982 김상억, 「속가의 은유」, 『한국문학연구입문』, 지식산업사, 1982.
1982 김상억, 「정석가고」, 『고려시대의 가요문학』, 새문사, 1982.
1982 김선봉, 「고려속요의 현실체험과 시적 변용」, 경북대 석사학위논문, 1982.
1982 김선풍, 「고려가요의 형태적 고찰」, 『고려시대의 가요문학』, 새문사, 1982.
1982 김열규, 「서정적 맥락 속의 동동 정월요」, 『고려시대의 가요문학』, 새문사, 1982.
1982 김열규・신동욱 공편, 『고려시대의 가요문학』, 새문사, 1982.
1982 김영일, 「별곡의 형성과 여음고－장가적 특성과 BALLAD LAW를 중심으로－」, 『가라문화』 1, 경남대, 1982.
1982 김옥순, 「서경별곡에 관한 비교문학적 접근」, 『이화어문논집』 5집, 1982.
1982 김완진, 「고려가요의 어의분석」, 『고려시대의 가요문학』, 새문사, 1982.

1982 김은자, 「고전시가에 나타난 물의 연구 시고」, 『백영정병욱선생 환갑기념논총』, 신구문화사, 1982.
1982 김재용, 「청산별곡의 재검토」, 『서강어문』 2, 서강어문학회, 1982.
1982 김쾌덕, 「정읍사 소고」, 『박지홍선생 회갑기념논문집』, 1982.
1982 김학성, 「고려가요연구의 연구사적 비판」, 『고려시대의 가요문학』, 새문사, 1982.
1982 박영환, 「청산별곡의 연구」, 『어문논집』 23, 고려대, 1982.
1982 박은용, 「회고와 전망」, 『고려시대의 언어와 문학』, 새문사, 1982.
1982 박진태, 「처용가무에 대한 연극학적 연구」, 『국어국문학』 88, 1982.
1982 성현자, 「만전춘별사에 나타난 기부 모티브에 관한 연구」, 『동방학지』 33, 연세대, 1982.
1982 송방송, 「악학궤범의 문헌적 연구」, 『민족문화연구』 16, 고려대 민족문화연구소, 1982.
1982 신경숙, 「정과정 연구」, 『한성어문학』 1, 한성대, 1982.
1982 신동욱, 「청산별곡과 평민적 삶의식」, 『고려시대의 가요문학』, 새문사, 1982.
1982 양태순, 「고려시대의 시가연구」, 서울대 석사학위논문, 1982.
1982 여증동, 「쌍화점 노래연구」, 『고려시대의 가요문학』, 새문사, 1982.
1982 윤철중, 「정석가연구」, 『상명여대교수논문집』 10, 1982.
1982 이광우, 「고려가요의 미학적 접근」, 전북대 석사학위논문, 1982.
1982 이돈균, 「고려가요의 형태연구」, 조선대 석사학위논문, 1982.
1982 이명구, 「처용가 연구」, 『고려시대의 가요문학』, 새문사, 1982.
1982 이문규, 「갈등으로 본 고려가요의 특성－님과의 갈등을 중심으로－」, 『개신어문연구』 2, 충북대, 1982.
1982 이봉원, 「고려가요의 가형에 관한 문체론적 일고찰」, 『고려시대의 가요문학』, 새문사, 1982.
1982 이성근, 「고려속요의 여음형성의 무속적 배경」, 『어문교육논집』 6, 부산대, 1982.
1982 임기중, 「고려가요와 구전민요」, 『고려시대의 가요문학』, 새문사, 1982.
1982 임기중, 「동동의 해석」, 『고려가요연구』, 새문사, 1982.
1982 임동권, 「동동의 해석」, 『고려시대의 가요문학』, 새문사, 1982.
1982 임재해, 「시용향악보 소재 무가류 시가 연구」, 『영남어문학』 9, 영남어문학회, 1982.
1982 장사훈, 「고려가요와 음악」, 『고려시대의 가요문학』, 새문사, 1982.
1982 장혜원, 「청산별곡 '에졍지'의 신해석」, 『어문교육논집』 6, 부산대, 1982.
1982 전규태, 「고려가요 췌론」, 『백영정병욱선생 환갑기념논총』, 신구문화사, 1982.
1982 전규태, 「만전춘별사고」, 『고려시대의 가요문학』, 새문사, 1982.
1982 전규태, 「서경별곡연구」, 『고려시대의 가요문학』, 새문사, 1982.

1982 전규태, 『고려속요의 연구』, 학예사, 1982.
1982 전준영, 「시경풍시의 본체에 대한 고찰－고려속요의 원형추구를 위한－」, 『국어문학』 22, 전북대, 1982.
1982 정병욱, 「악기의 구음으로 본 별곡의 여음구」, 『고려시대의 가요문학』, 새문사, 1982.
1982 정재호, 「정과정곡」, 『고려시대의 가요문학』, 새문사, 1982.
1982 정재호, 「정과정에 대하여」, 『고려시대의 가요문학』, 새문사, 1982.
1982 정혜원, 「舞樂으로서의 고려가요 고찰」, 『백영정병욱선생 환갑기념논총』, 신구문화사, 1982.
1982 조동일, 「고려속요의 갈래시비」, 『고려시대의 가요문학』, 새문사, 1982.
1982 최동원, 「고려가요의 향유계층과 그 성격」, 『고려시대의 가요문학』, 새문사, 1982.
1982 최미정, 「별곡에 나타난 병행체에 대하여」, 『백영정병욱선생 환갑기념논총』, 신구문화사, 1982.
1982 최진원, 「동동고(V)」, 『대동문화연구』 15, 성균관대, 1982.
1983 강우식, 「고려가요에 대한 고찰」, 『성대문학』 22, 1983.
1983 강헌규, 「고가요 몇 어휘 의미신석－무속학의 연구결과를 원용하여－」, 『난대 이응백박사 회갑기념논문집』, 1983.
1983 고영근, 「고려가요에 나타나는 문법형태」, 『한국시가문학연구』, 신구문화사, 1983.
1983 김기동, 『(原譯)鄕歌・麗謠』, 서음출판사, 1983.
1983 김명호, 「고려가요의 전반적 성격」, 『한국시가문학연구』, 신구문화사, 1983.
1983 김영일, 「무가의 주술적 기능과 서사구조」, 『가라문화』 2, 경남대 가라문화연구소, 1983.
1983 김은자, 「고전시가에 나타난 '물'의 연구 시고－고려가요를 중심으로－」, 『한국시가문학연구』, 신구문화사, 1983.
1983 김쾌덕, 「정과정곡 소고」, 『국어국문학』 20, 부산대, 1983.
1983 김학성, 「고려가요의 작자층과 수용자층」, 『한국학보』 31, 일지사, 1983.
1983 박종철, 「청산별곡 연구」, 전남대 교육대학원석사학위논문, 1983.
1983 박진태, 「만전춘별사와 정석가의 구조」, 『인문과학연구』, 대구대, 1983.
1983 서재극, 「청산별곡의 잡스와니」, 『여성문제연구』 12, 효성여대, 1983.
1983 설성춘, 「고려속요의 연구」, 중앙대 교육대학원 석사학위논문, 1983.
1983 성호경, 「고려시가 〈후전진작〉의 복원을 위한 모색」, 『국어국문학』 90, 1983.
1983 이광호, 「고려가요의 의문법」, 『한국시가문학연구』, 신구문화사, 1983.
1983 이남봉, 「고려속요의 여음연구」, 고려대 교육대학원 석사학위논문」, 1983.
1983 이능우, 『古詩歌論攷 : 그 本性 把握을 위한 硏究』, 숙명여대 출판부, 1983.

1983 이우영, 「청산별곡의 새로운 해석」, 『현대시학』 174, 1983.
1983 이혜화, 「이론을 중심으로 한 동동론」, 『한성어문학』 2, 한성대, 1983.
1983 전규태, 「고려가요 췌론」, 『한국시가문학연구』, 신구문화사, 1983.
1983 정혜원, 「무악으로서의 고려가요 고찰」, 『한국시가문학연구』, 신구문화사, 1983
1983 조동일, 『한국문학통사 2』, 지식산업사, 1983.
1983 차주환, 『고려당악의 연구』, 동화출판공사, 1983.
1983 최미정, 「고려가요와 역해 악부」, 『우전신호열선생 고희기념논총』, 창작과비평사, 1983.
1983 최미정, 「별곡에 나타난 병행체에 대하여」, 『한국시가문학연구』, 신구문화사, 1983.
1983 최용수, 「고려속요연구」, 영남대 석사학위논문, 1983.
1983 한채영, 「고려속요의 내적 소통구조」, 『국어국문학』 21, 부산대, 1983.
1984 금기창, 「고려가요에 미친 한문학의 영향」, 『어문학』 44·45, 한국어문학회, 1984.
1984 김명호, 「고려가요의 전반적 성격」, 『고전시가론』, 새문사, 1984.
1984 김재홍, 「한국시의 한과 그 극복의 양상」, 『월간 한국문화』 12, 1984.
1984 김진악, 「쌍화점의 골계미론」, 『배재어문학』 2, 배재대, 1984.
1984 김쾌덕, 「정과정곡의 연군대상」, 『한국문학논총』 5, 한국문학회, 1984.
1984 김쾌덕, 「청산별곡에서의 청산의 의미」, 『부산한글』, 한글학회 부산지회, 1984.
1984 김학성·권두환 공편, 『고전시가론』, 새문사, 1984.
1984 문성곤, 「고려속요의 형태연구」, 세종대 석사학위논문, 1984.
1984 박노준, 「한국고전시가에 나타난 지절의 모습」, 『한국학논집』 6, 한양대, 1984.
1984 박진태, 「속요의 연구성에 나타난 대칭과 대립」, 『국어국문학』 91, 1984.
1984 서원교, 「고려속요에 나타난 이별의 양상과 그 변용」, 영남대 교육대학원 석사학위논문, 1984.
1984 성호주, 「선초 속악가사의 성격」, 『부산여대논문집』 17, 1984.
1984 양태순, 「고려속요에 있어서의 악곡과 노래말의 변모양상」, 『관악어문연구』 9, 서울대, 1984.
1984 여운필, 「쌍화점 연구」, 『국어국문학』 92, 1984.
1984 이경민, 「동동 연구」, 전남대 석사학위논문, 1984.
1984 이계양, 「쌍화점의 형식에 대한 고찰」, 조선대 석사학위논문, 1984.
1984 이규호, 「방아 노래의 문학적 수용 양상」, 『한국시가의 재조명, 형설출판사, 1984.
1984 이규호, 「정석가식 표현과 시간의식」, 『국어국문학』 92, 국어국문학회, 1984.
1984 이덕우, 「쌍화점 논정」, 한양대 교육대학원 석사학위논문, 1984.
1984 이동근, 「청산별곡의 재고」, 『관악어문연구』 9, 서울대 국문과, 1984.

1984 이병찬, 「고려가요의 작품구조와 자연」, 성균관대 석사학위논문, 1984.
1984 이창환, 「고려가요에 나타난 님 연구」, 영남대 석사학위논문, 1984.
1984 장성진, 「청산별곡의 의미구조」, 『문학과 언어』 5, 문학과언어연구회, 1984.
1984 장효현, 「이상곡의 생성에 대한 고찰」, 『국어국문학』 92, 1984.
1984 정병욱, 「한국시가의 운율과 형태」, 『고전시가론』, 새문사, 1984.
1984 정병헌, 「청산별곡의 이미지 연구 서설」, 『국어교육』 49·50, 한국국어교육연구회, 1984.
1984 정홍교, 『고려시가 유산연구』, 과학백과사전출판사, 1984.
1984 조재윤, 「동동어석에 대하여」, 『배재어문학』 2, 배재대, 1984.
1984 천소영, 「서경별곡 해석 재고」, 『홍익어문』 3, 홍익대 사범대, 1984.
1984 천이두, 「한의 미학적 윤리적 위상」, 『월간 한국문학』 12, 한국문학사, 1984.
1984 최동국, 「쌍화점의 성격 연구」, 『문학과 언어』 5, 문학과 언어연구회, 1984.
1984 최진원, 「동동고(Ⅳ)」, 『고전시가론』, 새문사, 1984.
1984 황지하, 「고려속요 율격론」, 서강대 석사학위논문, 1984.
1985 고혜경, 「동동의 정서적 경과」, 『고려시가의 정서』, 개문사, 1985.
1985 김대숙, 「고려시가의 정서와 한」, 『고려시가의 정서』, 개문사, 1985.
1985 김대숙, 「이별의 표현양상과 정서」, 『고려시가의 정서』, 개문사, 1985.
1985 김대행 편, 『고려시가의 정서』, 개문사, 1985.
1985 김대행, 「고려가요의 율격」, 『향가여요연구』, 이우출판사, 1985.
1985 김대행, 「고려가요의 율격」, 『고려시가의 정서』, 개문사, 1985.
1985 김대행, 「쌍화점과 반전의 의미」, 『고려시가의 정서』, 개문사, 1985.
1985 김복희, 「청산별곡의 신화적 의미」, 『고려시가의 정서』, 개문사, 1985.
1985 김상억, 「고려 '속가'의 해석문법 문제에 대하여」, 『인문과학논집』 6, 청주대, 1985.
1985 김순진, 「고려처용가와 신명」, 『고려시가의 정서』, 개문사, 1985.
1985 김영수, 「여류문학의 몇 가지 검토」, 『국문학논집』 12, 단국대국문학과, 1985.
1985 김완진, 「고려가요 어의 탐색의 경우」, 『역사언어학』, 1985.
1985 김종길, 「고려속요에 나타난 애정관」, 세종대 석사학위논문, 1985.
1985 김준영, 「고려속요와 경기체가의 성격과 계통」, 『향가여요연구』, 이우출판사, 1985.
1985 김준영, 「속악가사로 민요를 채택한 명분」, 『송하 이종출박사 회갑기념논문집』, 태학사, 1985
1985 김충실, 「서경별곡에 나타난 이별의 정서」, 『고려시가의 정서』, 개문사, 1985.
1985 김학성, 「고려가요의 미의식 유형」, 『향가여요연구』, 이우출판사, 1985.
1985 나정순, 「이상곡과 정서의 보편성」, 『고려시가의 정서』, 개문사, 1985.
1985 류형상, 「고려속요에서의 한의 의미」, 『국어과교육』 5, 부산교대, 1985.

1985 박노준, 「유구곡과 예종의 사상적 변민」, 『한국학논집』 8, 한양대, 1985.
1985 박노준, 「청산별곡의 재조명」, 『한국학논집』 7, 한양대, 1985.
1985 박진태, 「청산별곡과 서경별곡의 구조」, 『국어교육』46·47, 한국국어교육연구회, 1985.
1985 서수생, 「익재 소악부에 대하여」, 『고려가요 연구』, 정음사, 1979.
1985 서승옥, 「순환구조로 본 동동」, 『고려시가의 정서』, 개문사, 1985.
1985 성기옥, 「층량 3보격(7·5조)과 정통성의 문제」, 『울산어문논집』 2, 울산대 국문학과, 1985.
1985 성호주, 「고려속요의 재조명와 연구사적 반성」, 『수련어문논집』 12, 부산여대 국어교육과, 1985.
1985 성호주, 「속요」, 『국문학신강』, 새문사, 1985.
1985 송영준, 「고려시가의 연구」, 원광대 박사학위논문, 1985.
1985 양태순, 「고려속요와 악곡과의 관계」, 『청주사대 논문집』 15, 1985.
1985 여증동, 「쌍화점 고구」, 『향가여요연구』, 이우출판사, 1985.
1985 이경복, 「고려기녀 풍속과 문학의 연구」, 중앙대 박사학위논문, 1985.
1985 이경희, 「정과정의 정서와 공간」, 『고려시가의 정서』, 개문사, 1985.
1985 이등룡, 「청산별곡 후렴구의 어휘적 의미연구」, 『대동문화연구』 19, 성균관대 대동문화연구소, 1985.
1985 이봉원, 「청산별곡 소고」, 『덕성어문학』 2, 덕성여대, 1985.
1985 이사라, 「정석가의 정서구조」, 『고려시가의 정서』, 개문사, 1985.
1985 이사라, 「정읍사의 정서구조」, 『고려시가의 정서』, 개문사, 1985.
1985 이어령, 「소멸속의 영원-정석가」, 『고전을 읽는 법』, 갑인출판사, 1985.
1985 이정임, 「고려가요의 어조연구」, 한국외국어대 석사학위논문, 1985.
1985 이정탁, 「고대시가고」, 『솔뫼어문학』 1, 안동대 국문과, 1985.
1985 이창환, 「고려가요에 나타난 님 연구」, 전남대 석사학위논문, 1985.
1985 이호석, 「청산별곡 연구」, 경남대 교육대학원 석사학위논문, 1985.
1985 임동승, 「청산별곡에 나타난 한」, 『국어국문학』 1, 군산대, 1985.
1985 장덕순 외, 『원역 향가·여요』, 국어국문학총서, 서음출판사, 1985.
1985 정기호, 「고려시대 시가의 연구」, 단국대 박사학위논문, 1985.
1985 조형호, 「고려가사 연구-세계관을 중심으로-」, 계명대 석사학위논문, 1985.
1985 차순자, 「고려속요와 민요의 대비연구」, 부산여대 석사학위논문, 1985.
1985 최기호, 「고려시대 시가의 연구」, 단국대 박사학위논문, 1985.
1985 최진원, 「동동고」, 『향가여요연구』, 이우출판사, 1985.
1985 허남춘, 「속요의 형성과정과 구조적 특질」, 성균관대 석사학위논문, 1985.
1985 현혜경, 「만전춘별사에 나타난 화합과 단절」, 『고려시가의 정서』, 개문사, 1985.
1985 황인교, 「의미구조를 통해 본 정석가의 구조」, 『고려시가의 정서』, 개문사, 1985.

1985 황인수, 「고려가요에 나타난 여음 연구」, 『기픈심』 1, 원광대, 1985.
1985 황재군, 「고려가사」, 『한국고전 여류시연구』, 집문당, 1985.
1985 황패강 · 박노준 · 임기중 공편, 『향가여요연구』, 이우출판사, 1985.
1986 권경순, 「고려속요는 민요인가」, 『한국문학사의 쟁점』, 집문당, 1986.
1986 김선주, 「動動解」, 『향란어문』 15, 성신여대, 1986.
1986 김영수, 「남녀상열지사고」, 『한문학논집』 4, 단국대, 1986.
1986 김종오, 『고려가요감상-악학궤범 외』, 민족문화추진회, 1986.
1986 김현숙, 「정간보법에 의한 여요의 행구분 고찰-시용향악보를 중심으로」, 『어문교육논집』 9, 부산대학교 사범대학 국어교육과, 1986.
1986 문성식, 「청산별곡연구」, 경희대 교육대학원 석사학위논문, 1986.
1986 박병욱, 「청산별곡의 신연구」, 경기대 석사학위논문, 1986.
1986 신은경, 「서경별곡과 정석가의 공통삽입가요에 대한 일고찰」, 『국어국문학』 96, 1986.
1986 양태순, 「정읍사는 백제노래인가」, 『한국문학사의 쟁점』, 집문당, 1986.
1986 오정란, 「만전춘 해석의 재고」, 『어문논집』 26, 고려대, 1986.
1986 윤영옥, 「고시가의 제명」, 『영남어문학』 16, 1986.
1986 이경복 「고려시대 기녀문학연구」, 『월산 임동권박사 송수기념논문집』, 1986.
1986 이범수, 「한국시가에서의 주사에 대한 고찰-고려가요까지의 자료를 중심으로」, 『치술령』 11, 울산대 국어국문학과, 1986.
1986 이정란, 「쌍화점과 사회의식의 근동 구조」, 『연구논집』 14, 이화여대, 1986.
1986 이창식, 「처용전승의 형성과 그 수용양상」, 『시원 김기동박사 회갑기념논문집』, 1986.
1986 임기중, 「고려속요의 어휘와 그 활용구조」, 『경기어문학』 7, 1986.
1986 전규태, 『한국시가연구』, 고려원, 1986.
1986 전형대, 「청산별곡의 성격」, 『한국문학사의 쟁점』, 집문당, 1986.
1986 정기호, 『고려시대 시가의 검토』, 인하대학교 출판부, 1986.
1986 정희남, 「동동의 연구」, 연세대 교육대학원 석사학위논문, 1986.
1986 조건상, 「고려속요의 연구」, 영남대 석사학위논문, 1986.
1986 조형호, 「고려가사연구」, 계명대 석사학위논문, 1986.
1986 조홍욱, 「고려가요에 사용된 감탄사의 악보에서의 의미와 그 변모양상」, 『한신대논문집』 3, 1986.
1986 최미정, 「쌍화점의 해석」, 『한국문학사의 쟁점』, 집문당, 1986.
1986 최용수, 「삼장·사룡고」, 『영남어문학』 13, 영남어문학회, 1986.
1986 최용수, 「서경별곡고」, 『어문학』 48, 한국어문학회, 1986.
1986 하치근, 「고려어의 문법현상」, 『석당론총』 11, 동아대, 1986.
1986 하희정, 「이상곡에 나타난 욕망의 구조」, 『연구논집』 14, 이화여대, 1986.

1986 황순구 역, 『속악유희』, 정음사, 1986.
1986 황패강·윤원식 편, 『한국고대가요』, 새문사, 1986.
1987 구영회, 「高麗歌謠 硏究」, 국민대 교육대학원 석사학위논문, 1987.
1987 권재선, 「만전춘별사의 가사 고찰」, 『深齋 하성진선생 회갑기념문집』, 1987.
1987 권재선, 「시용향악보 내당가사의 어석」, 『영남어문학』 14, 영남어문학회, 1987.
1987 김기탁, 「고대시가에 나타난 자연의미－신라·고려시가를 중심으로」, 『영남어문학』 14, 1987.
1987 김상억, 「고려속가 문장에 대하여」, 『서강이정탁교수 회갑기념 국어국문학 논총』, 1987.
1987 김상억, 「고려속가어 접속형활용 말어미에 대하여－고려속가 해석을 위한」, 『인문과학논집』 6, 청주대 인문과학연구소, 1987.
1987 김수업, 「고려노래연구 2」, 『배달말』 12, 경상대, 1987.
1987 김쾌덕, 「고려속가의 사회배경적 연구」, 부산대 박사학위논문, 1987.
1987 김학성, 「고려가요의 연구의 연구사적 비판」, 『國文學의 探究』, 성균관대학교 출판부, 1987.
1987 김학성, 「고려가요의 작자층과 수용양상」, 『國文學의 探究』, 성균관대학교 출판부, 1987.
1987 김학성, 「고려시대 시가의 장르현상」, 『國文學의 探究』, 성균관대학교 출판부, 1987.
1987 박노준, 「만전춘별사의 제명과 작품의 구조적 이해」, 『문학한글』 1, 한글학회, 1987.
1987 박노준, 「쌍화점고」, 『한국학논집』 11, 한양대, 1987.
1987 박창원, 「처용가의 재검토」, 『우해 이병선박사 화갑기념논총』, 1987.
1987 박혜숙, 「동동의 님에 대한 일고찰」, 『국문학연구』 10, 효성여대, 1987.
1987 서재극, 「'돍'·'비두로기'의 어형」, 『한글』 196, 한글학회, 1987.
1987 서재극, 「옛 시가 해석에 있어서의 문체론적 조감」, 『국어국문학』 97, 1987.
1987 송태호, 「청산별곡 연구」, 원광대 석사학위논문, 1987.
1987 양순필, 「고시가에 나타난 서간체적 성격고」, 『心汕 문덕수선생 화갑기념논총』, 1987.
1987 양태순, 「한국고전시가와 악곡과의 관계」, 『청주사대 논문집』 17, 1987.
1987 이기수, 「高麗歌謠에 나타난 안맺음씨 끝 '－시－'에 대한 考察」, 조선대 교육대학원 석사학위논문, 1987.
1987 이성주, 「고려속요에 나타난 성의식」, 『논문집』(인문사회과학) 15, 관동대, 1987.
1987 이임수, 「여가의 연에 대하여」, 『서강이정탁교수 화갑기념 국어국문학논총』, 1987.
1987 이화성, 「동동 연구」, 경남대 석사학위논문, 1987.

1987 임재해, 「사설시조에 투영된 고려가요의 맥락」, 『서강이정탁교수 회갑기념 국어국문학 논총』, 1987.
1987 전규태, 「고려속요의 심상연구」, 『한국언어문학』 25, 한국언어문학회, 1987.
1987 전규태, 『논주 고려가요』, 정음사, 1987.
1987 정기호, 「고려 악장가사의 연구」, 『인문과학연구소논문집』 13, 인하대학교, 1987.
1987 정홍교, 「악학궤범에 실린 동동의 가사에 대한 문헌 사료적 고찰」, 『조선어문』, 1987.
1987 조규익, 「조선조 시가 수용의 한 측면-'남녀상열지사'론」, 『국어국문학』 98, 1987.
1987 조윤미, 「동동에 나타난 화자의 성격 연구-달거리 민요와의 비교를 통해서」, 『연구논집』 15, 이화여대 대학원, 1987.
1987 조평환, 「고려속요의 형식에 대하여」, 『건국어문학』 11·12, 건국대 국어국문학연구회, 1987.
1987 최용수, 「정석가고(1)」, 『영남어문학』 14, 1987.
1987 최용수, 「정석가고(2)」, 『深齋 河樫頊先生 華甲紀念文集』, 1987.
1987 최철, 「한국 시가 형식의 특징」, 『연민 이가원선생 칠질송수기념논총』, 정음사, 1987.
1987 허남춘, 「고려속요와 민속-처용가 만전춘별사를 중심으로」, 『성대문학』 25, 성균관대학교 국어국문학과, 1987.
1988 강명혜, 「〈雙花店〉연구-구조를 중심으로-」, 『어문학보』 11, 강원대학교 국어교육과, 1988.
1988 강헌규, 「청산별곡 신석」, 『논문집』 26, 공주사대, 1988.
1988 김상억, 「'역성' 선어미 '-고시' '-아시/-어시' 기능에 대하여-고려속가 해석을 위한」, 『어문학』 49, 한국어문학회, 1988.
1988 김성배, 「고려 불교가요의 연구」, 『한국불교문학연구』(하), 동국대, 1988.
1988 김성숙, 「고려가요의 연구-수사기교를 중심으로」, 단국대 교육대학원 석사학위논문, 1988.
1988 김수업, 「악장가사와 가사 상」, 『배달말』 13, 1988.
1988 김수중, 「고려가요에 대한 민속학적 연구 ; 속요 〈동동〉을 중심으로, 조선대 석사학위논문」, 1988.
1988 김승찬・권두환, 『고전시가론』, 한국방송통신대학, 1988.
1988 김열규, 「〈상화덤〉이란 혼탁한 욕정의 홍판」, 『동양문학』 2, 동양문학사, 1988.
1988 김종오, 「청산별곡 해석에 문제 있다」, 『월간 광장』 177, 1988.
1988 김진악, 「쌍화점의 골계 문학성 연구」, 『동서어문연구』, 배재대, 1988.
1988 김쾌덕, 「고려속가의 형성과 사회적 배경에 대한 한 고찰」, 『파전 김무조박사

회갑기념논총』, 1988.
1988 김홍익, 「고전시가 율격에 대한 고찰」, 충북대 석사학위논문, 1988.
1988 박노준, 「서경별곡의 구조와 화자의 태도」, 『겨레문화』 2, 한국겨레문화연구원, 1988.
1988 박노준, 「쌍화점에 관한 몇 문제」, 『한글새소식』 186, 한글학회, 1988.
1988 박노준, 「이상곡과 윤리성의 문제」, 『한국학논집』 14, 한양대, 1988.
1988 박노준, 「정석가의 민요적 양상과 송도가로의 전이 양상」, 『고전문학연구』 4, 1988.
1988 서정우, 「고려속요의 형성과 변모양상」, 경북대 교육대학원 석사학위논문, 1988.
1988 성호경, 「고려시가 후전진작(북전)의 복원을 위한 모색」, 『조선전기시가론』, 새문사, 1988.
1988 성호경, 「청산별곡의 '에경지'에 대하여」, 『영남국어교육』 창간호, 영남대 사범대학 국어교육과, 1988.
1988 성호경, 『조선전기시가론』, 새문사, 1988.
1988 송방송, 『고려음악사 연구』, 일지사, 1988.
1988 유종국, 「고려속요의 원형 재구」, 『국어국문학』 99, 1988.
1988 이동림, 『꼭 읽어야 할 국어학 논문집』, 집문당, 1988.
1988 이성주, 「사회학적으로 본 청산별곡」, 『관동대 논문집』 16, 1988.
1988 이임수, 「고려가요연구」, 경북대 박사학위논문, 1988.
1988 이임수, 「고려사악지의 편찬의식」, 『석하권영철박사 화갑기념 국문학연구논총』, 1988.
1988 이임수, 「무가계 노래의 장르문제」, 『여가연구』, 형설출판사, 1988.
1988 이임수, 『려가연구』, 형설출판사, 1988.
1988 이창식, 「처용전승의 특질과 변화」, 『새국어교육』, 1988.
1988 조동일, 「고려시가문학의 변천」, 『전통과 사상』 3, 1988.
1988 조윤미, 「高麗歌謠의 受容樣相」, 이화여대 석사학위논문, 1988.
1988 조태흠, 「나말·선초 장르체계 시론—시가 문학을 중심으로」, 『국어국문학』 25, 부산대, 1988.
1988 최미정, 「죽은 님을 위한 노래—동동」, 『문학한글』 2, 한글학회, 1988.
1988 최용수, 「이상곡고」, 『영남어문학』 15, 영남어문학회, 1988.
1988 최용수, 「청산별곡고」, 『어문학』 49, 한국어문학회, 1988.
1989 강귀수, 「동동 연구」, 『한국언어문학논총』, 호서문화사, 1989.
1989 강명혜, 「얼음과 녹음을 통한 소망의 미학—만전춘 구조를 중심으로」, 『이정정 연찬선생 회갑기념논총』, 1989.
1989 김낙호, 「고려속요의 형태 연구」, 명지대 석사학위논문, 1989.
1989 김미영, 「고려속요의 형식에 관한 연구」, 연세대 석사학위논문, 1989.

1989 김상억, 「고려속가어 어록에 대하여」, 『청주대 어문논총』, 1989.
1989 김상억, 「고려속가어 활용형 설명체제에 대하여-고려속가 해석을 위한」, 『한국문학연구』 12, 동국대 한국문학연구소, 1989.
1989 김시업, 「고려후기 사대부 문학의 성격」, 성균관대 석사학위논문, 1989.
1989 남풍현, 「고려시대의 언어문자관」, 『주시경학보』 3, 1989.
1989 송재주, 「동동」, 『고전시가론』 합동교재공사, 1989.
1989 송재주, 「쌍화점」, 『고전시가요론』, 합동교재공사, 1989.
1989 송재주, 「정읍사」 『고전시가론』 합동교재공사, 1989.
1989 양태순, 「후전진작 북전에 대하여」, 『서원대 논문집』 24, 1989.
1989 양태순, 「고려가요 조흥구의 연구」, 『서원대 논문집』 23, 1989.
1989 이계양, 「동동에 나타난 시간양상」, 『인문과학연구』 10, 조선대, 1989.
1989 이관순, 「청산별곡의 극가적 요소 고찰」, 『홍익어문』 8, 홍익대, 1989.
1989 이성주, 「고려시가의 연구-그 사회의식을 중심으로」, 세종대 박사학위논문, 1989.
1989 이성주, 「사회학적으로 본 만전춘별사」, 『세종어문학』, 1989.
1989 이성주, 「쌍화점에 나타난 평민의식 구조」, 『세종어문연구』 5·6, 세종문화연구소, 1989.
1989 임동규, 「고려가요의 여음 연구」, 단국대 교육대학원 석사학위논문, 1989.
1989 장지영, 「옛 노래 읽기(상저가)」, 『한글』 110, 1989.
1989 정기호, 「고려시대 궁중악가사의 형태에 대하여」, 『어문연구』 17권 4호, 한국어문교육연구회, 1989.
1989 정남희, 「高麗俗謠에 나타난 女性意識」, 조선대 교육대학원 석사학위논문, 1989.
1989 정상진, 「정과정곡 연구」, 성균관대 교육대학원 석사학위논문, 1989.
1989 정양, 「서경별곡고」, 『하남천이두선생 화갑기념논총』, 원광대, 1989.
1989 최미정, 「사리부재 가요에 관한 연구」, 『한국학논집』 16, 계명대학교 한국학연구원, 1989.
1989 최용수, 「처용가고」, 『영남어문학』 16, 영남어문학회, 1989.
1989 최정여, 『한국고전시가연구』, 계명대 출판부, 1989.
1990 권용주, 「청산별곡 연구」, 세종대 석사학위논문, 1990.
1990 김석회, 「쌍화점의 발생 및 수용에 관한 전승사적 고찰」, 『어문논집』 6·7집, 충남대, 1990.
1990 김시업, 「고려후기 사대부 리얼리즘의 형성에 대하여」, 『성대문학』 27, 1990.
1990 김영수, 「처용가 연구 재고」, 『신라문화연구』 7, 동국대, 1990.
1990 김창룡, 「서경별곡연구」, 『동방학지』 69집, 연세대, 1990.
1990 김창룡, 「이상곡의 비교문학적 고찰」, 『민족문화』 5, 1990.
1990 김쾌덕, 「청산별곡의 내용과 상징성」, 『한국문학논총』 11, 한국문학회, 1990.

1990 김학성, 「속요의 장르상의 제문제」, 『천봉이능우박사 칠순기념논총』, 동간행위원회, 1990.
1990 박노준, 「〈서경별곡〉의 구조와 화자의 태도」, 『고려가요의 연구』, 새문사, 1990.
1990 박노준, 「고려처용가의 형성 과정」, 『고려가요의 연구』, 새문사, 1990.
1990 박노준, 「동동의 한 이해」, 『고려가요의 연구』, 새문사, 1990.
1990 박노준, 「쌍화점의 재조명」, 『고려가요의 연구』, 새문사, 1990.
1990 박노준, 『고려가요의 연구』, 새문사, 1990.
1990 박병욱, 「청산별곡의 언어유희적 해석」, 『경기어문학』 8, 경기대 국어국문학회, 1990.
1990 박진태, 「사뇌가와 속요의 시가사적 관계」, 『만촌조기섭교수 화갑기념논문집』(대구어문논총 8권), 대구어문학회, 1990.
1990 방인태, 「시가의 종결 유형(1)」, 『국어교육』 69·70, 한국국어교육연구회, 1990.
1990 방인태, 「시가의 종결 유형(2)」, 『석천정우상박사환갑기념논문집』, 1990.
1990 성호경, 「고려 시가의 문학적 형태 복원 모색 : 현전 작품의 시형론적 연구를 위한 시론」, 『벽사이우성선생정년퇴직기념 국어국문학논총』, 여강출판사, 1990.
1990 성호경, 「익재 소악부와 급암 소악부의 제작시기에 대하여」, 『한국학보』 61, 1990.
1990 송영준, 「고려시가의 명칭 연구」, 『논문집』 7-1, 대전공대, 1990.
1990 송영준, 「蓮歌의 연구」,『논문집』 7-2, 대전공대, 1990.
1990 송희복, 「고려가요의 사회학적 관점」, 『민족과 문학』 2, 민족과 문학사, 1990.
1990 유해춘, 「정과정가의 의미와 형상화」, 『문학과 언어』 11, 문학과 언어연구회, 1990.
1990 장성수, 「고려속요 여음의 양상과 기능」, 경북대 석사학위논문, 1990.
1990 장인애, 「高麗歌謠와 宋詞의 比較硏究 : 作家性向 中心」, 『중부사회산업대논문집』 1, 1990.
1990 정병헌, 「쌍화점과 장소」, 『벽사이우성교수정년기념 국어국문학논총』, 여강출판사, 1990.
1990 최미정, 「고려속요의 수용사적 연구」, 서울대 박사학위논문, 1990.
1990 최호철, 「〈사모곡〉 '괴시리'의 해석 재고」, 『한국어학신연구』, 1990.
1990 한상돈, 「高麗歌謠중 男女相悅之詞의 性格 硏究」, 인하대 교육대학원 석사학위논문, 1990.
1990 허남춘, 「쌍화점의 우물용과 삿기광대」, 『반교어문연구』 2, 반교어문연구회, 1990.
1991 고형규, 「고려속요의 배경과 분석적 고찰」, 중앙대 교육대학원 석사학위논문, 1991.

1991 곽권용, 「가사부전 고려속요 연구」, 충북대 석사학위논문, 1991.
1991 구본혁, 「음악문학상에서 보는 가무악과 시가요와의 관계」, 『국어교육』 73·74, 1991.
1991 김동설, 「고려가요의 表象性 연구」, 서울시립대 석사학위논문, 1991.
1991 김상훈, 「'속악가사'로 본 고려속요의 형태연구」, 연세대 석사학위논문, 1991.
1991 김용채, 「청산별곡에 대하여」, 연세대 석사학위논문, 1991.
1991 김창룡, 「〈이상곡〉의 비교문학적 고찰」, 『우리옛문학론』, 새문사, 1991.
1991 김쾌덕, 「고려속가와 한」, 『한국문학논총 12』, 부산대 국어국문학과, 1991.
1991 박병채, 「무애 양주동과 여요전주」, 『양주동 연구』, 민음사, 1991.
1991 박상규, 「알타이 제어에서 본 〈청산별곡〉의 신고찰」, 『중앙민속학』 3, 중앙대, 1991.
1991 박진태, 「〈처용가〉의 제의적 고조와 기능」, 『임하 최진원박사 정년기념논총』, 1991.
1991 성호경, 「고려시가의 유형분류와 장르적 처리(상)」, 『인문연구』 13집 1호, 영남대인문과학연구소, 1991.
1991 성호경, 「유구곡과 상저가의 시형」, 『어문학』 52, 한국어문학회, 1991.
1991 윤영옥, 『고려시가의 연구』, 영남대출판부, 1991.
1991 이성림, 「여요 속의 여성 이미지 표출」, 『명지실전 논문집』 15, 1991.
1991 이성주, 「고속요에 나타난 종교의식 연구」, 『논문집』 19, 관동대, 1991.
1991 이영미, 「청산별곡의 의미 분석」, 『원천어문』 5, 아주대, 1991.
1991 전규태, 『고려가요의 연구』, 백문사, 1991.
1991 지헌영, 「정읍사의 연구」, 『향가여요의 제문제』, 태학사, 1991.
1991 차순자, 「고려후기 시가에 나타난 여성관 고찰」, 『수련어문논집』 18, 부산여대 국어교육과, 1991.
1991 차순자, 「예기를 통해 본 고려속요 고찰」, 『월암 성호주선생 화갑기념논총』, 제일문화사, 1991.
1991 차주원, 「고려속요의 정서 연구」, 한양대 교육대학원 석사학위논문, 1991.
1991 최두식, 「고시가양식일고」, 『동아논총』28, 동아대, 1991.
1991 최미정, 「고려속요에 나타난 우리말의 아름다움」, 『한글』 214, 한글학회, 1991.
1991 최용수, 「高麗歌謠의 類型的 硏究」, 영남대 박사학위논문, 1991.
1991 허남춘, 「고려속요의 송도성 연구」, 성균관대 박사학위논문, 1991.
1991 허남춘, 「궁중악과 송도」, 『고전시가의 이념과 표상』(최진원박사정년기념), 1991.
1991 황준연, 「속악원보의 영산회상 연구」, 정신문화연구원 박사학위논문, 1991.
1992 강석중, 「〈쌍화점〉 소고」, 『한국고전시가작품론』, 집문당, 1992.
1992 길태숙, 「감탄어를 통해 본 옛노래의 형식 : 향가와 고려속요를 중심으로」, 연

세대 석사학위논문, 1992.
1992 김명호, 「〈청산별곡〉의 속악적 이중성」, 『한국고전시가작품론』, 집문당, 1992.
1992 김수업, 「고려노래」, 『배달문학의 갈래와 흐름』, 현암사, 1992.
1992 김쾌덕, 「만전춘별사의 민요적 성격」, 『어문교육논집』 12, 부산대 국교과, 1992.
1992 박경신, 「〈대국〉의 쟁점과 작품이해의 기본방향」, 『한국고전시가작품론』, 집문당, 1992.
1992 박경신, 「대국과 별상굿 무가」, 『울산어문논집』 8, 울산대, 1992.
1992 박경주, 「계승적 관점에서의 향가 ; 고려가요 형식 고찰」, 『관악어문연구』 17, 서울대, 1992.
1992 박혜숙, 「서경별곡 연구의 쟁점」, 『한국고전시가작품론』, 집문당, 1992.
1992 서대석, 「고려 〈처용가〉의 무가적 검토」, 『한국고전시가작품론』, 집문당, 1992.
1992 성현경, 「〈만전춘별사〉 재론」, 『한국고전시가작품론』, 집문당, 1992.
1992 성호경, 「고려시가의 유형분류와 장르적 처리(하)」, 『인문연구』 13집 2호, 영남대인문과학연구소, 1992.
1992 신동익, 「사모곡 소고」, 『한국고전시가작품론』, 집문당, 1992.
1992 양태순, 「〈정과정〉의 종합적 고찰」, 『한국고전시가작품론』, 집문당, 1992.
1992 윤경수, 「쌍화점에 나타난 인간상에 관한 연구－중요의 모랄로 제시」, 『외대론총』, 부산외대, 1992.
1992 윤성현, 「만전춘별사를 다시 생각함－서정적 자아를 주로 하여」, 『연세어문학』 24, 1992.
1992 이계양, 「高麗俗謠에 나타난 시간현상 연구」, 조선대 박사학위논문, 1992.
1992 이노형, 「고려속요의 개작성」, 『울산어문논집』 8, 울산대 국어국문학과, 1992.
1992 이동근, 「〈유구곡〉 재고」, 『한국고전시가작품론』, 집문당, 1992.
1992 이동주, 「高麗俗謠 연구 : 話者의 態度類型에 따른 內容的 特性을 중심으로」, 충북대 석사학위논문, 1992.
1992 이등용, 「'딩아돌ᄒᆞ'의 어휘적 의미」, 『성대문학』 28, 성균관대 국어국문학과, 1992.
1992 이용, 「고려가요에 나타나는 '－어시/고시－' 형태에 관한 小考」, 『전농어문연구』 5, 서울시립대, 1992.
1992 임기중, 「돈황가사와 한국시가문학」, 『고전시가의 실증적 연구』, 동국대학교출판부, 1992.
1992 임기중, 「동동과 십이월상사」, 『고전시가의 실증적 연구』, 동국대 출판부, 1992.
1992 임기중, 「장생포와 유탁」, 『고전시가의 실증적 연구』, 동국대학교 출판부, 1992.
1992 임기중, 『고전시가의 실증적 연구』, 동국대학교 출판부, 1992.
1992 임형택, 「〈정읍사〉론」, 『한국고전시가작품론』, 집문당, 1992.
1992 정기호, 「〈이상곡〉 이해를 위한 몇가지 문제」, 『한국고전시가작품론』, 집문당,

1992.
1992 정병헌, 「도이장가의 제작 경위와 문학사적 의의」, 『한국고전시가작품론』, 집문당, 1992.
1992 정양완, 「〈정석가〉에 대하여」, 『한국고전시가작품론』, 집문당, 1992.
1992 정용수, 「사대부 한시의 민가 수용－여말의 소악부를 중심으로」, 『성대문학』 28, 성균관대, 1992.
1992 정혜원, 「〈가시리〉 소고」, 『한국고전시가작품론』, 집문당, 1992.
1992 조해숙, 「〈상저가〉의 의미 분석」, 『한국고전시가작품론』, 집문당, 1992.
1992 최미정, 「〈동동〉의 풀이와 짜임」, 『한국고전시가작품론』, 집문당, 1992.
1992 한정수, 「高麗歌謠의 話者에 관한 연구」, 한남대 교육대학원 석사학위논문, 1992.
1993 강전섭, 「판본 악장가사에 대한 관견」, 『한국언어문학』 14, 1993.
1993 강헌규, 「처용의 어의고」, 『한국언어문학 고전문학편』 제3권(『한국언어문학』 20), 1993.
1993 구사회, 「고려가요의 생산과 수용」, 『고려가요의 문학사회학』, 경운출판사, 1993.
1993 김연선, 「고려가요의 사회적 모티브와 반사회적 모티브」, 『고려가요의 문학사회학』, 경운출판사, 1993.
1993 김학성, 「속요란 무엇인가」, 윤채환편, 『고전문학의 이해』, 우리문학사, 1993.
1993 김현양, 「고려가요의 소외 양상」, 『고려가요의 문학사회학』, 경운출판사, 1993.
1993 김형기, 「〈정읍사〉 풀이에 대한 가설」, 『한국언어문학』 11, 한국언어문학회, 1993.
1993 남한권, 「고등학교의 고려가요 교육에 관한 고찰 : 「정읍사」, 「청산별곡」, 「한림별곡」을 중심으로」, 충남대 교육대학원 석사학위논문, 1993.
1993 박상익, 「고려속요에 나타난 주제 연구 : 愛情과 恨을 중심으로」, 인하대 교육대학원 석사학위논문, 1993.
1993 박애경, 「고려가요의 문학적 관습」, 『고려가요의 문학사회학』, 경운출판사, 1993.
1993 박영준, 「고려가요의 명령문 종결어미」, 『민족문화연구』 26, 고려대 민족문화연구소, 1993.
1993 박춘우, 「古詩歌에 나타난 恨의 맺힘과 풀림」, 『대구어문론총』 11, 1993.
1993 박태성, 「고려가요의 시적 자아 유형과 역할」, 『고려가요의 문학사회학』, 경운출판사, 1993.
1993 성무경, 「고려시가에 나타난 '위(爲·偉)'에 대하여」, 『성균어문연구』 29, 1993.
1993 송희복, 「고려가요의 집단적 삶의식 양상」, 『고려가요의 문학사회학』, 경운출판사, 1993.
1993 엄용선, 「고려속요 연구 : 男女相悅之詞를 중심으로」, 강원대 교육대학원 석사학위논문, 1993.
1993 염은열, 「고려속요의 미적 구조에 관한 연구 : 내적 형식의 '이야기성'과 그 효

과를 중심으로」, 서울대 석사학위논문, 1993.
1993 윤경수, 「高麗歌謠 `動動'歌의 新硏究 ; 抒情的 情緖·受容樣相을 中心으로」, 『부산외대논총』 11, 1993.
1993 윤경수, 「고려가요 동동의 신연구」, 『향가·여요의 현대성 연구』 집문당, 1993.
1993 윤경수, 「쌍화점에 나타난 인간상에 관한 연구」, 『향가· 여요의 현대성 연구』, 집문당, 1993.
1993 윤경수, 「처용가의 현대적 고찰」, 『향가·여요의 현대성 연구』, 집문당, 1993.
1993 윤경수, 『鄕歌·麗謠의 現代性 硏究』 집문당, 1993.
1993 이명휘, 「고려속요 〈動動〉 연구」, 관동대 석사학위논문, 1993.
1993 이병현, 「고려속요의 情緖 고찰」, 경원대 교육대학원 석사학위논문, 1993.
1993 이승남, 「고려가요의 향유공간」, 『고려가요의 문학사회학』 경운출판사, 1993.
1993 이태문, 「무가계 고려속요의 역사성과 사회성」, 『고려가요의 문학사회학』, 경운출판사, 1993.
1993 임기중 편, 『고려가요의 문학사회학』, 경운출판사, 1993.
1993 임기중, 『우리의 옛노래』, 현암사, 1993.
1993 임석우, 「고려가요의 서정성에 관한 일고찰」, 한양대 교육대학원 석사학위논문, 1993.
1993 장석환, 「고려가요의 화자와 청자」, 『고려가요의 문학사회학』, 경운출판사, 1993.
1993 장영우, 「만전춘별사의 일탈과 허위 의식」, 『고려가요의 문학사회학』, 경운출판사, 1993.
1993 장영창, 「유구곡과 정과정의 갈등과 극복」, 『고려가요의 문학사회학』, 경운출판사, 1993.
1993 정유경, 「고려가요의 비유체계」, 『고려가요의 문학사회학』, 경운출판사, 1993.
1993 정종진, 「고려속요 餘音 연구」, 서강대 석사학위논문, 1993.
1993 정진형, 「고려가요의 단절과 화합」, 『고려가요의 문학사회학』, 경운출판사, 1993.
1993 조규익, 『고려속악가사·경기체가·악장』, 한샘, 1993.
1993 최미경, 「高麗史 樂志 所載 高麗俗謠의 性格」, 이화여대 석사학위논문, 1993.
1993 최승영, 「정석가 연구」, 『청람어문학』, 1993.
1993 최용수, 『고려가요연구』, 계명문화사, 1993.
1993 최재남, 「상부가로서 〈동동〉의 상실체험」, 『경남어문논집』 6, 경남대, 1993.
1993 한만수, 「서경별곡의 욕망 간접화 현상과 사회적 의미」, 『고려가요의 문학사회학』, 경운출판사, 1993.
1994 김미영, 「정석가의 의사소통 구조에 관한 연구」, 『연세어문학』 26, 1994.
1994 김상철, 「쌍화점과 한역된 삼장」, 『인하어문연구』 창간호, 인하대, 1994.
1994 김선기, 「고려속요의 소위 구전설에 대한 비판」, 『어문연구』 25, 1994.
1994 박경주, 「고려시대 한문가요 연구」, 서울대 박사학위논문, 1994.

1994 윤인현, 「고려 궁중 속악가사의 형태론적 연구」, 인하대 석사학위논문, 1994.
1994 이유지, 「고려속요 지도의 방향에 관한 연구」, 이화여대 교육대학원 석사학위논문, 1994.
1994 장성진, 「만전춘 형식에 대하여」, 『사림어문연구』 10, 창원대, 1994.
1994 전인평, 「풍입송의 형식과 장단」, 『정신문화연구』 17권1호, 정신문화연구원, 1994.
1994 차순자, 「高麗俗謠 生成者 硏究」, 계명대 박사학위논문, 1994.
1995 강명혜, 「근원적 생명력으로서의 미학－고려속요와 사설시조를 중심으로－」, 안숙원 공저, 『한국여성문학비평론』, 개문사, 1995.
1995 고혜경, 「고려속요 시형연구」, 『고전문학연구』 10, 1995.
1995 김대행, 「고려 가요와 공감의 문제」, 『현대시학』 314, 1995.
1995 김대행, 「고려시가의 문학적 성격」, 『고려가요의 현황과 전망』(전국학술심포지움), 성균관대학교, 1995.
1995 김선기, 「여요난해어의 해석 방법과 실제」, 『어문연구』 26, 어문연구회, 1995.
1995 김수경, 「고려 처용가의 전승과정 연구」, 이화여대 박사학위논문, 1995.
1995 김시업, 「청산별곡의 민요적 성격에 대하여」, 『고려가요의 현황과 전망(전국학술심포지움)』, 성균관대학교, 1995.
1995 김영길, 「고려가요 정과정・사모곡의 연구」, 관동대 교육대학원 석사학위논문, 1995.
1995 김영운, 「高麗歌謠의 音樂形式 硏究」, 『한국음악산고』 6, 1995.
1995 김치환, 「〈動動〉연구」, 호남대 석사학위논문, 1995
1995 박노준, 「속요의 내력과 시적 정서」, 『현대시학』 314, 1995.
1995 박노준, 「시가문학사의 관점에서 본 고려속요의 정서－신라향가와의 대비를 중심으로」, 『모산학보』 7, 1995.
1995 박찬수, 「고려조의 〈처용〉에 대한 인식과 연행양상에 대하여」, 『어문연구』 27, 어문연구회, 1995.
1995 서성자, 「동동 연구」, 연세대 석사학위논문, 1995.
1995 성호경, 『한국시가의 유형과 양식 연구』, 영남대 출판부, 1995. (제2판, 1997).
1995 엄정연, 「고려가요의 형성배경과 송도성」, 상명여대 석사학위논문, 1995.
1995 윤성현, 「고려 속요의 서정성 연구」, 연세대 박사학위논문, 1995.
1995 윤영옥, 「고려시가와 사대부 영언」, 『오산학보』 7, 1995.
1995 윤영옥, 「만전춘별사의 재음미」, 『고려가요의 현황과 전망』(전국학술심포지움), 성균관대학교, 1995.
1995 윤영옥, 『한국의 고시가』, 문창사, 1995.
1995 이민홍, 「처용가무의 예악사상적 접근」, 『고려가요의 현황과 전망』(전국학술심포지움), 성균관대학교, 1995.

1995 임국현, 「〈정과정〉 연구」, 『한국문학논총』, 15, 1995.
1995 정운채, 「〈삼장〉 및 〈쌍화점〉과 〈서동요〉의 관련 양상」, 『고전문학연구』 10, 1995.
1995 조연숙, 「만전춘별사에 나타난 시공의식」, 『어문논집』 5, 숙명여대, 1995.
1995 최미정, 「이상곡의 종합적 고찰」, 『고려가요의 현황과 전망』(전국학술심포지움), 성균관대학교, 1995.
1995 최용수, 「고려가요 논저목록」 『모산학보』 7, 1995.
1995 허남춘, 「동동과 예악사상」, 『고려가요의 현황과 전망』(전국학술심포지움), 성균관대학교, 1995.
1995 허남춘, 「中世 詩歌의 展開와 美意識」, 『제주대 국문학보』 13, 1995.
1996 강명혜, 「〈滿殿春 別詞〉연구 Ⅱ」, 『語文硏究』 89, 한국어문교육연구회, 1996.
1996 강명혜, 「〈履霜曲〉 연구」, 『우리문학과 언어의 재조명』, 삼중문화사, 1996.
1996 강명혜, 「豊饒의 노래로서의 〈雙花店〉-〈쌍화점〉연구Ⅱ-」, 『고전문학연구』 11, 한국고전문학회, 1996.
1996 김대행, 「고려시가의 문학적 성격」, 『高麗歌謠 硏究의 現況과 展望』, 집문당, 1996.
1996 김미영, 「서경별곡의 구조 연구」, 『연세어문학』 28, 연세대, 1996.
1996 김보경, 「고려가요의 사회배경 연구」, 성신여대 석사학위논문, 1996.
1996 김봉규, 「고려노래 〈동동〉연구-3월, 9월령을 중심으로」, 『경상어문』 2, 경상대, 1996.
1996 김완진, 「고려가요의 어학적 해석」, 『새국어생활』 6권 1호, 국립국어연구원, 1996.
1996 김우준, 「고려속요의 형성과정과 변모양상」, 조선대 교육대학원 석사학위논문, 1996.
1996 남광우, 「고려속요에 나타난 여성에 관한 연구 : 특히 '심상'과 '성'을 중심으로」, 중앙대 교육대학원 석사학위논문, 1996.
1996 박경신, 「〈대국〉과 별상굿 무가」, 『高麗歌謠 硏究의 現況과 展望』, 집문당, 1996.
1996 박경우, 「고려 속요 연구 : 시·공간 양상을 중심으로」, 연세대 석사학위논문, 1996.
1996 박노준, 「고려가요의 문학적 해독」, 『새국어생활』 6권 1호, 국립국어연구원, 1996.
1996 박노준, 「시가문학사의 관점에서 본 고려속요의 정서(2)-사설시조와의 대비를 중심으로」, 『한양어문연구』 14, 1996.
1996 서은아, 「높임법을 통한 〈동동〉의 월 구조」, 『우리말 역사연구』, 박이정, 1996.
1996 성균관대 인문과학연구소 편, 『高麗歌謠 硏究의 現況과 展望』, 집문당, 1996.

1996 양태순, 「음악적 측면에서 본 고려가요—정과정을 중심으로」, 『高麗歌謠 研究의 現況과 展望』, 집문당, 1996.
1996 우부식, 「고려속요에 나타난 餘音 研究」, 공주대 교육대학원 석사학위논문, 1996.
1996 유효석, 「서경별곡의 편사의식」, 『고려가요연구의 현황과 전망』, 집문당, 1996.
1996 윤영옥, 「〈만전춘〉 별사의 재음미」, 『高麗歌謠 研究의 現況과 展望』, 집문당, 1996.
1996 윤철중, 「정석가 고」, 『高麗歌謠 研究의 現況과 展望』, 집문당, 1996.
1996 이민홍, 「고려가요의 예악사상」, 『高麗歌謠 研究의 現況과 展望』, 집문당, 1996.
1996 이정복, 「고려가요에 쓰인 형태소 '-시-'의 재해석」, 『관악어문연구』 21, 서울대, 1996.
1996 이정선, 「〈鄭瓜亭〉의 編詞와 문학적 해석」, 『한양어문연구』 14, 1996.
1996 임주탁, 「〈정석가〉의 문학적 성격」, 『고전문학연구』 11, 1996.
1996 정근훈, 「향가와 여요에 나타난 달의 이미지 연구」, 충북대 석사 논문, 1996.
1996 정무룡, 『정과정 연구』, 신지서원, 1996.
1996 정운채, 「〈쌍화점〉과 〈쌍화곡〉의 편향과 강호가도의 논의 재고」, 『高麗歌謠 研究의 現況과 展望』, 집문당, 1996.
1996 조만호, 「고려가요의 정조와 악장으로서의 성격」, 『高麗歌謠 研究의 現況과 展望』, 집문당, 1996.
1996 조연숙, 「高麗俗謠의 時空意識 研究」, 숙명여대 석사학위논문, 1996.
1996 차순자, 「고려가요의 생성양상과 의미」, 『高麗歌謠 研究의 現況과 展望』, 집문당, 1996.
1996 최미정, 「〈이상곡〉의 종합적 고찰」, 『高麗歌謠 研究의 現況과 展望』, 집문당, 1996.
1996 최용수 편, 『한국고시가』, 태학사, 1996.
1996 최진원, 「고려가요 연구의 현황과 전망」, 『高麗歌謠 研究의 現況과 展望』, 집문당, 1996.
1996 최철, 『고려국어가요의 해석』, 연세대학교 출판부, 1996.
1996 한정수, 「고려가요의 갈등 구조와 극복」, 『장안논총』 16, 1996.2.
1996 허남춘, 「〈동동〉과 예악사상」, 『高麗歌謠 研究의 現況과 展望』, 집문당, 1996.
1996 황선엽, 「고려가요 난해구 몇 구절에 대하여」, 『관악어문연구』 21, 서울대, 1996.
1996 황재군, 「고려 속악가사 원시의 창작 정신」, 『경원대논문집』 5집, 1996.
1997 강명혜, 「高麗 俗謠의 '男女相悅性' 연구」, 『서강어문』 12, 서강대학교, 1996.
1997 강명혜, 「궁중속악적 측면에서 살펴 본 여요의 의미와 기능, 『한국시가연구』 1, 한국시가학회, 1997.
1997 강명혜, 「頌祝·戀君의 노래로서의 〈西京別曲〉」, 『한국서정문학론』, 태학사, 1997.
1997 강명혜, 「현실안주의노래로서의 〈青山別曲〉」, 『溫知論叢』 3, 온지학회, 1997.

1997 고영근·남기심, 『중세어 자료 강해』, 집문당, 1997.
1997 권재선, 「청산별곡 어석고」, 『한국사회사업대학논문집』 7, 1977.
1997 김도균, 「고려속요의 변모양상 연구」, 경희대 교육대학원 석사학위논문, 1997.
1997 김무헌, 『향가여요교육론』, 집문당, 1997.
1997 김미란, 「향가의 지속과 변이」, 『한국고전시가사』, 집문당, 1997.
1997 김미영, 「고려시가의 형식」, 『한국고전시가사』, 집문당, 1997.
1997 김봉규, 「고려노래 〈동동〉연구 2-10월, 11월, 12월령을 중심으로」, 『경상어문』 3, 경상대, 1997.
1997 김봉규, 「청산별곡의 에졍지에 대해서」. 『경상어문』 3, 경상대, 1997.
1997 김봉모, 「〈정과정〉의 어학적 해석」, 『과정문학의 재조명』, 파전한국학당, 1997.
1997 김상철, 「청산별곡 고-시적화자의 이동 경로 고찰을 통한 접근」, 『한국학연구』 8, 인하대, 1997.
1997 김홍규, 「고려속요의 장르적 다원성」, 『한국시가연구』 1, 한국시가학회, 1997.
1997 박기호, 「高麗歌謠에 나타난 庶民 意識」, 『전농어문연구』 9, 서울시립대, 1997.
1997 박노준, 「고전시가의 정신미」, 『한국고전시가사』, 집문당, 1997.
1997 변종현, 「고려시가와 궁중악」, 『한국고전시가사』, 집문당, 1997.
1997 양태순, 『고려가요의 음악적 연구』, 이회문화사, 1997.
1997 윤성현, 「속요의 형성과 장르적 특질」, 『한국고전시가사』, 집문당, 1997.
1997 이도흠, 「고려속요의 구조분석과 수용의미 해석」, 『한국시가연구』 1, 한국시가학회, 1997.
1997 이성주, 「動動의 社會學的 考究」, 『관대논문집 인문사회과학』 25, 1997.
1997 이현식, 「고려시가의 시대·이념적 기반」, 『한국고전시가사』, 집문당, 1997.
1997 임성래, 「민요의 속요화」, 『한국고전시가사』, 집문당, 1997.
1997 임주탁, 「受容과 傳承 樣相을 통해 본 高麗歌謠의 全般的인 性格」, 『진단학보』 83, 1997.
1997 임주탁, 「정읍의 창작 시기」, 『한국시가연구』 1, 한국시가학회, 1997.
1997 정형기, 「시용향악보 소재 〈나례가〉의 성격고찰」, 『한국민속학연구』, 민속원, 1997.
1997 조기봉, 「쌍화점 고」, 『어문연구』 29, 1997.
1997 최두식, 「고려시가의 남북한 비교고찰」, 『국어국문학』 119, 1997.
1997 허남춘, 「中世 詩歌의 展開와 美意識」, 『성균어문연구』 32, 1997.
1998 국어국문학회 편, 『고려가요·악장연구』, 국어국문학회, 태학사, 1998.
1998 김선기, 「고려사 속악가사의 표기방식과 이어체 24편에 대하여」, 『어문연구』 30, 1998.
1998 김영숙, 『한국영사악부연구』, 경산대학교 출판부, 1998.
1998 김완진, 「고려가요 식물명의 두세 문제」, 『문헌과 해석』 2, 문헌과 해석사, 1998.

1998 김완진, 「고려가요 해석의 발전을 위하여」, 『한국시가연구』 4, 1998.
1998 김완진, 「고려가요의 物名 : 국어학적 고찰」, 『정신문화연구』 73, 1998.
1998 김완진, 「고려가요의 해석의 반성」, 『국어학』 29, 국어학회, 1998.
1998 김완진, 「정읍사의 해석에 대하여」, 『국어학』 31, 국어학회, 1998.
1998 노지영, 「삼국 속악가사의 고려조 수용연구」, 부산대 석사학위논문, 1998.
1998 박노준, 「속요와 현대시로 본 화자와 자연과의 괴리」, 『현대시의 전통과 창조』, 열화당, 1998.
1998 박한진, 「〈이상곡〉 고찰」, 한양대 석사학위논문, 1998.
1998 박혜숙, 「고려속요의 여성화자」, 『고전문학연구』 14, 1998.
1998 사재동, 「고려가요의 서사적 구조와 연행양상」, 『한국시가연구』 3, 한국시가학회, 1998.
1998 성호경, 「원 산곡이 한국시가에 끼친 영향에 대한 고찰」, 『한국시가연구』 3, 1998.
1998 손종흠, 「〈정석가〉의 '삼동'에 대하여」, 『한국시가연구』 4, 1998.
1998 유연석·임재빈, 「〈青山別曲〉의 構造와 內容」, 『순천대과학과교육』 6, 1998.
1998 윤성현, 「유구곡의 구조와 미학의 본질」, 『한국시가연구』 3, 한국시가학회, 1998.
1998 이대규, 「고려가요 〈정석가〉의 해석」, 『부산대 국어국문학』 35, 1998.
1998 이성주, 「高麗歌謠에 나타난 抒情性 研究」, 『관대논문집 인문사회과학』 26, 1998.
1998 이성주, 『고려시대의 가요』, 민속원, 1998.
1998 이유진, 「고전시가 지도의 한 방향-〈가시리〉를 중심으로」, 『서울교대초등국어교육』 8, 1998.
1998 임주탁, 「고려후기 궁중문화와 고려가요 : 충렬왕 연간을 중심으로」, 『정신문화연구』 73, 1998.
1998 정무룡, 『정과정』, 경성대출판부, 1998.
1998 정운채, 「고려 〈처용가〉의 〈처용랑망해사〉조 재해석과 벽사진경의 원리」, 『고전문학연구』 13, 1998.
1998 정출헌, 「고려가요의 층위(層位)와 그 전승양상(傳承樣相) : 여말선초(麗末鮮初) 시가사(詩歌史)의 구도에 유의하여」, 『민족문학사연구』 13, 1998.
1998 조재훈, 「백제가요연구」, 고려대 박사학위논문, 1999.
1998 조해숙, 「고려가요를 중심으로 본 여음·후렴의 성격과 그 후대적 변모 양상」, 『서울시립대전농어문연구』 10, 1998.
1998 조흥욱, 「고려가요의 형태분류에 대한 일고찰」, 『국민대 어문학 논총』 17, 1998.
1998 황준연, 「시용향악보 향악곡의 연대」, 『한국시가연구』 4, 1998.

1999 강명관, 「조선전기 고려가요의 전승과 시조사의 문제」, 『조선시대 문학예술의 생성과 공간』, 소명, 1999.
1999 강명혜, 「고려속요의 송도성」, 『고전문학연구』 15, 1999.
1999 강헌규, 「청산별곡 결련의 '누로기'에 대한 재론 삼론」, 『한국어문교육』 7, 1999.
1999 구해수, 「고려 민중가요의 문학 사회학적 연구」, 동국대 석사학위논문, 1999.
1999 김대행, 「고려시가의 구비성과 기록성」, 『국문학의 구비성과 기록성』, 태학사, 1999.
1999 김대행, 『노래와 시의 세계』, 역락, 1999.
1999 김문태, 「高麗俗謠의 朝鮮朝 受容樣相 : 成宗·中宗朝의 고려속요 비판을 중심으로」, 『한국시가연구』 5, 1999.
1999 김홍규, 「고려속요의 장르적 다원성」, 『욕망과 형식의 시학』, 태학사, 1999.
1999 박광정, 『재미있게 풀어 쓴 고전시가 문학』, 좋은날, 1999.
1999 박애경, 「가요의 관습과 고려가요」, 『동방고전문학연구』 1, 1999.
1999 유동석, 「〈정읍사〉연구」, 『부산대 한국민족문화』 13, 1999.
1999 유동석, 「고려가요 〈서경별곡〉에 대한 새풀이」, 『부산대 한국민족문화』 14, 1999.
1999 이형대, 「〈원가〉와 〈정과정〉의 시적 인식과 정서」, 『한성어문학』 18, 1999.
1999 임주탁, 「고려시대 국어시가의 창작 및 전승기반 연구」, 서울대 박사학위논문, 1999.
1999 조기봉, 「〈만전춘별사〉의 문학사회학적 고찰」, 『어문연구』 31, 어문연구학회, 1999.
1999 주원종, 「〈동동〉의 제의가적 연구」, 한남대 교육대학원, 1999.
1999 최미정, 『고려속요의 전승연구』, 계명대 출판부, 1999.
1999 최철, 「고려국어가요의 율격현상과 텍스트 확정」, 『문학한글』 13, 1999.
1999 허남춘, 「고려가요와 예악사상」, 『백록어문』 15, 1999.
1999 허남춘, 『古典詩歌와 歌樂의 傳統』, 월인, 1999.
2000 강명혜, 「고려속요의 특질 및 성격」, 『어문연구』 106, 한국어문교육연구회, 2000.
2000 강헌규, 「청산별곡 결련의 재고찰」, 『한국어문교육』 8, 2000.
2000 공남식, 「처용가의 변이 과정 연구」, 연세대 교육대학원 석사학위논문, 2000.
2000 김명준, 「서경별곡의 긴밀한 구조와 그 의미」, 『한국시가연구』 8, 한국시가학회, 2000.
2000 김무헌, 「이상곡의 교육 연구」, 『한남대 교육연구』 8집, 2000.
2000 김봉규, 「고려노래 〈동동〉연구 3-6, 7, 8월령을 중심으로」, 『경상어문』 5·6, 경상대, 2000.
2000 김선기, 「고려사 악지의 속악가사에 관한 종합적 고찰」, 『한국시가연구』 8, 한

국시가학회, 2000.
2000 김수경, 「〈동문선〉소재 치어·구호를 통해본 고려시대 정재의 연행양상」, 『시가사와 예술사의 관련 양상』, 보고사, 2000.
2000 김영운, 「정읍의 후공전과 금선조에 대한 음악적 고찰」, 『정읍문화』 9집, 2000.
2000 김완진, 「고려가요 어휘의 연구」, 『학술원논문집』 39, 학술원, 2000.
2000 김완진, 「'열명'에 대하여」, 『새국어생활』 10, 국립국어연구원, 2000.
2000 김완진, 『향가와 고려가요』, 서울대 출판부, 2000.
2000 김준옥, 「고려시대가요 〈장생포〉의 창작배경에 관한 연구」, 『한국언어문학』 44, 2000.
2000 김진숙, 「고려속악가사의 형태 연구」, 전남대 석사학위논문, 2000.
2000 김진희, 「고려속요의 음악적 구성원리」, 연세대 석사학위논문, 2000.
2000 김쾌덕, 「고려 속가에 미친 송사의 영향 연구」, 『한국문학논총』 27집, 2000.
2000 김쾌덕, 「송사의 유입과 속가」, 『부경어문』 창간호, 부경대학교, 2000.
2000 성기옥, 「〈악학궤범〉과 성종대 속악 논의의 행방」, 『시가사와 예술사의 관련 양상』, 보고사, 2000.
2000 양은희, 「고려속요 여성화자 연구」, 이화여대 석사학위논문, 2000.
2000 양태순, 「선초 향악의 흐름과 그 시가사적 의미」, 『시가사와 예술사의 관련 양상』, 보고사, 2000.
2000 양태순, 「정과정(진작)과 성황반에 대하여」, 『음악학논총』, 민속원, 2000.
2000 유동석, 「고려가요 〈정과정〉의 노랫말에 대한 새 해석」, 『한국문학논총』 26, 한국문학회, 2000.
2000 유승호, 「고려가요연구」, 중앙대 교육대학원 석사학위논문, 2000.
2000 이민홍, 「조선조 초기 樂舞政策과 蕃部樂」, 『시가사와 예술사의 관련 양상』, 보고사, 2000.
2000 이정도, 「고려속요 교육론 : 정서체험과 내면화 방안을 중심으로」, 세명대 교육대학원 석사학위논문, 2000.
2000 이정택, 「만전춘별사에 관한 어문학적 연구」, 『인문논총』 7, 서울여대, 2000.
2000 전병민, 「청산별곡 연구」, 서원대 교육대학원 석사학위논문, 2000.
2000 정기철, 「청산별곡 5·6연의 뒤바뀜 문제에 대하여」, 『한국언어문학』 45, 2000.
2000 조연숙, 「고려속요에 나타난 여성화자의 의식－〈동동〉과 〈정읍사〉를 중심으로」, 『숙명어문논집』 3, 숙명여대, 2000.
2000 최경식, 「고려가요의 지도 방법에 관한 연구」, 아주대 교육대학원 석사학위논문, 2000.
2000 최규성, 「고려 속요를 통해 본 고려후기의 사회상 : 쌍화점에 대한 분석을 중심으로」, 『사학연구』 61집, 2000.
2000 허남춘, 「고전시가와 예악사상」, 『시가사와 예술사의 관련 양상』, 보고사, 2000.

2000 황경숙, 「궁중 나례가 연구」, 『우암어문논집』 10, 우암어문학회, 2000.
2000 황경숙, 『한국의 벽사의례와 연희문화』, 월인, 2000.
2001 강명혜, 「고전 시가 교육의 문제점과 학습자 활동 중심의 교수 학습 모형 일고찰-〈청산별곡〉을 중심으로」, 『어문학보』 23집, 강원대학교 사범대학 국어교육과, 2001.
2001 고정의, 「청산별곡의 '가던새'에 대하여」, 『울산어문논집』 15집, 2001.
2001 김명준, 「정과정과 향가의 거리」, 『우리문학연구』 14, 우리문학회, 2001.
2001 김미영, 「소악부의 국문학사적 가치에 대한 연구」, 공주대 석사학위논문, 2001.
2001 김쾌덕, 『고려노래 속가의 사회배경적 연구』, 국학자료원, 2001.
2001 박노준, 「속요, 그 현대시로의 변용」, 『한국시가연구』 9, 한국시가학회, 2001.
2001 박노준, 『향가여요의 정서와 변용』, 태학사, 2001.
2001 변경택, 「〈동동〉의 원형비평적 연구」, 경성대 석사학위논문, 2001.
2001 성기옥, 「악학궤범의 시문학 사료적 가치」, 『악학궤범』, 일조각, 2001.
2001 송방송, 「악학궤범의 음악사학적 조명」, 『악학궤범』, 일조각, 2001.
2001 안동준, 「고려노래 '선어'와 민간전승 도교음악」, 『배달말』 29, 2001.
2001 여기현, 「속악의 형성과정 재구(1)」, 『한국시가연구』 10, 한국시가학회, 2001.
2001 이범직, 「악학궤범의 예악론」, 『악학궤범』, 일조각, 2001.
2001 이현희, 「악학궤범의 국어학적 고찰」, 『악학궤범』, 일조각, 2001.
2001 임국현, 「종교적 신성의 체험과 이상곡의 님」, 『한국문학논총』 28집, 한국문학회, 2001.
2001 정혜원, 『한국고전시가의 내면미학』, 신구문화사, 2001.
2001 진단학회 편, 『악학궤범』, 일조각, 2001.
2001 하태석, 「무가계 속악가사의 성격 연구」, 『어문논집』 43, 민족어문학회, 2001.
2002 김명준, 『고려속요집성』, 다운샘, 2002.
2002 박경주, 「고려후기 문학담당층의 전개양상과 경기체가」, 『국제어문』25집, 국제어문학회, 2002. 7.
2002 윤용준, 「고려속요에 나타난 이별의 정한 연구」, 군산대 교육대학원 석사학위논문, 2002. 8.
2002 임주탁, 「〈서경별곡〉의 텍스트 독법과 생성 문맥」, 『한국민족문화』19・20집, 부산대 한국민족문화연구소, 2002. 10.
2002 전혜정, 「속요에 나타난 여성 화자 연구」, 안동대 교육대학원 석사학위논문, 2002. 8.
2003 김기영, 「「쌍화점」의 내외 공간과 화자의 이중성 고찰」, 『어문연구』43, 어문연구학회, 2003. 12.
2003 김명준, 「악장가사의 성립과 소재 작품의 전승양상 연구」, 고려대 박사학위논문, 2003. 6.

2003 김시용, 「고등학교 문학교과의 고려가요 교수,학습 모형 연구」, 위덕대 교육대학원 석사학위논문, 2003. 8.
2003 김혜영, 「「청산별곡」의 감상 지도 방안 모색」, 연세대 교육대학원 석사학위논문, 2003. 8.
2003 박경주, 「전승방식과 음악성을 통해 본 고려시대 시가장르의 흐름」, 『한국시가연구』13집, 한국시가학회, 2003. 2.
2003 박노준, 『옛사람 옛노래 향가와 속요』, 태학사, 2003. 2.
2003 박재민, 「「정석가」발생시기 재고」, 『한국시가연구』14, 한국시가학회, 2003. 8.
2003 박혜숙, 「고려속요의 여성화자」, 『고전문학과 여성화자, 그 글쓰기 전략』, 월인, 2003. 12.
2003 손양미, 「고려 「처용가」의 구조와 그 의미」, 경북대 석사학위논문, 2003.
2003 엄국현, 「고려궁정잔치노래 「비두로기」의 작품분석과 장르적 성격」, 『한국문학논총』35, 한국문학회, 2003. 12.
2003 이미영, 「고려속요의 정서와 교육」, 숙명여대 교육대학원 석사학위논문, 2003.
2003 이성혁, 「고려가요 형태 생성에 관한 제논의 검토와 고려가요의 갈래」, 『한국어문학연구』18, 한국외대 한국어문학연구회, 2003. 8.
2003 임주탁, 「「정석가」의 함의와 생성 문맥」, 『한국문학논총』35, 한국문학회, 2003. 12.
2003 임주탁, 「〈청산별곡〉의 독법과 해석」, 『한국시가연구』13집, 한국시가학회, 2003. 2.
2003 임주탁, 「향가 전통에서 본 〈사모곡〉의 주제」, 『한국민족문화』21집, 부산대 한국민족문화연구소, 2003. 4.
2003 장제선, 「「청산별곡」의 작품 특성과 학습 지도 방안 연구」, 성균관대 교육대학원 석사학위논문, 2003.
2003 정태성, 「고려속요에 나타난 여성화자의 의식연구」, 조선대 교육대학원 석사학위논문, 2003.
2003 최미정, 「고려속요의 유절양식과 분련체의 관련양상 고찰」, 『한국문학이론과 비평』19, 한국문학이론과비평학회, 2003. 6.
2003 하태석, 「처용 형상의 변용 양상」, 『어문연구』47집, 민족어문학회, 2003. 4.
2003 홍인석, 「고려속요의 시적화자 연구」, 수원대 교육대학원 석사학위논문, 2003.
2004 강헌규, 『고가요의 주석적 연구』, 한국문화사, 2004.
2004 김명준, 『악장가사 연구』, 다운샘, 2004.
2004 김명준, 『악장가사 주해』, 다운샘, 2004.
2004 서수금, 「고려가요 연구의 흐름에 관한 분석적 고찰」, 숭실대 석사학위논문, 2004.
2004 이복규, 「고려가요 난해어구 해독을 위한 민속적 관견-「청산별곡」과 「쌍화점」의 일부 어구를 중심으로」, 『국제어문』 30, 국제어문학회, 2004. 4.

2004 이영태, 『고려속요와 기녀』, 경인문화사, 2004.
2004 임주탁, 『강화 천도 그 비운의 역사와 노래』, 새문사, 2004. 5.
2004 최미정, 「고려 궁중악의 국어가요와 한자시가: 고려의 향악·아악에 대한 연구의 고찰」, 『대동한문학』 20, 대동한문학회, 2004.
2004 허혜정, 「「처용가」를 통해 본 달의 에로티즘 연구」, 『동서비교문학저널』 11, 한국동서비교문학학회, 2004.
2005 강헌규, 「〈이상곡〉 新考」, 『인문과학』 36, 성균관대 인문과학연구소, 2005. 8.
2005 김수경, 「속요의 현대화, 그 몇 가지 양상에 관한 시론」, 『한국시가연구』 19, 한국시가학회, 2005. 11.
2005 김정주, 『고려가요』, 조선대 출판부, 2005. 3.
2005 박진태, 「〈정읍사〉의 확산과 지역 축제로의 회귀」, 『고전문학과 교육』 10, 한국고전문학교육학회, 2005. 8.
2005 서수금, 「고려가요 연구의 흐름에 관한 분석적 고찰」, 『숭실어문』 21, 숭실어문학회, 2005. 6.
2005 송태윤, 「고려가요의 텍스트성 분석: 응결성과 응집성을 중심으로」, 조선대 박사학위논문, 2005. 8.
2005 양태순, 「〈서경별곡〉의 종합적 고찰」, 『국어국문학』 139, 국어국문학회, 2005. 5.
2005 임주탁, 「고려 〈처용가〉의 새로운 분석과 해석」, 『한국문학논총』 40, 한국문학회, 2005. 8.
2005 정재호, 「〈청산별곡〉의 새로운 이해 모색」, 『국어국문학』 139, 국어국문학회, 2005. 5.
2005 정종진, 「고려속요의 존재방식으로 본 여음考」, 『한국고전연구』 12, 한국고전연구학회, 2005. 12.
2005 허남춘, 「「한림별곡」과 조선조 경기체가의 향방」, 『한국시가연구』 17, 한국시가학회, 2005. 2.
2005 황병익, 「「滿殿春別詞」 5聯의 語彙 再考」, 『한국시가연구』 16, 한국시가학회, 2005.
2006 고정희, 「〈쌍화점〉의 후대적 변용과 문학치료적 함의」, 『문학치료연구』5, 한국문학치료학회, 2006. 8.
2006 김경수, 『고려문학산고』, 제이앤씨, 2006. 10.
2006 김명준, 「〈쌍화점〉형성에 관여한 외래적 요소」, 『동서비교문학저널』 14, 한국동서비교문학회, 2006. 6.
2006 김미숙, 「고려속요에 나타난 말하기 방식 연구」, 전북대 교육대학원 석사학위논문, 2006. 2.
2006 김쾌덕, 『고려속가의 연구』, 새미, 2006. 2.
2006 박경수, 「현대시와 고려가요 패러디의 양상과 담론」, 『한국문학이론과 비평』

33, 한국문학이론과 비평학회, 2006. 12.
2006 서형석, 「〈동동〉의 이미지 연구」, 경성대 교육대학원 석사학위논문, 2006. 2.
2006 성호경, 「고려후기 시가의 계통과 형성과정 고찰」, 『한국문화』 37, 서울대 규장각 한국학연구원, 2006. 6.
2006 성호경, 『고려시대 시가연구: 체계적 이해를 위한 모색』, 태학사, 2006. 12.
2006 엄국현, 「고려궁정잔치노래와 무녀의 사랑노래」, 『한국문학이론과 비평』 33, 한국문학이론과 비평학회, 2006. 12.
2006 윤선미, 「중세 스페인 안달루시아의 사랑 노래와 고려속요」, 『동서비교문학저널』 14, 한국동서비교문학회, 2006. 6.
2006 오연경, 「고려속가 〈동동〉의 교육방법 연구」, 인천교육대학교 석사학위논문, 2006. 12.
2006 이수곤, 「〈정과정〉의 창작 성격에 대한 시론적 고찰」, 『한국문학이론과 비평』 33, 한국문학이론과 비평학회, 2006. 12.
2006 정종진, 「고려속요의 주제 양식적 성격 고찰」, 『한국문학이론과 비평』 33, 한국문학이론과 비평학회, 2006. 12.
2006 최정삼, 「〈동동〉의 지역 축제 연출 가능성과 그 개발 방안」, 『고시가연구』 18, 한국고시가문학회, 2006. 8.
2006 최정윤, 「〈청산별곡〉의 의미와 향유 의식」, 『한국문학이론과 비평』 33, 한국문학이론과 비평학회, 2006. 12.
2006 홍성구, 「고려가요의 효율적 교수 방안 연구: 소위 남녀상열지사라는 작품을 중심으로」, 경희대 교육대학원 석사학위논문, 2006. 2.
2007 강지영, 「구성주의 관점의 〈청산별곡〉 감상 지도 방안」, 아주대학교 교육대학원 석사학위논문, 2007. 2.
2007 김명준, 「고려 궁중 음악의 외래적 점유 속에서 속악의 위치와 성격」, 『아시아아메리카연구』7 , 단국대학교 아시아아메리카문제연구소, 2007. 11.
2007 김성문, 「〈滿殿春別詞〉의 詩的 文脈과 情緖 表出樣相 硏究」, 『우리문학연구』 21, 우리문학회, 2007. 2.
2007 김세종, 「한국 음악 속의 〈동동〉」, 『고시가연구』 19, 한국고시가문학회, 2007. 2.
2007 김정란, 「처용가 다시 읽기 - 열린 해석을 위한 하나의 시론(詩論)」, 『한국프랑스문화학회 학술발표논문집』, 한국프랑스문화학회, 2007.
2007 김정란, 「처용가 다시 읽기」, 『한국프랑스문화학회 학술발표논문집』, 한국프랑스문화학회, 2007.
2007 박효정, 「소통적 의미구성 모형 개발과 적용-〈청산별곡〉의 교수-학습 방법 중심으로」, 경북대학교 교육대학원 석사학위논문, 2007. 8.
2007 서철원, 「鄕歌와 高麗俗謠의 장르적 차이를 통해 본 轉變 樣相의 단서」, 『한국시가연구』 23, 한국시가학회, 2007. 11.

2007 서호진, 「이미지 분석을 통한 고려속가 교육방안 연구」, 부경대학교 교육대학원 석사학위논문, 2007. 8.
2007 여기현, 「〈동동〉의 서정성 -그 수용과 향유의 과정」, 『陶南學報』 22, 도남학회, 2007.
2007 여기현, 「시가 속 비둘기의 변용 : 〈유구곡(維鳩曲)〉 재해석을 위하여」, 『반교어문연구』 23, 반교어문학회, 2007. 2.
2007 유종국, 「〈鄭石歌〉의 編詞에 對한 樣式批評的 考察」, 『국어문학』 43, 국어문학회, 2007. 8.
2007 윤성현, 『속요의 아름다움』, 태학사, 2007. 7.
2007 윤원경, 「배경설화로 본 향가 교육의 효용성 연구」, 중앙대학교 교육대학원 석사학위논문, 2007. 8.
2007 이진, 「소통구조로 본 고려가요」, 전북대학교 교육대학원 석사학위논문, 2007. 8.
2007 이현주, 「〈서경별곡〉의 창작배경과 연군가적 성격 연구」, 부경대학교대학원 석사학위논문, 2007. 8.
2007 임미선, 「정읍(井邑)의 창작시기와 전승과정」, 『한국음악연구』 42, 한국국악학회, 2007. 2.
2007 정재호, 「〈청산별곡〉론 서설」, 『고전과 해석』, 고전문학한문학연구학회, 2007. 4.
2007 황병익, 「〈동동〉 '새셔가만하애라'와 〈한림별곡〉 '명쇼년(鄭少年)'의 의미 재론」, 『정신문화연구』 30, 한국학중앙연구원, 2007. 12.
2008 강명혜, 「〈만전춘별사(滿殿春別詞)〉의 스토리텔링화」, 『온지논총』 18, 2008. 1.
2008 강희경, 「〈청산별곡〉 교육방안 연구」, 세명대학교 교육대학원 석사학위논문, 2008. 8.
2008 고대건, 「한국시가문학에 나타난 '넋두리'의 의미와 기능 연구 : 향가 〈처용가〉와 김소월의 〈진달래꽃〉을 중심으로」, 아주대학교대학원 석사학위논문, 2008. 2.
2008 고유리, 「〈청산별곡〉의 문학적 특징과 교육 방안」, 청주대학교 교육대학원 석사학위논문, 2008. 8.
2008 고창수, 「〈정읍사〉 어구 분석의 몇 논점」, 『漢城語文學』 27, 한성대학교 한성어문학회, 2008. 7.
2008 김명준, 「고려속요 형성에 관여한 외래성」, 『고시가연구』 22, 한국고시가문학회, 2008. 8.
2008 김명준, 『개정판고려속요집성』, 다운샘, 2008.
2008 김명준, 『한국고전시가의 모색』, 보고사, 2008.
2008 김세종, 「해양음악으로 본 〈동동〉의 고려악부 유입과 음악사적 의미」, 『고시가

연구』 22, 한국고시가문학회, 2008. 8.
2008 김수경, 「고려 말 악공·기녀의 위상과 음악사적 의의」, 『한국문화연구』 15, 이화여자대학교 한국문화연구원, 2008. 12.
2008 김진아, 「고려속요 교수-학습 방안 연구:Brunner의 발견학습이론을 중심으로」, 동아대학교교육대학원 석사학위논문, 2008. 8.
2008 나정순, 『고전시가의 전통과 현재성』, 보고사, 2008.
2008 민찬, 「〈청산별곡〉 3연의 새와 학무」, 『한국언어문학』 66, 한국언어문학회, 2008. 9.
2008 박보라, 「전문가 협력학습 모형을 활용한 고려속요 교수-학습 방법 : '서경별곡'을 중심으로」, 경북대학교 교육대학원 석사학위논문, 2008. 8.
2008 박지영, 「처용가의 현대적 변용과 창작 교육」, 아주대학교대학원 석사학위논문, 2008. 2.
2008 서철원, 「高麗俗謠의 어조를 통해 본 장르 관습의 양상」, 『고시가연구』 21, 한국고시가문학회, 2008. 2.
2008 양희찬, 「고려가요 〈(동동)動動〉의 미적(美的) 짜임과 성격(性格)」, 『한국고시가문화연구』 22, 한국고시가문학회, 2008. 8.
2008 여기현, 「시가 속 '오리〔鴨〕'의 변용 -〈만전춘〉의 재해석을 위하여」, 『반교어문연구』 25, 반교어문학회, 2008. 8.
2008 여운필, 「고려시대의 한시(漢詩)와 국문시가(國文詩歌)」, 『한국한시연구』 16, 한국한시학회, 2008. 6.
2008 이경은, 「〈青山別曲〉의 교수-학습 방안 연구」, 성균관대학교 교육대학원 석사학위논문, 2008. 8.
2008 이영태, 「〈동동〉의 송도와 선어」, 『민족문학사연구』 36, 민족문학사학회, 2008. 4.
2008 임재욱, 「〈서경별곡(西京別曲)〉에 나오는 '대동강(大同江)'과 '배'의 상징성」, 『韓國詩歌研究』 24, 한국시가학회, 2008. 5.
2008 임주탁, 「維鳩曲의 해석과 伐谷鳥 · 布穀歌와의 관계」, 『한국문학논총』 49, 2008. 6.
2008 장인진, 「계명대학교 동산도서관 소장 보물 도서 11종의 문헌적 가치」, 『한국학논집』 37, 계명대학교 한국학연구소, 2008.
2008 전한성, 「이미지(Image) 활용을 통한 고전시교육의 내용구성연구 - 만전춘별사(滿殿春別詞)를 중심으로」, 『국어교육』 126, 한국어교육학회, 2008. 6.
2008 정기선, 「고려시가의 정서와 그 표현 방식 연구」, 서강대학교 교육대학원 석사학위논문, 2008. 2.
2008 조규익, 「북한문학사의 고려속악가사」, 『온지논총』 19, 온지학회, 2008. 6.
2008 허혜정, 『처용가와 현대의 문화산업』, 글누림, 2008.

2008 홍소희, 「고려가요의 여성화자와 대안적 여성상 : 〈동동〉의 여성을 중심으로」, 아주대학교 교육대학원 석사학위논문, 2008. 12.
2009 김금남, 「〈원사〉와 관련된 〈가시리〉 생성동인」, 『어문론집』 40, 중앙어문학회, 2009. 3.
2009 김창원, 「고려시대 '평양'이라는 공간의 탄생과 고려가요의 서정 - 「서경별곡」을 중심으로 하여」, 『국제어문』 47, 국제어문학회, 2009. 12.
2009 노경식, 『정읍사』, 연극과인간, 2009.
2009 박경주, 「경기체가의 형식미와 창작 원리 및 그 문학교육적 활용 시안 연구 : 고려시대 작품을 중심으로」, 『고전문학과 교육』 18, 한국고전문학교육학회, 2009. 8.
2009 박미정, 「향가의 기원성에 대한 유형적 고찰」, 대구대학교 교육대학원 석사학위논문, 2009. 2.
2009 변유유, 「〈한림별곡〉에 미친 송사의 영향」, 『한민족어문학』 55, 한민족어문학회, 2009. 12.
2009 여기현, 「〈정과정〉의 향유 양상과 '접동새'의 문학적 변용」, 『반교어문연구』27, 반교어문학회, 2009. 8.
2009 윤주경, 「쌍화점의 생성·변개에 대한 연구」, 계명대학교 교육대학원 석사학위논문, 2009. 2.
2009 이다현, 「경기체가·악장의 갈래 특성을 고려한 교육 방향 모색 : 〈한림별곡〉, 〈용비어천가〉를 중심으로」, 성균관대학교 교육대학원 석사학위논문, 2009. 8.
2009 이병찬, 「고려가요의 자연 표상」, 『반교어문연구』 26, 반교어문학회, 2009. 2.
2009 이영태, 「〈동동〉 화자의 심리」, 『민족문학사연구』 39, 민족문학사연구소, 2009. 4.
2009 이윤선, 「향가 〈처용가〉 와 고려 〈처용가〉 의 인물 변이 양상과 그 의미」, 『문학과 언어』 31, 한국문화융합학회, 2009. 5.
2009 이정선, 「〈서경별곡(西京別曲)〉의 창작 배경을 통해 본 신(新)해석」, 『韓國詩歌研究』 27, 한국시가학회, 2009. 11.
2009 임재욱, 「11,12월 노래에 나타난 〈동동(動動)〉 화자의 정서적 변화」, 『古典文學研究』 36, 韓國古典文學會, 2009. 12.
2009 정소연, 「『악장가사』 소재 작품의 표기방식원리 연구(1)」, 『어문학』 103, 한국어문학회, 2009. 3.
2009 조용호, 「〈履霜曲〉의 의미와 淫辭的 성격」, 『동방학지』 148, 연세대학교 국학연구원, 2009. 12.
2009 최미리, 「高麗俗謠의 愛情 表出 樣相 研究」, 중앙대학교대학원 석사학위논문, 2009. 8.
2010 강헌규, 『고가요의 주석적 연구』II, 한국문화사, 2010.

2010 김기영, 「『증보문헌비고』 〈악고〉의 고려가요 인식과 그 의미」, 『어문연구』 66, 어문연구학회, 2010. 12.
2010 김명준, 「고려 처용가(處容歌)의 무가적(巫歌的) 성격에 대한 재고(再考)」, 『韓國詩歌研究』 28, 한국시가학회, 2010. 5.
2010 김유미·이승하, 「한국 대중가요에 나타난 〈가시리〉 연구」, 『대중서사연구』 24, 대중서사학회, 2010. 11.
2010 김지은, 「音聲象徵으로 본 高麗俗謠의 餘音研究」, 중앙대학교대학원 석사학위논문, 2010. 2.
2010 변유유, 「경기체가 연구– 송사와의 비교를 중심으로」, 경상대학교대학원 박사학위논문, 2010. 2.
2010 변지선, 「『時用鄕樂譜』 소재 〈삼성대왕〉 연구」, 『Journal of Korean Culture』 15, 한국어문학국제학술포럼, 2010.
2010 서철원, 「〈청산별곡〉의 구성 방식과 향가의 속요의 전통」, 『비평문학』 38, 한국비평문학회, 2010. 12.
2010 손종흠, 『속요형식론』, 박문사, 2010. 2.
2010 신현규, 「고려속요 '처용가'의 미학적 접근 가능성 연구」, 『문학과언어』 32, 한국문화융합학회, 2010. 5.
2010 어강석, 「구조적(構造的) 상관성(相關性)으로 본 쌍화점(雙花店)」, 『고전문학연구』 38, 한국고전문학회, 2010. 12.
2010 유윤곤, 「고전시가 교육과 여성성의 문제」, 서울시립대학교 교육대학원 석사학위논문, 2010. 2.
2010 윤성현, 「처용 변용을 통해 본 시인의 세계인식 태도」, 『열상고전연구』 31, 열상고전연구회, 2010. 6.
2010 이등룡, 『여요석주』, 한국학술정보, 2010.
2010 이선희, 「교육연극을 활용한 〈청산별곡〉 지도 방안 연구」, 부경대학교 교육대학원 석사학위논문, 2010. 2.
2010 이정선, 「〈가시리〉 의 편사(編詞)와 문학적 해석」, 『한국언어문화』 41, 한국언어문화학회, 2010. 4.
2010 이정선, 「〈쌍화점(雙花店)〉의 구조를 통해 본 성적(性的) 욕망과 그 의미」, 『대동문화연구』 71, 성균관대학교 대동문화연구원, 2010. 5.
2010 임소영, 「고려속요의 여성화자 목소리 연구」, 국민대학교대학원 석사학위논문, 2010. 8.
2010 조수현, 「고려속요의 여성화자 연구: 표현 방법과 정서 표출방식을 중심으로」, 국민대학교대학원 석사학위논문, 2010. 2.
2010 조평환, 「고려속요(高麗俗謠)에 나타난 불교문화(佛敎文化)의 수용양상(受容樣相)에 관한 연구」, 『온지논총』 26, 온지학회, 2010. 9.

2010 조하연, 「문학 감상 교육 연구: 고려속요를 중심으로」, 서울대학교대학원 박사학위논문, 2010. 2.
2010 최은숙, 「〈쌍화점〉 관련 텍스트에 나타난 소문의 구성 양상과 기능」, 『동양고전연구』 39, 동양고전학회, 2010. 6.
2010 허혜정, 「일반논문 : '처용'이라는 화두와 '벽사'의 언어 -김춘수의 무의미시론에 대한 새로운 해독」, 『현대문학의 연구』 42, 한국문학연구학회, 2010. 9.
2010 황병익, 「〈동동(動動)〉 송도지사(頌禱之詞) 개효선어(盖效仙語)의 의미 고찰」, 『古典文學研究』 37, 한국고전문학회, 2010. 6.
2010 황병익, 「〈청산별곡(青山別曲)〉 8연의 의미 재론」, 『민족문화논총』47, 영남대학교 민족문화연구소, 2010. 8.
2011 강재현, 「귤산(橘山) 이유원(李裕元) 소악부(小樂府)와 19세기(世紀) 사대부(士大夫) 시조(時調) 향유(享有)의 특성(特性) 고찰(考察)」, 『인문학연구』 85, 충남대학교 인문과학연구소, 2011.
2011 김명준, 「고려속요(高麗俗謠)의 외국어 번역 현황과 과제」, 『우리문학연구』 34, 우리문학회 2011. 10.
2011 김명준, 『時用鄕樂譜』, 지식을만드는지식, 2011.
2011 김명준, 『악장가사』, 지식을만드는지식, 2011.
2011 김진희, 「고려가요 여음구와 반복구의 문학적,음악적 의미」, 『韓國詩歌研究』 31, 한국시가학회, 2011. 11.
2011 김창원, 「고려시대 백제 지역에 대한 심상지리와 백제 가요」, 『국제어문』 51, 국제어문학회, 2011. 4.
2011 김효은, 「고려가요의 장르적 특징을 활용한 교수 학습 방법 : 〈가시리〉와 〈서경별곡〉을 중심으로」, 연세대학교 교육대학원 석사학위논문, 2011. 8.
2011 박보경, 「고려속요 작품의 이별 단계의 양상과 감상성 연구」, 한양대학교 교육대학원 석사학위논문, 2011. 8.
2011 박상영, 「고려속요에 나타난 웃음의 양상과 그 미학적 전승」, 『韓國詩歌研究』 31, 한국시가학회, 2011. 11.
2011 서철원, 「주제론을 중심으로 한 속요와 『만엽집』 비교 시론」, 『고시가연구』 27, 한국고시가문학회, 2011. 2.
2011 신현규, 『고려사 악지 : 아악·당악·속악』, 學古房, 2011.
2011 양세희, 「옛말 문법교육을 통한 고려가요 〈동동(動動)〉의 효과적 이해 방안 모색」, 『한국어문교육』9, 고려대학교 한국어문교육연구소, 2011. 2.
2011 여기현, 『고려시대의 형성과 향유, 그 변용』, 보고사, 2011.
2011 이연, 「고려가요에 나타난 宋詞와 元曲의 영향」, 서울대학교대학원 석사학위논문, 2011. 2.
2011 이정임, 「향가 교육의 실태 분석과 배경설화를 활용한 지도방안 연구」, 전북대

학교 교육대학원 석사학위논문, 2011. 8.
2011 임종경, 「〈처용가〉의 현대문학화 과정 연구:시화와 소설화를 중심으로」, 안동대학교대학원 석사학위논문, 2011. 8.
2011 임현석, 「고려가요 〈쌍화점〉의 연구」, 조선대학교대학원 석사학위논문, 2011. 8.
2011 장유진, 「고려속요 〈동동〉의 교수 학습방법 연구」, 고려대학교대학원 석사학위논문, 2011. 8.
2011 한교경, 「고려속요의 문화콘텐츠 활용을 위한 서사구조와 정서기호 연구 : 『익재난고』〈소악부〉 분석을 중심으로」, 성균관대학교대학원 박사학위논문, 2011. 8.
2011 황병익, 「역신(疫神)의 정체와 신라 〈처용가〉 의 의미 고찰」, 『정신문화연구』 34, 한국학중앙연구원, 2011. 6.
2012 김명준, 「고려속요 작품군의 정리와 활용 방안」, 『우리문학연구』 37, 우리문학회, 2012. 10.
2012 김명준, 「고려속요의 현대역 현황과 과제」, 『한민족문화연구』 41, 한민족문화학회, 2012. 10.
2012 김수연, 「〈청산별곡〉 교수법 연구 : 10학년 국어교과서를 중심으로」, 성신여자대학교 교육대학원 석사학위논문, 2012. 8.
2012 문련희, 「고려가요에 쓰인 '-시-'에 대한 고찰 = '高麗歌謠'中對'-시-'的考察」, 『중국조선어문』 177, 길림성민족사무위원회, 2012. 1.
2012 박상영, 「고려 〈처용가(處容歌)〉의 담론 특성과 그 미학적 함의」, 『古典文學研究』 41, 한국고전문학회, 2012. 6.
2012 박상영, 「특집 : 고려속요에 나타난 서사성의 한 양상과 그 시가사적 전승」, 『韓國詩歌研究』 32, 한국시가학회, 2012. 5.
2012 박재민, 「〈정석가(鄭石歌)〉 주석(註釋) 재고(再考)와 문학적(文學的) 향방(向方) (2) -'딩아 돌하'를 중심(中心)으로-」, 『古典文學研究』 41, 한국고전문학회, 2012. 6.
2012 송태윤, 「고려가요 서경별곡의 텍스트성 연구」, 『한국언어문학』 82, 한국언어문학회, 2012. 9.
2012 송태윤, 「고려가요 처용가의 텍스트성 연구」, 『韓民族語文學』 62, 한민족어문학회, 2012. 11.
2012 유동석, 「고려가요 〈처용가〉 연구」, 『韓民族語文學』 62, 한민족어문학회, 2012. 12.
2012 유자영, 「고려속요의 교수-학습 모형 연구」, 경희대학교 교육대학원 석사학위논문, 2012. 8.
2012 윤나경, 「스토리텔링을 활용한 고려속요 교육방안 연구 : 〈가시리〉 와 〈서경별곡〉을 중심으로」, 연세대학교 교육대학원 석사학위논문, 2012. 2.

2012 이순희, 「〈靑山別曲〉의 교수 · 학습 방안 연구」, 한국교원교육대학교 석사학위 논문, 2012. 2.
2012 이영태, 『고려속요와 가창공간』, 한국학술정보, 2012.
2012 이종호, 「〈청산별곡〉의 문학 교육적 가치와 교육방안」, 인하대학교 교육대학원 석사학위논문, 2012. 8.
2012 정경란, 「고려 청산별곡(靑山別曲)의 현대적 습용(襲用)」, 『고조선단군학』 26, 고조선단군학회, 2012. 5.
2012 조하연, 「정석가(鄭石歌)의 구조와 상상력」, 『先淸語文』 40, 서울대학교 국어교육과, 2012.
2012 최선경, 「고려가요 의문문의 수사적 의미와 기능」, 『수사학』 17, 한국수사학회, 2012. 9.
2012 최혜영, 「이러닝을 통한 〈청산별곡〉교수·학습 방안 연구」, 부경대학교 교육대학원 석사학위논문, 2012. 8.
2012 하경숙, 「〈정읍사〉의 후대적 전승과 변용 양상」, 『東洋古典研究(The study of the Eastern Classic)』 47, 東洋古典學會, 2012. 6.
2012 하경숙, 「문화 : 고려가요 〈쌍화점〉의 후대전승과 현대적 변용」, 『溫知論叢』 31, 온지학회, 2012. 4.
2012 하경숙, 『한국 고전시가의 후대 전승과 변용 연구』, 보고사, 2012.
2013 고창수, 「고려가요 해석의 몇 논점」, 『어문논집』67, 민족어문학회, 2013. 4.
2013 김명준, 「〈정읍(井邑)〉 전승사에서 "정읍"의 장소성에 대한 인식 변화 양상」, 『韓國詩歌研究』 34, 한국시가학회, 2013. 5.
2013 김명준, 「〈한국언어문학〉 에 게재된 고전시가 연구의 현황과 전망」, 『한국언어문학』84, 한국언어문학회, 2013. 3.
2013 김명준, 『고려속요의 전승과 확산』, 2013.
2013 김명준, 『악학궤범』, 지식을만드는지식, 2013.
2013 김상락, 「향가의 구성 요소 분석과 주술적 의미맥락 연구: 〈혜성가〉, 〈도솔가〉, 〈처용가〉를 대상으로」, 동국대학교대학원 석사학위논문, 2013. 2.
2013 김선기, 『고려가요 해석과 이론』, 역락, 2013.
2013 김형태, 「고려가요 연장체(聯章體) 형식과 월령체(月令體) 가사(歌辭)의 상관성 연구 시론(試論)」, 『韓國詩歌研究』 35, 한국시가학회, 2013. 11.
2013 김혜은, 「〈고려사〉「악지」 〈속악〉조(條)에 실린 노랫말 기사(記寫) 방식 고찰」, 『한국고시가문화연구』 32, 한국고시가문학회, 2013. 8.
2013 박상영, 「고전 시가 속 여성 형상의 제시 양상과 그 시가사적 함의」, 『韓民族語文學』 64, 한민족어문학회, 2013. 8.
2013 박정아, 「멀티미디어를 활용한 〈청산별곡〉의 교수-학습 전략」, 전남대학교 교육대학원 석사학위논문, 2013. 8.

2013 서금석·이성원, 「〈高麗史(고려사)〉「樂志(악지)」에서 보이는 諸(제) 女人相(여인상)」, 『역사학연구』 51, 호남사학회, 2013. 8.
2013 서철원, 『향가의 유산과 고려시가의 단서』, 새문사, 2013.
2013 신재홍, 「이상곡의 분절과 해석 : 향가와 관련하여」, 『국어교육』 41, 한국어교육학회, 2013. 1.
2013 양태순, 「〈청구영언〉 소재 초중대엽 노랫말 〈오ㄴ·ㄹ이〉의 수용양상에 대하여」, 『韓國 詩歌硏究』 35, 한국시가학회, 2013. 11.
2013 염은열, 『공감의 미학, 고려속요를 말하다』, 역락, 2013.
2013 우상영, 「중세국어 문법과 고전시가의 통합교육 모형 연구 : 〈세종어제 훈민정음〉 서문과 〈가시리〉를 중심으로」, 한남대학교 교육대학원 석사학위논문, 2013. 2.
2013 원연선, 「〈고려사(高麗史)〉「악지(樂誌)」와 〈악학궤범(樂學軌範)〉 당악정재(唐樂呈才)의 음악 요소 변모 양상」, 『민족무용((The)Ethnic dance)』 17, 세계민족문화연구소, 2013. 8.
2013 이강빈, 「고려가요 교육 방안 연구 : 〈청산별곡〉을 중심으로」, 부산대학교 교육대학원 석사학위논문, 2013. 2.
2013 이상희, 「'공간' 이동을 중심으로 한 '청산별곡'의 교수 학습 방안」, 연세대학교 교육대학원 석사학위논문, 2013. 2.
2013 이재연, 「학습자 중심의 향가 문학 지도 방안 연구」, 동국대학교대학원 석사학위논문, 2013. 8.
2013 이창석, 「고려가요 〈처용가(處容歌)〉의 통합교과적 교수학습방안 연구」, 전남대학교 교육대학원 석사학위논문, 2013. 8.
2013 이혜미, 「〈청산별곡〉의 교과서 수록 양상 변천 연구」, 한양대학교 교육대학원 석사학위논문, 2013.
2013 임재욱, 「고려가요 〈가시리〉 와 『增補古琴譜』 소재 시조 〈가시리〉 의 비교」, 『語文學』122, 한국어문학회, 2013. 12.
2013 최기호, 「〈악장가사〉 등에 나타난 고려시대 우리말의 아름다움과 가치 - 청산별곡을 중심으로-」, 『나라사랑』 122, 외솔회, 2013.
2014 고혜선, 「고려 '쌍화'와 '삼사(samsa)'의 관련성 연구」, 『동양학』 55, 단국대학교 동양학연구소, 2014.
2014 길태숙, 「외국인을 위한 한국어교육의 문학교재로서의 〈동동〉의 가치」, 『열상고전연구』 40, 열상고전연구회, 2014. 2.
2014 김문주, 「〈처용가〉의 현대적 변용을 통한 창의성 교육 방안 연구」, 동국대학교 교육대학원 석사학위논문, 2014. 8.
2014 나정순, 「『시용향악보』 소재 〈성황반〉 〈나례가〉의 무불 습합적 성격과 연원」, 『大東文化硏究』 87, 성균관대학교 대동문화연구원, 2014.

2014 박가율, 「e-러닝 환경에서의 고전시가 스마트 교육 : 고려속요 〈동동〉을 중심으로 한 스마트 수업 모형」, 부경대학교 교육대학원 석사학위논문, 2014. 8.
2014 박노준, 『향가여요 종횡론』, 보고사, 2014.
2014 박재민, 「〈동동(動動)〉의 어석과 문학적 향방 -12월령을 중심으로」, 『泮矯語文研究』 36, 반교어문학회, 2014. 2.
2014 신재홍, 「동동의 선어(仙語) 및 난해구 재해석」, 『한국고전연구』 29, 한국고전연구학회, 2014. 6.
2014 윤덕진, 「〈정과정(鄭瓜亭)〉의 성립 과정 -악곡 구조와 가사 배열을 통하여 봄」, 『한국고시가문화연구』 34, 한국고시가문화학회, 2014. 8.
2014 이여진, 「고려가요의 문학성을 토대로 한 교수·학습 방안 연구」, 경기대학교 교육대학원 석사학위논문, 2014. 2.
2014 이정선, 「문학: 〈동동(動動)〉의 한 해석 -12월령을 중심으로」, 『溫知論叢』 40, 온지학회, 2014. 6.
2014 이혜선, 「처용설화의 소설화 원리를 활용한 서사창작교육」, 한양대학교대학원 석사학위논문, 2014. 2.
2014 정영재, 「교육연극을 활용한 고전시가 교육 방안 연구 : 〈처용가〉를 중심으로」, 이화여자대학교 교육대학원 석사학위논문, 2014. 8.
2014 조영주, 「신라 〈처용가〉와 고려 〈처용가〉의 내용과 기능의 차이」, 『溫知論叢』 41, 온지학회, 2014. 10.
2014 최범영, 「〈쌍화점〉의 역사학: 충렬왕을 위한 변론」, 『전통문화논총』 13, 한국전통문화학교, 2014. 5.
2015 구슬기, 「〈동동〉의 음악분석 연구」, 영남대학교대학원 석사학위논문, 2015. 12.
2015 김명준, 「『고려사』 『악지』 소재 당악과 속악의 영향론적 탐구와 속악가사의 독자성」, 『 동서비교문학저널』 32, 한국동서비교문학학회, 2015. 4.
2015 김명준, 「고등학교 문학 교실에서 고려속요의 교육 내용과 교육 방향 모색」, 『韓國詩歌研究』 38, 한국시가학회, 2015. 5.
2015 김명준, 「고려속요에 나타난 유가적 여성상과 그 의미」, 『우리文學研究』 46, 우리문학회, 2015. 4.
2015 김진희, 「한국시가의 전통과 〈가시리〉」, 『열상고전연구』 44, 열상고전연구회, 2015. 4.
2015 박경우, 「말뭉치 검색 시스템을 활용한 고려속요의 문학적 수용- 〈처용가〉 와 〈만전춘〉 을 중심으로」, 『한국문학과 예술』 16, 숭실대학교 한국문학과예술연구소, 2015. 9.
2015 어강석, 「한문학적 관점으로 본 〈구지가(龜旨歌)〉의 재해석」, 『정신문화연구』

38, 한국학중앙연구원, 2015. 2.
2015 전은숙, 「고려가요의 교육실태와 교육방안 연구」, 경희대학교교육대학원 석사학위논문, 2015. 8.
2015 정유경, 「Co-op Co-op 모형을 활용한 〈청산별곡〉의 교수-학습 방법 연구」, 경북대학교 교육대학원 석사학위논문, 2015. 8.
2015 최선경 · 김태숙, 「고전시가의 문화 콘텐츠 소재로의 활용 사례 분석 - 고려가요 〈쌍화점〉의 영화화를 중심으로」, 『열상고전연구』 48, 열상고전연구회, 2015. 12.
2016 고가연구회, 『고려가요 연구사의 쟁점』, 보고사, 2016.
2016 고가연구회, 『새로 풀어본 고려가요』, 보고사, 2016.
2016 김기영, 「신석초의 고려가요 수용시 고찰」, 『한국언어문학』 98, 한국언어문학회, 2016. 9.
2016 김기영, 「윤곤강의 고려가요 수용시 고찰」, 『인문학연구』 103, 충남대학교 인문과학연구소, 2016. 6.
2016 김성규, 「향가의 구성 형식에 대한 새로운 해석」, 『국어국문학』 176, 국어국문학회, 2016. 9.
2016 김영운, 「정읍(井邑)과 수제천(壽齊天)의 제문제」, 『한국음악연구』 60, 한국국악학회, 2016. 11.
2016 김지연, 「'처용'을 통해 본 한국 벽사전승의 원형적 상징성 연구」, 『한어문교육』 35, 한국언어문학교육학회, 2016. 2.
2016 김진희, 「열두 달 노래의 시간적 구조와 고려가요 〈동동(動動)〉」, 『韓國詩歌研究』 40, 한국시가학회, 2016. 5.
2016 나정순, 「『시용향악보』 소재 〈내당〉·〈삼성대왕〉의 불교적 성격과 연원」, 『禪文化研究』 16, 한국불교선리연구원, 2016.
2016 박상영, 「고전시가 속 권력의 한 양상과 그 문화론적 함의」, 『열상고전연구』 54, 열상고전연구회, 2016. 12.
2016 박일용, 「역신의 상징적 의미와 〈처용가〉의 감동 기제」, 『古典文學研究』 49, 한국고전문학회, 2016. 6.
2016 배현교, 「고려가요 학습활동의 비판적 검토」, 전남대학교교육대학원 석사학위논문, 2016. 2.
2016 서문혜미, 「고려가요 학습활동의 비판적 검토」, 영남대학교교육대학원 석사학위논문, 2016. 6.
2016 서철원, 「처용가무의 전승 및 연행 과정에 나타난 오방처용의 성격」, 『韓國詩歌研究』 41, 한국시가학회, 2016. 11.
2016 송화섭, 「백제 가요 정읍사의 역사적 배경지 고찰」, 『호남문화연구』 60, 전남대학교 호남학연구원, 2016. 12.

2016 이정선, 「〈정석가(鄭石歌)〉의 소재의 의미와 구조로 본 사랑과 그 한계」, 『嶺南學』 29, 경북대학교 영남문화연구원, 2016. 4.
2016 이정신, 『고려시대의 삶과 노래』, 보고사, 2016.
2017 강명혜, 「고려조 악장(樂章)으로서의 고려속요의 작법(作法)전략 및 특성」, 『溫知論叢』 50, 온지학회, 2017. 1.
2017 고선미, 「고려속요 〈가시리〉 의 현대적 변용 양상」, 『구보학보』 16, 구보학회, 2017.
2017 김성란, 「고려속요에 나타난 여성성 연구」, 전남대학교대학원 석사학위논문, 2017. 2.
2017 문숙희, 「가시리에 대한 음악적 고찰」, 『국문학연구』35, 국문학회, 2017. 5.
2017 박일용, 「고려 〈처용가〉 미석명(未釋明)구절의 역사, 신화적 의미」, 『고전문학과 교육』 35, 한국고전문학교육학회, 2017. 6.
2017 서영대, 「고려 말, 조선 초의 三聖信仰 연구」, 『한국학연구』 43, 인하대학교 한국학연구소, 2017.
2017 서영숙, 「고려 속요에 나타난 민요적 표현과 슬픔의 치유방식 -〈만전춘별사〉, 〈오관산〉, 〈정석가〉를 중심으로」, 『문학치료연구』 42, 한국문학치료학회, 2017. 1.
2017 어강석, 「고려말 소악부 창작과 고려가요의 정서」, 『국문학연구』 35, 국문학회, 2017. 5.
2017 윤철초, 「처용가 운율 연구」, 『東洋 禮學』 36, 동양예약회, 2017.
2017 이진규, 「고려시가의 형성기반과 발달양상 연구 : 고려 우리말노래를 중심으로」, 동국대학교대학원 박사학위논문, 2017. 8.
2017 임주탁, 「고려가요의 텍스트와 맥락 - 〈가시리〉와 〈쌍화점〉을 중심으로」, 『국문학연구』 35, 국문학회, 2017. 5.
2017 장지연, 「〈고려사(高麗史)〉 「악지(樂志)」 속악(俗樂) 편집의 특징과 정치성 」, 『국문학연구』 35, 국문학회, 2017. 5.
2017 조은정, 「향유 맥락을 고려한 고려속요교육 연구 : 고려속요의 악장적 성격을 중심으로」, 이화여자대학교 교육대학원 석사학위논문, 2017. 2.
2017 진미나, 「상호텍스트를 활용한 한국 문학교육 방안 연구 : 고려속가 〈가시리〉를 중심으로 」, 부산외국어대학교대학원 석사학위논문, 2017. 8.
2017 최미정, 「고려가요 연구 결과의 공유와 확산에 대하여」, 『국문학연구』 35, 국문학회, 2017. 5.
2017 함복희, 「방어기제 측면에서 고려속요를 이해하는 의미 고찰」, 『동남어문논집』 43, 동남어문학회, 2017. 3.

Ⅶ. 작품 원전

1. 정읍(井邑)
2. 동동(動動)
3. 처용가(處容歌)
4. 정과정(鄭瓜亭)
5. 정석가(鄭石歌)
6. 청산별곡(靑山別曲)
7. 서경별곡(西京別曲)
8. 사모곡(思母曲)
9. 쌍화점(雙花店)
10. 이상곡(履霜曲)
11. 가시리
12. 만전춘(滿殿春) 별사(別詞)
13. 나례가(儺禮歌)
14. 유구곡(維鳩曲)
15. 상저가(相杵歌)
16. 성황반(城皇飯)
17. 내당(內堂)
18. 대왕반(大王飯)
19. 삼성대왕(三城大王)
20. 대국(大國) 1, 2, 3
21. 한림별곡(翰林別曲)

1. 정읍

1) 봉좌문고본 악학궤범

樂師帥樂工十六人奉鼓臺具由東楹入置於殿中(先置北次置西次置東次置南)而出樂師抱鼓槌十六箇由東楹入置鼓南而出(每鼓二槌)諸妓唱井邑詞(前腔 ᄃᆞᆯ하 노피곰 도ᄃᆞ샤 어긔야 머리곰 비취오시라 어긔야 어강됴리 小葉 아으 다롱디리 後腔全 져재 녀러신고요 어긔야 즌ᄃᆡ를 드ᄃᆡ욜셰라 어긔야 어강됴리 過篇 어느이다 노코시라 金善調 어긔야 내 가논ᄃᆡ 졈그ᄅᆞᆯ셰라 어긔야 어강됴리 小葉 아으 다롱디리)樂奏井邑慢機妓八人以廣斂(或四或二臨時)(若用八鼓四鼓則妓數如其鼓數用二妓則共擊一鼓)分左右而進立於鼓南北向齊行跪俛伏起立足蹈跪跂哭斂而立舞(俗稱舞踏)訖並斂手跪執槌斂手而起足蹈舞進(左右外立妓先進)左右相連左旋繞鼓而舞隨杖鼓雙聲鼓聲而擊之奏井邑中機樂聲漸促則越杖鼓雙聲隨鼓聲而擊之奏井邑急機樂師因節次遲速越一腔擊拍八人斂手而退(左右外立妓先退)齊行跪置槌於本處斂手(廣袖)而立足蹈跪俛伏興足蹈而退樂止樂工十六人撤鼓而出樂師入撤槌而出(中宮宴則置鼓置槌撤鼓撤槌皆妓爲之)

2) 태백산본 악학궤범

樂師帥樂工十六人奉鼓臺具由東楹入置於殿中(先置北次置西次置
東次置南)而出樂師抱鼓槌十六箇由東楹入置鼓南而出(每鼓槌二)諸
妓唱井邑詞(前腔 ᄃᆞᆯ하노피곰도ᄃᆞ샤어긔야머리곰비취오시라어긔야어강됴리 小葉 아으다롱디리 後腔
全 져재녀러신고요어긔야즌ᄃᆡ를드ᄃᆡ욜세라어긔야어강됴리 過篇 어느이다노코시라 金善調 어긔야내가논ᄃᆡ졈그
ᄅᆞᆯ셰라어긔야어강됴리 小葉 아으다롱디리)樂奏井邑慢機妓八人以廣斂(或四或二臨時)
(啓稟○八鼓四鼓則妓數如其鼓數用二妓則共擊一鼓)分左右而進立於鼓南北向齊行
跪俛伏起立足蹈跪改尖斂而立舞(俗稱舞踏)訖並斂手跪執槌斂
手而起足蹈舞進(左右外妓先進)立左右相連左旋繞鼓而舞隨杖鼓
雙聲鼓聲而擊之奏井邑中機樂聲漸促則越杖鼓雙聲
隨鼓聲而擊之奏井邑急機樂師因節次遲速越一腔擊拍妓
八人斂手而退(左右外妓先退)立齊行跪置槌於本處斂手(廣袖)而立足
蹈跪俛伏興足蹈而退樂止樂工十六人撤鼓而出樂師入撤
槌而出(中宮宴則置鼓置槌撤鼓撤槌並妓為之)

軌範五

十

3) 가집

16. 井邑

前腔 ᄃᆞᆯ하 노 곰 도ᄃᆞ샤 어긔야 머리곰 비취오시

라 어 야 어강됴리 小葉 아으 다 디리 後腔全 져

재녀러신고요 어긔야 즌ᄃᆡ 드 세라 이긔야

어강됴리 過篇 어느이다노 시라 金善調 어긔야

내가논대졈그 세라 긔야 어강됴리 小葉 아으

다 디리

2. 동동

1) 봉좌문고본 악학궤범

牙拍

初入排列圖

牙拍 舞

牙拍 舞

樂師由東楹入置牙拍於殿中左右(先左次右拍纓向內○中宮宴則年少妓爲之)舞

妓二人(擇年少妓)分左右而進跪取牙拍擧而還置(竝用外手)起立斂手

(廣袖)足蹈跪俛伏樂奏動動慢機兩妓小擧頭唱起句(德으란곰비예받잡고福으란림비예받잡고德이여福이라호ᄂᆞᆯ나ᅀᆞ라오소이다아으動動다리)訖跪取牙拍掛揷於

帶間(竝用外手揷於外腋)斂手起立足蹈諸妓唱詞(正月ㅅ나릿므른아으어저녹저ᄒᆞ논ᄃᆡ누릿가온ᄃᆡ나곤몸하ᄒᆞ올로녈셔아으動動다리)兩妓舞(俗稱拜踏)樂奏動動中機諸妓仍

唱詞(二月ㅅ보로매아으노피현燈ㅅ블다호라萬人비취실즈ᅀᅵ샷다아으動動다리三月나며開ᄒᆞᆫ아으滿春ᄃᆞᆯ

욋고지여ᄂᆞᄆᆡ브롤즈ᅀᅳᆯ디녀나샷다아으動動다리 四月

아니니저아으오실서곳고리새여므숩다錄事니모녯나롤
닛고신뎌아으動動다리 五月五日애아으수릿날아참藥은
즈믄ᄒᆡᆯ長存ᄒᆞ샬藥이라받ᄌᆞᆸ노이다 아으動動다리 六
月ㅅ보로매아으별해ᄇᆞ론빗다호라도라보실니믈젹곰좃
니노이다 아으動動다리 七月ㅅ보로매아으百種排ᄒᆞ야
두고니믈ᄒᆞᆫᄃᆡ녀가저願을비ᅀᆞᆸ노이다 아으動動다리 八
月ㅅ보로ᄆᆞᆫ아으嘉俳나리마ᄅᆞᆫ니믈뫼셔녀곤오ᄂᆞᆯ낤嘉俳
샷다 아으動動다리 九月九日애아으藥이라먹논黃花고
지안해드니새셔가만ᄒᆞ애라 아으動動다리 十月애아으
져미연ᄇᆞᄅᆞᆺ다호라 것거ᄇᆞ리신後에디니실ᄒᆞᆫ부니업스샷
다 아으動動다리 十一月ㅅ봉당자리예아으汗衫두퍼누
워슬ᄒᆞᆯ소라온뎌 고우닐스싀옴녈셔 아으動動다리 十二
月ㅅ분디남ᄀᆞ로갓곤아으나ᅀᆞᆯ盤잇저다호라 니믜알ᄑᆡ드
러얼이노니 소니가재다므ᄅᆞᅀᆞᆸ노이다 아으動動다리 擊拍
兩妓跪執牙拍斂手起立 執拍妓从手
從擊拍之聲北向舞 拍三 對舞 拍三 又北向舞 拍一 背舞 拍三 還北向
而舞隨每月詞變舞進退而舞樂師因節次遲速越一腔擊拍
兩妓斂手跪疊牙拍於本處斂手 廣袖 起立足蹈跪俛伏興足蹈
而退樂止樂師由東楹入取牙拍而出 中宮宴則年少妓爲之

2) 태백산본 악학궤범

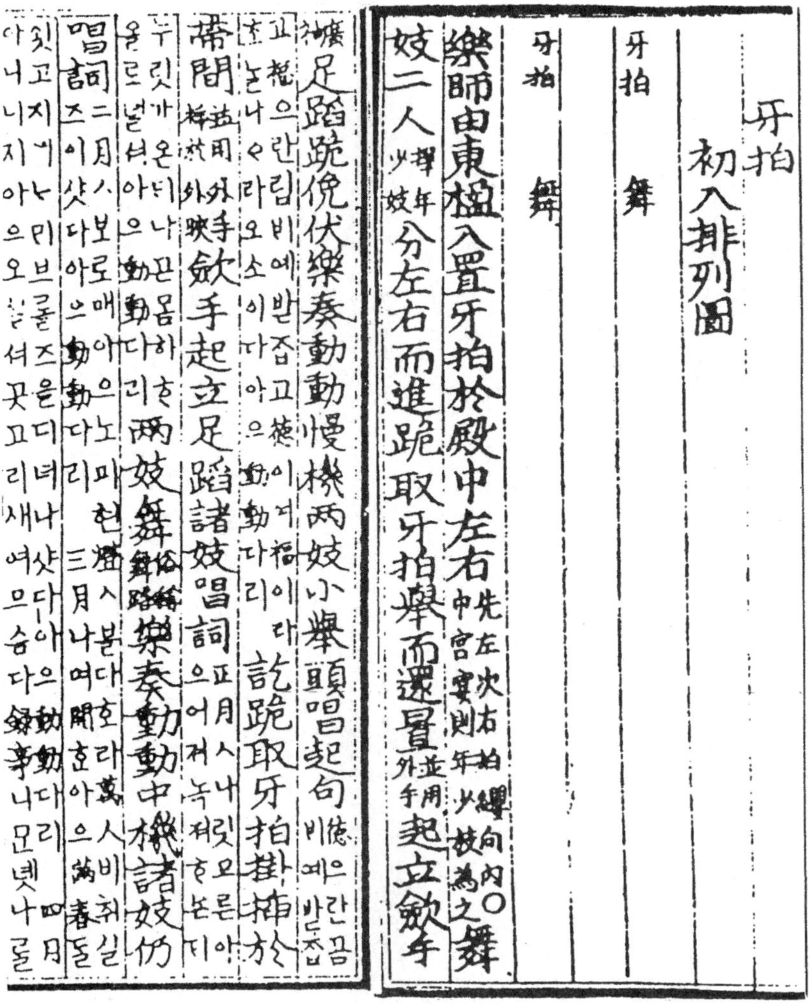
牙拍
初入排列圖
牙拍 舞
牙拍 舞
樂師由東楹入置牙拍於殿中左右 先左次右拍纓向內○中宮宴則年少妓爲之 舞
妓二人 擧年少妓 分左右而進跪取牙拍擧而還置 外手並用 起立斂手
足蹈跪俛伏樂奏動動慢機兩妓小擧頭唱起句 德으란 곰빈예 받잡
고 福으란 림비예 받잡고 德이여 福이라 호놀 나수라 오소이다 아으 動動다리 訖跪取牙拍挿於
帶間 挿法同外手 斂手起立足蹈諸妓唱詞 正月ㅅ 나릿므른 아으 어져 녹져 ᄒᆞ논ᄃᆡ
누릿 가온ᄃᆡ 나곤 몸하 ᄒᆞ올로 녈셔 아으 動動다리 兩妓舞 樂奏動動中機諸妓仍
唱詞 二月ㅅ 보로매 아으 노피 현 燈ㅅ블 다호라 萬人 비취실 즈이샷다 아으 動動다리 三月 나며 開ᄒᆞᆫ 아으 滿春 ᄃᆞᆯ
욋고지여 ᄂᆞᄆᆡ 브롤 즈을 디녀 나샷다 아으 動動다리 四月 아니 니지 아으 오실ᄉᆞ 곳고리새여 므슴다 錄事니ᄆᆞᆫ 녯 나ᄅᆞᆯ

닛고신뎌아으動動다리 五月五日애아으수릿날아ᄎᆞᆷ藥
은즈믄힐長存ᄒᆞ샬藥이라받ᄌᆞᆸ노이다아으動動다리 六
月ㅅ보로매아으별해ᄇᆞ룐빗다호라도라보실니믈적곰좃
니노이다아으動動다리 七月ㅅ보로매아으百種排ᄒᆞ야
두고니믈ᄒᆞᆫᄃᆡ녀가져願을비ᅀᆞᆸ노이다아으動動다리 八
月ㅅ보로ᄆᆞᆫ아으嘉俳나리마ᄅᆞᆫ니믈뫼셔녀곤오ᄂᆞᆯ낤嘉俳
샷다아으動動다리 九月九日애아으藥이라먹논黃花고
지안해드니새셔가만ᄒᆞ얘라아으動動다리 十月애아으
져미연ᄇᆞᄅᆞᆺ다호라것거ᄇᆞ리신後에디니실ᄒᆞᆫ부니업스샷
다아으動動다리 十一月ㅅ봉당자리예아으汗衫두퍼누

軌範五 八

워슬홀ᄉᆞ라온뎌고우닐스싀옴녈셔아으動動다리 十二
月ㅅ분디남ᄀᆞ로갓곤아으나ᅀᆞᆯ盤잇져다호라니믜알ᄑᆡ드
러얼이노니소니가재다므ᄅᆞ
ᅀᆞᆸ노이다아으動動다리 擊拍兩妓跪執牙拍斂手起立執拍
外手從擊拍之聲北向舞 拍三 對舞 拍三 又北向舞 拍一 背舞 拍三 還北向
而舞隨每月詞變舞進退而舞樂師因節次遲速越一腔擊拍
兩妓斂手跪置牙拍於本處斂手袖退起立足蹈跪俛伏興足蹈
而退樂止樂師由東楹入取牙拍而出 中宮宴則年少女妓爲之

3) 가집

11. 動動

德으란 ᄇᆡ에 받좁고 福으란 림ᄇᆡ에 받좁고 德이여
福이라 호놀 나ᄋᆞ라 오소이다 아으 動動다리
正月ㅅ 나릿므 이으 어져 녹져 ᄒᆞ논대 누릿가온
ᄃᆡ 나곤 몸하 ᄒᆞ올노 녈셔 아으 動〻다리
二月ㅅ 보로매 아오 노피 현 燈ㅅ블 다호라 萬人 비
취실즈이샷다 아오 動〻다리
三月나며 開ᄒᆞᆫ 아으 滿春ᄃᆞᆯ 욋고지여 ᄂᆞᄆᆡ 브를
디녀나샷다 아으 動〻다리

四月아니니저아오오실셔곳고리새여므슴다錄
事니믄녯나를닛고 신저아으動、다리
五月五日애아으수 날아춤藥은즈믄회長存ᄒᆞ
살藥이라받ᄌᆞᆸ노이다아으動、다리
六月ㅅ보로매아으별해ᄇᆞ룐빗다호라도리보실
니믈젹곰좃니노이다아으動、다리
七月ㅅ보로매아으百種排ᄒᆞ야두고니믈ᄒᆞᆫᄃᆡ녀
가저願을비ᅀᆞᆸ노이다아으動、다리
八月ㅅ보로만아으嘉俳니리마론니믈뫼셔녀곤
오ᄂᆞᆯ낤嘉俳샷다아으動、다리

九月九日애아으藥이라먹논黃花고지안해드니
새셔가만ᄒᆞ얘라아으動ㆍ다리
十月애아으져미연ᄇᆞ롯다호라것거ᄇᆞ리신後에
디니실ᄒᆞᆫ부니업스샷다아으動ㆍ다리
十一月ㅅ봉당자리에아으汗衫두퍼누워슬ᄒᆞᆯᄉᆞ
라온뎌고우닐스싀옴녈셔아으動ㆍ다리
十二月ㅅ분디남ᄀᆞ로갓곤아으나ᄋᆞᆯ盤잇져다호
라니믜알ᄑᆡ드러얼이노니소니가재다므ᄅᆞᄋᆞᆸ노
이다아으動ㆍ다리

3. 처용가

1) 봉좌문고본 악학궤범

十二月晦前一日五更初樂師女妓樂工等詣闕是日儺禮時
樂師率妓工奏樂至驅儺後設池塘具於內庭樂師率兩童女
以入坐於蓮花中而出以待節次九驅儺後處容舞二度前度
則無鶴蓮花臺回舞等事樂師執銅鈸導靑紅黃黑白五方處
容及女妓執拍樂師鄉樂工奏處容慢機(卽鳳凰吟一機)女妓唱處容歌
前腔新羅盛代昭盛代天下大平羅候德處容아바以是人生
애相不語ᄒᆞ시란ᄃᆡ以是人生애相不語ᄒᆞ시란ᄃᆡ附葉三災
八難이一時消滅ᄒᆞ샷다中葉어와아븨즈ᅀᅵ여處容아븨즈
ᅀᅵ여附葉滿頭揷花계오샤기울어신머리예小葉아으壽命
長遠ᄒᆞ샤넙거신니마해後腔山象이슷깅어신눈섭에愛人
相見ᄒᆞ샤오ᄋᆞᆯ어신누네附葉風入盈庭ᄒᆞ샤우글어신귀예
中葉紅桃花ᄀᆞ티븕거신모야해附葉五香마ᄐᆞ샤웅긔어신
고해小葉아으千金머거샤어위어신이베大葉白玉琉璃ᄀᆞ
티ᄒᆡ여신닛바래人讚福盛ᄒᆞ샤미나거신ᄐᆞᆨ애七寶계우샤
숙거신엇게예吉慶계우샤늘의어신ᄉᆞ맷길헤附葉설믜모
도와有德ᄒᆞ신가ᄉᆞ매中葉福智俱足ᄒᆞ샤브르거신ᄇᆡ예紅
鞓계우샤굽거신허리예附葉同樂大平ᄒᆞ샤길어신허튀예

小葉아으界面도ᄅᆞ샤녑거신바래前腔누ㅍ지ᅀᅥ세니오뉴
ㅍ지어세니오바늘도실도어ᄢᅵ바늘도실도어ᄢᅢ附葉處容
애비롤누ㅍ지ᅀᅥ셕니오中葉마아만마아만ᄒᆞ니여附葉十
二諸國이모다지어세은小葉아으處容아비롤마아만ᄒᆞ니
여後腔머자외야자緣李야샬리나내신ㅍ홀ᄋᆡ야라附葉아
니옷ᄆᆡ시면나리어다머존말中葉東京볼근ᄃᆞ래새도록노
니다가附葉드러내자리롤보니가ᄅᆞ리베히로새랏小葉아
으돌혼내해어니와돌혼뉘해어니오大葉어던저긔處容아
비옷보시면熱病神이ᅀᅡ膾ㅅ가시로다千金을주리여處容
아바七寶롤주리여處容아바附葉千金七寶도말오熱病神
를날자바주쇼셔中葉山이여ᄆᆡ히어千里外예附葉處容
아비롤어여려거저小葉아으熱病大神의發願이샷다

十二月晦前一日五更初樂師女妓樂工等詣闕是日儺禮時樂師率妓工奏樂至驅儺後設池塘具於內庭樂師率兩童女以入坐於蓮花中而出以待節次凡驅儺後處容舞二度前度則無鶴蓮花臺回舞等事樂師執銅鈸導靑紅黃黑白五方處容及女妓執拍樂師鄕樂工奏處容慢機 即鳳凰吟一機 女妓唱處容歌

前腔 新羅盛代 昭盛代 天下大平 羅候德 處容아바 以是人生애 相不語ᄒᆞ시란ᄃᆡ 以是人生애 相不語ᄒᆞ시란ᄃᆡ 附葉 三災八難이 一時消滅ᄒᆞ샷다 中葉 어와 아븨 즈이여 處容아븨 즈이여 附葉 滿頭揷花 계오샤 기울어신 머리예 小葉 아으 壽命長願ᄒᆞ샤 넙거신 니마해 後腔 山象이슷 깅어신 눈닙에 愛人相見ᄒᆞ샤 오ᄋᆞᆯ어신 누네 附葉 風入盈庭ᄒᆞ샤 우굴어신 귀예 中葉 紅桃花ᄀᆞ티 븕거신 모야해 附葉 五香 마ᄐᆞ샤 웅긔어신 고해 小葉 아으 千金 머그샤 어위어신 이베 大葉 白玉琉璃ᄀᆞ티 히여신 닛바래 人讚福盛ᄒᆞ샤 미나거신 ᄐᆞᆨ애 七寶 계우샤 숙거신 엇게예 吉慶 계우샤 늘의어신 ᄉᆞ맷길헤 附葉 설믜 모도와 有德ᄒᆞ신 가ᄉᆞ매 中葉 福智俱足ᄒᆞ샤 브르거신 비예 紅鞓 계우샤 굽거신 허리예 附葉 同樂大平ᄒᆞ샤 길이신 허튀예

小葉아으界面도ᄅᆞ샤넙거신바래前腔누
고지어셰니오바ᄂᆞᆯ도실도어ᄢᅵ바ᄂᆞᆯ도실도어ᄢᅵ附葉處容
아비ᄅᆞᆯ누고지어셰니오中葉마아만마아만ᄒᆞ니여附葉十
二諸國이모다지어셰온小葉아으處容아비ᄅᆞᆯ마아만ᄒᆞ니
여後腔머자외야자綠李야셜리나내신고흘ᄆᆡ야라附葉사
니옷ᄆᆡ시면나리어다머즌말中葉東京ᄇᆞᆯ고ᄃᆞ래새도록노
니다가附葉드러내자리ᄅᆞᆯ보니가ᄅᆞ리네히로새라小葉아
으둘흔내해어니와둘흔뉘해어니오大葉이런저긔處容아
비옷보시면熱病神이아膾ㅅ가시로다千金을주리여處容
아바七寶를주리여處容아바附葉千金七寶도말오熱病神
ᄅᆞᆯ날자바주쇼셔中葉山이여ᄆᆡ히여千里外예附葉處容
아비ᄅᆞᆯ어여려거져小葉아으熱病大神의發願이샷다

3) 악장가사

處容歌

新羅盛代(신라셩ᄃᆡ) 昭盛代(쇼셩ᄃᆡ) 天下大平(텬하대평) 羅候德(라후덕) 處容(쳐용) 아바 以是(이시)
人生(인ᄉᆡᆼ) 애 常不語(상블어) ᄒᆞ시란ᄃᆡ 以是(이시) 人生(인ᄉᆡᆼ) 애 常不語(샹블어) ᄒᆞ시
란ᄃᆡ 三災八難(삼ᄌᆡ팔난) 이 一時消滅(일시쇼멸) ᄒᆞ샷다 어와 아븨즈이
여 處容(쳐용) 아븨즈이여 滿頭揷花(반두삽화) 계우샤 기울어신 머
리예 아으 壽命長遠(슈명댱원) ᄒᆞ샤 넙거신 니마해 山象(산샹) 이슷
깅어신 눈섭에 愛人相見(ᄋᆡ인샹견) ᄒᆞ샤 오올어신 누네 風入(풍입)
盈庭(영뎡) ᄒᆞ샤 우글어신 귀예 紅桃花(홍도화) 기티 븕거신 모야
해 五香(오향) 마ᄐᆞ샤 웅긔어신 고해 아으 千金(쳔금) 머그샤 어

위어신이베 白玉琉璃(빅옥류리)ᄀᆞ티 ᄒᆡ어신ᄃᆞ바래 人讚福(인친복)
盛(셩)ᄒᆞ샤미나거신ᄐᆞ개 七寶(칠보)계우샤숙거신엇게예
吉慶(길경)계우샤늘의어신ᄉᆞ맷길헤설ᄆᆡ모도와 有德(유덕)
ᄒᆞ신가ᄉᆞ매 福智具足(복디구족)ᄒᆞ샤브르거신빗예 紅鞓(홍뎡)계
우샤굽거신허리예 同樂大平(동락대평)ᄒᆞ샤길어신허튀예
아으 界面(계면)도ᄅᆞ샤넙거신바래누고지어셰니오누
고지어셰니오바룰도실도업시바룰도실도업시
處容(제용)아비를누고지어셰니오마아만마아만ᄒᆞ니
여 十二諸國(심이제국)이모다지어셰욘아으 處容(제용)아비를마

아만ᄒᆞ니여 머자 외야자 綠李(록리)여 ᄲᆞᆯ리 나 내 신고ᄒᆞᆯ
ᄆᆡ여라 아니옷 ᄆᆡ시면 나리어다 머즌말 東京(동경) ᄇᆞᆯᄀᆞᆫ
ᄃᆞ래 새도록 노니다가 드러 내 자리ᄅᆞᆯ 보니 가ᄅᆞ리
네히로섀라 아으 둘흔 내해어니와 둘흔 뉘해어니
오 이런 저긔 處容(쳐용)아비옷 보시면 熱病大神(열병대신)이아 膾(회)
ㅅ가시로다 千金(쳔금)을 주리여 處容(쳐용)아바 七寶(칠보)ᄅᆞᆯ 주리
여 處容(쳐용)아바 千金七寶(쳔금칠보)도 마오 熱病神(열병신)을 날자바주
쇼셔 山(산)이여 ᄆᆡ히여 千里外(쳔리외)예 處容(쳐용)아비ᄅᆞᆯ 어여려
거져 아으 熱病大神(열병대신)의 發願이샷다

4) 악학편고

處容歌

新(신)羅(라)聖代昭盛代天下太平羅候德處容아바以是人生애常
不語ᄒᆞ시란ᄃᆡ以是人生애常不語ᄒᆞ시란ᄃᆡ三災八難이一
時消滅ᄒᆞ샷다어와아븨즈이여處容아븨즈이여滿頭揷花
계우샤기울어신머리예아으壽命長遠ᄒᆞ샤넙거신(니)마해山
象이슷깅어신눈섭에愛人相見ᄒᆞ샤오ᄋᆞᆯ어신눈네風入盈
庭ᄒᆞ샤우글어신귀예紅桃花ᄀᆞ티븕거신모야해五香마ᄐᆞ
샤웅긔어신고해아으千金머그샤어위어신이베白玉琉璃
ᄀᆞ티희여신닛바대人讚福盛ᄒᆞ샤미나거신ᄐᆡ개七寶계우
샤숙거신엇게예吉慶계우샤늘어신ᄉᆞ매길헤설메모도와
有德ᄒᆞ신가ᄉᆞᆷ애福智具足ᄒᆞ샤브르거신비예紅鞓계우샤굽

거신허리예国樂太平ᄒᆞ샤같어신허뒤예아으界面도ᄅᆞ샤
넙거신바래누꼬지어셰니노누꼬지어셰니노바룰도실도
업시바룰도실도업시處容아비를누꼬지어셰니오마아만
마아만ᄒᆞ니여十二諸国이모다지어셰욘아으處容아비를
마아만ᄒᆞ니여머자외야자綠李여섈리나내싄꼬흘미여라
아니옷믜시면나리어다어즌말東京볼근ᄃᆞ래새도록노다
다가드러내자리를보니가르니네히로새리아으둘흔내해
어니오이런저긔處容아비옷보시면熱病大神이이膾ㅅ가
시로다千金을주리여處容아바七宝을주리여處容아바千
金七宝도마오熱病神를날자바주쇼셔山이여믜히여千里
外예處容아비를어여녀거져아으熱容大神의蕟頥이샷다

5) 가집

34. 處容歌

新羅盛代昭盛代天下大平羅候德處容아바以是
人生애常不語ᄒᆞ시란대以是人生애常不語ᄒᆞ시
란대三災八難이一時消滅ᄒᆞ샷다어와아비즈이
여處容아비즈이여滿頭挿花계우샤기울어신머
리예아으壽命長遠ᄒᆞ샤넙거신니마해山象이숫
깃어신눈섭에愛人相見ᄒᆞ샤오ᄋᆞᆯ어신누네風入
盈庭ᄒᆞ샤우글어신귀예紅桃花ᄀᆞ티븕거신모야
해五香마ᄐᆞ샤웅긔어신고해아으千金머그샤어
위어신이ᄡᅵ白玉琉璃ᄀᆞ티히어신닛바래人讚福

盛ᄒᆞ샤미나거신ᄐᆞ개七寶계우샤숙거신엇게예
吉慶계우샤늘의어신ᄉᆞ맷길헤설미모도와有德
ᄒᆞ신가ᄉᆞ매福智具足ᄒᆞ샤브르거신ᄇᆡ예紅鞓계
우샤굽거신허리예同樂大平ᄒᆞ샤길어신허튀예
아으界面도ᄅᆞ샤넘거신바래누고지이셰나오누
고지어셰니오바ᄅᆞᆯ도실도업시바ᄅᆞᆯ도실도업시
處容아비를누고지어셰니오마아만마아만ᄒᆞ니
여十二諸國이모다지어셰온아으處容아비를마
아만ᄒᆞ니여머자외야자綠李여샐리나내신고ᄒᆞᆯ
미여라아니옷미시면나리어다머즌말東京ᄇᆞᆯᄀᆞᆫ

ᄃᆞ래새도록노니다가드러내자리를보니가ᄅᆞ리
네히로새라아으둘흔내해어니와둘흔뉘해어니
오이런저기處容아비옷보시면熱病大神이아膾
ㅅ가시로다千金을주리여處容아바七寶를주리
여處容아바千金七寶도마오熱病神을날자바주
쇼셔山이여ᄆᆡ히여千里外에處容아비를어여녀
거져아으熱病大神의發願이샷다

4. 정과정

1) 봉좌문고본 악학궤범

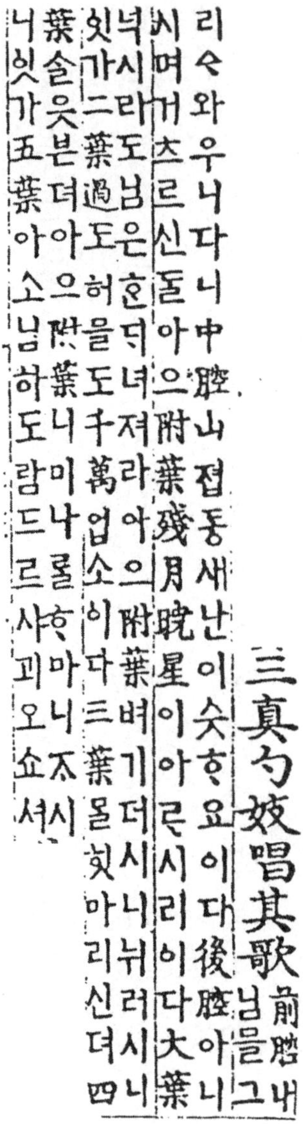

三眞勺妓唱其歌 前腔 내님을그
리ᅀᆞ와우니다니 中腔 山접동새난이슷ᄒᆞ요이다 後腔 아니
시며거츠르신ᄃᆞᆯ아으 附葉 殘月曉星이아ᄅᆞ시리이다 大葉
넉시라도님은ᄒᆞᆫᄃᆡ녀져라아으 附葉 벼기더시니뉘러시니
잇가二葉過도허믈도千萬업소이다三葉ᄆᆞᆯ힛마리신뎌四
葉ᄉᆞᆯ읏븐뎌아으 附葉 니미나ᄅᆞᆯᄒᆞ마니ᄌᆞ시
니잇가五葉아소님하도람드르샤괴오쇼셔

2) 태백산본 악학궤범

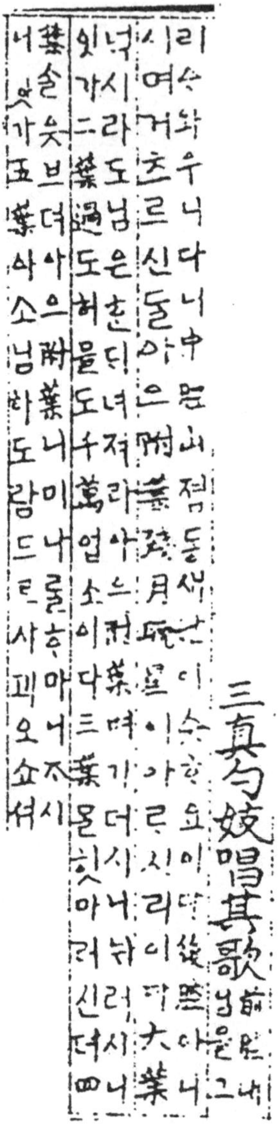

三眞勺妓唱其歌 前腔 내님을그
리ᅀᆞ와우니다니 中腔 山접동새난이슷ᄒᆞ요이다 後腔 아니
시며거츠르신ᄃᆞᆯ아으 附葉 殘月曉星이아ᄅᆞ시리이다 大葉
넉시라도님은ᄒᆞᆫᄃᆡ녀져라아으 附葉 벼기더시니뉘러시니
잇가二葉過도허믈도千萬업소이다三葉ᄆᆞᆯ힛마리신뎌四
葉ᄉᆞᆯ읏븐뎌아으 附葉 니미나ᄅᆞᆯᄒᆞ마니ᄌᆞ시
니잇가五葉아소님하도람드르샤괴오쇼셔

3) 대악후보

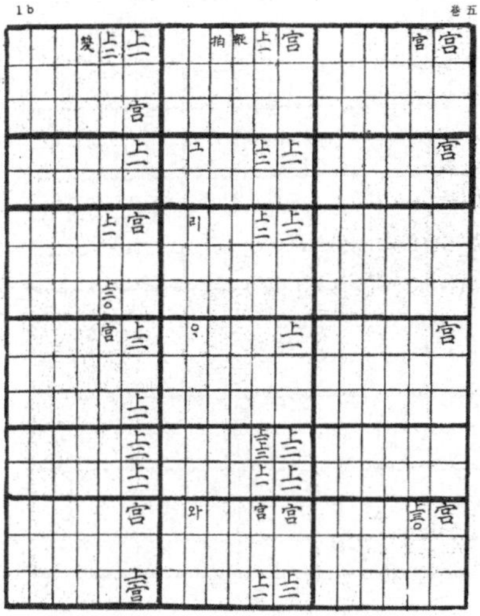

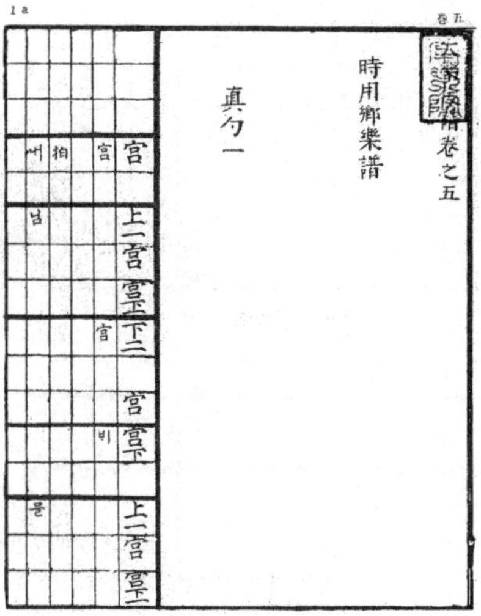

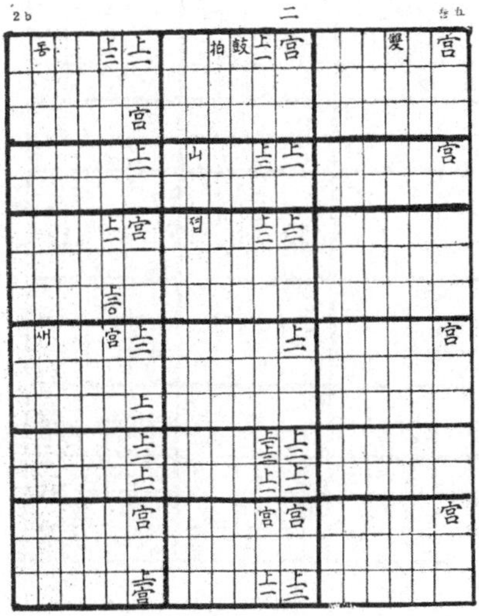

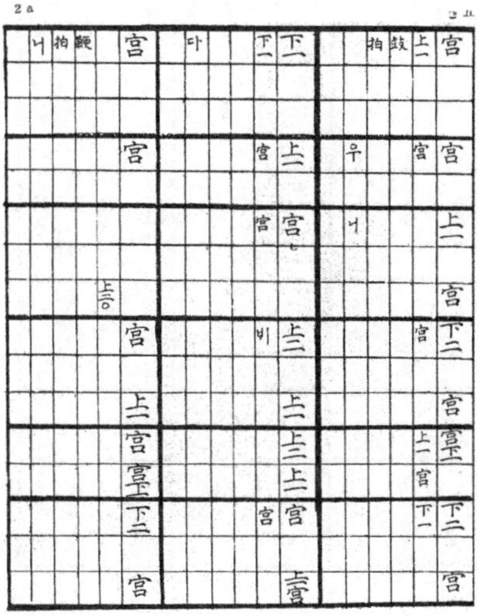

3a

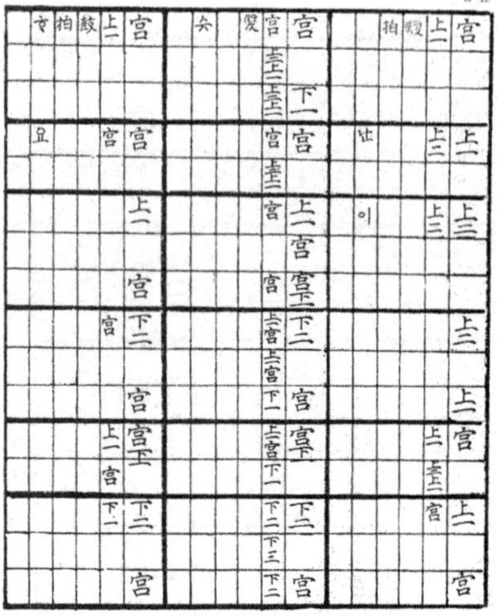

3b

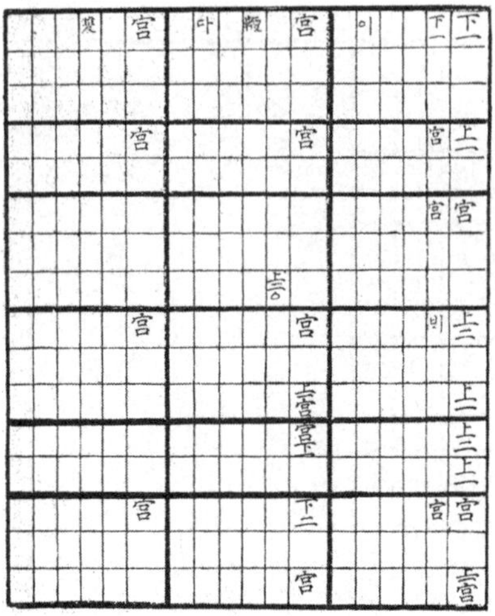

4a

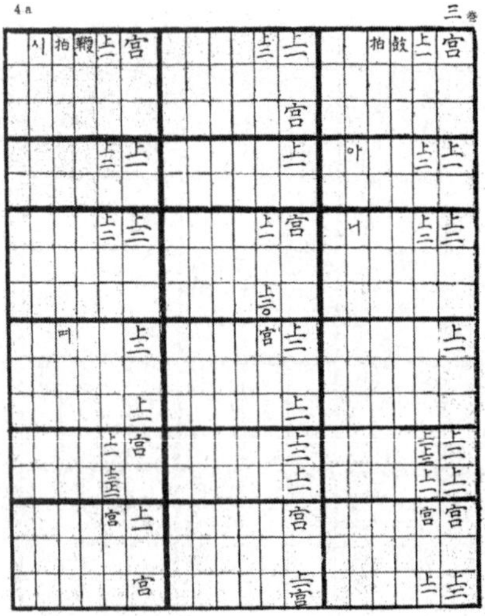

4b

5b 卷五

5a 附 卷五

6b 大葉 卷五

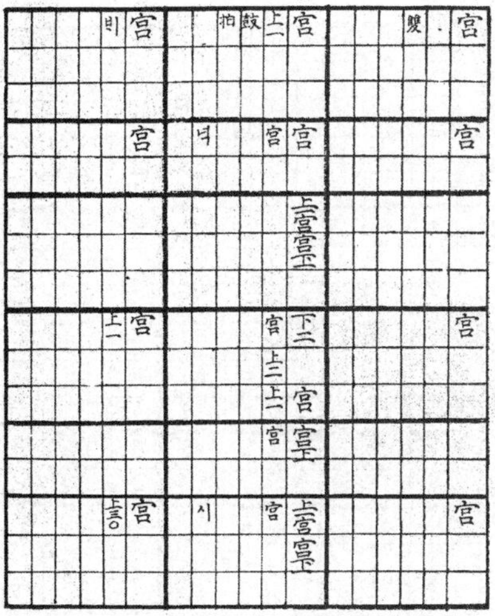

6a 大餘音 卷九

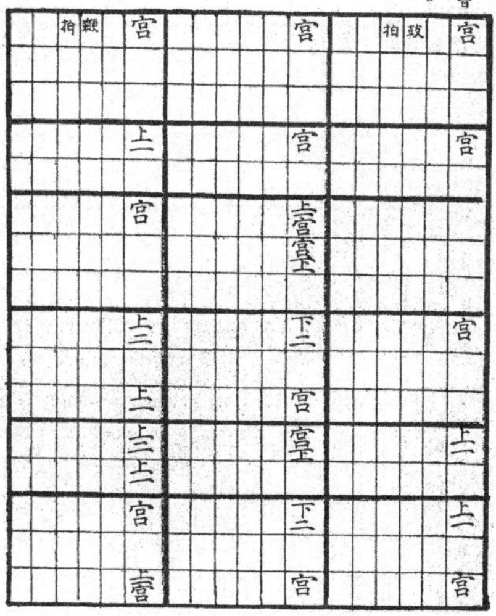

7b 卷五

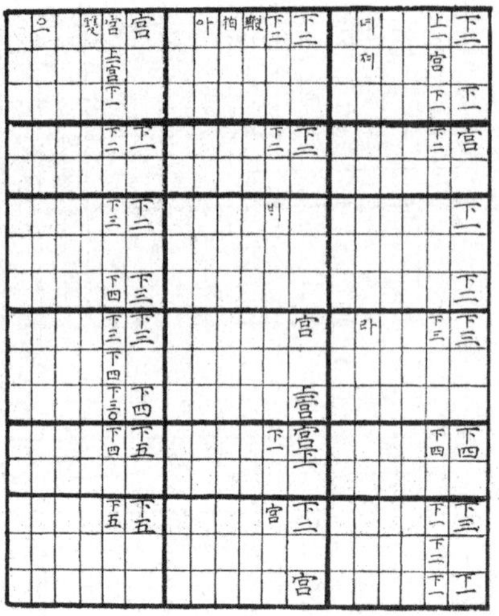

7a 卷五

8b 卷五

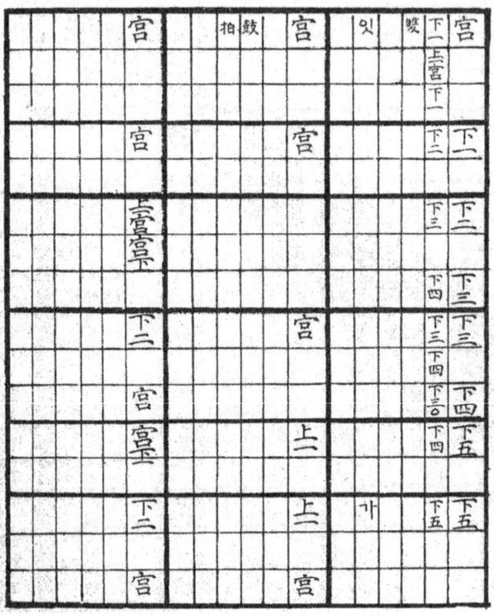

8a 卷五

9 b
卷五
열
소
허
믈
도
비

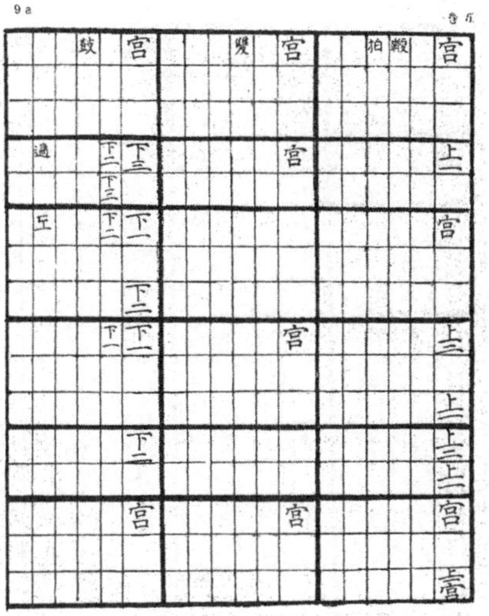
9 a
卷五
過
도

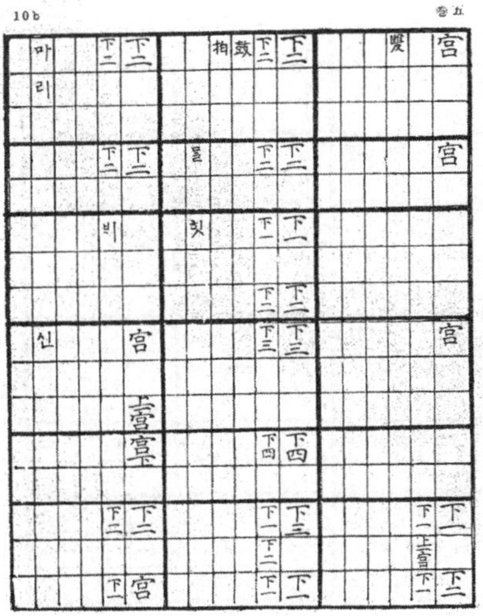
10 b
卷五
마
리
비
칫
신

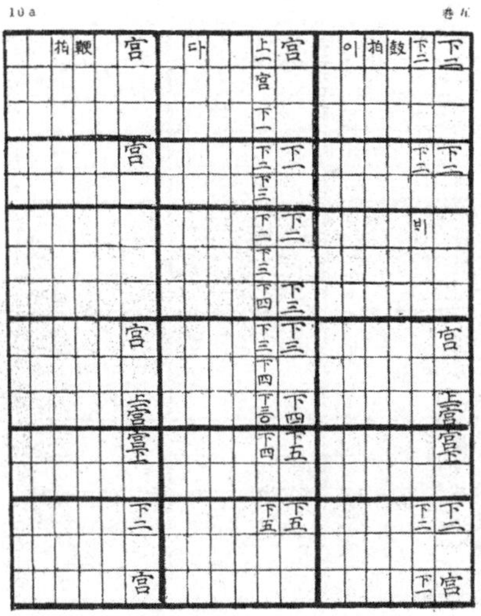
10 a
卷五
다
이
비

11b 卷五

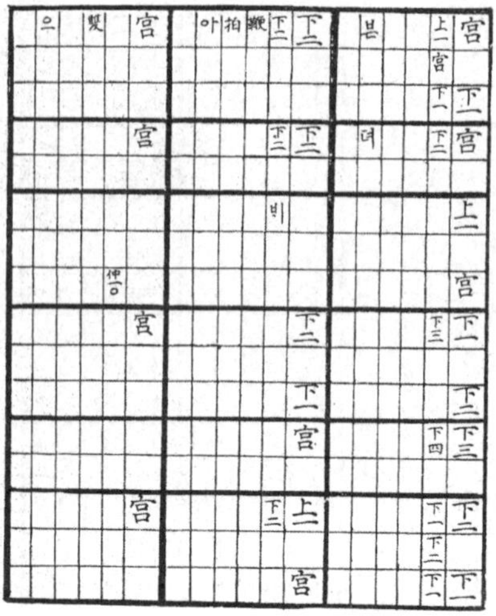

11a 卷五

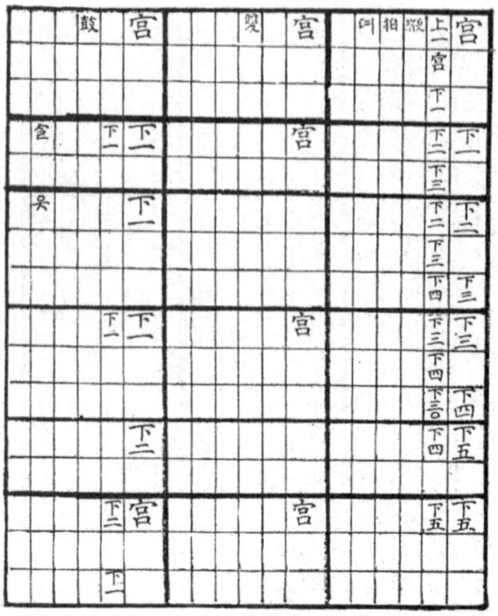

12b 卷五

12a 卷五

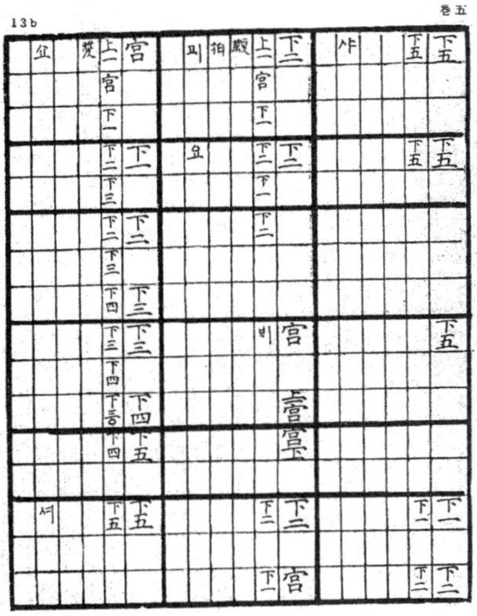
13b
卷五

13a
卷五

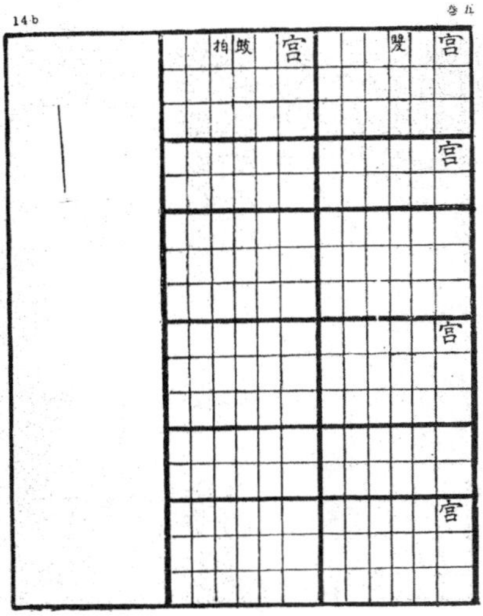
14b
卷五

14a
卷五

4) 가집

13. 三眞勺

前腔 넘을 그리ᅀᆞ와 우니다니 中腔 山 접동새 난
이 ᄒᆞ요이다 後腔 아니시며 거츠 신ᄃᆞᆯ 아으 附
葉 殘月曉星이 아ᄅᆞ시리이다 大葉 넉시라도 님은
ᄒᆞᆫᄃᆡ 녀져라 아으 附葉 버기더시니 뉘 시니잇가
二葉 도 허믈도 千萬 업소이다 三葉 ᄆᆞᆯ힛 이러신
뎌 四葉 ᄉᆞᆯ읏부뎌 아으 附葉 니미 나ᄅᆞᆯ ᄒᆞ마 니 시
니잇가 五葉 아소 님하 도람 드르샤 괴오쇼셔

5. 정석가

1) 시용향악보

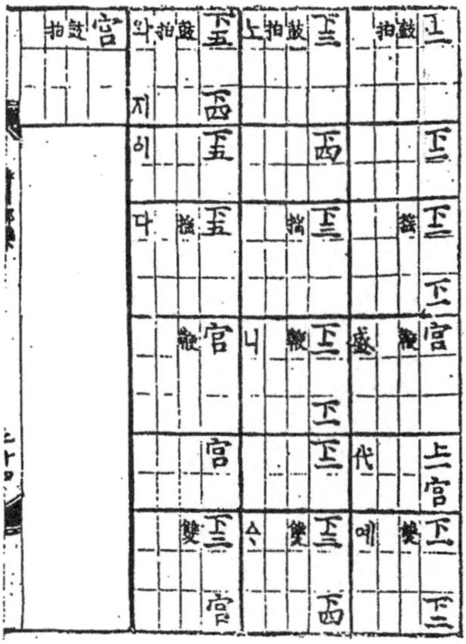

2) 금합자보

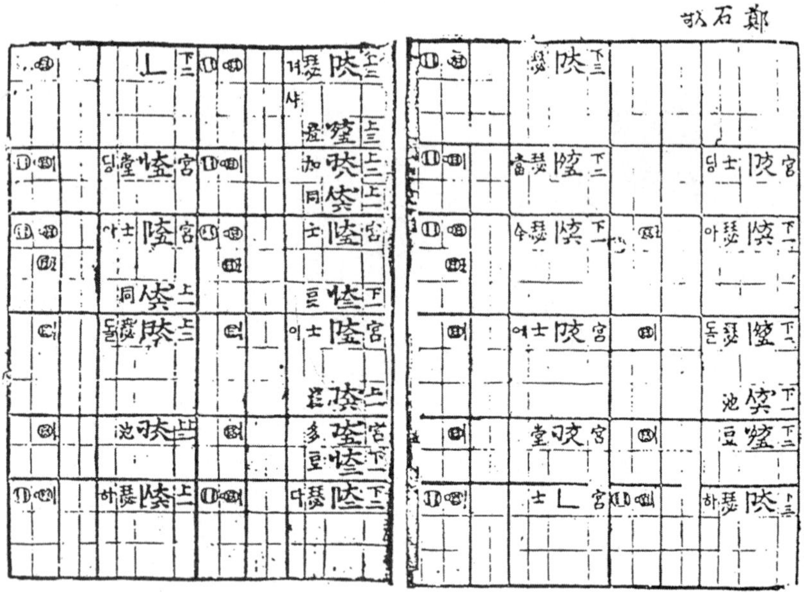

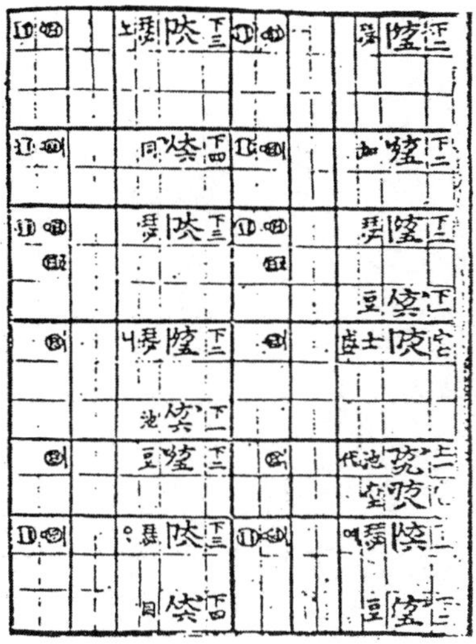

鄭石歌

鄭石歌

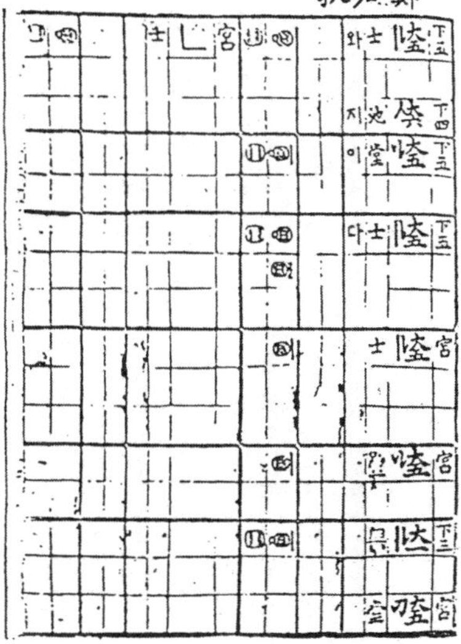

3) 악장가사

鄭石歌

딩아돌하當今(당금)에계샹이다딩아돌하當今(당금)에계샹
이다先王聖代(션왕셩ᄃᆡ)예노니ᄋᆞ와지이다○삭삭기셰몰
애별헤나ᄂᆞᆫ삭삭기셰몰애별헤나ᄂᆞᆫ구은밤닷되
를심고이다○그바미우미도다삭나거시아그바
미우미도다삭나거시아有德(유덕)ᄒᆞ신님믈여희ᄋᆞ와

지이다○玉옥으로蓮련ㅅ고즐사교이다玉옥으로蓮련ㅅ
고즐사교이다바회우희接졉柱듀ᄒᆞ요이다○그고지
三삼同동이퓌거시아그고지三삼同동이퓌거시아有유德덕ᄒᆞ
신님여ᄒᆡᄋᆞ와지이다○므쇠로텰릭을ᄆᆞᆯ아나ᄂᆞᆫ
므쇠로텰릭을ᄆᆞᆯ아나ᄂᆞᆫ鐵絲텰ᄉᆞ로주롬바고이다○
그오시다헐어시아그오시다헐어시아有유德덕ᄒᆞ신
님여ᄒᆡᄋᆞ와지이다○므쇠로한쇼ᄅᆞᆯ디여다가므
쇠로한쇼ᄅᆞᆯ디여다가鐵樹山텰슈산애노호이다○그쇠
鐵草텰초ᄅᆞᆯ머거아그쇠鐵草텰초ᄅᆞᆯ머거아有德유덕ᄒᆞ신님여

ᄒᆡᄋᆞ와지이다○구스리바회예디신ᄃᆞᆯ구스리바
회예디신ᄃᆞᆯ긴힛ᄃᆞᆫ그츠리잇가○즈믄ᄒᆡᄅᆞᆯ외오
곰녀신ᄃᆞᆯ즈믄ᄒᆡᄅᆞᆯ외오곰녀신ᄃᆞᆯ信신잇ᄃᆞᆫ그츠리
잇가

4) 악학편고

鄭石歌六章

딩아돌하當今(당금)에계샹이다딩아돌하當今(당금)에계샹이다先王(선왕)
聖代(성대)예노니ᄋᆞ와지이다
삭〻기셰몰애별헤나ᄂᆞᆫ삭〻기셰몰애별헤나ᄂᆞᆫ구은밤닷
되를심고이다○그밤이움이도다삭나거시아그밤이움이
도다삭나거시아有德(유덕)ᄒᆞ신님믈여ᄒᆡᄋᆞ와지이다
玉(옥)으로蓮(연)고즐사교이다玉(옥)으로蓮(연)고즐사교이다바회우희
接柱(접쥬)ᄒᆞ요이다○그고지三同(삼동)이퓌거시아그고지三同(삼동)이퓌
거시아有德(유덕)ᄒᆞ신님여ᄒᆡᄋᆞ와지이다
므쇠로텰릭을ᄆᆞᆯ아나ᄂᆞᆫ므쇠로텰릭을ᄆᆞᆯ아나ᄂᆞᆫ鐵絲(철ᄉᆞ)로주
롬박오이다○그오시다헐어시아그오시다헐어시아有德(유덕)
ᄒᆞ신님여ᄒᆡᄋᆞ와지이다
므쇠로한쇼를디여다가므쇠로한쇼를디여다가鐵樹山(철슈산)애
노호이다○그쇠鐵草(철초)를머거아그쇠鐵草(철초)를머거아有德(유덕)ᄒᆞ
신님여ᄒᆡᄋᆞ와지이다
구스리바회예디신ᄃᆞᆯ구스리바회예디신ᄃᆞᆯ긴힛ᄯᆞᆫ그츠리
잇가○즈믄ᄒᆡᄅᆞᆯ외오곰녀신ᄃᆞᆯ즈믄ᄒᆡᄅᆞᆯ외오곰녀신ᄃᆞᆯ信(신)
잇ᄃᆞᆫ그츠리잇가

5) 가집

20. 鄭石歌

딩아돌하當今에계샹이다딩이놀하當今에계샹
이다先王聖代예노니ᄋᆞ와지이다
삭삭기셰몰애별헤나ᄂᆞᆫ삭삭기셰몰애별헤나ᄂᆞᆫ
구은밤닷되를심고이다
그바미우미도다삭나거시아그바미도다우미도
다삭나거시아有德ᄒᆞᆫ신님믈여히지이다
玉으로蓮ㅅ고즐사교이다玉으로蓮ㅅ고즐사교
이다바희우희接柱ᄒᆞ요이다
그고지三同이퓌거시아그고지三同이퓌거시아
有德ᄒᆞᆫ신님여히아와지이다

므쇠로텰릭을몰아나는므쇠로텰릭을몰아나는

鐵絲로주롬바고이다

그오시다헐어시아그오시다헐어시아有德ᄒᆞ신

님여ᄒᆡ아와지이다

므쇠로한쇼를디여다가므쇠로한쇼를디어다가

鐵樹山애노호이다

그쇠鐵草를머거아그쇠鐵草를머거아有德ᄒᆞ시

님여ᄒᆡᄋᆞ와지이다

구스리바회예디신ᄃᆞᆯ구스리바회예디신ᄃᆞᆯ긴힛

ᄃᆞᆫ그츠리잇가

즈믄ᄒᆡ를외오곰녀신ᄃᆞᆯ즈믄ᄒᆡ를외오곰녀신ᄃᆞᆯ

信잇ᄃᆞᆫ그츠리잇가

6. 청산별곡

1) 시용향악보

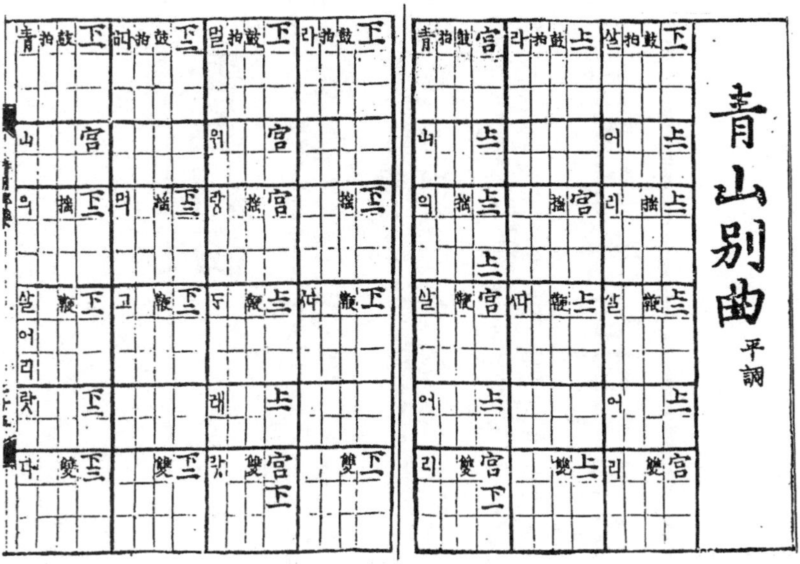

2) 악장가사

靑山別曲

살어리살어리랏다靑山(쳥산)애살어리랏다멀위랑ᄃᆞ
래랑먹고靑山(쳥산)애살어리랏다얄리얄리얄랑셩얄
라리얄라○우러라우러라새여자고니러우러라
새여널라와시름한나도자고니러우니로라얄리

얄리얄리얄라셩얄라리얄라 ○ 가던새가던새본다믈
아래가던새본다 잉무든장글란가지고믈아래가
던새본다얄리얄리얄라셩얄라리얄라 ○ 이링공
뎌링공ᄒᆞ야나즈란디내와손뎌호리도가리도업
ᄉᆞ바므란ᄯᅩ엇디호리라얄리얄리얄라셩얄라리
얄라 ○ 어듸라더디던돌코누리라마치던돌코믜
리도괴리도업시마자셔우니노라얄리얄리얄라
셩얄라리얄라 ○ 살어리살어리랏다바ᄅᆞ래살어
리랏다ᄂᆞᄆᆞ자기구조개랑먹고바ᄅᆞ래살어리랏

다 얄리얄리얄라셩얄라리얄라 ◯ 가다가가다가
드로라 에졍지 가다가 드로라 사ᄉᆞ미 짒대예 올아
셔 奚琴(ᄒᆡ금)을 혀거를 드로라 얄리얄리얄라셩얄리리
얄라 ◯ 가다니 ᄇᆡ브른 도긔 설진 강수를 비조라 조
롱곳 누로기 ᄆᆡ와 잡ᄉᆞ와니 내 엇디ᄒᆞ리잇고 얄리
얄리얄라셩얄라리얄라

3) 악학편고

靑山別曲八曲

살어리살어리랏다靑山애살어리랏다멀위랑ᄃᆞ래랑먹고
靑청山산애살어리랏다얄리〻〻얄랑셩야라리얄라
우러라우러라새여사고니러우러라새여닐라와시름한나
도자끄니러우니노라얄리〻〻셩얄라리얄라
가던새가던새본다믈아래가던새본다잉무든장글란가지
끄믈아래가던새본다얄리〻〻얄라셩얄라리얄라
이링공뎌링공ᄒᆞ야이즈란지내와손뎌오리도가리도업슨
바므란ᄯᅩ엇지호리라얄리〻〻얄라셩얄라리얄라
어듸라더디던돌코누리라마치던돌코믜리도괴리도업시
마자셔우니노라얄리〻〻얄라셩얄라리얄라
살어리살어리랏다발ᄅᆞ래살러리랏다ᄂᆞᄆᆞ자기구조개랑
먹고비ᄅᆞ래살러리랏다얄리〻〻얄라셩얄라리얄라
가다가가다가드로라에졍지가다가드로라사ᄉᆞ미지마대
예올아셔奚혜琴금을혜거를드로라얄리〻〻얄라셩얄라리얄라
가다니ᄇᆡ브른도긔설진강수를비조라조롱곳누로기믜와
잡ᄉᆞ와니내엇지ᄒᆞ리잇고얄리〻〻얄라셩얄리얄라

4) 가집

21. 靑山別曲

살어리살어리랏다靑山애살어리랏다멀위랑드
래 랑먹고靑山애살어리랏다얄리얄리얄랑셩
얄라리얄라
우러라우러라새여자고니러우러라새여널라와
시름흔나도자고니러우니로라얄리얄리알라셩
얄리리얄라가던새가던새본다블아래가던새본
다잉무든장글란가지고믈아래가던새본다얄리
얄라셩얄라리알라
이렁공뎌렁공흐야나즈란디내와손뎌오리도가
리도업손바므란또엇지호리라얄리얄리얄라셩
얄라리얄라어듸라더디더돌고누리라마치던돌

고믜리도괴리도업시마자셔우니노라알리얄리
얄라셩얄라리얄라
살어리살어리랏다바ᄅᆞ래살어리랏다ᄂᆞᄆᆞ자기
구조개랑먹고바라래살어리랏다얄리얄리얄라셩얄
라리얄라
가다가가다가드로라에졍지가다가드로라사ᄉᆞ
미짒대예올아셔奚琴을혀거를드로라얄리얄리
알라셩얄라리얄라가다니ᄇᆡ브른도긔 진강수
를비조 조롱곳누로기ᄆᆡ와잡ᄉᆞ와니내엇디ᄒᆞ
리잇고얄리얄리얄라셩알라리얄라

7. 서경별곡

1) 시용향악보

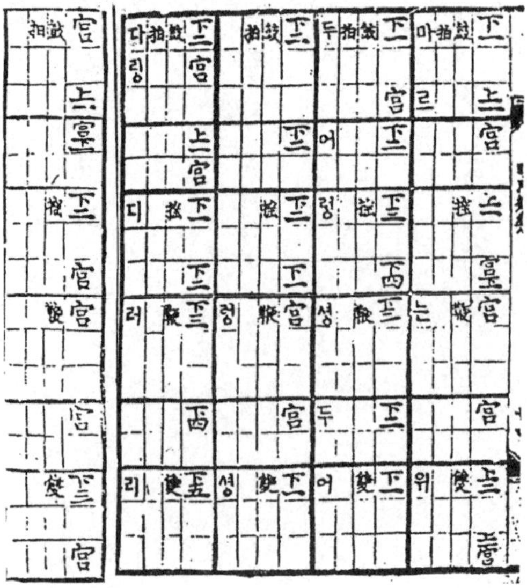

2) 악장가사

西京別曲

西京(서경)이아즐가西京(서경)이셔울히마르는위두어렁셩
두어렁셩다링디리○닷곤ᄃᆡ아즐가닷곤ᄃᆡ쇼셩
경고ᄋᆡ마ᄅᆞᆫ위두어렁셩두어렁셩다링디리○여
ᄒᆡ므론아즐가여ᄒᆡ므논질삼뵈ᄇᆞ리시고위두어
렁셩두어렁셩다링디리○괴시란ᄃᆡ아즐가괴시
란ᄃᆡ우러곰좃니노이다위두어렁셩두어렁셩다
링디리○구스리아즐가구스리바회예디신ᄃᆞᆯ위
두어렁셩두어렁셩다링디리○긴히ᄯᆞᆫ아즐가긴
히ᄯᆞᆫ그츠리잇가나ᄂᆞᆫ위두어렁셩두어렁셩다링
디리○즈믄ᄒᆡ를아즐가즈믄ᄒᆡ를외오곰녀신ᄃᆞᆯ
위두어렁셩두어렁셩다링디리○信(신)잇ᄃᆞᆫ아즐가

信신잇ᄃᆞᆫ그츠리잇가나ᄂᆞᆫ위두어렁셩두어렁셩다
링디리○大同江대동강아즐가大同江대동강너븐디몰라셔위
두어렁셩두어렁셩다링디리○비내여아즐가비
내여노ᄒᆞᆫ다샤공아위두어렁셩두어렁셩다링디
리○네가시아즐가네가시럼난디몰라셔위두어
렁셩두어렁셩다링디리○녈비예아즐가녈비예
연즌다샤공아위두어렁셩두어렁셩다링디리○
大同江대동강아즐가大同江대동강건넌편고즐여위두어렁셩
두어렁셩다링디리○비타들면아즐가비타들면

것고리이다나ᄂᆞᆫ위두어렁셩두어렁셩다링디리

3) 악학편고

西京別曲十四曲

西京이아즐가西京이셔울히마르는 偉 두어렁셩두어
렁셩다링디리

닷곤듸아즐가닷곤듸쇼셩경고외마른 偉 두어렁셩두
어렁셩다링지리

어히므른아즐가여히므논질삼뵈브리고 偉 두어렁셩
두어렁셩다링디리

괴시란듸아즐가괴시란듸우러곰좃니노이다 偉 두어
렁셩두어렁셩다링디리

구슬리아즐가구스리바회예디신둘 偉 두어렁셩두어
렁셩다링디리

긴히뚠아즐가긴힛뚠그츠리잇가나는 偉 두어렁셩두
어렁셩다링디리

즈믄히를아즐가즈믄히를외오곰녀신둘 偉 두어렁셩

두어렁셩다링디리
信잇든아즐가信잇든그츠리잇가나난 偉 두어렁셩두
어렁셩다링디리
大同江아즐가大同江너븐디몰라셔 偉 두어렁셩두어
렁셩달링디라
비내여아즐가비내여노흔다샤공아 偉 두어렁셩두어
렁셩달링디리
네가시아즐가네가시럼난디몰라셔 偉 두어렁셩두어
렁셩달링다리
녈비예아즐가녈비예연즌다샤공아 偉 두어렁셩두어
렁셩달링디리
大同江아즐가大同江건넌편고즐여 偉 두어렁셩두어
렁셩달링디리
비타들면이즐가비타들면것고리이다나난 偉 두어렁
셩두어렁셩달링디라

4) 대악후보

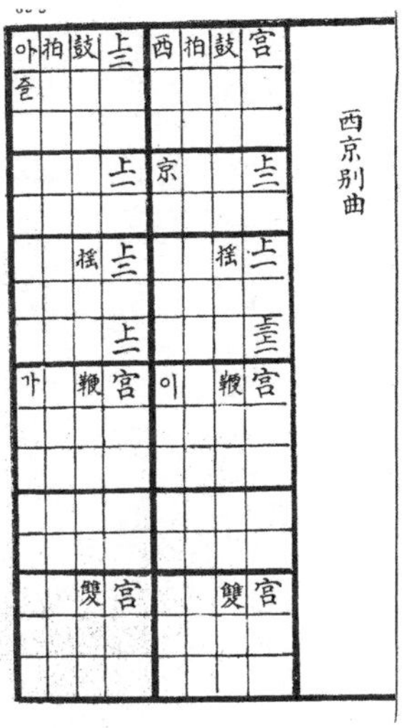

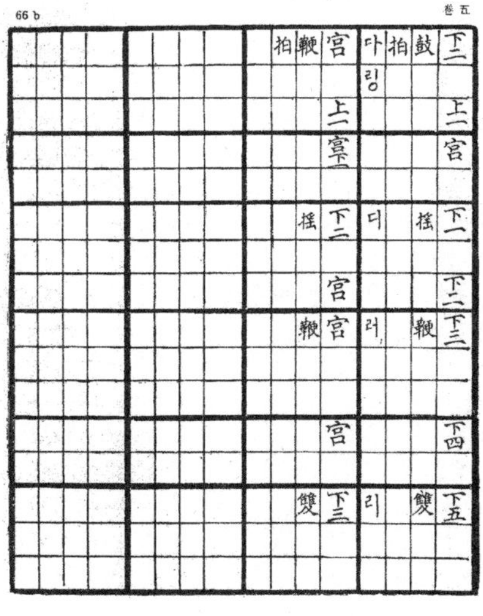

5) 가집

22. 西京別曲

西京이아즐가西京이셔울히마르는위두어렁셩
두어렁셩다링디리
딧곤ᄃᆡ아즐가닷ᄃᆡ쇼셩경고외마위두어렁셩
두어렁셩다링디리
여ᄒᆡ므론아즐가여ᄒᆡ므논질삼뵈ᄇᆞ리시고의두
어렁셩두어렁셩다링디리
괴시란ᄃᆡ아즐가괴시란ᄃᆡ우러곰돗니노이다위
두어렁셩두어렁셩다링디리
구스리아즐가구스리바회예디신ᄃᆞᆯ두어렁셩
두어렁셩두어렁셩다링디리
기히ᄯᆞᆫ아즐가긴힛ᄯᆞᆫ그리잇가나ᄂᆞᆫ위두어렁

셩두어렁셩다링디리
즈믄ᄒᆡ를아즐가즈믄ᄒᆡ를외오곰녀신ᄃᆞᆯ위두어
렁셩두어렁셩다링디리
信잇ᄃᆞᆫ아즐가信잇ᄃᆞᆫ그츠리잇가나ᄂᆞᆫ위두어렁
셩두어렁셩다링디리
大同江아즐가大同江너븐디몰라셔위두어렁셩
두어렁셩다링디리
ᄇᆡ내여아즐가ᄇᆡ내여노ᄒᆞᆫ다샤공아위두어렁셩
두어렁셩다링디리
네가시아즐가네가시럼난디몰라셔위두어렁셩

두어렁셩다링디리
녈비에아즐가녈비에연 다사공아위두어렁셩
두어렁셩다링디리
大同江아즐가大同江건넌편고즐여위두어렁셩
두어렁셩다링디리
비타들면아즐가비타들면것고리이다나는위두
어렁셩두어렁셩다링디리

8. 사모곡

1) 시용향악보

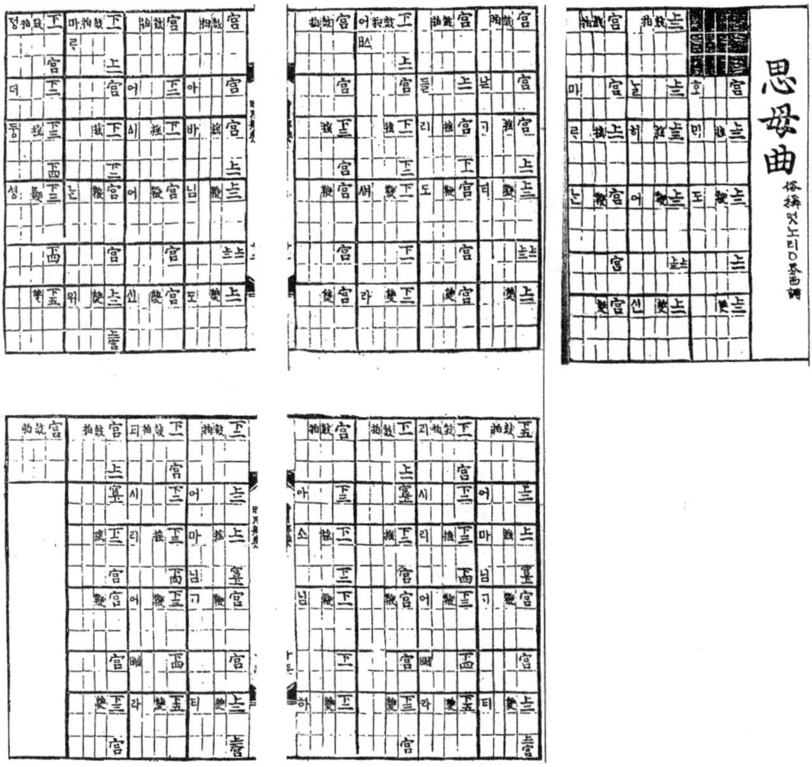

2) 금합자보

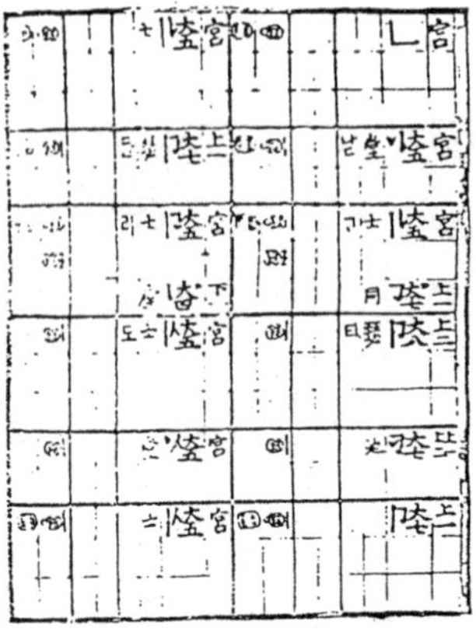

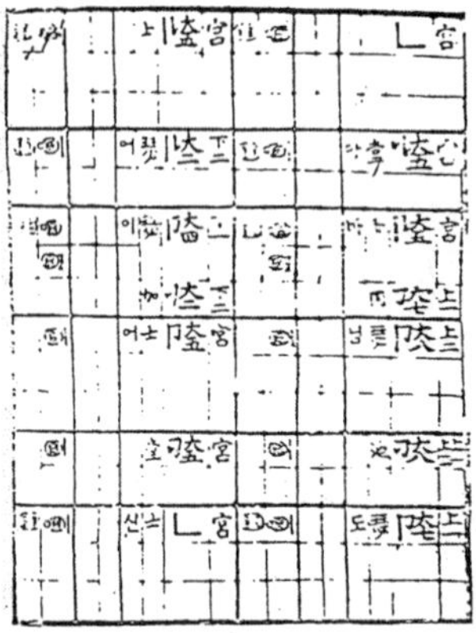

曲母思

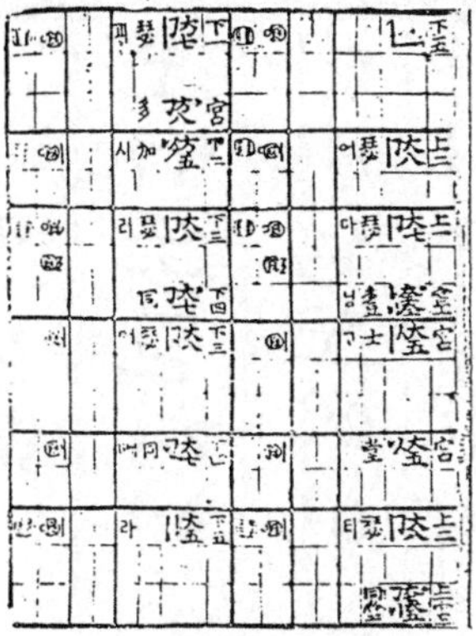

曲母思

曲母思

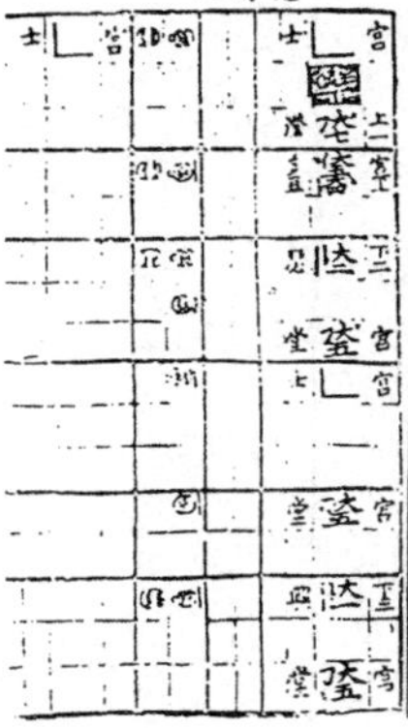

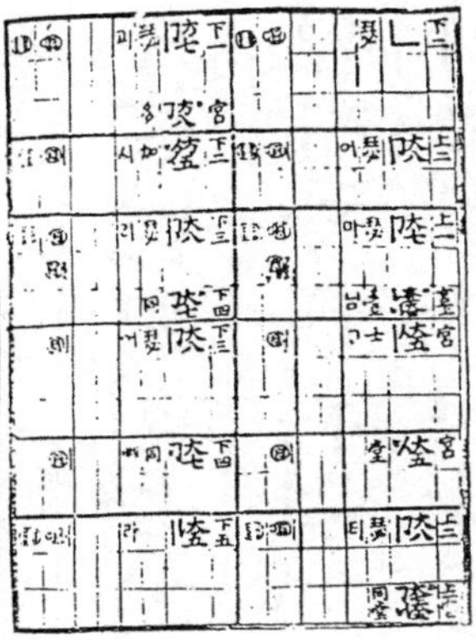

3) 악장가사

思母曲

호ᄆᆡ도ᄂᆞᆯ히언마ᄅᆞᄂᆞᆫ낟ᄀᆞ티들리도업스니이다
아바님도어이어신마ᄅᆞᄂᆞᆫ위덩더둥셩어마님ᄀᆞ
티괴시리업세라아소님하어마님ᄀᆞ티괴시리업
세라

4) 악학편고

思母曲 自步虛子至此今之樂院行用刊布

호ᄆᆡ도ᄂᆞᆯ리언마ᄅᆞᄂᆞᆫ낟ᄀᆞ티들리도업스니이라아바님도

어이어신마ᄅᆞᄂᆞᆫ 偉 덩더둥셩어마님ᄀᆞ티괴시리업세

라아소님하어마님ᄀᆞ티괴시리업세라

5) 가집

23. 思母歌

호미도 ᄂᆞᆯ히언마ᄅᆞᄂᆞᆫ 낟ᄀᆞ티 들리도 업스니이다
아바님도 어이어신마ᄅᆞᄂᆞᆫ 위 덩더둥셩 어마님ᄀᆞ
티 괴시리 업세라 아소 님하 어마님ᄀᆞ티 괴시리 업
세라

9. 쌍화점

1) 악장가사

雙花店

雙花店(솽화뎜)에 雙花(솽화) 사라 가고신ᄃᆡᆫ 回回(휘휘)아비 내 손모글
주여이다 이 말ᄉᆞᆷ미 이 店(뎜)밧긔 나명들명 다로러거
디러 죠고맛감 삿기 광대 네 마리라 호리라 더러둥
셩 다리러디러 다리러디러 다로러 거디러 다로러
긔자리예 나도 자라 가리라 위위 다로러 거디러 다
로러 긔잔ᄃᆡ ᄀᆞ티 덦거츠니 업다 ◯ 三藏寺(삼장ᄉᆞ)애 브를
혀라 가고신ᄃᆡᆫ 그 뎔 社主(샤쥬)ㅣ 내 손모글 주여이다 이
말ᄉᆞ미 이 뎔밧긔 나명들명 다로러 거디러 죠고맛

간삿기上座(샹좌)ㅣ네마리라호리라더러둥셩다리러
디러다리러디러다로러거디러다로러긔자리예
나도자라가리라위위다로러거디러다로러긔잔
ᄃᆡᄀᆞ티덦거츠니업다○드레우므레므를길라가
고신딘우뭇龍(룡)이내손모글주여이다이말ᄉᆞ미이
우믈밧긔나명들명다로러거디러죠고맛간드레
바가네마리라호리라더러둥셩다리러디러다리
러디러다로러거디러다로러긔자리예나도자라
가리라위위다로러거디러다로러긔잔ᄃᆡᄀᆞ티덦

거츠니업다○술ᄑᆞᆯ지븨수를사라가고신ᄃᆡᆫ그짓
아비내손모글주여이다이말ᄉᆞ미이집밧긔나명
들명다로러거디러죠고맛간싀구바가네마리라
호리라더러둥셩다리러디러다리러디러다로러거
디러다도러긔자리예나도자라가리라위위다로
러거디러다로러긔잔뒤ᄀᆞ티덦거츠니업다

2) 악학편고

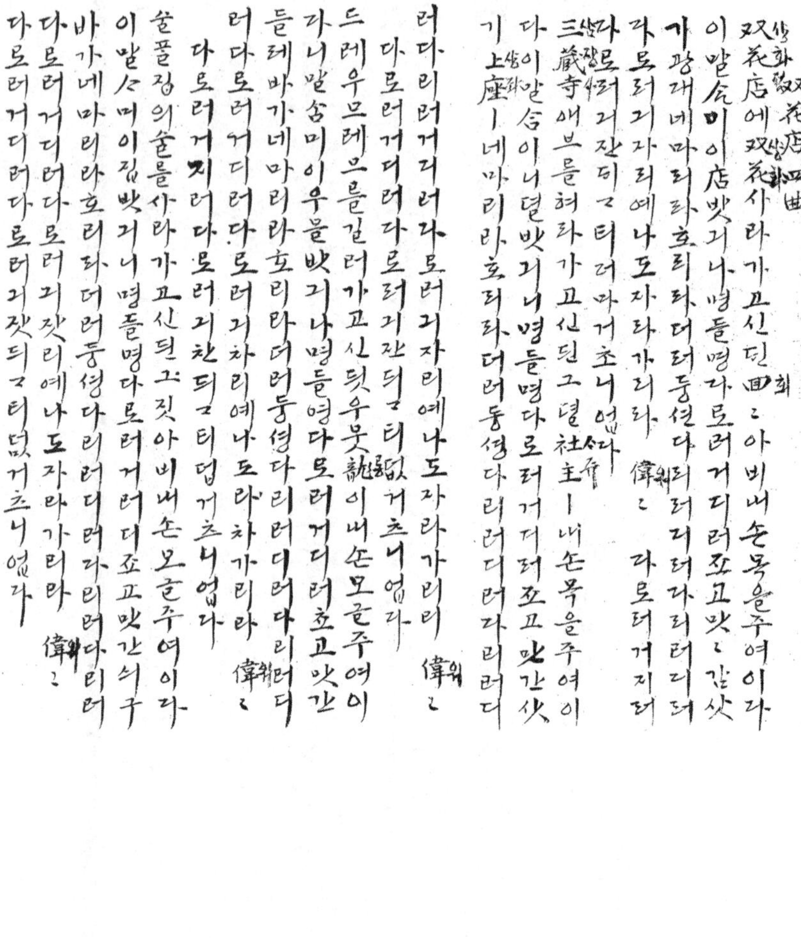

雙花店曲

雙花店에雙花사라가고신딘回回ㅅ아비내손모글주여이다

이말ᄉᆞ미이店밧긔나명들명다로러거디러죠고맛감삿

기광대네마리라호리라더러둥셩다리러디러다리러디러

다로러긔자리예나도자라가리라 偉偉 다로러거지러

다로러긔잔듸ᄀ티더ᄆ거츠니업다

三藏寺애브를혀라가고신딘그뎔社主ㅣ내손목을주여이

다이말ᄉᆞ미이뎔밧긔나명들명다로러거디러죠고맛간삿

기上座ㅣ네마리라호리라더러둥셩다리러디러다리러디

러다리러거디러다로러긔자리예나도자라가리라 偉偉

다로러거디러다로러긔잔듸ᄀ티덦거츠니업다

드레우므레므를길러가고신딘우뭇龍이내손모글주여이

다이말ᄉᆞ미이우믈밧긔나명들명다로러거디러죠고맛간

드레바가네마리라호리라더러둥셩다리러디러다리러디

러다로러거디러다로러긔차리예나도자라차가리라 偉偉

다로러거지러다로러긔찬듸ᄀ티덥거츠니업다

술풀짐의술를사라가고신딘그짓아비내손모글주여이다

이말ᄉᆞ미이집밧긔나명들명다로러거디러죠고맛간싀구

바가네마리라호리라더러둥셩다리러디러다리러디리러

다로러거디러다로러긔잣리예나도자라가리라 偉偉

다로러거디러다로러긔잣듸ᄀ티덦거츠니업다

3) 대악후보

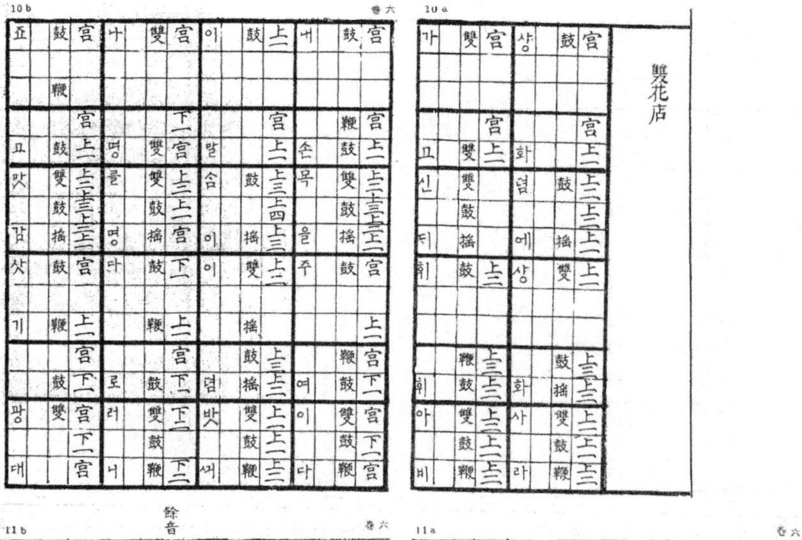

12b 三 音餘 半 卷六

12a 二

13a 卷六

4) 가집

26. 雙花店

雙花店에雙花사라가고신듸回回아바내손모글
쥬여이다이말솜미이店밧 나명들명다로러거
디러죠고맛감삿기광대네마리라호리라더러셩
다리러디러다리러디러다로러거디러다로러거
자리예나도자라가리라위위다 러거디러나로
러긔잔듸ᄀᆞ리덦거츠니업다
三藏寺애블혀리가고신딘그뎔社主ㅣ내손모글
주여이다이말사미이뎔밧긔나명들명다로러거
디러죠고맛간삿기上座ㅣ네마리라호리라더러
둥셩다리러디러다리러디러다로러거디러다로
러긔자리예나드자라가리라위위다로러거디러
다로러긔잔듸ᄀᆞ티덦거츠니업다

드레우므레므를길라가교신뎐우믓龍이네손모
글주여이다이말사미이우믈밧씌나명들명다로
러거디러죠고맛간드레바가네마리라호리라더
러둥셩디리러디러다리러디러다로러거디러다
로러긔자리예나도자라가리라위위다로러거디
러다로러긔잔디ᄆᆞ타덦거츠니업다
술폴지븨수를사라가교신뎐그짓이비내손므글
주여이다이말ᄉᆞ미이집빗씌나명들명다로러거
디러죠고맛간싀구비가네마리라호리라더러둥
셩다리러디러다리러디러다로러거디러다도러
긔자리예나도자라가리라위위다로러거디러다
로러긔잔디ᄆᆞ티덦거츠니업다

10. 이상곡

1) 악장가사

履霜曲

비오다가개야아눈하디신나래서린석석사리조븐곱도신길헤다롱디우셔마득사리마득너즈세너우지잠따간내니믈너겨깃돈열명길헤자라오리잇가죵죵霹靂(벽력)生(싱)陷墮(함타)無間(무간)고대셔싀여딜내모미죵霹靂(벽력)아生(싱)陷墮(함타)無間(무간)고대셔싀여딜내모미내님두ᄋᆞᆸ고년뫼롤거로리이러쳐뎌러쳐이러쳐뎌러쳐期約(긔약)이잇가아소님하ᄒᆞᆫᄃᆡ녀젓期約(긔약)이이다

2) 악학편고

履霜曲

비오다가내야아눈하디신나매서린석〻사리조븐곱도신
길헤다롱미우셔마득사리마두니즈세너우지잠따간내니
믈너겨깃돈열명길헤자리오리잇가종〻霹靂生陷墮無間
고대셔싀여딜내모미종霹靂아生陷墮無間고대셔싀여딜
모미내님두숩고년뫼를거로리이러쳐뎌러쳐이러쳐뎌러
쳐期約이잇가아소님하ᄒᆞᆫ듸녀졋期이어다

3) 대악후보

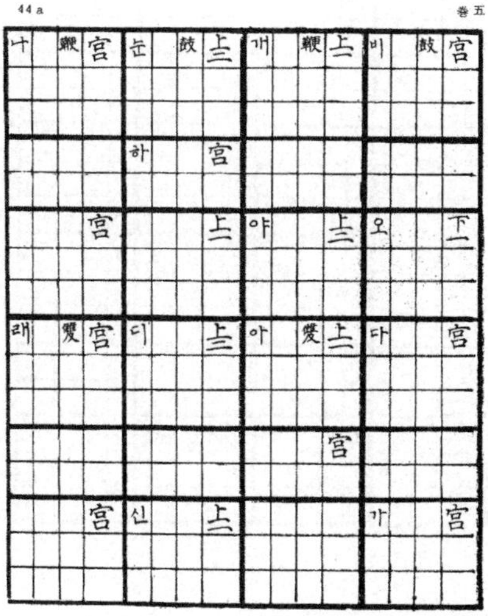

45 b 卷五

45 a 卷五

46 b 卷五

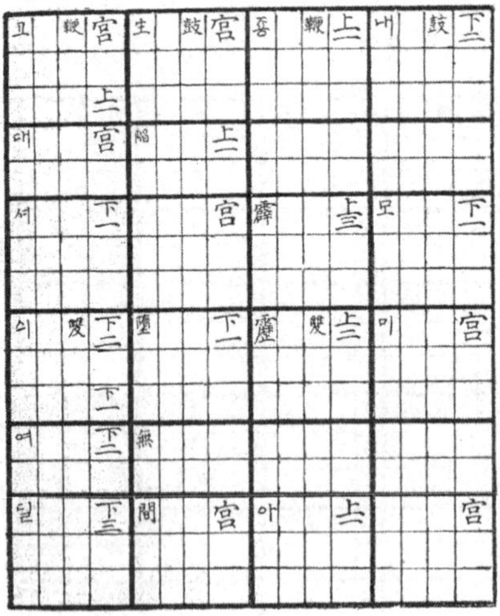

46 a 卷五

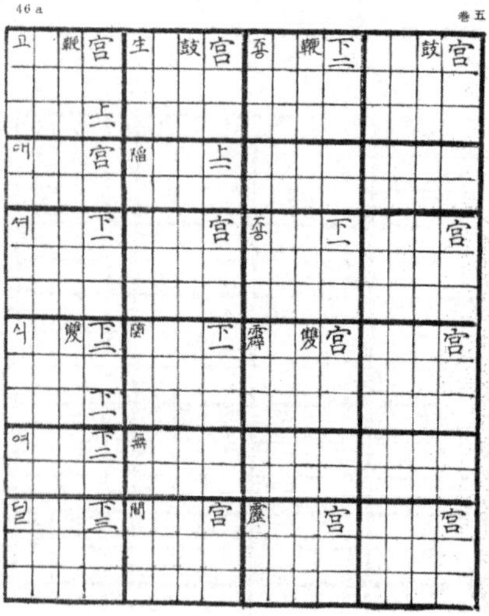

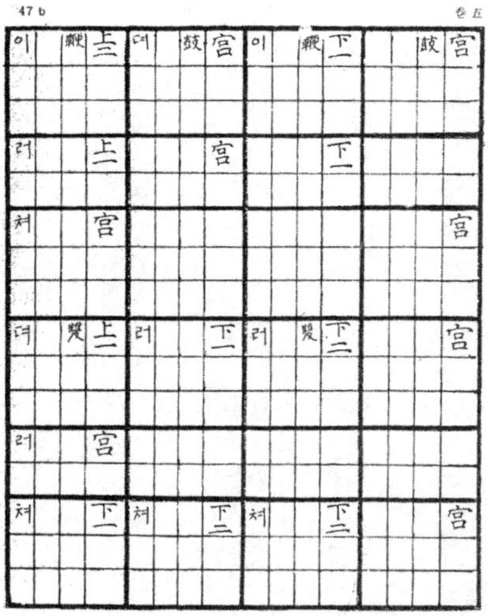
47 b
卷五

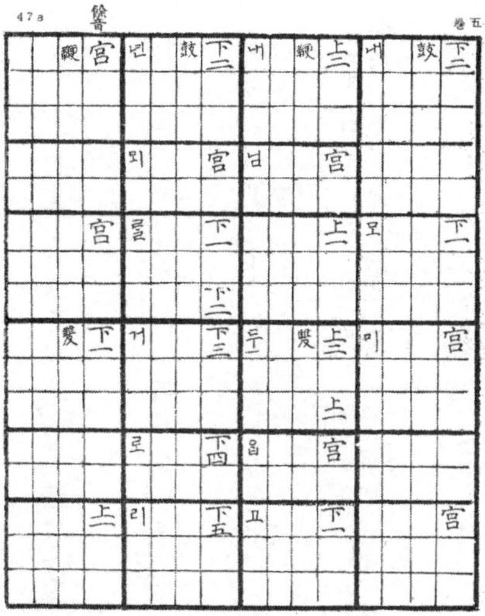
47 a
卷五

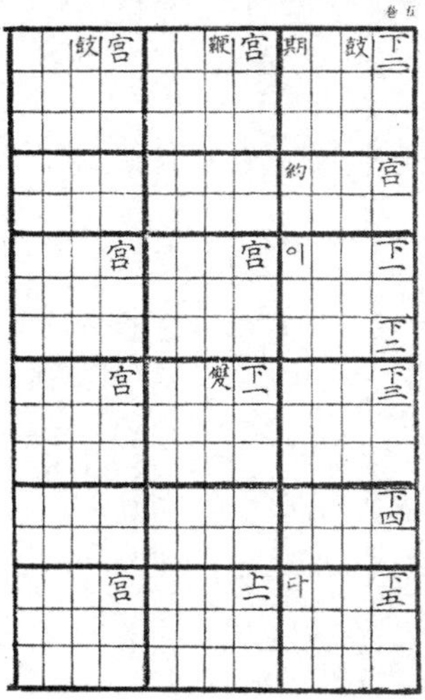
卷五

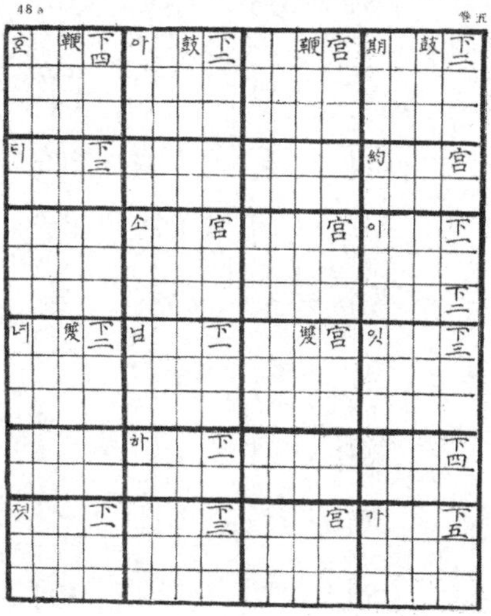
48 a
卷五

4) 가집

27. 復霜曲

비오다가개야아눈하디신나래서린석석사리조
븐곱도신길헤다롱디우셔마득사리마득너즈세
너우시장ᄯᅡ간내니믈녀겨깃둔열명길헤자라오
리잇가쫑쫑霹靂生陷墮無間고대셔싀여딜내모
미딜내모미쫑霹靂아生陷墮無間고대셔싀여딜
내모미내님두ᄋᆞᆸ고년뫼를거로리이러쳐뎌러쳐
期約이잇가아소님하ᄒᆞᆫᄃᆡ녀젓期約이이다

11. 가시리

1) 시용향악보

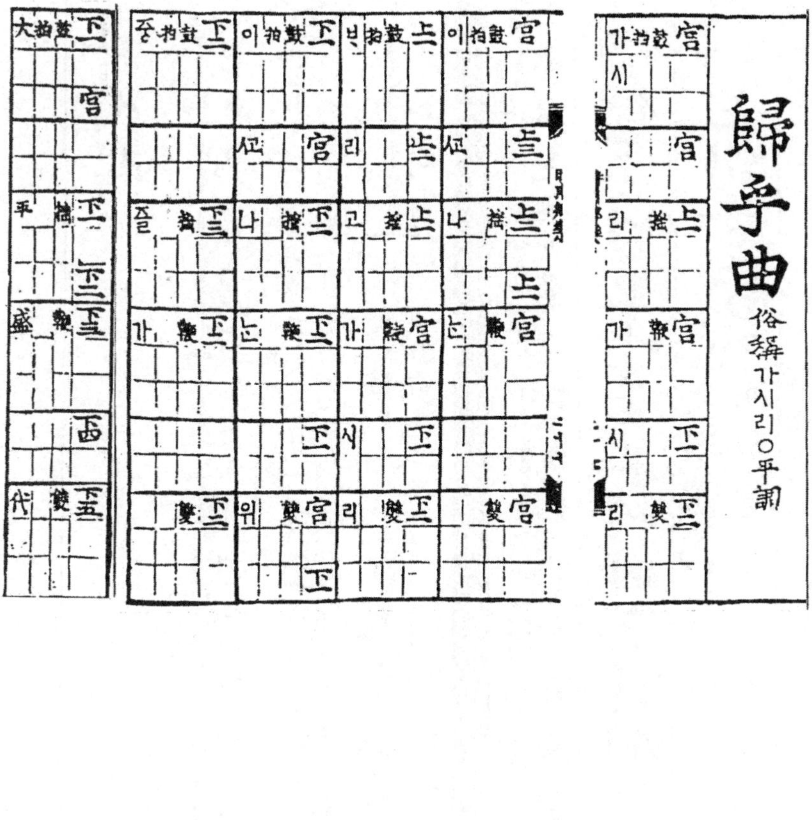

2) 악장가사

가시리

가시리가시리잇고나ᄂᆞᆫᄇᆞ리고가시리잇고나ᄂᆞᆫ
위증즐가大平盛代(대평셩ᄃᆡ)○날러ᄂᆞᆫ엇디살라ᄒᆞ고ᄇᆞ리
고가시리잇고나ᄂᆞᆫ위증즐가大平盛代(대평셩ᄃᆡ)○잡ᄉᆞ와
두어리마ᄂᆞᆫ선ᄒᆞ면아니올셰라위증즐가大平(대평)
盛代(셩ᄃᆡ)○셜온님보내ᄋᆞᆸ노니나ᄂᆞᆫ가시ᄂᆞᆫᄃᆞᆺ도셔오
쇼셔나ᄂᆞᆫ위증즐가大平盛代(대평셩ᄃᆡ)

3) 악학편고

嘉時理

가시리가시리잇고나ᄂᆞᆫ ᄇᆞ리고가시리잇고나ᄂᆞᆫ 偉 증
즐가太平盛代
날러ᄂᆞᆫ엇디사라ᄒᆞ고ᄇᆞ리고가시리잇고나ᄂᆞᆫ 偉 증즐
가太平盛代
잡ᄉᆞ와두어리마ᄂᆞᄂᆞᆫ선ᄒᆞ면아니올셰라 偉 증즐가太
平盛代
셜온님보내ᄋᆞᆸᄂᆞ니나ᄂᆞᆫ가시ᄂᆞᆫᄃᆞᆺ도셔오쇼셔나ᄂᆞᆫ 偉
증즐가太平盛代

4) 가집

28. 가시리

가시리가시리잇고나는ᄇᆞ리고가시리잇고나는
위증즐가大平盛代
날러는엇디살라ᄒᆞ고ᄇᆞ리고가시리잇고나는위
증즐가大平盛代
잡ᄉᆞ와이리마ᄂᆞᄂᆞᆫ션ᄒᆞ면아니올셰라위증즐가
大平盛代
셜은님보내옵노니나는가시는ᄃᆞᆺ도셔오쇼셔나
는위증즐가大平盛代

12. 만전춘 별사

1) 악장가사

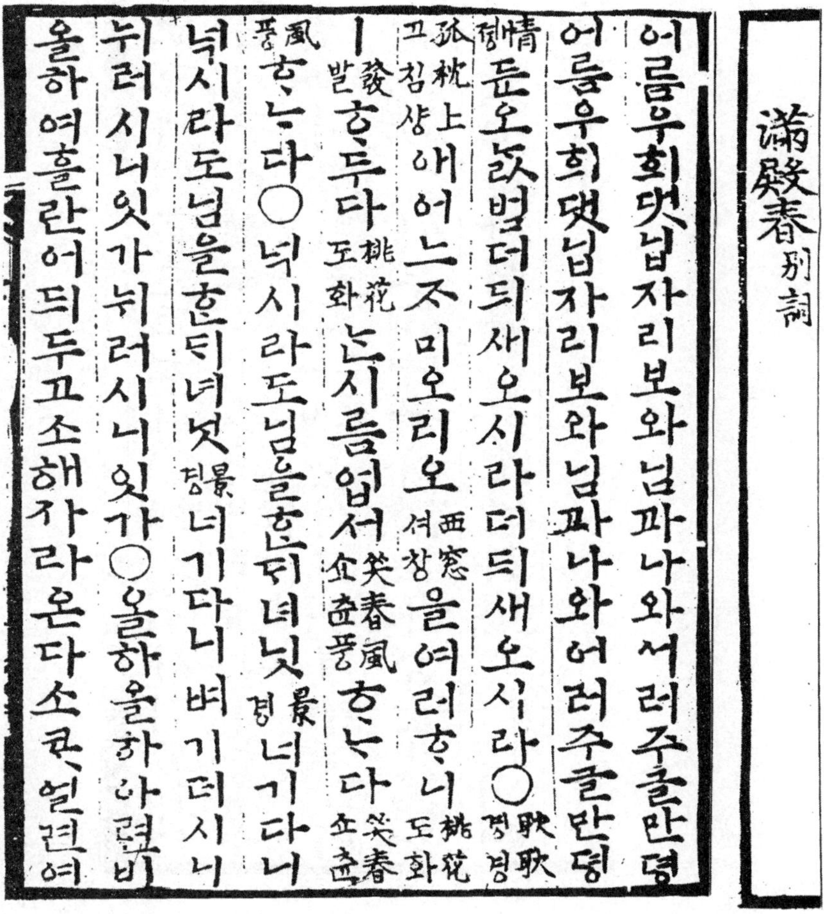

滿殿春 別詞

어름우희댓닙자리보와님과나와어러주글만뎡

어름우희댓닙자리보와님과나와어러주글만뎡

情(뎡)둔오ᄂᆞᆳ밤더듸새오시라더듸새오시라○耿耿(경경)

孤枕上(고침샹)애어느ᄌᆞᆷ미오리오西窓(셔창)을여러ᄒᆞ니桃花(도화)

ㅣ發(발)ᄒᆞ두다桃花(도화)ᄂᆞᆫ시름업서笑春風(쇼츈풍)ᄒᆞᄂᆞ다笑春(쇼츈)

風(풍)ᄒᆞᄂᆞ다○넉시라도님을ᄒᆞᆫᄃᆡ녀닛景(경)너기다니

넉시라도님을ᄒᆞᆫᄃᆡ녀닛景(경)너기다니벼기더시니

뉘러시니잇가뉘러시니잇가○올하올하아련비

올하여흘란어듸두고소해자라온다소콧얼면여

흘도됴ᄒᆞ니여흘도됴ᄒᆞ니○南山남산애자리보와玉옥
山산을벼여누어錦繡山금슈산니블안해麝香샤향각시를아나
누어南山남산애자리보와玉山옥산을벼어누어錦繡山금슈산니
블안해麝香샤향각시를아나누어藥약든가ᄉᆞᆷ을맛초ᄋᆞᆸ
사이다맛초ᄋᆞᆸ사이다○아소님하遠代원ᄃᆡ平生평ᄉᆡᆼ애여
힐ᄉᆞᆯ모ᄅᆞᄋᆞᆸ새

2) 악학편고

滿殿春五章 尹淮撰

어름우희댓닙자리보와님과나와어러주글만졍어름우희
댓닙자리보와님과나와어러주글만뎡情둔오ᄂᆞᆯ밤더듸새
오시라더듸새오시라
耿〻孤枕上애어느ᄌᆞ미오리오西窓을여러ᄒᆞ니桃花ㅣ發
ᄒᆞ두다桃花ᄂᆞᆫ시름업서笑春風ᄒᆞᄂᆞ다笑春風ᄒᆞᄂᆞ다
넉시라도님을ᄒᆞᆫ듸녀닛景너기다니넉시라도님을ᄒᆞᆫ듸녀
닛景너기다니벼기더시니뉘러시니잇가뉘러시니잇가
올하올하아련비올하여ᄒᆞᆯ안어듸두고소해자라온다소곳
열면겨ᄒᆞᆯ도됴ᄒᆞ니여ᄒᆞᆯ도됴ᄒᆞ니
南山애자리보와玉山을벼여누어錦繡山니블안해麝香각
시를아나누어南山애자리보와玉山을벼여누어錦繡山니
블안해麝香[illegible]각시를아나누어藥든가슴을맛초옵사이다맛
초옵시이다○아소님하遠代平生애여힐ᄉᆞᆯ모ᄅᆞᄉᆞᆸ새

3) 가집

36. 滿殿春 別詞

어름우희댓닙자리보와닙과나와어러주글만뎡
어름우희댓님자리보아님과나와어러주글만뎡
情둔오ᄂᆞᆳ범더듸새오시라더듸새오시라
耿耿孤枕上애어느ᄌᆞ미오리오西窓을여러ᄒᆞ니
桃花ㅣ發ᄒᆞ두다桃花는시름업서笑春風ᄒᆞᄂᆞ다。
넉시라도님을ᄒᆞᆫᄃᆡ녀닛景너기다니넉시라도님
을ᄒᆞᆫᄃᆡ녀닛景너기다니벼기더시니뉘시니잇가
뉘러시니잇가

올하올하아련비올하여흘란어듸두고소해자라
온다소곳얼여여흘도됴ᄒᆞ니여흘도됴ᄒᆞ니
南山애자리보아玉山을벼여누어錦繡山니블안
해麝香각시를아나누어南山애자리보아玉山을
벼혀누어錦繡山니블안해麝香각시를아나누어
藥든가ᄉᆞᆷ을맛초ᄋᆞᆸ사이다맛초ᄋᆞᆸ시이다
아소님하遠代平生애여힐ᄉᆞᆯ모ᄅᆞᄋᆞᆸ셰

13. 나례가

1) 시용향악보

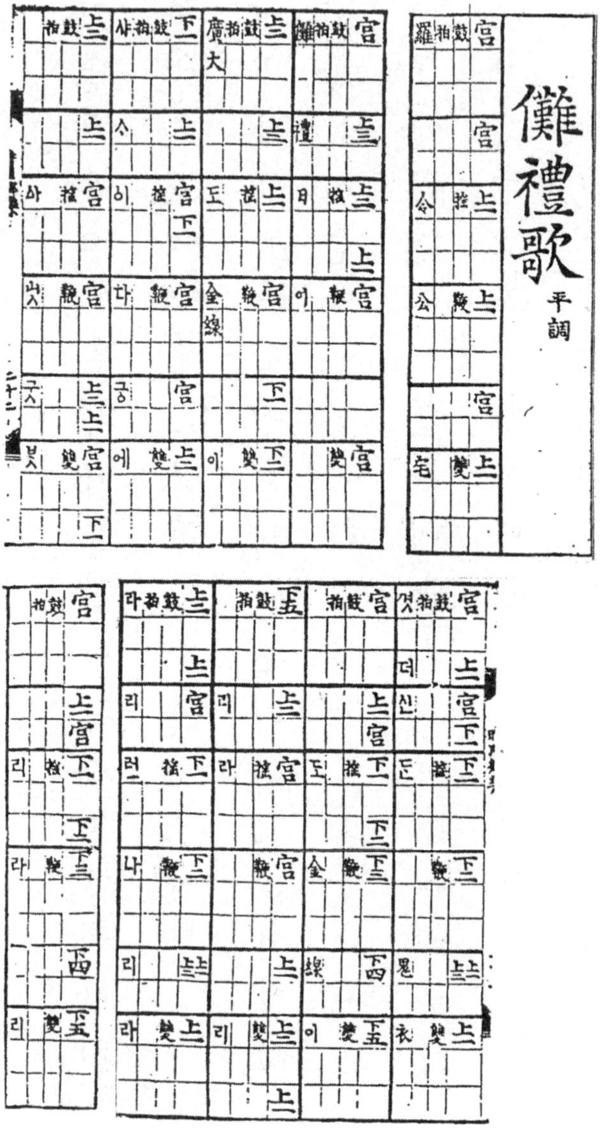

14. 유구곡

1) 시용향악보

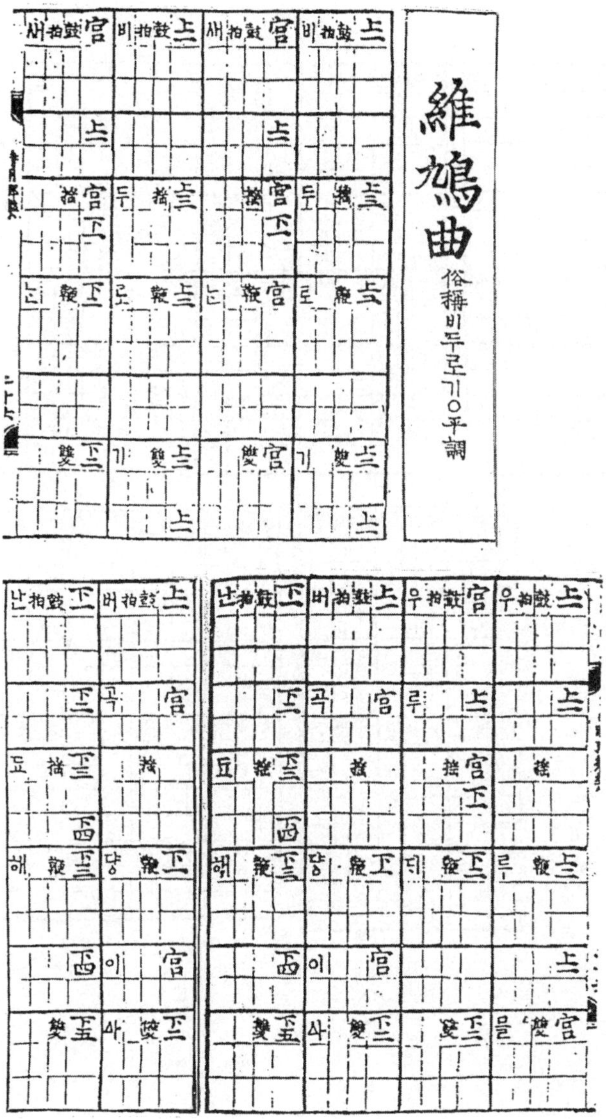

15. 상저가

1) 시용향악보

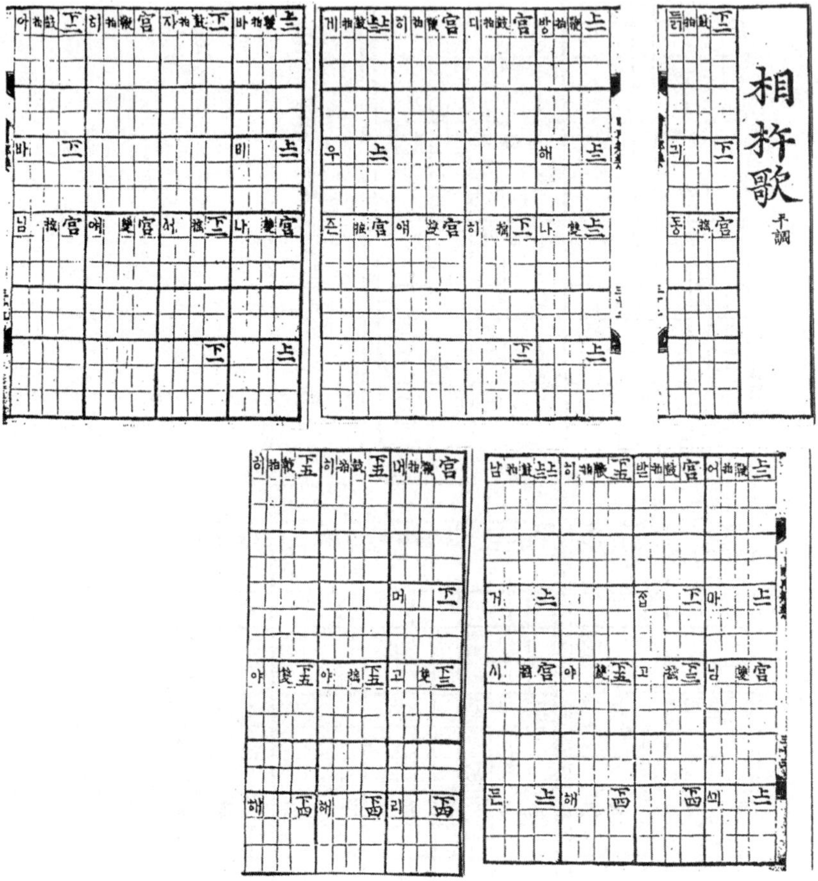

16. 성황반

1) 시용향악보

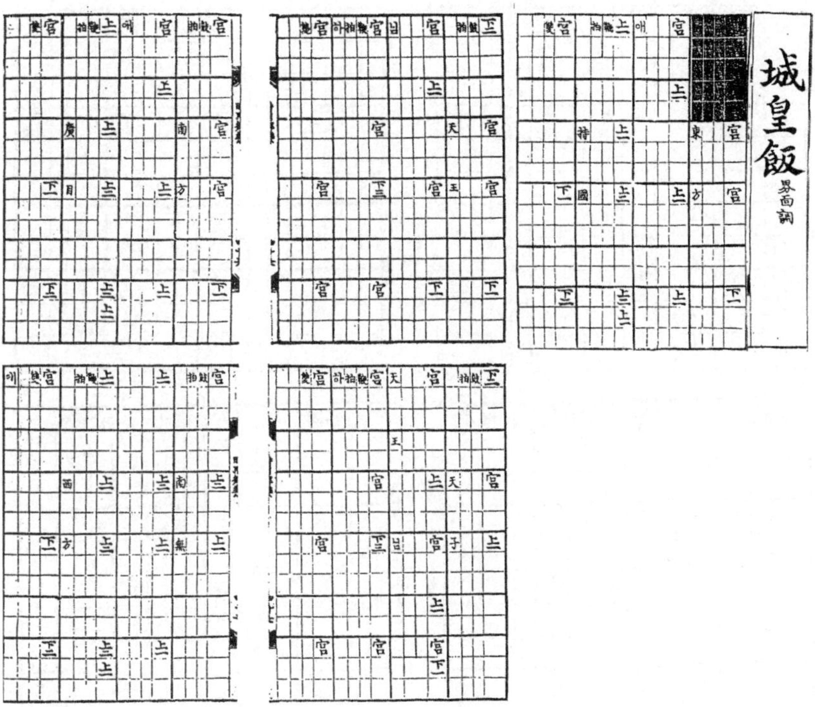

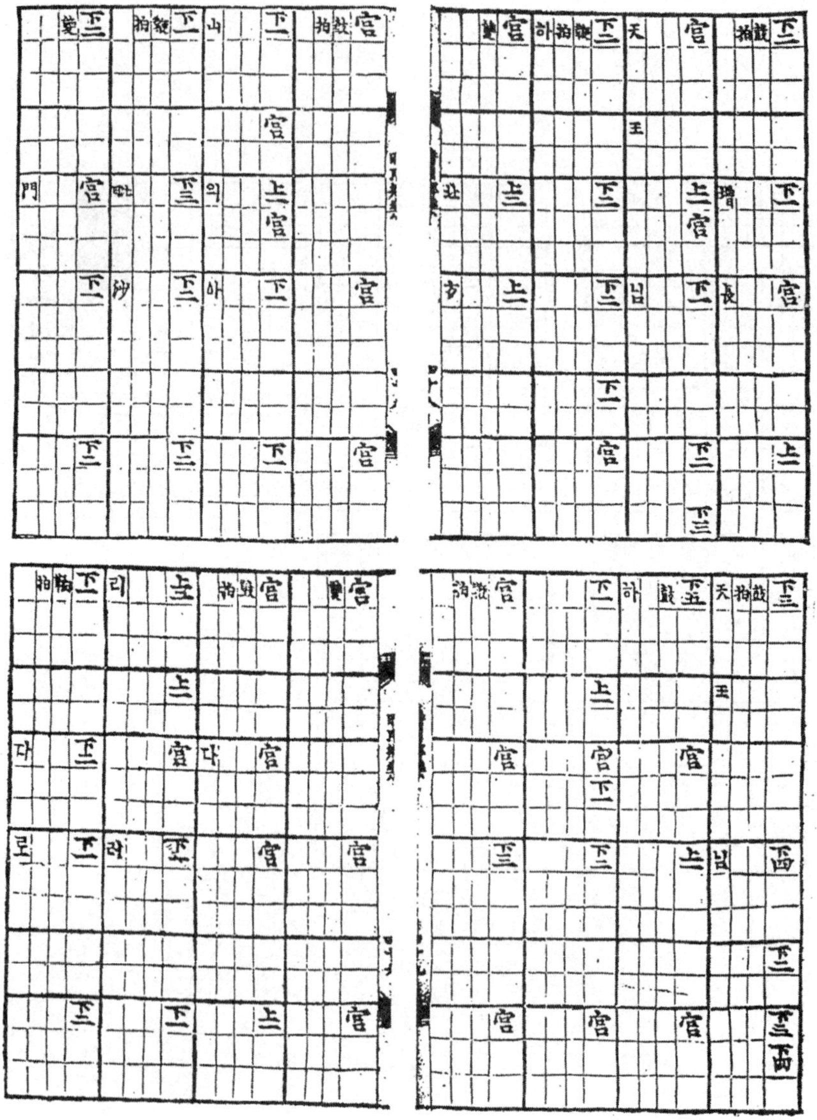

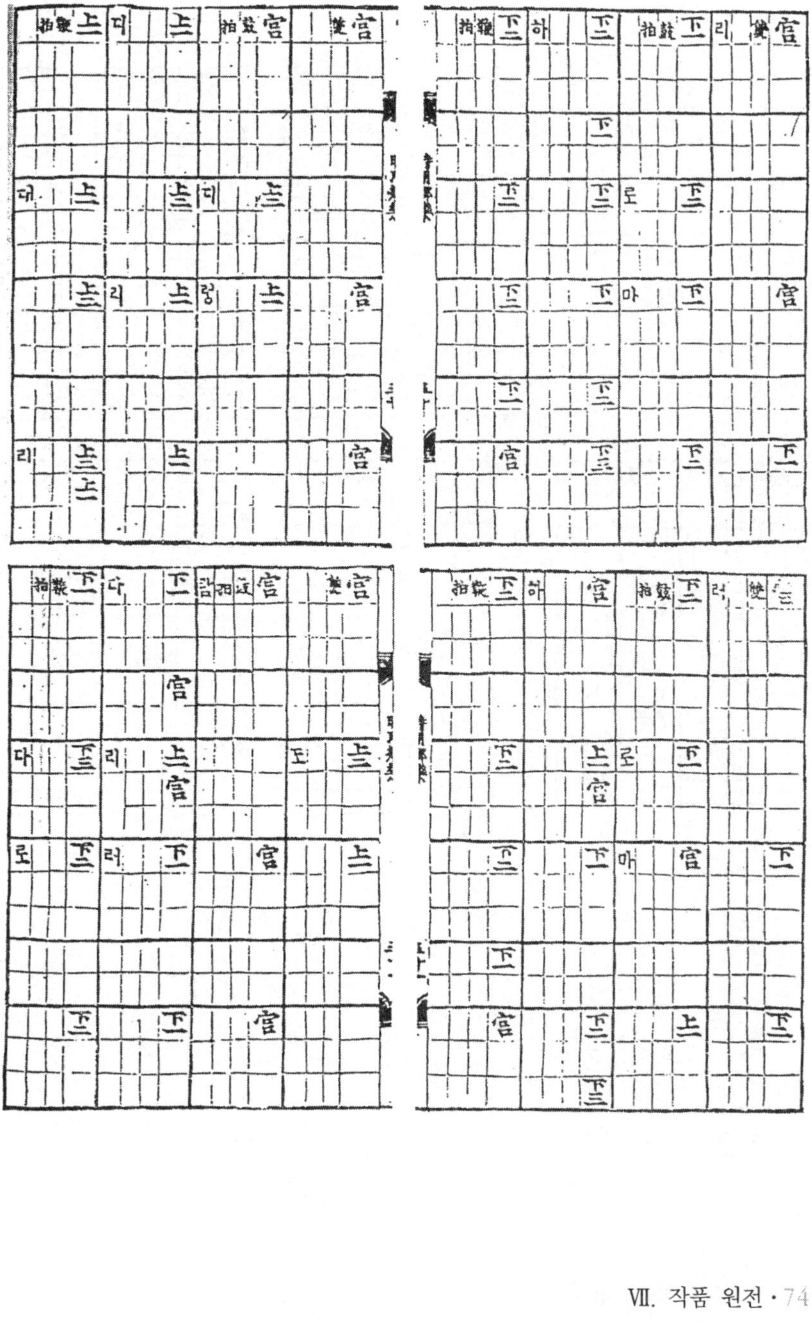

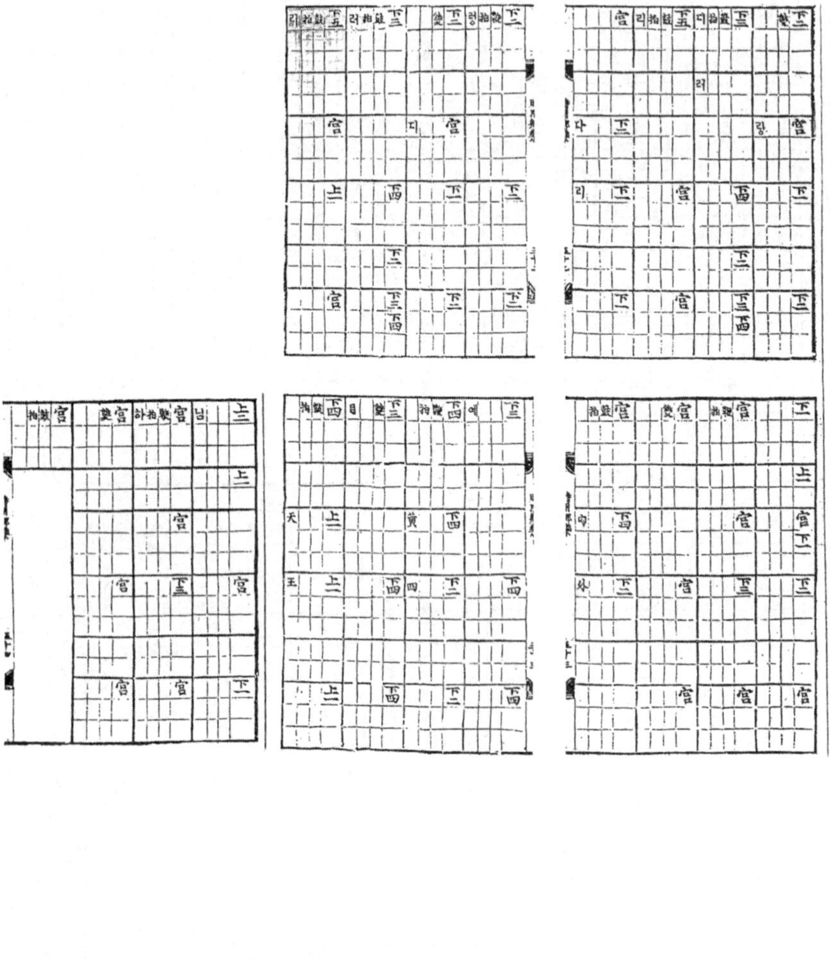

17. 내당

1) 시용향악보

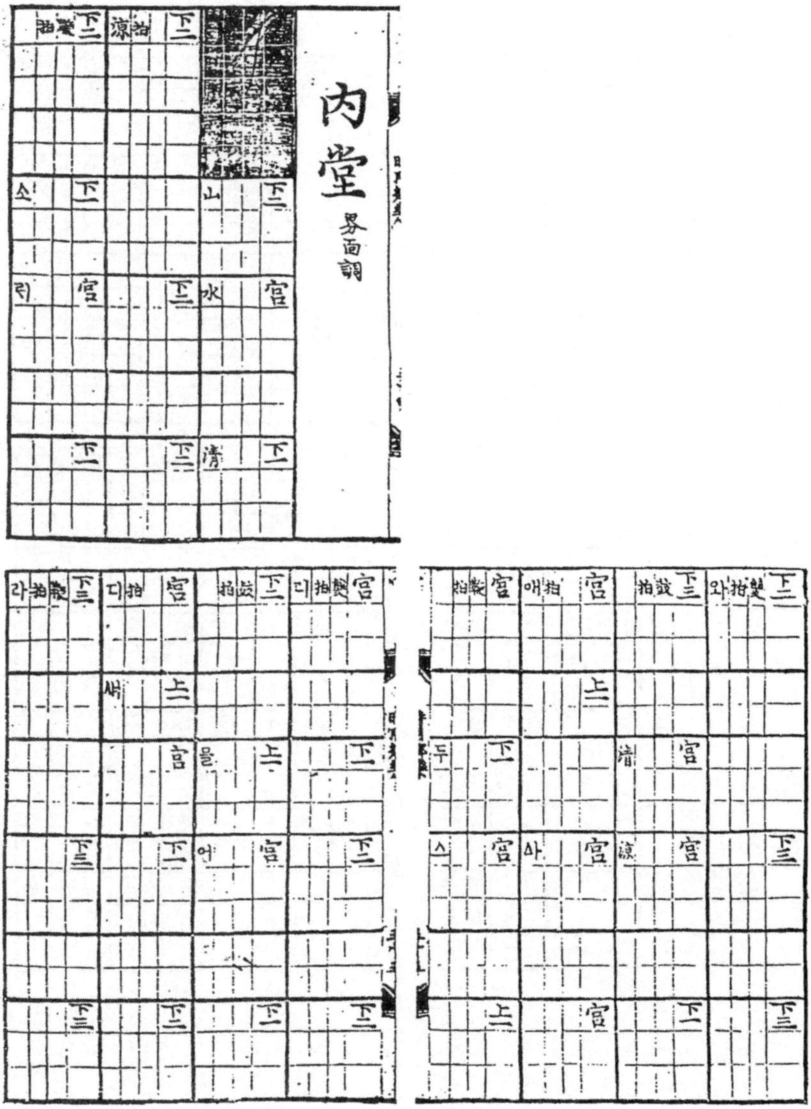

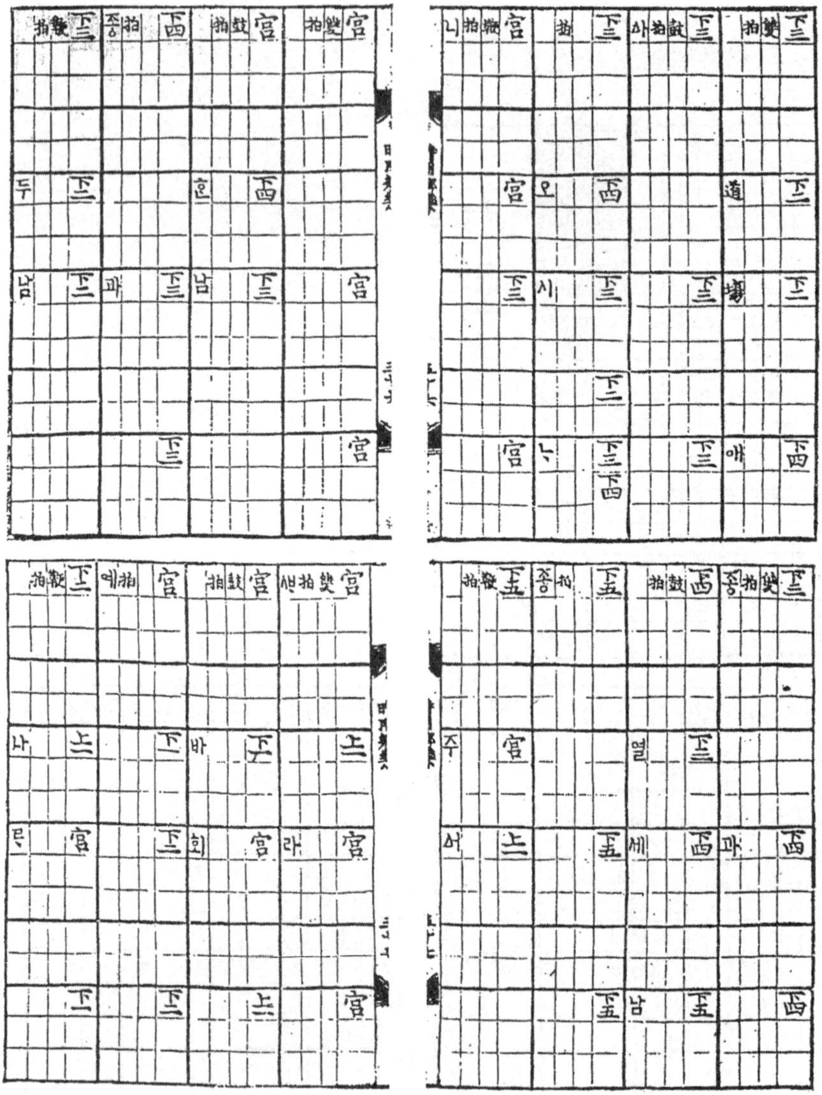

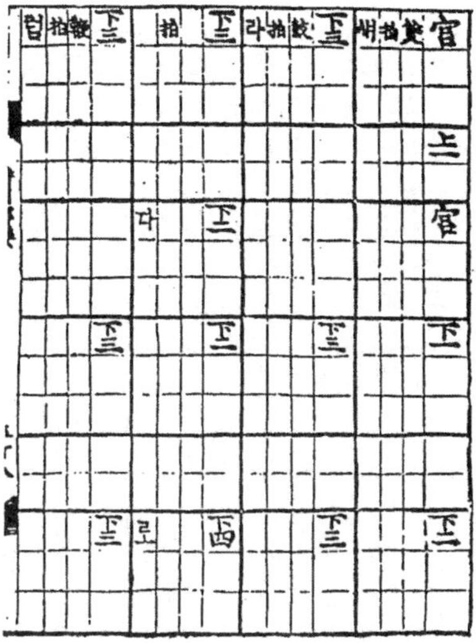

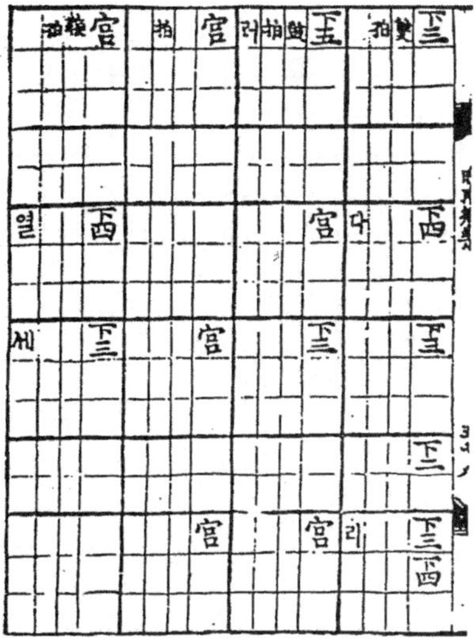

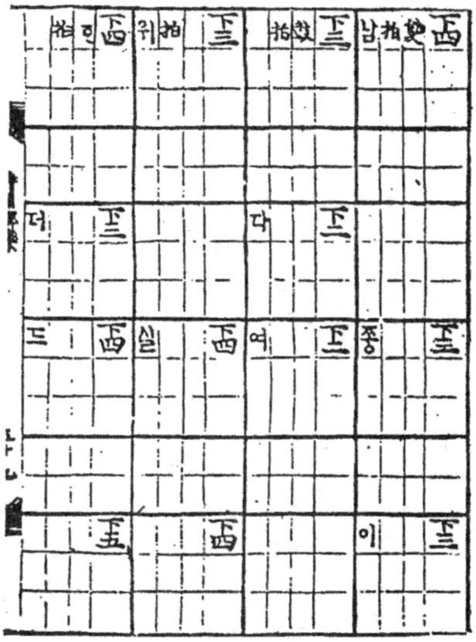

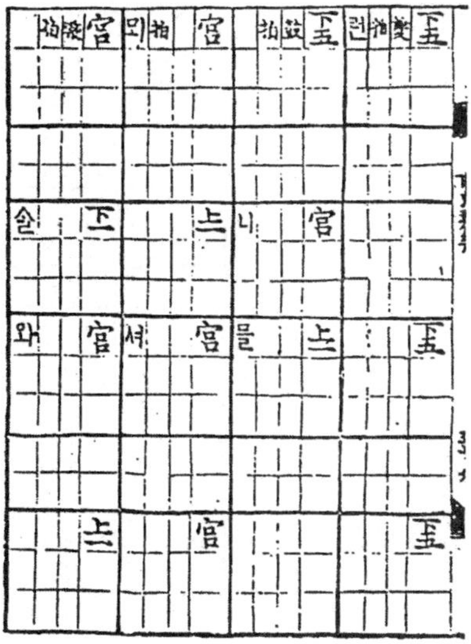

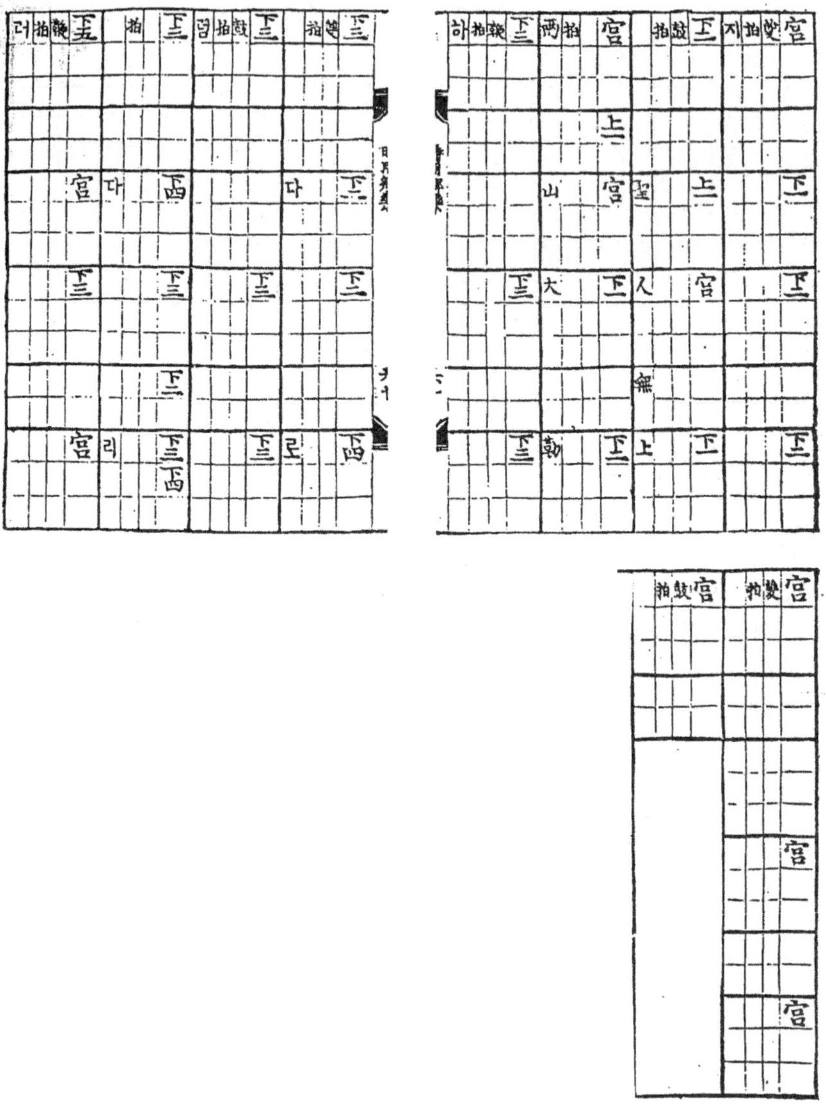

18. 대왕반

1) 시용향악보

19. 삼성대왕

1) 시용향악보

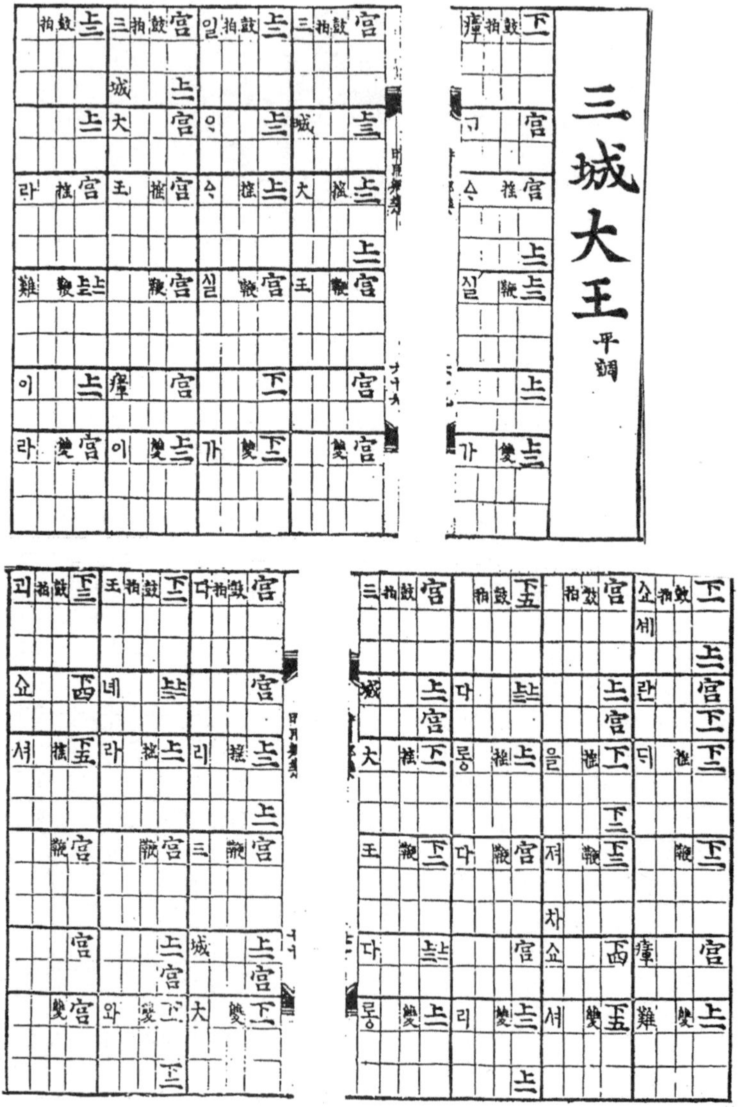

20. 대국

1) 시용향악보

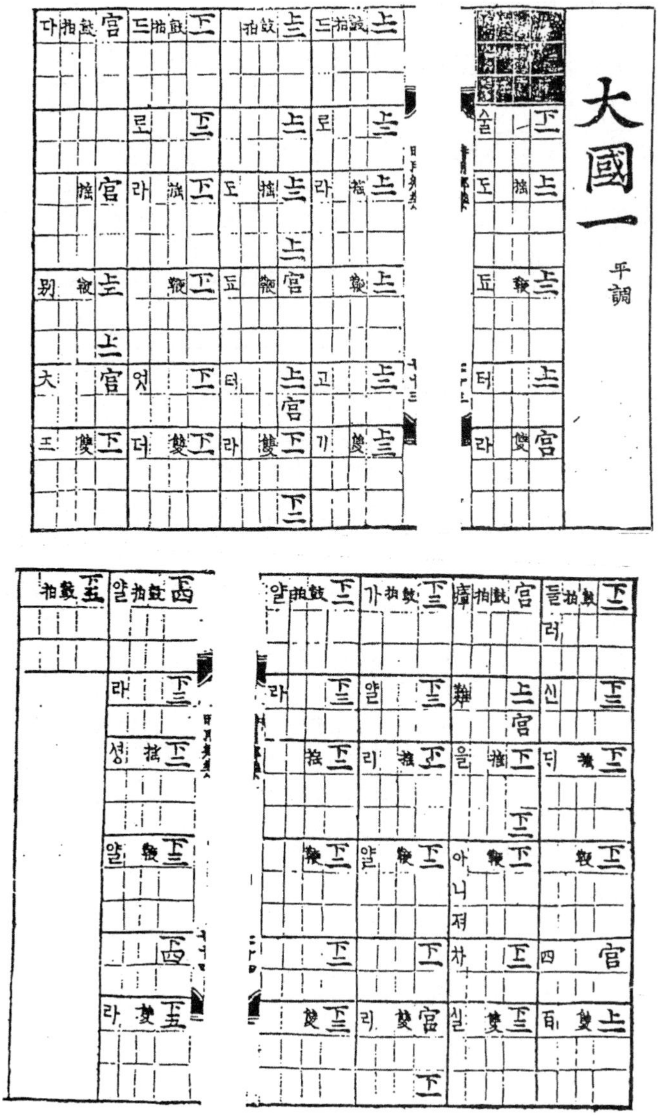

二
平調

三

平調

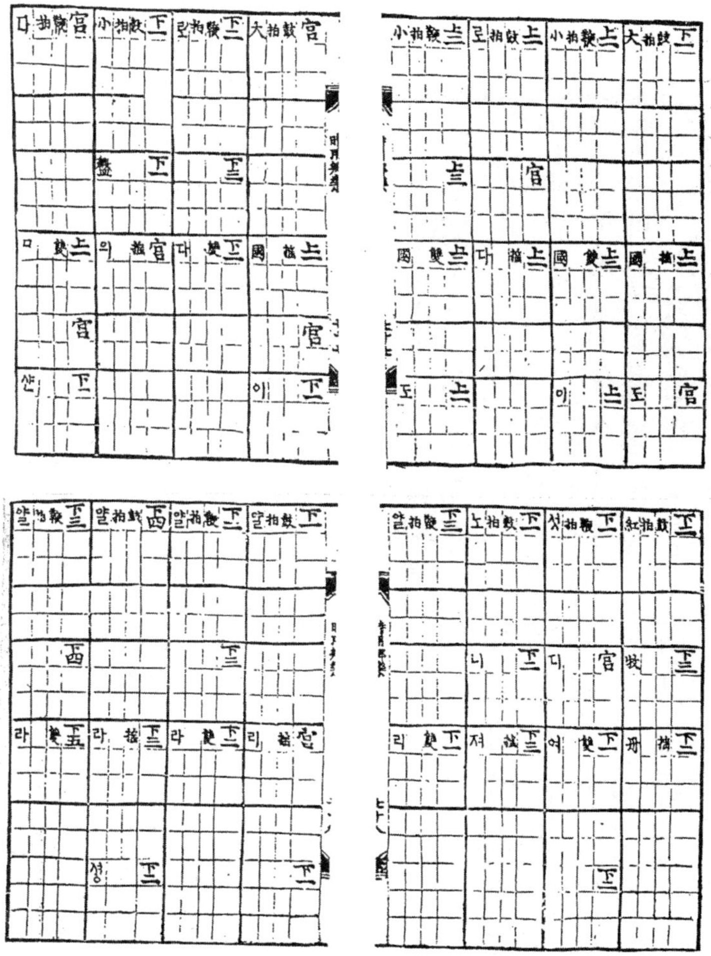

21. 한림별곡(翰林別曲)

1) 악장가사

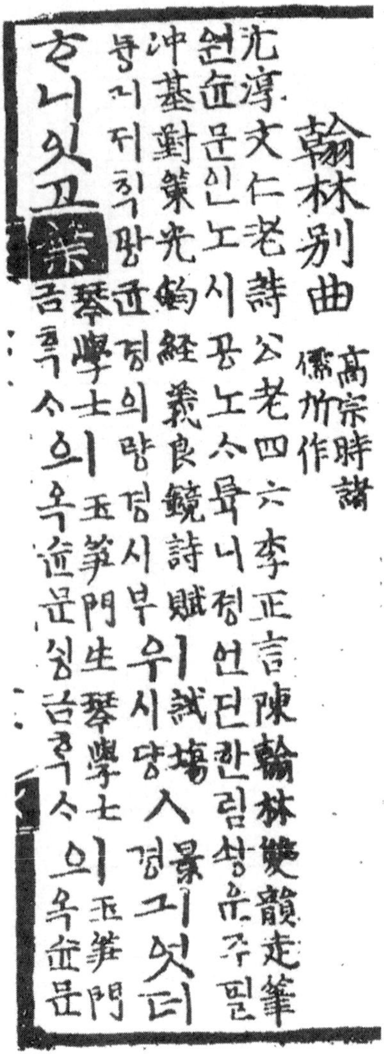
翰林別曲
高宗時諸儒所作
元淳文 仁老詩 公老四六 李正言 陳翰林 雙韻走筆
원슌문 인노시 공노ᄉᆞ륙 니졍언 딘한림 ᄉᆞᆼ운주필
沖基對策 光鈞經義 良鏡詩賦 위 試場入景 그엇더ᄒᆞ니잇고
튱긔ᄃᆡᄎᆡᆨ 광균졍의 량경시부 위 시댱ㅅ경 그엇더ᄒᆞ니잇고
葉
琴學士의 玉笋門生 琴學士의 玉笋門
금ᄒᆞᆨᄉᆞ의 옥슌문ᄉᆡᆼ 금ᄒᆞᆨᄉᆞ의 옥슌문

生 싱 위 날조차 몃부니잇고 ○ 唐漢書 莊老子 韓柳文 당한셔 장로ᄌᆞ 한류문

集 李杜集 蘭臺集 白樂天集 毛詩 尙書 周易 春秋 周
집 니두집 난ᄃᆡ집 ᄇᆡᆨ락텬집 모시 샹셔 쥬역 츈츄 쥬

戴禮記 ᄃᆡ례긔 위 註 주 조쳐 내 외옰 景 경 긔 엇더ᄒᆞ니잇고 葉 大 대

平廣記 四百餘卷 大平廣記 四百餘卷 위 歷覽ㅅ 景
평광긔 ᄉᆞᄇᆡᆨ여권 대평광긔 ᄉᆞᄇᆡᆨ여권 위 력남ㅅ 경

긔 엇더ᄒᆞ니잇고 ○ 眞卿書 飛白書 行書 草書 篆籒
진경셔 비ᄇᆡᆨ셔 ᄒᆡᆼ셔 초셔 뎐류

書 蝌蚪書 虞書 南書 羊鬚筆 鼠鬚筆 빗기 드러 위 딕
셔 마두셔 우시남셔 양슈필 셔슈필

논 景 경 긔 엇더ᄒᆞ니잇고 葉 吳生 劉生 兩先生의 吳生
오싱 류싱 량션싱의 오싱

劉生 兩先生의 위 走筆ㅅ 景 긔 엇더ᄒᆞ니잇고 ○ 黃
류싱 량션싱의 위 주필ㅅ 경 황

金酒 栢子酒 松酒 醴酒 竹葉酒 梨花酒 五加皮酒 鸚鵡
금쥬 ᄇᆡᆨᄌᆞ쥬 숑쥬 례쥬 듁엽쥬 리화쥬 오가피쥬 잉무

鵡盞琥珀盃(무잔호박ᄇᆡ)예 ᄀᆞ득브어 위 勸上(권샹)ㅅ景(경) 긔 엇더ᄒᆞ니

잇고 葉 劉伶陶潛兩仙翁(류령도잠량션옹)의 劉伶陶潛兩仙翁(류령도잠량션옹)의 위

醉(취)ㅎ景(경) 긔 엇더ᄒᆞ니잇고 ○ 紅牡丹(홍모단) 白牡丹(ᄇᆡᆨ모단) 丁紅牡(뎡홍모)

丹(단) 紅芍藥(홍쟉약) 白芍藥(ᄇᆡᆨ쟉약) 丁紅芍藥(뎡홍쟉약) 御柳玉梅黃紫薔薇芷(어류옥ᄆᆡ황ᄌᆞ쟝미지)

芝冬栢(지동ᄇᆡᆨ) 위 間發(간발)ㅅ景(경) 긔 엇더ᄒᆞ니잇고 葉 合竹桃花(합듁도화)

고온 두 분 合竹桃花(합듁도화) 고온 두 분 위 相映(샹영)ㅅ景(경) 긔 엇더

ᄒᆞ니잇고 ○ 阿陽琴文卓笛宗武中琴帶御香玉肌(아양금문탁뎍종무듕금ᄃᆡ어향옥긔)

香雙伽倻(향솽가야)ㅅ고 金善琵琶宗智嵇琴薛原杖鼓(금션비파종디ᄒᆡ금셜원쟝고) 위 過(과)

夜(야)ㅅ景(경) 긔 엇더ᄒᆞ니잇고 葉 一枝紅(일지홍)의 빗근 笛吹(뎍ᄎᆔ) 一(일)

26

枝紅(지홍)외 빗근 笛吹(뎍취) 위 듣고아 ᄌᆞᆷ드러지라 ○ 蓬萊山(봉리산) 方丈山(방댱산) 瀛洲三山(영쥬삼산) 此三山(ᄎᆞ삼산) 紅樓閣(홍류각) 婥妁仙子(쟉약션ᄌᆞ) 綠髮額(록발익) 子(ᄌᆞ) 錦繡帳裏(금슈댱리) 珠簾半捲(쥬렴반권) 위 登望五湖(등망오호)ㅅ 景(경) 긔 엇더ᄒᆞ니잇고 葉 綠楊綠竹栽亭畔(록양록듁지뎡반)애 綠楊綠竹栽亭畔(록양록듁지뎡반)애 위 囀黃鶯(뎐황잉) 반갑두셰라 ○ 唐唐唐(당당당) 唐楸子(당츄ᄌᆞ) 皂莢(조협) 남ᄀᆡ 紅(홍)실로 紅(홍)글위 ᄆᆡ요이다 혀고시라 밀오시라 鄭少年(뎡쇼년)하 위 내 가논ᄃᆡ 남갈셰라 葉 削玉纖纖雙手(샥옥셤셤솽슈)ㅅ길헤 削玉纖纖雙手(샥옥셤셤솽슈)ㅅ길헤 위 携手同遊(휴슈동유)ㅅ 景(경) 긔 엇더ᄒᆞ니잇고

신중 고려속요집성

2017년 12월 19일 초판 인쇄
2017년 12월 26일 초판 발행

편저자 / 김 명 준
발행인 / 김 영 환

발행처 / 도서출판 다운샘
05661 서울특별시 송파구 중대로27길 1(오금동)
전화 02 - 449 - 9172 팩스 02 - 431 - 4151
E-mail : dusbook@naver.com
등록 제1993 - 000028호

값 48,000원

ISBN 978-89-5817-400-4 93810

「이 도서의 국립중앙도서관 출판예정도서목록(CIP)은 서지정보유통지원시스템 홈페이지(http://seoji.nl.go.kr)와 국가자료공동목록시스템(http://www.nl.go.kr/kolisnet)에서 이용하실 수 있습니다.(CIP제어번호: CIP2017035168)